2011

中国管理科学与工程学会年会文集

Proceedings of 2011 Annual Meeting of the Society of
Management Science and Engineering of China

李心丹 周晶 沈厚才◎编

经济管理出版社
ECONOMY & MANAGEMENT PUBLISHING HOUSE

图书在版编目(CIP)数据

中国管理科学与工程学会 2011 年会文集/李心丹,周晶,沈厚才编. —北京:经济管理出版社,2011.10
ISBN 978 - 7 - 5096 - 1642 - 0

Ⅰ. ①中… Ⅱ. ①李… ②周… ③沈… Ⅲ. ①管理工程学—学术会议—文集 Ⅳ. ①C93 - 53

中国版本图书馆 CIP 数据核字(2011)第 212831 号

出版发行:经济管理出版社

北京市海淀区北蜂窝8号中雅大厦11层

电话:(010)51915602 邮编:100038

印刷:北京银祥印刷厂 经销:新华书店

组稿编辑:张 艳

责任编辑:孙 宇 高 蕙

技术编辑:黄 铄

880mm×1230mm/16 34.75 印张 · 778 千字

2011 年 10 月第 1 版 2011 年 10 月第 1 次印刷

定价:188.00 元

书号:ISBN 978 - 7 - 5096 - 1642 - 0

前　言

　　一年一度的"中国管理科学与工程论坛"是我国管理科学与工程学科领域内最具影响力的高峰论坛。自首届论坛于2003年由李京文院士发起，在北京工业大学召开以来，迄今已连续成功举办了八届。同时，通过学科全体同仁的共同努力与争取，中国管理科学与工程学会于2009年正式成立。从此，学会年会与论坛每年同步召开，使得这一年度盛会的规模和号召力逐渐扩大，影响力更为显著。

　　经中国管理科学与工程学会常务理事会讨论决定，"管理科学与工程学会2011年年会暨第九届中国管理科学与工程论坛"于2011年11月6~7日在江苏南京举行。大会由中国管理科学与工程学会主办，南京大学工程管理学院承办，江苏省内十所高校（东南大学、中国矿业大学、南京理工大学、南京航空航天大学、江苏大学、河海大学、南京师范大学、江苏科技大学、南京邮电大学、南京信息工程大学）联合支持协办。

　　本次大会以"经济转型与管理创新"为主题，探讨"十二五"时期中国社会与经济发展即将面临的新机遇和新挑战，为学科前沿发展如何服务于社会变革与进步共绘蓝图。大会共设立了六个专题讨论和一个院长论坛，通过各种形式就中国管理科学与工程的理论方法、实践应用、学科发展以及人才培养等诸多方面展开热烈讨论和广泛、深入的交流。

　　本次大会得到了中国管理科学与工程学会理事长李京文院士、副理事长马庆国教授、秘书长关峻教授，以及其他副理事长和常务理事的鼎力支持和热心帮助，同时得到了各高校、研究单位以及企业等有关人员的热烈响应。本次大会共收到论文120多篇，经过专家评审录用77篇，编者根据论文内容作了适当的分类。大会组委会成员和部分协办单位的老师为会议论文的征集、审阅、整理以及出版做了大量的工作。在此，向为本论文集顺利出版和为本届会议成功举办付出心血和努力的老师和同学们表示衷心的感谢和诚挚的敬意！

　　尽管我们付出了很大的努力，但由于经验和水平有限，纰漏和不妥之处在所难免，望读者批评指正。

编者

2011年10月于南京

目　录

第一部分　经济转型与管理创新

第二部分　运营、物流与供应链管理

第三部分 金融工程

第四部分　决策理论与风险管理

第五部分　工业工程、项目管理、信息管理

第一部分　经济转型与管理创新

创新性本科教育改革：科研后备领军人才培养新模式

马庆国

（浙江大学管理学院神经管理学实验室）

摘要： 本文探讨了本科生教育的一项新的改革，给出了改革理念、支持新理念的理论基础，提出了研究性、开放性、创新性的培养模式，探索了实施新模式的措施以及作者所在团队实施探索的阶段性成果。这些得失经验，既可供有研究生学位点的学校参考，也可供只有本科生学位点的学校参考。

关键词： 本科改革；科研领军后备军；研究性、开放性、创新性的培养模式

1 前言

"科教兴国"是我国长期、重要的发展战略，培养创新人才关系到国家的未来。胡锦涛总书记在 2011 年 2 月的中央政治局会议中，对我国教育改革提出了四点建议，着重强调要提高人才培养水平。这是关系国家大局的战略性任务。

解放以来，我国的大学本科教育取得了长足进步，但仍然存在很多问题。

1.1 钱学森之问

大师级科学家钱学森在晚年曾多次对我国高等教育的人才培养提出："为什么我们的学校总是培养不出杰出人才？""一个重要原因是没有一所大学能够按照培养科学技术发明创造人才的模式去办学，没有自己独特的创新的东西"（2005 年 7 月 29 日，钱学森与温家宝总理谈话）；"今天我们办学，一定要有加州理工学院的那种科技创新精神，培养会动脑筋、具有非凡创造能力的人才。我回国这么多年，感到中国还没有一所这样的学校，都是些一般的，别人说过

的才说，没说过的就不敢说，这样是培养不出顶尖帅才的"（钱学森住院期间与助手涂元季的谈话）；"今天我们办学，一定要有加州理工学院的那种科技创新精神，培养会动脑筋、具有非凡创造能力的人才"（2009 年 8 月 6 日，钱学森最后一次与温总理见面时的谈话）。

那么，大学应当如何办才能够培养出杰出的创新型人才呢？

1.2 李政道的分类

目前我国的大学教育有本科、硕士、博士等几个层次。本文主要探讨本科层次培养创新型人才的问题。首先，我们讨论几个不同层次的教育的区别。

1984 年，诺贝尔物理学奖获得者李政道曾经给邓小平同志解释过本科、博士生和博士后的区别：本科所学的是老师知道答案的问题，学生按照老师教的去答题，做对了就毕业，获得学士学位。博士生除了上课，还给一个科研课题，老师不知道答案，别人也不知道答案，博士生按照老师指导的方向，求得一个新结果，同行评议你是对的，就结束了，给你一个博士

学位。博士后是正式研究，必须自己找研究方向、找方法、找结果，这个锻炼阶段就是博士后。

1.3 对"李政道定位"的补充

在李政道对大学教育各个层次的定位中，少了硕士阶段。笔者于 2005 年在《高等教育研究》上做了一点补充：

"对硕士生培养与对博士生培养的主要区别在于，老师不仅要给硕士生出题目（不知道答案的题目），而且要教硕士生如何研究。而对于博士生，老师的主要责任是出题目（不知道答案的、有意义的题目），由博士生自己研究，遇到问题找导师讨论。导师基本上不用教博士生如何进行研究。"

问题是李政道对本科生的定位，是恰当的吗？

1.4 对"李政道定位"的疑问

李政道对本科生这样的定位是否恰当，是值得讨论的。本科生，真的只能做"有了答案的问题"吗？美国本科历史课的教法之一是，假如……会发生什么？就是经典创造性的学习，就是没有答案的问题。美国小学的作业类型之一，就是开放性问题，需要自己网上找资料，写自己的看法。

在信息技术高度的发展的今天，学习方式已经在变革，小学生减负必须采取新的、依托于新信息技术的学习方式、类似于美国小学生作业的方式。

在小学教育都在变革的今天，大学本科教育还应当"只能学，不能研究"吗？

本文认为，对本科生也需要培养一定程度的创新能力。这是大学"培养会动脑筋、具有非凡创造能力的人才"、"按照培养科学技术发明创造人才的模式去办学"的非常重要的一环，是培养科研后备领军人才的重要一环。

2 纠结的、没有结论的大学本科"办学理念"之争

2.1 本科教育的理念，百年摇摆

本科教育的理念之争长达百年，未曾中断，也从未达成共识。其主要观点有：

本科教育是素质教育、通识教育、大众性的教育、人文性的教育。与此对立的是，认为本科教育是专业性的教育、技能性的教育、精英教育、科技教育。

这些争论历经数百年来，不断演变、漂移、摇摆，从未达成共识。本科教育，究竟应当是什么教育，是教育界一直在探讨的问题。

2.2 没有结局的结局之一：素质与专业，通识与技能

本科的素质教育应当是普适的（素质在所有行为中都会表现），但素质教育不能是抽象的，不能脱离具体工作、任务、生活等行为来培养素质，所以专业是必须的，技能也是必须的。要在专业教育、技能教育中培养素质。

对本科做通识教育是必要的，本科生不能只懂自己的所学专业，应当有一定宽度的知识面，特别是在知识大爆炸的今天，相对宽的知识面是必须的。不过，知识面再宽，也是有限的，不能什么都学、什么都会。因此，通识教育是"有限通识教育"。

2.3 没有结局的结局之二：大众教育与精英教育，人文教育与科技教育

随着经济的发展、入学率的提高、大学教育的普及，使得大学本科教育必须是大众化的，但是大学不能不培养精英。如果大学不承担培养精英的责任，那么谁来承担呢？所以，大学本科的教育应当是大众教育与精英教育并重。不同类型的学校，可以有不同的侧重点。大众教育与精英教育的培养路数应当不同。

与素质教育相关，也与大众化教育相关的是，大学本科教育必须是人文的，但不能只是人文的。现代社会的人文不能脱离科技而独立存在和独立发展。

2010年5月4日，温家宝总理对北京大学的学生说，"学文科的要懂一些理工知识，学理工的要学一点文史知识"，这是对钱学森之问的两个回答之一。

2.4 没有结局的结局之三："一个也不能少"与"对立统一"

我们对大学本科教育的看法是，素质教育与专业教育、通识教育与技能教育、大众教育与精英教育、人文教育与科技教育，是四个"对立统一"。八个方面一个也不能少。但不是并重，不同学科要有不同的侧重点，不同学校要有不同的侧重点，这才是真正的"对立统一"。

办学要有特色，有特色的学校也不能残缺（八个方面不能残缺）。八个方面有残缺的学校，也不一定有特色。

3 大学本科教育改革的建议：研究性、开放性、创新性

人类知识的积累以指数函数增长。当今，数年的知识增长，就相当于过去数十年的知识积累。在知识大爆炸的今天，大学教育对人类知识增长，有着决定性的加速作用。对国家竞争而言，大学教育的举足轻重的作用，也是不言而喻的。在大学教育中，本科教育是极其重要的一环。本科教育的改革，强化本科教育的"研究性、开放性、创新性"，对人类知识积累、对国家竞争，有长远影响。

3.1 改革的目标

在大学本科教学中，实施改革，强化研究性、开放性和创新性，目标是：培养本科学生

的科研创新能力，培养创新型科研后备军，特别是后备领军人才。

以"研究性、开放性、创新性"为特征的大学本科的"三特性教育"，要落脚到"面"上（培养科研后备军），也要落脚到"点"上（培养后备领军人才）。

对于管理科学而言，就是要培养管理科学领域的科研后备军，培养具有科研能力的管理人才，以及管理科学领域的后备领军人才。

3.2 改革的总理念与支持改革理念的理论基础（大学课程与科研知识需求的关系）

改革，必须突破原有的教学理念，在本科教学中，植入科研思想的萌芽，把基础性学习指向研究，是首要的。

改革的总理念（关键思路）是在学习中研究，在研究中学习。支持这个理念的基础是"大学课程与科研需求的关系"。大学课程与科研需求的理想关系，可用图1表示：解决实际问题和科学研究所需要的知识完全由大学课程解决了。

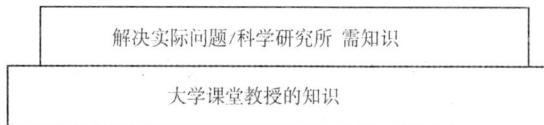

图1　大学课程与科研需求的理想关系

但任何人都知道，在知识大爆炸的今天，这是不可能的。大学课程与科研所需知识，永远是图2所示的关系（有许多空缺需要在科学研究时补学）。且不说不可编码的知识，必然是无法在课堂教育中解决的，就是可编码的知识，也几乎不可能都在大学课堂解决。也就是说，在科学研究时，学习新知识永远是必须的。两者的关系，永远不可能是图1所示的关系。

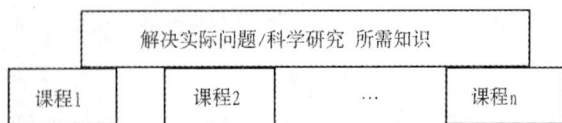

图2 大学课程与科研需求的实际关系

4 大学本科教育的改革：我们的具体作法

4.1 理念创新：在本科教学中，植入科研思想的萌芽

改革，最重要的是理念突破，必须突破原有教学理念。在本科教学中，植入科研思想的萌芽，把基础知识的学习指向"研究性"。

4.2 本科课程改革

（1）增加、强化支持研究的课程，如"管理研究方法"、"应用统计学"（课时适当增加）。

（2）相关课程改革，对管理科学而言，例如营销学，增加广告效果试验、消费者感知研究等。

4.3 教学方法与考试方法改革

建议所有专业课程，用 1/4 左右的课时做项目，学生数人一组（强调小组合作），共同完成一个能够巩固相关课程知识的科研项目，以此作为课程成绩，尽量减少闭卷比重。

例如，在管理学科中，围绕一个营销或者财务或者工程管理问题，从问卷设计、小规模访谈、大规模问卷发放，到数据处理和分析，让学生在科研情境下理解和掌握相应的课程。

4.4 本科教学中，透露学科前沿信息，提升学术兴趣

我们相信，兴趣是最好的老师（理念）。我们建议，在本科教学中，透露学科前沿信息，提升学生的学术兴趣，但在课堂上不具体展开前沿的介绍，留给学生思考的空间。例如，通俗介绍"计算试验"、"Neuro Leadership"、"神经—工业工程"等大貌，却不讲如何研究，只讲能够解决什么过去不能解决的问题，诱发学术的兴趣。

4.5 在自愿的基础上，让本科生融入底层研究团队，依托具体项目，提升科研能力

在自愿的基础上，组织本科生融入底层研究团队，跟随研究生做具体研究，依托教授的具体项目，提升自愿者的科研能力。这体现了本科教学的"研究性、开放性、创新性"。

首先，这是科研的需要，尤其是对于研究生少的高校而言，让本科生介入科研是明智之举。对于科研项目多、经费多的院系而言，这也是解决研究力量不足的途径之一。例如，浙大管理学院的科研项目经费 2010 年已达 3300 多万元，研究力量与项目之间的矛盾已见端倪，需要寻找新的路径。

这里，首先要解决一个观念问题：本科生能不能在科研中发挥一定作用？我们经历了从"基本不考虑"，到发现"能有一定作用"的过程。

支持我们这样做的，还有一个重要观念：从学习知识到掌握知识，其间必须有一个消化知识的过程，在这个过程中，需要有一个理解知识的升华阶段。而"知识的升华，只能在使用知识中（科研中）实现"。

让本科生融入基层团队，与研究生编为研究小组，能够产生"向研究生学习"的效应，促进了研究生对掌握知识的升华。

4.6 指导本科生科研，实施导师制

给本科生指定导师是推动本科生科研的重要手段之一，前提是，被指定的导师自己要有科研项目或者科研任务。

4.7 鼓励、指导本科生申请各级教育部门为本科生设立的项目

鼓励、指导本科生申请各级教育部门为本

科生提供的项目，如"国家创新计划"、"新苗计划"、"SRTP 项目"和"挑战杯"等，是培养本科生科研组织能力和自身科研能力的重要方式。本科生也可以与硕博研究生共同申报相关项目。

4.8　集成校内外资源，建设综合型的科研与实践平台

集成校内外资源，建设针对所有学生（包括本科生）的综合型科研与实践平台，是本科教学改革中"开放性"的体现。

我们的具体措施之一是：把院内可掌控的平台（如 985 基地，神经管理学实验室，学院计算中心，有关团队的试验平台等）都对本科生开放，组织参观、座谈，吸引本科生自愿参加基层科研团队。

具体措施之二是：把横向科研项目中联系的企业转为"可变"的教学实习基地，给本科生广阔的从实践中学习的机会，我们相信"实践出真知"。

4.9　鼓励、支持本科生参加国内、国际会议，锻炼论文写作能力，开拓视野

我们另一个做法是，积极鼓励、支持本科生参加国内、国际会议，鼓励写论文，特别是 EI 会议论文。这既培养了本科生的论文写作能力（包括英文写作能力），又能够开拓视野，有利于进一步研究发展。在各种会议中，我们更重视参加在国内召开的国际会议，或者国内召开的全国性学术会议，其成本低，作为第一阶段较好。

我们这样做的理念是："开拓视野是创新的先声"。

4.10　需要处理好的几个关键问题

（1）需要处理好基础知识的学习与科研的关系，由浅入深，在科研分工体系中适当位置。

（2）兴趣的培养是关键。有了兴趣，本科生自己就会"跨越式成长"。

（3）学院全面实施，需要学院领导层的配合，如本科生科研的导师制。

（4）课程教学与方法的改革，需要学院推动。

5　我们的阶段成果

5.1　吸引并指导多名本科生走上科学研究的道路

我们已经吸引并指导多名本科生走上了科学研究的道路，如 2004 级李××（2008 直博）、赖××（2008 年读硕士）、2007 级付××（2011 直博）、2007 级的杨×（美国纽约大学）、2007 级的曹××（香港科技大学）、2007 级唐××（赴荷兰深造）、2008 级孙×（"新苗计划"）、2008 级范×（"新苗计划"）、赖××（SCI 论文）、2008 级王×、陈××、朱××、孙×、2009 级谢××、赖×等（在本科阶段发表了 EI 国际会议论文）。

5.2　参与本团队科研的跨学院的大二、大三学生

参与本团队的跨院本科生已经有 10 余名，除本院外，还有心理系、外语系、机械系等专业的学生。

5.3　本团队中本科生申请到的项目

（1）国家创新项目，基于图书馆阅览室新型管理模式的可视化排座系统的设计与研发（王教授指导）。

（2）省级大学生创新项目（"新苗计划"）

张××。个性化工位生产流程优化研究。指导教师：马教授。

孙×。基于经济决策的神经机制研究。指导教师：马教授。

（3）挑战杯项目。

张××。互联网使用行为对大学生心理健

康的影响研究。指导老师：徐老师。

王××。基于 UTAUT 模型对 ERP 实施后企业的用户行为实证研究。指导老师：徐老师。

陈××。基于 citespace 的决策神经科学知识图谱研究。指导老师：徐老师。

朱××。基于 citespace 的电子商务科学知识图谱研究。指导老师：徐老师。

（4）SRTP 项目。

李××等 4 人。基于信息可视化的 MIS 领域前沿演进研究。

郭××等 3 人。物联网技术在交通行业创新应用研究。

5.4 本科生已经发表的论文

Zhang Tengyue, Li Tianzhi, Xie Hongcun, Laiyun, Xu Qing. Profiling Frontiers' Research Published in the Journal of Management Information Systems. ICEE' 2011. Shanghai.

Wang Tong, Xu Qing, Sun Yuan, Tang Qinrui, Zhu Qianqian, Sun Dian. Examination of UTAUT Model in An ERP Post – adoption Environment: An Empirical Study. ICEE' 2011. Shanghai.

Qing Xu, Yiwen Zhang, Yuan Liu, Yan Wan, Yuan Sun. Internet Usage and Teens' Psychological Well – being in China. ICEE' 2011. Shanghai.

Qing Xu, Tong Wang, Pengshuai Chen, Qianqian Zhu, Qiang Shen, Qingguo Ma. A Neuroscience Lens to MIS Research: NeuroIS. ICEE' 2011. Shanghai.

徐青，李天智，张腾跃，谢鸿存，赖云。基于信息可视化的 MIS 领域前沿演进研究。2010 年管理学年会。

5.5 本科生参加重要会议

2011 年 5 月 6 日到 8 日，管理科学与工程系、神经管理学实验室派出信息管理与信息系统 2008 级本科生王彤、陈鹏帅、朱倩倩、张译文同学，在上海参加了第二届 IEEE 电子商务与电子政务国际会议（ICEE 2011），并汇报了各自的研究项目和成果。ICEE 年会是电子商务与电子政务的重要会议之一，会议录用论文为 IEEE 出版并为 EI 全文检索。

总之，我们做了一些尝试，有一些得失，与大家分享。希望大家共同开拓改革之路。

致谢：本文受教育部重大招标《哲学社会科学方法创新研究》支持，项目号 09JZD0006。受"211"项目《创业创新的管理理论与开发策略》研究的支持。徐青老师、王求真副教授、陈明亮教授、汪蕾副教授、王小毅老师以及研究生卞军、王翠翠、金佳、付辉建、尚倩、黄玉晶等参与相关工作。

参考文献

[1] 李政道. 独具特色的中国博士后制度前程似锦 [A]. 中国高等科学技术中心. 李政道文选（科学与人文）[C]. 上海：上海科学技术出版社，2008：95~107.

[2] 马庆国. 管理类研究生学位论文要求与评判参考标准 [J]. 高等教育研究，2004（10）：61~64.

[3] 马庆国. 管理科学研究方法与研究生学位论文的评判参考标准 [J]. 管理世界，2004（12）：99~108.

[4] 夸美纽斯. 大教学论 [M]. 傅任敢译，北京：人民教育出版社，1999.

[5] 布鲁纳. 教育过程 [M]. 邵瑞珍译，北京：文化教育出版社，1982.

[6] J. Piaget, G.. Henriques, E. Ascher. Morphisms and Categories: Comparing and Transforming. Hillsdale, NJ: Erlbaum, 1992：159~161.

[7] 蒋华. 博耶学术思想及其对高等教育的意义 [J]. 高教发展与评估，2005 年 1 月，第 21 卷第 1 期.

[8] The Boyer Commission on Educating Undergraduates in the Research University: Reinventing Undergraduate Education: A Blue Print for America's Research Universi-

ties，1998.

［9］刘少雪. 从博耶（Boyer）委员会的"3 年后报告"看美国研究型大学的本科教学改革［J］. 中国大学教学，2004，5：62～64.

［10］Reinventing Undergraduate Education：Three Years after the Boyer Report. The Boyer Commission on Educating Undergraduates in the Research University，2001.

感性工学中的不确定性

闫宏斌　马铁驹

（华东理工大学商学院）

Coping with Uncertainty in Kansei Engineering

Yan Hongbin, Ma Tieju

（E – mail：{hbyan, tjma} @ecust. edu. cn）

（School of Business, East China University of Science and Technology）

Abstract：Nowadays, the aesthetic aspect of products has become a critical factor in achieving higher consumer satisfaction. As a methodology, Kansei Engineering (KE) has been developed to deal with consumers' subjective impressions and images of a product into the design elements of the product. One central step amongst KE is to generate the Kansei profiles of the products on different Kansei attributes. The subjective assessments provided by the subjects in KE are usually conceptually vague with uncertainty frequently represented in linguistic forms. Toward this end, this paper tries to cope thoroughly with the uncertainty of Kansei in KE. To do so, a probabilistic approach is first proposed to generate Kansei profiles of the products involving the "individual" uncertainty, "group" uncertainty, and the partial semantic overlapping of Kansei. Our generated Kansei profile results with a probability distribution on a set of linguistic Kansei labels. The main advantages of our approach to generating Kansei profiles are its ability to model individual uncertainty, group uncertainty, as well as semantic overlapping of Kansei.

Key words：kansei engineering；uncertain kansei；individual and group uncertainties；semantic overlapping.

1 Introduction

Nowadays, the aesthetic aspect of products has become a key consideration in contemperary consumer marketplace[12]. Therefore, it is important for manufacturers to have a consumer – oriented approach in order to improve the attractiveness of products, which should not only satisfy the functional requirements of products, defined objectively, but also the aesthetic needs, by essence subjective [19]. The aesthetic aspect of products has actually received much attention since the research community of Kansei Engineering (KE) in 1970s. Particularly, KE has been developed as a methodology to "translate the technology of the consumer's feeling and image for a product into the design elements of the product"[15]. The term "Kansei" is a Japanese word which reflecting a multifaceted expression that is closely related to Japanese culture and has no direct corresponding word in English. According to M. Nagamachi, the founder of KE, Kansei is an individual subjective impression from a certain artifact, environment or situation using all senses of sight, hearing, feeling, smell, taste and balance, as well as their recognition, as quoted from[5].

KE research can be generally divided into two groups: Kansei design and consumer – oriented Kansei evaluation [23]. The main aim of many KE studies is to develop new product prototypes that generate specific aesthetics of products. These studies utilize multivariate statistical analysis such as principle component analysis and regression analysis, which intend to discover the relationship between design elements (physical attributes) and Kansei attributes. Such studies are referred to as Kansei design, which has concluded that the aesthetic quality of a design can greatly enhance the desirability of a product and influence consumer satisfaction in terms of perceived product quality. Examples of Kansei design and its applications to different sectors can be referred to [2, 3, 4, 5]. In addition to the Kansei design, consumer – oriented Kansei evaluation aims at capturing the relationship between Kansei attributes and consumer satisfaction in terms of perceived product quality, i. e. the relationship between Kansei attributes and consumers' Kansei preferences. Note that a similar problem with Kansei evaluation is the sensory evaluation [13], in which knowledge is acquired from a panel of experts by means of the five senses of sight, taste, touch, smell and hearing. In fact, KE

is also referred to sensory engineering or emotional usability. Because our research context is closely related to Japanese culture, we shall use "Kansei" in this study. Because consumers can make purchase decisions according to their Kansei preferences for the products, such an evaluation is helpful for the purposes of marketing and recommendation. Furthermore, by integrating with the relationship between design elements and Kansei attributes, consumer – oriented Kansei evaluation may provide a support for consumer satisfactory – oriented design, i. e., personalized Kansei design, since designers are able to design new products best satisfying consumers' Kansei preferences. Examples of consumer – oriented Kansei evaluation and its applications to different sectors can be found in [8, 13, 22, 23]. Figure 1 shows the integrated framework of KE, in which the Kansei act as a bridge between physical attributes and Kansei preferences.

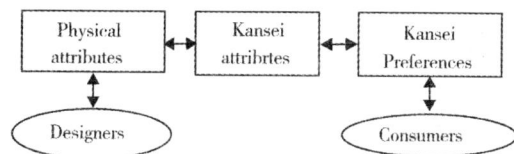

Figure 1　An integrated framework of Kansei Engineering

As a necessary and preparatory step of KE case study, a Kansei experiment is often conducted first to obtain the Kansei database (Kansei assessments) of the products on a set of Kansei attributes from a population of subjects. The Kansei database is then used to generate the final value of each product on each Kansei attribute, which will be referred to as Kansei profile [8, 22, 23]. Since the subjective assessments were provided by people who are usually conceptually vague with uncertainty frequently represented in linguistic forms[24], it is necessary to consider the uncertainty of Kansei judgment by each subject in linguistic forms. Such an uncertainty will be referred to individual uncertainty of Kansei. Furthermore, from the philosophical viewpoint of the epistemic stance[14, 21], one inevitable phenomenon in KE is the partial semantic overlapping among linguistic Kansei labels with the linguistic interpretation of Kansei data. In addition, the Kansei profile of each product on each Kansei attribute generated from the Kansei database is usually highly individualistic and uncertain [3]. Therefore it is also necessary to consider the uncertainty of Kansei profile, referred to as group uncertainty of Kansei. As the so-called Kansei profile is the base of all KE studies, it plays an important role in either Kansei design or consumer-oriented Kansei evaluation. Therefore, we believe that it is essential to consider different uncertainties of Kansei in KE.

Toward this end, the main focus of this paper is to cope thoroughly with the uncertainty of Kansei in KE. To do so, Section 2 begins with the necessary and preparatory Kansei experiment in KE studies and follows with a review of traditional approaches to generating Kansei profiles. In Section 3, the Kansei data are treated as linguistic variables in order to model the individual uncertainty of Kansei. By assuming any neighboring Kansei label has partial semantic overlapping with other Kansei labels, a probabilistic approach has been proposed to derive the semantic overlapping of Kansei data. A collective approach is proposed to generate the Kansei profile of each product on each Kansei attribute.

Such a Kansei profile results in a probability distribution on the Kansei label set. Section 4 discusses possible applications of our generated Kansei profiles. Finally, this paper was concluded by Section 5.

2　Kansei experiment and review of prior research

Firstly this section introduces the necessarily preparatory Kansei experiment in KE and follows with a review of prior approaches to generating Kansei profiles.

2. 1　The preparatory Kansei experiment

The first step in Kansei experiment is to select product domain and collect product samples. It is easy to collect product images from the marketplace such as websites, producers, catalogs, and magazines[5]. Researchers then need to eliminate duplicate or similar ones. Formally, let $O = \{o_1, o_2, \cdots, o_M\}$ be a set of representative products to be evaluated.

Secondly, we have to identify and measure Kansei attributes which used by people to express their psychological feelings for products. Usually, Kansei attributes are identified by a panel of experts (people familiar with KE and the product domain) via a brainstorming process [5, 15]. One person's Kansei will be expressed through physiological functions. There are different ways of measuring the Kansei: words, physiological response, people's behaviors and actions, and facial and body expressions. Most KE studies which have been published in English, use words when measuring the Kansei. The words are external descriptions of the Kansei within a person's mind and will be used to measure the Kansei in our study. The Kansei words are words that describes product domain and can be collected from all available sources such as magazines, manuals, product reviews and users[5]. Researchers then need to eliminate duplicate or similar Kansei words. Accordingly, the refined bipolar pairs of Kansei words represent the Kansei attributes, which can be formally expressed as follows:

· Let $X = \{x_1, x_2, \cdots, x_N\}$ be a set of Kansei attributes.

· Let $KW_n = <kw_n^-, kw_n^+>$ be the bipolar pair of Kansei words with respect to Kansei attribute x_n, where $n = 1, 2, \cdots, N$.

Third, a questionnaire is designed by means of the semantic differential (SD) method[18]. The questionnaire consists of listing the set of N Kansei attributes, each of which corresponds to a bipolar pair of Kansei words with a G – point odd qualitative scale, which is symbolically denoted as

$$V = \{v_1, \cdots, v_{(G+1)/2}, \cdots, v_G\} \qquad (1)$$

where v_g is an integer value and $v_{g+1} - v_g = 1$, $g = 1, \cdots, G - 1$. The left – most hand point v_1 stands for left Kansei word kw^-, and the right – most hand point v_G expresses right Kansei word kw^+. Also, the middle point $v_{(G+1)/2}$ is the neutral Kansei, denoted as kw^-, where the rest of the points being placed symmetrically around kw^-. In practice, people can reasonably manage to keep about seven points in mind[14]. Most KE studies use a 7 – point qualitative scale such that $V = \{1, 2, 3, 4, 5, 6, 7\}$ [15].

Finally, the questionnaire is then distributed to a population of subjects $E = \{e_1, e_2, \cdots, e_K\}$, who are selected and asked to express simultaneously their subjective assessments for the products in O on Kansei attributes in X via the G – point odd qualitative scale. Formally, the Kansei assessment provided by subject $e_k \in E$ for product $o_m \in O$ on Kansei attribute $x_n \in X$ is denoted as $x_n^m(e_k)$, where $\forall x_n^m(e_k) \in V$, $m = 1, \cdots, M; n = 1, \cdots, N;$ and $k = 1, \cdots, K$. Table 1 shows the Kansei database of product $o_m \in O$ on Kansei attributes judged by the K subjects.

Table 1　Kansei database of product $o_m \in O$ on Kansei attributes

Subjects	Kansei attributes			
	x_1	x_2	$\cdots$	x_N
e_1	$x_1^m(e_1)$	$x_2^m(e_1)$	$\cdots$	$x_N^m(e_1)$
e_2	$x_1^m(e_2)$	$x_2^m(e_2)$	$\cdots$	$x_N^m(e_2)$
$\vdots$	$\vdots$	$\vdots$		$\vdots$
e_K	$x_1^m(e_K)$	$x_2^m(e_K)$	$\cdots$	$x_N^m(e_K)$

2.2　Prior approaches to generating Kansei profiles

With the Kansei database obtained, we have to generate the Kansei profile $x_n(o_m)$ for product $o_m \in O$ on Kansei attribute $x_n \in X$. In our search for the literature of KE studies, there are generally four approaches to generating Kansei profiles.

(1) Model 1 means scale based approach. The first approach to generating Kansei profile of the product is to use the mean scale rating, i. e. the average value of Kansei judgments for the product on a Kansei attribute provided by a population of subjects. Perhaps due to the simplicity, even Nagamachi himself, the founder of KE, views the mean scale based approach as the standard one to generating the Kansei profile of a product on a Kansei attribute. Applications of this approach can be referred to many KE studies[2, 3, 4, 5, 7, 9, 11, 12, 15, 16, 19]. Formally, the Kansei profile of product o_m on Kansei attribute x_n is defined as

$$x_n(o_m) = \mathbf{I}_n^m$$

$$= \sum_{g=1}^{G} \left[\frac{| \ e_k \in E : x_n^m(e_k) = v_g \ |}{| E |} \times v_g \right] \qquad (2)$$

where $\forall x_n^m(e_k) \in V, m = 1, \cdots, M, n = 1, \cdots,$ N, $k = 1, \cdots, K$, $| \cdot |$ and denotes the cardinality of the set. Since such an approach treats the Kansei judgment as a crisp numerical value, it does not consider the vagueness of Kansei data, i. e., individual uncertainty of Kansei. In addition, since the Kansei profile of each product on each Kansei attribute is usually highly individualistic [3], it is inappropriate without considering the individuality of the Kansei profile, i. e., the group uncertainty of Kansei.

(2) Model 2 fuzzified mean scale based approach. In order to involve the group uncertainty of Kansei in KE, Nakamori and Ryoke [17] considered the vagueness of Kansei by means of a Gaussian – type fuzzy membership function. For product o_m on Kansei attribute x_n, they first calculate the average data of Kansei judgments according to Eq. (2), and the variance – covariance data is as follows:

$$\overline{x_n^m} = \amalg_n^m$$
$$\mathrm{var}_n^m = \frac{1}{| E |} \sum_{e_k \in E} [x_n^m(e_k) - \overline{x_n^m}]^2 \qquad (3)$$

They then define a fuzzy value $\amalg_n^m$ with the following membership function:

$$\mu_{\amalg_n^m}(x) = \exp\left(- \frac{(x - \overline{x_n^m})^2}{c_n^m \times \mathrm{var}_n^m} \right) \qquad (4)$$

The parameter c_n^m can be set as follows. Which is taking a certain real number $h \in (0,1)$, we can find the minimum c_n^m satisfying the following inequality:

$$\min_{e_k \in E} \{ \mu_{\amalg_n^m}(x_n^m(e_k)) \} \geqslant h \qquad (5)$$

which can be reduced to

$$c_n^m = \max_{e_k \in E} \left\{ - \frac{(x_n^m(e_k) - \overline{x_n^m})^2}{logh \times var_n^m} \right\} \qquad (6)$$

The value h is determined subjectively and reflects the approach of an analyst who asks the question: to what degree should data possibilities be incorporated? Without any information, h is set to be 0.005 for default.

Accordingly, the fuzzy number $\amalg_n^m$ with a Gaussian type membership function is viewed as the Kansei profile of product o_m on Kansei attribute x_n. Such a Kansei profile is successfully applied to principal component analysis and correspondence analysis under fuzzy uncertainty by Nakamori and Ryoke. However, it cannot capture the individual vagueness of Kansei in KE.

(3) Model 3 voting model based approach. Taking a different track, Huynh et al. [8] and Yan et al. [22] have proposed a voting statistics based approach to generating Kansei profile, referred to as voting model. For each product o_m with its assessment data $x_n^m(e_k)$, as shown in table 1, they define for each Kansei attribute x_n a probability distribution $\rho_n^m : V \to [0,1]$ as follows:

$$\rho_n^m(v_g) = \frac{| \ \{ e_k \in E : x_n^m(e_k) = v_g \} \ |}{| E |} \qquad (7)$$

where $g = 1, \cdots, G$. The voting model based Kansei profile is then defined as

$$x_n(o_m) = \amalg\!\amalg_n^m$$
$$= [\rho_n^m(v_1), \cdots, \rho_n^m(v_g), \cdots, \rho_n^m(v_G)] \qquad (8)$$

Such a probability distribution is considered as an uncertain judgment of product o_m on Kansei attribute x_n. Since this approach considers the uncertainty of group assessments, in this sense it can capture the group uncertainty of Kansei. However, it does not consider the vagueness of the Kansei judgement given by each subject, i. e. individual uncertainty of Kansei.

3 Kansei profile generation involving semantic overlapping

3.1 Semantic overlapping of linguistic Kansei labels

As it was mentioned in Section 1, it is more appropriate to treat the qualitative scale V in Eq. (1) as a linguistic variable such that:

$$L^n = \{l_1^n, l_2^n, \cdots, l_G^n\} \qquad (9)$$

In order to establish the linguistic label set for each Kansei attribute, we have to choose syntax and semantics as follows[6]:

(1) The cardinality of each linguistic label set for each Kansei attribute corresponds to the semantic scale of each Kansei attribute, i. e., the cardinality of each linguistic label set is G.

(2) Similar to the linguistic decision analysis, ordered structure approach will be used to choose linguistic descriptors for Kansei attributes. For example, the linguistic terms " fairly " and " very " are used to describe the Kansei linguistic variables.

(3) Fuzzy numbers are used to represent the Kansei linguistic variables. Fuzzy numbers could have variety of shapes and forms. In practical applications, for simplicity, the triangular or trapezoidal form of the membership function is used mostly for representing fuzzy numbers. In this study, triangular fuzzy numbers are used to represent the linguistic Kansei variables.

Example 1: Assume a Kansei attribute *fun* is represented by a bipolar pair of Kansei words < solemn, funny > with a 7 – point scale $V = \{1,2,3,4,5,6,7\}$. According to our previous work, the linguistic label set for the Kansei attribute fun can be defined as:

$$L = \{l_1, l_2, l_3, l_4, l_5, l_6, l_7\}$$
$$= \{\text{Very solemn, Solemn, Fairly solemn,}$$
Neutral, Fairly funny, Funny, Very funny$\}$
$$= \{(1,1,2), (1,2,3), (2,3,4), (3,4,5), (4,5,6), (5,6,7), (6,7,7)\}$$

In this research, there is a set of N linguistic Kansei variables, each of which corresponds to one Kansei attribute having a set of G Kansei labels, but the semantics are different with respect to different Kansei attributes.

With the linguistic interpretation of Kansei data, if a subject assesses product o_m on Kansei attribute x_n using v_g, it implies that the subject chooses Kansei label l_g^n as his judgment. It also implies that the subject makes an assertion that " o_m on x_n is l_g^n ". From the philosophical viewpoint of the epistemic stance [10, 21], humans posses some kind of mechanism for deciding whether or not to make certain assertions. Furthermore, although the underlying concepts are often vague the decisions about assertions are, at a certain level, bivalent. That is to say for a product o_m on an attribute x_n and a description l_g^n, the subject is willing to assert that " o_m on x_n is l_g^n " or not. Nonetheless, the dividing line between those Kansei labels are and those are not appropriate to use may be uncertain. Thus if one subject assesses a product using l_g^n, other Kansei labels l_m^n ($m \neq g$) in L^n can also be used to describe o_m on x_n. In this sense, similar with Tang and Lawry[21], l_g^n is called the prototype Kansei label. We refer to this phenomenon as semantic overlapping of Kansei data. In the next subsection, we shall propose a probabilistic approach to derive the underlying semantic overlapping of Kansei data.

3.2 Deriving underlying semantic overlap-

ping of linguistic Kansei labels

In order to simplify the problem, we assume that only one linguistic Kansei label set $L = \{l_1, l_2, \cdots, l_G\}$ with their associated membership functions expressed as $\{M(l_1), M(l_2), \cdots, M(l_G)\}$, where $M(l_g)$ is the membership function of Kansei label l_g. We also deem a the universe of discourse is denoted as Ω.

If one subject's judgment is a numerical value such that $x \in \Omega$, we can obtain a linguistic description of x relative to the linguistic variable L, which is a fuzzy subset of L such that:

$$f_L(x) = \left\{ \frac{\mu_{M(l_1)}(x)}{l_1}, \frac{\mu_{M(l_2)}(x)}{l_2}, \cdots, \frac{\mu_{M(l_G)}(x)}{l_G} \right\}$$

There fore, for each possible $x \in \Omega$, a mass assignment function m_x on 2^L can be derived from the membership degrees $[\mu_{M(l_1)}(x), \mu_{M(l_2)}(x), \cdots, \mu_{M(l_G)}(x)]$ as follows:

Definition 1: Given the fuzzy subset $f_L(x)$ of a universe Ω relative to the linguistic variable L such that the range of the membership function $f_L(x)$, $\mu_{f_L}(x)$, is $\{\pi_1, \pi_2, \cdots, \pi_J\}$, where $\pi_j > \pi_{j+1} > 0$. Then the mass assignment of f, denoted as m_x, is a probability distribution on 2^L satisfying

$$m_x(\phi) = 1 - \pi_1,$$
$$m_x(F_i) = \pi_i - \pi_{i+1}, \quad i = j, \cdots, J-1,$$
$$m_x(F_J) = \pi_J \qquad (10)$$

where $F_j = \{l \in L | \mu_{M_l}(x) \geq \pi_j\}$ for $j = 1, \cdots, J-1$, and $\{F_j\}_{j=1}^J$ are referred to as the focal elements of the mass assignment function m_x.

The mass assignments for fuzzy concepts were first proposed by Baldwin et al. [1] and can be interpreted as a probability distribution on possible definitions of the concept. In general, a mass assignment function is able to represent a piece of evidence in Dempster – Shafer evidence theory and transferable belief model[20]. In definition 1, the mass function $m_x(F)$ means one belief that F is the extensions of a value x. The notion of mass assignment m_x suggests a definition of probability distribution p as follows:

Definition 2: If $x \in \Omega$, then the probability distribution of x on L is given by:

$$p(l \mid x) = \sum_{F_j: l \in F_j} \frac{m_x(F_j)}{(1 - m_x(\phi)) \mid F_j \mid} \quad (11)$$

where $l \in L$ and $\{F_j\}$ is the corresponding set of focal elements.

Note that, when $m_x(\phi) = 0$ the probability distribution is the pignistic distribution introduced by Smets and Kennes[20]. The mass $m_x(\phi) = 0$ can be interpreted as the degree of inconsistency conveyed by x or the belief committed exactly to other hypotheses which are not included in L. The idea underlying the definition of probability distribution in definition 2 is that, for each focal set F containing linguistic label l, a uniform proportion $1/\mid F \mid$ of mass $\dfrac{m_x(F_j)}{(1 - m_x(\phi))}$ is reallocated to l. The probability of l is then taken to be the sum across the focal sets of the reallocated masses. In other words, the value $p(l \mid x)$ reflects the probability that $l \in L$ belongs to the extensions of the subject's assessment $x \in \Omega$.

This notion can be extended to the case where the value given is a continuous set S of Ω, in which the appropriate linguistic description of S relative to L is defined as follows:

Definition 3: Let $S \subseteq \Omega$, then the probability distribution of S on L is defined as:

$$p(l \mid S) = \frac{1}{\lambda(S)} \int_S p(l \mid x) dx, l \in L \quad (12)$$

where λ is the Lebesgue measure which in the case that S is an interval corresponds to its length. The value $p(l \mid S)$ reflects the probability that $l \in L$ belongs to the extensions of the subject's assessment $S \subseteq \Omega$.

Extending interval value to the case where a value is a fuzzy subset f of Ω, the appropriate linguistic description of f relative to L is defined as follows.

Definition 4: Let $f \subseteq_f \Omega$, then the probability distribution of f on a set of linguistic Kansei labels L is:

$$p(l \mid f) = \int_0^1 \frac{1}{\lambda(f_\alpha)} \int_{f_\alpha} p(l \mid x) dx d\alpha, l \in L \quad (13)$$

where f_α is the alpha – cut of f.

The intuition underlying this definition is as follows. For each focal set F or the alpha – cut of f we average the probability of l being selected to label values in F. This is then averaged across the focal sets to give the overall probability of l. The value $p(l \mid f)$ reflects the probability that $l \in L$ belongs to the extensions of the subject's assessment $f \subseteq_f \Omega$.

We are now able to derive the underlying semantic overlapping of a subject's linguistic Kansei judgment. If one subject provides a linguistic Kansei label $l \in L$ as his judgment, it means that the subject chooses implicitly the fuzzy subset $M(l)$ as his judgment. Here, l will be called the prototype Kansei label. Then by using Eq. (13), the linguistic description of a prototype Kansei label relative to L is defined as follows:

Definition 5: With a prototype Kansei label $l \in L$, the probability distribution of l on the linguistic label set L is:

$$p(l_g \mid l) = \int_0^1 \frac{1}{\lambda(M(l)_\alpha)} \int_{M(l)_\alpha} p(l \mid x) dx d\alpha \quad (14)$$

where $g = 1, \cdots, G$ and $M(l)_\alpha$ is the alpha – cut of fuzzy membership function $M(l)$ corresponding to Kansei label L.

The value $p(l_g \mid l)$ in definition 5 reflects the probability that l_g belongs to the extensions of the subject's assessment $l \in L$. Consequently, there will be G possible prototype Kansei labels with respect to L. Then we can obtain a probability distribution matrix of around possible prototype linguistic labels on L, representing the underlying semantic overlapping of the subject's Kansei judgment.

3.3 A collective approach to generating Kansei profile involving semantic overlapping

Returning back to the Kansei database in table 1, with the Kansei judgment $x_n^m(e_k)$ for product o_m on Kansei attribute x_n given by subject e_k, we are able to derive a probability distribution of "around the prototype label $x_n^m(e_k)$" on the set of Kansei labels L^n such that:

$$p(x_n^m(e_k)) = p(l_1^n \mid x_n^m(e_k)), \cdots, p(l_G^n \mid x_n^m(e_k))$$

where $x_n^m(e_k) \in L^n, m = 1, \cdots, M, n = 1, \cdots, N$.

In KE, a number K of subjects E are selected and asked to provide their judgments for the products. We assume that each subject is assigned a degree of importance or weight. Formally, the weighting vector is denoted as:

$$W = [-w_1, w_2, \cdots, w_K], \sum_{k=1}^K w_k = 1$$

The assignment of such weight information of subjects is useful when different groups of subjects are selected in the Kansei experiment. This is motivated by the fact there still remains a gap between designers' and consumers' perceptions, due to the fact that subjective functions and criteria are often neither named nor objectively assessed[9]. With the weighting vector, a collective probability distribution on L^n under different prototype Kansei labels $x_n^m(e_k) \in L^n$ is then defined as follows:

$$p_n^m(l_g^n) = \sum_{k=1}^K p(l_g^n \mid x_n^m(e_k)) \times w_k \quad (15)$$

where $g = 1, \cdots, G$, $m = 1, \cdots, M$, $n = 1, \cdots, N$.

Consequently, we obtain the Kansei profile of product o_m on Kansei attribute x_n as follows:

$$x_n(o_m) = \mathbb{IV}_n^m = [p_n^m(l_1^n), p_n^m(l_2^n), \cdots, p_n^m(l_G^n)] \quad (16)$$

Table 2 shows the Kansei profiles of product o_m on N Kansei attributes.

Table 2 Kansei profile of product $o_m \in O$ on Kansei attributes

Kansei attributes	G – scale Kansei data			
	v_1	v_2	$\cdots$	v_N
x_1	$p_1^m(l_1^1)$	$p_1^m(l_2^1)$	$\cdots$	$p_1^m(l_G^1)$
x_2	$p_2^m(l_1^2)$	$p_2^m(l_2^2)$	$\cdots$	$p_2^m(l_G^2)$
$\vdots$	$\vdots$	$\vdots$	$\vdots$	$\vdots$
x_N	$p_N^m(l_1^N)$	$p_N^m(l_2^N)$	$\cdots$	$p_N^m(l_G^N)$

4 Discussion

The Kansei profiles of a given product o_m in table 2 can be viewed which is a decision making under uncertainty problem, described as follows.

$o_m(m = 1, \cdots, M)$ represent the alternatives available to a decision – maker (consumer), one of which must be selected. The Kansei attribute x_n has G possible values associated with the so – called state space, which is characterized by a probability distribution. In the generated Kansei profiles, the probability distributions on the state space are different regarding different products and Kansei attributes. The probability distribution $p_n^m(l_g^n)$, $g = 1, \cdots, G$ acts as the probability distribution on the state space. Such a decision making under uncertainty can be applied in the consumer – oriented Kansei evaluation problems. A possible solution such a problem is to use the target – oriented decision model[22]. However, since it is beyond the scope of this paper, it will be left for the future work.

In KE design studies, the average data based Kansei profiles are usually first applied to principal component analysis to identify the most representative Kansei factors of the market, and then applied to regression analysis to identify the relationships between design elements and Kansei data. Our generated Kansei profile results with a probability distribution on Kansei data with the linguistic interpretation of Kansei data. Toward this end, uncertain principal component analysis and uncertain regression analysis need to be developed or applied in this research. It will also be left for the future work.

5 Conclusion

In summary, we have coped with the uncertainty of Kansei in KE in this paper. A probabilistic approach was firstly proposed to generating Kansei profiles of the products involving the (individual and group) vagueness of Kansei and partial semantic overlapping of linguistic Kansei labels. Our generated Kansei profile results in a probability distribution on a set of Kansei labels. The main advantages of our approach to generating Kansei profiles are its ability to model individual uncertainty, group uncertainty, as well as semantic overlapping of Kansei.

6 Acknowledgement

This study was supported by the National Natural Science Foundation of China (71101050, 70901026) and the Program for New Century Excellent Talents in University (NCET - 09 - 0345).

Reference

[1] J. F. Baldwin, T. P. Martin and B. W. Pilsworth. FRIL, Fuzzy and Evidential Reasoning in Artificial Intelligence [M]. New York, NY, USA: Research Studies Pre, John Wiley & Sons, Inc, January 1995.

[2] H. Chang, H. Lai, and Y. Chang. Expression Models Used by Consumers in Conveying Desire for Product Form: A Case Study of A Car [J]. Int J Ind Ergonom, Vol. 36, No. 1, 2006: 3 ~ 10.

[3] C. C. Chen, M. C. Chuang. Integrating the Kano Model into A Robust Design Approach to Enhance Customer Satisfaction with Product Design [J]. Int J Prod Econ, Vol. 114, No. 2, 2008: 667 ~ 681.

[4] H. Chen, Y. Chang. Extraction of Product form Features Critical to Determining Consumers' Perceptions of Product Image Using A Numerical Definition - based Systematic Approach, Int J Ind Ergonom, Vol. 39, No. 1, 2009: 133 ~ 145.

[5] K. Grimsæth. Kansei Engineering: Linking Emotions and Product Features, Norwegian University of Science and Technology, Norwegian, Tech. Rep. 2005.

[6] F. Herrera, E. Herrera - Viedma. Linguistic Decision Analysis: Steps for Solving Decision Problems under Linguistic Information [J]. Fuzz Set Syst, Vol. 115, No. 1, 2000: 67 ~ 82.

[7] S. Hsu, M. Chuang and C. Chang. A Semantic Differential Study of Designers' and Users' Product Form Perception [J]. Int J Ind Ergonom, Vol. 25, No. 4, 2000: 375 ~ 391.

[8] V. N. Huynh, H. B. Yan and Y. Nakamori. A Target - based Decision Making Approach to Consumer - oriented Evaluation model for Japanese traditional crafts [J]. IEEE T Eng Manage, Vol. 57, No. 4, 2010: 575 ~ 588.

[9] H. Lai, Y. Lin, C. Yeh and C. Wei. User - oriented Design for the Optimal Combination on Product Design [J]. Int J Prod Econ, Vol. 100, No. 2, 2006: 253 ~ 267.

[10] J. Lawry. A Framework for Linguistic Modelling [J]. Artif Intell, Vol. 155, No. 1 - 2, 2004: 1 ~ 39.

[11] C. Llinares, A. F. Page. Application of Product Differential Semantics to Quantify Purchaser Perceptions in Housing Assessment [J]. Build Environ, Vol. 42, No. 7, 2007: 2488 ~ 2497.

[12] L. Luo, P. Kannan and B. T. Ratchford. Incorporating Subjective Characteristics in Product Design and E-valuations [J]. J Marketing Res, Vol. 45, No. 2, 2008: 182 ~ 194.

[13] L. Martinez. Sensory Evaluation Based on Linguistic Decision Analysis [J]. *Int J Approx Reason*, Vol. 44, No. 2, 2007: 148 ~ 164.

[14] G. Miller. The Magical Number Seven, Plus or Minus Two: Some Limits on Our Capacity for Processing Information [J]. Psychol Rev, Vol. 63, No. 2, 1956: 81 ~ 97.

[15] M. Nagamachi. Kansei Engineering as A Powerful Consumer - oriented Technology for Product Development [J]. Appl Ergon, Vol. 33, No. 3, 2002: 289 ~ 294.

[16] M. Nagamachi, M. Tachikawa, N. Imanishi, T. Ishizawa and S. Yano. A Successful Statistical Procedure on Kansei Engineering Products, 2008, http: // www. ep. liu. se/ecp/033/084/.

[17] Y. Nakamori, M. Ryoke. Treating Fuzziness in Subjective Evaluation Data [J]. Inform Sciences, Vol. 176, No. 24, 2006: 3610 ~ 3644.

[18] C. Osgood, G. Suci and P. Tannenbaum. The Measurement of Meaning [M]. Urbana, USA: University of Illinois Press, 1957.

[19] J. Petiot, B. Yannou. Measuring Consumer Perceptions for A Better Comprehension, Specification and Assessment of Product Semantics [J]. Int J Ind Ergonom, Vol. 33, No. 6, 2004: 507 ~ 525.

[20] P. Smets, R. Kennes. The Transferable Belief Model [J]. Artif Intell, Vol. 66, No. 2, 1994: 191 ~ 234.

[21] Y. Tang , J. Lawry. Linguistic Modelling and Information Coarsening Based on Prototype Theory and Label Semantics [J] . Int J Approx Reason, Vol. 50, No. 8, 2009: 1177 ~ 1198.

[22] H. B. Yan, V. N. Huynh, T. Murai and Y. Nakamori. Kansei Evaluation Based on Prioritized Multi - attribute Fuzzy Target - oriented Decision Analysis [J] . Inform Sciences, Vol. 178, No. 21, 2008: 4080 ~ 4093.

[23] H. B. Yan, V. N. Huynh and Y. Nakamori. A Group Nonadditive Multiattribute Consumer - oriented Kansei Evaluation Model with an Application to Traditional Crafts [J] . Ann Oper Res, 2011, in press, DOI: 10. 1007/ s10479 - 010 - 0826 - 7.

[24] L. A. Zadeh. The Concept of a Linguistic Variable and Its Application to Approximate Reasoning - Part I [J] . Inform Sciences, Vol. 8, No. 3, 1975: 199 ~ 249.

科技奖励对自主创新的影响研究
——以 2006～2008 年上海市获奖科技成果为例

蒋景楠[1]　杨惠霄[1]　陈银花[1]　尹邦奇[2]　吴洁敏[2]　包豫[2]

（1. 华东理工大学商学院）

（2. 上海市科学技术奖励中心）

摘要：本文在概述科技奖励与自主创新现状研究、获奖科技成果后续发展研究基础上，通过对 2006～2008 年上海市获奖科技成果后续发展的调查信息分析，从申请和授权国内外发明专利、形成各级标准和新产品、论文发表五个层面，研究了获奖科技成果对自主创新的影响，分析了科技奖励政策的实施效果，存在的不足，并提出相应的改进建议。

关键词：科技奖励；自主创新；获奖科技成果；上海

Effect of Science and Technology Awards on Independent Innovation—Take Shanghai Science and Technology Achievements Award of 2006～2008 as an example

Jiang Jingnan[1], Yang Huixiao[1], Chen Yinhua[1], Yin Bangqi[2], Wu Jiemin[2], Bao Yu[2]

(1. School of Business, East China University of Science and Technology)

(2. Shanghai science and technology awards center)

Abstract：The Research Status of science and technology awards and independent innovation as well as follow - up development research of award - winning scientific and technological achievements are reviewed in this paper. Follow - up development survey information of award - winning scientific and technological achievements of Shanghai in 2006～2008 is also analyzed. Both award - winning Scientific and technological achievements' impact on innovation and implementation effects of science and technology awards policy are investigated from application and authorization of Domestic and foreign patent, formation of all levels of standards and new products, and published papers aspect. At last, the deficiency of science and technology awards and relative recommendation are pointed out.

Key words：science and technology awards; independent innovation; award - winning scientific and technological achievements; shang hai

1 引言

加快提高自主创新能力是"十二五"时期引导我国经济发展的重要任务，是加快转变经济增长方式的迫切需要，是推动产业结构优化升级的迫切需要，是增强我国综合国力和竞争力的迫切需要，也是在激烈的国际竞争中从根本上保障国家安全的迫切需要。

国家主席胡锦涛（2006）指出，自主创新能力是国家竞争力的核心，是我国应对未来挑战的重大选择，是统领我国未来科技发展的战略主线，是实现建设创新型国家目标的根本途径[1]。前国家科学技术部部长、中国科学院院士徐冠华（2006）在上海浦东干部学院做《关于自主创新》的专题报告中谈及"为什么要强调自主创新"时指出，"技术创新能力决定国家竞争力，引进技术不等于引进技术创新能力，真正的核心技术是买不来的"[2]，充分体现了推进自主创新建设的主要作用。

为此，各国政府纷纷筹措巨资，制订各种激励政策以充分调动科技人员的创新积极性，从而抢占科技制高点和经济增长点。在众多激励政策中，科技奖励是重要的激励政策之一。

2 研究现状

2.1 科技奖励与自主创新研究现状

科技奖励是对科技人员的科研能力和科技成果的肯定性评价，其目的在于激励科技人员为人类、为祖国、为人民从事研究与开发的积极性和创造性。科技奖励既是对科技成果的承认，也是对科技人员创造能力的肯定，同时也可作为衡量科技人员贡献大小的一种标志[3]。

自主创新是指"企业主要通过自身努力，攻破技术难关，形成有价值的研究开发成果，并在此基础上依靠自身的能力推动创新的后续环节，完成技术成果的商品化，获取商业利润的创新活动"[4]。

目前，国内关于科技奖励与自主创新的研究，主要集中在以下三个领域：

2.1.1 实施科技奖励的目的研究

当前，国内学术界对科技奖励的目的认识一致，即激励科技人员的积极性和创造性。例如，尹邦奇（2005）也指出，科技奖励促进了优秀科技人才脱颖而出，推动科技创新，促进科技、经济与社会跨越式发展等方面发挥了重要的引领作用[5]。

2.1.2 研究科技奖励在激励创新方面存在的问题研究

近年来，学术界对我国科技奖励在激励创新方面存在的问题进行了深入探讨，内容涉及科技奖励与知识产权、奖励周期、奖励评审、奖励设置等。

国家知识产权局专利管理司司长马维野对我国现行的重获奖轻专利的现象提出批评。邓莉（2006）指出，目前科技奖励与知识产权的保护结合不紧密的问题[6]。杨爱华（2006）指出科技成果评审周期过短的问题，并对国家科学技术奖候选人的推荐者都是行政所属单位，专家也必须是经过行政部门认定的问题提出质疑[7]。袁建湘（2004）指出了国家科技奖评审中部门领导跟科技人员抢功而挫伤科技人员积极性的问题[8]。刘仁平（1999）指出，国家科技奖励的类别和层次不清晰[9]。徐安等人（2006）指出我国科技奖励体系在肯定和鼓励企业科技创新的成绩方面尚待加强[10]。

2.1.3 科技奖励的改革方向研究

针对我国科技奖励的现状和问题，我国专家学者提出了许多建设性的意见，其内容主要集中在国家科技奖励体制改革原则、获奖成果的知识产权、奖励项目数量、评审标准和评审专家。

王大明等人（2005）指出，"科技奖励要突出创新性标准，淡化生产力标准"[11]。袁建湘（2004）指出，"要参照国际上知名人物奖项（如诺贝尔奖）的运作模式，运作自然科学奖和技术发明奖"[8]。杨爱华（2006）指出"家科技奖励应坚持延迟评审"[7]。马维野（2005）认为，"科技奖励制度在导向上应该以自主知识产权的取得为根本导向"。余化刚（2001）主张"自然科学奖应注重成果的原始创新性"[12]。尹邦奇（2005）也指出，"在评奖过程中，强调具有自主知识产权包括专利、版权和标准等，鼓励科研人员科技成果申报专利和版权，鼓励制定行业标准、国家标准和国际标准"[5]。

然而，对科技奖励与自主创新的实证研究，目前国内还没有开展。

2.2　获奖科技成果后续发展研究

目前，关于科技成果的后续发展，引起了一些专家学者的兴趣。董云霓和徐鸣华等人（2005）对上海第二医科大学 1994～2003 年获奖科技成果进行了研究，并提出了相关的建议[13]。何平（2007）对中国农业科学院 1996～2005 年获奖科技成果进行了研究[14]。唐五湘等人（2007）对我国地方科技奖励政策进行了调研[15]。朱湘晖和孙细明（2009）对湖北省高校科技成果产业化的现状与对策进行了研究[16]。徐鸣华等人（2009）对上海交通大学医学院1999～2008 年获奖科技成果进行了比较与分析[17]。曹代勇和王嘉（2010）对科技成果评估综合指标体系进行了研究[18]。但其构建的评估指标体系主观因素太重，可操作性较差。

对于上海市获奖科技成果的后续发展，也引起了一些专家学者的兴趣。蒋景楠等人（2008）对 2003～2007 年上海市科学技术奖获

奖项目进行了统计分析[19]。蒋景楠等人（2009）对上海市科技成果奖项目对经济效益的影响进行了研究[20]。张艳辉和刘建国（2009）对上海市获奖科技成果后续发展研究[21]。蒋景楠和尹邦奇等人（2010）对获奖科技成果对社会发展的影响进行了研究[22]。

然而，从量化指标层面，对科技奖励对自主创新的影响的研究至今还没有展开。因此，本文试图以 2010 年 12 月上海市科学技术奖励中心对 2006～2008 年上海市获奖科技成果的后续发展调查的数据，并结合 2008 年 12 月海市科学技术奖励中心对 2006～2008 年上海市获奖科技成果的后续发展调查的数据，从申请、授权国内外发明专利数、形成各级标准、形成新产品、论文发表这五个层面，对上海获奖科技成果后续发展的数据进行分析，以探究科技奖励对自主创新的影响、存在的不足，并提出相应地改进措施。

为了更好地了解上海市获奖科技成果的总体背景，本文首先介绍调查到的上海市获奖科技成果的概况。

3　2006～2008 年上海市获奖科技成果概况

本调查项目针对上海科学技术奖励中心评定的上海市 2006～2008 年获奖科技成果，数据由上海市科学技术奖励中心于 2010 年发出调查。发出问卷 653 份，有效回收 404 份，回收率 61.87%。参照的数据来源于 2008 年由上海市科学技术奖励中心对 2004～2006 上海市获奖科技成果的调查。该调查发出问卷 735 份，有效回收 500 份，回收率 68.02%。

自 2007 年 3 月 1 日起，根据《上海市科学技术奖励规定》，上海市科学技术奖项包括五个奖种：科技功臣奖、自然科学奖、技术发明奖、

科技进步奖、国际合作奖。其中科技功臣奖每两年评审一次，每次授予人数不超过两名。自然科学奖、技术发明奖、科技进步奖、国际科技合作奖每年评审一次。自然科学奖、技术发明奖、科技进步奖各分为一等奖、二等奖、三等奖三个等级。科技进步奖又分为技术开放类、社会公益类、科普类、软科学类、重大工程类五个类别。

3.1 获奖科技成果等级呈阶梯状分布

表1 上海市 2004~2006 年和 2006~2008 年获奖科技成果奖励等级分布

类别		一等奖	二等奖	三等奖	总计
2004~2006	数量	65	173	262	500
	百分比	13.00%	34.60%	52.40%	100%
2006~2008	数量	79	131	194	404
	百分比	19.60%	33.40%	48.00%	100%

表1展示了 2006~2008 年与 2004~2006 年获奖科技成果的奖励等级分布。从中可以看出，一等奖的比重上升了，这反映了上海市科技奖励对上海市科技水平的促进作用。

3.2 获奖成果大多源于高等院校

表2 上海市 2006~2008 年获奖科技成果来源单位分布

	高等院校	区县	市局机关	国企
数量	140	89	76	47
百分比	34.7%	22.0%	18.8%	11.6%
	科研院所	私企	其他	总计
数量	31	19	2	404
百分比	7.7%	4.7%	0.5%	100%

表2展示了上海市 2006~2008 年获奖科技成果来源单位的分布。从表中可以看出，高等院校、区县单位和市局、委机关是上海

市科技创新的主体。从体制上看，获奖单位大量为教委编制下的单位，尤其有编制、建制的科研院所占大多数。这与 2008 年调查的结果（高等院校占38%）相差不大。这可能是由于评奖候选项目的推荐者大多都属教委部门人员的原因。

3.3 技术开发类成果在奖项中占主导地位

表3 上海市 2006~2008 年获奖科技成果奖项类别分布表

	自然科学	技术发明	技术开发
数量	43	61	233
百分比	10.64%	15.10%	57.67%
	社会公益	软科学	总计
数量	66	1	404
百分比	16.34%	0.25%	100.00%

表3反映了上海市 2006~2008 年获奖科技成果奖项类别分布情况。从表中可以技术开发类占据获奖科技成果的主导地位，体现了上海市大力贯彻以应用为导向的科技发展思路，将科技成果的经济效益放在十分突出的位置，致力于加强科技成果转化与应用。另外，有效调查的 404 个样本中，获科技功臣奖、国际合作奖的为 0 项，技术进步奖中的科普奖和重大工程奖也为 0 项，这反映上海市在取得重大科技成果、国际合作、重大工程已经科技普及方面的成绩还比较欠缺，同时也反映出上海市在评奖时实事求是，严格把关，宁缺毋滥的科学作风。

3.4 项目计划资助金额总量增幅较大

表4 获奖科技成果获得资助金额

年份	2006	2007	2008	总计
金额（万元）	13165.7	22312.2	19267.0	54744.9
百分比	24.05%	40.76%	35.19%	100.0%

表4反映了上海市2006~2008年获奖科技成果获得的资助金额情况。同2004~2006三年中得到的资助总金额为31330.1万元相比,2006~2008年得到的资助总金额增加了74.74%。这反映出我国对科技成果的高度重视,将极大激发科研人员的积极性,同时也反映出上海市对科技成果评定的科学性与权威性。

4 科技奖励对自主创新的影响

4.1 授权国内、国外发明专利数增加

表5 上海市2006~2008年与2004~2006年获奖科技成果获奖后取得专利构成

类别		国内外发明专利	实用新型专利	软件著作权
2004~2006	数量	1528	446	401
	百分比	63.91%	18.65%	16.77%
2006~2008	数量	1297	526	248
	百分比	59.12%	23.97%	11.30%
类别		其他	总计	总计/奖项数
2004~2006	数量	16	2391	4.78
	百分比	0.67%	100%	
2006~2008	数量	123	2194	5.43
	百分比	5.61%	100%	

表5展示了2006~2008年上海市获奖科技成果和2004~2006年上海市获奖科技成果获奖以后所获得的国内外专利权分布情况。相比可见,2006~2008年所评出的获奖科技成果与2004~2006年所评出的获奖科技成果在获奖后取得的专利在平均值上略有上升,主要的变化是获得的国内外发明专利权和软件著作权比重下降了,实用新型专利比重上升了。

表6 上海市2006~2008年科技成果获奖前后授权国外发明专利数的变化

年份	2006	2007	2008	总计
获奖前授权国外专利数	3	7	8	18
获奖后授权国外专利数	17	30	14	61
获奖后/获奖前占百分比	5.67%	4.29%	1.75%	3.39%

表7 上海市2006~2008年科技成果获奖前后授权国内发明专利数的变化

年份	2006	2007	2008	总计
获奖前授权国内专利数	167	198	163	528
获奖后授权国内专利数	442	463	331	1236
获奖后/获奖前占百分比	2.65%	2.34%	2.03 %	2.34%

表6和表7分别展示了上海市2006~2008年科技成果获奖前后授权国外、国内发明专利数的变化情况。从表中可以看出,科技成果在获奖后比获奖前获得更多的国外专利授权。这反映了科技奖励对科技成果获得国外专利授权起着重大的推动作用,对推动我国自主创新起着巨大的促进作用。同时也反映出上海市科技奖励政策实施的正确性和权威性。

4.2 申请国内、外发明专利数增加

表8 上海市2006~2008年科技成果获奖前后申请国外发明专利数的变化

年份	2006	2007	2008	总计
获奖前申请国外专利数	6	9	31	46
获奖后申请国外专利数	30	110	45	185
获奖后/获奖前占百分比	5.00%	12.22%	1.45%	4.02%

表9 上海市2006~2008年科技成果获奖前后申请国内发明专利数的变化

年份	2006	2007	2008	总计
获奖前申请国内专利数	373	523	450	1346
获奖后申请国内专利数	1062	991	836	2889
获奖后/获奖前占百分比	2.85%	1.89%	1.86%	2.15%

表 8 和表 9 展示了上海市获奖科技成果在获奖前后申请国内外发明专利的情况。从表中可以看出，科技成果获奖后的申请专利数比获奖前多得多，这说明了科技奖励大大提高了获奖单位申请专利的积极性。

4.3 形成了国家、部门等各级标准

表 10 上海市 2004～2006 年获奖科技成果形成国家、部门等各级标准数目

获奖年份	制订国家标准	制订部门标准	制订行业标准	制订企业标准	总计
2004	27	20	52	259	358
2005	21	15	39	109	184
2006	33	24	37	133	227
总计	81	59	128	501	769
总计/样本数占百分比	0.16	0.12	0.26	1.00	1.54

表 11 上海市 2006～2008 年获奖科技成果形成国家、部门等各级标准数目

获奖年份	制订国家标准	制订部门标准	制订行业标准	制订企业标准	总计
2006	13	29	29	97	168
2007	17	18	28	125	188
2008	12	3	35	2439	2489
总计	42	50	92	2661	2845
总计/样本数占百分比	0.10%	0.12%	0.23%	6.59%	7.04%

表 10 和表 11 分别展示了上海市 2004～2006 和 2006～2008 年获奖科技成果制定各级标准的情况。从中可以看出，经过评奖机制评选出来的科技成果，在促进标准形成方面发挥了重要作用。同时，也体现出科技奖励在促进自主创新的正面作用。同时可以看出，2008 年调查的获奖科技成果相比，2010 年调查的获奖科技成果在制定国家标准的比重略有下降，在制定企业标准的比重大大上升了，这反映了获奖科技成果在企业中得到了很好的推广应用。

4.4 形成了一批新产品

表 12 上海市 2004～2006 年获奖科技成果形成新产品数目

获奖年份	新产品证	注册商标权	总计
2004	29	26	55
2005	50	87	137
总计	115	171	286
总计/样本数占百分比	0.23%	0.34%	0.57%

表 13 上海市 2006～2008 年获奖科技成果形成新产品数目

获奖年份	新产品证	注册商标权	总计
2006	33	39	72
2007	42	62	104
2008	37	64	101
总计	112	165	277
总计/样本数占百分比	0.28%	0.41%	0.69%

表 12 和表 13 分别展示了上海市 2004～2006 年和 2006～2008 年科技成果行程新产品的情况。从表中可以看出，科技奖励对科研项目成果起到了一定的助推作用，2010 年调查的获奖科技成果形成新产品的水平在缓慢提升，但总体水平不高，这主要是由于上海市科技奖励政策更偏向于创新性而不是实用性。同时也可以看出，上海市获奖科技成果在形成新产品方面的能力还有待提高。

4.5 发表大量高水平论文

表 14 上海市 2006～2008 年获奖科技成果形成科研成果数目

获奖年份	国外出版著作	国内出版著作	国外发表论文	国内发表论文	SCI & EI 收录	总计
2006	12	63	1098	1363	1186	3722
2007	0	57	599	1051	669	2376

续表

获奖年份	国外出版著作	国内出版著作	国外发表论文	国内发表论文	SCI & EI 收录	总计
2008	4	28	495	675	628	1830
总计	16	148	2192	3089	2483	7928
总计/样本数占百分比	0.04%	0.37%	5.43%	7.65%	6.15%	19.62%

表 14 展示了上海市 2006～2008 年获奖科技成果形成后续科研成果的情况。从中可以看出，获奖科技成果在发表论文方面有突出的表现，这体现了科技奖励对自主创新的促进作用。然而在出版国内外专著方面平均水平却普遍较低，这主要可能是由于目前在高等院校和科研院所里，普遍存在着重论文而轻著作的现象。

5 结论与展望

5.1 科技奖励在自主创新中取得的成果

从以上对上海市获奖科技成果后续发展的调查研究，我们可以看出，上海市科技奖励政策在推进自主创新方面，取得了不菲的成就。主要表现在：①在获奖后，科技成果获得的国内外授权专利数有了较大的提升；②申请国内外专利数也有了很大的提升；③同时也形成了一大批各级标准和新产品；④对论文的发表也起着很大的促进作用。这反映了上海市科技奖励的正确性和权威性，反映了科技奖励对自主创新的促进作用。

5.2 科技奖励在自主创新中存在的不足

同时，我们也可以看到，上海市科技奖励政策在推进自主创新方面，还存在一定的不足。主要表现在：①获奖科技成果申请和获得国外授权的专利数目还较少；②所形成的标准主要还集中在企业层面，在行业、部门和国家层面，还相对较少，国际标准更是凤毛麟角；③所形成的新产品数量还相对较少；④出版的国内外专著还相对较少。

5.3 相应的对策

为了促使科技人员重视和关注科技成果对自主创新的贡献，克服重获奖、重论文、而忽视发明专利、成果转化和学术专著等现象，应进一步改进上海市科技奖励的评奖机制，特别是科技评价指标体系的革新和完善，以利于促进科技成果转化，促进科技人员把"科学技术必须促进自主创新"内化为自觉行为。

同时，要把自主创新作为上海市科技奖励评估的重要指标，改革对申报奖励成果的自主创新考核机制，考虑由独立的会计师事务所、审计机构和税务部门等共同参与审查后，再出具自主创新效益证明。对自主创新贡献不强的项目，应慎重立项；对已经立项的项目，要进行中期检查评估，对投入多而产出少、潜在创新效益低的研究项目，应减少或中止经费支持；对那些对自主创新已经产生显著效益而需进一步研发的项目，追加和扩大经费支持力度。

此外，在科技成果后续管理中，应加强奖后宣传并建立奖后宣传的长效机制，同时强化对上海市科技奖励获奖成果的后续管理和跟踪研究，特别是奖后信息反馈管理工作。

参考文献

［1］胡锦涛. 坚持走中国特色自主创新道路为建设创新型国家而努力奋斗——胡锦涛在全国科学技术大会上的讲话［J］. 经济管理文摘，2006（3）.

［2］徐冠华. 关于自主创新的几个重大问题［J］. 中国软科学，2006（4）：4.

［3］杨传喜，熊丽敏. 我国科技奖励的特征研究［J］. 科技进步与对策，2003（10）：30.

［4］杨德林，陈春宝. 模仿创新自主创新与高技术企业成长［J］. 中国软科学，1997（8）：107～112.

［5］尹邦奇. 发挥科技奖励的引领作用. 实现科技创新跨越式发展［J］. 中国科技奖励，2005（2）：88.

[6] 邓莉. 提高我国科技创新能力的制度经济学思考 [J]. 科技管理研究, 2006, 26 (9): 220.

[7] 杨爱华. 对我国科技奖励问题的分析与思考——从2004年度国家最高科学技术奖空缺谈起 [J]. 科技管理研究, 2006, 26 (5).

[8] 袁建湘. 科技奖励要以人为本 [J]. 中国科技奖励, 2004 (12): 85.

[9] 刘仁平. 设立科技成果推广奖, 完善国家科技奖励制度 [J]. 科技进步与对策, 1999 (16): 6.

[10] 徐安, 傅继阳, 赵若红. 中美科技奖励体系的对比研究及启示 [J]. 2006, 23 (4): 30.

[11] 王大明, 胡志强. 作为创新文化建设重要组成部分的中国科技奖励制度 [J]. 2005, 21 (4): 112.

[12] 余化刚. 国家科技奖励制度改革的若干思考 [J]. 中华医学科研管理杂志, 2001, 14 (1): 35.

[13] 董云霓, 徐鸣华等. 我校十年获奖成果的特点、存在问题及对策 [J]. 技术与创新管理, 2005 (10): 194~198.

[14] 何平. 中国农业科学院十年获奖科技成果分析与建议 [J]. 农业科技管理, 2007, 26 (6): 82~86

[15] 唐五湘等. 我国地方科技奖励政策调研与启示 [J]. 中国科技论坛, 2007 (7): 31~33.

[16] 朱湘晖, 孙细明. 湖北省高校科技成果产业化的现状与对策研究 [J]. 科技管理研究, 2009, 29 (8): 266~268.

[17] 徐鸣华, 丁蕾, 张廷翔. 上海交通大学医学院 1999~2008 年获奖科技成果比较与分析 [C]. 2009年上海医学会科研管理专科分会年会论文汇编集, 2009.

[18] 曹代勇, 王嘉. 科技成果评估综合指标体系的实证分析 [J]. 学术交流, 2010 (3): 52~56.

[19] 蒋景楠等. 上海市科学技术奖获奖项目统计分析 [J]. 中国科技论坛, 2008 (9): 81~84.

[20] 蒋景楠, 王娴等. 上海市获奖科技成果对经济效益的影响分析 [J]. 中国科技论坛, 2009 (10): 83~87.

[21] 张艳辉, 刘建国. 上海市获奖科技成果后续发展研究 [J]. 科学管理研究, 2009, 27 (6): 28~31.

[22] 蒋景楠等. 获奖科技成果对社会发展的影响研究——以 2004-2006 年上海市获奖科技成果为例 [J]. 科技进步与对策, 2010, 27 (15): 44~46.

云制造模式下基于 OWL – S 的服务动态集成框架及语义描述

李珺　郑含笑　韦瑶瑶

（暨南大学管理学院）

摘要：为实现异构云制造模式下资源组合和供需双方的动态匹配，提出了一种基于 OWL – S 的云制造服务集成框架，并描述了该集成框架的特点。在此框架下，构建了一个基于 OWL – S 的云制造服务本体结构，并结合实例探索了云制造基础服务的语义描述以及服务集成框架的有效性。

关键词：云制造；OWL – S；语义 Web

Service Dynamic Integration Framework Based on the OWL – S and Semantic Description in Cloud Manufacturing Model

Li jun, Zheng Hanxiao, Wei Yaoyao

（E – mail：manbuyunduanjr@163.com）

（School of Management and Engineering, Jinan University）

Abstract：To achieve resources association and supply&demand sides dynamically matching in heterogeneous cloud manufacturing model, a integration framework of cloud manufacturing service based on OWL – S was put forward. The characteristics of the model was described. On this basis, a ontology structure of cloud manufacturing service was built based on OWL – S, and the semantic description of cloud manufacturing service and the validity of the service integration framework was explored combining with an example.

Key words：cloud manufacturing；OWL – S；semantic Web

1　引言

21 世纪，为提高企业竞争能力，一场以"制造业信息化"为特征的制造业变革正在如火如荼地展开。制造业信息化是指以信息技术为核心，将信息技术、建模与仿真技术、现代管理技术、设计、生产、实验技术、系统工程技术及产品相关的专业技术综合运用于企业产品研制的全系统、全生命周期活动中，进而改善企业产品及其开发时间、质量、成本、服务、环境清洁和知识含量，以增强企业的市场竞争能力，实现企业的跨越式发展[1]。目前，以应用服务提供商（ASP）、制造网格（MGrid）、敏捷制造（AM）、全球化制造（GM）等为代表的网络化制造模式已在制造企业生产经营中大量涌现。

继网格计算之后，一种新的服务化计算模式 ——云计算（Cloud Computing）正在兴起。云计算的理念是指由专业计算机和网络公司搭建计算机存储和计算服务中心，把资源虚拟化为"云"后集中存储起来，为用户提供服务[2]。许多企业如 Google、IBM 等相继投入了大量人力和物力开展了各自的云计算计划和项目，目前涌现的一批云计算平台能支持静态情景下的固化业务过程，能提供海量业务处理能力。基于"分散资源集中使用，集中资源分散服务"思想，云计算为解决当前网络化制造的运营模式、动态智能的制造资源共享与分配、终端物理设备智能接入、有效的安全解决技术和手段等诸多问题提供了新的思路和契机，加上当前嵌入式系统和技术的快速发展，为未来实现终端物理资源职能嵌入式接入提供了使能技术。

近两年来，国内外许多学者都在探究网络化制造的新模式并针对云计算在制造业信息化中的应用做了相关的研究。欧盟第七框架于 2010 年 8 月启动了制造云项目（Manu Cloud，Project ID：260142），Meier M. 等给出了该项目的概述，指出其目的是在一套软件即服务（Soft Are as a Service）应用支持下，开发一种面向服务的 IT 环境并为用户提供可配置制造能力服务[3]。李伯虎等人给出了云制造（Cloud Manufacturing）的定义，分析了云制造与应用服务提供商、制造网格等的区别，讨论了实施云制造所需攻克的关键技术[2]。陶飞等人设计了制造云服务管理原型系统功能结构[4]。张霖等人从理念和应用模式等角度明确了云制造的特点和内涵[5]。尹胜等人对云制造环境下基于 Web 服务建模

本体的外协加工资源语义描述总体实现框架，以及外协加工资源 Web 服务异构兼容调解等关键技术进行了研究[6]。顾新建等人利用成组技术进行云制造中信息的编码化和条理化，对产品的模块化、系列化等问题进行了研究[7]。任磊等人分析了云制造资源虚拟化的相关技术，提出了云制造资源虚拟化框架[8]。可见，云制造已成为制造业信息化新发展的重要内容。

为了有效发现和优化利用外部社会制造资源，提高企业制造能力，有效控制整个云制造环境下的成本，同时实现异构云制造资源组合和供需双方的动态匹配，需要针对云制造资源的分散性、自治性等特征，建立全面集成制造资源、按需服务的云制造服务集成框架。

本文引入了 OWL－S 对云制造服务集成框架进行研究，并对基于 OWL－S（Ontology Web Language for Services）的云制造服务本体结构及语义描述机制等关键技术进行研究。

2 基于 OWL－S 的云制造服务集成框架

本文指出云制造服务的基本宗旨是"资源全面集成与按需提供服务"，在 OWL－S 技术的基础上，提出了如图 1 的云制造服务集成框架。

OWL－S（Ontology Web Language for Services）是用 OWL 语言描述语义 Web 服务的上层本体，它也是一种具有显式语义的标记语言（Markup Language），描述了与 Web 服务相关的属性（Properties）、能力（Capabilities）以及执行结构（Execution Structures）等，目的是使计算机对服务可"理解"，以便利服务的发现、调用、互操作、组合、验证以及执行监控等。

上述云制造服务集成框架有以下显著特点：

（1）充分体现了"资源全面集成与按需提供服务"的宗旨，以及"分散资源集中使用，集中资源分散服务"的云制造服务思想。

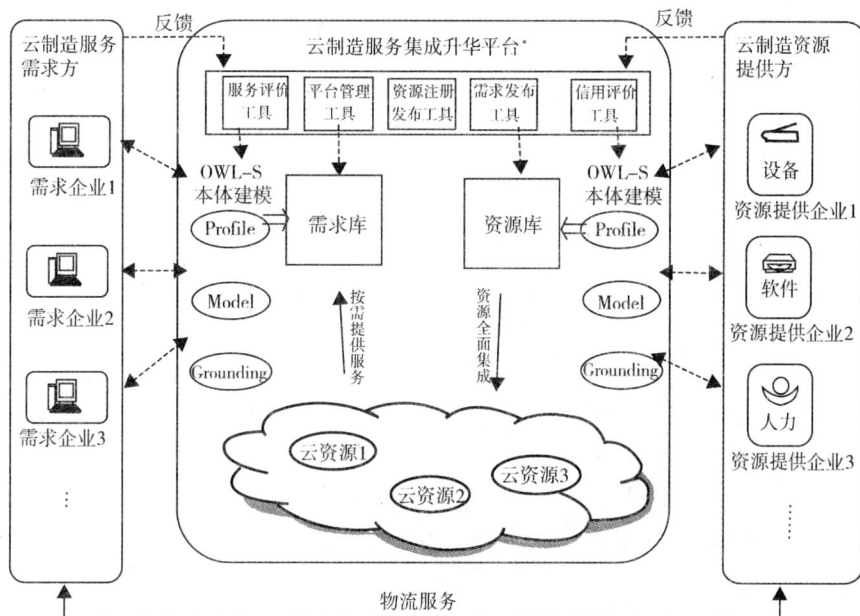

图1　基于 OWL－S 的云制造服务集成

（2）实现了异构云制造资源组合和供需双方的动态匹配，用 OWL－S 描述模型来改善云制造资源的描述方式。使用本体来组织网络化制造领域内的共享知识，并对散布在网络上的制造资源进行语义标注。采用基于描述逻辑的本体描述语言来实现领域知识的表示、分类和推理，从而实现智能计算。在云制造模式下建立起信息系统，实现系统之间信息交互、互操作、应用集成。

（3）采取了线上线下相结合，供需双方反馈评价的模式，对于信息交互采用基于互联网的线上服务模式，对于云制造的物流采用线下运输、线上实时监控跟踪的模式。供需双方在交易完成后对对方的信誉、服务和质量等评价因素进行反馈，从而有效促进了云制造服务平台进入实用化阶段。

3　云制造模式下基于 OWL－S 的服务动态语义描述

在以上所描述的基于 OWL－S 的云制造服务模式中，针对云制造资源和需求信息的描述，引入了 OWL－S 对云制造服务进行本体建模和语义描述，来解决异构资源组合和互操作，进而实现云制造资源供需双方的主动匹配。因此，基于 OWL－S 的云制造资源语义描述是本文中云制造模式实现的关键环节。

3.1　基于 OWL－S 的云制造服务本体结构

在 OWL － S 中，一个 Service 由三部分来描述 Service Profile、Service Model、Service Grouding。简单来说，Service Profile 描述服务是做什么的，Service Model 描述服务是怎么做的，Service Grounding 描述怎么访问服务[9]。

作为 Web 服务理念在制造领域的应用，云制造服务及其描述本体——云制造服务本体的构建显然可以基于 OWL – S 这一上层本体进行。OWL – S 目标是表达高层次的服务能力和约束，是一个通用的 Web 服务描述本体，并没有考虑制造或制造资源层次上的操作，因而需要对该本体进行一定的扩展，使其包含制造领域的概念、关系、规则，以支持服务提供商以及盟主企业使用标准的形式化方法去描述制造

服务以及加工需求，从而构造出云制造服务本体。为了突破 OWL – S 对服务描述的局限性，我们提出描述云制造服务的一个新视角——从静态因素和动态因素两方面对服务进行描述，从而在一定程度上改善 OWL – S 对服务描述缺少动态性的不足。图 2 描述了云制造服务本体的结构。

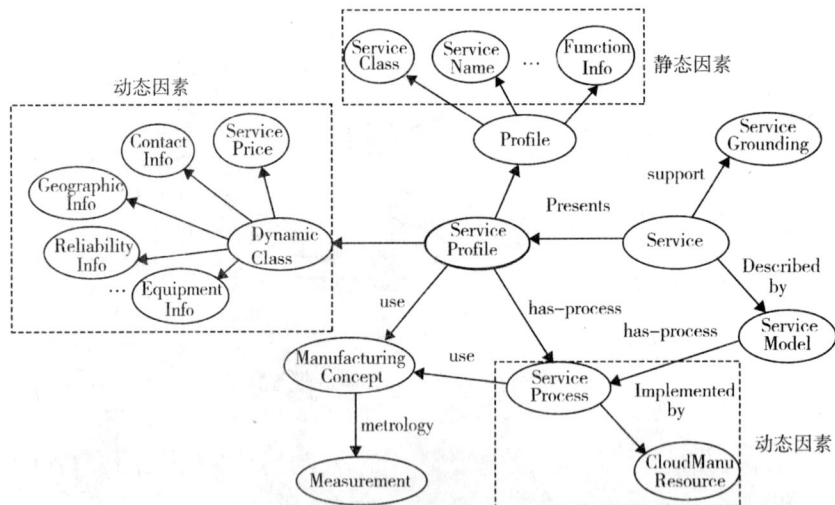

图 2　云制造服务本体结构

根据 OWL – S 描述服务的方式，对 Service Profile、Service Model 部分分别进行扩展，将静态因素和服务动态因素中与服务相关的、随时间发生频繁变化的因素，如服务的价格、响应时间、地理位置、可靠度等基本因素在 OWL – S 中的 Service Profile 部分予以描述，而动态因素中服务的复合方式则可在 OWL – S 中的 Service Model 部分予以体现。

由图 2 可以看出，云制造服务本体结构主要分为以下 8 个部分：

（1）Service。用于定义云制造服务，云制造服务使用 Service Profile、Service Model 以及 Service Grounding 本体详细描述。

（2）Service Profile。类似于服务的配置文件，它描述了服务查询代理用来判断服务是否满足他要求的一组属性信息，例如服务所提供的功能、服务的输入、输出、服务执行的前提条件、执行的结果等。它描述了服务做什么，用于服务的自动发现。在云制造服务本体框架中，Service Profile 提供了一个方式来描述服务提供商提供的制造服务以及盟主企业的制造需求，它主要用于实现基于语义的服务发现。Service Profile 没有限制云制造服务的表达形式，相反，它通过 OWL 的子类来描述特定的服务。Service Profile 提供了一个表达云制造服务的类 Profile。该类分为静态因素和动态因素两个方面

描述，静态因素描述的服务基本信息主要有：服务种类（Service Class）、服务名称（Service Name）、服务的文本描述以及服务的一些功能性属性（输入、输出、结果、先决条件）等。而对于服务的价格（Service Price）、资源提供商联系方式（Contact Info）、地理位置（Geographic Info）、设备的信息（Equipment Info）等作为动态类 Dynamic Class 相关联的属性加以描述。

（3）Service Model。为了详细描述一个服务是如何操作的，OWL - S 把每个服务看成是一个过程，Service Model 主要通过 has Process 属性与 Machining Process 本体相关联，使用 Machining Process 本体的实例对云制造服务的过程模型进行详细描述。

（4）Service Grounding。描述怎样访问服务的细节，主要是和协议、消息格式、序列化、传输、寻址等相关的细节。Grounding 可以看成是从调用服务所需元素（特别是原子过程的输入和输出）的抽象描述到具体描述的映射。本文所提出的云制造服务更多的是作为一种云制造资源组织形式去实现分散制造资源集成与共享。引用该本体的主要原因是考虑到云制造本体未来的扩展，如在设计以及加工分析领域，对这些领域的常用软件进行语义 Web 服务封装并为其提供具体通信协议与消息的绑定，这样就可以直接面向盟主企业开展具体网络应用了。

（5）Service Process。云制造服务不管是运输、管理、加工还是软件通常采用一个具体的服务过程来实现，该服务过程包含了实现该云制造服务的方法以及原子流程的顺序。对每一个方法，定义了 Implemented by 以及 Key Process 这两个属性，用以描述该道原子流程由何种方法完成以及是否是关键流程，Implemented by 的取值范围是 CloudManu Resource 本体的

实例。

（6）CloudManu Resource。用来描述云制造服务提供商完成某一制造过程所需的制造资源信息。该本体包含了各个领域的制造资源，如金属切削加工领域内所有机床的分类、机床的参数以及相关属性。

（7）Manufacturing Concept。用来描述与各领域制造服务相关的一些概念，如金属加工中的加工精度（包括尺寸精度、表面粗糙度）、零件的毛坯外形、材料等。

（8）Measurement。用来描述各领域制造服务的度量标准，如长度、重量、功率、速度等。

3.2 云制造服务的语义描述

本小节主要通过实例来论述如何使用云制造服务本体进行资源集成服务的语义描述。由图 2 云制造服务本体结构可知，一个制造服务通常需要使用 3 个本体文件来描述（当然也可以将 3 个文件合并为一个），3 个本体文件分别用来定义 Service Profile、Service Model、Service Grounding。表 1 中描述了一个名为 GZAir - Conditioning Machining Service 的制造服务，该服务的能力信息由 GZAir - Conditioning Machining Profile 描述，其过程模型在 GZAir - Conditioning ProcessModel 中定义。

表 1　一个制造服务的 OWL 描述片段

```
< rdf：RDF >
… … …
< service：Service rdf：ID = " GZAir - Conditioning MachiningSer-
vice" >
< service：presents rdf：resource = http：//localhost：8080/
GZAir - Conditioning MachiningProfile. owl = GZAir - Conditioning
Profile" / >
< service：described by rdf：res ource = http：//localhost：8080/
GZAir - Conditioning MachiningProcess. owl = GZAir - Conditioning-
Model" / >
</ service：Service >
</ rdf：RDF >
```

3.3 实例说明

现以云制造环境下设备资源集成共享为例,说明云制造服务集成框架及关键技术的有效性。对云制造环境下设备资源提供者和需求者,按照统一标准进行本体建模和描述,并分别存储在需求本体库和资源本体库中,供搜索、匹配和互操作。加工设备需求方发起一个目标需求,Web 服务展开搜索,以发现最合适的设备资源提供方,发送需求任务,设备资源提供方评估自身能力后完成服务组合。具体内容如图 3 所示。

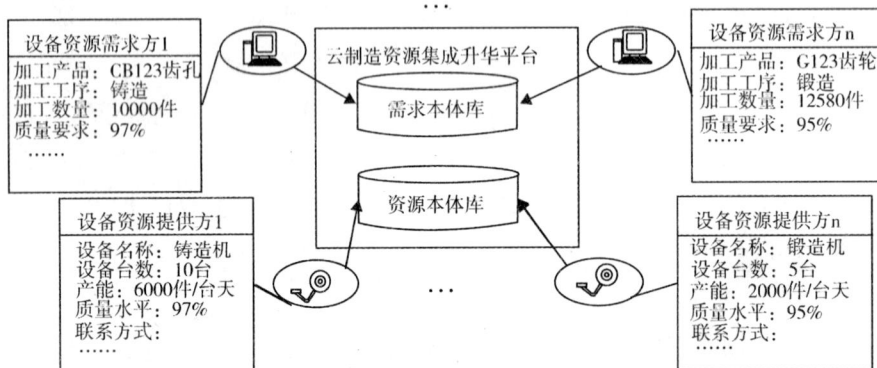

图 3   云制造环境下设备资源集成共享

4   结论

本文提出了一种基于 OWL-S 体的云制造服务模式,并总结了其特点。在此基础上,构建了一个基于 OWL-S 的云制造资源集成服务本体结构,并结合实例探索了云制造服务的语义描述以及云制造服务集成框架的有效性。

参考文献

[1] 李伯虎,张霖,柴旭东. 云制造概论 [J]. 中兴通讯技术,2010 (4):5~8.

[2] 李伯虎,张霖,王时龙等. 云制造——面向服务的网络化制造新模式 [J]. 计算机集成制造系统,2010 (1):1~7.

[3] Matthias Meier J S A I. ManuCloud: the Next-generation Manufacturing as A Service Environment [Z]. 2011.

[4] 陶飞,张霖,郭华等. 云制造特征及云服务组合关键问题研究 [J]. 计算机集成制造系统,2011 (3):477~486.

[5] 张霖,罗永亮,范文慧等. 云制造及相关先进制造模式分析 [J]. 计算机集成制造系统,2011 (3):458~468.

[6] 尹胜,尹超,刘飞等. 云制造环境下外协加工资源集成服务模式及语义描述 [J]. 计算机集成制造系统,2011 (3):525~532.

[7] 顾新建,陈芨熙,纪杨建等. 云制造中的成组技术 [J]. 成组技术与生产现代化,2010 (3):1~4.

[8] 任磊,张霖,张雅彬等. 云制造资源虚拟化研究 [J]. 计算机集成制造系统,2011 (3):511~518.

[9] 王建虹. 基于 OWL-S 的语义 Web 服务描述扩展 [J]. 广西师范大学学报 (自然科学版),2008 (1):158~161.

[10] 李从东,谢天,刘艺. 云应急——智慧型应急管理新模式 [Z]. 2011,53 (5):27~32.

[11] 吉锋,何卫平,魏从刚等. 基于 OWL-S 的网络协同制造本体研究 [J]. 机床与液压,2006 (7):22~25.

信息技术能力与企业绩效：
基于中国上市公司的实证研究[①]

王念新　葛世伦

（江苏科技大学经济管理学院）

摘要：信息技术能力与企业绩效的关系是信息管理与信息系统学术界和实践界关注的热点话题之一。本文以中国企业信息化 500 强中的排名来替代企业的信息技术能力，以 2008 年在中国企业信息化 500 强中的 112 家上市公司的财务数据为企业绩效，利用层次回归分析研究了信息技术能力与企业的盈利能力、偿债能力和成长性之间的关系。研究结果表明，并利用研究了信息技术能力与企业的盈利能力不相关，与企业的偿债能力负相关，与企业的成长性正相关。

关键词：信息技术能力；企业绩效；上市公司；实证研究

Information Technology Capability and Firm Performance：
An Empirical of Chinese Listed Companies

Wang Nianxin, Ge Shilun

（E – mail：wangnianxin@ 163. com，jzgsl@ jzerp. com）

（School of Economics and Management, Jiangsu University of Science and

Technology, Zhenjiang）

Abstract：The relationship between information technology capability and firm performance has been among one of top issues in MIS academics and practitioners. In this paper, the rank in Chinese Information-ization Top 500 was used to substitute for firm's IT capability, and the financial data of 112 listed firms in 2008 Chinese Informationization Top 500 was collected. Hierarchical regression analysis was used to investigate the relationship between IT capability and firm performance. The results suggest that there is no relationship between IT capability and firm's profitability, while IT capability has an negative effect on firm's liquidity and has an positive effect on firm's growth.

Key words：information technology capability；firm performance；listed company；empirical study

---

① 基金项目：国家自然科学基金（70971056，71101065），教育部人文社会科学研究青年基金项目（10YJC630242），江苏高校哲学社会科学研究基金（2010SJB630020），江苏科技大学人文社科预研重点项目（2010JG108J）。

1 前言

在当前非常激烈的市场竞争和迅速变化的环境中，信息技术被普遍认为是企业取得竞争优势的一种手段[1]，如何实现信息技术商业价值是企业管理者非常关心的问题。研究信息技术和企业绩效之间的关系，将为管理者更加清楚地理解信息技术和企业绩效之间的联系，进一步更好地实现信息技术的价值。

近年来，学者们的研究重点逐渐从信息技术资源转移到信息技术能力上，因为相比信息技术资源，信息技术能力更有可能满足价值性、稀缺性、难以模仿性和难以替代性等特征，能够通过对信息技术资源的重构，响应外部环境和企业内部需求的变化，帮助企业持续改善企业绩效。比如 Sambamurthy、Bharadwaj 和 Grover[2]认为在当前的竞争环境中，敏捷性对于企业创新和竞争绩效是至关重要的，而信息技术能力是增强企业敏捷性的重要前提；Pavlou 和 El Sawy[3]的研究结果表明信息技术能力能够帮助企业构建竞争优势，而且这种作用在动态环境下尤其明显；Peppard 和 Ward[4]则认为以信息技术资源为基础的战略信息系统时代已经过去，信息技术能力时代已经到来。

已经有一些学者对信息技术能力与企业绩效的关系进行了研究。比如 Bhatt 和 Grover[5]、Stoel 和 Muhanna[6]、殷国鹏和陈禹[7]、王念新等人[8]、杨道剑和齐二石[9]，这些研究的结果表明，信息技术能力能够直接或者间接地影响企业绩效，但是这些研究绝大多数都是基于调查问卷等主观数据的实证研究，基于客观数据的信息技术能力与企业绩效的实证研究还很少。本文试图通过中国企业信息化 500 强中的上市公司的客观财务数据，研究信息技术能力与企业绩效关系，期望研究结论能够有效指导企业

的信息技术投资方向。

2 研究假设

本文以具有优秀信息技术能力的企业是否会表现出更好的企业绩效为研究目标，试图分析信息技术能力与企业的盈利能力、企业的偿债能力和企业成长性之间的关系，明确企业信息技术投资的方向。

2.1 信息技术能力与企业的盈利能力

盈利能力是指企业赚取利润的能力。一般而言，反映企业盈利能力的指标包括销售利润率、成本费用利润率、资产总额利润率、资本金利润率、股东权益利润率。

企业信息技术能力是企业调配信息技术资源和非信息技术资源实现期望产出的能力[10]，是企业信息技术应用成效差异的关键。作为一种重要的组织能力，信息技术能力通过有效地调配企业的信息技术资源和非信息技术资源，帮助企业改善管理和决策[11]、开发新产品[12]、显著降低企业的运营成本[13]，从而增强企业的盈利能力，因此，本文提出：

假设1：信息技术能力与企业的盈利能力正相关。

2.2 信息技术能力与企业的偿债能力

企业的偿债能力是指企业用其资产偿还长期债务与短期债务的能力，企业有无支付现金的能力和偿还债务能力是企业能否健康生存和发展的关键。企业偿债能力是反映企业财务状况和经营能力的重要标志。一般而言，反映企业偿债能力的指标分为流动比率、速动比率、先进比率、产权比率、资产负债率等指标。

资产负债率作为反映企业长期偿债能力的指标，我们一般认为资产负债率越低越好，表明企业债务越少，自由资金越雄厚，财务状况越稳定，偿债能力越强。信息技术能力能够帮

助企业快速开发和应用满足业务需求的高质量信息系统，帮助企业了解企业的资产负债情况，在很大程度提高企业资产质量、降低不良债务，从而改善企业的偿债能力。因此，本文提出：

假设2：信息技术能力与企业偿债能力正相关。

2.3　信息技术能力与企业成长性

企业成长性是指企业在一定时期内的经营能力发展状况。一家企业即使收益很好，但如成长性不好，也不会很好地吸引投资者。成长性比率是衡量企业发展速度的重要指标，也是比率分析法中经常使用的重要比率，反映企业成长性的指标包括总资产增长率、固定资产增长率、主营业务收入增长率、主营业务利润增长率、净利润增长率等。

尽管信息技术应用投资巨大，且失败率较高，但绝大多数企业仍然在信息技术投资上不惜重金，主要是因为信息技术能够帮助企业在市场竞争中保持竞争平等、甚至竞争优势。有研究结果表明，信息技术投资收益很难在短期内反映在企业财务报表中，因为信息技术投资具有时滞效应[14]，这说明信息技术能够增强企业的成长性。因此，本文提出：

假设3：信息技术能力与企业成长性正相关。

3　研究方法

当前还没有直接测量企业信息技术能力的指标，本文选择企业在中国企业信息化500强中的排名间接测量企业信息技术能力。本文研究收集了2008年信息化前500强中112家上市企业的13个财务数据，即资产负债率、股东权益比率、盈余公积、流动比率、速动比率、主营业务收入、主营业务成本、销售费用、财务费用、管理费用、投资收益、净利润、销售毛利率。最后筛选出资产负债率、净利润、销售毛利率三个指标分别带入公式计算，得出企业的偿债能力、盈利能力和成长性，各上市公司的注册资本和在职员工数两个指标作为控制变量。

3.1　研究对象

国家信息化测评中心从2003年度起在国务院有关部门的指导和支持下连续5年发布的"中国企业信息化500强"调查和测评结果中，可以查到我国2006年至2008年企业信息化前500强企业名称和相应的排名，2006年有500家，2007年有501家，2008年有502家，这三年一共有885家企业在2006年到2008年进入信息化企业前500强，针对这800多家企业是否上市、上市时间、上市地点的百度查询和股民提供的信息，最后能够调查出来共有210家企业目前是上市公司，其中上市的企业2006年共有141家，2007年共有106家，2008年共有112家，同时这些企业基本都是在深、沪证券交易所上市。本文主要针对2008年进入500强的上市企业作为样本来研究，其中有65家企业是在上交所上市，47家企业在深交所上市。

3.2　变量测量

信息技术能力以企业在中国企业信息化500强中的排名替代。

企业的盈利能力用2008~2010年三年的平均销售毛利润测量。

企业的偿债能力用2008~2010年三年的平均资产负债率测量。

企业的成长性用2008~2010年三年的平均利润增长率测量。

为了控制其他变量对信息技术能力与企业绩效之间关系的影响，本文选择注册资本和员工数率为控制变量。

3.3　描述性统计

通过调查出来的112家上市公司2008~

2010 年的财务数据见附表，本次研究分别对盈利能力、偿债能力、成长性、注册资本、员工人数进行计算，得出最小值、最大值、均值、标准差、方差的五项数据，见表 1。

表 1 变量的描述性统计表

变量名称	最小值	最大值	均值	标准差	方差
盈利能力	-2.83	83.26	22.5496	15.64804	244.861
偿债能力	0.00	165.01	57.7528	21.07237	444.045
成长性	-252.82	34.06	-1.8675	24.55313	602.856
注册资本	54.00	3.25E7	6.1390E5	3.13381E6	9.821E12
员工人数	50.00	4.44E5	2.0014E4	49961.39265	2.496E9

4 数据分析与结果

本文应用层次回归分析为数据分析方法，以 SPSS 为数据分析工具，分别对信息技术能力与企业盈利能力、企业偿债能力以及企业成长性之间的关系进行回归分析。

4.1 信息技术能力与企业盈利能力

首先选择将员工人数和注册资本作为自变量，盈利能力作为因变量，进行线性回归，即模型 1，然后，将 IT 能力加入自变量，再次进行回归分析，即模型 2，分析结果见表 2 和表 3。如表 3 所示，在模型 2 中加入了信息技术能力后，虽然标准化性系数是 0.015，但是显著性水平为 0.881，说明信息技术能力对企业盈利能力的影响不显著。

表 2 信息技术能力与企业盈利能力的模型 R^2

模型	R	R^2	调整后的 R^2	估计值标准误差
1	0.271[a]	0.074	0.057	23.84745
2	0.272[b]	0.074	0.048	23.95509

注：a. Predictors：（Constant），注册资本，员工人数；
b. Predictors：（Constant），注册资本，员工人数，IT 能力。

表 3 信息技术能力与企业盈利能力模型的回归系数

模型		非标准化性系数		标准化系数	t	显著性系数
		B	Std. Error	Beta		
1	常数	1.172	2.503		0.468	0.641
	员工人数	0.000	0.000	-0.506	-2.931	0.004
	注册资本	3.149E-6	0.000	0.402	2.330	0.022
2	常数	0.468	5.310		0.088	0.930
	员工人数	0.000	0.000	-0.496	-2.696	0.008
	注册资本	3.117E-6	0.000	0.398	2.267	0.025
	信息技术能力	0.003	0.018	0.015	0.150	0.881

4.2 信息技术能力与企业偿债能力

首先选择将员工人数和注册资本作为自变量，盈利能力作为因变量，进行线性回归，即模型 1；其次，将 IT 能力加入自变量；最后，进行回归分析，即模型 2；分析结果见表 4 和表 5。如表 5 所示，在模型 2 中加入了信息技术能力后，标准化性系数是 -0.271，显著性水平为 0.008（小于 0.05），说明信息技术能力与企业偿债能力负相关。

表 4 信息技术能力与企业盈利能力的模型 R^2

模型	R	R^2	调整后的 R^2	估计值标准误差
1	0.208[a]	0.043	0.026	20.79909
2	0.323[b]	0.104	0.080	20.21716

注：a. Predictors：（Constant），注册资本，员工人数；
b. Predictors：（Constant），注册资本，员工人数，IT 能力。

表 5 信息技术能力与企业盈利能力模型的回归系数

模型		非标准化性系数		标准化系数	t	显著性系数
		B	Std. Error	Beta		
1	常数	56.094	2.183		25.696	0.000
	员工人数	7.651E-5	0.000	0.181	1.035	0.303
	注册资本	2.076E-7	0.000	0.031	0.176	0.861

续表

模型		非标准化性系数		标准化系数	t	显著性系数
		B	Std. Error	Beta		
2	常数	66.805	4.481		14.908	0.000
	员工人数	6.606E-6	0.000	0.016	0.087	0.931
	注册资本	7.031E-7	0.000	0.015	0.606	0.546
	IT能力	-0.041	0.105	-0.271	-2.714	0.008

续表

模型		非标准化性系数		标准化系数	t	显著性系数
		B	Std. Error	Beta		
2	常数	15.852	3.397		4.666	0.000
	员工人数	1.089E-5	0.000	0.035	0.188	0.851
	注册资本	8.520E-7	0.000	0.171	0.969	0.335
	IT能力	0.025	0.011	0.226	2.217	0.029

4.3　信息技术能力与企业成长性

首先选择将员工人数和注册资本作为自变量，盈利能力作为因变量，进行线性回归，即模型1，然后将IT能力加入自变量，最后进行回归分析，即模型2，分析结果见表6和表7。如表7所示，在模型2中加入了信息技术能力后，标准化性系数是0.226，显著性水平为0.029（小于0.05），说明信息技术能力与企业成长性正相关。

表6　信息技术能力与企业成长性的模型 R^2

模型	R	R^2	调整后的R^2	估计值标准误差
1	0.155[a]	0.024	0.066	15.60045
2	0.258[b]	0.066	0.041	15.32754

注：a. Predictors：（Constant），注册资本，员工人数；
b. Predictors：（Constant），注册资本，员工人数，IT能力。

表7　信息技术能力与企业盈利能力

模型		非标准化性系数		标准化性系数	t	显著性系数
		B	Std. Error	Beta		
1	常数	22.487	1.637		13.733	0.000
	员工人数	-3.240E-5	0.000	-0.103	-0.584	0.560
	注册资本	1.159E-6	0.000	0.232	1.311	0.193

5　讨论与结论

与已有研究不同，本文试图通过客观数据研究信息技术能力与企业绩效之间的关系，以企业在中国企业信息化500强中的排名替代信息技术能力，通过收集上市公司相关的财务数据计算企业的盈利能力、偿债能力和成长性，应用层次回归分析，分别研究了信息技术能力与企业的盈利能力、企业的偿债能力和企业的成长性之间的关系，主要研究结论包括：

（1）盈利能力是企业赖以生存的首要标志，本文以2008年至2010年三年的平均销售毛利率为指标来衡量盈利能力。首先，选择将员工人数和注册资本作为自变量，盈利能力作为因变量，进行线性回归；其次，将信息技术能力加入自变量；再次，进行回归分析，得出结果显示：信息技术能力与企业盈利能力之间的关系不显著，表明信息技术对企业盈利能力没有显著影响，这并不是说信息技术能力与企业的盈利能力没有关系，因为本文只是以2008~2010年三年的平均销售毛利率为指标来衡量盈利能力，企业的盈利能力还有许多其他的测量指标，仅从销售毛利率这一方面来分析具有片面性，有待其他学者进行进一步的分析。

（2）企业偿债能力是指一个企业的财务灵

活性以及其偿还债务的能力。企业偿债能力的强弱关系着一个企业的生存和发展，是企业健康发展的基本前提，也是企业利益相关人员最关心的财务能力之一，可见偿债能力分析是企业财务分析中的一个重要组成内容。因此，本文用 2008 ~ 2010 年得三年平均资产负债率的指标来衡量企业的偿债能力，最后如表 5 所示，信息技术能力与企业偿债能力的回归系数为 - 0.271，显著性水平为 0.008，小于 0.05，说明信息技术能力的投入与企业偿债能力呈负相关。即信息技术能力投入与负债成负相关，可见信息技术投入不能对企业的资本产生积极影响，因为企业为了赢得或者保持竞争优势，需要培育或者提升企业的信息技术能力，而信息技术能力的培育和提升需要企业巨大的投入，而且这种投入短期内无法体现在成财务报表中绩效的改善。这个研究结果也同时说明了信息技术的投入转化成企业绩效是一个长远的过程。

（3）成长能力是用来衡量公司扩展经营的能力。以总资产扩张率、主营业务增长率、固定资产投资扩张率、每股收益增长率、净利润增长率作为主要解释因子来判断公司的成长能力，本文在最后筛选出三年平均净利润增长率作为衡量企业成长性的主要指标。首先，选择将员工人数和注册资本作为自变量，成长性作为因变量，进行线性回归；其次，将 IT 能力加入自变量；最后，进行回归分析，分析结果如表 7 所示，信息技术能力与企业成长性之间的回归系数为 0.226，显著性水平为 0.029，小于 0.05，这表明信息技术能力与成长性呈正相关，信息技术的投入能使企业具有长远的发展前景，能有效地帮助企业扩大市场规模和提高企业效益，这个结果在很大程度上增强了大型企业的信息技术投资者的信心，也能让信息技术得到

长远的发展和利用。

当然，本研究还存在一些局限，比如虽然可以用企业在中国企业信息化 500 强中的排名间接测量企业的信息技术能力，但是这种测量无法分析企业信息技术能力的构成，也无法给企业培育和提升信息技术能力提供有效指导；在本研究中，企业的盈利能力、偿债能力和成长性均选择了一个指标来测量，事实上企业的盈利能力、偿债能力和成长性的测量具有多个指标，这可能造成了本文研究结果的片面性。这些研究局限也是进一步研究的方向。

参考文献

[1] 沃伦·麦克法兰，理查德·诺兰，陈国青. IT 战略与竞争优势——信息时代的中国企业管理挑战与案例 [M]. 北京：高等教育出版社，2003.

[2] Sambamurthy V., Bharadwaj A, Grover V. Shaping Agility through Digital Options：Reconceptualizing the Role of Information Technology in Contemporary Firms [J]. MIS Quarterly, 2003, 27 (2)：237 ~ 263.

[3] Pavlou P. A., El Sawy O. A. The "Third - hand"：IT - enabled Competitive Advantage in Turbulence Through Improvisational Capabilities [J]. Information Systems Research, 2010, 21 (3)：443 ~ 471.

[4] Peppard J., Ward J. Beyond Strategic Information Systems：Towards An IS Capability [J]. Journal of Strategic Information Systems, 2004, 13 (2)：167 ~ 194.

[5] Bhatt G. D., Grover V. Types of Information Technology Capabilities and Their Role in Competitive Advantage：An Empirical Study [J]. Journal of Management Information Systems, 2005, 22 (2)：253 ~ 278.

[6] Stoel M. D., Muhanna W. A. IT Capabilities and Firm Performance：A Contingency Analysis of the Role of Industry and IT Capability Type [J]. Information and Management, 2009, 46 (3)：181 ~ 189.

[7] 殷国鹏，陈禹. 企业信息技术能力及其对信息

化成功影响的实证研究——基于 RBV 理论视角 ［J］.
南开管理评论, 2009, 12 （3）: 152 ~ 160.

［8］ 王念新, 仲伟俊, 梅姝娥. 信息技术、核心能
力和企业绩效的实证研究 ［J］. 管理科学, 2010, 23
（1）: 52 ~ 64.

［9］ 杨道箭, 齐二石. 基于资源观的企业 IT 能力与
企业绩效研究 ［J］. 管理科学, 2008, 21 （5）: 37 ~ 45.

［10］ Bharadwaj A. S. A Resource – based Perspective
on Information Technology Capability and Firm Performance:
An Empirical Investigation ［J］. MIS Quarterly, 2000, 24
（1）: 169 ~ 196.

［11］ Mithas S. , Ramasubbu N. , Sambamurthy V.
How Information Management Capability Influences Firm Performance
［J］. MIS Quarterly, 2011, 35 （1）: 237 ~ 256.

［12］ Pavlou P. A. , El Sawy O. A. From IT Leveraging
Competence to Competitive Advantage in Turbulent Environments:
The Case of New Product Development ［J］. Information
Systems Research, 2006, 17 （3）: 198 ~ 227.

［13］ Mani D. , Barua A. , Whinston A. An Empirical
Analysis of the Impact of Information Capabilities Design on
Business Process Outsourcing Performance ［J］. MIS Quarterly,
2010, 34 （1）: 39 ~ 62.

［14］ Brynjolfsson E, Hitt L M. Beyond the Productivity
Paradox ［J］. Communications of the ACM, 1998, 41
（8）: 49 ~ 55.

企业社会责任分级模型[①]

高鹏　安立仁　刘燕妮

（西北大学经济管理学院）

摘要：企业作为社会经济的一种契约集合，负有完成社会责任的义务。企业社会责任内容繁多，利益相关者理论为企业社会责任的界定和分类提供了分析框架。企业实现社会责任不应是一蹴而就的，应该有选择性、分层次完成。本文建立了企业社会责任分级模型，并结合企业生命周期为企业选择不同阶段的社会责任提供了解决思路。

关键词：利益相关者；企业生命周期；企业社会责任分级模型

Hierarchical Model of Enterprise Social Responsibility

Gao Peng, An Liren, Liu Yanni

（Email：gp@ nwu. edu. cn， anlr@ tom. com， lyn@ nwu. edu. cn）

（School of Economic and Management，Northwest University）

Abstract：Enterprises as one of the social economic contracts，has the obligation to complete social responsibility. Enterprises social responsibility has various content. The stakeholder theory for the definition of corporate social responsibility and classification provides a analysis framework. Enterprise social responsibility should not be to accomplish at one stroke of，should have a selective，hierarchical completed. This paper has established the enterprise social responsibility classification model，Combined with the life cycle of enterprises for enterprises to select the different stages of the social responsibility to provide solutions.

Key words：enterprise social responsibility；the life cycle of enterprises；enterprise social responsibility classification model

1　企业社会责任观点

自 20 世纪 30 年代以来，随着哥伦比亚大学教授贝利（Adolf A. Berle）与哈佛大学教授多德（E. Merrick Dodd）关于企业社会责任论战的展开，学术界产生了两股关于企业社会责任不同的观点：一种观点认为企业不应承担过多的社会责任，企业唯一的责任是在遵守游戏规则的前提下实现股东利益最大化，这种观点的代表包括弗里德曼、哈耶克和波斯纳。弗里德曼对企业社会责任进行了公开系统的批评，他认为，在自由社会，存在且仅存一项企业社

---

①　基金项目：陕西省教育厅 2010 年科学研究计划项目：2010JK292；西北大学研究生创新基金资助项目：10YZZ19。

会责任，这就是在遵守游戏规则的前提下使用其资源和从事旨在增加利润的各种活动，企业社会责任是极具颠覆性的学说，会严重动摇自由社会的根基[1]。哈耶克指出，企业社会责任是有悖于自由的，因为企业参与社会活动的日渐广泛必然导致政府干预的不断强化，企业履行社会责任的结果将是不得不按照政府的权威行事从而损害自由[2]。另一种观点认为企业为了自身长期利益应向社会负责，现代企业的职能已由单纯经济使命向社会职能转变。该观点的代表包括谢尔顿（Oliver Sheldon）、安德鲁斯、德鲁克、弗里曼和舍克等人，其中，弗里曼提出了利益相关者理论，为企业社会责任奠定了理论基础。

对于企业是否应承担社会责任，理论界更多倾向于正面的回答。科斯把影响他人损益的行为视为生产要素和权利（科斯，1960：191）[3]，这实际上隐含地指出，凡是能给企业带来损益或其利益受企业行为直接影响的行为人均有可能参与或影响企业所有权的分配[4]。企业是一组契约的集合，契约背后隐含的产权主体的平等性和独立性要求企业治理结构的主体之间是平等、独立的关系，这些相互关联的主体组成了利益相关者[4]。当然，企业在考虑利益相关者利益时会对企业短期经营带来一定的成本负担，但从长远来看，企业担负一定的社会责任对企业长期生存与可持续发展有利。

2　企业社会责任内容

学术界对于企业社会责任内容的界定主要集中在经济责任、法律责任、道德责任和社会责任。较有影响的研究结果是美国经济开发委员会在1971年6月发表的《上市公司的社会责任》报告中阐述的企业社会责任10个领域，即①经济增长与效率；②教育；③用工与培训；④公民权与机会均等；⑤城市改建与开发；⑥污染防治；⑦资源保护与再生；⑧文化与艺术；⑨医疗服务；⑩对政府的支持。这10种责任根据企业是否主动实施与行使可分为自愿责任行为和非自愿责任行为。

企业社会责任的界定应结合不同国家的社会经济发展水平，企业社会责任研究始发于经历了自由资本主义到垄断资本主义历程的发达国家，而中国还处在社会主义市场经济发展的初级阶段，因此中国企业社会责任内容较之欧美发达国家会有所不同，当前中国企业的社会责任主要集中在以下领域：①对投资者的社会责任；②对员工的社会责任；③对消费者的社会责任；④对债权人的社会责任；⑤对竞争者的社会责任；⑥对政府的社会责任；⑦对环境的社会责任；⑧对社区的社会责任。

学术界有关企业社会责任的研究大多集中在社会责任经济学分析、社会责任内容界定、社会责任标准制定等领域，得到的研究结果也高度一致，即企业作为社会的一种契约关系应该承担必要的社会责任，但是在现有研究成果中很少有探讨企业社会责任的分级问题。本文反对完全不承认企业承担社会责任的观点，但也不赞成企业完全承担所有社会责任的观点。我们不能强求一个创业初期的企业履行过多对社会公益的社会责任，同样，对成熟阶段的企业只追求对股东和债权人的社会责任也是不恰当的。企业社会责任的实现应该由其自身发展现状决定，应该是分阶段、分重点的，关键因素包括利益相关者的属性和企业生命周期阶段特征。

3　利益相关者与企业社会责任

利益相关者是指那些在企业中进行了一定的专用性投资，并承担了一定的风险的个体和群体，其活动能够影响该企业目标的实现，或者受到该企业实现其目标过程的影响[5]。利益相关者理论为企业社会责任分析提供了一种理论框架，在这个理论框架内我们可以将企业社会责任界定为企业与其利益相关者之间的关系，对于每一种不同的利益相关者可以定义企业社会责任的范围，企业可以在筛选利益相关者的基础上筛选企业社会责任内容。

表1 企业利益相关者与企业社会责任

利益相关者	企业社会责任	社会责任详细内容
股东	对投资者的社会责任	为投资者提供真实经营信息；为投资者提供较高的利润，实现资产的保值与增值
债权人	对债权人的社会责任	为债权人提供借贷安全，及时还本付息
雇员	对员工的社会责任	保障员工的安全与健康；为员工提供合法的收益；为员工提供教育与培训。
消费者	对消费者的社会责任	向消费者提供优质的产品和满意的服务；尊重消费者主权，维护消费者利益
竞争者	对竞争者的社会责任	公平竞争，维护市场正常竞争秩序（不能制定垄断价格控制市场，不能利用行政干预，不能非法窃取情报等）
政府	对政府的社会责任	照章纳税，接受政府的依法干预与监督，承担政府规定的责任与义务
社会	对环境的社会责任 对社会公益的社会责任	维护环境质量，使用清洁能源，共同应对气候变化，保护生物多样性；支持社会慈善事业、支持社会公益事业，通过自身正确的价值观影响社会风气，促进社会文化发展
社区	对社区的社会责任	关心与支持社区的教育事业、福利事业、慈善事业；参加社区有关的社团活动；繁荣社区经济生活，增加就业机会

本文的重点不是单纯分析利益相关者与企业社会责任的内容，而是在企业社会责任的庞杂内容中是否存在履行的先后顺序，即企业社会责任是否存在分级界定。企业社会责任以利益相关者理论为分析框架，因此研究企业社会责任的分级应从利益相关者特征入手。

利益相关者的代表分类有两种：一种是按照相关利益群体在组织经营中承担的风险种类，可分为自愿利益相关者和非自愿利益相关者，前者指在组织中自愿承担组织经营活动带来的风险，主动进行物质资本和人力资本投资的个人和群体；后者指由于组织活动被动承担风险的个人和群体。另一种是根据利益相关者与组织联系的紧密性，可将利益相关者分为主要利益相关者和次要利益相关者，主要利益相关者指与组织有高度依赖性的群体，组织的生存取决于为主要利益相关者创造财富、价值的管理能力，取决于主要利益相关者的持续参与，主要利益相关者包括股东、投资者、雇员、顾客等；次要利益相关者是那些影响组织或被组织影响的群体，对组织的生存不产生根本影响，但是对这类群体关系处理不当会对组织产生负面影响，甚至造成破坏。从利益相关者的分类中我们可以发现，不同利益相关者对于组织的重要性或者紧迫性是不同的，以此可以得出，满足不同利益相关者利益产生的企业社会责任也具有不同的重要性与紧迫性。

最具代表性的利益相关者分类是美国学者米切尔提出的根据利益相关者属性进行分类的方法，首先从三个属性上对可能的利益相关者打分，进而根据分值确定某类群体是否是企业的利益相关者，属于哪一类型的利益相关者[6]。这三个属性是：①合法性，即某一群体是否在法律上被赋有对企业的索取权；②权力性，即某一群体是否拥有影响企业决策的地位和手段；③紧急性，即某一群体的需求能否立即引起企业响应。根据这三个属性的满足情况，即属性得分，可以得出利益相关者分类，即同时满足合法性、权力性、紧急性属性的群体称为确定性利益相关者（Definitive Stakeholder），如股东、雇员和顾客；满足三个属性中任意两个属性的群体称为预期利益相关者（Expectant Stakeholder）；满足合法性、权力性、紧急性其中之一的群体叫做潜在利益相关者（Latent Stakeholder）。

企业社会责任的内容非常丰富，如果要求企业实现完整的社会责任显然是不现实的，同时也是不合理的。企业要实现生存与社会和谐发展，必须根据现实状态选择实现企业社会责任，也就是说企业不能不履行社会责任，但要根据自身条件有选择地逐次实现不同的社会责任，那么，一个关键问题是企业如何判断社会责任的递进顺序。

从利益相关者分析框架中，本文得出企业社会责任界定的分级模型。

首先，确定企业社会责任的属性特征，本文定义企业社会责任具备两个属性：①强制性，即企业社会责任的实现是否是企业无法回避，受到法律保护的责任与义务，如给员工支付工资、为股东创造价值、为债权人还本付息等都属于强制性大的社会责任，而支持社会公益事业的强制性相对就不明显；另外，在同一社会责任大类之中，不同的社会责任小类会具有大小不一的强制性，如对于员工的社会责任大类中，支付工资显然强制性较大，而提供教育培训的强制性相对较小。②紧迫性，即企业待实现的社会责任的时间紧迫性大小，不同的社会责任实现的延时要求不同，有些社会责任不允许延时，必须立即实现，否则将会影响到企业的正常运营甚至生存条件，这类企业社会责任的紧迫性就强，例如：按时发放员工工资、按时交纳各类

税款。而有些社会责任可以推迟实现，延时不会影响企业的正常经营，此类企业社会责任的紧迫性就弱，如员工福利水平的提高。

其次，建立企业社会责任矩阵。以强制性属性作为横坐标，以紧迫性属性作为纵坐标建立企业社会责任坐标系。在该坐标系下第一象限界定为符合高紧迫性和高强制性属性特征的企业社会责任区域，归并到该象限的社会责任称为一类企业社会责任；该坐标系下第二象限界定为符合高紧迫性和低强制性属性特征的社会责任区域，归并到该象限的社会责任称为二类企业社会责任；第四象限界定为符合高强制性和低紧迫性属性特征的社会责任区域，归并到该象限的社会责任称为三类企业社会责任；第三象限界定为符合低强制性和低紧迫性属性特征的社会责任区域，归并到该象限的社会责任称为四类企业社会责任，企业社会责任分级模型如图1所示。

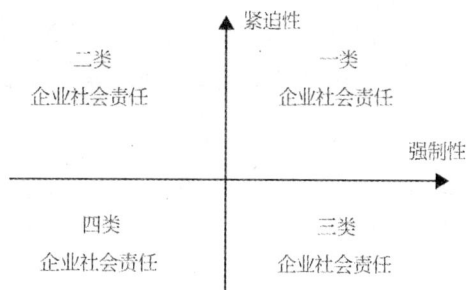

图1　企业社会责任分级模型

最后，将不同企业社会责任根据其满足属性的差异分别置放到不同的象限，产生四类企业社会责任。

一类企业社会责任级别最高，兼具高强制性和高紧迫性，企业必须实现这类社会责任，否则会危及正常经营秩序甚至企业存亡，该类责任受到相关法律法规保护，并且不允许延时，必须立即执行。例如：向消费者交付质量达标的产品或服务、向员工定期支付报酬、向投资

者支付利润。

二类企业社会责任具备高紧迫性和低强制性，这类企业社会责任具有高紧迫性，要求立即实现，不允许有延时存在，但是该类社会责任没有或很少有强制性法律或制度保障其完成，企业不实现不会受到法律的制裁或制度的惩罚，但是会对企业带来短期和长期的负面影响，如竞争者的社会责任，企业利用隐性规则进行不正当竞争在很多领域没有法律约束。

三类企业社会责任具备高强制性和低紧迫性，此类企业社会责任具有高强制性，是通过外部法规、协议或内容制度约束完成，同时具有较低的紧迫性，企业可以延迟处理此类社会责任。

四类企业社会责任具备低强制性和低紧迫性，此类企业社会责任级别最低，具备较低的强制性和紧迫性，企业不完成此类社会责任不会受到任何制度约束和制裁，在短期内也不会产生明显的负面影响，但长期以后会对企业形象、品牌价值等造成负面影响，同时会增加社会成本、加剧对社会负的外部性，该类企业社会责任往往是企业最不关心或最后考虑的内容。如企业对自然环境的社会责任、对社区的社会责任、对社会公益的社会责任。典型企业社会责任矩阵如图 2 所示。

图 2 企业社会责任分级

企业社会责任分级为企业选择性实现社会责任提供了依据，但是不同企业在选择企业社会责任时又要根据自身特征进行科学决策，企业在发展进程的不同阶段会有不同的关键任务，这些关键任务是当下企业最应完成的任务，企业社会责任的选择就是由这些关键任务所决定的。企业生命周期理论清晰地划分出企业不同的发展阶段，以及不同阶段企业发展的关键任务。结合企业生命周期理论与企业社会责任矩阵，可以得到企业在其发展的不同生命周期阶段的社会责任。

4 企业生命周期与企业社会责任

伊扎克·艾迪斯在 20 世纪 80 年代提出了经典的企业生命周期模型，即理论界所谓古典模型[7]。古典模型将企业生命周期分为三个阶段，共九个时期，即孕育阶段、成长阶段和老化阶段，各阶段依次细分为：孕育期、婴儿期、青春期、盛年期、稳定期、贵族期、官僚化早期、官僚化晚期和死亡期。在古典模型的基础上，学术界产生了众多企业生命周期的研究，较为广泛的生命周期阶段界定为四阶段：孕育阶段、成长阶段、成熟阶段和衰退阶段。在不同的阶段，企业所扮演的角色和承担的任务是不同的。企业在不同生命周期阶段对应的社会责任水平如图 3 所示。

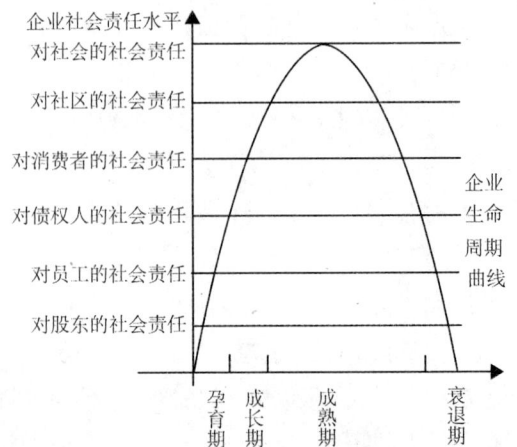

图 3 企业生命周期与企业社会责任

在企业孕育阶段，由于刚刚开始生产经营，自身条件较薄弱，随时面临生存危机。此时，企业的首要目标是维持生存、立足市场。企业必须尽最大努力降低成本、提高质量和效率、适应市场变化，尽一切努力维护投资者的经济利益，保障员工收入，维护员工稳定。这也是企业在该阶段首要的社会责任。

在企业成长阶段，企业销售额不断提高，市场占有率逐步稳定，利润创造能力提升。随着运营规模的稳定与扩展，高素质、高忠诚度的员工是企业最需要的资源，企业社会责任的重点将转移到员工福利的提升、员工队伍稳定等领域。例如，改善工作条件、增加培训教育、增加晋升机会等，通过此类措施增加员工的忠诚度和责任感。同时，随着企业运营进入稳定轨道，经营规模不断扩展，企业的社会责任范畴也逐步扩展，企业希望与顾客、供应商、政府、社区建立良好的关系。扩展的企业社会责任包括提供优质的产品与服务、维护消费者权益、公平参与市场竞争、诚信守法、参与社会公益和树立良好社会形象。

在企业成熟阶段，通过前两个阶段的积累企业进入繁荣期，企业规模和实力达到历史顶点，企业占有社会资源与企业影响力同步提升，此时社会、政府、公众对企业的责任期望也大大增强。企业运营的目标应该由早期的短期利益和个体利益最大化向长期利益和社会利益最大化转移，应该依靠自身占有的社会资源实现更为广泛的社会责任。例如：参与社会公共事业、支持社会慈善活动和文化活动，树立遵纪守法、诚信经营的榜样，保护环境、和谐共生，构建社区与企业和谐关系、为社区做贡献，创造更多就业岗位。

在企业衰退阶段，企业已经难以适应社会经济发展的要求，企业运营规模与资源占有逐步缩减，在市场竞争中处于劣势地位，面临退出市场的风险。此时，企业的社会责任范畴大大缩小，经济责任高于其他社会责任。企业在衰退期承担的主要社会责任应集中在减少因破产而带来的社会负面问题。例如：发放员工工资、员工再就业安排、债权债务清偿。

5　结论

企业作为社会经济中资源配置的载体必须承担相应的社会责任，利益相关者理论为企业社会责任研究提供了分析框架，利益相关者的属性差异产生了确定利益相关者、预期利益相关者和潜在利益相关者。企业社会责任同样具备属性特征，即紧迫性和强制性。据此，本文将企业社会责任划分成四大类别：一类高强制性并高紧迫性社会责任；二类高强制性并低紧迫性社会责任；三类高紧迫性并低强制性社会责任；四类低强制性并低紧迫性社会责任。企业在选择社会责任时应结合企业生命周期不同阶段的特征科学决策，从孕育期到成长期再到成熟期直至衰退期，企业承担的社会责任经历了渐增、稳定、衰减的过程。企业应从一类社会责任开始逐级满足，不应要求企业承担全部的社会责任，企业社会责任必须是有选择、分层次实现，只有这样才能保障企业可持续发展与社会福利和谐共进。

参考文献

［1］Milton Friedman. Capitalism and Freedom ［M］. Chicago University Press，1962.

［2］F. A. Hayek. The Corporation in A Democratic Society：In Whose Interest Ought It and Will It be Run？［A］. H. I. Ansoff，Business Strategy ［C］. Harmondworth，1969：266.

［3］R. 科斯. 1960，社会成本问题，论生产的制度结构（中译本），上海三联书店，1994.

[4] 杨瑞龙，周业安．一个关于企业所有权安排的规范性分析框架及其理论含义——兼评张维迎、周其仁及崔之元的一些观点 [J]．经济研究，1997 (1)．

[5] Clarkson, M. A Stakeholder Framework for Analyzing and Evaluating Corporate Social Performance, Academy of Management Review, 1995, 20 (1): 92 ~ 117.

[6] Mitehell, R. M., B. R. Agle and D. J. Wood. Toward A Theory of Stakeholder Identification and Salience: Defining the Principle of Who and What Really Counts [J]. Academy of Management Review, 1997 (4): 853 ~ 886.

[7] Adizes Ichak. Organizational Passages: Diagnosing and Treating Life Cycle Problems of Organizations. Organizational Dynamics, 1979 (01).

关系嵌入强度对知识获取绩效的影响
——社会资本视角的分析框架

张晓棠　安立仁

（西北大学经济管理学院）

摘要：现有文献主要从资源基础观及知识基础观视角分析关系嵌入强度对企业外部知识获取活动的影响，却忽视了社会资本在此过程中对知识获取绩效的介质作用。本文提出一个以关系嵌入强度为自变量，社会资本为中介变量，知识获取绩效为因变量的分析框架，并指出：从社会资本视角来看，强关联和弱关联在知识获取绩效方面各有利弊，企业应该根据自身战略需求和资源约束，构建多层次、动态社会关系网络。

关键词：知识获取；关系嵌入；社会资本

The Impact of Relational Embeddedness on Knowledge Acquisition
—A Framework form the View of Social Capital

Zhang Xiaotang , An Liren

（E – mail：zxt0421421@ yahoo. com. cn, an060359@ yahoo. com. cn）

（School of Management and Management, Northwest University, Xi' an）

Abstract：Researchers study a lot on the impact of relational embeddedness knowledge acquisition form the Resource – Based View or Knowledge – based View, but the media role of social capital in the process of knowledge acquisition seems to be ignored. This paper presents an analytical framework, which is constructed by relationship strength as independent variables, social capital as intermedium variable, and knowledge acquisition performance as the dependent variable, and propose that from a perspective of social capital strong ties or weak ties have their own advantages and disadvantages. Multi – level, dynamic social networks should be built on the basis of enterprises' needs and their resource constraints.

Key words：knowledge acquisition；relational embeddedness；social capital

1 问题的提出

知识是企业的特殊资源，能赋予企业竞争优势；企业是从事知识获取、创造、扩散、应用的高效率、专业化社会团体[1~2]。作为企业知识管理活动中的基础环节，知识获取不仅仅依赖于企业内部，也可以通过与外部组织间的各种形式的联结来实现[3~4]，通过企业外部来获取知识资源往往会降低知识获取的成本、风险及不确定性，特别是能够提高关键知识资源——隐性知识的获取效率[3]。因此，企业外部网络对知识获取绩效的影响成为研究热点之一。

但是，现有文献主要多以资源基础观和知识基础观视角分析网络嵌入性与企业知识获取绩效的相关关系，却忽视了企业的这种知识获取行为嵌入在社会关系网络中[5~7]。该网络中的资源集合，即社会资本是企业知识获取的重要介质。良好的社会资本使企业能接近并深入知识源，提高知识获取的深度、广度和效率[8]。但是，存在于关系网络中的社会资本受到关系强度制约，进而导致企业知识获取绩效的差异。

因此，本文尝试构建以关系嵌入强度为自变量，社会资本为中介变量，知识获取绩效为因变量的分析框架。一方面，研究关系嵌入强度差异下，社会资本对企业知识获取绩效的影响路径；另一方面，把关系网络看作是一个动态的、开放的过程，考察企业如何根据自身战略需求和资源约束，构建社会关系网络。

2 理论基础及研究框架

2.1 知识获取的概念及影响因素

2.1.1 知识获取的概念

"知识获取"（Knowledge Acquisition，KA）一词最早出现于人工智能和知识工程研究中，是指从知识源总结和抽象有用的问题求解知识，通过知识表示，转换为程序的过程。在知识管理领域中，知识获取是指知识被另一个个体或组织重新占有的过程。在该过程中，知识源一方的核心任务是教授接收方如何实现新旧知识的对接；反之，知识接收方的核心任务是将新旧知识融会贯通。最终，知识接收方获得与知识源一方类似的认知。企业获取知识的动机不一定是创造知识，而是为了在竞争中寻找企业成长与发展的契机，努力获取对于该企业而言的新知识。知识获取也并非企业的孤立行为，有赖于将企业内部与外部的知识创新性地整合[9~12]。

综上所述，本文研究的"知识获取"是指嵌入在社会关系网络中的企业，通过与网络成员的互动活动，将网络知识转化到企业内部，并使所获知识与企业内部环境相融合的整个过程。知识获取绩效是指企业知识获取的行为、表现及其结果，并且体现在知识获取的数量、质量、难易及效率等方面。

2.1.2 知识获取绩效的影响因素

从现有研究成果看，知识获取绩效的主要影响因素包括：企业意愿和努力程度、知识扩散渠道、知识属性、企业各项学习能力等因素。鉴于本文研究前提是嵌入在社会关系网络中的企业通过与网络成员的互动活动来获取知识，本文提出以下三个影响知识获取绩效的主要因素：知识源企业知识扩散意愿；知识可达性以及知识接收企业的吸收能力（如图1所示）。

首先，知识源企业知识扩散的意愿影响着所能获取的知识数量、质量。企业需要高质量的知识以应对环境的不确定性及多变性，知识是企业培育和保持竞争优势的特殊资源。既然如此，知识源企业就不会轻易地将其核心知识提供给其他企业。此外，知识转移和扩散从来不是免费的，知识源企业势必会衡量其行为的成本（人力、资金、技术、协助等）和回报（信任、声誉、地位等）。并且，从竞争的角度来看，社会关系网络中知识的溢出效应更显著，知识源企业的核心知识倘若泄露给其他企业，这些企业可以利用该知识资源获得竞争优势，并由此出现新的或更有力的竞争者[2,13]。

其次，知识可达性（Knowledge Accessibility）是指社会关系网络中，成员之间知识流动的便捷程度。知识可达性影响着知识获取的难易程度，它主要受知识复杂度以及网络开放度两个因素制约。根据 Nonaka 的观点[14]：隐性知识较为复杂，其暗默性、粘性使得隐性知识很难进行明确表述与逻辑说明，其获取比较困难；显性知识较为简单，经过编码，能以口头传授、教科书、参考资料、专利文献、视听媒体、软件和数据库等方式获取。网络开放程度则反映了嵌入在社会网络中的企业公开地、自由地分享知识的意愿，网络开放度越高，意味着网络内知识流流量越高，知识共享障碍越少[2]。

最后，知识接收企业吸收能力是其识别、消化新知识并将其应用于商业用途的能力总和[13]，它直接影响到企业知识获取的效率和效果，是知识获取的关键因素[2,4,15]。企业对知识的吸收能力受到其学习意愿和强度、知识关联度、相互支持度等因素的影响[16]。学习意愿和强度是组织获取知识的催化剂；知识关联度使得知识能被有效利用；企业间相互支持度，如相互派遣专家、管理诀窍的传授等是提高企业吸收能力的有效方法。

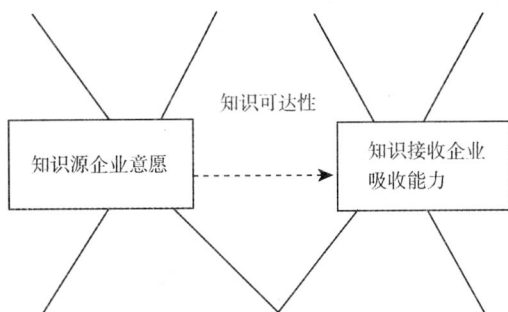

图 1　知识获取绩效的影响因素

2.2　关系嵌入强度的概念

嵌入性（Embeddedness）概念最早见于经济史学家 Polanyi 的论文《作为制度过程的经济》，他强调将宗教和政府纳入经济研究中的重要性。Granovetter 在 Polanyi 及 White 等人研究

的基础上于 1985 年明确了"嵌入"的概念。他指出，经济行为是现代社会的一部分，必然会受到所处的社会关系网络中个体相互关系以及网络属性的影响，即经济行为"嵌入"在社会关系网络中；嵌入的网络机制是信任，信任来源社会网络且嵌入于社会网络之中，因此人们的经济行为也会嵌入于社会网络的信任结构之中[5,17]。

之后，学者们对"嵌入"进行了不同的分类，被大量引用的几种分类是：Granovetter 的关系嵌入和结构嵌入；Zukin 和 Dimaggio 的结构嵌入、认知嵌入、文化嵌入和政治嵌入；Andersson 和 Forsgren Holm 的业务嵌入与技术嵌入。本文分析基于 Granovetter（1985）的关系嵌入和结构嵌入分类。

关系嵌入突出强调网络中企业间关系的质量，主要从关系的内容、方向、延续性及强度等方面来度量。结构嵌入突出网络中各企业的位置和角色分工。主要从关系联结在整个网络中的位置、规模及密度等方面来测度[5,18]。

本文研究中关系强度采用 Granovetter（1973）的研究成果，用互动时间、情感强度、亲密程度以及互惠服务共四方面衡量关系强度。互动时间长、感情深厚、关系紧密、互惠服务较多则为强联结，反之则为弱联结[19~20]。

2.3　社会资本概念及本文研究维度

2.3.1　社会资本概念

社会资本的概念最初应用在社会学领域中，由 Jacobs 于 1965 年首次提出用以描述嵌入在个体关联中的关系资源。之后，管理学科开始关注"社会资本"概念，并将其广泛应用于组织行为的研究中。James S. Coleman 把社会结构资源作为个人拥有的资本财产叫做社会资本。Nan Lin 进一步提出社会资本来源于嵌入社会网络的资源，静态的是社会资源，动态的是社会资本。

Nanapiet 和 Ghoshal 则认为，社会资本是嵌入个人或组织关系网络中的可获得的实际或潜在资源的总和。

本文社会资本是指企业嵌入在关系网络中的关系资源集合，其形式有信任、共识、互动、互惠、规范、权威等。这些社会资本直接影响着企业智力资本的交换和整合，间接影响了企业价值创造过程中的环境，最终反映在企业知识获取绩效上[21]。

2.3.2 本文社会资本的研究维度

Nanapiet 和 Ghoshal 基于 Granovetter 结构性嵌入和关系性嵌入的研究，将社会资本分为三个维度：结构维度、关系维度与认知维度。结构维度强调社会关系网络规模、密集度等的非人格化特征；关系维度强调社会关系网络成员关系质量、情感强度等人格化特征；认知维度强调网络成员共同知识、价值观等。认知维度受到结构和关系维度的影响。

在文献归纳和本文研究基础上，本文集中研究社会资本的关系维度，并提出社会资本关系维度的三方面：关系质量（以善意信任和互惠的期望来表征）、企业之间社会互动程度（由互动时间和频率来表征）以及网络联系（由网络内知识关联性和知识冗余程度来表征）[3、7、21~23]。如图 2 所示。

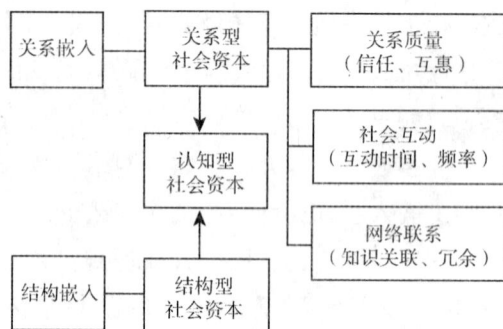

图 2　网络嵌入与社会资本

3　关系嵌入强度对知识获取绩效的影响研究：社会资本为中介

如前文所述，关系嵌入强度可以用互动时间、情感强度、亲密程度以及互惠服务共四方面衡量。互动时间长、感情深厚、关系紧密、互惠服务较多则为强联结，反之则为弱联结。本文提出以关系嵌入强度为自变量，社会资本为中介变量，知识获取绩效为因变量的概念模型，如图 3 所示。

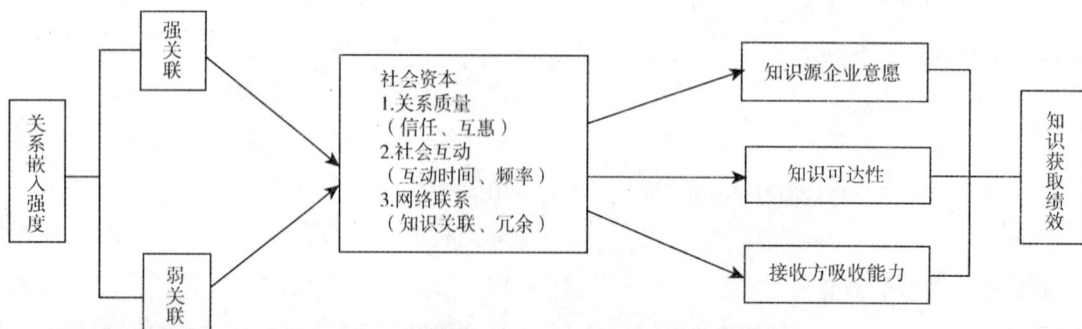

图 3　社会资本视角下关系嵌入强度对知识获取绩效影响的分析框架

3.1 关系嵌入强度、信任资本与知识获取绩效

强关联更容易形成企业间的信任[24]，这意味着一方对另一方行动的诚实、友善以及承诺的肯定预期。一方面，信任资本能够降低知识源企业对知识扩散和转移的保护及防备意识，使知识扩散和转移成为可能；另一方面，信任资本往往促成网络主体行为规范的建立，这样大大降低了机会主义风险以及不确定性风险[13]。因而，强关联网络中存在更多信任资本，知识源企业知识扩散与转移的意愿更高。

由于弱关联企业间缺乏足够的深层次交流，信任关系较难建立，获取知识过程中存在着很大机会主义风险。因而，嵌入弱关联网络中蕴涵较少信任资本，知识源企业知识扩散与转移的意愿较低。

综上所述，关系嵌入强度越高，企业拥有的信任资本越多，知识源企业知识扩散和转移的意愿越强。

3.2 关系嵌入强度、互惠期望与知识获取绩效

强联结的企业容易形成信任的一个重要原因是互惠服务（Reciprocity）。互惠服务可以使行为主体均受益，促使企业产生知识共享的动机和行为[15]。即便在特定时间里某些企业可能无回报或者得到不等价回报，但是互惠服务本身并非是时间的函数，它是一种持续进行的交换关系，仍能使企业产生共同的期望，即"现在己予人，将来人予己"。同时，互惠规范的共同体还可以更有效地约束投机，解决集体行动中的免费"搭车"问题，节约用于监控和议价的时间资源[22~23]。基于互惠的上述作用，互惠能促使企业间知识扩散与传递的环境更为开放、宽松、自由。

综上所述，关系嵌入强度越高，企业间互惠服务越多，社会关系网络的开放度就越高。

3.3 关系嵌入强度、互动交流与知识获取绩效

强关联企业间一般保持着紧密而直接、频繁而稳定的互动与交流，其结果是最大程度地推动了企业间隐性知识的扩散和转移进程[25]。首先，企业愿意花大量的时间进行互动和交流，可使知识接收企业拥有更多的机会接触到隐性知识；其次，隐性知识的复杂性使得跨越组织界限传输隐性知识比较困难，但是企业之间的高频率互动和交流有助于知识源企业深入、全面地诠释隐性知识，能使知识接收方企业更好地理解和吸收隐性知识[8]。

相对而言，弱关联企业很难获取合作伙伴的隐性知识，更多的是获取合作伙伴的显性知识[1,3,15]。

但是，强关联企业间这种紧密而直接、频繁而稳定的互动与交流，其所需成本比较高；弱联结企业间的交流频率和深度都比较低，这就意味着企业所需投入成本较少。特别是隐性知识获取成本高于显性知识获取成本，并且在随后的隐性知识显性化过程中，还需要企业提供必需的环境条件及技术条件，这必然要花费较高的成本[26~27]。

综上所述，关系嵌入强度越高，企业间互动时间越长、频率越高，越有利于隐性知识的转移、扩散和吸收，但是，相应知识获取成本越高。

3.4 关系嵌入强度、知识关联性与知识获取绩效

强联结是在组织结构、企业文化、愿景、经验、背景等特征相似的企业间发展起来的，一般具有共同的知识基础和共同语言，知识的关联性较高。加之强联结企业间通过频繁、深入、广泛地交流和互动能够增加企业间共通知

识存量[13][25]，沟通效率提高，使得知识更容易被理解和消化。

相反，弱联结则是在组织结构、企业文化、愿景、经验、背景等特征不同的组织间发展起来的，知识的关联性较低，由于缺乏共同的知识基础、共同语言、深入的交流和互动，知识的消化能力的限制会影响知识获取绩效。

综上所述，关系嵌入强度越高，企业间知识关联度越高，越有利于知识接收企业对知识的消化、理解。

3.5 关系嵌入强度、知识冗余与知识获取绩效

强关联获得的知识和信息常是冗余的，缺乏新知识与新信息。网络内的企业通过高频度的互动，最终可能会形成对知识及信息的类似认知，产生技术锁定效应。因而，强关系常与渐进性创新联系在一起。

相反，弱关联获得的知识和信息常是非冗余的，跨越了不同的信息源。处于"结构洞"的中介企业充当着桥梁作用，因而，弱联结网络承载着更多样化的新知识和新信息，为新的信息提供通道[20]，有助于寻找有用的知识，打破技术锁定效应。因此，弱关联通常与突破性创新联系在一起[28]。

综上所述，关系嵌入强度越高，知识冗余程度越高，越不利于新知识的创造和企业创新。

4 结论

本文通过文献研究，提出一个以关系嵌入强度为自变量，社会资本为中介变量，知识获取绩效为因变量的分析框架。结果表明，从社会资本视角来看，强关联和弱关联在知识获取绩效方面各有利弊（如图4、图5所示）。

强关联使企业拥有较多的信任、互惠、互动等社会资本，因而知识源企业意愿高，网络

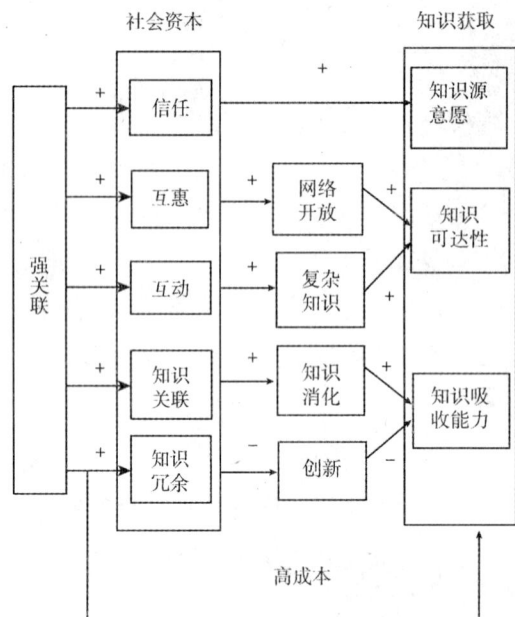

图4 强关联—社会资本—知识获取绩效的
分析框架及结果

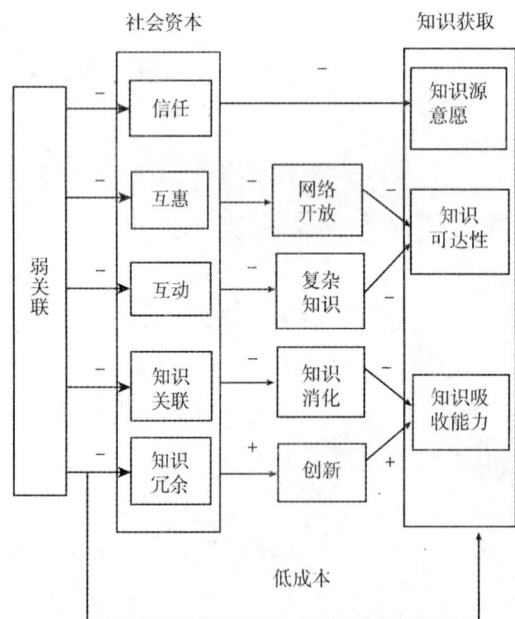

图5 弱关联—社会资本—知识获取绩效的
分析框架及结果

环境开放性高，有助于企业获取关键的隐性知识。但是，知识冗余程度较高，不利于企业创造新知识以及创新行为，且关系维护成本高。

弱关联使企业吸收多元化的知识，在给企业提供非冗余信息方面独具优势，有利于新知识的创造和激发企业创新行为，同时，其关系维护成本较低。但是，由于弱关联缺乏信任、互惠、互动等社会资本，因而降低了知识源企业转移和扩散知识的意愿、加大了知识获取的难度，一般而言获取更多的是显性知识。

鉴于上述分析结论，企业应该根据自身战略需求和资源约束，构建多层次、动态的网络关系。例如，企业可以组合强关联与弱关联，与供应商、经销商、顾客形成强关联网络，与科研院所、高校等建立弱关联网络。在知识获取的不同阶段，如知识和信息搜索阶段，可以依赖弱关系网络中的"结构洞"发挥信息的桥梁作用。面对不同的战略目标，如模仿式创新可以依靠强关联网络，突破式创新则依靠弱关联网络。企业只有将网络关系资源合理配置、使用、治理，才能最大程度地提高知识获取绩效。

当然，本文仅是尝试性地对企业网络结构对知识获取的影响进行分析，而指标性的测量和实证性的研究则有待进一步的分析。

参考文献

[1] Kogut and Zander. What Firms Do? Coordination, Identity, and Learning [J]. Organization Science, Vol. 7, 1996: 502~518.

[2] Andrew C. Inkpen. Learning through Joint Ventures: A Framework of Knowledge Acquisition [J]. Journal of Management Studies, Vol. 37, 2000: 1019~1043.

[3] Lane P. J. and Lubatkin M. Relative Absorptive Capacity and Interorganizational Learning [J]. Strategic Management Journal, Vol. 19, 1998: 461~477.

[4] Marjorie A. Lyles and Jane E. Salk. Knowledge Acquisition from Foreign Parents in International Joint Ventures: An Empirical Examination in the Hungarian Context [J]. Journal of International Business Studies, Special Issue, 1996: 877~903.

[5] Granovetter M. Economic Action and Social Structure: the Problem of Embeddedness [J]. American Journal of Sociology, Vol. 91 (3), 1985: 481~510.

[6] Tsai W. and Ghoshal S. Social Capital and Value Creation: The Role of Intrafirm Networks [J]. Academy of Management Journal, Vol. 41 (4), 1998: 464~476.

[7] Uzzi B. Social Structure and Competition in Interfirm Networks: the Paradox of Embeddedness [J]. Administrative Science Quarterly, Vol. 42, 1997: 35~67.

[8] Helena Yli-Renko, Erkko Autio and Harry J. Sapienza. Social capital, Knowledge Acquisition, and Knowledge Exploitation in Young Technology-based Firms. Strategic Management Journal, Vol. 22, 2001: 587~613.

[9] Huber G P. Organizational Learning: the Contributing Processes and the Literature [J]. Organization Science, Vol. 2, 1991: 88~115.

[10] Matti Verkasalo. A method of Measuring the Efficiency of the Knowledge Utilization Process [J]. IEEE Transactions on Engineering Management, Vol. 45, No. 4, 1998: 414~423.

[11] Nonaka. A Dynamic Theory of Organizational Knowledge Creation [J]. Organization Science, Vol. 5, 1994: 14~37.

[12] Michael Fritsch and Martina Kauffeld-Monz. The Impact of Network Structure on Knowledge Transfer: An Application of Social Network Analysis in the Context of Regional Innovation Networks [J]. Ann. Reg. Sci, Vol. 44, 2010: 21~38.

[13] Cohen, W. M. and Levinthal, D. A. "Absorptive Capacity: A New Perspective on Learning and Innovation". Administrative Science Quarterly, Vol. 35, No. 1, 1990: 128~152.

[14] 野中郁次郎，竹内弘高. 创造知识的企业 [M]. 北京：知识产权出版社，2006.

[15] Julie Juan Li. Relational Mechanisms, Formal Contracts and Local Knowledge Acquisition by International Subsidiaries [J]. Strategic Management Journal, Vol. 31,

2010: 349 ~ 370.

[16] Byung Il Park. Differences in Knowledge Acquisition Mechanisms Between IJVs with Western vs Japanese Parents: Focus on Factors Comprising Absorptive Capacity [J]. Management Decision, Vol. 49, No. 3, 2011: 422 ~ 443.

[17] 李久鑫, 郑绍濂. 管理的社会网络嵌入性视角 [J]. 外国经济与管理, Vol. 24, no. 6, 2002: 2 ~ 6.

[18] 许冠男. 关系嵌入性对技术创新绩效的影响研究——基于探索型学习的中介机制 [D]. 浙江大学, 2008.

[19] Granovetter. The Strength of Weak Ties [J]. American Journal of Sociology, Vol. 78, No. 9, 1973: 1360 ~ 1380.

[20] Burt RS. The Network Structure of Social Capital [J]. Research in Organizatinnal Behaviour, Vol. 22, 1992: 345 ~ 423.

[21] Nahapiet J and Ghoshal S. Social Capital, Intellectual Capital and the Organizational Advantage [J]. Academy of Management Review, Vol. 23, No. 2, 1998: 242 ~ 266.

[22] Larson A. Network Dyads in Entrepreneurial Set - tings: A Study of the Governance of Exchange Relationships [J]. Administrative Science Quarterly, Vol. 37, No. 7, 1992: 76 ~ 104.

[23] Dyer J. H., Singh H. The Relational View: Cooperative Strategy and Sources of Interorganizational Competitive Advantage [J]. Academy of Management Review, Vol. 23, 1998: 660 ~ 679.

[24] N. Dayasindhu. Embeddedness, Knowledge Transfer, Industry Clusters and Global Competitiveness: A Case Study of the Indian Software Industry [J]. Technovation, Vol. 22, No. 9, 2002: 551 ~ 560.

[25] Ahuja, G. Collaboration Networks, Structural Holes and Innovation: A Longitudinal Study [J]. Administrative Science Quarterly, Vol. 45, 2000: 425 ~ 455.

[26] Levin, Daniel Z. C., Rob. The Strength of Weak Ties You Can Trust : the Mediating Role of Trust in Effective Knowledge Transfer [J]. Management Science, Vol. 50, No. 11, 2004: 1477 ~ 1490.

[27] Peter J. Buckley, Keith W. Glaister, Knowledge Accession and Knowledge Acquisition in Strategic Alliances: the Impact of Supplementary and ComplEmentary Dimensions [J]. British Journal of Management, Vol. 20, 2009: 598 ~ 609.

[28] 魏江, 郑小勇. 关系嵌入强度对企业技术创新绩效的影响机制研究——基于组织学习能力的中介性调节效应分析 [J]. 浙江大学学报（人文社会科学版）, Vol. 40, No. 6, 2010: 168 ~ 180.

促进区域经济发展的主导产业选择研究
——以合芜蚌为例

赵晓玥　胡登峰　陈菁

（安徽财经大学工商管理学院）

摘要：一个区域的经济发展水平主要取决于该区域产业结构的合理性和有效性，而产业结构的合理性与有效性又是与区域主导产业密切相关的。本文以安徽省三个最大的经济"增长核"合肥、芜湖、蚌埠为研究对象，综合运用了区位熵方法和因子分析方法对该区域的产业进行分析评价，并最终确定了促进其经济发展的具有潜力的主导产业，从而对促进整个区域经济的快速发展提出针对性的建议。

关键词：主导产业；区位熵；因子分析

Study on the Selection of Leading Industry of Promoting the Development of Regional Economy—A Case Study on Hewubeng

Zhao Xiaoyue, Hu Dengfeng, Chen Jing

（College of Business Administration, Anhui University of Finance & Economics, Bengbu）

Abstract：The economic development level of a region mainly depends on the rationality and validity of the regional industrial structure, and the rationality and validity of the industrial structure is closely related to the regional leading industries. This paper based on the three biggest economic "growth nuclear" Hefei, Wuhu, Bengbu of Anhui province, and the location entropy method and factor analysis method were comprehensively applied for the analysis and assessment on the regional industries, finally determined the potential dominant industries that promote the economic development, then provides corresponding suggestions that can promote the rapid development of whole regional economy.

Key words：leading industries; location entropy; factor analysis

1 引言

区域经济发展是一门经济学理论。李琳（2010）认为区域经济就是指在社会劳动地域分工的基础上，随着经济发展而逐步形成的各具特色和密切联系的地域综合体。区域经济学理论认为区域经济的本质是充分发挥区域优势，在空间市场一体化的条件下，实现区域间的有效分工，以最大限度地获取空间经济的整体效益。因此，一个区域的经济发展水平主要取决于该区域产业结构的合理性和有效性，而产业结构的合理性与有效性又是与主导产业和其他产业的关联效应密切相关的。

主导产业这一概念最早是由美国发展经济学家艾伯特·赫希曼（1958）在《经济发展战略》一书中提出的，他认为供应与需求不一致是经济增长的促进剂，在资源有限的发展中国家应采取不均衡求均衡的发展战略。并且根据投入产出的基本原理，对产业间关联度与工业化的关系作了深入的研究，提出应当首先发展那些产业关联度强的产业，以此带动其他产业的发展[1]。对主导产业理论进行明确系统研究的是 20 世纪美国发展经济学家罗斯托（1998），他认为：在任何一个时期，一个经济系统之所以能够保持前进的冲击力是由于若干个主导部门迅速扩张的结果。这些主导部门在自身扩张的同时，还对其他部门产生了影响，并最终带动了整个经济的发展。同时，罗斯托认为主导产业部门可以通过后向联系效应、旁侧效应和前向联系效应三个方面全面促进经济发展[2]。而关于主导产业如何选择，日本的筱原三代平提出了著名的规划产业结构的"两基准"理论，即收入弹性基准（产品的需求增长率与国民收入增长率之比）和生产率上升基准（某一产业的要素生产率与其他产业的要素生产率的比率）。随后，日本产业结构审议会为了实现经济与社会、环境协调发展，在筱原三代平二基准的基础上又增加了环境标准（选择污染少、不会造成过度集中环境问题的产业优选发展）和劳动内容（选择能提供安全、舒适和稳定的劳动岗位的产业优先发展）两条基准[3]。相对于国外的理论，国内学者对主导产业的研究则更多地侧重于具有实际应用价值的主导产业选择的不同的基准和方法研究上。周振华（1989）结合中国国情，提出了主导产业选择的三条基

准：即增长后劲基准、短缺替代弹性基准和瓶颈效应基准。张圣祖（2001）提出了产业协调度最佳基准和增长后劲最大化基准。于华钦等（2006）的区域主导产业选择的人力资本匹配基准、陈刚等的定性基准和定量基准、刘再兴的产业综合优势基准等等[4]。方法包括模糊综合评价法、层次分析法、灰色聚类分析、因子分析法、粗糙集方法、偏离—份额分析方法、区位熵方法等等。

国内的研究主要集中于一个地区的主导产业研究，但是不同地区之间主导产业的比较研究并不多见。随着合芜蚌自主创新综合配套改革试验区的确立，试验区经济总量得到了快速发展，对安徽省经济发展的良好态势也日益显现，特别是安徽省 2011 年提出了技术创新工程试点省建设和战略性新兴产业"千百十工程"的产业发展战略，使合芜蚌综合改革试验区对安徽省经济发展起到了示范带动作用。本文将通过区位熵和因子分析的方法分析合肥、芜湖、蚌埠（以下简称"合芜蚌"）区域经济发展与主导产业间的内在关系，对比合芜蚌三个城市发展情况的指标，以试图找出合芜蚌最适合和最具发展潜力的产业，从而对促进整个区域经济的飞速发展提出针对性的建议。

2 合芜蚌区域经济发展与主导产业之间的内在关系分析

合肥、芜湖、蚌埠都是历史悠久的城市，合肥是全国重要的科教基地，是除北京外国家科学大工程布局最多的城市，芜湖是皖江城市带的中心城市，蚌埠是沿淮城市群的中心城市，合芜蚌是安徽省三个科技资源较为密集，产业基础相对较好的城市。2008 年 10 月，安徽省以这三个市为中心成立了全国三大自主创新示范区（北京中关村、武汉东湖、安徽合芜蚌）之

一的"合芜蚌自主创新综合配套改革试验区"（以下简称"合芜蚌新区"）。2009年，合芜蚌三市地区生产总值GDP之和为4558.9亿元，占安徽全省的45.3%。安徽省省长助理、创新办主任花建慧曾分析："合芜蚌三市要把整个安徽省统领起来，形成安徽经济发展的战略支点。发挥合芜蚌中心带动加典型示范的作用，对安徽全省可以起到纲举目张的作用。"因此，可以见得合芜蚌区域经济发展的重要性。而整个区域经济及其各产业部门实现快速发展的动力之源在于主导产业的选择。例如，北京具有国内其他城市无法比拟的信息、科教、人才优势，于是以交通运输设备制造业、电子及通信设备制造业、金融业、信息传输、计算机服务和软件业以及租赁和商务服务业为主导产业，促进了自身及周边城市产业结构的优化和经济的协调发展。黑龙江省依托其特殊的产业环境，以采掘业、食品制造及烟草加工业、炼焦煤气及石油加工业和化学医药制造业为主导产业，带动了全省经济的进步。"二战"后日本的"经济奇迹"，其重要的原因之一也是正确地选择了主导产业：在日本经济复兴时期，其主导产业煤炭、钢铁和火力发电解决了日本经济复兴期间能源不足的问题，为以后的经济高速增长创造了条件；在日本经济高速增长时期，其主导产业是石油加工、石油化学和钢铁工业，这些重化工业部门的螺旋式发展，推动着日本经济步入高速增长的轨道；在日本经济稳定增长与调整时期，因为消费结构的升级换代，其主导产业为汽车、家用电器；20世纪90年代以来，由于金融危机和长期经济萧条，日本提出了"IT立国"的经济发展新战略，将电子、信息产业作为带动和促进传统产业结构变革的主导产业，恢复并进一步促进了经济的发展[5]。这些都表明区域主导产业是形成核心竞争力的一

个重要方面，它不但在区域经济发展中起主导作用，而且还能带动区域经济的全面发展。因此本文为了确定合芜蚌主导产业和以后更具发展潜力的产业，将采用区位熵法测度合芜蚌的产业结构，并运用因子分析方法对主导产业进行综合评价。

3 主导产业选择的定量研究

3.1 区位熵分析

区位熵又称专门化率，是由哈盖特（P. Haggett）首先提出并运用于区位分析之中的。它在衡量某一区域要素的空间分布情况时，反映某一产业部门专业化程度，以及某一区域在高层次区域的地位及作用等[6]。区位熵可以通过测定一个区域内的产业部门相对于较大区域范围内产业部门的集中程度，对该区域的产业进行比较分析，从而判断出这一地区的优势产业。

区位熵的基本计算公式为：$LQ_{ij} = \dfrac{\dfrac{L_{ij}}{\sum\limits_{j=1}^{m} L_{ij}}}{\dfrac{\sum\limits_{i=1}^{n} L_{ij}}{\sum\limits_{i=1}^{n}\sum\limits_{j=1}^{m} L_{ij}}}$

其中，i表示第i个地区（$i = 1,2,3,\cdots,n$）；j表示第j个产业（$j = 1,2,3,\cdots,m$）；L_{ij}表示第i个地区，第j个产业的经济水平（如产值）；LQ_{ij}表示第i个地区第j个产业的区位熵，即第i个地区第j个产业的产出占第i个地区所有产业总产出的比重与全国第j个产业的产出占全国所有产业总产出的比重的比值。

一般来讲，区位熵的值越大，其在全国范围内集中程度和发展强度越高，比较优势越大。当$LQ > 1$时，表明i地区该产业的集聚和专业化程度高于全国平均水平，具有比较优势，同时还意味着i地区该产业不仅能满足本区域需求还占领了区外部分市场；反之，当$LQ < 1$时，

表明 i 地区该产业的集聚和专业化程度低于全国平均水平，具有比较劣势，并且该地区该产业不能满足本区域需求。

本文以工业总产值为例计算区位熵，依据《中国统计年鉴》（2010）、《合肥统计年鉴》（2009、2010）、《芜湖统计年鉴》（2009、2010）、《蚌埠统计年鉴》（2009、2010）的相关数据，选取了黑色金属矿采选业、非金属矿采选业、农副食品加工业、食品制造业、交通运输设备制造业等 34 个产业作为研究对象，分别计算出合肥、芜湖、蚌埠各产业的区位熵值。

通过区位熵的测算结果发现，合肥各产业的区位熵大于 1 的有 11 个，分别是烟草制造业、家具制造业、印刷业和记录媒介的复制、橡胶制品业、塑料制品业、金属制品业、通用设备制造业、专用设备制造业、交通运输设备制造业、电器机械及器材制造业、水的生产和供应业。芜湖各产业的区位熵大于 1 的有 11 个，分别是黑色金属矿采选业、烟草制造业、塑料制品业、非金属矿物制品业、黑色金属冶炼及压延加工业、有色金属冶炼及压延加工业、通用设备制造业、交通运输设备制造业、电器机械及器材制造业、仪器仪表及文化办公用机械制造业、燃气生产和供应业。蚌埠各产业的区位熵大于 1 的有 11 个，分别是农副食品加工业、饮料制造业、烟草制造业、印刷业和记录媒介的复制、化学原料及化学制品制造业、医药制造业、非金属矿物制品业、交通运输设备制造业、电力热力的生产和供应业、燃气生产和供应业、水的生产和供应业。以上产业在相应地区的区位熵值大于 1 表明了其专业化水平高于全国平均水平，具有比较优势。而合芜蚌区域三地产业区位熵均大于 1 的有 2 个，分别是烟草制造业（1.775；3.384；10.723）和交通运输设备制造业（1.807；3.771；1.652），

可以看出，其值不仅大于 1，还均大于 1.5，表明其发展强度与全国平均水平相比具有非常显著的竞争优势；合芜蚌区域中两地产业区位熵大于 1 的有 7 个，分别是印刷业和记录媒介的复制（合蚌）、塑料制品业（合芜）、非金属矿物制品业（芜蚌）、通用设备制造业（合芜）、电器机械及器材制造业（合芜）、燃气生产和供应业（芜蚌）、水的生产和供应业（合蚌）；合芜蚌区域中还有 13 个不同的产业区位熵大于 1。即合芜蚌区域一共约有 41% 的优势产业（区位熵大于 1）是共有的。

3.2 因子分析

区位熵是个相对比值，只反映了区域产业的相对集聚和专业化程度，并不能完全反映区域的实际专业化程度。区位熵大于 1 的产业部门可能总体规模很小，这一产业部门的专业化产品在区内所占的比率将会非常小；或者是在实力较弱的区域，某些产业部门的区位熵很高，但由于总体经济规模较小，该产业的总量规模有可能很小。因此，在用区位熵分析地区专业化程度时，需要同时用其他指标来衡量。为了更准确地选出具有潜力的成长性主导产业，我们将采用因子分析方法，并运用 SPSS15.0 统计分析软件对合芜蚌各地各产业进行综合评价并排序。

根据产业数据的可获得性、可比性和客观性原则，选取了 10 个指标并算出其指标值来对产业进行评价，它们分别是：工业总产值比重、企业数比重、从业人口比重、工业增加值率、产值利税率、流动资产周转率、资产负债率、全员劳动生产率、区位熵、产业增长相对速度。因为篇幅有限，具体指标数值省略。由于因子分析是指以不丢失或最少的信息丢失，将原始的众多指标重新综合成一组新的较少的且彼此不相关的综合指标。所以我们用 SPSS 软件对数据进行因子分析，得到合芜蚌三地的 KMO 值分别为

0.652、0.693，0.592，均在 0.5～1.0；且 Bart-lett 检验中相应的 Sig. 值均为 0.000，为高度显著，因此数据均适合因子分析方法。通过分析矩阵特征值与累积贡献率，合肥特征根大于 1 的公共因子有 4 个，累积贡献率为 87.492%；芜湖特征根大于 1 的公共因子有 3 个，累积贡献率为 75.364%；蚌埠特征根大于 1 的公共因子有 4 个，累积贡献率为 87.739%。说明这些因子反映了原来评价指标变量的大部分信息。

在此基础上，按照各项公共因子的贡献率对各产业进行加权运算，得出各产业的综合得分。计算公式为 $F = \sum W_j F_j$。其中，W_j 表示第 j 个公因子的方差贡献率，F_j 表示第 j 个公因子的得分。可以得到合肥、芜湖、蚌埠三地各产业的综合得分和排序。

由于要选出的是具有成长性的主导产业，所以我们决定从结果中选出每个地区的前八名产业。合肥排在前八名的是：电器机械及器材制造业、交通运输设备制造业、专用设备制造业、烟草制造业、通用设备制造业、金属制品业、化学原料及化学制品制造业、农副食品加工业。芜湖排在前八名的是：交通运输设备制造业、烟草制造业、石油加工煤焦及核燃料加工业、电器机械及器材制造业、非金属矿物制品业、仪器仪表及文化办公用机械制造业、通用设备制造业、电力热力的生产和供应业。蚌埠排在前八名的是：化学原料及化学制品制造业、烟草制造业、农副食品加工业、石油加工煤焦及核燃料加工业、交通运输设备制造业、电力热力的生产和供应业、非金属矿物制品业、医药制造业。其中，三地共有的具有成长性的主导产业有 2 个，为交通运输设备制造业和烟草制造业；两地共有的具有成长性的主导产业有 7 个，分别为电器机械及器材制造业（合芜）、通用设备制造业（合芜）、化学原料及化

学制品制造业（合蚌）、农副食品加工业（合蚌）、石油加工煤焦及核燃料加工业（芜蚌）、非金属矿物制品业（芜蚌）、电力热力的生产和供应业（芜蚌）。

4　结果分析

通过对比合芜蚌各产业的区位熵值和综合得分可知，交通运输设备制造业和烟草制造业在该区域的两项指标均较高，表明其发展强度与全国平均水平相比不仅具有显著的竞争力优势，而且还具有很高的成长性和发展潜力，因此合芜蚌区域应以这两个产业为重点，发挥其在区域经济发展中的主导作用，并带动相关产业的发展，以促进整个区域甚至是整个安徽省的经济发展。

从合芜蚌其中两地来看，非金属矿物制品业（芜蚌）、通用设备制造业（合芜）和电器机械及器材制造业（合芜）的两项指标均较高，表明这些产业分别在相应两个地区具有竞争优势和发展潜力，因此应该重视这些产业在两地的共同发展，提高两地之间企业的关联度，发挥它们的扩散效应，以增强其整体竞争的实力。

除了共有的主导产业外，单独地看，合肥的金属制品业、专用设备制造业，芜湖的仪器仪表及文化办公用机械制造业，蚌埠的农副食品加工业、化学原料及化学制品制造业、医药制品业、电力热力的生产和供应业，两项指标均较高，表明了合芜蚌各地具有互不相同的优势产业。而石油加工煤焦及核燃料加工业在芜湖和蚌埠的综合得分较高，区位熵值很低，表明其具有很高的成长性，但专业竞争力不足，因此应努力增加其研究开发方面的投入，以提高其核心竞争力，从而使其成长为真正的主导产业。而合肥的橡胶制品业、印刷业和记录媒介的复制、塑料制品业，芜湖的黑色金属矿采

选业、塑料制品业，蚌埠的饮料制造业、燃气生产和供应业，区位熵值很高，综合得分很低，表明其与全国同行业相比，具有很强的专业竞争力，但成长性较差，表明这些产业已经发展到一定程度，达到成熟时期，因此应该优化产业结构，提高产业层次，使其重新具有成长性。

5 建议

从以上分析结果可以看到合肥、芜湖、蚌埠三个地区各自都有属于自己独特的强势主导产业，这些产业的判断与现实中也相符合。例如合肥的电器机械及器材制造业，最具代表性的企业是合肥格力电器公司、荣事达洗衣设备制造公司、世纪精信机械制造公司等；芜湖的交通运输设备制造业，最具代表性的企业是奇瑞公司；蚌埠的化学原料及化学制品制造业，最具代表性的企业是丰原集团。但是对于合芜蚌整个区域来说，其发展不仅需要区域内各个城市各自优势产业的良好发展，更需要从区域整体的角度考虑其发展。一方面，要抓住合芜蚌三点连一线的地理区位优势，加强和完善区域的城际道路、信息通信等基础设施建设，使各地的资源能快速而有效率地流动，以提高整个区域的资源优化配置，从而优化整个区域的主导产业结构；另一方面，要注意发挥各地主导产业的带头作用，使区域内该产业的同类企业产生集聚，并使其在技术开发和功能类型上形成各自的特点，并通过合理的分工和协作，提高整个区域该产业的整体实力。同时，要注意主导产业核心品牌的树立，尽力把各地区龙头企业的地区品牌打造成区域品牌，使其产业特色更加突出，优势更加明显，知名度更高，从而提升主导产业的综合实力，并进一步带动合芜蚌整个区域甚至安徽省经济的快速发展。

参考文献

[1] 姜微. 安徽省工业主导产业选择问题研究 [D]. 合肥工业大学，2007.

[2] 罗斯托. 从起飞进入持续增长的经济学 [M]. 成都：四川人民出版社，1998：9~10.

[3] 卢正惠. 区域开发中主导产业的选择基准 [J]. 经济问题探索，2001 (6).

[4] 李新，王敏晰. 区域主导产业选择方法研究述评 [J]. 技术经济与管理研究，2008 (5).

[5] 陈邵华. 论主导产业的选择：日本的经验及其启示 [J]. 当代经济，2009 (23).

[6] Haggett P. Locatioal Analysis in Human Geography [M]. London，1965.

[7] 胡建绩，张锦. 基于产业发展的主导产业选择研究 [J]. 产业经济研究，2009 (4).

[8] 魏敏，李国平. 区域主导产业选择方法及其应用研究——一个关于陕西省主导产业选择的案例 [J]. 科学学研究，2004 (1).

[9] 杨亚琴，王丹. 国际大都市现代服务业集群发展的比较研究——以纽约、伦敦、东京为例的分析 [J]. 世界经济研究，2005 (1).

[10] 刘颖琦，李学伟，李雪梅. 基于钻石理论的主导产业选择模型的研究 [J]. 中国软科学，2006 (1).

[11] 刘红梅，李玉浸. 区域主导产业研究综述 [J]. 科学学与科学技术管理，2004 (12).

[12] 刘承良，田颖. 武汉城市圈产业结构分析与重组 [J]. 地域研究与开发，2008，27 (5).

[13] 张银银，闵晓莹，李立民. 中国西南地区与东盟国家产业结构相似性分析——以制造业为例 [J]. 东南亚纵横，2007 (7).

[14] 刘佳，马卫华. 广东、江苏、山东新兴产业选择及相关科技资源支撑对比分析 [J]. 科技管理研究，2010，30 (23).

[15] 郭克莎. 工业化新时期新兴主导产业的选择 [J]. 中国工业经济，2003 (2).

山东省人口与经济文化发展系统动力学模拟[①]

李新运　唐保国

（山东财经大学信息管理学院）

摘要：根据山东省人口与经济文化强省建设的需要，建立了人口与经济文化发展的系统动力学模型。该模型包括人口系统、经济系统和文化系统三个子系统。根据山东省近30年的统计数据和未来国民经济发展目标确定了模型中的参数，采用Vensim软件进行仿真模拟，模拟给定人口发展政策下，各系统主要指标的变化趋势，为山东省人口与经济文化强省建设提供建议和参考，对其他地区也有参考价值。

关键词：人口与经济文化发展；人口发展；动力学模拟

A System Dynamic Simulation of Shandong Population and Economic and Cultural Development

Li Xinyun, Tang Baoguo

（E – mail：xinyunli@126. com, tangbaoguo89@163. com）

（School of Information and Management, Shandong University of Finance and Economic）

Abstract：According to the need of Shandong Population and economic and cultural strong province construction, this paper build a system dynamic model of Shandong Population and economic and cultural system. This model includes three subsystems, which is population development, economic development and cultural development. Model parameters are determined according to the statistical data in recent 30 years and national economic development goals, and the trend of main indicators in the model is simulated by using of Vensim. At last, it will provide some advice for the construction of Shandong Population and economic and cultural strong province and as consultations for other areas.

Key word：Population and Economic and Cultural Development；Population Development；Dynamical Simulation

---

① 基金项目：教育部人文社会科学规划课题（09YJA630087）、山东省科技计划项目（2008RKA259）。

作者简介：李新运（1960～），男，汉族，山东菏泽人，山东财经大学（济南市，250014）信息管理学院教授、博士。研究方向为管理科学方法。E – mail：xinyunli@126. com。

1 引言

改革开放 30 年来，山东省经济社会发展取得令人瞩目的成就，人口发展稳步推进。然而，目前人口问题仍然是制约经济社会发展的重要因素，主要体现为人口增量过大、素质不高、结构不合理等。基于山东省经济文化强省建设的需要，为了更好地研究人口与经济文化发展之间的关系，本文在分析各系统之间关系的基础上，通过拟构建系统动力学模型来模拟未来人口与经济文化的发展变化，并根据上述定量分析结果提出具有针对性的、面向经济文化强省建设的人口发展对策和建议。

长期以来，人口、文化、经济之间的作用关系都是国内外学者关注的热点问题。David E. Bloom、张晓雪[1]、陈友华[2] 等人分析了人口数量对经济发展的影响；Mnakiw[3]，沈百福[4] 等人研究了人口素质对经济发展的影响；俞美丽、马晓微等人研究了人口结构和人口流动对经济发展的影响作用；沈月春[5]、李晋榕[6]、马正跃[7] 分析了建立文化强省的途径，研究了人口和文化发展之间的关系。然而，在把人口与经济文化发展整体作为对象的研究较少，本文在结合上述研究的基础上，把人口、经济、文化纳入到一个整体系统中，明确系统各要素之间的联系，构建系统动力学模型。根据山东省历史统计数据和未来发展目标设置参数变量，采用 Vensim 软件进行仿真模拟，预测未来各经济社会发展主要指标的变化趋势，最后根据山东省的具体情况，提出人口发展的对策和建议。

2 人口与经济文化发展系统模型的建立

2.1 系统模型结构及主要素分析

区域人口与经济文化发展系统涉及人口、经济、科教、环保、公共服务、居民生活、文化等诸多方面，虽然它们是不同领域的概念，各有其自身变化的客观规律，但是作为一个完整系统的组成部分，各子系统及其内部各因子连锁互动，是一个相互联系的有机整体。

从人口的角度出发，人口总量的变动势必带来劳动人口的增加，为经济的发展注入新鲜血液，而总人口的增加会在一定程度上导致人均社会财富的降低，阻碍经济社会的发展。人口素质的提高体现了一般劳动能够转化为人力资本，将推动经济持续增长。

从经济发展的角度出发，影响经济增长的因素大致可分为两类：经济发展的内生变量和外生变量影响。经济系统的内生变量主要指拉动经济增长的"三驾马车"：投资、消费、出口；外生变量即人口、科教、环境等方面对经济增长的影响。此外，产业结构对经济发展的影响也至关重要，产业结构的优化升级是经济发展的重要动力。

从科技、教育、卫生事业的角度出发，科技的进步能够在很大程度上提高要素生产率，极大地促进了生产力的发展，使得资源得到更合理的配置，从而增加产出；教育能够为经济社会的发展提供人力资本要素（卢卡斯，1988；罗默，1990；琼斯，1995）。科技的重大飞跃使得经济发展步入新的阶段。

从环境的角度出发，它们是人类赖以生存和发展的基础，是经济社会发展的依托和基础。经济的发展，绝大多数是以消耗资源为代价的，并且在此过程中对环境产生污染。环境保护与经济发展之间的矛盾日渐突出，若处理得当则相互促进，反之则阻碍经济、社会的可持续发展。

从人民生活的角度出发，它是人们能否安居乐业的一个重要衡量指标。一般包括精神生活与物质生活两个层面，为了能便于量化计算，本课题研究偏重物质生活层面。舒适的生活条件能够激发人们更大的生产热情，创造更多的社会财富，形成安定和谐的局面。

从文化发展角度出发，文化是一个民族赖以生存和发展的内在根基。文化产业在经济发展中的比重越来越大，将成为新的经济增长点。随着文化建设的不断深化，文化对经济发展的支撑分量也日益增加。因此在推进经济发展的过程中，必须加快文化建设，不断满足人们日益增长的多层次精神文化需求。

2.2 系统指标体系

人口与经济文化发展是一个错综复杂的过程，在对其进行综合评价时，既要分析区域人口经济文化发展的自然状态，保证其科学性；又要兼顾考察指标体系的评价效果，保证其现实性。建立模型的过程中，将整体系统分为人口发展、经济发展、文化发展三个子系统，具体指标如表1所示。

人口发展子系统。人口系统包括人口质量、人口素质和人口结构与分布，选取了总人口、大专以上文化人口比重、平均教育年限、婴儿死亡率、城镇化水平、从业人员数等指标来进行预测研究。其中总人口和从业人员数为状态变量，出生人口、死亡人口和从业人员增加量为速率变量，其余变量为辅助变量。

经济发展子系统。为了能够全面、系统的衡量经济发展，本课题把经济发展分为五个二级子系统，分别为经济增长、经济结构、科教卫生、环境保护和居民生活。在经济增长子系统选取了人均GDP、最终消费率等指标来进行预测模拟。在经济结构中选取第三产业比重和高新技术产业产值作为代表指标。在科教卫生系统中，选取教育经费、卫生经费、教育投入比例、卫生投入比例、R&D投入、R&D投入占GDP比重等指标进行模拟。在环境保护子系统中，选取了污染治理投入、COD排放量、SO$_2$排放量、单位GDP能耗等指标作为主要指标。

文化发展子系统。把文化发展系统分为文

化投入、文化产业和文化消费。选取文化投入、文化投入比例、文化产业产值、文化产业从业人员数、文化产业从业人员比重、城镇居民人均文化消费、农村居民人均文化消费作为衡量文化发展系统的代表性指标。

表1 系统指标变量设置

子系统		指标变量
人口发展	人口数量	总人口
		出生率
		死亡率
	人口素质	平均受教育年限
		婴儿死亡率
		平均预期寿命
		大专以上文化人口比重
	人口结构与分布	老龄人口比例
		人口性别比例
		总抚养比
		城镇化水平
		从业人员数
		第三产业从业人员
经济发展	经济增长	GDP
		GDP增长率
		GDP增加量
		人均GDP
		最终消费率
		社会零售品销售总额
	经济结构	第三产业比重
		高新技术产业产值
	科教卫生	R&D投入
		R&D投入占GDP比重
		教育经费
		人均教育经费
		卫生经费
	环境保护	污染治理投入
		治理投入比例
		COD排放量
		SO$_2$排放量
		单位GDP耗能量
		能源消费总量
	居民生活	城镇居民家庭人均可支配收入
		农村居民家庭人均总收入
文化发展	文化投入	文化投入
	文化产业	文化产业产值
		文化产业从业人员数
		文化产业从业人员比重
	文化消费	城镇居民人均文化消费
		农村居民人均文化消费

2.3 系统流图

系统流图是因果关系图的扩展，是一个多层次、多节点、多回路的网络图，反映了不同性质因素之间及系统外部环境因素与系统内各因素之间相互影响的关系[8][9]。所构建的山东省人口—经济—文化发展系统动力学流图，见图1。

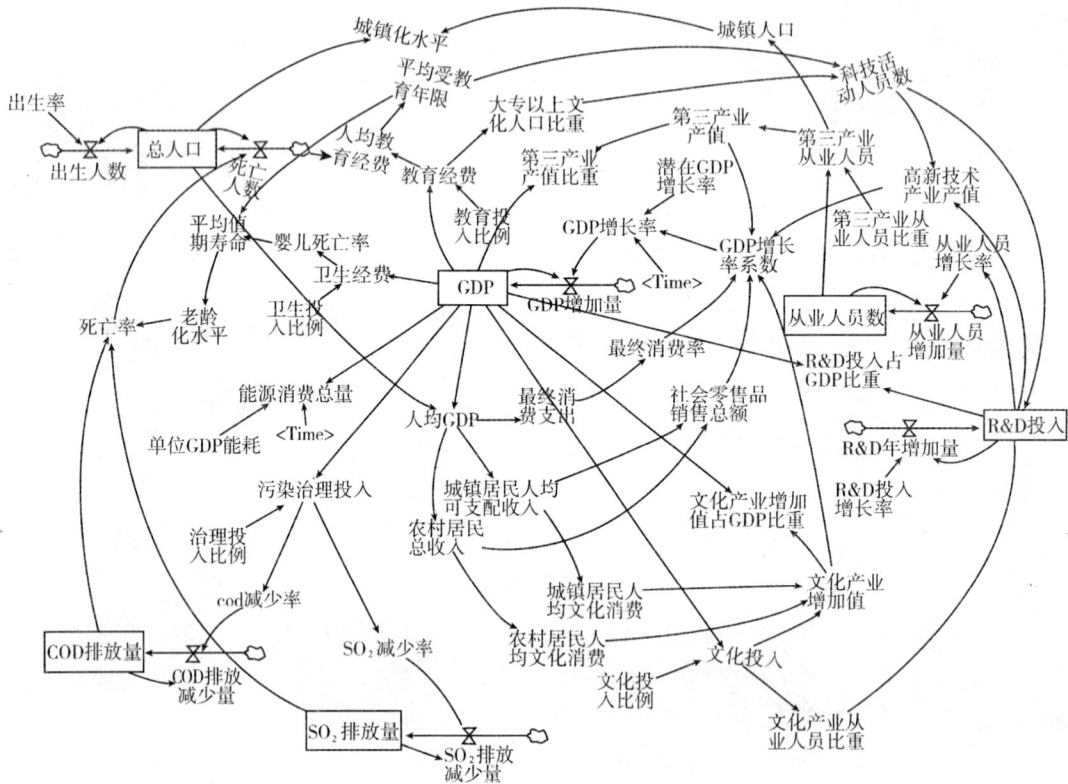

图1 山东省人口—经济—文化发展系统动力学流图

2.4 系统方程式

在区域人口与经济文化发展系统动力学模型中，涉及的量众多，相互之间的影响关系复杂。本课题大致以山东省 1978 ~ 2009 年的社会经济统计数据为基准，利用趋势外推法与线性函数法，通过构建拟合函数，通过不断调整测试，以下为主要系统方程式：

GDP = INTEG（GDP 年增加量）

GDP 增长率 = GDP 增长率系数 × 潜在 GDP 增长率

大专以上文化人口比重 = 0.00714543 + 0.00700628 × LN（教育经费）

SO_2 排放量 = INTEG（ $-SO_2$ 排放减少量）

城镇居民人均可支配收入 = 787.428 + 0.489 × 人均 GDP

农民居民人均总收入 = 710.927 + 0.24 × 人均 GDP

社会零售品消费总额 = - 170.693 + 1.241 × 城镇居民人均可支配收入 - 1.204 × 农村居民总收入

平均受教育年限 = 3.835 + 0.783 × LN（人均教育经费）

婴儿死亡率 = 66.86 - 4.33 × LN（卫生经费）

平均预期寿命 = 61.67 + 1.804 × 平均受教育年限 - 0.208 × 婴儿死亡率

最终消费支出 = 192.355 + 0.375 × 人均GDP

老龄化水平（65岁以上人口比重）= -171.077 + 41.821 × LN（平均预期寿命）

文化产业增加值 = -31062.8 + 69.241 × 农村居民人均文化消费 + 134.708 × 城镇居民人均文化消费

3 系统仿真预测

3.1 系统模型检验

系统动力学模型有效性检验方法可分为直观检验、运行检验、历史检验、灵敏度分析四种方法。直观与运行检验是指通过对资料进一步分析，检验变量设置、因果关系、方程表述是否合理；检验等式方程两边的量纲是否一致。我们在指标变量选择与绘制反馈回路的过程中，基本上通过了直观检验与运行检验。GDP的历史数据检验的是2004~2007年，检验结果如表2所示。仿真值与实际值非常接近，相对误差极小，其他指标的仿真结果也较为满意，不再赘述。

表2　GDP历史检验数据

年份	GDP历史值（亿元）	GDP仿真值（亿元）	相对误差（%）
2004	2692.81	2658.23	-1.28
2005	3070.49	2956.14	-3.72
2006	3452.14	3496.75	1.29
2007	4122.51	4150.46	0.68

3.2 系统仿真预测

假定未来时期，经济保持稳定增长速度，在"十二五"期间，潜在GDP增长率为8%~9%，2016~2020年平均增长率为8%；人口方面，根据山东省未来人口发展的研究，出生率设为13.2‰，死亡率设为6.6‰，人口自然增长率达到6.6‰；考虑到科技进步在人口经济文化发展系统中的重要作用，引入R&D投入变量，设定未来时期R&D投入年均增长率为30%左右。根据此发展方案，各主要指标变量的预测结果见表3。

表3　主要指标的预测结果

年份	2010	2011	2012	2013	2014	2015	2020
GDP（亿元）	39416.2	42653.7	46087.7	50337.4	55268.8	60743.3	111212
人均GDP（元）	41147	43506	47615	51889	56599	61798	1087636
总人口（万人）	9579.31	9610	9667	9734	9796	9852	9998.8
平均受教育年限（年）	8.36	8.86	8.93	8.99	9.06	9.13	9.6
平均预期寿命（岁）	76.9	77.7	77.9	78.2	78.4	78.6	80
婴儿死亡率（‰）	8.47*	8.12	7.89	7.46	7.23	7.14	6.3
老龄化水平（%）	10.4*	10.65	10.73	10.82	10.90	11.21	14.4
大专以上文化人口比重（%）	6.95*	9.32	9.73	10.14	10.56	10.99	13.2
城镇化水平（%）	49	50.4	51.8	53.0	54.4	55.4	60.2
R&D投入占GDP比重（%）	2.01*	2.12	2.18	2.25	2.31	2.38	2.69
第三产业产值（亿元）	9443.94	11552.7	13549.2	15775.9	18250	20989.7	30922.3
城镇居民人均可支配收入（元）	19946	22062	24071	26161	28464	31006	48871
农村居民人均纯收入（元）	6990	7732	8436	9168	9975	10866	17127
能源消费总量（万吨）	37070*	45538.3	50015.1	54698.2	59873.5	65602.8	89939.6
SO₂排放量（万吨）	159*	157.2	155.8	154.1	152.1	149.7	134

续表

年份	2010	2011	2012	2013	2014	2015	2020
文化产业增加值（亿元）	1055.01*	1238.11	1371.28	1484.91	1608.80	1744.20	2669.60
城镇居民人均文化消费（元）	760.33*	900.37	970.68	1043.84	1124.45	1213.42	1838.7
农村居民人均文化消费（元）	400.02*	517.87	540.62	562.38	584.48	606.93	726.95

注：带 * 号数据为 2009 年数据。

3.3 预测结果分析

根据系统动力学指标模拟预测结果显示，山东省人口、经济、文化系统在未来时期都将会有较快的发展。人口发展系统，未来"十二五"期间年均出生 127 万人，年均出生率保持在 13‰ 左右；人口素质水平得到进一步提升，预测"十二五"期间平均受教育年限达到 9 年，期末大专以上文化人口比重达到 11%；人们生活水平和医疗卫生事业稳步发展，人口预期寿命越来越高；期末城镇化水平将达到 60%。

经济发展系统，未来时期山东省经济将保持快速增长，经济总量较快平稳发展，2015 年 GDP 达到 6 万亿元，比 2009 年增长将近一倍；区域经济发展活力焕发，产业结构逐步调整优化；居民收入不断提高，城镇居民人均可支配收入和农村居民人均总收入都明显增加，2020 年两项指标的预测值均是 2009 年的两倍之多；科技投入力度的不断增加，将更能有效地支撑经济的快速发展；未来将更加注重环境保护，节能减排深入人心，为经济社会更好地发展提供良好的外部环境。

文化发展系统，未来时期文化产业蓬勃发展，文化相关产业的从业人员数量也在不断增长。2015 年，文化相关产业从业人员数达到 228 万人，比 2009 年增长 37.5%；随着人们生活水平的提升，对文化消费的需求也不断增加。2015 年，城镇居民人均文化消费达到 1213 元，比 2009 年增长 57.5%，农村居民人均文化消费达到 607 元，比 2009 年

增长 30% 左右。

4 山东省人口发展的对策与建议

通过对山东省人口与经济文化发展系统的动态模拟结果，结合经济文化强省建设目标的需要，针对人口发展方面提出以下几条建议。

4.1 保持生育政策持续稳定，加强人口总量调控

根据预测结果，2020 年山东省人口总量将达到 9998.8 万人，人口总量的压力有增无减。因此必须坚持从山东实际出发，继续保持低生育水平，确保实现 2020 年前后总人口不过亿，逐步实现人口零增长并逐渐回落。具体措施要保持现行生育政策的稳定性和连续性，继续推进计划生育奖励机制，促进群众生育观念的真正转变，加大计划生育执法力度，探索在行政强制力弱化情况下的工作方法，努力稳定低生育水平。

4.2 提高人口素质，加强人力资本建设

根据预测结果，2020 年，平均受教育年限达到 9.6 年，但仍很难赶上全国平均水平。人口素质与各经济文化发展指标均呈现正相关关系，区域经济的发展越来越多地依靠由人口素质提高而形成的区域人力资本，因此要大力发展教育事业，优化教育资源配置，提高高等教育质量，全面实施素质教育。要逐步建立起有效的政府财政教育拨款政策和成本分担机制，同时要进一步健全和完善教育发展基金筹集和管理办法。

4.3　改善人口在年龄、性别方面的结构形态

预测结果显示，2020年，山东省老龄化水平将达到14.4%，老龄人口的不断增加，对社会养老保障体系提出了更大的挑战。出生人口性别比持续偏高将成为社会不安定因素的隐患，需要从宣传教育和政策制度的规范两方面着手解决。另外，应该积极研究制定应对人口老龄化的政策措施、法律法规和制度框架，完善城镇职工养老保险制度，积极稳妥地推进农村社会养老保障体系建设工作。

4.4　引导人口有序流动，推进城镇化进程

预测结果显示，城镇化水平将达到60%，根据山东区域发展整体思路，应逐步使人口在城乡、地区、产业间的分布趋于合理。推动符合条件的人口与经济社会、资源环境全面协调可持续发展，变人口压力为人力资源优势，为经济文化强省建设创造良好的人口环境。转变城镇发展方式，走资源节约、环境友好、集约紧凑的城镇化道路，因地制宜，把区域人口规划、城镇规划与就业规划结合起来，统筹人口分布与产业布局，实现要素在城乡、区域间的有效合理配置，促进人口与经济、社会、资源、环境均衡发展，实现城乡一体化。

参考文献

[1] 张晓雪等. 中国人力资本总量变动的影响因素分析：教育扩展和人口变动 [J]. 北京师范大学学报（自然科学版），2004（3）：422~426.

[2] 陈友华. 人口现代化评价指标体系研究 [J]. 中国人口科学，2003（3）：60~66.

[3] Mnakiw, N. Gregory, Dvaid Romer and David Weil, "A Contribution to the Empirics of Economic Growth" [J]. Quarterly Journal of Economics, 1992（107）：407~438.

[4] 沈百福，杜晓利. 人口文化素质与经济发展水平的相关分析 [J]. 北京大学教育评论，2004（1）：57~62.

[5] 沈跃春. 关于安徽从文化大省向文化强省跨越式发展研究 [J]. 理论建设，2008（5）：57~62.

[6] 李晋荣. 促进福建由文化资源大省向文化强省跨越 [J]. 福建论坛（人文社会科学版），2008（1）：111~114.

[7] 马正跃. 关于文化强省建设问题 [J]. 河南社会科学，2008，1（1）：1~5.

[8] 李农，王其藩. 我国宏观经济 SD 模型与模拟 [J]. 系统工程理论与实践，2001（9）：1~6.

[9] 王光净，杨继君，李庆飞. 区域经济可持续发展的系统动力学模型及其应用 [J]. 改革与战略，2009，1（25）：128~132.

浅议物联网环境下的财务报告问题

刘晓燕　王凤洲

（集美大学工商管理学院）

摘要：随着物联网的产生、发展与应用，物联网给人们的生产和生活带来很大的改变，本文试图通过分析物联网的特征，从物联网对影响企业财务报告因素的影响分析入手，探讨物联网环境下企业财务报告可能的变革，最终得出结论：物联网环境下，企业财务报告将体现事项法的特点，以 XBRL 与事项法相结合的形式出现，形成由企业定期提供通用财务报告与独立第三方以付费形式提供个性化财务报告的双层呈报模式。

关键词：物联网；财务报告模式；XBRL

The discussion of Financial Reporting Issues under The Internet of Things

Liu Xiaoyan, Wang Fengzhou

（E－mail：josli000@163.com, fzhwang@jmu.edu.cn）

（School of Business Administration, Jimei University）

Abstract：As the emergence, development and application of The Internet of Things , it has made a big difference on our life. In this paper, we want to analyse its impact on Financial Reporting and to discuss the possible change of Financial Reporting . At first , we will analyse the the characteristics of The Internet of Things , then we will discuss The Internet of Thing's impact on the factors which will influence the enterprise's Financial Reporting , in the end we make a conclusion as follows：under The Internet of Things , the Financial Reporting mode will reflect the characteristics of "Matter", it will combine the characteristics of XBRL and "Matter", forming a double reported mode which will both provide a general financial report by enterprise and a personalized financial report by a third independent party.

Key words：the internet of things；financial reporting mode；XBRL

1　物联网及其特征

1.1　物联网的产生、发展及应用

"物联网"的概念最早是 1999 年由麻省理工学院 Auto－ID 研究中心提出的并定义为把所有物品通过射频识别（RFID）和条码等信息传感设备与互联网连接起来，实现智能化识别和管理。2005 年国际电信联盟（ITU）在突尼斯举行的信息社会世界峰会（WSIS）上正式确定了"物联网"的概念，并随后发布了《ITU

Internet reports 2005—the Internet of things》，介绍了物联网的特征、相关的技术、面临的挑战和未来的市场机遇。ITU 在报告中指出：我们正站在一个新的通信时代的边缘，信息与通信技术（ICT）的目标已经从满足人与人之间的沟通，发展到实现人与物、物与物之间的连接，无所不在的物联网通信时代即将来临。物联网使我们在信息与通信技术的世界里获得一个新的沟通维度，将任何时间、任何地点、连接任何人，扩展到连接任何物品，万物的连接就形成了物联网。

物联网的概念一经提出，世界多个国家纷纷把物联网作为下一轮经济增长的重要因素，纳入国家发展战略：2009 年奥巴马把"智慧地球"计划作为经济振兴计划的一个核心环节；日本公布中长期"I‐Japan 战略 2015"；中国将物联网写入"十二五"规划纲要。物联网的应用成为下一轮经济增长的重要引擎。

物联网是通信网络的延伸和拓展，是信息网络的增值应用（刘化君等，2010）。物联网主要包括三个层面：感知层、传输层和应用层。感知是基础和前提；传输层是平台和支撑；应用层则是目的，是物联网的标志和体现。物联网的发展不仅需要技术，更需要应用，应用是物联网发展的强大推动力。目前，物联网已经在智能交通、智能安防、智能物流、公共安全等领域初步得到实际应用。比较典型的应用包括水电行业无线远程自动抄表系统、数字城市系统、智能交通系统、危险源和家居监控系统、产品质量监管系统等。我们可以预见，当物联网技术进一步成熟，物联网的应用将更加广泛，物联网将深刻改变人们的生产和生活。

1.2 物联网的特征

物联网的特征主要表现在以下四个方面：

（1）全面感知。物联网在互联网的基础上，利用 RFID、传感器、二维码等智能感知设施对物体进行识别，可以随时随地感知、获取物体的信息。

（2）可靠传输。物联网通过各种信息网络与计算机网络的融合，将物体的信息实时准确地传送到目的地。

（3）智能处理。物联网利用数据整合及处理、云运算等各种数据处理技术，对海量的分布式数据信息进行分析、融合和处理，向用户提供信息服务。

（4）自动控制。物联网利用模糊识别等智能控制技术对物体实施智能化控制和利用。

2 物联网的发展对财务报告的影响

国际电信联盟（ITU）在报告中描述了"物联网"时代的图景：当司机出现操作失误时汽车会自动报警；公文包会提醒主人忘记带了什么东西；衣服会"告诉"洗衣机对颜色和水温的要求。不容置疑，物联网的发展将会给人们的生产和生活带来极大的改变，企业作为社会的直接承载体也必将受到影响，在这种情况下反映企业成果的财务报告又将会受到怎样的影响呢？本部分将从影响企业财务报告的因素出发，探索物联网对企业财务报告影响因素可能产生的影响，进而在下一小节探讨物联网对财务报告的影响。

2.1 物联网对财务报告信息使用者的影响

企业财务报告是企业价值运动的综合经济体现，其在本质上反映了信息使用者对于企业知情权的行使。利益相关者是企业财务信息的有效需求主体，利益相关者在一定程度上决定了企业所提供的财务报告。

物联网实现了物与物、人与物以及人与人之间的多维度、深层次的感知，使得人们随时随地可以查询到任何想要的信息。然而，物联网在实现全面感知的同时，也为信息使用者带来了直接面对海量数据的难题。作为企业财务报告的需求方，在一定程度上，对于专业的财务信息具有较少的专业知识去加以理解，在这种情况下，物联网的发展为其带来的海量数据，一方面增加了其决策的依据，但另一方面，也给信息需求者理解和使用相关信息带来了一定的难度。

2.2 物联网对财务报告信息使用者需求的影响

20 世纪末发展起来的互联网加速了人们之间的联系，广泛的促进了各项经济业务的发展，同时也使得需求方渐渐地在市场中占据了优势地位，市场由原来物资匮乏时期的卖方市场转向买方市场。买方需求日益个性化，人们不愿意看到自己身上穿着和别人一样的衣服，希望自己的每一件东西都能体现出自己的个性。互联网的便捷联通，也使得生产厂家满足买方的个性化需求成为可能。同样作为互联网延伸应用的物联网，它的发展较之以前的联通具有更深的层次，它实现了人、事、物的多维度联通，它的发展必然也将唤起需求方更加强烈的个性化需求意识。

2.3 物联网对财务报告提供者的影响

企业对外提供财务报告，可以通过信号传递效应，向信息使用者传递企业经营状况良好的信息，从这个方面来讲，企业对外提供财务信息具有一定的主动性；另一方面，企业对外提供财务信息需要花费相应的人力、物力成本，另外，对外提供财务信息有可能会涉及企业信息的泄露，从这个方面来看企业在财务信息的提供方面又有一定的被动性。总体来讲，作为财务信息的提供者的企业对外提供财务信息的过程是权衡各方面的成本与收益的过程。

正如前文所述，物联网的发展将唤醒财务信息使用者更加强烈的个性化需求意识，那么

面对企业财务信息需求者的个性化需求，企业财务信息提供者将面临提供满足需求者个性化需求信息的压力，这将会增加企业在提供财务信息方面的成本，对于财务信息提供者来讲，物联网的发展将会把财务报告提供者引向这一矛盾，如何解决满足个性化需求与提供成本之间的矛盾将成为决定财务信息提供模式的一个重要因素。

2.4 物联网对财务报告提供内容的影响

物联网带来了人与物之间的多维度、深层次的全面联通、全面感知使得企业在提供财务数据方面，有了很大的空间，不仅可以使用本企业的数据，同时，也可以获得对手企业的部分信息；不仅有准确的货币性信息，也有许多无法估价的非货币性信息；不仅可以反映有形资产，也可以对无形资产、人力资本、知识资本等精确计价。从这些方面来看，物联网的发展将会极大地丰富财务报告的内容。

另外，物联网的全面感知及其与企业管理信息系统的对接，使得一项经济业务在其发生时就可以实时改变企业各项财务数据。比如企业对外销售一批商品，在企业销售商品的同时，我们就可以从企业财务系统实时看到存货的减少及其去向，同时，企业银行存款账户的变化，生产计划、采购计划也会相应改变。物联网的实时自动控制必将提高现有企业财务信息的及时性、可靠性。

2.5 物联网对财务报告目标的影响

关于企业财务报告的目标，一直以来学术界有决策有用观和受托责任观两种争议。决策有用观认为财务报告的目标在于为信息使用者提供与其决策有用的信息；受托责任观认为财务报告的目标在于为信息使用者提供反映经营者受托履行责任情况的信息。美国财务会计准则委员会所确定的会计目标为"为现在和潜在

的投资者或信贷者以及其他用户提供的投资和信贷决策有用的信息……"；英国会计准则委员会将财务报表的目标定义为"向广泛的使用者提供有关一个企业财务状况、业绩和财务适应性信息，以对其评价管理当局的受托责任和制定经济决策有用"；我国《企业会计准则》规定财务报告的目标是向财务报告使用者提供与企业财务状况、经营成果和现金流量等有关的会计信息，反映企业管理层受托责任履行情况，有助于财务报告使用者做出经济决策。从我国来看，我国财务报告的目标定位于以受托责任为基础，兼顾决策有用。

物联网环境下，物与物、物与人、人与人的实时、立体性感知将在极大程度上解决信息不对称问题，对于管理者受托责任的履行情况，所有者可以实时得到相关信息，在这种情况下，财务报告将更多的需要反映决策有用的信息。

3 物联网环境下财务报告的改进建议

3.1 物联网环境下财务报告将转向"事项法"

"事项法"是美国会计学家乔治·索特（George H. Sorter）在 20 世纪 60 年代提出的，是西方现代会计理论研究方法之一。他在 1969 年发表了《构建基本会计理论的"事项法"》一文中，全面阐述了以"事项法"为基础所形成的基本会计理论。索特教授认为，按照会计理论研究方法的不同，可以将会计分为价值法会计和事项法会计两大类。"事项法"也叫"使用者需要法"，是按照具体的经济事项来报告企业的经济活动，并以此为基础，重新构建财务会计的确认、计量和报告的理论方法。

物联网环境下，企业财务报告将以"事项法"会计理论为基础进行编制。其原因主要表现在以下几个方面：

（1）决策有用观要求财务报告为信息使用者提供决策有用的信息。在前面的文章中我们论述了物联网环境下，企业财务报告目标将转向决策有用观。决策有用观要求企业为信息使用者提供的财务信息满足其决策需求。传统"价值法"基础下的财务报告，假定信息使用者为具有相同需求的群体，并为其提供统一基础的财务信息，在这种前提下，编制的财务信息具有较好的可比性，却丧失了灵活性，而且存在诸如：计量属性单一、专业性太强、不易理解、不能做到全面披露等问题。"事项法"要求信息提供者根据信息使用者的不同需求为信息使用者提供不同的会计信息，以此为基础提供的财务信息能够满足信息使用者的决策需求，具有决策相关性。

（2）物联网环境下财务信息使用者个性化需求日益明显。物联网的发展将进一步加深信息使用者需求的个性化程度，基于"事项法"的会计理论，要求信息提供者以"事项"为基础，根据不同的信息使用者的需求为其提供原始的会计信息，这将极大的满足不同信息使用者的个性化要求。

（3）物联网的发展为"事项法"的应用提供了技术基础。物联网将物与物联系在一起，实现物与物之间的感知、联通，数据库技术、数据处理技术是其发展的核心技术，而"事项法"要求向信息使用者提供基于"事项"基础的会计信息，同时"事项法"要求对于会计信息尽可能保持其原始状态，这些都使得数据库技术、数据处理技术成为"事项法"应用过程中的"瓶颈"。物联网的发展将为"事项法"的应用提供技术基础：一方面，物联网的发展，使得企业信息能够及时汇拢、集中；另一方面，物联网的发展伴随着数据库技术、数据处理技术的进一步完善，这些都为"事项法"的发展应用提供了技术基础。

3.2 物联网环境下财务报告将以 XBRL 与物联网技术相结合实现实时立体呈报

自从美国会计学家乔治·索特（George H. Sorter）在 20 世纪 60 年代提出"事项法"会计理论以来，学术界在关于财务报告呈报模式的研究方面做了许多努力，以探讨了如何利用信息技术改进报告模式，满足用户多样化的信息需求，如数据库报告模式（Colanton，1971；Haseman，1976；Westland，1992）和 REA 报告模式（McCarthy，1979，1982，1997）等的提出。20 世纪 90 年代，美国注册会计师协会所属的 Jenkins 委员会（1991）提出企业报告综合模式；美国证监会的 Wallman（1995、1996、1997）提出五层面彩色报告模式；Beattie（1999）结合企业信息保密问题提出"分层报告结构"（Layered reporting structure）和向不同类型用户预打包信息的方法；肖泽忠（2000）提出"大规模按需报告模式"；普华永道的 Eccles 等（2001）提出价值报告模式；普华永道全球主席 Sam Dipiazza 等（2002）提出三层报告模式；美国注册会计师协会（2003）提出增强型报告模式；毕马威（2003）提出以业绩报告为旗舰的战略驱动报告模式；余济荣（2003）将大众传播理论引入财务报告提出大众传播报告；陈佳、马莉（2004）尝试构建适合于利益相关者合作逻辑的财务报告模式；潘琰、林琳（2007）综合应用 XBRL 和 Web 服务等前沿技术提出柔性化的公司按需报告模式；李九斤（2010）以现行财务报告思想存在的弊病为切入点，提出构建新型网络财务报告模式应遵循的原则及所需要素，并以此为基础构建一个柔性化、可互动的定制式新型网络财务报告模式。从上述学者的研究可以看出，针对现有通用财务报告日益不能够满足信息使用者需求的现实状况，学术界纷纷把目光转向"事项法"，以期其能够提供高质量的财务信息，然而，事项法在实施的过程中有一定的难度，这也造成了它未能在实践中得到大范围推广使用。

可拓展商业报告语言（XBRL），是一种基于 XML 的标记语言，用于商业和财务信息的定义和交换。它通过对财务数据进行特定的识别和分类，使其标准化，以建立或者实现会计信息的提供、获取、传输、存储、交换、分析、比较等共有平台，方便信息使用者有效、快捷地使用这些信息。可拓展商业语言（XBRL）的出现无疑为信息技术条件下，财务信息的生成和传播都起到了很大的推动作用。然而，由于 XBRL 本身的技术的不完善性，也使得其在推广中存在一些问题。田云（2008）分析了目前我国在应用 XBRL 中存在的一些问题，他认为中国证监会在中国推广 XBRL 标准，规范上市公司信息披露的内容和格式，提高证券行业信息化程度，并促进国际交往和信息交换的同时遇到以下问题：①国内缺乏 XBRL 标准的专家和权威。②大陆地区没有 XBRL 地区组织，与 XBRL 国际组织联系很少。③国内对该标准的研究大多停留在理论上，目前尚没有应用该标准做成的系统，上海证券交易所年报标准化报送系统可以说是国内第一个实际应用该标准的系统。④应用该标准最重要的分类标准（Taxonomy）目前还不完善。

XBRL 出现之后，学术界先后开始研究将 XBRL 与事项报告模式相结合的财务报告模式，以优化现有财务报告模式。沈颖玲（2002）分析了 XBRL 的运作及其特点，提出 XBRL 将成为新型的财务报告语言，并推动网络财务报告的发展；张琪、崔巍（2004）讨论了 XBRL 对于网络财务报告的意义，并分析该技术的优势与特性，最终得出结论：XBRL 将形成新的财务报告模式——基于 XBRL 的财务报告模式；

潘琰、林琳（2007）综合应用 XBRL 和 Web 服务等前沿技术提出柔性化的公司按需报告模式。

从 XBRL 的产生与发展，及其与企业财务报告的密切联系来看，XBRL 是随着经济、技术环境的变化而产生的，并且随着技术的不断完善，其与财务报告的契合将逐渐达到最优。物联网的产生与发展，使得网络财务报告得到进一步的发展，物联网技术的不断完善，必然将克服现有网络报告的劣势与不足，而 XBRL 的成熟，也使财务报告在网络的传递更加方便，而物联网的全面感知特性，使得财务报告的立体呈现成为可能。这里所讲的立体呈报，主要是相对于现有财务报告的平面性而言的，物联网的物物相连及感知，使得信息使用者随时随地可以通过信息终端平台，结合立体成像技术，"感知"到企业的资产状况。因此，在物联网环境下，企业财务报告将形成以 XBRL 与事项法相结合的实时立体呈报模式。

物联网环境下的实时立体呈报模式的构成要素：

（1）以事项法会计理论为基础。物联网环境下的实时立体呈报模式将以"事项法"会计理论为基础，其数据单元为企业财务信息，信息提供者根据不同信息使用者的需求为其提供与其决策相关的会计信息。

（2）实时动态收集企业财务信息。以"事项法"会计理论为基础的实时立体呈报体系，以企业会计信息为数据单元，与传统"价值法"会计理论相比，能够提供较多的非价值性财务信息，这就要求在提供财务信息的初始化阶段以及后续阶段能够实时动态的收集企业财务信息，以全面地反映企业的各项交易和经济事项。

（3）建立统一的会计数据格式。企业财务信息要实现实时动态传递，必须要建立统一的数据格式。

（4）动态数据处理机制。会计的基本前提之一是假设企业将持续经营下去，企业在持续经营的过程中将会持续不断的产生各种会计信息。信息提供者要为信息使用者提供全面的决策相关的财务信息，需要建立随时提取的动态数据处理机制。

（5）结合物联网特性的立体呈报机制。物联网实现物与物的可感知性连通，使得在异地实时查看实物状况成为可能，结合物联网技术，未来财务信息的提供将实现立体呈报。例如：对于债权人来讲，债权人关心其债务到期是否可以足额偿还，在最极端的情况下（如企业无法持续经营下去），债权人要求知道其债务保全的情况，对于债权人的这种需求，债权人可以通过三维立体影像技术，信息传递技术以及物联网技术实时查看债务人的资产状况。

3.3 物联网环境下财务报告将呈现双层呈报

现行企业财务报告以证监会的要求为基础，定期向公众提供通用财务报告，对于现行财务报告，理论界对其的批评不断，认为它在一定程度上不能满足信息使用者的要求，可用性不大，而且存在一定的漏洞，如未能披露人力资本等，然而其在可比性方面却又有一定的优势。而物联网的发展对于财务报告的要求，一方面，要求其目标转向决策有用，能够满足不同信息使用者的需求；另一方面，要求其能够满足可比性，即要满足同一企业在不同时期可比，也要满足不同企业同一时期会计数据可比。因此，权衡这两方面的要求，在物联网环境下，笔者设想，企业财务报告将呈现双层呈报模式：由企业定期对外提供通用财务报告，而由独立的第三方向信息使用者以付费的形式提供满足信息使用者不同需求的财务报告。

参考文献

[1] ITU. Internet Reports 2005: The Internet of Things [R]. ITU, 2005.

[2] AICPA. Improving Business Reporting: A custom Focus. 1994.

[3] Robert E, Jensen, Jason Zezhong Xiao. Customized Financial Reporting, Networked Databases, and Distributed File Sharing [J]. Accounting Horizons. 2001 (9): 209~222.

[4] Wallman, S. M. H. The Future of Accounting and Disclosurein an Evolving World: The Need for Dramatic Change [J]. Accounting Horizons. 1995 (9): 81~91.

[5] Wallman, S. M. H. The Future of Accounting and Financial Reporting, Part (II): the Colorizd Approach [J]. Accounting Horizons. 1996 (6): 138~148.

[6] Wallman, S. M. H. The Future of Accounting and Financial Reporting, Part (IV): Access Accounting. [J] Accounting Horizons. 1997 (6): 103~116.

[7] Robert E. Jensen, Jason Zezhong Xiao. Customized Financial Reporting, Networked Databases, and Distributed File Sharing [J]. Accounting Horizons. 2001 (9): 209~222.

[8] 肖泽忠. 几种会计报告模式的比较 [J]. 北京商学院学报, 1996 (2): 36~41.

[9] 王松年、薛文君. 论财务报告的改进 [J]. 会计研究, 1999 (7): 2~14.

[10] 肖泽忠. 大规模按需报告的公司财务报告模式 [J]. 会计研究, 2000 (1): 43~49.

[11] 薛云奎. 对财务报告未来发展趋势的构想 [J]. 上海会计, 2000 (3): 3~6.

[12] 沈颖玲. XBRL: 存取网络财务报告的创新 [J]. 财经论丛（浙江财经学院学报）, 2002 (4): 64~67.

[13] 余济荣. 大众传播报告——未来的财务报告模式 [J]. 财会月刊, 2003: 59~60.

[14] 陈佳, 马莉. 浅析利益相关者合作逻辑下的财务报告模式 [J]. 财会月刊, 2004: 40~41.

[15] 张琪, 崔巍. 企业财务报告的新模式——可扩展企业报告语言 XBRL [J]. 会计之友, 2004 (3): 66~67.

[16] 裘宗舜, 罗筱颖. "网络财务报告模式事项法"发展的七大理由 [J]. 会计之友, 2006 (2): 93~94.

[17] 郑艳. XBRL 环境下未来财务报告模式的变革 [J]. 财务与会计, 2006 (3): 78~84

[18] 杨世忠. 企业会计信息供需博弈关系分析 [J]. 会计研究, 2007 (4): 34~40

[19] 潘琰、林琳. 公司报告模式再造: 基于 XBRL 与 Web 服务的柔性报告模式 [J]. 会计研究, 2007 (5): 80~88

[20] 田云. 基于 XBRL 的财务报告模式应用研究 [J]. 财会通讯, 2008 (7): 121~122.

[21] 赵艳丽. 财务报告的历史演变与未来展望 [J]. 财会通讯, 2009 (2): 93~94.

[22] 何丽. 传统财务报告模式的变革: 企业价值报告 [J]. 现代经济信息, 2010 (8): 103~104.

[23] 刘冬荣, 胡蓉. 从会计信息供求矛盾谈财务报告模式的改进 [J]. 财会月刊, 2010 (10): 27~28.

[24] 李九斤, 邵强, 王玉翠等. 基于事项会计和 XBRL 技术构建新型网络财务报告模式 [J]. 财会月刊, 2010 (11): 53~54.

互联网对大学生人际关系形成的影响及对策实证研究——以信息管理专业大学生为例[①]

刘一君　刘振溪　陈旖

（上海应用技术学院经济与管理学院）

摘要：本研究在阅读了大量相关研究文献的基础上，阐述了大学生网络交往的形式和特点，运用定量化的方法分析了网络交往对大学生人际关系形成的利弊影响，并提出正确对待网络交往和现实交往，建立健康、良好人际关系的对策措施，结论的形成对当代大学生正确地运用互联网进行人际交往具有借鉴价值。

关键词：互联网；大学生；人际关系；成因分析；实证研究

An Empirical Study of The Internet Produces Influence of Students' Interpersonal Relationship and Deals with the Policy —To Take Information Management Majors for Instance

Liu Yijun, Liu Zhenxi, Chen Yi

（School of Economics and Management, Shanghai Institute of Technology）

Abstract：Based on a lot of corelational research, this study expounds the forms and characteristics of college students' network communication. It analyses with a method of quantification on how the network communication exerts the advantages and disadvantages on building their interpersonal relationship, and proposes approaches to network and real communication, building health and favorable interpersonal relationship. The conclusion of this study has a reference value to college students on how to intercommunicate on the internet.

Key words：Internet；College students；Interpersonal relationship；cause analysis；Empirical study

1　引言

许惠清采用问卷调查法，使用的问卷有大学生网络使用调查问卷、经修改过的卡特尔16种人格因素调查表、人际信任量表等，对308名大学生进行调查，了解大学生网络使用的基本情况以探求大学生网络使用行为特性以及大学生人格特征、人际信任的现状及特点，人格

---

①　基金项目：2010年上海市高等教育学会立项课题《影响信息管理专业大学生价值观形成的因素分析》（项目批准号：ZZGJ17－10）。

特征与人际信任之间的关系（许惠清，2006）。据中国互联网络信息中心发布的统计报告，我国互联网用户中 80% 左右是 35 岁以下的青少年，其中 90% 以上又都是大学生。他们常采用以下几种方式进行人际交往：网络聊天（QQ、MSN 等）、网络社区（校内网等）E - mail、BBS 论坛、博客 、网络游戏等（CNNIC，2011）。大学生网络人际交往的特点是，由于网络本身的特殊性，网络人际交往方式有不同于现实中交往的特点，网络交往的虚拟性、网络交往的便捷性、网络交往的平等性（周可卫，2010）、大学生群体最具活力、最富求知欲，自然是互联网的热衷者和实践者，他们同时也是一个容易接受新生事物、容易沉浸于新生事物的群体。在强烈的好奇心和求知欲的驱使下，容易接受新事物，并从这种体验中实现自我满足。但大学生们普遍涉世不深 、自我控制能力较差，很容易出现沉迷网络不能自拔的局面，以致影响学业（汤佳鑫等，2010），为了探明互联网对大学生人际关系形成的影响情况，以便提出切合实际的对策，是本研究的重点所在。

2 研究设计与方法

本研究根据相关文献，将问卷设计为三大部分，其中第一部分是网络人际交往的基本情况；第二部分是网络人际交往的原因，这一部分列出了大学生进行人际交往的可能的七个原因，对于这七个原因，采用了李克特（Likert）五分量表，要求被调查人选择同意的尺度；第三部分是网络人际交往对大学生产生的影响，在这一部分中，又细分了三小方面：第一方面是关于对社交关系维护方面的影响，包括三个影响内容；第二方面是关于自我激励自我完善方面的影响，有四个影响内容；第三方面是关于心理方面的影响，包括五个影响内容，第三部分也同第二部分一样采用了李克特（Likert）五分量表方法，了解网络人际交往对大学生各个方面的影响程度。为此，挑选了信息管理专业大一至大四的大学生进行了整个班级的问卷发放，问卷共发放 200 份，收回 146 份，占全部问卷的 73%，其中 8 份为无效问卷，有效问卷为 138 份。本研究采用问卷调查法收集研究数据，利用 SPSS18.0 统计分析工具加以数据分析，如本研究拟利用因子分析，对大学生进行网络交往原因和产生的影响进行分析。即采用实证研究方式，主要欲探明以下问题：①了解大学生网络人际交往的基本情况及特点；②探讨互联网对大学生人际关系形成的影响情况等。

3 资料结果分析

3.1 网络人际交往原因量表的因子分析

首先对该量表进行方差解释如表 1：

表 1　网络人际交往原因量表总方差解释表

Total Variance Explained

Component	Initial Eigenvalues			Extraction Sums of Squared Loadings			Rotation Sums of Squared Loadings		
	Total	% of Variance	Cumulative %	Total	% of Variance	Cumulative %	Total	% of Variance	Cumulative %
1	2.547	36.383	36.383	2.547	36.383	36.383	2.094	29.910	29.910
2	1.049	14.981	51.364	1.049	14.981	51.364	1.502	21.454	51.364
3	.947	13.533	64.897						

Component	Initial Eigenvalues			Extraction Sums of Squared Loadings			Rotation Sums of Squared Loadings		
	Total	% of Variance	Cumulative %	Total	% of Variance	Cumulative %	Total	% of Variance	Cumulative %
4	0.808	11.546	76.443						
5	0.701	10.017	86.459						
6	0.615	8.788	95.248						
7	0.333	4.752	100.000						

资料来源：本研究。

Extraction Sums of Squared Loadings 一栏中为根据特征值大于 1 的原则提取的两个因子的特征值、占方差百分数及其累加值。这两个因子所解释的方差占整个方差的 51.364%，大于 50%，能较全面地反映所有信息。说明网络人际交往原因需要由两个因子组成，通过经旋转后的因子荷载矩阵来分析这两个因子，如表 2：

表 2　网络人际交往原因量表的因子荷载矩阵

Rotated Component Matrix[a]

	Component	
	F2	F1
13. 希望通过网络人际交往结识更多的朋友	0.865	
14. 为了展示自我，得到更多人的认同	0.778	0.197
12. 网络人际交往比现实中的人际交往更加快捷	0.641	0.121
16. 网络人际交往更容易倾诉烦恼、释放压力	0.454	0.321
15. 现实中缺乏自信、不善言谈，通过网络人际交往逃避现实		0.793
17. 受身边朋友的影响，追随网络交往的潮流	0.229	0.718
11. 网络人际交往比现实中的人际交往更有意思	0.262	0.444

资料来源：本研究。

表 2 中将此量表的内容分为 F1、F2 两个因子，F1 为上网的主要原因，F2 为上网的次要原因，7 个选项中按照原因的主次用选项的题号排序依次为：13 > 14 > 12 > 16 > 15 > 17 > 11，即最主要原因是为了通过网络人际交往结识更多的朋友，其次是为了展示自我，最次要原因则是认为网络人际交往比现实中人际交往更加有意思。

3.2　网络人际交往产生影响量表的因子分析

同理，表 3 的 Extraction Sums of Squared Loadings 一栏中根据特征值大于 1 的原则提取了 3 个因子，这 3 个因子的方差累计贡献为 66.647%，基本全面地反映所有信息，说明网络人际关系的影响分为 3 个因子，通过经旋转后的因子荷载矩阵来分析这 3 个因子，即表 4。

表3　网络人际交往产生影响量表总方差解释表

Total Variance Explained

Component	Initial Eigenvalues			Extraction Sums of Squared Loadings			Rotation Sums of Squared Loadings		
	Total	% of Variance	Cumulative %	Total	% of Variance	Cumulative %	Total	% of Variance	Cumulative %
1	4.298	35.817	35.817	4.298	35.817	35.817	3.129	26.074	26.074
2	2.596	21.635	57.452	2.596	21.635	57.452	2.940	24.501	50.576
3	1.103	9.196	66.647	1.103	9.196	66.647	1.929	16.072	66.647
4	0.861	7.173	73.821						
5	0.803	6.688	80.508						
6	0.572	4.767	85.276						

资料来源：本研究。

表4　网络人际交往产生影响量表的因子荷载矩阵

Rotated Component Matrix[a]

	Component		
	心理方面	自我激励方面	社交关系维护方面
25. 网络人际交往易产生消极的情绪体验、产生焦虑心理	0.840		0.141
26. 网络人际交往导致社会参与的减少与心理幸福感降低	0.838		0.168
27. 网络人际交往导致孤独和抑郁的增加	0.817		−0.177
29. 网络社交与现实过分脱离易导致不相信现实，产生人际信任危机	0.729		0.258
28. 网络人际交往降低了人们的现实社会的交往能力	0.577	0.318	
23. 网络人际交往可以缓解现实生活的压力		0.852	0.183
21. 网络人际交往开阔了视野、增长了见识		0.830	0.259
24. 网络人际交往使得交往更加趋于平等，强化了平等意识	0.152	0.806	
22. 网络人际交往丰富了我的业余生活	0.113	0.742	0.439
18. 网络人际交往替代了以朋友为主的小圈子型传统方式，扩大了交际面		0.280	0.831
19. 网络人际交往使我与人的交流能力提高、改善了人际关系		0.358	0.767
20. 网络人际交往使我产生网络依赖	0.383		0.459

资料来源：本研究。

由表4可以看出，网络人际交往对于大学生心理方面的影响最大，其次是自我激励自我完善方面的影响，最后是对于社交关系维护方面的影响。大部分学生认为网络人际交往使之产生了消极的情绪、幸福感降低，并导致孤独和抑郁增加。而在自我激励自我完善方面的影响，虽不及心理上的影响，但是也产生了一些效果，一部分同意网络人际交往缓解现实生活的压力、增长了见识，是有一定的积极影响的。

而在社交关系维护方面，大部分认为影响不大，这与上一个关于网络人际交往原因的研究结果相冲突。笔者针对这个问题，对一部分大学生进行了访谈，随后得知，大学生处于一个特殊的时期，他们迫切的需要与人交流与人沟通，所以选择了网络这一快捷的方式，希望可以扩大自己的交际圈，寻找到更多的朋友。

但是，由于网络的虚拟性和他们对于自身的保护性比较高，他们不太敢于真正地去同网络上的陌生人进行交往。在这一方面，他们是非常谨慎的，虽然他们在网络交往中所发布的个人信息大部分属实，但是在态度上还是较为一般，并未全身心地投入进去，仅仅作为一种娱乐。而且人际交往主要的目的还是为了得到认同、得到归属感，而这种感觉很难通过无生命的电脑和网络得以实现。所以他们的交往对象依旧局限在认识的朋友当中，很难扩大交际圈。

4 结论与建议

4.1 结论

（1）大学生进行网络人际交往的原因。大学生进行网络人际交往的最主要原因是为了结识更多的朋友并且为了展示自我得到更多的认同；其次是因为网络人际交往比较快捷，而且网络的匿名性也使得大学生更容易倾诉烦恼、释放压力。

（2）大学生进行网络人际交往对其产生的影响。大学生网络人际交往对于心理方面影响最大，多数人认为网络人际交往对于自己的心理产生了一些消极影响，如产生焦虑心理、增加孤独感、产生人际信任危机等。但是网络人际交往也使得大学生缓解了生活压力，增长了见识，对于自我激励自我完善方面是有好的影响。

4.2 建议

针对以上的研究结论，本研究总结出一些建议，希望可以为当今教育工作者更好的开展大学生教育方面的工作提供一些方法：

（1）加强对大学生的心理素质教育。高校应该设立心理咨询中心，帮助学生树立正确的思想观念，也可以利用网络隐密性以及大学生对于网络的高使用频率的特点，积极开展网络心理咨询，从而更好的引导大学生形成健康心理。

（2）培养大学生现实生活中与人交往的能力。学校和社会也可以举办一些关于交往技巧的讲座，帮助大学生学会正确的交往技巧，如交往中学会聆听他人，善于眼神交流等，从而更好的进行人际交往。

（3）增强自我成才意识。本研究中关于大学生上网目的调查数据显示，67.9%的大学生上网是为了打发时间，而他们之所以觉得无聊需要通过上网来打发时间，是因为他们没有自己的明确的理想与目标，没有强烈的自我成才意识。应该帮助大学生树立明确的人生目标，形成自我成才意识，他们才会有目的地上网和学习，而不会使用网络成瘾。

参考文献

［1］CNNIC 中国互联网络发展状况统计报告，中国互联网络信息中心［C］.2011（1）.

［2］许惠清. 大学生网络人际交往的特征研究［J］. 万方数据库，2006（8）.

［3］汤佳鑫，马涛. 浅析互联网对大学生的影响及对策［J］. 科教文汇，2010（1）.

［4］陈秋珠. 赛博空间的人际交往［J］. 吉林大学博士论文，2006（4）.

［5］周可卫. 互联网对大学生价值观的影响及应对［J］. 中国青年研究，2010（3）.

［6］Dan Jerker，B Svantesson. The Characteristics Making Internet Communication Challenge Tradition ［DB/OL］. International Journal of Law and Information Technology. 2005.

第二部分　运营、物流与供应链管理

资金限制下面对战略消费者的差异化补偿策略研究[①]

王明征　　马梦茹

（大连理工大学系统研究所）

摘要：本文研究资金预算有限的卖方在面对存在两种战略消费者的市场时，如何制定定价策略的问题。基于理性预期范式（Rational Expectations Paradigm），我们提出差异化补偿策略，并分析了模型参数对策略实施的影响。我们发现卖方的资金预算和市场上消费者搜寻成本的差异大小影响该策略均衡订货量的选取。而且，当差异化补偿策略可行时，其利润大小与市场上消费者的组成有关，并且利润随着低成本消费者比例的增加而增加。

关键词：定价策略；战略消费者；搜寻成本

Differentiated Compensation Strategy for a Financially Constrained Firm when Selling to the Strategic Consumers

Wang Mingzheng, Ma Mengru

（E – mail：mzhwang@ dlut. edu. cn, mamengru@ mail. dlut. edu. cn）

（Institute of Systems Engineering, Dalian University of Technology, Dalian）

Abstract：With considering product availability, this paper studies pricing strategies of a financially constrained seller facing a market composed of two kinds of strategic consumers. Based on the rational expectations paradigm, we propose differentiated compensation strategy and characterize the rational expectations equilibrium of this game. Further we investigate the impacts of factors in the models on the implementation of the strategy. We find that the seller's budget and the difference of the two kinds of the search costs play an important role in the selection of the equilibrium quantity of this strategy. Moreover, when differentiated compensation strategy is feasible, the profit is related to the composition of the market and increases in the proportion of the low – cost type consumers.

Key words：pricing strategy; strategic consumers; search costs

---

① 致谢：本论文得到国家自然科学基金（No. 71171027）和中央高校基本科研业务费专项资金（No. DUT11SX11）的资助。

1 前言

虽然现在企业的管理水平在不断提高，但是缺货现象仍然常见，尤其在音像出租、消费品零售（Consumer Goods）和目录邮购（Mail Order）等行业更为普遍（Su 和 Zhang[1]）。在卖方没有提供任何形式保证消费者能够获得所需产品的情况下，消费者不会前往购买地点。只有当消费者认为自己可以获得产品时，才愿意前往购买地点。因此，产品的可获得性是吸引需求的重要因素之一。消费者之所以关注产品的可获得性，其中一个原因是缺货会给其带来巨大的损失。消费者前往购买地点所投入的时间和精力都是不可恢复的事前成本。此外，一旦遭遇缺货的状况，消费者还需要承受因缺货带来的不便，或者花费额外的时间和精力去寻找和购买其他替代产品。消费者遭遇缺货时付出的代价巨大，导致消费者需要仔细考虑是否前往购买。因此，产品的可获得性影响市场上消费者和卖方的行为：较高的产品可获得性吸引消费者前往，但是增加了卖方的库存风险；较低的产品可获得性使市场需求减少，同时也会进一步促使卖方减少订货量，导致产品可获得性不断降低，最终使市场崩溃。所以，卖方需要在考虑产品可获得性的基础上，制定合适的定价策略，维持市场的运作，平衡库存风险和市场需求，使其收益最大化。

近些年，消费者的战略行为（Strategic Behaviors of Consumers）在研究定价策略时受到了广泛的关注。战略消费者不同于传统的短视消费者，不再是交易活动中被动的参与者，而是有策略地制定购买决策的消费者。精明的战略消费者在前往购买地点之前，会权衡产品可获得性和搜寻成本，然后决定是否前往。目前研究战略消费者的文献主要分析战略消费者行为

对卖方的不利影响，提出各种应对策略。Lai 等人[2]从产品的价格出发，提出事后价格匹配政策以削弱战略消费者延迟购买的动机。Liu 和 Ryzin[3]，刘晓峰等人[4]认为可以控制战略消费者获得产品的可能性，给消费者造成产品稀缺的印象，从而有效地缓解战略消费者的等待行为。还有一些学者从其他角度出发提出了应对策略，例如 Cachon 和 Swinney[5]提出采用快速反应战略能使零售商控制战略消费者行为所带来的负面影响，Li 和 Zhang[6]认为可以采用预售的方式销售易逝品，以消除战略消费者等待的行为。

与本文相关的另一类文献是将产品的可获得性作为吸引需求的战略杠杆。Alexandrov 和 Lariviere[7]发现较高的产品可获得性可以促使更多的消费者前来光顾。Ioannou[8]证明零售商可以通过控制产品的可获得性和可见性影响消费者的行为。此外，Dana[9]指出企业可以通过较高的价格来表明产品具有较高的产品可获得性。这些都说明产品的可获得性影响消费者的行为。

搜寻成本是在研究战略消费者行为时需要关注的另一个重要因素。王曼等人[10]指出，购买商品所耗费的时间和精力等搜寻成本是顾客除货币成本之外所要考虑的重要因素。很多文献将产品的可获得性与消费者搜寻成本相结合起来进行研究。消费者不仅前往实体商店需要花费搜寻成本，在网上搜索时同样也会花费搜寻成本。Watson[11]和 Dewan[12]分别在这两种环境下进行了研究。但是，上述文献缺乏对战略消费者行为的考虑。Su 和 Zhang[1]考虑市场上仅存在搜寻成本相同的单一类型的战略消费者的情况，并且假设资金预算无限，建立了理性预期均衡条件下的决策模型。但是在现实生活中，不同的消费者前往同一个产品购买地点时，其搜寻成本有所差别。消费者的异质性会导致

消费者不同的行为。同时，卖方的资金预算有限，影响其制定决策。胡本勇等人[13]分析了销售商的采购预算资金对其订货决策的影响，得出不同资金的稀缺程度影响订货策略的制定。所以，在制定定价策略时，同时考虑消费者搜寻成本的差异化与卖方资金预算的有限性是非常必要的。

基于上述分析，本文的研究重点是，当市场上存在两种搜寻成本不同的战略消费者，且市场需求和消费者保留价格不确定的情况下，资金预算有限的垄断性卖方如何制定产品的定价策略以实现利润最大化。本文基于理性预期范式，提出差异化补偿策略，然后具体分析资金预算大小、市场上消费者的搜寻成本大小、消费者组成等因素对该策略实施的影响。

2　问题描述

2.1　假设

假设市场需求 X 是随机的，可以理解为海量的无穷小的消费者。市场需求 X 服从具有递增故障率（Increasing Failure Rate）的 F 分布，其概率密度函数为 f。每单位产品的成本为 c，价格为 p，残余价值为 s，所有消费者对产品的估价都为 v，假设 $v > p > c > s$。为了计算简便，不考虑产品的残余价值，即 $s = 0$。卖方的资金预算有限，其大小为 K（$K > 0$），是市场上的公共知识。

消费者前往购买的过程中，会花费一定的成本，包括时间、精力等。一旦消费者前往，无论最终是否能够购买到产品，这些成本都无法挽回，成为沉没成本。在本文中，把这部分成本 h 定义为消费者的搜寻成本，影响其对产品的支付意愿，具体可以用消费者的住址到产品购买地的距离进行衡量。

根据搜寻成本的不同，市场上的消费者可

以分为两类。当消费者住址与产品购买地之间的距离小于某个值时，是低成本类型的消费者，其搜寻成本 $h = h_L$；当消费者住址与产品购买地之间的距离大于某个值时，是高成本类型消费者，其搜寻成本 $h = h_H$，且满足 $h_L < h_H$。市场上低成本类型消费者的比例为 θ，高成本类型消费者的比例为 $1 - \theta$（$0 < \theta < 1$）。消费者之间相互独立，消费者的类型是其私有信息，且所有前往的消费者获得产品的机会均等。

在本文中，h_L、h_H、θ 是卖方可获得的知识。但是，因为单个消费者所属的类型是其私有信息，所以在消费者未到达购买地点之前，卖方无法区别其类型。当消费者到达购买地点以后，卖方可以通过承诺免费送货上门或者是定期邮寄最新的产品目录等方式采集消费者的住址信息，判别其类型。

2.2　事件发生的顺序

在产品销售准备阶段，卖方制定产品的订货量 q 和销售价格 p。产品销售开始，战略消费者观察到产品的价格，然后决定是否前往购买。市场上消费者的行为与其搜寻成本有关，若搜寻成本大小为 h_i 的消费者选择前往，那么所有搜寻成本小于或等于 h_i 的消费者也会前往。产品销售结束，若供给小于需求，则部分前往的消费者会遭遇缺货。如果供给大于需求，卖方处理剩余库存。

3　定价策略

卖方和消费者的决策过程如下：根据不同的定价策略，卖方先对消费者未来的行为形成理性预期，在此基础上制定产品的价格和订货量；消费者对产品的可获得性形成理性预期，然后决定是否前往。

在产品销售之前，卖方对消费者愿意支付的保留价格进行估计，形成信念。市场上存在两类消费者，卖方对高成本类型消费者的保留价格 r_H 进行估计，形成信念 ξ_{rH}；卖方对低成本类型消费者的保留价格 r_L 进行估计，形成信念 ξ_{rL}。然后卖方在资金预算 K 限制下，制定产品的订货量 q 和销售价格 p。接下来，销售阶段开始，战略消费者根据产品的价格，对产品的可获得性进行估计，形成信念 ξ_{prob}，据此形成自己的保留价格，将保留价格与产品价格相比较，进而决定是否前往购买。

3.1 差异化补偿策略

卖方在制定定价策略时，如果希望获得所有前来购买的消费者的全部盈余，就必须将产品的价格制定在低成本消费者的保留价格上。但是，此时放弃了市场上高成本的消费者，市场份额降低，不符合企业的长期发展战略。因此，存在着价格与需求之间的矛盾。

如果卖方希望能进一步提高收益，既能促使所有的消费者前往，又能获得全部的盈余，则需要采取其他措施。因为消费者类型的不同，导致其保留价格不同。卖方为了最大限度的获得消费者的盈余，最好的方式是采用个性化定价，即对不同的消费者提供不同的产品价格。但是在实际中，这种定价方式是不可行的，只能通过间接的应用忠诚卡（Loyalty Cards）的方式在购买时或购买后承诺给消费者折扣（Tobiash 和 Wolfgang[14]）。

基于此思想，本文提出差异化补偿策略：卖方以单一的价格销售产品，但是对未获得产品的高成本类型的消费者进行补偿。在此种情况下，所有前往的消费者预期盈余都为零，进一步体现了公平。

差异化补偿策略具体实施如下：销售阶段开始时，卖方公布产品价格 p，并保证高成本类型的消费者前来购买时，如果遭遇缺货，会提供补偿 u，但是不会向低成本类型的消费者

提供缺货补偿。为了避免出现消费者的道德风险问题，在这里假设 $u \leqslant h_H$。销售结束后，卖方实施补偿。具体地，卖方可以给未购买到产品的高成本类型消费者提供特别的优惠承诺，例如下次该消费者购买产品时可以享受一些折扣，或者是卖方免费为其邮寄其他产品。在这里卖方对高成本类型消费者进行补偿时所付出的成本为 w，在本文中只考虑 $w = u$ 的情况。用下标 dc 表示卖方采用差异化补偿策略时的情况。

销售阶段开始，卖方将补偿 u 作为激励高成本消费者的工具，迫使其保留价格与低成本消费者的保留价格一致。因为所有前往的消费者获得产品的机会均等，所以面临缺货的机会均等。此时，卖方的利润为 $\prod_{dc} = pE[X \wedge q] - cq - (1 - \theta)(E[X] - E[X \wedge q])u$，式子的第一部分表示销售产品所获得的收益，第二部分表示订购产品所付出的成本，第三部分表示补偿未获得产品的高成本消费者所付出的成本。

定义 1 设 q_{dc}、p_{dc}、u_{dc} 分别表示卖方采用差异化补偿的策略时，形成的均衡订货量，均衡价格和均衡补偿。理性预期均衡要求满足以下条件：

$$u_{dc}^* = (h_H - h_L) / [1 - A(q_{dc}^*)] \xi_{prob} = A(q_{dc}^*) \qquad (1)$$

$$\overline{F}(q_{dc}^*) = c / p_{dc}^*, p_{dc}^* = \xi_{rL} = \xi_{rH} \qquad (2)$$

$$\xi_{rL} = r_L = v - h_L / \xi_{prob}, \xi_{rH} = r_H \qquad (3)$$

$$q_{dc}^* \leqslant K / c \qquad (4)$$

提供补偿的目的是迫使两种类型的消费者的保留价格相等，这样才能在以单一价格销售产品时获得所有消费者的盈余。在均衡情况下，卖方和消费者所形成的信念必须与实际结果一致。卖方对消费者保留价格形成的信念与消费者实际的保留价格相等，消费者对获得产品的可能性所形成的信念与实际中产品可获得的概

率相等。此外，卖方订购产品所花费的成本不能超过其资金预算。所以，均衡是否成立同时受到消费者搜寻成本和卖方的资金预算的共同影响。

定理1　当卖方采取差异化补偿策略时，对未得到产品的单个高成本类型消费者补偿过度，即 $u_{dc}^* > \Delta h$（$\Delta h = h_H - h_L$）。

因为在均衡情况下，卖方为吸引高成本类型消费者需要付出的补偿为 $(1 - \theta)E[X]\Delta h$。所有的高成本类型消费者前往了购买地点，但是只有部分在事后得到补偿，总数为 $(1 - \theta)(1 - A(q_{dc}^*))E[X]$，因此未得到产品的单个高成本消费者所获得的补偿为

$((1 - \theta)E[X]\Delta h)/((1 - \theta)(1 - A(q_{dc}^*))E[X])$ $= \Delta h/(1 - A(q_{dc}^*))$，即 $u_{dc}^* = \Delta h/(1 - A(q_{dc}^*))$。因为 $0 < A(q_{dc}^*) < 1$，所以 $u_{dc}^* > \Delta h$。

首先分析两种极端情况：当产品的可获得性 $A(q_{dc}^*) = 0$ 时，说明卖方退出了这个市场，不发生任何交易。当产品的可获得性 $A(q_{dc}^*) = 1$ 时，这个市场上不会发生缺货的状况，不会有任何人获得补偿。只有当产品的可获得性 $0 < A(q_{dc}^*) < 1$ 时，差异化补偿策略才起作用。卖方为促使高成本类型的消费者前往购买，在事前对每个高成本类型消费者提供激励。获得产品的高成本类型消费者虽然在事前被激励，但是在事后并未获得补偿，这部分补偿转移给了未购买到产品的高成本消费者，所以才会出现过度补偿的现象。

4　模型参数对差异化补偿策略实施的影响

卖方在实施定价策略时，不仅要考虑消费者的搜寻成本，还要考虑其资金预算。在实际生活中，卖方的资金预算有限，其大小对定价策略的实施起着非常重要的作用。

令 $J(q) = (v - c/\overline{F}(q))A(q)$，其最大值为 J_{max}。$G(q) = vE[X \wedge q] - cq$，$\Delta h = h_H - h_L$。只有当 $h_L \leq J_{max}$ 时，卖方才能考虑采用差异化补偿策略。在此情况下，令 Q_1、Q_2 为 $J(q) = h_L$ 的两个根，且 $Q_1 \leq Q_2$。

4.1　资金预算无限

当 $K = \infty$ 时，可视为卖方没有资金预算的约束。因为此时卖方的资金充足，足以支持差异化补偿策略的实施，所以卖方在制定订货量时不需要考虑资金预算 K 的大小。

定理2　若 $G(Q_1) > h_L E[X]$，$\max \{0, (h_H E[X] - G(Q_1))/(\Delta h E[X])\} < \theta < 1$，且 $h_L(1/A(Q_2) - 1) < \Delta h \leq h_L(1/A(Q_1) - 1)$ 成立，存在着唯一的理性预期均衡，此时均衡订货量为 $q_{dc}^* = Q_1$。

此时，差异化补偿策略只能实施理论上次优的订货量。此时制约因素不是卖方的资金预算约束，而是消费者搜寻成本的差异大小。如果采用理论上最优的订货量，会引发消费者的道德风险。部分消费者前往只是为了获得补偿，影响消费者对真实的产品可获得性的判断，导致理性预期均衡不成立。

定理3　若 $G(Q_2) > h_L E[X]$，$\max \{0, (h_H E[X] - G(Q_2))/(\Delta h E[X])\} < \theta < 1$，且 $\Delta h \leq h_L(1/A(Q_2) - 1)$ 成立，存在着唯一的理性预期均衡，此时均衡订货量为 $q_{dc}^* = Q_2$。

此时，订货量可以实现理论上的最优解，卖方没有资金预算约束，而且补偿不会引发道德风险。

4.2　资金预算有限

定理4　当 $cQ_2 \leq K < \infty$ 时，与卖方没有资金预算约束时的情况相同。

资金预算在此区间内，并不影响差异化补偿策略均衡订货量的制定，所以可视为此时卖方无资金预算约束。此时，卖方有足够的资金

去实施差异化补偿策略，所以在制定决策时，资金预算约束是其不必考虑的因素。因此，在本文中，只有当 $K < cQ_2$ 时，卖方的资金预算约束才会影响其决策。此时卖方的行为受到资金短缺的影响，会出现无法实施差异化补偿策略，或者无法实现差异化补偿策略理论上最优解的情况。

定理5 当 $cQ_1 \leqslant K < cQ_2$ 时，若 $G(Q_1) > h_L E[X]$，$\max\{0,(h_H E[X] - G(Q_1))/(\Delta h E[X])\} < \theta < 1$，且 $\Delta h \leqslant h_L(1/A(Q_1) - 1)$ 成立，存在着唯一的理性预期均衡，此时均衡订货量为 $q_{dc}^* = Q_1$（见图1、图2）。

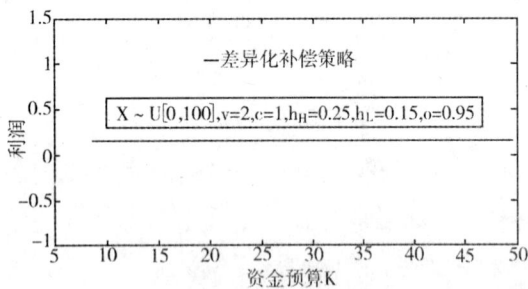

图1 当 $h_L(1/A(Q_2) - 1) < \Delta h \leqslant h_L(1/A(Q_1) - 1)$ 时，利润与资金预算的关系

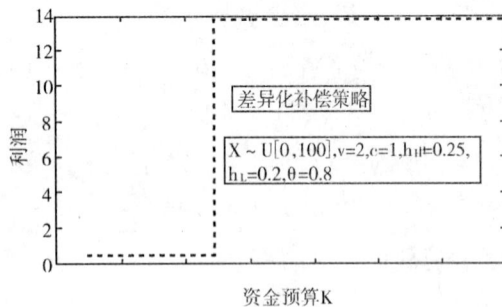

图2 当 $\Delta h \leqslant h_L(1/A(Q_2) - 1)$ 时，利润与资金预算的关系

此时，差异化补偿策略只能实施理论上最优的订货量，这是因为卖方的资金预算有限，无法订购充足的产品，限制了差异化补偿策略的实施。

定理6 当差异化补偿策略可行时，卖方的利润大小与市场上消费者的组成有关，随着低成本消费者的比例增加而增加。

采用差异化补偿策略时，利润为 $\prod_{dc}^* = \theta(G(q_{dc}^*) - h_L E[X]) + (1 - \theta)(G(q_{dc}^*) - h_H E[X])$。因为卖方需要向缺货的高成本类型消费者提供补偿，所以从单个低成本消费者身上获得的利润大于从单个高成本消费者得到的利润。当 θ 越高时，说明高成本消费者的数量越少，此时，卖方因为补偿付出的成本越少，获得的利润越高。反之，当 θ 越小时，说明高成本消费者的数量越大，此时，卖方因为补偿付出的成本越多，获得的利润越低。

5 结论

本文研究了带有资金预算约束的卖方在面临存在着两种搜寻成本的战略消费者的市场时，如何制定产品的定价策略的问题。在研究定价策略的制定时，本文同时考虑了消费者的异质性和卖方的预算约束，具有很强的现实意义。

市场份额影响卖方的长期盈利能力，所以在保证市场份额的前提下，本文为了进一步提高利润，提出了差异化补偿的策略，激励高成本类型的消费者前往。该策略的实施受到卖方的资金预算约束和消费者搜寻成本的差异大小的共同影响。当消费者搜寻成本的差异较大或卖方的资金预算较小时，差异化补偿策略只能实现理论上的次优解。当且仅当消费者搜寻成本的差异较小并且卖方的资金预算较大时，差异化补偿策略才能实现理论上的最优解。而且，当差异化补偿策略可行时，其利润与市场上消费者的组成有关，随着市场上低成本消费者比例的增加而增加。

参考文献

[1] X. Su and F. Zhang. On the value of commitment and availability guarantees when selling to strategic consumers [J]. Management Science, Vol. 55, No. 5, 2009: 713~726.

[2] G. Lai and G. Debo and K. Sycara. Buy now and match later: impact of posterior price matching on profit with strategic consumers [J]. Manufacturing & Service Operations Management, Vol. 12, No. 1, 2010: 33~55.

[3] Q. Liu and G. Van Ryzin. Strategic capacity rationing to induce early purchases [J]. Management Science, Vol. 54, No. 6, 2008: 1115~1131.

[4] 刘晓峰, 黄沛. 基于策略型消费者的最优动态定价与库存决策 [J]. 管理科学学报, 2009: 18~26.

[5] G. P. Cachon and R. Swinney. Purchasing, pricing, and quick response in the presence of strategic consumers [J]. Management Science, Vol. 55, No. 3, 2009: 497~511.

[6] C. Zhang and F. Zhang. Advance demand information, price discrimination and pre-order strategies [D]. working paper, 2010.

[7] E. T. Anderson and G. J. Fitzsimons and D. Simester. Measuring and mitigating the costs of stockouts [J]. Management Science, Vol. 52, No. 11, 2006: 1751~1763.

[8] I. Ioannou. The effects of capacity on sales under alternative vertical contracts. working paper, 2008.

[9] J. D. Dana. Competition in price and availability is unobservable [D]. working paper, 2008.

[10] 王曼, 白玉苓, 王智勇. 消费者行为学 [M]. 北京: 机械工业出版社, 2007.

[11] R. Watson. Search, availability and competition in product ranges [D]. working paper, 2006.

[12] J. D. Dana. Competition in price and availability is unobservable [J]. RAND Journal of Economics, Vol. 32, No. 4, 2001: 497~513.

[13] 胡本勇, 彭其渊, 王性玉. 考虑采购资金约束的供应链期权柔性契约 [J]. 管理科学学报, Vol. 12, No. 6, 2009: 62~71.

[14] K. Tobias and M. Wolfgang. Towards a framework for knowledge-based pricing services improving operational agility in the retail industry [D]. working paper, 2009.

生产部分受约束的存货系统动态和静态定价研究

屈宇飞　王敏慧

（河海大学管理科学研究所）

摘要：本文研究了一个向价格敏感型顾客提供产品的存货式生产系统，其生产流程的某些部分受约束。一方面，决策制定者生产只有一个部件设备的产品；另一方面，存在一个随机到达且无法控制的物品流。这种情况在实际生产中很常见，如具有返回产品或固定交货契约的情况。文章构建一个具有销售损失的存货生产系统，以最大化静态和动态定价问题的平均利润为目标，描述了两个问题的最优生产和定价策略，同时求得静态定价问题的分析结果。数值分析的结果显示当生产不是完全受约束时动态定价的收益会更多。

关键词：存货生产；静态定价；动态定价；马尔科夫决策过程

The static and dynamic pricing in a make – to – stock system with partially controlled production

Qu Yufei, Wang Minhui

（E – mail：blueqyf@ 126. com）

（Management Science Institute, Hohai University）

Abstract：We consider a capacitated make – to – stock production system that offers a product to a market of price – sensitive users. The production process is partially controlled. On the one hand, the decision – maker controls the production of a single facility. On the other hand, an uncontrolled flow of items arrives at the stock. Such a situation occurs in several contexts; for example, when there is a return flow of products or a fixed delivery contract. We model the system as a make – to – stock queue with lost sales. We address the static pricing problem and the dynamic pricing problem with the objective of maximizing the average profit over an infinite horizon. For both problems, we characterize the optimal production and pricing policy. We also obtain analytical results for the static pricing problem. From numerical results, we show that dynamic pricing might be much more beneficial when the production is not totally controlled.

Key words：make – to – stock queue; Static pricing; Dynamic pricing; Markov Decision Process

1　引言

近些年，动态定价策略在零售业和制造业越来越受到关注。但是在这些行业中，当卖方有能力储备库存和进行补货时，动态定价的收益对于静态定价就不是那么显著了。Chen（2004）和

Gayon（2004）认为当对定价和补货决策进行联合优化时，动态定价策略的收益不见得会比静态定价策略更好（需求固定时）。假如决策制定者失去了对部分补货决策的控制，那么从动态定价策略中可以获得更高的收益。本文的目的是研究补货过程不完全受约束时动态定价策略的收益。

Fleischmann 等人（1997）对有关回流的库存控制问题进行了全面讨论。还有一些作者提了几个具有回流的库存控制模型，但是都没有将价格作为决策变量。另一些情景是企业有固定交货契约，补货是不完全受控制的。比如 Cheung 和 Yuan（2003）研究了单一买者具有周期性订货约束的无限库存模型，这个约束要求买者在一个周期内至少购买某个确定数量的产品。Anupindi 和 Bassok（1999）研究了不同类型的订货约束。最后，当面对很高的生产组织成本时，长期的持续生产将是有利可图的。

本文考虑了部分受约束的存货生产系统联合定价和补货决策问题。在存货生产系统中，补货提前期依赖装载量，会受到大量未处理订单的影响。本模型是对 Li（1988）和 Gayon 等人（2004）文献的扩展。Li 考虑了一个 M/M/1 存货生产系统，当需求是价格的连续函数时，销售会损失。除了生产受约束，作者还动态的制定价格来最大化平均利润。Li 证明了基准库存策略的最优性，还发现最优的价格序列是一个关于库存水平的非递增函数。Gayon 等人考虑了一个扩展的模型，其中需求随时间波动。Poisson 过程不仅与价格有关还与经济环境有关，而经济环境会像连续时间马尔科夫链进行演化。决策制定者了解环境状态以及每个环境状态下最优策略的基准库存水平。一个既定环境状态的最优价格序列是非递增的。Gayon 等人还对不同状态下动态定价的潜在收益进行了数值分析，结果表明当 Poisson 过程的需求不依赖环境状态时，动态定价不一定比静态定价更好。而当需求依赖环境状态时动态定价会更有效。

Gayon 等人观察到的动态定价策略的非优性，部分是由于完全受约束的生产过程造成的。当生产不是完全受约束时，可以期待更高的收益。本文不同于 Li 的文章，除了受约束的补货过程，还有一个服从 Poisson 过程且不受控制随机到达的物品流。本文的动态定价案例扩展了 Li 的结果，即最优策略是基准库存而最优价格对库存水平是非递增的。而静态定价案例则扩展了 Gayon 等人的结果，即最优策略也是基准库存。最优静态定价策略的数值计算比最优动态定价策略更困难。事实上，静态定价策略的数值计算要运行许多值迭代程序（每个可能的价格对应一个），而动态定价策略只需运行一个。为了说明这个问题，我们计算静态定价情景下给定价格和基准库存水平的平均利润。这个问题就转变成了一个二维优化问题。而且，当生产完全不受约束时，可以得到最优价格和最优利润的显示表达式，不管需求函数是线性的还是指数的。基于之前的结论，我们对动态定价以及静态定价的收益进行数值研究，发现当补货过程不是完全受约束时，动态定价可能更有利。

2 模型构建

本节提出动态定价问题和静态定价问题。将动态定价问题看作一个生产和定价决策可以在任何时间点做出的连续时间模型，而静态定价问题则是一个整个销售季固定价格的连续时间模型。

2.1 动态定价问题

考虑一个生产部分受约束的供应商。一方面，他有单一的设备，可以决定是否生产。该设备的加工时间服从比率为 μ_1 的指数分布，完成的物品以成品库存存放。单位可变生产成本是 c_1。另一方面，存在一个不受约束的生产过程以及库存依据比率为 μ_2 的 Poisson 过程接收物品，单位可变生产成本是 c_2。库存水平 x 属于 $\aleph$，一个非负整数集。库存持有成本是 $h(x)$，关于 x 是凸的。

库存物品的需求服从比率为 $\lambda(p)$ 的 Poisson 过程，$\lambda(p)$ 依赖于标价 p。库存无法满足的需求会损失掉。与 Gallego 和 van Ryzin（1994）的文献类似，对需求函数设定几种假设。首先，假定 $\lambda(p)$ 关于 p 递减，而且价格和需求一一对应，因此 $\lambda(p)$ 可以用反函数 $p(\lambda)$ 表示。有人将需求 λ 看作是决策变量，因为这样更加便于求解。其次，假定需求集合是一个 $[0, \Lambda]$ 的有界区间，其中 Λ 是最大的需求。再次，假定收益 $r(\lambda) = \lambda p(\lambda)$ 是一个连续且严格凹的函数，$r(\lambda)$ 的凹性来源于标准的经济学假定，即边际收益关于产量是递减的。最后，为了确保库存水平的稳定，假定不受约束的生产率比需求率可能的最大值小，即 $\mu_2 < \Lambda$。

x	库存水平
p	标价
μ_1	受约束的生产率
μ_2	不受约束的生产率
c_1	受约束的单位生产成本
c_2	不受约束的单位生产成本
$h(x)$	当库存水平 x 的单位持有成本
$\lambda(p)$	价格为 p 时的需求
Λ	最大需求
$p(\lambda)$	$\lambda(p)$ 的反函数
$r(\lambda)$	收益

特别考虑两类定价文献中经常使用的需求函数，其满足以下的条件。设 a 和 b 是两个正

实数，其中 $\mu_2 < a$。定义线性需求函数及相关收益如下：

$$\lambda^{\text{lin}}(p) = a - bp, \ p \in \left[0, \ \frac{1}{b}\right],$$

$$r^{\text{lin}}(\lambda) = \frac{\lambda}{b}(a - \lambda), \ \lambda \in [0, \ a],$$

第二类需求函数是指数函数：

$$\lambda^{\text{exp}}(p) = ae^{-bp}, p \geq 0,$$

$$r^{\text{exp}}(\lambda) = -\frac{\lambda}{b}\ln\left(\frac{\lambda}{a}\right), \lambda \in [0, a]$$

目的是决定是否在某时刻进行生产以及选择一个价格 p，或者需求 λ 来最大化平均利润。可以把这个问题转化成马尔科夫决策过程，定义库存水平 x 为状态变量，$v_d(x)$ 为状态 x 时的相对价值函数，以及 g_d 为最优平均利润，令 $\beta = \Lambda + \mu_1 + \mu_2$，将连续时间马尔科夫决策过程转化为等价的离散时间马尔科夫决策过程，最优化方程如下：

$$v_d(x) + \frac{g_d}{\beta} = \frac{1}{\beta}\{-h(x) + \mu_1 T_0 v_d(x) + T_1 v_d(x) + \mu_2[v_d(x+1) + c_2]\}$$

其中，

$$T_0 v_d(x) = \max[v_d(x), v_d(x+1) + c_1],$$

$$T_1 v_d(x) =$$
$$\begin{cases} \max_\lambda\{r(\lambda) + \lambda v_d(x-1) + (\Lambda - \lambda)v_d(x)\}, x > 0 \\ \Lambda v_d(x), x = 0 \end{cases}$$

算子 T_0 相当于生产决策，而 T_1 相当于顾客到达率决策或等价于定价决策。假定收益 $r(\lambda)$ 是严格凹以及有界的，可以确定 T_1 的最大值。$\mu_2[v_d(x+1) + c_2]$ 与不受控制的库存物品到达有关。最后定义算子 T 满足 $v_d(x) + \frac{g_d}{\beta} = T v_d(x)$，而算子 Δ 满足 $\Delta v(x) = v(x+1) - v(x)$。

2.2 静态定价问题

静态定价问题的设定与动态定价问题类似，除了价格不能随时间变化。考虑给定价格 p（或

等价于给定需求 λ) 的第一类问题，即寻找无穷空间内最大化平均利润的最优生产策略。再次将问题转化为马尔科夫决策过程。令 $v_s(x,\lambda)$ 为需求为 λ 时状态 x 的相对价值函数，$g_s(\lambda)$ 为最优平均利润，则最优化方程如下：

$$v_s(x,\lambda) + \frac{g_s(\lambda)}{\beta} =$$

$$\frac{1}{\beta}\{ -h(x) + \mu_1 T_0 v_d(x,\lambda) + \widetilde{T_1}v_d(x,\lambda) \}$$

$$\{ +\mu_2[v_s(x+1,\lambda) + c_2] \}$$

其中 $\widetilde{T_0} = T_0$，以及

$$\widetilde{T_1}v_s(x) =$$

$$\begin{cases} r(\lambda) + \lambda v_s(x-1) + (\Lambda - \lambda)v_s(x), & x > 0 \\ \Lambda v_s(x), & x = 0 \end{cases}$$

决策制定者面临的第二类问题是选择需求 λ，可以用 $\max_{\lambda} g_s(\lambda)$ 表示。

3 动态定价最优策略的特征描述

为了描述最优策略，首先需要说明相对价值函数 $v_d(x)$ 关于 x 是凹的，需要证明算子 T 有凹性。假定 v 是凹的，或等价于 Δv 关于 x 非递增。算子 T_0 保留凹性（Koole，1998）、$T_0 v$ 是凹的，同样算子 T_1 也保留凹性、$T_1 v$ 是凹的，而 Gayon 等人（2004）则给出了一个详细的证明。通过假定 $-h$ 是凹的，作为一个凹函数的非负线性组合的算子 Tv 也是凹的。通过值迭代原理可知 v_d 也是凹的，于是得到下列引理

引理 1 相对价值函数 $v_d(x)$ 关于 x 是凹的。

由引理 1 可得，差分 $\Delta v_d(x) = v_d(x+1) - v_d(x)$ 关于 x 是非递增的且存在一个 z_d 满足下式：

$$\begin{cases} v_d(x) < v_d(x+1) + c_1, & \text{if } x < z_d \\ v_d(x) \geq v_d(x+1) + c_1, & \text{if } x \geq z_d \end{cases}$$

将两式代入生产算子 T_0，可推导出当 $x < z_d$ 时进行生产是最优的，可得：

特征 1 基准库存的最优策略是存在一个基准水平 z_d，当库存水平小于基准水平 z_d 时就进行生产，否则不生产。

同时得到最优价格的结论，在特征 2 中描述：

特征 2 最优价格序列是唯一的且关于库存水平非增。

证明：令库存水平 x 的最优价格是 p_x。当 $x > 0$ 时，p_x 是式 $f_x(\lambda) = r(\lambda) - \lambda \Delta v_d(x-1)$ 的最大值。由于 $r(\lambda)$ 关于 λ 严格凹，所以 $f_x(\lambda)$ 关于 λ 也严格凹。在区间 $[0,\Lambda]$ 内，由于需求和价格一一对应，所以存在唯一的最大值与唯一的最优价格 p_x 相对应。反之可得价格序列关于 x 是非增的。令 $x < y$，用 λ_x 和 λ_y 分别表示状态 x 和 y 的最优需求。假定 $\lambda_x > \lambda_y$，可将 $f_y(\lambda_y)$ 写成

$$f_y(\lambda_y) = f_x(\lambda_y) + \lambda_y[\Delta v_d(x-1) - \Delta v_d(y-1)] + \Lambda(v(y) - v(x))。$$

依据最大值 λ_y 的唯一性可知 $f_x(\lambda_y) < f_x(\lambda_x)$。而且由引理 1 可知 v_d 是凹的，所以 $\Delta v_d(x-1) - \Delta v_d(y-1) \geq 0$。于是可得：

$$f_y(\lambda_y) < f_x(\lambda_x) + \lambda_x[\Delta v_d(x-1) - \Delta v_d(y-1)] + \Lambda[v_d(y) - v_d(x)] = f_y(\lambda_x)。$$

最后反证可得 $f_y(\lambda_y) < f_y(\lambda_x)$，由于 λ_y 应该是 f_y 的最大值，因此 $\lambda_x > \lambda_y$ 的假定是错误的，于是得到 $\lambda_x \leq \lambda_y$，等价于 $p_x \geq p_y$。

4 静态定价最优策略的特征描述

对静态定价问题，要证明 $v_s(x,\lambda)$ 关于 x 凹与动态定价问题类似，可得：

特征 3 静态定价问题的最优策略是基准库存。

静态定价问题的最优策略可以用一个基准水平 z_s 和一个静态价格 p_s 来说明。由于无法确保 z_s 和 p_s 的唯一性，z_s 和 p_s 的求解会比较困难，因为每个可能的价格都需要一个动态规划来求解。通过分析连续时间马尔科夫链可得给定基准库存 z 和价格 p 下平均利润的显式表达式，而在完全受约束的系统中，当需求函数是线性函数或者指数函数时，可得最优价格和利润的解析表达式。

4.1 部分受约束的生产

考虑一个策略，具有基准库存水平 z 和价格 p 或需求 λ。令 $g_s(z,p)$ 为相关的平均利润，则库存水平会随着一个连续时间马尔科夫链的变化而演化，马尔科夫链具有状态空间 IN 和状态转移概率 q_{ij}（从状态 i 到状态 j），可由下式得出：

$$\begin{cases} q_{i+1} = \mu_1 + \mu_2, & 0 \leq i \leq z-1 \\ q_{i,i+1} = \mu_2, & i \geq z \\ q_{i-1} = \lambda, & i \geq 1 \\ q_{ij} = 0, & \text{其他} \end{cases}$$

引入辅助表达式 $\rho_1 = \dfrac{\lambda}{\mu_1 + \mu_2}$ 和 $\rho_2 = \dfrac{\mu_2}{\lambda}$。由假定可知 $\rho_2 < 1$。

如果 π_i 表示状态 i 的稳定概率，则可得：

$$\begin{cases} \pi_i = \rho_1^{-i} \pi_0, & 0 \leq i \leq z \\ \pi_i = \rho_1^{-z} \rho_2^{i-z} \pi_0, & i \geq z \end{cases}$$

应用归一条件 $\sum_{i=1}^{\infty} \pi_i = 1$，可得：

$$\pi_0 = \rho_1^z \left(\frac{1 - \rho_1^{z+1}}{1 - \rho_1} + \frac{\rho_2}{1 - \rho_2} \right)^{-1}$$

平均利润 $g_s(z,p)$ 可以用平均收益和平均持有成本的差表示 $g_s(z,p) = \lambda p(1 - \pi_0) - h \sum_{i=0}^{\infty} i \pi_i$。

于是可得平均利润的解析表达式：

$$g_s(z,p) = \lambda p$$

$$(1 - \pi_0) - h\pi_0 \left(\frac{\rho_1^{z+1} - \rho_1 - \rho_1 z + z}{1 - \rho_1^2} + \frac{\rho_2}{1 - \rho_2} \right)$$

4.2 完全不受约束的生产

对一个完全不受约束的系统（$\mu_1 = 0$），稳定状态是具有到达率 μ_2 和服务率 λ 的 M/M/1 排队系统的稳定状态之一，因此 $\pi_i = \rho_2^i(1 - \rho_2)$。由于 $\mu_1 = 0$ 所以没有基准水平，可以将 $g_s(z,p)$ 简写成 $g_s(p)$，可得 $g_s(p) = \mu_2 \left(p - \dfrac{h}{\lambda - \mu_2} \right)$。通过分析 $g_s(p)$ 的导数，可以确切地求解需求函数分别是线性和指数时的最优价格 p_s^{lin} 和 p_s^{exp} 如下：

$$p_s^{\text{lin}} = \max \left\{ 0, \frac{a - \mu_2 - \sqrt{ah}}{b} \right\}$$

$$p_s^{\text{exp}} = \left\{ 0, \frac{1}{b} \ln \left[\frac{a(h - 2\mu_2 - \sqrt{h^2 + 4\mu_2 h})}{2\mu_2^2} \right] \right\}$$

而在线性案例中，最优平均利润 g_s^{lin} 就会很简单：

$$g_s^{\text{lin}} = \begin{cases} \dfrac{-\mu_2 h}{a - \mu_2}, & p_s^{\text{lin}} = 0 \\ \dfrac{\mu_2}{a} \left(a - \mu_2 - (a + b)\sqrt{\dfrac{h}{a}} \right), & \text{其他} \end{cases}$$

5 数值分析

5.1 计算过程

考虑一个线性需求函数 $\lambda(p) = a - bp$，不失一般性，设 $a = b = 1$，类似于设定一个货币单位和时间单位。假定持有成本都是线性函数 $h(x) = hx$，而且不存在生产成本（$c_1 = c_2 = 0$）。

对给定的问题，令 g_d 表示动态定价的最优平均利润，g_s 表示静态定价的最优平均利润，定义 $PG = \dfrac{g_d - g_s}{g_s}$ 为执行动态定价策略而非静态定价策略的相对利润获得。

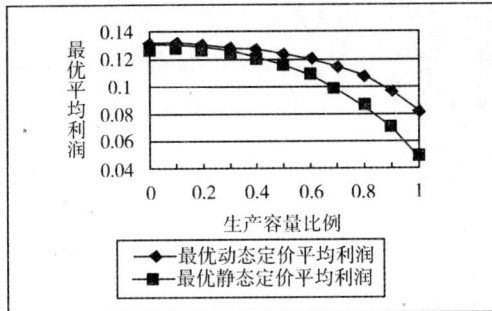

图1　生产容量比例与静态和动态定价最优平均利润的关系

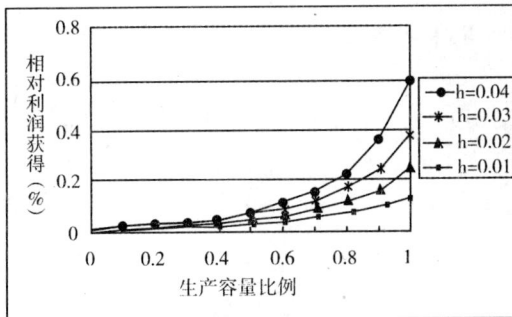

图2　生产容量比例与相对利润获得的关系

通过迭代方法求解相关动态规划问题来计算 g_d。当生产完全不受约束时（$\mu_1 = 0$），可以根据确切的公式直接计算最优价格和利润。当生产不是完全不受约束时（$\mu_1 > 0$），将价格区间 $[0,1]$ 以 0.001 的增量划分间隔，计算给定价格 p 下最优基准库存 $s_s(p)$ 和最优的平均利润 $g_s(p)$。对间隔区间中的所有价格重复此操作，可求得最大的平均利润 g_s 和相关的最优价格 p_s。

5.2　动态定价的收益

令 $\gamma = \dfrac{\mu_2}{\mu_1 + \mu_2}$ 为不受约束生产容量的比例。图1描绘了最大生产率（$\mu_1 + \mu_2$）固定时相对于 γ 的最优静态定价和动态定价的平均利润。像预期一样，动态定价利润总是大于静态定价利润，同时两条曲线都是关于 γ 递减的。当 γ 增加时，决策制定者会保持同样的生产容

量但失去对生产过程的控制。而且动态定价策略与静态定价策略的绝对利润获得（$g_d - g_s$）是关于 γ 递增的，这个变化可以在图2中明确观察到。图2表示不同持有成本 h 下关于 γ 的相对利润获得 PG。例如，$h = 0.01$，当 $\gamma = 1$ 时利润获得是 15%，而 $\gamma = 0$ 的利润获得是 1.8%。图1和图2说明当生产很少或很少受约束时，灵活的定价将是越来越有效的工具。

接着研究 γ 对于最优动态定价和静态定价的影响。图3描绘了不同的 γ 下最优动态定价 $p(x)$ 相对于库存水平 x 的变化状况。就像第3节证明的一样，给定 γ 下最优动态价格 $p(x)$ 对于库存水平 x 递减。当 γ 增加时，生产很少或很少受约束时，减少了积压库存，这样可以降低价格、增加需求率。还发现在库存水平增加时 γ 对价格的影响，当库存水平增加时，摆脱库存剩余的降价刺激也在增加。最终，当库存水平足够高时，最优动态价格尽可能为0来限制积压库存。图4表达了最大生产率（$\mu_1 + \mu_2$）不同时，最优静态价格与 γ 的关系。像动态定价一样，最优静态价格关于 γ 是递减的。即 γ 增加时，降低价格来增加需求并减少库存持有成本是最好的。同时，最优静态价格关于最大生产率（$\mu_1 + \mu_2$）是递减的。当生产容量减少时，满足需求会越来越困难，此时提高价格来减少缺货并增加利润是最佳的。

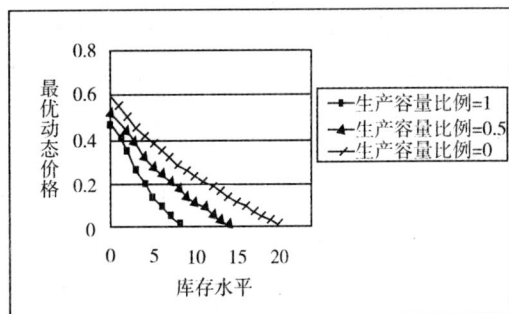

图3　库存水平与最优动态价格的关系

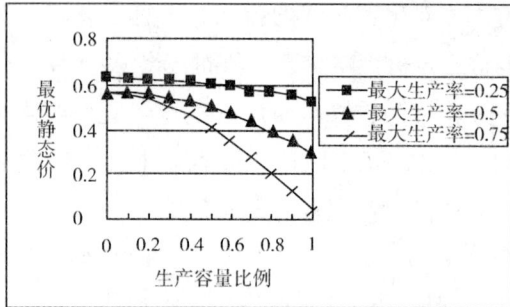

图 4　生产容量比例与最优静态价格的关系

6　结论

本文分析了具有部分受约束存货生产系统的静态定价和动态定价问题，描述了两类问题的最优策略特征，以及两种情况下最优生产策略是基准库存生产。在动态定价问题中，最优定价策略是一个库存水平对应一个价格的列表式定价，而且价格对于库存水平是非递增的。而在静态定价问题中，获得了平均利润的解析解，还获得生产完全不受约束时，两类需求函数（线性和指数）下最优价格和利润的解析表达式。基于上述结论，对线性需求函数下动态定价和静态定价的潜在收益进行了数值研究。与 Chan（2004）和 Gayon（2004）的结论一样，当生产完全受约束时，多重变化的价格比起单一价格会限制利润的提升。但是，当生产部分受约束时，动态定价的潜在收益会更有意义。

参考文献

［1］ Anupindi R. , Bassok Y. Supply Contracts with Quantity Commitments and Stochastic Demand. In：Tayur S, Ganeshan R, Magazine M（eds）Quantitative Models for Supply Chain Management，1999.

［2］ Chen H. , Wu O. Q. , Yao D. D. Optimal Pricing and Replenishment in A Single Product Inventory System. Working paper, IEOR Department, Columbia University, 2004.

［3］ Cheung K. L, Yuan X. M. An Infinite Horizon Inventory Model with Periodic Order Commitment ［J］. Eur J Oper Res, 2003：146（1）：52～66.

［4］ Fleischmann M. , Bloemhof - Ruwaard J. M. , Dekker R. , van der Laan E, van Nunen JAEE, Van Wassenhove L. N. Quantitative Models for Reverse Logistics：A Review ［J］. Eur J Oper Res, 1997（103）：1～17.

［5］ Gallego G, van Ryzin G. Optimal Dynamic Pricing of Inventories with Stochastic Demand over Finite Horizons ［J］. Manage Sci. 1994, 40（8）：999～1020.

［6］ Gayon J. P. , Talay I. , Karaesmen F. , Örmeci E. L. Dynamic Pricing and Replenishment in A Production/ Inventory System with Markov - modulated Demand. Working paper, Department of Industrial Engineering, Koç University, 2004.

［7］ Koole G. Structural Results for the Control of Queueing Systems using Event - based Dynamic Programming ［J］. Queueing Syst. 1998（30）：323～339.

［8］ Li L. A Stochastic Theory of the Firm ［J］. Math Oper Res. 1988, 13（3）：447～466.

［9］ Serfozo RF. An Equivalence between Continuous and Discrete Time Markov Decision Processes ［J］. Oper Res. 1979, 27（3）：616～620.

依存于货架空间的自有品牌定价决策

王华清　朱华华

（中国矿业大学管理学院）

摘要：定价决策是零售商开发自有品牌的关键要素，本文从新的视角，将货架空间引入到零售商自有品牌定价决策中，据此构建 Stackelberg 模型，探讨制造商不实施激励方案与实施激励方案两种情况，对零售商定价决策及市场绩效的影响。研究结果表明：零售商的定价决策仅与自有品牌所占货架空间份额有关，激励方案的实施不会直接影响零售商的定价决策，但会直接影响零售商与制造商的自身利益与渠道整体绩效。

关键词：自有品牌；全国品牌；货架空间；定价决策

Shelf Space Dependent Pricing Decisions of Its Own Brand

Wang Huaqing，Zhu Huahua

（China University of Mining and Technology of School of Management）

Abstract：Retails' pricing decision is a key element of developing its own brand，this paper from a new perspective，the introduction of shelf space to retailers' own brand pricing decision，thus building a Stackelberg model，discussing two cases：Manufacturers implement incentive programs and not to implement incentive programs how to impact the retailers' pricing decision and the market performance. The results show that：the retailers' pricing decision only shares shelf space with its own brand share related；The implementation of incentive program will not directly affect retailers' pricing decision，but directly affect retailers' and manufacturers' self – interest and the overall channel performance.

Key words：Private Label；National brand；Shelf space；Pricing decision

1 引言

零售商自有品牌（Private Label, PL）是相对于制造商品牌（Manufacturing Brand, MB）或全国性品牌（National Brand, NB）的一个概念，一般认为自有品牌是零售商以自己的品牌名称命名的产品，而且该产品只在该零售商店中销售（Rousell 和 White, 1970）。Morton 和

Zettelmeyer 进一步解释到，自有品牌是零售商不仅要负责销售、促销、在货架上摆放的位置和定价等，而且也要决定产品的自然属性（尺寸、形状、颜色、包装等）的唯一品牌[1]。Soberman 和 Parker 则指出零售商自有品牌是零售商后向一体化的一种形式，是零售商参与市场竞争的一种工具[2]。

近年来，关于自有品牌的理论研究成为学

术界的一个热点。自有品牌对于零售商和制造商的营销决策及消费者的购买行为产生了极大的影响。研究的重点主要集中在对零售商开发自有品牌动机的考察，零售商开发自有品牌的作用及社会福利影响，制造商批发价格策略的制定，以及基于感知的自有品牌消费者购买行为研究等方面。Narasimhan 和 Wilcox（1998）建立了一个消费者、生产商和零售商模型，研究零售商引入自有品牌的动机[3]。Caprice（2000）通过运用上游生产商和下游零售商之间的两步定价模型，得到零售商销售自有品牌会导致零售商议价力量增强。Steiner（2004）认为大型零售连锁店的自有品牌产品是零售商用来约束厂商品牌市场力量的一个竞争性工具。当自有品牌和制造商品牌相互竞争而不是其中一方垄断时，消费者福利最大化[4]。张赞（2009）运用博弈论分析方法，讨论了零售商引入自有品牌的动机及其对社会福利影响[5]。Mills 指出零售商引入自有品牌后，生产商将降低批发价格以阻止自有品牌进入，从而导致零售商利润增加而生产商利润下降[6]。费明胜和李社球（2007）从消费者感知的角度对影响自有品牌消费者行为的感知因素进行了全面的研究[7]。随着零售商多品牌战略的实施，制造商和零售商竞争的焦点转移到争夺货架空间这一稀缺的资源上。Bultez A. 和 Naert P.（1988）在 Corstjens 和 Doyle 研究的基础上，基于零售商利益最大化的原则，建立了理论上最优的货架空间分配模型[8]。Nawel Amorite 和 Georges Zaccour（2008）在上游两家制造商下游一家零售商的分析框架下，建立了零售商和制造商在对称信息下的纳什博弈模型和基于激励的委托—代理模型，探讨了基于货架空间的制造商批发价格策略。研究表明，制造商的批发价格与零售商分配给制造商品牌商品的货架空间相关[9]。

现有文献主要研究了零售商开发自有品牌的动机、从利润角度研究了自有品牌的开发对纵向链条中各方的影响及基于感知质量的零售商定价策略研究，而关于货架空间方面的研究，仅国外学者进行了初步的探索，国内尚无学者展开研究。本文着眼于这一研究空缺，基于国内零售市场现状，将货架空间这一变量引入到消费需求函数当中，并且考虑了制造商的一种依存于货架空间的激励方案，构建上游一家主导制造商和若干边缘制造商，下游一家零售商的 Stackelberg 博弈模型，以探讨自有品牌所占货架空间份额与制造商依存于货架空间的激励方案实施对零售商定价决策及渠道整体绩效的影响。

2 模型描述

2.1 基础假设

假设有这样一个纵向市场：由一家主导制造商和若干边缘制造商、一家零售商和消费者构成。零售商在销售制造商品牌的同时也销售自有品牌，假设自有品牌产品的制造商不是上游知名生产商，而是竞争激烈的不知名的边缘制造商，为了简单起见，我们假设零售商对自有品牌的购买成本为 0，对制造商产品的购买成本为 w，且制造商产品的生产成本为 c。

为了简化计算过程，我们将整个货架空间标准化 1 个单位，假设货架空间被充分地利用，即零售商分配 s 的份额给自有品牌（$0 \leqslant s \leqslant 1$），剩余的 $1-s$ 全部分配给制造商品牌。零售商对制造商产品和自有品牌产品分别定价为 p_n、p_s，且 $p_n > p_s$；消费者对制造商品牌和自有品牌的需求依赖于商品的价格与货架空间配额，在 Raju 等（1995）[10]的研究基础上，我们引入了货架空间这一变量 s，消费者的需求函数变成如下形式：

$$D_n(p_n, p_s, s) = 1 + \gamma(1 - 2s) - \mu p_n + \varepsilon(p_s - p_n) \quad \text{if} \quad 1 - s \neq 0 \tag{1}$$

$$D_s(p_n, p_s, s) = \alpha_s + \gamma(2s - 1) - \mu p_s + \varepsilon(p_n - p_s) \quad \text{if} \quad s \neq 0 \tag{2}$$

其中：D_n、D_s 分别表示消费者对制造商品牌（NB）和自有品牌（PL）的需求量；假设在其他条件相同的情况下，消费者对制造商品牌的基础需求量大于对自有品牌的基础需求量，即 $0 < \alpha_s < 1$；$1 - 2s$ 表示零售商分配给制造商品牌与自有品牌货架空间的差距，消费者对产品的需求量与自身货架空间的份额正相关；同理，可以解释 $2s - 1$ 所代表的意义；$p_s - p_n$、$p_n - p_s$ 分别表示制造商品牌与自有品牌的交叉价格竞争。

为了增加消费者在零售商店中对制造商产品的最终需求，制造商会提供一个激励措施诱导零售商分配更多的货架空间份额给自己的品牌。因此，展示津贴作为一种激励方案为制造商所运用。我们假设制造商的激励函数如下所示：

$$I = \lambda(1 - s) \tag{3}$$

其中：展示津贴是一个与制造商产品所占货架空间份额线性相关的函数，且激励系数 $\lambda(\lambda > 0)$ 由制造商控制。

基于 Martin - Herran 和 Taboubi（2005）[11] 的研究，我们假设制造商产品和自有品牌产品的货架空间成本是固定不变的，且都为 0。制造商与零售商的最终目的都是为了实现自身利益最大化。

其中：对于制造商品牌的批发价格 w 与零售商自有品牌所占货架空间份额 s，我们有如下界定：$c \leqslant w \leqslant w_{\max}$；$s_{\min} \leqslant s \leqslant s_{\max}$。

2.2　不存在激励方案的博弈模型

制造商作为先行者，首先设定制造商品牌 NB 的批发价格 w；零售商考虑了制造商的品牌策略后，分别设定制造商品牌和自有品牌的零售价格 p_n、p_s 及分配给自有品牌货架空间份额 s_1，则零售商的最优问题如下：（假设制造商能够了解零售商的反应函数，从而保证了子博弈完美均衡结果的出现）

$$\max_{p_n, p_s} \pi_R = (p_n - w)[1 + \gamma(1 - 2s_1) - \mu p_n + \varepsilon(p_s - p_n)] + p_s[\alpha_s + \gamma(2s_1 - 1) - \mu p_s + \varepsilon(p_n - p_s)] \tag{4}$$

$$\max_w \pi_M = (w - c)[1 + \gamma(1 - 2s_1) - \mu p_n + \varepsilon(p_s - p_n)] \tag{5}$$

由 π_R 取得极大值的一阶条件：

$$\frac{\partial \pi_R}{\partial p_n} = 0, \frac{\partial \pi_R}{\partial p_s} = 0 \tag{6}$$

又因 $\dfrac{\partial_2 \pi_R}{\partial p_n^2} = -2(\mu + \varepsilon) < 0$，$\dfrac{\partial^2 \pi_R}{\partial p_s^2} = -2(\mu + \varepsilon) < 0$，故存在极大值。

解得：$p_n^* = \dfrac{w}{2} + \dfrac{\gamma(1 - s_1)}{2(\mu + 2\varepsilon)} + \dfrac{1}{2(\mu + 2\varepsilon)} + \dfrac{\varepsilon(1 + \alpha_s)}{2\mu(\mu + 2\varepsilon)}$，$p_s^* = \dfrac{(\mu + \varepsilon)(1 + \alpha_s)}{2\mu(\mu + 2\varepsilon)} - \dfrac{1}{2(\mu + 2\varepsilon)} - \dfrac{\gamma(1 - s_1)}{2(\mu + 2\varepsilon)} \tag{7}$

将式（7）中制造商品牌与自有品牌的价格代入制造商的利润函数（5）中得：

$$\pi_M = (w - c)\left\{1 + \gamma(1 - 2s_1) - \mu\left[\frac{w}{2} + \frac{\gamma(1 - s_1)}{2(\mu + 2\varepsilon)} + \frac{1}{2(\mu + 2\varepsilon)} + \frac{\varepsilon(1 + \alpha_s)}{2\mu(\mu + 2\varepsilon)}\right] + \varepsilon\left[-\frac{w}{2} - \frac{\gamma(1 - s_1)}{\mu + 2\varepsilon} - \frac{1}{\mu + 2\varepsilon} + \frac{1 + \alpha_s}{2(\mu + 2\varepsilon)}\right]\right\} \tag{8}$$

由 π_M 取得极大值的一阶条件：

$$\frac{\partial \pi_M}{\partial w} = 0 \tag{9}$$

又因 $\dfrac{\partial^2 \pi_M}{\partial w^2} = -\mu - \varepsilon < 0$，故存在极大值。

解得：$w^* = \dfrac{1 + \gamma(1 - 3s_1)}{2(\mu + \varepsilon)} + \dfrac{c}{2} \tag{10}$

此时，解得：$p_n^* = \dfrac{1 + \gamma(1 - 3s_1)}{4(\mu + \varepsilon)} + \dfrac{c}{4} +$

$\dfrac{\gamma(1 - s_1)}{2(\mu + 2\varepsilon)} + \dfrac{1}{2(\mu + 2\varepsilon)} + \dfrac{\varepsilon(1 + \alpha_s)}{2\mu(\mu + 2\varepsilon)}$ (11)

$p_s^* = \dfrac{\varepsilon(1 + \alpha_s)}{2\mu(\mu + 2\varepsilon)} + \dfrac{\alpha_s}{2(\mu + 2\varepsilon)} - \dfrac{\gamma(1 - s_1)}{2(\mu + 2\varepsilon)}$ (12)

2.3 存在激励方案的博弈模型

制造商作为先行者，首先设定制造商品牌 NB 的批发价格 w，且提供一个依存于货架空间的激励方案即 $I = \lambda(1 - s)$；零售商考虑了制造商的品牌策略后，分别设定制造商品牌和自有品牌的零售价格 p_n、p_s 及分配给自有品牌货架空间份额 s_2，则零售商的最优问题如下（假设制造商能够了解零售商的反应函数，从而保证了子博弈完美均衡结果的出现）：

$\max\limits_{p_n,p_s}\pi_R = (p_n - w)[1 + \gamma(1 - 2s_2) - \mu p_n + \varepsilon(p_s - p_n)] + p_s[\alpha_s + \gamma(2s_2 - 1) - \mu p_s + \varepsilon(p_n - p_s)] + I$ (13)

$\max\limits_{w}\pi_M = (w - c)[1 + \gamma(1 - 2s_2) - \mu p_n + \varepsilon(p_s - p_n)] - I$ (14)

其中：$I = \lambda(1 - s_2)$

由 π_R 取得极大值的一阶条件：

$\dfrac{\partial \pi_R}{\partial p_n} = 0, \dfrac{\partial \pi_R}{\partial p_s} = 0$ (15)

又因 $\dfrac{\partial^2 \pi_R}{\partial p_n^2} = -2(\mu + \varepsilon) < 0, \dfrac{\partial^2 \pi_R}{\partial p_s^2} =$

$-2(\mu + \varepsilon) < 0$，故存在极大值。

解得：$p_n^* = \dfrac{w}{2} + \dfrac{\gamma(1 - s_2)}{2(\mu + 2\varepsilon)} + \dfrac{1}{2(\mu + 2\varepsilon)} +$

$\dfrac{\varepsilon(1 + \alpha_s)}{2\mu(\mu + 2\varepsilon)}, p_s^* = \dfrac{(\mu + \varepsilon)(1 + \alpha_s)}{2\mu(\mu + 2\varepsilon)} - \dfrac{1}{2(\mu + 2\varepsilon)}$

$- \dfrac{\gamma(1 - s_2)}{2(\mu + 2\varepsilon)}$ (16)

将式（16）中制造商品牌与自有品牌的价格代入制造商的利润函数（14）中，由 π_n 取得极大值的一阶条件：

$\dfrac{\partial \pi_M}{\partial w} = 0$ (17)

又因 $\dfrac{\partial^2 \pi_M}{\partial w^2} = -\mu - \varepsilon < 0$，故存在极大值。

解得：$w^* = \dfrac{1 + \gamma(1 - 3s_2)}{2(\mu + \varepsilon)} + \dfrac{c}{2}$ (18)

此时，解得：$p_n^* = \dfrac{1 + \gamma(1 - 3s_2)}{4(\mu + \varepsilon)} + \dfrac{c}{4} +$

$\dfrac{\gamma(1 - s_2)}{2(\mu + 2\varepsilon)} + \dfrac{1}{2(\mu + 2\varepsilon)} + \dfrac{\varepsilon(1 + \alpha_s)}{2\mu(\mu + 2\varepsilon)}$ (19)

$p_s^* = \dfrac{\varepsilon(1 + \alpha_s)}{2\mu(\mu + 2\varepsilon)} + \dfrac{\alpha_s}{2(\mu + 2\varepsilon)} - \dfrac{\gamma(1 - s_2)}{2(\mu + 2\varepsilon)}$ (20)

3 实例分析

为了说明零售商的定价决策与激励方案对市场绩效的影响，本文对模型参数设定如表 1 所示。

表 1 模型参数数值

参数	α_s	γ	μ	ε	c
固定值	0.6	0.4	0.4	0.2	0.8

3.1 不存在激励方案

$p_n^* = \dfrac{1 + \gamma(1 - 3s_1)}{4(\mu + \varepsilon)} + \dfrac{c}{4} + \dfrac{\gamma(1 - s_1)}{2(\mu + 2\varepsilon)} +$

$\dfrac{1}{2(\mu + 2\varepsilon)} + \dfrac{\varepsilon(1 + \alpha_s)}{2\mu(\mu + 2\varepsilon)} = \dfrac{259}{120} - \dfrac{3}{4}s_1$

$p_s^* = \dfrac{\varepsilon(1 + \alpha_s)}{2\mu(\mu + 2\varepsilon)} + \dfrac{\alpha_s}{2(\mu + 2\varepsilon)} - \dfrac{\gamma(1 - s_1)}{2(\mu + 2\varepsilon)}$

$$= \frac{5}{8} + \frac{1}{4}s_1$$

$$w^* = \frac{1 + \gamma(1 - 3s_1)}{2(\mu + \varepsilon)} + \frac{c}{2} = \frac{47}{30} - s_1$$

$$\pi_R = (p_n - w)[1 + \gamma(1 - 2s_1) - \mu p_n + \varepsilon(p_s - p_n)] + p_s[\alpha_s + \gamma(2s_1 - 1) - \mu p_s + \varepsilon(p_n - p_s)]$$
$$= \frac{1}{20}s_1^2 + \frac{31}{150}s_1 + \frac{3087}{18000}$$

$$\pi_M = (w - c)[1 + \gamma(1 - 2s_1) - \mu p_n + \varepsilon(p_s - p_n)] = \frac{3}{10}s_1^2 - \frac{69}{150}s_1 + \frac{529}{3000}$$

3.2 存在激励方案

$$p_n^* = \frac{1 + \gamma(1 - 3s_2)}{4(\mu + \varepsilon)} + \frac{c}{4} + \frac{\gamma(1 - s_2)}{2(\mu + 2\varepsilon)} +$$

$$\frac{1}{2(\mu + 2\varepsilon)} + \frac{\varepsilon(1 + \alpha_s)}{2\mu(\mu + 2\varepsilon)} = \frac{259}{120} - \frac{3}{4}s_2$$

$$p_s^* = \frac{\varepsilon(1 + \alpha_s)}{2\mu(\mu + 2\varepsilon)} + \frac{\alpha_s}{2(\mu + 2\varepsilon)} - \frac{\gamma(1 - s_2)}{2(\mu + 2\varepsilon)}$$
$$= \frac{5}{8} + \frac{1}{4}s_2$$

$$w^* = \frac{1 + \gamma(1 - 3s_2)}{2(\mu + \varepsilon)} + \frac{c}{2} = \frac{47}{30} - s_2$$

$$\pi_R = (p_n - w)[1 + \gamma(1 - 2s_2) - \mu p_n + \varepsilon(p_s - p_n)] + p_s[\alpha_s + \gamma(2s_2 - 1) - \mu p_s + \varepsilon(p_n - p_s)] + I$$
$$= \frac{1}{20}s_2^2 + (\frac{31}{150} - \lambda)s_2 + \frac{3087}{18000} + \lambda$$

$$\pi_M = (w - c)[1 + \gamma(1 - 2s_2) - \mu p_n + \varepsilon(p_s - p_n)] - I = \frac{3}{10}s_2^2 + (\lambda - \frac{69}{150})s_2 + \frac{529}{3000} - \lambda$$

3.3 均衡结果比较分析

命题1：当零售商的货架空间分配策略 $s_1 = s_2$ 时，制造商不会实施激励方案，即激励系数 $\lambda = 0$。

证明：当 $s_1 = s_2$ 时，$p_n^1 = p_n^2$，$p_s^1 = p_s^2$，$w^1 = w^2$，$\pi_R^1 < \pi_R^2$，但是，$\pi_M^1 > \pi_M^2$ 即制造商的利润减少了，所以，制造商不会实施激励方案。此时，渠道整体绩效没有发生任何变化。

命题2：当零售商的货架空间分配策略 $s_1 < s_2$，$s_1 + s_2 > \frac{23}{15}$ 时，若制造商控制激励系数 $0 < \lambda \leqslant \frac{s_2 - s_1}{1 - s_2}[\frac{3}{10}(s_1 + s_2) - \frac{23}{50}]$，则制造商会实施激励方案。

证明：当 $s_1 < s_2$，$s_1 + s_2 > \frac{23}{15}$ 且 $0 < \lambda \leqslant \frac{s_2 - s_1}{1 - s_2}[\frac{3}{10}(s_1 + s_2) - \frac{23}{50}]$ 时，$\pi_R^1 < \pi_R^2$，$\pi_M^1 < \pi_M^2$ 即此时制造商与零售商的利润同时增大，所以，制造商会实施激励方案，同时，零售商也愿意接受此激励方案，并愿意实施新的货架空间分配策略 s_2。此时，该激励方案会使渠道整体绩效增大。

命题3：当零售商的货架空间策略调整为 $s_1 > s_2$，$s_1 + s_2 < \frac{76}{105}$ 时，若制造商控制激励系数 $\frac{s_2 - s_1}{s_2 - 1}[\frac{1}{20}(s_2 + s_1) + \frac{31}{150} \leqslant \lambda \leqslant \frac{s_2 - s_1}{1 - s_2}[\frac{3}{10}(s_2 + s_1) - \frac{23}{50}]$，制造商会实施激励方案。

证明：当 $s_1 > s_2$，$s_1 + s_2 < \frac{76}{105}$ 且 $\frac{s_2 - s_1}{s_2 - 1}[\frac{1}{20}(s_2 + s_1) + \frac{31}{150} \leqslant \lambda \leqslant \frac{s_2 - s_1}{1 - s_2}[\frac{3}{10}(s_2 + s_1) - \frac{23}{50}]$ 时，$\pi_R^1 < \pi_R^2$，$\pi_M^1 < \pi_M^2$ 即此时制造商与零售商的利润同时增大，并且此时制造商产品的货架空间份额增大，所以，制造商会实施激励方案。如果零售商仅出于自身利益最大化原则考虑，那么，零售商也会愿意接受此种激励方案，自愿减少自有品牌的货架空间份额。此种情况下，同样会增大渠道的整体绩效。

4 结语

在零售商多品牌战略的实施及自有品牌不断被开发的过程中，货架空间成为了制造商和零售商竞争的焦点。零售商掌握着货架空间的配置权与产品的定价权，制造商为了提高自身整体的利益，会提供一个依存于货架空间的激励方案。研究结果表明：①零售商对自有品牌与制造商品牌的定价策略仅与自有品牌所占货架空间份额相关；并且，制造商产品价格与自有品牌所占货架空间份额负相关，自有品牌产品价格与其所占货架空间份额正相关。②当零售商不改变其货架空间分配策略时，制造商不会提供一个激励方案。③当零售商为了提高自有品牌的市场份额，增大自有品牌所占货架空间份额时，若制造商控制激励系数 $0 < \lambda \leqslant \frac{s_2 - s_1}{1 - s_2}[\frac{3}{10}(s_1 + s_2) - \frac{23}{50}]$，则制造商会实施激励方案。相反，当零售商仅出于自身利益最大化原则，愿意缩小自有品牌所占货架空间份额时，若制造商控制激励系数 $\frac{s_2 - s_1}{s_2 - 1}[\frac{1}{20}(s_2 + s_1) + \frac{31}{150}] \leqslant \lambda \leqslant \frac{s_2 - s_1}{1 - s_2}[\frac{3}{10}(s_2 + s_1) - \frac{23}{50}]$，制造商同样会实施激励方案。两种情况下，零售商的利润 $\pi_R^1 < \pi_R^2$，因此零售商愿意接受制造商的激励方案，并制定依存于新的自有品牌货架空间份额 s_2 的价格策略；同时，也能够增大渠道的整体绩效。

本文的研究结果不仅有助于零售商在开发自有品牌时制定最优的定价决策，也有助于零售商在新的竞合关系下提升竞争优势。因此，零售商需要对自身有限的货架空间进行有效的管理，除要合理地分配零售商自有品牌及制造商品牌所占的货架空间份额外，还需要对货架空间内商品的摆放位置进行有效的布局，商品摆放设计的创新可以提高消费者感知的货币价格，提升零售商的盈利空间，与其他零售商形成差异化竞争优势，最大程度地提高零售商的绩效。

参考文献

[1] Morton Scott, F. Zettlemeyer. The Strategic Positioning of Store Brands in Retailer - Manufacturer Negotiations [J]. Review of Industrial Organization. 2004 (24): 161 ~ 194.

[2] Soberman David A., Philip M. Parker. The Economics of Quality- equivalent Store Brands [J]. International Journal of Research in Marketing. 2006 (23): 125 ~ 139.

[3] Narasimhan C., Wilcox R. T. Private Labels and the Channel Relationship: A Cross - Category Analysis [J]. The Journal of Business. 1998, 71 (4): 573 ~ 600.

[4] Steiner Robert L. The Nature and Benefits of National Brand /Private Label Competition [J]. Review of Industrial Organization. 2004 (24): 105 ~ 127.

[5] 张赞. 零售商自有品牌对市场绩效的影响研究 [J]. 财经问题研究, 2009, 8: 45 ~ 50.

[6] MILLS, D. E. Why Retailers Sell Private - Labels [J]. Journal of Economics and Management Strategy. 1995 (4): 509 ~ 528.

[7] 费明胜, 李社球. 基于感知的自有品牌消费者行为研究 [J]. 经济管理, 2007, 4 (29): 17 ~ 24.

[8] Bultez A., Naert P. S. H. A. R. P: shelf allocation for retailer's profit [J]. Mark Sci. 1988, 7 (3): 211 ~ 231.

[9] Nawel Amrouche, Georges Zaccour. A Shelf - space - dependent Wholesale Price when Manufacturer and Retailer Brands Compete [J]. Springer - Verlag. 2008, 1 (12): 361 ~ 383.

[10] Raju J. S., Sethuranman R., Dhar S. K. The introduction and performance of store brands [J]. Manage Science. 1995, 41 (6): 957 ~ 978.

[11] Martin - Herra G., Taboub S. Shelf space allocation and advertising decisions in the marketing channel [J]. A differential game approach. Int Game Theory Rev. 2005, 9 (3): 313 ~ 330.

需求不确定情形下分散式组装供应链的风险承担分析①

付红　　马永开　　唐小我

（电子科技大学经济与管理学院）

摘要：针对分散式组装供应链面临需求不确定所引发的风险问题，本文基于收益分享契约从供应商的数量、供应链成本构成、供应商决策方式（同时决策和序贯决策）三个角度对分散式组装供应链的风险承担进行分析。研究结果表明：节点企业的期望利润率和风险承担均与供应商的数量正相关，与各自成本比例负相关，在供应商序贯决策情形下较低；供应链整体的期望利润率和风险承担均与供应商的数量正相关，与组装成本比例负相关，在供应商序贯决策情形下较低；节点企业的收益越高其风险承担就越大。结论一方面可为企业管理者提供决策依据；另一方面可以从风险承担角度为分散式组装供应链期望利润在节点企业间的分布现象提供理论解释。

关键词：分散式组装供应链；风险承担；同时决策；序贯决策

Research on Risk – taking of Decentralized Assembly System under Demand Uncertainty

Fu Hong, Ma Yong – kai, Tang Xiao – wo

（E – mail：fufhong@163.com；mayongkai@uestc.edu.cn）

（School of Management and Economics, University of Electric Science and Technology of China）

Abstract：Based on revenue – sharing contract, this paper studies the risk caused by demand uncertainty in the decentralized assembly system from three perspectives：supplier number, cost structure of supply chain and decision – making behavior of suppliers (i. e. simultaneous decisions and sequential decisions) . The research shows that the node enterprise's profit margin and risk – taking are both positively correlated with supplier number and negatively with its own cost share；the supply chain's profit margin and risk – taking are both positively correlated with supplier number and negatively with assembly cost share；not only node enterprise but also supply chain's profit margin and risk – taking are both smaller under sequential decisions setting；the higher profit node enterprise gets, the greater risk it takes. The result provides managers with

---

①　基金项目：国家自然科学基金重点项目（70932005）；教育部博士点基金项目（20100175110017）；国家自然科学基金项目（71101019）。

作者简介：付红（1986～），男，安徽六安人，博士，从事供应链风险研究；马永开（1963～），男，安徽天长人，教授，博士生导师，从事金融投资与金融工程等研究。

basis for decision making in practice, moreover it explains the allocation of supply chain's profit among node enterprises from risk – taking viewpoint.

Key words: assembly supply chain; risk – taking; simultaneous decisions; sequential decisions

1 引言

随着科技的进步以及市场竞争的推动,早期的产业间分工已演进成如今的产品内分工[1]。例如 1986 年日本丰田汽车在七个东亚国家拥有 256 个零部件供应商[2]。产品内分工在汽车、飞机、计算机等制造业更为常见,在该分工模式下,一个企业往往只生产整个产品中的某一种或几种零部件,然后由组装商进行组装销售。从零部件间的互补性出发,如何优化生产决策成为组装供应链节点企业面临的重要问题。

目前国内外学者分别从非合作博弈和合作博弈等角度对组装供应链进行了研究。

从非合作博弈角度,Wang 和 Gerchak[3]研究了当市场需求对于产品价格不敏感时分散式组装供应链的产量问题,研究发现:当组装商领导时,供应链整体的期望利润与组装成本比例正相关,与供应商的数量无关;当供应商领导时,供应链整体的收益与组装成本比例、供应商的数量均负相关。随后,Wang[4]研究了市场需求对于产品价格敏感时的情形,研究表明供应链整体的期望利润与组装成本比例正相关、与供应商的数量负相关、与生产成本在供应商间的分布无关。Jiang 和 Wang[5]扩展了 Wang[4]的模型,讨论了一种零部件由多个供应商生产时的情况(成本差异越小表示同一种零部件供应商之间竞争越激烈),发现同一零部件供应商之间的竞争越激烈,组装商、供应链整体的期望利润越高。另外,由于产品寿命不同,回收再制造活动也逐渐成为企业关注的对象,吴鹏和陈剑[6]从回收再制造零部件与常规零部件呈现互补关系角度对组装生产系统进行了研究,结果表明常规零部件的最优产量取决于产品的市场需求和回收再制造零部件的数量分布。

各成员只关注自身收益最大化往往会导致供应链整体收益的降低,Gerchak 和 Wang[7]指出,在收益分享契约和批发价格契约下,可分别通过使用盈余补贴与存货回购政策使组装供应链达到协调。Gurnani 和 Gerchak[8]则从供应商产出随机的角度对组装供应链协调进行了研究。

从合作博弈角度探讨组装供应链的文献也很丰富,罗定提等[9]在批发价格契约下对含两个供应商的组装供应链进行了研究,发现供应商的结盟有助于组装供应链效益的提高。Granot 和 Yin[10]分别在推式契约和拉式契约下研究了 n 个供应商结成 m 个联盟的情形,结果表明:在推式契约下各供应商的期望利润之和、组装商的期望利润均与联盟个数负相关,在拉式契约下各供应商的期望利润之和、组装商的期望利润均与联盟个数无关。Yin[11]分析了不同类型的市场需求对供应商联盟形式的影响。Nagarajan 和 Sošič[12]预测了供应商领导的 Stackelberg 博弈、组装商领导的 Stackelberg 博弈、供应商和组装商纳什均衡博弈三种不同市场力量结构下供应商可能结成的联盟形式。

综上所述,面对不同类型的市场需求,影响组装供应链节点企业收益的因素主要包括供应商的数量、供应链成本构成、供应商决策方式等。同时也得到一些有意义的结论,例如,在供应商同时决策情形下,各供应商的期望利润往往是相等的;在供应商序贯决策情形下,供应商的决策次序越靠后其期望利润就越大。因此在同一组装供应链中，各供应商的期望利润率因各自成本、决策次序不同而不同。那么各供应商的期望利润率的这种差异源于什么，这是值得深入探讨的问题。事实上，在市场需求不确定情形下，风险是客观存在的。因此，我们试图从风险承担的角度对分散式组装供应链期望利润在节点企业间的分布现象进行解释。近年来关于供应链管理的研究与实践也表明，企业管理者已不仅仅关注收益，而更注重企业的预期收益以及面临的各种风险问题[13]。汪贤裕和肖玉明[14]、赵志刚等[15]对一个风险中性的供应商和一个风险中性的销售商组成的二级供应链的收益和风险分担问题进行了研究。然而关于组装供应链的研究，目前国内外学者大多仅是从收益角度进行的，同时考虑收益和风险的研究还比较少见。

本文基于收益分享契约从供应商的数量、供应链成本构成、供应商决策方式三个角度对分散式组装供应链的收益和与之对应的风险承担进行分析。首先是供应商的期望利润率和风险承担情况，考虑到各供应商期望利润率的差异，文章从风险承担的角度对其进行了解释；其次是组装商的情况，文章对组装商与供应商的期望利润率和风险承担也做了进一步的比较；最后是供应链整体的情况。本文将揭示在收益分享契约下分散式组装供应链的期望收益和与之对应风险承担的匹配关系。

2 问题描述

考虑市场上有一种产品，该产品由 n 个供应商生产的 n 种不同零部件经唯一的组装商组装后再进行销售（为了简化问题，又不失一般性，假设各零部件的组装比例为 $1:1:\cdots:1$）。供应商 i（$i = 1,\cdots,n$）的单位生产成本为 c_i（$C = \sum_{i=1}^{n} c_i$ 表示产品的单位生产成本），组装商的单位组装成本为 c_0。产品的最终市场需求为：$D(P) = y(P)\cdot\varepsilon$，其中 $y(P) = aP^{-b}$，$a > 0$，b 表示产品需求价格弹性系数；$\varepsilon \in [A,B]$ 为随机变量，其概率密度函数和分布函数分别为 $f(x)$、$F(x)$，且 $F(x)$ 是连续可微的。

供应商与组装商通过收益分享契约来实现各自的收益。在不确定的市场需求下，组装商先给出自己在产品销售额中的分享比例 r 之后，各供应商再根据该分享比例决策各自零部件的产量 q_i 与价格 p_i。供应商的决策方式分两种情形：同时决策（Simultaneous Decisions）与序贯决策（Sequential Decisions）[①]。组装商在销售产品时，其销售价格为各零部件价格之和，即 $P = \sum_{i=1}^{n} p_i$，因此在收益分享契约下，每销售一套组装产品，供应商 i 与组装商所获得的销售收入分别为 $(1 - r)p_i$ 和 rP。

虽然各供应商决策各自零部件的产量和价格，但最优产量决策的必要条件为 $q_1 = q_2 = \cdots = q_n$ 记为 q。为下文研究方便，通过引入储存因子（stocking factor）$z = \dfrac{q}{y(P)}$，各供应商对 q_i 和 p_i 的决策可转化为对 z 和 p_i 的决策。

根据上述描述，我们可以得到供应商 i 的期望利润率 $E(m_i)$ 与风险承担 $D(m_i)$ 分别为

$$E(m_i) = \frac{-c_i q + (1 - r)p_i \cdot E[\min(q,D)]}{c_i q}$$

---

① 各供应商需进行产量和价格两个变量的决策，供应商同时决策下，我们只考虑各供应商先同时进行产量决策，再同时进行价格决策，为使均衡解存在设 $b > n$；供应商序贯决策下，我们只考虑各供应商首先依次进行产量决策，然后再依次进行价格决策，为使均衡解存在另设 $b > 1$。

$$= -1 + \frac{(1-r)p_i \cdot [z - \int_A^z F(x)dx]}{c_i z} \tag{1}$$

$$\begin{aligned} D(m_i) &= E[m_i - E(m_i)]^2 \\ &= \frac{(1-r)^2 p_i^2}{c_i^2 z^2} D(\min\{z^*, \varepsilon\}) \end{aligned} \tag{2}$$

同理可得组装商的期望利润率 $E(m_a)$ 与风险承担 $D(m_a)$，供应链整体的期望利润率 $E(m)$ 与风险承担 $D(m)$ 分别为

$$E(m_a) = -1 + \frac{rP \cdot [z - \int_A^z F(x)dx]}{c_0 z} \tag{3}$$

$$D(m_a) = \frac{r^2 P^2}{c_0^2 z^2} D(\min\{z^*, \varepsilon\}) \tag{4}$$

$$E(m) = -1 + \frac{P \cdot [z - \int_A^z F(x)dx]}{(C + c_0)z} \tag{5}$$

$$D(m) = \frac{P^2}{(C + c_0)^2 z^2} D(\min\{z^*, \varepsilon\}) \tag{6}$$

由收益分享契约的特点可知，当市场需求不确定时，组装供应链中各节点企业都将面临需求风险。在以下内容中我们将依次讨论供应商、组装商、组装供应链整体的期望利润率和风险承担情况。

3 供应商的期望利润率与风险承担分析

首先，我们考虑一体化情形下企业的期望利润率和风险承担，此时供应商与组装商同属于一个企业。由该情形下的储存因子

$$F(z^*) = \frac{z^* + (b-1)\int_A^{z^*} F(x)dx}{bz^*}、价格 P^* = $$

$$\frac{b(C + c_0)z^*}{(b-1)[z^* - \Lambda(z^*)]}[1]，并结合式（5）、式$$

（6），经整理可得一体化决策情形下企业的期望利润率和风险承担分别为

$$E(m^*) = \frac{1}{b-1} \tag{7}$$

$$D(m^*) = \frac{b^2}{(b-1)^2 [z^* - \int_A^{z^*} F(x)dx]^2} D(\min\{z^*, \varepsilon\})$$

$$= \frac{b^2 \{2z^* \int_A^{z^*} F(x)dx - 2\int_A^{z^*} xF(x)dx - [\int_A^{z^*} F(x)dx]^2\}}{(b-1)^2 [z^* - \int_A^{z^*} F(x)dx]^2}) \tag{8}$$

事实上，产品的需求价格弹性因产品的种类而不同，式（7）、式（8）表明在一体化情形下，对于一种给定的产品，供应链的期望利润率是确定的，而风险承担与市场需求的随机分布 $F(x)$ 有关。其中式（8）给出了市场需求的随机性是如何影响供应链的需求风险。以一体化决策为基准，下面我们将从供应商的数量、供应链成本构成、供应商决策方式三个角度对供应商的收益和风险承担情况进行分析。

3.1 供应商同时决策

在供应商同时决策情形下，组装商首先给出自己在产品销售额中的分享比例 r，然后，各供应商根据该分享比例，通过完全信息静态博弈来确定各零部件的产量 q_i 与价格 p_i。由该情形下的分享比例 $r_1^* = \frac{(b-n-1)\alpha + 1}{b - n\alpha}$、储存因子 $z_1^* = z^*$、价格 $p_{i,1}^* = \frac{z^*}{[z^* - \int_A^{z^*} F(x)dx]} \cdot$

$\frac{[(b-n)c_i + C]}{(b-n)(1-r_1^*)}$（其中 $\alpha = \frac{c_0}{C + c_0}$，$\alpha$ 表示组装成本比例），并结合式（1）、式（2），经整理可得，在供应商同时决策情形下供应商 i 的期望

① 限于篇幅，一体化决策下的储存因子、价格决策，以及后文中两种分散式决策下的分享比例、储存因子、价格决策的推导过程均可参见文献［4］，后文不再赘述。

利润率 $E(m_{i,1}^*)$ 和风险承担 $D(m_{i,1}^*)$ 分别为

$$E(m_{i,1}^*) = \frac{b-1}{(b-n)k_i}E(m^*) \qquad (9)$$

$$D(m_{i,1}^*) = [\frac{(b-1)}{b} + \frac{(b-1)}{b(b-n)k_i}]^2 D(m^*) \qquad (10)$$

其中，$k_i = \dfrac{c_i}{C}$，k_i 表示零部件 i 的生产成本占产品生产成本的比例，k_i 刻画了零部件生产成本在各供应商间的分布。

由式（9）、式（10）可得以下结论：

结论 1 在供应商同时决策情形下，供应商的期望利润率和风险承担均与供应商的数量正相关，与其零部件的生产成本比例负相关，与组装成本比例无关。

由结论 1 可知，在供应商同时决策情形下，当供应商 i 的单位生产成本降低时，其期望利润率与风险承担都会增加，其他供应商的期望利润率与风险承担都会因此而降低。当供应商结盟时，不失一般性，考虑仅供应商 i、j 结成联盟 ij，由于结盟后供应商 i、j 可视为一家，因此在计算联盟 ij 的期望利润率和风险承担时只需将式（9）、式（10）中的 n 用 $n-1$ 替换，k_{ij} 用 $k_i + k_j$ 替换即可，从而联盟 ij 的期望利润率与风险承担较结盟前供应商 i、供应商 j 都要低，其他供应商的期望利润率与风险承担也会因供应商 i、j 的结盟而降低。为此从资金的使用效率角度来看，各供应商都有动机降低生产成本而不愿意结盟；若考虑风险时，各供应商则需权衡收益和风险之间的匹配关系再决定是否有必要降低生产成本或采用结盟战略。

在供应商同时决策情形下，尽管各供应商

的单位生产成本不同但其期望利润相等[4]，因此供应商的成本比例越低，其期望利润率越高。由结论 1 我们可以从风险的角度对其进行解释，即较高的期望利润率源于较高的风险。

与市场需求对于产品价格敏感时的情形不同，当市场需求对于产品价格不敏感时，文献 [7] 基于收益分享契约，研究发现各供应商的期望利润率相同。实际上，我们通过计算可以发现各供应商所承担的需求风险也相同①。

3.2 供应商序贯决策

当然，供应链成员有时也并非进行同时决策，其决策是有先后次序的[16]，即序贯决策。此时，面对组装商给出的分享比例 r，各供应商可通过完全信息动态博弈来确定各自部件的产量 q_i 与价格 p_i 使各自期望利润最大。由该情形下的分享比例

$r_{\text{II}}^* = \dfrac{(1-\alpha) b^{n-1} + \alpha (b-1)^n}{(1-\alpha) b^n + \alpha (b-1)^n}$、储存因子 $z_{\text{II}}^* = z^*$、价格 $p_{i,\text{II}}^* = \dfrac{z^*}{[z^* - \int_A^{z^*} F(x)dx](1-r_{\text{II}}^*)} \cdot [c_i + $

$(\dfrac{b}{b-1})^i \dfrac{C}{b}]$，并结合式（1）、（2），经整理可得，在供应商序贯决策情形下供应商 i 的期望利润率 $E(m_{i,\text{II}}^*)$ 和风险承担 $D(m_{i,\text{II}}^*)$ 分别为

$$E(m_{i,\text{II}}^*) = \frac{1}{k_i}(\frac{b}{b-1})^{i-1}E(m^*) \qquad (11)$$

$$D(m_{i,\text{II}}^*) = [\frac{(b-1)}{b} + \frac{1}{bk_i}(\frac{b}{b-1})^{i-1}]^2 D(m^*) \qquad (12)$$

由式（11）、式（12）可得以下结论：

结论 2 在供应商序贯决策情形下，供应商

---

① 由文献 [7] 知，供应商 i 的期望利润率和风险承担分别为：$E(m_i) = -1 + \dfrac{\alpha_i}{c_i}E(\min\{\dfrac{\varepsilon}{q_i}, 1\})$；$D(m_i) = (\dfrac{\alpha_i}{c_i})^2 D(\min\{\dfrac{\varepsilon}{q_i}, 1\})$ 另外，由 $\dfrac{\alpha_1}{c_1} = \dfrac{\alpha_2}{c_2} = \cdots = \dfrac{\alpha_n}{c_n}$，$q_1 = q_2 = \cdots = q_n$，可得：$D(m_1) = D(m_2) = \cdots = D(m_n)$。

的期望利润率和风险承担均与其零部件的生产成本比例负相关，与组装成本比例无关；供应商的决策次序越靠后其期望利润率和风险承担就越大。另外，与供应商同时决策情形相比较，在供应商序贯决策情形下，供应商的期望利润率和风险承担都较低。

证明 通过对式（11）、式（12）的观察可以直接得出结论的前半部分，下面对结论后半部分进行证明。观察比较式（9）与式（11），式（10）与式（12）可知证 $\frac{b-1}{b-n} > (\frac{b}{b-1})^{i-1}$ 即可。令：$f = (1 - \frac{1}{b})^{n-1} - \frac{b-n}{b-1}$，对 f 求 n 的一阶导数，$\frac{\partial f}{\partial n} = (1 - \frac{1}{b})^{n-1}\ln(1 - \frac{1}{b}) + \frac{1}{b-1}$。结合 $\ln(1 + x) = \ln(1 + x) - \ln(1) = \frac{x}{1 + \theta x}$，其中 $0 \le \theta \le 1$，知 $-\frac{1}{b-1} \le \ln(1 - \frac{1}{b}) \le -\frac{1}{b}$，因此 $\frac{\partial f}{\partial n} \ge -(1 - \frac{1}{b})^{n-1}\frac{1}{b-1}$。又因为当 $n = 1$ 时，$f = 0$，所以 $f > 0$，从而 $\frac{b-1}{b-n} > (\frac{b}{b-1})^{i-1}$，结论后半部分得证。

在供应商序贯决策情形下，供应商的决策次序越靠后其期望利润越高[4]，由结论 2，我们可以从风险的角度对其进行解释，即靠后决策次序往往也给供应商带来较高的风险。实际上，由式（1）、式（2）可知导致两种决策方式下供应商的期望利润率和风险承担差异的原因是产品的销售价格以及分享比例的不同。

文献［17］指出，在动态博弈中，如果各企业进行产量竞争则具有先动优势；相反，若进行价格竞争则具有后动优势。本文由于 $q_1 = q_2 = \cdots = q_n$，各供应商的决策差异仅仅体现在价格上，因此在理论上，该动态博弈同样应该

具有后动优势。由结论 2 我们可知，当市场需求不确定时，在收益分享契约下，若考虑风险，那么企业进行价格竞争的动态博弈就未必有后动优势了。

4 组装商的期望利润率与风险承担分析

上一节分析了供应商的数量、供应链成本构成、供应商决策方式对组装供应链中供应商的收益和风险承担的影响，本节考虑组装商的情形。组装商与供应商之间进行以组装商为领导者的 Stackelberg 博弈来决策分享比例 r 使供应商的期望利润最大。与供应商的分析过程相同，首先我们分析在供应商同时决策情形下，组装商的期望利润率和风险承担情况。

由式（3）、式（4）并结合分享比例 r_I^*、储存因子 z^*、销售价格 $P_I^* = \sum_{i=1}^{n} p_{i,I}^*$，经整理可得，在供应商同时决策情形下组装商的期望利润率和风险承担分别为

$$E(m_{a,I}^*) = [1 + (\frac{1}{\alpha} - 1)\frac{b}{(b-n)}]E(m^*)$$
（13）

$$D(m_{a,I}^*) = [1 + (\frac{1}{\alpha} - 1)\frac{1}{b-n}]^2 D(m^*)$$
（14）

由式（13）、式（14）可得以下结论：

结论 3 在供应商同时决策情形下，组装商的期望利润率和风险承担均与供应商的数量正相关，与零部件成本在供应商间的分布无关，与组装成本比例负相关。

由结论 3 可知，在供应商同时决策情形下，当产品单位生产成本 C 一定时，供应商的成本分布对组装商的期望利润率和风险承担都没有影响。供应商 i 单位生产成本降低，组装商单位组装成本增加，供应商的数量降低时，组装商

的期望利润率与风险承担都会降低。因此从资金的使用效率角度来看，组装商有动机降低自己的组装成本而不愿看到供应商降低生产成本或采用结盟战略；若考虑风险时，组装商则需权衡收益和风险之间的匹配关系再决定是否有必要降低组装成本。

文献［4］指出，无论组装成本是多少，在供应商同时决策情形下，组装商期望利润占供应链整体期望利润的比重不小于$\frac{1}{n+1}$，因此组装商的期望收益不比n个供应商的平均期望收益低。事实上，我们若对式（9）与式（13）、式（10）与式（14）分别比较可以发现$E(m_{i,\mathrm{I}}^{*}) > E(m_{a,\mathrm{I}}^{*}) \Leftrightarrow D(m_{i,\mathrm{I}}^{*}) > D(m_{a,\mathrm{I}}^{*})$。因此，在供应商同时决策情形下，较高的收益同样来源于较大的风险承担。

当供应商进行序贯决策时，由式（3）、（4）并结合分享比例r_{II}^{*}、储存因子z^{*}、销售价格$P_{\mathrm{II}}^{*} = \sum_{i=1}^{n} p_{i,\mathrm{II}}^{*}$，经整理可得在供应商序贯决策情形下组装商的期望利润率和风险承担分别为

$$E(m_{a,\mathrm{II}}^{*}) = \left[1 + \left(\frac{1}{\alpha} - 1\right)\frac{b^{n}}{(b-1)^{n}}\right]E(m^{*}) \tag{15}$$

$$D(m_{a,\mathrm{II}}^{*}) = \left[1 + \left(\frac{1}{\alpha} - 1\right)\frac{b^{n}}{b(b-1)^{n}}\right]^{2}D(m^{*}) \tag{16}$$

由式（15）、式（16）可得以下结论：

结论4 在供应商序贯决策情形下，组装商的期望利润率和风险承担均与供应商的数量正相关，与零部件成本在供应商间的分布无关，与组装成本比例负相关；另外，与供应商同时决策情形相比，在供应商序贯决策情形下，组装商的期望利润率和风险承担都较低。

证明 通过对式（15）、式（16）的观察可

以直接得出结论的前半部分，下面对结论后半部分进行证明。

令：$h(n) = b - (b-n)\frac{b^{n}}{(b-1)^{n}}$，由式（13）、式（15）可得$E(m_{a,\mathrm{I}}^{*}) - E(m_{a,\mathrm{II}}^{*}) = \frac{h(n)}{b-n}\left(\frac{1}{\alpha} - 1\right)E(m^{*})$；由式（14）、（16）可得$D(m_{a,\mathrm{I}}^{*}) - D(m_{a,\mathrm{II}}^{*}) = \frac{h(n)}{b-n}\left(\frac{1}{\alpha} - 1\right)\left\{\frac{2}{b} + \frac{1}{b}\left(\frac{1}{\alpha} - 1\right) \cdot \left[\frac{1}{b-n} + \frac{b^{n-1}}{(b-1)^{n}}\right]\right\}D(m^{*})$。

由于$\frac{\partial h(n)}{\partial n} = \left(\frac{b}{b-1}\right)^{n} \cdot \left[1 - (b-n)\ln(1 + \frac{1}{b-1})\right] > \left(\frac{b}{b-1}\right)^{n} \cdot \left[1 - (b-n)\frac{1}{b-1})\right] > 0$。

又因为$h(1) = 0$，则$h(n) > 0$，即$E(m_{a,\mathrm{I}}^{*}) > E(m_{a,\mathrm{II}}^{*})$，$D(m_{a,\mathrm{I}}^{*}) > D(m_{a,\mathrm{II}}^{*})$，结论后半部分得证。

由结论4我们可知从资金的使用效率角度，组装商更希望供应商进行同时决策；若组装商考虑风险时，情况可能有所不同，因为高收益也伴随着高风险。实际上，由式（3）、式（4）可知导致两种决策方式下组装商的期望利润率和风险承担差异的原因是产品的销售价格以及分享比例的不同。

文献［4］同样指出，无论组装成本是多少，在供应商序贯决策情形下，组装商期望利润占供应链整体期望利润的比重不小于$\frac{1}{n+1}$，即组装商的期望收益不比n个供应商的平均期望收益低。我们对式（11）与式（15），式（12）与式（16）分别比较可以发现：$E(m_{i,\mathrm{II}}^{*}) > E(m_{a,\mathrm{II}}^{*}) \Leftrightarrow D(m_{i,\mathrm{II}}^{*}) > D(m_{a,\mathrm{II}}^{*})$。因此，在供应商的两种分散式决策情形下，节点企业较高的收益均来源于较大的风险承担。

5 分散式组装供应链整体的期望利润率与风险承担分析

上面讨论了节点企业的收益和风险承担问

题，本节将对分散式组装供应链整体进行研究。

由式（5）、式（6）并结合储存因子 z^*、销售价格 $P_I^* = \sum_{i=1}^{n} p_{i,I}^*$，经整理可得在供应商同时决策情形下，供应链整体的期望利润率和风险承担分别为

$$E(m_I^*) = [1 + \frac{nb(1-\alpha)}{b-n}]E(m^*) \quad (17)$$

$$D(m_I^*) = [1 + \frac{n(1-\alpha)}{(b-n)}]^2 D(m^*) \quad (18)$$

由式（17）、式（18）可得以下结论：

结论 5　在供应商同时决策情形下，供应链整体的期望利润率和风险承担均与供应商的数量正相关，与零部件成本在供应商间的分布无关，与组装成本比例负相关。

由结论 5 可知各变量对供应链整体的期望利润率与风险承担的影响。一方面，供应链整体的期望利润率与供应商的数量正相关，这是因为供应链整体的期望利润率实际上就是各节点企业的期望利润率的加权之和（结论 1 和结论 3 告诉我们节点企业的期望利润率与供应商的数量正相关）；并且供应商的数量的提高也会使供应链整体的相应风险增大。另一方面，供应链整体的期望利润率和风险承担与组装成本比例负相关，这表明供应链整体的期望利润率和风险承担均与生产成本比例正相关（$c_0 + C$ 确定）。

与市场需求对于产品价格敏感时的情形不同，当市场需求对于产品价格不敏感时，结合文献 [7]。我们通过计算发现：供应链整体的期望利润率和风险承担均与单位组装成本 c_0 以及生产成本 C 正相关，与组装成本比例 α 负相关（$c_0 + C$ 确定），与供应商的数量无关。

由式（5）、式（6）并结合储存因子 z^*、销售价格 $P_{II}^* = \sum_{i=1}^{n} p_{i,II}^*$，经整理可得在供应商序贯决策情形下供应链整体的期望利润率和风险承担分别为

$$E(m_{II}^*) = \{1 + (1-\alpha)b[\frac{b^n}{(b-1)^n} - 1]\}E(m^*) \quad (19)$$

$$D(m_{II}^*) = [(1-\alpha)(\frac{b}{b-1})^n + \alpha]^2 D(m^*) \quad (20)$$

由式（19）、式（20）可得以下结论：

结论 6　在供应商序贯决策情形下，供应链整体的期望利润率和风险承担均与供应商的数量正相关，与零部件成本在供应商间的分布无关，与组装成本比例负相关；另外，与供应商同时决策情形相比较，在供应商序贯决策情形下，供应链整体的期望利润率和风险承担都较低。

证明　通过观察式（19）、式（20）可以直接得出结论的前半部分，下面对结论后半部分进行证明。

由式（17）、式（19）与式（18）、式（20）分别可得 $E(m_I^*) - E(m_{II}^*) = \frac{h(n)}{b-n}(1-\alpha)bE(m^*)$，$D(m_I^*) - D(m_{II}^*) = \frac{h(n)}{b-n}[(1-\alpha)(\frac{b}{b-1})^n + \alpha + \frac{b-n\alpha}{b-n}] \cdot (1-\alpha)D(m^*)$，又因为 $h(n) > 0$，结论后半部分得证。

一方面，由式（19）可知，与一体化决策情形相比较，在供应商序贯决策情形下，供应链整体的期望利润率较高；另一方面，由结论 6 可知，与供应商序贯决策情形相比较，在供应商同时决策情形下，供应链整体的期望利润率要高些。因此在一体化决策、供应商同时决策以及供应商序贯决策三种决策情形下，供应链整体的期望利润率的大小满足：$E(m_I^*) > E(m_{II}^*) > E(m^*)$。同样，由式（20）以及结论 6 可知，上述三种决策情形下，供应链整体的风险承担大小满足：$D(m_I^*) > D(m_{II}^*) > D(m^*)$。实际上，由式（5）、式（6）可知导

致三种决策情形下供应链整体的期望利润率和风险承担差异的原因是产品的销售价格的不同（$P_I^* > P_{II}^* > P^*$）。

6 结语

本文基于收益分享契约从供应商的数量、供应链成本构成、供应商决策方式三个角度对分散式组装供应链的收益和与之对应的风险承担进行了分析。结论可归纳如下：①在供应商同时决策情形下，供应商的期望利润率和风险承担均与供应商的数量正相关，与其零部件的生产成本比例负相关；在供应商序贯决策情形下，供应商的期望利润率和风险承担均与其零部件的生产成本比例负相关，并且供应商的决策次序越靠后其期望利润率和风险承担就越大。②无论是在供应商同时决策情形下还是序贯决策情形下，组装商和供应链整体的期望利润率和风险承担均都与供应商的数量正相关，与组装成本比例负相关。③与供应商同时决策情形相比较，在供应商序贯决策情形下，供应商、组装商、供应链整体的期望利润率和风险承担都较低。④节点企业的期望收益越高，其风险承担就越大。

根据上述结论，我们不但可以从风险承担的角度为分散式组装供应链期望利润在节点企业间的分布现象进行解释；而且对动态博弈中的后动优势也进行了拓展，因为当市场需求不确定时，在收益分享契约下，企业进行价格决策的动态博弈在收益上获得的后动优势是以高风险为代价的。在实践中，企业可以通过对收益和风险承担的权衡再决定是否有必要降低成本或进行结盟战略。

参考文献

［1］卢锋. 产品内分工［J］. 经济学季刊，2004，4（1）：55～82.

［2］R. C. Hill. Comparing transnational production systems: the automobile industry in the USA and Japan［J］. International Journal of Urban and Regional Research, vol. 13, no. 3, 1989: 462～480.

［3］Y. Z. Wang and Y. Gerchak. Capacity Games in Assembly Systems with Uncertain Demand［J］. Manufacturing and Service Operations Management, Vol. 5, No. 3, 2003: 252～267.

［4］Y. Z. Wang. Joint Pricing – Production Decisions in Supply Chains of Complementary Products with Uncertain Demand［J］. Operations Research, Vol. 54, No. 6, 2006: 1110～1127.

［5］L. Jiang and Y. Z. Wang. Supplier Competition in Decentralized Assembly Systems with Price – Sensitive and Uncertain Demand［J］. Manufacturing and Service Operations Management, Vol. 12, No. 1, 2010: 93～101.

［6］吴鹏，陈剑. 考虑回收数量不确定性的生产决策优化［J］. 系统工程学报，Vol. 23, No. 6, 2008: 644～649.

［7］Y. Gerchak and Y. Z. Wang. Revenue – Sharing vs Wholesale – Price Contracts in Assembly Systems with Random Demand［J］. Production and Operations Managemen, Vol. 13, No. 1, 2004: 23～33.

［8］H. Gurnani and Y. Gerchak. Coordination in decentralized assembly systems with uncertain component yields［J］. European Journal of Operational Research, Vol. 176, No. 3, 2007: 1559～1576.

［9］罗定提，仲伟俊，梁美华. 合作定价对装配式供应链运作效益影响的研究［J］. 系统工程学报，Vol. 17, No. 4, 2002: 374～378.

［10］D. Granot and S. Yin. Competition and Cooperation in Decentralized Push and Pull Assembly Systems［J］. Management Science, Vol. 54, No. 4, 2008: 733～747.

［11］S. Yin. Alliance Formation Among Perfectly Complementary Suppliers in a Price – Sensitive Assembly System［J］. Manufacturing and Service Operations Management, Vol. 12, No. 3, 2010: 527～544.

［12］M. Nagarajan and G. Sošić. Coalition Stability in

Assembly Models ［J］. Operations Research, Vol. 57, No. 1, 2009: 131 ~ 145.

［13］吴军, 李健, 汪寿阳. 供应链风险管理中的几个重要问题 ［J］. 管理科学学报, Vol. 9, No. 6, 2006: 1 ~ 12.

［14］汪贤裕, 肖玉明. 基于返回策略与风险分担的供应链协调分析 ［J］. 管理科学学报, Vol. 12, No. 3, 2009: 65 ~ 70.

［15］赵志刚, 李向阳, 刘秀华, 周艳春. 面向供应链协调的利润分享契约及其响应方法研究 ［J］. 中国管理科学, Vol. 15, No. 6, 2007: 78 ~ 85.

［16］F. Suarez and G. Lanzolla. The Half – Truth of First – mover Advantage ［J］. Harvard Business Review, Vol. 83, No. 4, 2005: 121 ~ 127.

［17］张维迎, 博弈论与信息经济学 ［M］. 上海: 上海人民出版社, 1996.

供应链环境下养猪场户良好质量安全行为实施意愿的实证分析[①]

孙世民　彭玉珊　曲芙蓉

（山东农业大学经济管理学院）

摘要：利用来自于山东等9省（市、区）653家养猪场户的调查数据，运用 Logit 二元选择模型，实证分析了供应链环境下养猪场户良好质量安全行为实施意愿的影响因素。研究表明：文化程度、饲养方式、饲养规模、行为态度、兽药使用认知、药物残留危害认知和产地是否检验7个因素对养猪场户良好质量安全行为实施意愿有正影响。

关键词：养猪场户；质量安全行为；影响因素；Logit 模型；优质猪肉供应链

Empirical Study of the Willingness of Pig – breeding Farms and Farmers to Implement Good Quality Safety Behavior in Supply Chain

Sun Shimin, Peng Yushan, Qu Furong

（E – mail：smsun@ sdau. edu. cn，stocklab@ sdau. edu. cn）

（School of Economy and Management, Shandong Agricultural University）

Abstract：In this paper, the factors influencing the willingness of pig – breeding farms and farmers to implement good quality safety behavior in Supply Chain are empirically studied, by using Logit model, based on 653 questionnaires from 9 provinces, cities and autonomous regions. The study shows that seven factors, i. e. education level, breeding mode, breeding scale, behavior and attitude, recognition of veterinary usage, recognition of drug residue hazard and origin inspection, have positive impact on the willingness of pig – breeding farms and farmers to implement good quality safety behavior.

Key words：pig – breeding farms and farmers；high quality security behaviors；influencing factors；Logit model；high quality pork supply chain

1 引言

猪肉是人类的主要肉类食品和重要的营养来源。中国是世界上最大的猪肉生产国和猪肉消费国，2009 年全国生猪出栏量6.45 亿头，猪肉总产量4890.8 万吨，占世界猪肉总产量的47%左右。但中国的猪肉质量安全隐患普遍存在，既有消费者难以觉察到的有害重金属和药

① 基金项目：国家自然科学基金资助项目（项目编号：70972121）。

物残留超标问题，又有严重的"瘦肉精"中毒事件。既影响了国内消费者的身体健康和生命安全，又阻碍了中国猪肉产业国际竞争力的培育和提升。如何加快优质猪肉生产和供给，已成为目前中国政府、企业和消费者高度关注的重大现实问题，亟待解决。

在解决途径上，国内许多学者（例如卢凤君等，2003；陈超等，2003；戴迎春等，2006）研究表明，实施供应链管理是改善中国猪肉质量安全状况、增强猪肉产业国际竞争力的有效途径[1~3]。而作为优质猪肉供应链的生猪提供者，养猪场户的质量安全行为将直接决定猪肉的质量安全水平，近年来，国内一些学者针对不同地区、从不同侧面调查研究了养猪者的质量安全行为，具有代表性、有一定特色的研究主要是：刘玉满等人（2007）从猪肉供应链建设管理的整体角度，实证对比分析了养猪专业户与饲养户之间在饲料使用、疫病防疫和饲养管理技术获取等方面的异同[4]；商爱国和李秉龙（2008）从提高猪肉质量安全水平的角度，调查分析了生猪生产者对生猪饲养的认知度，以及在饲料和兽药应用、疫病防疫、病死猪处理、养殖档案和动物福利等方面的行为[5]。

近几年，Logit 模型被应用于猪肉质量安全行为及其影响因素的研究，吴秀敏（2007）运用 Logit 二元选择计量模型，定量分析了养猪户采用安全兽药意愿的影响因素[6]；朱启荣（2008）运用 Logit 二元选择计量模型，定量描述并剖析了养猪户使用药物添加剂行为的影响因素[7]；王瑜和应瑞瑶（2008）则运用 Tobit 模型，实证分析了养猪户使用药物添加剂行为的影响因素[8]。

上述代表性研究均基于第一手调查资料，分别从定性和定量角度描述并解释了养猪户在生猪生产过程中关于质量安全的认知、行为及其影响因素。本文将借鉴已有的研究成果，运用 Logit 二元选择计量模型，从决策者个人特征、生产特征、经营特征、环境特征和认知特征五方面选择自变量，实证分析供应链环境下养猪场户良好质量安全行为实施意愿的影响因素，旨在进一步丰富生猪饲养者质量安全行为的相关研究，并为提高中国优质猪肉供应链管理水平提供参考。

2 理论分析及研究假说

2.1 理论分析

优质猪肉供应链运行中，养猪场户与核心企业通过签订生产合同形成长期稳定的合作伙伴关系。其中，核心企业既屠宰生猪、加工猪肉，又为养猪场户提供优良种猪、优质饲料、安全兽药和饲养管理规程（含疫病防疫程序）；养猪场户投入猪舍、饲喂设施和劳动力，利用核心企业提供的优良种猪、优质饲料和安全兽药，按照饲养管理规程生产并向核心企业提供符合优质猪肉生产要求的生猪，确保猪肉质量的安全。

根据《食品安全法》中"食品安全"的含义，猪肉质量安全是指猪肉符合应有的营养要求，不含可能损害或威胁人体健康的有毒、有害物质或因素，对人体健康不造成任何急性、亚急性或者慢性危害，不产生危及消费者及其后代健康的隐患。生猪的行为特性和生物学特性则决定了养殖环节的质量安全行为是一个涉及多方面的综合概念，简单地讲，是指养猪场户为改善和保障生猪质量安全而开展的一系列活动。良好质量安全行为，指养猪场户在投入品（主要是饲料、兽药和药物添加剂）使用、疫病防疫、养殖档案、环境维护、动物福利和无害化处理等方面的行为规范，完全符合标准化生猪饲养的要求。

惟有养猪场户的良好质量安全行为才有猪只健康，才能生产出优质猪肉，才有人类健康。委托—代理理论中的激励相容约束表明，只有当养猪场户从选择良好质量安全行为中得到的期望效用大于从选择其他行为中得到的期望效用时，养猪场户才会选择良好质量安全行为。根据优质猪肉供应链的运行机制，养猪场户若实施良好质量安全行为，其提供的生猪就能满足优质猪肉生产的需要，核心企业会给出明显高的生猪收购价格，还将给予相应的物质和精神奖励；否则，核心企业将对生猪大幅度降价收购、延期收购或拒绝收购，甚至取消养猪场户的供应链成员资格[9]。

2.2 研究假说

基于猪肉质量安全和养猪场户良好质量安全行为的含义，借鉴国内外已有的研究成果，本文从决策者特征、生产特征、经营特征、认知特征和养殖环境特征五方面，提出优质猪肉供应链中养猪场户良好质量安全行为实施意愿影响因素的假说。

（1）决策者（养猪场场长或养猪专业户户主）特征对养猪场户良好质量安全行为实施意愿有影响。决策者特征主要包括养猪场户的性别、年龄和文化程度3个因素，年龄小、文化程度高的男性实施良好质量安全行为的倾向更明显。

（2）生产特征对养猪场户良好质量安全行为实施意愿有影响。生产特征主要包括养猪场户的饲养规模和专业养猪年限2个因素，饲养规模越大、专业养殖年限越长的养猪场户实施良好质量安全行为的可能性越大。

（3）经营特征对养猪场户良好质量安全行为实施意愿有影响。经营特征主要包括养猪场户的饲养方式、专业化程度和组织状况3个因素。与养猪专业户相比，规模养殖场良好质量

安全行为实施意愿更强烈；专业化程度用养猪场户的养猪收入占其总收入的比例来反映，专业化程度越高的养猪场户越倾向于实施良好质量安全行为；组织状况指养猪场户是否参加了养猪协会或养猪合作社等组织，加入组织的养猪场户实施良好质量安全行为的倾向更明显。

（4）认知特征对养猪场户良好质量安全行为实施意愿有影响。认知特征指养猪场户的行为态度及其对兽药使用、药物残留危害、养殖档案和动物福利等的认识与了解状况，认知度越高的养猪场户越倾向于实施良好质量安全行为。

（5）环境特征对养猪场户良好质量安全行为实施意愿有影响。环境特征主要包括当地政府是否向养猪场户宣传推行良好质量安全行为，是否在资金、技术、信贷等方面支持养猪场户实施良好质量安全行为，是否开展出栏生猪的产地检验，这些都对养猪场户良好质量安全行为实施意愿有正影响。

3 实证模型构建

3.1 模型选择

本文研究的是养猪场户良好质量安全行为实施意愿，即养猪场户选择良好质量安全行为的主观概率，有"愿意"和"不愿意"两个端点。Logit 模型是将逻辑（Logistic）分布作为随机误差项的概率分布的一种二元离散选择模型，适用于对按照效用最大化原则所进行的选择行为的分析。一般地，养猪场户在进行是否实施良好质量安全行为的决策时，会在理性地综合衡量各方面因素的基础上做出最佳选择。所以，本文选用 Logit 模型来分析其良好质量安全行为实施意愿。

以养猪场户是否愿意实施良好质量安全行为作为因变量 Z，即 0 - 1 型因变量，愿意实施

定义为 $Z = 1$ ，不愿意实施定义为 $Z = 0$ ，假定 $Z = 1$ 的概率为 P ； $x_i(i = 1,2,\cdots,n)$ 为解释变量，即决策者特征、生产特征、经营特征、认知特征和养殖环境特征中的各种主要影响因素； $b_i(i = 1,2,\cdots,n)$ 为第 i 个影响因素的回归系数， b_i 为正表示第 i 个因素对养猪场户良好质量安全行为实施意愿有正影响，为负则表示有负影响。则 Logit 回归分析模型一般为：

$$P = F(Z) = \frac{1}{1 + e^{-z}} \qquad (1)$$

式（1）中，Z 是变量 $x_1,x_2,\cdots,x_p$ 的线性组合，即：

$$Z = b_0 + b_1x_1 + b_2x_2 + \cdots + b_px_p \qquad (2)$$

根据式（1）和式（2）进行变换，得到以发生比表示的 Logit 模型形式：

$$Ln\left(\frac{P}{1-P}\right) = b_0 + b_1x_1 + b_2x_2 + \cdots + b_px_p + \varepsilon \qquad (3)$$

式（3）中，b_0 为常数项，$b_i(i = 1,2,\cdots,p)$ 为自变量系数，ε 为随机误差。b_0 和 b_i 的值可用极大似然估计法进行估计。

3.2　数据来源和样本情况

本文所用数据由山东农业大学经济管理学院的大学生和研究生于 2010 年 1 ~ 2 月（寒假期间）实地调查获得。被调查对象为已与生猪屠宰加工企业建立合作关系，年出栏 100 ~ 500 头的养猪专业户和年出栏 500 头以上的规模养猪场。调查人员直接与养猪专业户户主或养猪场负责人面谈，现场填写调查问卷。其中，意愿选项问题是：实施良好质量安全行为能够改善猪肉质量安全水平，但需要付出更多代价、学习更多相关知识和技术，您是否愿意？

在选择调查地区时兼顾了各地的生猪生产情况和地域性，涉及山东、湖南、河南、安徽、浙江、吉林、天津、陕西和内蒙古 9 个省（市、区）。从生猪生产情况看，山东、湖南和河南属于生猪主产区，各地年出栏生猪一般在 4000 万头以上，安徽、浙江、吉林和陕西属于生猪中产区，各地年出栏生猪 1000 ~ 3000 万头，天津和内蒙古属于生猪少产区，各地年出栏生猪 1000 万头以下；从地域上看，山东、浙江和天津属于东部地区，安徽、河南、吉林和湖南属于中部地区，内蒙古和陕西属于西部地区。本次问卷调查共收到有效调查问卷 653 份，从调查问卷的地区分布情况（详见表 1）看，调查样本具有一定的代表性。

表 1　受访养猪场户区域与饲养方式分布情况

养猪场（户）	地区			产区			饲养方式	
	东部	中部	西部	主产区	中产区	少产区	养猪场	养猪专业户
数量（个）	408	204	41	474	136	43	103	550
所占比例（%）	62.48	31.24	6.28	72.59	20.83	6.58	15.77	84.23

受访者中，男性占 85.5%，年龄在 35 ~ 50 岁的占 63.3%，初中及以上文化程度的超过 80%，从事专业养猪年限 4 年以上的占 79.53%。他们熟悉生猪饲养管理的基本要领，对调查所涉及的问题有较好的理解与把握，因此，调查数据具有较高的可信度。

3.3　变量选择

根据上述研究假设，本文在构建养猪场户良好质量安全行为实施意愿的计量经济模型时，选择了 5 类 15 个变量。模型变量的解释说明、统计特征及其预计影响方向见表2。

表2 模型变量的解释说明、统计特征及其预计影响方向

模型变量	变量含义	均值	标准差	预计影响
1. 养猪场户决策者特征				
性别	男性=0；女性=1	0.145	0.353	负向
年龄	35岁以下=0；36~45岁=1；46~60岁=2；60岁以上=3	1.245	0.669	负向
文化程度	小学以下=0；小学=1；初中=2；高中=3；大学及以上=4	2.074	0.835	正向
2. 养猪场户生产特征				
饲养规模	100~499头=0；500~2999头=1；3000~9999头=2；1000~49999头=3；5000头以上=4	0.363	0.629	正向
专业养殖年限	1~3年=0；4~6年=1；7~10年=2；10年以上=3	1.147	0.833	正向
3. 养猪场户经营特征				
饲养方式	养猪专业户=0；规模养猪场=1	0.158	0.365	正向
专业化程度	养猪收入占总收入的比例：30%以下=0；30%~50%=1；50%~80%=2；80%以上=3	1.776	0.893	正向
是否加入合作组织	未加入=0；加入=1	0.246	0.431	正向
4. 养猪场户认知特征				
行为态度	对"良好质量安全行为"的看法：没必要=0；是一种未来趋势，但目前不具备条件=1；是一种道德责任，应该全面开展=2	1.461	0.508	正向
兽药使用认知	对"兽药安全使用知识"的了解：不知道=0；听说过=1；一般了解=2；很清楚=3	1.954	0.754	正向
药物残留危害认知	对"药物残留对人体危害"的了解：不知道=0；听说过=1；一般了解=2；很清楚=3	1.903	0.864	正向
养殖档案认知	对"生猪养殖档案作用"的了解：不知道=0；听说过=1；一般了解=2；很清楚=3	1.807	0.949	正向
动物福利认知	对"生猪动物福利"的了解：不知道=0；听说过=1；一般了解=2；很清楚=3	1.196	0.909	正向
5. 养猪场户养殖环境特征	否=0；是=1	0.607	0.489	正向
政府是否宣传支持 产地是否检验	否=0；是=1	0.561	0.499	正向

4 模型估计结果与分析

运用计量经济学分析软件 Eviews6.0，对653份样本数据进行 Logit 回归处理。首先考虑所有变量对式（3）进行估计，得到模型一。其中，性别、年龄、专用养猪年限、专业化程度、兽药使用、养殖档案、动物福利、政府宣传支持等变量和常数项不具有统计显著性。然后依据相伴概率值，采用反向筛选法，逐渐剔除不显著的变量，直到所有的变量都在10%的水平上统计显著，得到模型二。各变量的系数以及统计量如表3所示。

表3　养猪场户采用良好质量安全行为意愿影响因素的 Logit 模型回归结果

模型变量	模型一			模型二		
	系数	Z - 统计量	概率	系数	Z - 统计量	概率
性别	0.0826	0.5313	0.5952	—	—	—
年龄	−0.0096	−0.0488	0.9610	—	—	—
文化程度	0.8844 ***	2.2614	0.0020	0.8029 ***	2.8907	0.0038
饲养规模	0.4972 ***	2.7237	0.0065	0.5192 ***	3.1321	0.0017
专业养殖年限	−0.0591	−0.3891	0.6972	—	—	—
饲养方式	0.7785 **	2.4439	0.0145	0.7276 **	2.3759	0.0175
专业化程度	0.1061	0.7629	0.4455	—	—	—
加入合作组织	−0.6676 **	−2.0743	0.0380	—	—	—
行为态度	0.4762 **	1.9892	0.0467	0.5146 **	2.3402	0.0175
兽药使用认知	0.1870	1.1076	0.2680	0.2863 *	1.8555	0.0635
药物残留危害认知	0.4494 ***	3.1232	0.0018	0.4664 ***	3.3975	0.0007
养殖档案认知	−0.1398	−0.9866	0.3238	—	—	—
动物福利认知	−0.1315	−0.8601	0.3897	—	—	—
政府是否宣传支持	0.2406	0.8869	0.3751	—	—	—
产地是否检验	0.7197 ***	2.7400	0.0061	0.6677 ***	2.8636	0.0042
常数项 C	0.1960	0.2261	0.8211	—	—	—
McFadden R - squared		0.344537			0.329370	
预测准确值		80.54148			74.93730	
显著性 P 值		0.00000			0.00000	

注：＊、＊＊、和＊＊＊分别表示在 10%、5% 和 1% 的水平上统计显著。

从表3中可以看出：模型一和模型二的 R^2 值分别为 0.3445 和 0.3294，可以接受，两模型均具有统计学意义；模型一与模型二中统计显著变量的系数及其统计量都很接近，显著性 P 值都为 0.000，因此两个模型表示的含义非常一致，下文的讨论将以模型二为主。根据回归结果，有 5 类 7 个因素对养猪场户良好质量安全行为实施意愿的影响具有统计显著性。其中，3 个因素的系数绝对值超过 0.65，影响程度相对大；3 个因素的系数绝对值在 0.45 ~ 0.55，影响程度相对较大；1 个因素的系数绝对值小于 0.3，影响程度相对较小。

（1）养猪场户决策者特征对其实施良好质量安全行为意愿的影响。决策者特征变量中，文化程度的模型系数为 0.8029，统计概率为 0.0038，表明养猪场户决策者文化程度对其实施良好质量安全行为意愿有很显著的正影响，且影响程度相对大。这与本文的假定相一致，说明在其他条件不变的情况下，养猪场户的文化程度越高，对良好质量安全行为这一涉及多因素复杂问题的认知理解越深刻、认同度越高，因而选择实施意愿越明显。

（2）养猪场户生产特征对其实施良好质量安全行为意愿的影响。生产特征变量中饲养规模的模型系数为 0.5192，统计概率为 0.0017，表明养猪场户饲养规模对其实施良好质量安全行为意愿有很显著的正影响，且影响程度相对较大。这与本文的假定相一致，也就是说在其他条件一定的情况下，随着饲养规模的增加，专业化程度提高，养猪场户的质量安全意识和饲养管理水平增强，对生猪饲养的依赖性变大，疫病风险和市场风险加大，更愿意通过提高生猪质量来增加收入、降低风险，因而实施良好质量安全行为的倾向更加明显。

（3）养猪场户经营特征对其实施良好质量安全行为意愿的影响。经营特征变量中饲养方式的模型系数为 0.7276，统计概率为 0.0175，表明养猪场户饲养方式对其实施良好质量安全行为意愿有显著的正影响，且影响程度相对大，与本文假定一致。这表明，在其他条件一定的情况下，养猪场实施良好质量安全行为的可能性高于养猪专业户，原因是养猪场的饲养规模更大，质量安全意识更强，对生猪养殖的依赖性更大，生猪疫病风险和市场风险更明显，因而更愿意实施良好质量安全行为。

（4）养猪场户认知特征对其实施良好质量安全行为意愿的影响。认知特征变量中行为态度、兽药使用认知和药物残留危害认知的模型系数分别为 0.5146、0.2863 和 0.4664，统计概率分别为 0.0175、0.0635 和 0.0007，表明行为态度对养猪场户良好质量安全行为实施意愿有显著的正影响，且影响程度相对较大；兽药使用认知有较显著的正影响，且影响程度相对较小；药物残留危害认知有很显著的正影响，且影响程度相对较大。也就是说，在其他条件一定的情况下，养猪场户对良好质量安全行为的看法越正确，对兽药合理使用的知识与方法了解越多、掌握越好，对药物残留危害的认识和理解程度越高，就越倾向于实施良好质量安全行为，验证了原假设的正确性。

（5）养殖环境特征对养猪场户实施良好质量安全行为意愿的影响。养殖环境特征变量中产地是否检验的模型系数为 0.6677，统计概率为 0.0042，表明产地检验对养猪场户良好质量安全行为实施意愿有很显著的正影响，且影响程度相对大。这与本文的假定一致，说明在其他条件不变的情况下，养猪场户所在地的质监部门若对出栏生猪进行严格的检疫检验，则会督促养猪场户改善质量安全行为，且效果明显。2011 年 3 月 15 日曝光的济源双汇食品有限公司"健美猪"事件，从反面印证了加强生猪产地检验的重要性和迫切性。

5 结论

本文基于山东省等 9 省（市、区）已与生猪屠宰加工企业建立起合作关系的 653 家养猪场户的调查数据，运用 Logit 二元选择模型分析了供应链环境下养猪场户良好质量安全行为实施意愿的影响因素。结果表明：养猪场户良好质量安全行为实施意愿主要受文化程度、饲养规模、饲养方式、行为态度、兽药使用认知、药物残留危害认知和产地是否检验 7 因素的正向影响。其中，文化程度、饲养方式和产地检验的影响程度相对大，饲养规模、行为态度和药物残留危害认知的影响程度相对较大，兽药使用认知的影响程度相对小。

基于研究结论，提出如下增强养猪场户良好质量安全行为实施意愿的政策性建议：①开展成人继续教育，加强基础文化知识和职业技术培训，努力提高养猪场户决策者的文化程度。职能管理部门或猪肉供应链核心企业要经常组织规模养猪场场长和养猪专业户户主学习相关的基础文化知识和专业技能，提高其生猪饲养管理水平，增强其对《食品安全法》、《畜牧法》以及《畜禽标识和养殖档案管理办法》等法规要点的理解和执行能力。②加大扶持力度，尽快转变生猪养殖方式，扩大生猪饲养规模。自 2006 年以来的中央一号文件中强调"调整养殖方式，开展规模化养殖。"各级政府要在资金、信贷、补贴、保险和土地使用等方面加大对养猪场户的扶持力度，支持养猪场户适度扩大饲养规模，鼓励有条件的养猪专业户向规模化养猪场转变。③加强宣传和教育，不断提高养猪场户的认知水平。要充分利用媒体、宣传栏、宣传册和养猪论坛等手段，加强舆论宣传和知识教育，增强养猪场户的质量安全意识，促进养猪场户对兽药合理使用方法的理解、掌握与应用，提高养猪场户对生猪体内药物和有害物质残留危害的认识程度。④努力提高检疫人员的职业素质和业务技能，严格贯彻执行生猪产地检验制度。加强教育和业务培训，不断提高检疫人员的敬业精神和技术水平。建立健全有效的奖惩制度，调动检疫人员工作的积极性和可靠性，确保生猪产地检验的科学性、权威性和连续性。⑤充分发挥猪肉供应链核心企业的监管作用和服务功能。猪肉供应链核心企业要定期或不定期地监督检查其上游养猪场户的质量安全行为，并根据检查结果给予必要的奖惩，促进养猪场户实施良好质量安全行为；在投入品供应、技术培训、饲养管理规程和市场需求信息等方面提供的服务，为养猪场户实施良好质量安全行为提供基础条件。

参考文献

［1］卢凤君，叶剑，孙世民．大城市高档猪肉供应链问题及发展途径［J］．农业技术经济，2003（2）：43～45.

［2］陈超，罗英姿．创建中国肉类加工食品供应链模型的构想［J］．南京农业大学学报（社科版），Vol. 26，No. 1，2003：89～92.

［3］戴迎春，韩纪琴，应瑞瑶．新型猪肉供应链垂直协作关系初步研究［J］．南京农业大学学报（社科版），Vol. 29，No. 3，2006：122～126.

［4］刘玉满，尹晓青，杜吟棠等．猪肉供应链各环节的食品质量安全问题［J］．中国畜牧杂志，Vol. 43，No. 2，2007：47～49.

［5］商爱国，李秉龙．基于质量安全的生猪生产者认知与生产行为分析［J］．调研世界，No. 9，2008：30～32.

［6］吴秀敏．养猪户采用安全兽药的意愿及其影响因素［J］．中国农村经济，No. 9，2007：17～25.

［7］朱启荣．养猪户使用药物添加剂的质量安全意识及影响因素实证分析［J］．安徽农业科学，Vol. 36，No. 29，2008：12910～12912.

［8］王瑜，应瑞瑶．养猪户药物添加剂使用行为及其影响因素分析［J］．南京农业大学学报（社科版），Vol. 8，No. 2，2008：48～54.

［9］孙世民，陈会英，李娟．优质猪肉供应链合作伙伴竞合关系分析［J］．中国农村观察，No. 6，2009：2～13.

VMI 下采用 RFID 压缩提前期对供应链收益的影响与协调①

张李浩

（华东理工大学商学院）

摘要：RFID 作为一种有效的技术手段，正越来越多地被应用于提高供应链的效率与效益。在 VMI 下，供应商在 RFID 方面的投入能提高供应链及链上其他企业的收益，而只有有效地协调收益才能激发供应商采用 RFID 的积极性。本文以 VMI 下的二阶段供应链为研究对象，从分析提前期与需求预测误差关系入手，采用逻辑证明和数值分析的方法建立了提前期压缩与供应链收益的关系模型，分析了供应商采用 RFID 缩短提前期对供应链及其成员收益的影响，导出可使供应链收益提高的 RFID 成本约束条件，并证明零售商采用线性转移支付系数策略可实现供应链成员收益的 Pareto 改进，最后通过数值算例对结论进行了验证。

关键词：VMI；RFID；提前期压缩；供应链收益；协调

Effect of Using RFID to Compress Lead – time on Supply Chain Profit and Coordination Based on VMI

Zhang Lihao

（School of Business, East China University of Science and Technology, Shanghai 200237, China）

Abstract：RFID, as an effective means of technology, is increasingly being used in improving the efficiency and effectiveness of the supply chain. Based on VMI, the supplier bearing the cost of RFID can improve supply chain actor's profit, and only effectively coordinate income can stimulate suppliers using RFID technology. This paper the two – echelon supply chain based on VMI as the research object studies the effect of using RFID technology to reduce lead – time on profit of supply chain on the assumption that the market demand forecast error varies with lead – time. The paper discusses the constraint condition of RFID cost that can improve supply chain profit. After retailer using linear transfer payment coefficient strategy can achieve Pareto improvement of the supply chain actor's profit. Finally, the conclusion is validated through a numerical example.

Key words：VMI；RFID；lead – time compression；supply chain profit；coordination

---

① 基金项目：国家自然科学基金资助项目（项目编号：70871038）。

作者简介：张李浩（1990～），男（汉族），安徽六安人，华东理工大学商学院硕士研究生；研究方向：物流与供应链管理；运营管理。E – mail：Leehowzhang@ hotmail. com。

1 引言

供应商管理库存（VMI）是一种先进的库存管理模式[1]，VMI 使供应链的上游企业不再被动地按照下游的订单发货和补货，而是主动地掌控客户库存数量和补给时间[2]。VMI 具有降低库存成本、减少缺货、提高顾客服务水平等作用，越来越多的企业采用该类契约提高供应链的效率，提升自身竞争能力[3]。

时下，"物联网"被看作是推动世界经济复苏的重要技术动力，其核心技术 RFID 也因此备受关注。

RFID（Radio Frequency Identification）作为一种新兴的技术，在供应链管理领域已得到大量运用，引起了很多学者的兴趣。RFID 的使用会影响供应链的收益，也会增加供应链企业的成本，将 VMI 与 RFID 技术结合，对未来供应链的发展至关重要。零售业巨头 Tesco、Wal - Mart 及美国国防部已经要求供应商在为其提供的产品上应采用 RFID[4]；文献[5]探索了 RFID 技术在物流仓储配送过程中的应用；文献[6]从知识产权的角度分析了 RFID 技术在物流产业应用的巨大产业机会，指出物流企业可借助其提高管理能力；文献[7]提出了一种基于 RFID 的分布式自治物流信息系统框架，使系统中各个独立的物流对象能自动地做出决策，最终实现有效且动态的物流管理，但是没有涉及供应链上的应用；文献[8]定性地分析了 RFID 在原材料供应、生产制造、物流管理、销售与售后服务等各个供应链环节中都有着重要的应用，但没有定量分析应用 RFID 的效益；文献[9]提出了离散制造企业 RFID 应用的目标和原则，指出 RFID 应用还存在技术不够成熟、成本较高等问题；文献[10]定性分析了众多制约 RFID 技术应用的问题，指出 RFID

技术可以形成透明供应链、改善供应链管理；文献[11]针对零售商店内商品摆放错误的问题，利用报童模型研究了 RFID 对零售商利润的影响，并给出了可使利润提高的标签成本表达式；文献[12]在文献[11]的基础上，采用报童模型，分析了在集中决策和分散决策两种情况下，供应链企业采用 RFID 技术的决策问题，但没有考虑采用 RFID 技术对供应链提前期的影响；文献[13]指出 RFID 可提高零售供应链的补货效率、提高供应链收益，探讨了生产商和零售商具有不同市场支配力情况下，RFID 标签成本的分担问题。

RFID 技术可以提高供应链企业的自动化水平、节约劳动力成本、提高信息共享水平，因此 RFID 技术为供应链企业压缩提前期提供了可能。文献[14]通过实际案例研究了 RFID 对供应链信息共享和物流操作的影响，指出 RFID 技术不仅能减少生产企业内部的物流操作时间，还能加快上下游企业间的物流速度；文献[15]通过实证研究表明，RFID 技术与条形码技术相比，在信息获取效率方面更具优势。由 RFID 缩短提前期为零售商和供应商的决策提供更好的支持，不仅能节约人工成本，还能缩短交货的提前期，减小零售商对市场需求的预测误差。

毫无疑问，上述研究为 RFID 的研究与应用提供了良好的借鉴与支持，但更全面、深入的研究也十分必要。相关研究中不少关于 RFID 技术对供应链收益影响的文献，但定性研究和实证研究居多，罕有采用逻辑证明和数值分析的方法定量研究，未见对 VMI 下采用 RFID 对供应链收益的影响及协调的研究。今天，为了消除"牛鞭效应"的影响，越来越多的供应链采用 VMI 模式，而供应链是否采用 RFID 一般由供应商决定[16]，供应链企业必须明了采用

RFID 对供应链收益的影响并进行协调，使供应商的投入有适当补偿，从而激发其采用 RFID 的积极性。本文以 VMI 下的二阶段供应链为研究对象，将提前期作为变量构造出提前期与需求预测误差的关系，由供应商采用 RFID 技术压缩提前期，采用逻辑证明和数值分析的方法建立了提前期压缩与供应链收益的关系模型，导出可使供应链收益增加的 RFID 成本约束条件，并通过收益协调策略实现了供应链成员收益的帕累托改进。

2 模型描述

现考虑一个由供应商—零售商构成的只销售单一产品的分散决策型供应链模型，在 VMI 下，供应商承担库存成本。在销售旺季来临前，零售商为追求利润最大化，根据其对市场需求量的预测和供应商所发布的批发价格，确定订货量。

假设零售商从提交订单到收到货物的时间为 T，T 即为供应商的提前期。在没有采用 RFID 技术的传统模式时，零售商需要在 0 时刻提交订单，即提前期为 T；若供应链采用基于时间竞争的策略，采用 RFID 技术后，由于 RFID 能大大提高流程的自动化，减少人工操作，提升制造、运输、仓储等环节的效率，零售商可以在 t 时刻提交订单，将供应链的提前期缩短为 $T-t$（$0 \leq t \leq T$），t 即为采用 RFID 对供应链提前期的压缩量。由于提前期的压缩，致使零售商收集的商品销售和需求信息越来越充分，对市场需求的预测越来越准确。记 X 为产品的市场需求，且 X 是服从 (μ, σ) 正态分布的随机变量，$f_{(x,t)}$、$F_{(x,t)}$ 为 t 时刻零售商预测市场需求 X 的密度函数和分布函数；$\phi(x)$、$\Phi(x)$ 为标准正态分布的密度函数和分布函数。均方差（预测误差）$\sigma = \sigma_{(t)} = \sigma_0 + \dfrac{\sigma_T - \sigma_0}{T} t$ [17]，

其中，σ_0 为 $t = 0$ 时的均方差，σ_T 为 $t = T$ 时的均方差且 $\sigma_T < \sigma_0$，即 σ 随着提前期的缩短而减小。这里假设 $\mu \geq \sigma_0$（实践中，$\mu < \sigma_0$ 几乎不会出现，一旦出现，说明预测误差过大，需要重新预测）。

记 p 为零售商的市场售价；s 为零售商单位产品的缺货损失；r 为零售商单位产品的削价销售损失；m 为供应商的边际生产成本；w 为供应商给予零售商的批发价；h 为供应商的单位库存费用；c 为使用 RFID 的单位成本，由供应商承担；q 为零售商预测的市场需求量；其中 $m \leq w \leq p$（否则 $w < m$ 则供应商无利可图，$w > p$ 则零售商无利可图），这里假定信息是完全对称的。

3 供应链及成员的收益模型

3.1 供应链企业在传统模式下的收益模型

当供应链企业不采用 RFID 技术时，零售商需要在 0 时刻提交订单，记 $\pi_{r(q,0)}$、$\pi_{s(q,0)}$、$\pi_{(q,0)}$ 分别为零售商、供应商及供应链的期望收益。得：

$$\pi_{r(q,0)} = p\left(\int_{-\infty}^{q} x f_{(x,0)} d_x + \int_{q}^{+\infty} q f_{(x,0)} d_x\right) - r\int_{-\infty}^{q} (q - x) f_{(x,0)} d_x - s\int_{q}^{+\infty} (x - q) f_{(x,0)} d_x - wq \tag{1}$$

$$\pi_{s(q,0)} = (w - m)q - h\int_{-\infty}^{q} (q - x) f_{(x,0)} d_x \tag{2}$$

$$\pi_{(q,0)} = \pi_{r(q,0)} + \pi_{s(q,0)} \tag{3}$$

在式（1）中，第一项和第二项为期望销售额，第三项为削价销售损失，第四项为缺货损失，第五项为批发成本。

对式（1）关于 q 进行一阶微分和二阶微分得：

$$\frac{\partial \pi_{r(q,0)}}{\partial q} = pq f_{(q,0)} + p\int_{q}^{+\infty} f_{(x,0)} d_x - pq f_{(q,0)} - r\int_{-\infty}^{q} f_{(x,0)} d_x + s\int_{q}^{+\infty} f_{(x,0)} d_x - w \tag{4}$$

$$= (p + s - w) - (p + s + r) F_{(q,0)} \frac{\partial^2 \pi_{r(q,0)}}{\partial q^2}$$

$$= - (p + s + r) f_{(q,0)} < 0 \qquad (5)$$

由式（5）可知，$\pi_{r(q,0)}$ 为 q 的凹函数，故存在 Q_0^* 使得式（1）得最大值，即 $\frac{\partial \pi_{r(Q_0^*,0)}}{\partial q}$ $= 0$，得：

$$F_{(Q_0^*)} = \frac{p + s - w}{p + s + r} \qquad (6)$$

因为 $X \sim (\mu, \sigma)$，故 $\frac{X - \mu}{\sigma} \sim N(0,1)$，即 $F_{(Q_0^*)} = \Phi(\frac{Q_0^* - \mu}{\sigma_0}) \qquad (7)$

由式（7）可求得：$Q_0^* = \mu + z\sigma_0 \qquad (8)$ 其中

$$z = \Phi^{-1}(\frac{p + s - w}{p + s + r}) \qquad (9)$$

由于为分散决策型供应链，零售商的最优决策决定整个供应链的订货量，将式（8）代入式（1）、式（2）、式（3）得到零售商、供应商和供应链的收益分别为 $\pi_{r(q,0)}^*$、$\pi_{s(q,0)}^*$、$\pi_{(q,0)}^*$。

$$\pi_{r(q,0)}^* = pQ_0^* [1 - F_{(Q_0^*)}] - rQ_0^* F_{(Q_0^*)} + sQ_0^* [1 - F_{(Q_0^*)}] - wQ_0^* - (p + s + r) \sigma_0 \phi (z) + \mu p \Phi (z) + \mu r \Phi (z) + \mu s \Phi (z) - \mu s$$
$$= (p + s - w) (\mu + z\sigma_0) - \sigma_0 (p + s + r) [z\Phi (z) + \phi (z)] - \mu s = (p + s + r) [\mu \Phi (z) - \sigma_0 \phi (z)] - \mu s \qquad (10)$$

$$\pi_{s(q,0)}^* = (w - m) (\mu + z\sigma_0) - h\sigma_0 [z\Phi (z) + \phi (z)] \qquad (11)$$

$$\pi_{(q,0)}^* = (p + s - m) (\mu + z\sigma_0) - (p + h + s + r) \sigma_0 [z\Phi (z) + \phi (z)] - \mu s \qquad (12)$$

3.2 供应链企业在采用 RFID 模式下的收益模型

当供应商采用 RFID 时，零售商只需要在 t 时刻提交订单，记 $\pi_{r(q,t)}$、$\pi_{s(q,t)}$、$\pi_{(q,t)}$ 分别为零售商、供应商及供应链的期望收益。

$$\pi_{r(q,t)} = p(\int_{-\infty}^q xf_{(x,t)} d_x + \int_q^{+\infty} qf_{(x,t)} d_x) - r$$
$$\int_{-\infty}^q (q - x) f_{(x,t)} d_x - s \int_q^{+\infty} (x - q) f_{(x,t)} d_x - wq \qquad (13)$$

$$\pi_{s(q,t)} = (w - m - c)q - h\int_{-\infty}^q (q - x) f_{(x,t)} d_x \qquad (14)$$

$$\pi_{(q,t)} = \pi_{r(q,t)} + \pi_{s(q,t)} \qquad (15)$$

对式（13）关于 q 进行一阶微分和二阶微分得：

$$\frac{\partial \pi_{r(q,t)}}{\partial q} = pqf_{(q,t)} + p \int_q^{+\infty} f_{(x,t)} d_x - pqf_{(q,t)} - r\int_{-\infty}^q f_{(x,t)} d_x + s \int_q^{+\infty} f_{(x,t)} d_x - w = (p + s - w) - (p + s + r) F_{(q,t)} \qquad (16)$$

$$\frac{\partial^2 \pi_{r(q,t)}}{\partial q^2} = - (p + s + r) f_{(q,t)} < 0 \qquad (17)$$

由式（17）可知，$\pi_{r(q,t)}$ 为 q 的凹函数，故存在 Q_t^* 使得式（1）得最大值，即 $\frac{\partial \pi_{r(Q_t^*,0)}}{\partial q}$ $= 0$，得：

$$F_{(Q_t^*)} = \frac{p + s - w}{p + s + r} \qquad (18)$$

因为 $X \sim (\mu, \sigma)$，故 $\frac{X - \mu}{\sigma} \sim N(0,1)$，即 $F_{(Q_t^*)} = \Phi(\frac{Q_t^* - \mu}{\sigma_t}) \qquad (19)$

由式（7）可求得：$Q_t^* = \mu + z\sigma_t \qquad (20)$ 其中

$$z = \Phi^{-1}(\frac{p + s - w}{p + s + r}) \qquad (21)$$

由于为分散决策型供应链，零售商的最优决策决定整个供应链的订货量，将式（20）代入式（13）、式（14）、式（15）得到零售商、供应商和供应链的收益分别为 $\pi_{r(q,t)}^*$、$\pi_{s(q,t)}^*$、$\pi_{(q,t)}^*$。$\pi_{r(q,t)}^* = pQ_t^* [1 - F_{(Q_t^*)}] - rQ_t^* F_{(Q_t^*)} + sQ_t^* [1 - F_{(Q_t^*\delta)}] - wQ_t^* - (p + s + r)\sigma_t \phi(z)$

$+ \mu p \Phi(z) + \mu r \Phi(z) + \mu s \Phi(z) - \mu s = (p + s - w)(\mu + z\sigma_t)(p + s + r)[z\Phi(z) + \phi(z)] - \mu s = (p + s + r)[\mu\Phi(z) - \sigma_t \phi(z)] - \mu s$ (22)

$\pi^*_{s(q,t)} = (w - m - c)(\mu + z\sigma_t) - h\sigma_t[z\Phi(z) + \phi(z)]$ (23)

$\pi^*_{(q,t)} = (p + s - m - c)(\mu + z\sigma_t) - (p + h + s + r)\sigma_t[z\Phi(z) + \phi(z)] - \mu s$ (24)

4 RFID技术的采用对供应链企业收益的影响

4.1 采用RFID技术对供应链收益的影响

结论1：当采用RFID技术的成本 $c \in (0, \dfrac{z(m - w + \alpha)(\sigma_0 - \sigma_t)}{\mu + z\sigma_t})$ 时，供应链整体收益将会增加；当 $c \in (\dfrac{z(m - w + \alpha)(\sigma_0 - \sigma_t)}{\mu + z\sigma_t}, +\infty)$ 时，供应链整体收益将会减少。

证明：为了研究RFID技术对供应链收益的影响，对比RFID技术采用前后供应链的收益模型，收益增量为 Δ ，得：

$\Delta = \pi^*_{(q,t)} - \pi^*_{(q,0)} = (p + s - m)z(\sigma_t - \sigma_0) - (p + h + s + r)[z\Phi(z) + \phi(z)](\sigma_t - \sigma_0) - c(\mu + z\sigma_t) = \{(p + s + r)\phi(z) + (m - w)z + h[z\Phi(z) + \phi(z)]\}(\sigma_0 - \sigma_t) - c(\mu + z\sigma_t)$ (25)

定义服务水平 $A = F_{(Q^*)}$ ，表示顾客购买商品时的可得率。本研究中 $A = \dfrac{p + s - w}{p + s + r}$ ，又由式（9）可得 $z = \Phi^{-1}(A)$ 。当 $A < 0.5$ 意味着 $z < 0$ ；当 $A > 0.5$ 意味着 $z > 0$ 。

令 $y = (p + s + r)\phi(z) + (m - w)z + h[z\Phi(z) + \phi(z)]$ (26)

由式（9）可得：$w = p + s - (p + s + r)\Phi(z)$ 代入式（26）得：

$y(z) = (m - p - s)z + (p + s + r + h)[z\Phi(z) + \phi(z)]$ (27)

将 p、s、r、h、m 视为常量，z 视为变量，z 随着 $w \in [m, p]$ 变化而变化，把 $y(z)$ 视为 z 的函数，则 $z \in [\Phi^{-1}(\dfrac{s}{p + s + r}), \Phi^{-1}(\dfrac{p + s - m}{p + s + r})]$ 。

对式（27）两边关于 z 求一阶微分：得：

$\dfrac{\partial y(z)}{\partial z} = m - p - s + (p + s + r + h)[z\phi(z) + \Phi(z) + \phi'(z)]$ (28)

因为 $\phi(z) = \dfrac{1}{\sqrt{2\pi}}e^{-\frac{z^2}{2}}$ ，得：

$\phi'(z) = \dfrac{1}{\sqrt{2\pi}}(-z)e^{-\frac{z^2}{2}} = -z\phi(z)$ 代入式（28）可得：

$\dfrac{\partial y(z)}{\partial z} = m - p - s + (p + s + r + h)\Phi(z)$
$= m - w + h\Phi(z)$ (29)

由式（29）可知，函数 $y(z)$ 并非单调函数，故作以下讨论：

（1）当服务水平 $A < 0.5$ ，此时要求 $y > 0$ ，可得

$w > \alpha + m$ ($\alpha = \dfrac{(p + s + r)\phi(z) + h[z\Phi(z) + \phi(z)]}{z}$)。

由于 $\sigma_0 > \sigma_t$ ，故当 $0 < c < \dfrac{z(m - w + \alpha)(\sigma_0 - \sigma_t)}{\mu + z\sigma_t}$ 时，供应链整体收益将会增加；$c > \dfrac{z(m - w + \alpha)(\sigma_0 - \sigma_t)}{\mu + z\sigma_t}$ 时，供应链整体收益将会减少。

（2）当服务水平 $A > 0.5$ ，此时要求 $y > 0$ ，可得：$w < \alpha + m$ 。由于 $\sigma_0 > \sigma_t$ ，故当 $0 < c < \dfrac{z(m - w + \alpha)(\sigma_0 - \sigma_t)}{\mu + z\sigma_t}$ 时，供应链整体收益将会增加；$c > \dfrac{z(m - w + \alpha)(\sigma_0 - \sigma_t)}{\mu + z\sigma_t}$ 时，供应链整体收益将会减少。

4.2 采用RFID技术对零售商收益影响

结论2：当采用RFID技术的成本 $c \in$

$(\dfrac{z(m-w+\alpha)(\sigma_0-\sigma_t)}{\mu+z\sigma_t}, +\infty)$ 时，供应链整体收益减少，此时供应链企业不会采用 RFID 技术；当采用 RFID 技术的成本 $c \in (0, \dfrac{z(m-w+\alpha)(\sigma_0-\sigma_t)}{\mu+z\sigma_t})$ 时，零售商收益将会增加。

证明： 对比 RFID 技术采用前后零售商的收益模型，收益增量为 Δ_r，得：

$$\Delta_r = \pi^*_{r(q,t)} - \pi^*_{r(q,0)} = (p+s+r)\phi(z)(\sigma_0 - \sigma_t) \qquad (30)$$

由式（30）可知，因为 $\sigma_0 > \sigma_t$，零售商收益增加。

4.3 采用 RFID 技术对供应商收益影响

结论 3： 当采用 RFID 技术的成本 $c \in (0, \dfrac{z(m-w+\beta)(\sigma_0-\sigma_t)}{\mu+z\sigma_t})$ 时，供应商收益将会增加；当 $c \in (\dfrac{z(m-w+\beta)(\sigma_0-\sigma_t)}{\mu+z\sigma_t}, +\infty)$ 时，供应商收益将会减少。

证明： 对比 RFID 技术采用前后供应商的收益模型，收益增量为 Δ_s，得：

$$\Delta_s = \pi^*_{s(q,t)} - \pi^*_{s(q,0)} = \{(w-m-c)(\mu + z\sigma_t) - h\sigma_t[z\Phi(z)+\phi(z)]\} - \{(w-m)(\mu + z\sigma_0) - h\sigma_0[z\Phi(z)+\phi(z)]\}$$

$$= \{(m-w)z + h[z\Phi(z)+\phi(z)]\}(\sigma_0 - \sigma_t) - c(\mu+z\sigma_t) \qquad (31)$$

令 $y_1(z) = (m-w)z + h[z\Phi(z)+\phi(z)] = (m-p-s)z + (p+s+r+h)z\Phi(z) + h\phi(z)$

对 $y_1(z)$ 关于 z 求偏导：

$$\frac{\partial y_1(z)}{\partial z} = m - w + h\Phi(z) + (p+s+r)z\phi(z) \qquad (32)$$

由式（32）可知，函数 $y_1(z)$ 并非单调函数，故作以下讨论：

（1）当服务水平 $A < 0.5$，此时要求 $y_1(z) > 0$，可得：$w > \beta + m$（$\beta = \dfrac{h[z\Phi(z)+\phi(z)]}{z}$），由于 $\sigma_0 > \sigma_t$，故当 $0 < c < \dfrac{z(m-w+\beta)(\sigma_0-\sigma_t)}{\mu+z\sigma_t}$ 时，供应商收益将会增加；$c > \dfrac{z(m-w+\beta)(\sigma_0-\sigma_t)}{\mu+z\sigma_t}$ 时，供应商收益将会减少。

（2）当服务水平 $A > 0.5$，此时要求 $y_1(z) > 0$，可得：$w < \beta + m$。由于 $\sigma_0 > \sigma_t$，故当 $0 < c < \dfrac{z(m-w+\beta)(\sigma_0-\sigma_t)}{\mu+z\sigma_t}$ 时，供应商收益将会增加；$c > \dfrac{z(m-w+\beta)(\sigma_0-\sigma_t)}{\mu+z\sigma_t}$ 时，供应商收益将会减少。

由上述三条结论可得到 RFID 技术应用决策：

结论 4： 当供应链企业之间不采用收益协调，RFID 成本 $c \in (0, \dfrac{z(m-w+\beta)(\sigma_0-\sigma_t)}{\mu+z\sigma_t})$ 时，供应链可采用 RFID 技术，使供应链成员的收益增加；RFID 成本 $c \in (\dfrac{z(m-w+\beta)(\sigma_0-\sigma_t)}{\mu+z\sigma_t}, \dfrac{z(m-w+\alpha)(\sigma_0-\sigma_t)}{\mu+z\sigma_t})$ 时，供应链若采用 RFID 技术，需要通过收益协调策略实现供应链成员收益的帕累托改进。

5 供应链企业收益协调策略

由上述分析可知：当 $A < 0.5$，$w > \beta + m$ 时，

$$c \in (\dfrac{z(m-w+\beta)(\sigma_0-\sigma_t)}{\mu+z\sigma_t},$$

$\dfrac{z(m-w+\alpha)(\sigma_0-\sigma_t)}{\mu+z\sigma_t})$ 及 $A > 0.5$，

$w < \beta + m$ 时，$c \in (\dfrac{z(m-w+\beta)(\sigma_0-\sigma_t)}{\mu+z\sigma_t},$

$\dfrac{z(m - w + \alpha)(\sigma_0 - \sigma_t)}{\mu + z\sigma_t}$）时，供应链收益和零售商收益增加，而供应商的收益减少。事实上，随着服务水平的提高，提前期压缩对供应商的压力越来越大，付出的成本越来越多。供应商的收益减少有两点原因：首先，供应商承担了压缩提前期的成本，即 RFID 技术的成本；其次，伴随着供应链提前期压缩，零售商的需求预测误差的缩小，导致最优订货量 $Q_{(t)}^* = \mu + z\sigma_{(t)}$ 下降，致使供应商的收入减少。

Poter[18] 指出，供应链上提前期压缩并非人人是赢家。在整个供应链上，当所有企业都获得比原先更多的收益（至少不少于原先的收益），整条供应链才能长期保持稳定。为消除断链的风险，并激励供应商继续采用 RFID 技术增加供应链收益，本文中零售商采用线性转移支付系数策略，以协调整个供应链的收益，使供应链间的合作长期保持下去。

零售商作为供应链的唯一决策者，根据自己的目标函数采取相应的努力水平。由于转移价格导致成本结构的扭曲[19]，使零售商选择的努力水平对整个供应链通常不是最优的，这意味着供应链的效率存在改善的空间。由于供应商付出成本增加了供应链的整体收益，而零售商坐享了压缩提前期的好处，从而产生了收益的"溢出效应"。零售商可采用线性转移支付系数策略，将部分收益转移给供应商，以实现供应商和零售商收益的帕累托改进。

假设零售商采用线性转移支付系数策略将收益增量 $\theta\Delta_r(0 \leq \theta \leq 1)$ 转移给供应商，弥补供应商因提前期压缩而减少的收益。由于零售商采用线性转移支付系数策略后，不应少于采用 RFID 技术前的收益，即 $(1 - \theta)\Delta_r \geq 0$；现只需 $\Delta_s + \theta\Delta_r \geq 0$ 时，整个供应链就实现了收益

的 Pareto 改进。即：$\Delta_s + \theta\Delta_r = \{(m - w)z + h[z\Phi(z) + \phi(z)]\}(\sigma_0 - \sigma_t) - c(\mu + z\sigma_t) + \theta(p + s + r)\phi(z)(\sigma_0 - \sigma_t) \geq 0$

当服务水平 $A < 0.5$，意味着 $z < 0$，此时 $\alpha < \beta$，解得

$$\theta \leq \frac{c(\mu + z\sigma_t) - z(m - w + \beta)(\sigma_0 - \sigma_t)(\alpha - \beta)}{z(\sigma_0 - \sigma_t)(\alpha - \beta)};$$

当服务水平 $A > 0.5$，意味着 $z > 0$，此时 $\alpha > \beta$，解得

$$\theta \geq \frac{c(\mu + z\sigma_t) - z(m - w + \beta)(\sigma_0 - \sigma_t)(\alpha - \beta)}{z(\sigma_0 - \sigma_t)(\alpha - \beta)}。$$

因此，在服务水平 $A < 0.5$，线性转移支付系数 $\theta \in (0, \dfrac{c(\mu + z\sigma_t) - z(m - w + \beta)(\sigma_0 - \sigma_t)(\alpha - \beta)}{z(\sigma_0 - \sigma_t)(\alpha - \beta)})$ 或服务水平 $A > 0.5$，线性转移支付系数 $\theta \in (\dfrac{c(\mu + z\sigma_t) - z(m - w + \beta)(\sigma_0 - \sigma_t)(\alpha - \beta)}{z(\sigma_0 - \sigma_t)(\alpha - \beta)}, 1)$ 时，采用 RFID 压缩提前期，供应商和零售商收益同时增加，实现了零售商和供应商收益的帕累托改进，使供应链上的企业能够长期合作下去。

6 数值算例

通过一个数值例子来验证上述结论，在第 1 节的背景下，假定 $\mu = 500$，$\sigma_0 = 200$，$\sigma_T = 20$，$p = 60$，$s = 60$，$r = 10$，$m = 20$，$w = 40$，$h = 10$，$T = 60$。

6.1 提前期压缩对 RFID 技术最大成本的影响

计算 t 在 $[0, 60]$ 范围内变化时，供应链可承担最大 RFID 成本，由结论 1 知 $c_{\max} = \dfrac{z(m - w + \alpha)(\sigma_0 - \sigma_t)}{\mu + z\sigma_t}$，其随提前期压缩量 t 变化的情况见图 1。可以发现供应链可承担的 RFID 最大成本随着提前期压缩量的增加而上升。

6.2 RFID 技术的采用对供应链及成员收益的影响

假定 RFID 的成本 $c = 2$，提前期压缩量 t

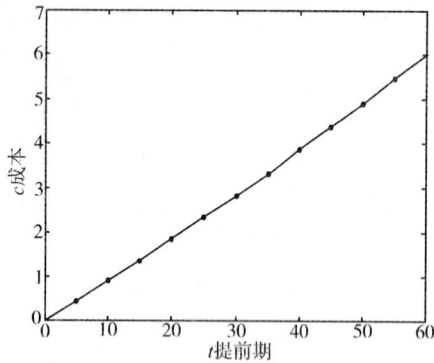

图 1　提前期压缩量对 RFID 技术最大成本的影响

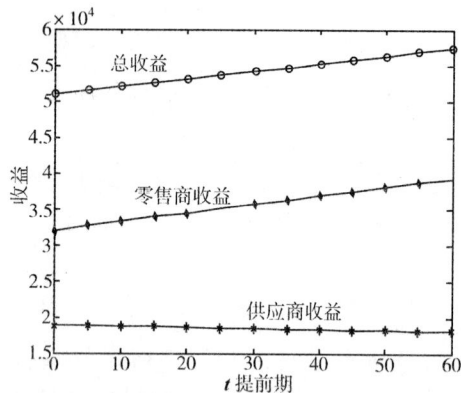

图 2　RFID 技术的采用对供应链及成员收益的影响

在 $[0,60]$ 范围内变化时，通过式（13）、式（14）、式（15）计算零售商、供应商及供应链

整体收益随提前期压缩量变化而变化的情况，如图 2 所示。未采用 RFID 技术时，零售商、供应商和供应链的收益分别为 $\pi_{r(q,0)}^{*} = 9005.4$，$\pi_{s(q,0)}^{*} = 21175.8$，$\pi_{(q,0)}^{*} = 30181.2$。对比采用 RFID 技术压缩提前期后的收益，可以看出零售商和供应链的收益明显增加，而供应商的收益减少，提前期压缩量越大，这种影响越明显。

6.3　线性转移支付系数策略对供应链及其成员收益的影响

假定提前期压缩量 $t = 30$，采用 RFID 的成本 $c = 2$。得 $A = \dfrac{p + s - w}{p + s + r} = \dfrac{8}{13} > 0.5$，故只考虑线性转移支付系数

$$\theta \in (\frac{c(\mu + z\sigma_t) - z(m - w + \beta)(\sigma_0 - \sigma_t)(\alpha - \beta)}{z(\sigma_0 - \sigma_t)(\alpha - \beta)}, 1)$$

时的情形（当服务水平 $A < 0.5$，线性转移支付系数

$$\theta \in (0, \frac{c(\mu + z\sigma_t) - z(m - w + \beta)(\sigma_0 - \sigma_t)(\alpha - \beta)}{z(\sigma_0 - \sigma_t)(\alpha - \beta)})$$

时的情形同理可以求得）。表 1 表示转移支付系数在 $[0,1]$ 范围内变动时，供应链及其成员收益的变化情况。

表 1　$t = 30$、$c = 2$、$\theta \in [0, 1]$ 变化时，供应链成员收益分配情况

θ	零售商			供应商			供应链	
	$\pi_{r(q,30)}^{*}$	Δ_r	Δ_r/Δ	$\pi_{s(q,30)}^{*}$	Δ_s	$1 - \Delta_r/\Delta$	$\pi_{(q,30)}^{*}$	Δ
0	13952.97	4947.57	100%	18486.09	−2689.71	0	32439.06	2257.86
0.2	12963.456	3958.056	80%	19475.604	−1700.196	20%	32439.06	2257.86
0.4	11973.942	2968.542	60%	20465.118	−710.682	40%	32439.06	2257.86
0.6	10984.428	1979.028	40%	21454.632	278.832	60%	32439.06	2257.86
0.8	9994.914	989.514	20%	22444.146	1268.346	80%	32439.06	2257.86
1	9005.4	0	0	23433.66	2257.86	100%	32439.06	2257.86

当 $\theta \geq 0.543$ 时，通过转移零售商的部分收益给生产商，能实现两者的帕累托改进，使零售商和生产商收益同时提高。

7　结语

本文研究了 VMI 下，在供应商—零售商构

成的二阶段供应链中，供应商采用 RFID 技术压缩提前期对供应链及其成员收益的影响。为供应链企业实施 RFID 决策提供了理论的依据，能够直观地分析出投资 RFID 技术的效益。在供应链整体和零售商收益增加，而供应商收益减少的情况下，通过引入两种收益协调策略实现了零售商和供应商收益的 Pareto 改进，以激励供应商采用 RFID 技术提高整个供应链的收益。供应链企业可根据自身情形，选择任一策略进行协调。

本文主要研究销售单一产品的二阶段供应链决策问题，而销售多种产品、多阶段供应链决策问题在现实中非常普遍，如何决策将成为进一步的研究方向。

参考文献

[1] Cetinkaya S., Lee C. Y. Stock replenishment and shipment scheduling for vendor managed inventory systems [J]. Management Science, 2000, 46：217～232.

[2] 刘志学，储力. 基于供应链缺货的 VMI 激励机制研究 [J]. 管理学报，2005，2（2）：180～183.

[3] Disney S. M., Towill D. R. The effect of Vendor Managed Inventory (VMI) dynamics on the bullwhip effect in the supply chains [J]. International Journal of Production Economics, 2003 (2)：199～215.

[4] Murphy—Hoye M., Lee L. H., Rice B. J. A real—world look at RFID [J]. Supply Chain Management Review, 2005, 9 (5)：18～26.

[5] 徐琪. 物流仓储配送优化及其基于射频识别的可视化运作管理 [J]. 中国流通经济，2011，1：26～30.

[6] 刘韧，鞠颂东，衣春光. 在物流中的技术创新和知识产权——RFID 技术应用案例研究 [J]. 中国软科学，2007，6：106～110.

[7] 林梓鹏，肖万程，吴昊苏. 一种基于 RFID 的分布式自治物流信息系统框架 [J]. 情报杂志，2006，7：5～7.

[8] 廖燕，鲁耀斌. RFID 技术在供应链管理中的应用研究 [J]. 物流科技，2008，3：115～118.

[9] 丁斌，罗烽林等. 离散型制造企业 RFID 应用策略研究 [J]. 中国管理科学，2008，4：76～82.

[10] 王夏阳，陈功玉. 技术变革对供应链管理的影响——以 RFID 技术应用为例 [J]. 科技管理研究，2006，1：76～80.

[11] Rekik Y., Sahin E., Dallery Y. Analysis of the impact of the RFID technology on reducing product misplacement errors at retail stores [J]. International Journal of Production Economics, 2008, 112 (1)：264～278.

[12] 佟斌，杨德礼，潘新. 零售业供应链企业 RFID 技术应用决策研究 [J]. 管理学报，2010，7 (6)：874～878.

[13] Gaukler M. G., Seifert W. R., Hausman H. W. Item—level RFID in the retail supply chain [J]. Production and Operations Management, 2007, 16 (1)：65～76.

[14] Angeles R. RFID technology：supply—chain application and implementation issues [J]. Information Systems Management, 2005, 22 (1)：51～65.

[15] DELEN D., HARDGRAVE B. C., SHARDA R. RFID for Better Supply—Chain Management Through Enhanced Information Visibility [J]. Production and Operations Management, 2007, 16 (5)：613～624.

[16] 宋培建，张宏斌. 网络外部性、采购商策略与供应商采用 RFID 技术的决策 [J]. 管理工程学报，2008，1：49～52.

[17] 蔡清波，鲁其辉，朱道立. 预测精度随时间变化的报童模型分析 [J]. 预测，2003，22 (5)：42～45.

[18] Porter A. M. Leadtimes are shrinking, but not everyone's winner [J]. Purchasing, 1998, 125 (7)：22～25.

[19] Donohue, K. L. Efficient supply contracts for fashion goods with forecast updating and two production modes [J]. Management Science, 2000, 46 (11)：1397～1411.

市场进入企业与老企业的竞争博弈模型分析

庄磊　高光锐

（烟台大学经济与工商管理学院）

摘要：企业往往希望从"现金牛"业务中得到尽可能多的资金，当一个进入者企图进入一个市场时，在位者战略目标是销售额最大化还是利润最大化，会对进入者的定价决策产生不同影响，从而产生不同的结果。本文以价格为变量建立了一个不完全信息静态博弈模型，分析了当在位者属于不同类型时进入者与在位者的定价博弈。

关键词：战略；博弈；决策

Analysis of the Model on the Price Competition between the New Entrant and the Incumbent on Basis of Game Theory

Zhuang Lei, Gao Guangrui

（E – mail：14833032@ qq. com, ytggrui@ 163. com）

（School of Economics and Management, Yantai University）

Abstract：Companies tend to make as much cash as possible from "cash cow" business. When a new entrant tries to get into a market, the uncertainty about the type of the incumbent, sales maximization oriented or profit maximization oriented, will affect the entrant's price strategy and lead to different outcomes. This article established an incomplete information static game model with price variable to analyze the competition between the entrant and the incumbent.

Key words：strategy；game theory；decision making

1 引言

波士顿矩阵将企业的每一个战略事业单位标在一种二维的矩阵图上，从而显示出哪个战略事业单位提供高额的潜在收益，以及哪个战略事业单位是组织资源的漏斗。该矩阵区分出四种业务类型：现金牛类业务（Cash Cows）、明星类业务（Stars）、问号类业务（Question Marks）和瘦狗类业务（Dogs），如图1所示。

每项业务都根据其相对市场占有率和市场增长率在矩阵的相应位置标出。每项业务用一个圆表示，圆的大小代表其对公司销售额的贡献。

现金牛类业务处于矩阵左下角，具有较低的市场增长率和较高的相对市场占有率。这类业务表明企业具有强大的实力而又处于一个走下坡路的市场。因此，这类业务能回收的资金大于投资的需要，它们是企业资金的主要来源。

当一个厂商企图进入某项业务时，可能并

不知道在位者将此业务是否看作现金牛，而在位者知道自己的类型。一般情况下，在位者追求利润最大化，但如果该业务是其现金牛业务，则可假设在位者追求销售额最大化，以回收资金。在位者追求销售额最大化还是利润最大化会对进入者产生不同的反应，因此本文建立了一个不完全信息静态博弈模型来分析此种情况的竞争。

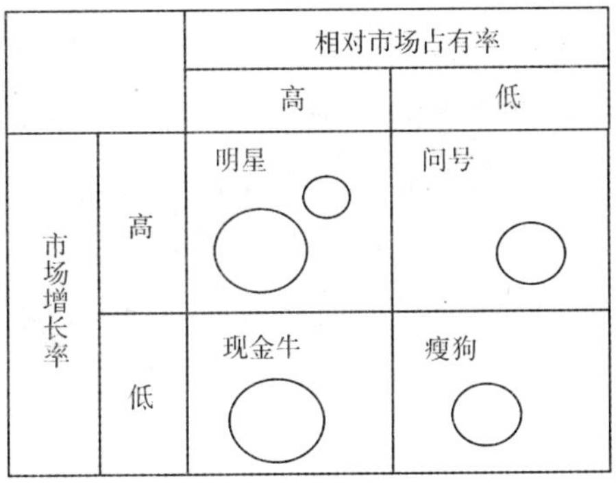

图1 业务组合矩阵

2 一个不完全信息静态博弈模型及分析

假设：Q_1 是市场对进入者产品的需求，Q_2 代表市场对在位者产品的需求，A 是市场对进入者产品的潜在需求，D 代表市场对在位者产品的潜在需求，一般 $A < D$，B 代表价格差对顾客的影响系数，简单地说，就是每当对手价格高于自己一个单位时，对手的顾客会有多少转而选择自己。P_1 代表进入者价格，P_2 代表在位者价格。特别地，P_{2L} 代表追求利润最大化的在位者价格，P_{2S} 代表追求销售额最大化的在位者价格。C_1 代表进入者产品的成本，C_2 代表在位者产品的成本。进入者只有一个类型，追求利润最大化是公共知识；在位者有两个类型，类型1追求利润最大化，类型2追求销售额最大化。在位者知道自己的类型，进入者只知道两种战略的可能性，分别为 ρ 和 $(1-\rho)$，ρ 是公

共知识。进入者与在位者各自的需求函数是：

$$Q_1 = A + B(P_2 - P_1)$$

$$Q_2 = D + B(P_1 - P_2)$$

对于在位者的类型1，其目标函数是

$$\text{Max } R_{2L} = (P_{2L} - C2)Q_2$$

反应函数是 $P_{2L} = \dfrac{D}{2B} + \dfrac{C_2}{2} + \dfrac{P_1}{2}$ ①

对于在位者的类型2，其目标函数是

$$\text{Max } R_{2S} = P_{2S}Q_2$$

反应函数是 $P_{2S} = \dfrac{D}{2B} + \dfrac{P_1}{2}$ ②

进入者选择 P_1 最大化下列期望利润函数

$$ER_1 - \rho(P_1 - C_1)[A + B(P_{2L} - P_1)] + (1-\rho)(P_1 - C_1)[A + B(P_{2S} - P_1)]$$

得反应函数

$$P_1 = \frac{A}{2B} + \frac{C_1}{2} + \frac{EP_2}{2}$$

这里

$$EP_2 = \rho P_{2L} + (1-\rho)P_{2S}$$

均衡意味着反应函数同时成立，得贝叶斯均衡为

$$P_1{}^* = \frac{2A + D}{3B} + \frac{2C_1 + \rho C_2}{3} \quad ③$$

$$P_{2L}{}^* = \frac{A + 2D}{3B} + \frac{C_1}{3} + \frac{(3+\rho)C_2}{6}$$

$$P_{2S}{}^* = \frac{A + 2D}{3B} + \frac{C_1}{3} + \frac{\rho C_2}{6}$$

特别地，令 $\rho = \dfrac{1}{2}$ 时：

$$P_{1A}{}^* = \frac{2A + D}{3B} + \frac{2C_1}{3} + \frac{C_2}{6} \quad ④$$

$$P_{2LA}{}^* = \frac{A + 2D}{3B} + \frac{C_1}{3} + \frac{7C_2}{12}$$

$$P_{2SA}{}^* = \frac{A + 2D}{3B} + \frac{C_1}{3} + \frac{C_2}{12}$$

令 $\rho = 0$ 时，在位者的销售额最大化追求成为公共知识，两个厂商的 $Nash$ 均衡价格为：

$$P_{1B}^{*} = \frac{2A + D}{3B} + \frac{2C_1}{3} \qquad ⑤$$

$$P_{2SB}^{*} = \frac{A + 2D}{3B} + \frac{C_1}{3} \qquad ⑥$$

令 $\rho = 1$ 时，在位者的利润最大化追求成为公共知识，两个厂商的 *Nash* 均衡价格为：

$$P_{1C}^{*} = \frac{2A + D}{3B} + \frac{2C_1 + C_2}{3} \qquad ⑦$$

$$P_{2LC}^{*} = \frac{A + 2D}{3B} + \frac{C_1 + 2C_2}{3} \qquad ⑧$$

3　分析及结论

（1）比较①、②可知，追求利润最大化的在位者定价时不仅会考虑进入者的价格，还会考虑自己的成本；追求销售额最大化的在位者在定价时会不考虑自己的成本，而完全参照进入者的定价采取相应策略。

（2）比较③、④、⑤可知，具有不完全信息的追求利润最大化的进入者的均衡价格小于面对追求利润最大化的在位者时的定价，而大于面对追求销售额最大化的在位者时的定价。

（3）令⑤－⑥≥0，可得 $C_1 \geq \dfrac{D - A}{B}$，即当 $C_1 \geq \dfrac{D - A}{B}$ 时，进入者定价高于销售额最大

化的在位者的定价，反之则相反。

（4）令⑦－⑧≥0，可得 $C_1 \geq C_2 + \dfrac{D - A}{B}$，即当 $C_1 \geq C_2 + \dfrac{D - A}{B}$ 时，进入者定价高于利润最大化的在位者的定价，反之则相反。

4　结语

进入者往往假定在位者追求利润最大化，但有时实际上并不是这种情况，尤其是当进入者准备进入一个在位者具有较低的增长率和较高的相对占有率的市场时，也许该业务就是在位者的现金牛业务，即在位者追求销售额最大化。关于厂商战略目标追求的不完全信息博弈模型表明，竞争对手追求目标的不确定直接影响进入者的定价决策。

参考文献

[1] 卢昌崇. [M]. 管理学，东北财经大学出版社，2006.

[2] 张维迎. 博弈论与信息经济学 [M]. 上海人民出版社，2004.

[3] 林健，杨纬隆. 寡占市场厂商竞争战略的一个博弈模型 [J]. 企业经济，2003，11：68～69.

基于两区域市场的可替代产品扩散模型[①]

王德鲁　刘　芸　宋学锋

（中国矿业大学管理学院）

摘要：首先分析了两区域市场情形下的可替代性产品扩散规律，建立了具有普遍意义的基于抽象接受函数的可替代性产品扩散模型；然后分别讨论了所有产品均有正广告效用和产品有非负广告效用时，模型正平衡点和非负平衡点局部渐近稳定的条件，分析了区际间人口流动率对不同条件下广告效用和口碑效应的影响，获得了没有广告宣传的产品占有市场或被淘汰的阈值；最后通过数值模拟验证了研究结论的有效性，揭示了人口流动率、口碑效应、广告效用等因素对产品扩散的影响。

关键词：可替代性产品；两区域市场；产品扩散

Substitute Products Diffusion Model in Two Regional Markets

Wang Delu, Liu Yun, Song Xuefeng

（School of Management, China University of Mining and Technology, Xuzhou 221116, China）

Abstract: The diffusion rule of substitute products in two regional markets was examined and a diffusion model based on an abstract acceptance function in a universal way was constructed. Focusing on the advertisement effect, the conditions for locally asymptotical stability of the positive equilibrium and the nonnegative equilibrium were discussed. Whilst, the influence of mobility rate on the advertisement effect and the public praise was analyzed, obtaining the threshold for determining the survival or elimination of products without advertisement. The numerical simulation shows the validity of research results and reveals the impact of mobility rate, the public praise and the advertisement effect on products diffusion.

Key words: substitute products; two regional markets; products diffusion

1 引言

　　企业在产品市场扩散方面的核心能力是企业获取利润保持长期发展的重要因素，可替代性产品的市场成长规律也一直是企业经营战略研究的核心议题之一。自 20 世纪 60 年代尤其是 Bass[1] 以传染病扩散模式为基础建立市场分析和新技术需求预测模型以来，国际上涌现了大量定量分析市场扩散的文献[2~4]。随着创新扩散模型的提出和深入研究，一些学者通过引

---

　　① 基金项目：教育部人文社会科学研究项目（09YJC630217）。

入营销组合变量、价格、竞争和产品升级换代的影响对 Bass 模型进行了改进和扩展[5~7]。这些文献无疑使扩散模型的假设前提更接近现实情况，但却都是在单一市场环境下进行的，少有涉及多区域市场情形下多品牌竞争的产品扩散规律，尤其是扩散系统的长期动力学性态问题。

由于我国幅员辽阔，人口众多，区域经济发展水平悬殊，文化条件也千差万别，尤其是城乡二元经济结构明显，城乡市场差别巨大，人口流动日趋频繁，企业常常将地理区域作为细分消费者市场的基础。因此，研究一个国家内不同区域市场间多竞争性品牌的产品扩散规律，将具有重要的理论价值和现实意义。然而，这方面的研究仍然相当匮乏，仅有少量文献实证探讨了区域内部特征因素对产品扩散的影响[8]。为此，本文综合考虑人口流动、产品广告效用、口碑效应、人口出生与死亡以及使用者自然离开等因素对产品扩散的影响，建立了一个两区域市场情形下的可替代产品扩散模型，并探讨了模型的动力学性态以及参数变化对产品扩散的影响，从而在理论与实践方面拓展了现有成果。

2 基本假设和模型构建

2.1 基本假设

假设 1 不考虑交叉使用的情形，即在每个区域市场中，使用某一品牌产品的消费者不会同时使用或转而购买其他品牌的同类产品，例如汽车、空调、冰箱等耐用消费品的消费特征往往如此。

假设 2 产品潜在消费者主要通过广告宣传和人际交流（包括基于人际接触的交流和基于信息技术尤其是网络的交流）两种途径获得产品的相关信息，其中广告效用对产品使用者增量的影响是线性的，而在信息相互干扰作用下，口碑传播对产品使用者增量的影响可以是线性的，也可以是非线性的。

假设 3 由于生活习惯、消费偏好、掌握的使用技术、收入水平等诸多因素的改变，产品使用者会按照一定的比率改变习惯，并成为潜在消费者。

假设 4 受到广告宣传和口碑效应的影响，一个区域的产品使用者迁入另一个区域后，其中的一部分人群将重新购买该类产品，从而成为该区域市场中某品牌产品的使用者。

2.2 模型构建

将两个区域市场的人群分为互不相交的三类：不使用任何产品的潜在消费者、使用 A 产品的消费者和使用 B 产品的消费者。设 t 时刻其数量分别为 M_i 和 N_{ij}（$i = 1$，2；$j = 1$，2），其中 i 表示区域市场 1 或 2，j 表示可替代性产品 A 或 B。在潜在消费者中，有些受到大众传媒的影响而成为某产品使用者，设由此产生的产品使用者增量为 $\gamma_{ij} M_i$（$i = 1$，2；$j = 1$，2），其中 γ_{ij} 为产品的广告效用；有些则是通过与产品使用者的交流而决定是否购买某产品，设由此产生的产品使用者增量为 $\phi_{ij} M_i$（$i = 1$，2；$j = 1$，2），其中 ϕ_{ij} 为产品的接受度，即产品潜在消费者由于从产品使用者处获得有关产品的信息而倾向接受该产品的程度。

根据上述分析，建立如下产品扩散模型：

$$\begin{cases}
\dfrac{dM_1}{dt} = \beta_1 - \sum_{j=1}^{2}(\gamma_{1j} + \phi_{1j}(N_{11}, N_{12}))M_1 + \\
\sum_{k=1}^{2}\upsilon_{1k}N_{1k} - (\delta_1 + \theta_1)M_1 + \theta_2(M_2 + (1 - \\
k_{11} - k_{12})N_{21} + (1 - k_{11} - k_{12})N_{22}) \\[6pt]
\dfrac{dN_{11}}{dt} = (\gamma_{11} + \phi_{11}(N_{11}, N_{12}))M_1 - (\delta_1 + \upsilon_{11} + \\
\theta_1)N_{11} + k_{11}\theta_2 N_{21} + k_{11}\theta_2 N_{22} \\[6pt]
\dfrac{dN_{12}}{dt} = (\gamma_{12} + \phi_{12}(N_{11}, N_{12}))M_1 - (\delta_1 + \upsilon_{12} + \\
\theta_1)N_{12} + k_{12}\theta_2 N_{21} + k_{12}\theta_2 N_{22} \\[6pt]
\dfrac{dM_2}{dt} = \beta_2 - \sum_{j=1}^{2}(\gamma_{2j} + \phi_{2j}(N_{21}, N_{22}))M_2 + \sum_{k=1}^{2} \\
\upsilon_{2k}N_{2k} - (\delta_2 + \theta_2)M_2 + \theta_1(M_1 + (1 - k_{21} - k_{22}) \\
N_{11} + (1 - k_{21} - k_{22})N_{12}) \\[6pt]
\dfrac{dN_{21}}{dt} = (\gamma_{21} + \phi_{21}(N_{21}, N_{22}))M_2 - (\delta_2 + \upsilon_{21} + \\
\theta_2)N_{21} + k_{21}\theta_1 N_{11} + k_{21}\theta_1 N_{12} \\[6pt]
\dfrac{dN_{22}}{dt} = (\gamma_{22} + \phi_{22}(N_{21}, N_{22}))M_2 - (\delta_2 + \upsilon_{22} + \\
\theta_2)N_{22} + k_{22}\theta_1 N_{11} + k_{22}\theta_1 N_{12}
\end{cases}$$

$$(1)$$

式中，β_i、δ_i 和 θ_i 分别为相应区域的人口出生率、死亡率和迁出率，υ_{ij} 为产品使用者由于诸多因素离开使用者类的速率，k_{ij} 为迁入某一区域市场的消费者成为产品使用者类的比例，其中（$i = 1, 2$；$j = 1, 2$），β_i、δ_i、θ_i、γ_{ij} 和 υ_{ij} 都是正常数。

令 $T_1 = M_1 + N_{11} + N_{12}$，$T_2 = M_2 + N_{21} + N_{22}$，那么，由模型（1）可得：

$$\begin{cases}
T'_1 = \beta_1 - (\delta_1 + \theta_1)T_1 + \theta_2 T_2 \\
T'_2 = \beta_2 - (\delta_2 + \theta_2)T_2 + \theta_1 T_1
\end{cases} \quad (2)$$

定义 $C_1 = \dfrac{\delta_2\beta_1 + \theta_2\beta_1 + \theta_2\beta_2}{\delta_1\delta_2 + \delta_1\theta_2 + \theta_1\delta_2}$，$C_2 = \dfrac{\delta_1\beta_2 + \theta_1\beta_2 + \theta_1\beta_1}{\delta_1\delta_2 + \delta_1\theta_2 + \theta_1\delta_2}$，由此可知，式（2）的正解 $(T_1(t), T_2(t))$ 满足：当 $t \to \infty$ 时，$T_i(t)$

$\to C_i$，即就长期而言，每个区域市场中总的人口数量趋于稳定。

由于本文主要关注产品扩散模型的长期动力学性态，因此用 C_1 表示 $M_1 + N_{11} + N_{12}$，C_2 表示 $M_2 + N_{21} + N_{22}$。同时，为简便起见，令 $\omega_{ij} = \gamma_{ij} + \phi_{ij}$，$\alpha_{ij} = \delta_i + \upsilon_{ij} + \theta_i$（$i = 1, 2$；$j = 1$，2），$P_1 = C_1 - N_{11} - N_{12}$，$P_2 = C_2 - N_{21} - N_{22}$，那么，模型（1）退化为四维系统，并可重写为：

$$\begin{cases}
\dfrac{dN_1}{dt} = \omega_{11}P_1 - \alpha_{11}N_{11} + k_{11}\theta_2 N_{21} + k_{11}\theta_2 N_{22} \\[6pt]
\dfrac{dN_2}{dt} = \omega_{12}P_1 - \alpha_{12}N_{12} + k_{12}\theta_2 N_{21} + k_{12}\theta_2 N_{22} \\[6pt]
\dfrac{dN_3}{dt} = \omega_{21}P_2 - \alpha_{21}N_{21} + k_{21}\theta_1 N_{11} + k_{21}\theta_1 N_{12} \\[6pt]
\dfrac{dN_4}{dt} = \omega_{22}P_2 - \alpha_{22}N_{22} + k_{22}\theta_1 N_{12} + k_{22}\theta_1 N_{12}
\end{cases}$$

$$(3)$$

3 模型分析

3.1 正广告宣传效用

考虑两产品的广告效用都为正的动力学模型，即 $\gamma_{ji} > 0$（$i = 1, 2$；$j = 1, 2$），有如下结论：

定理 1 假设模型（3）中的所有参数均为正常数，并且满足如下约束条件：

$$\begin{cases}
P_i \dfrac{d\phi_{i1}}{dN_{i2}^*} \leq \omega_{i1} - k_{i1}\theta_{3-i} & (4) \\[8pt]
0 \leq P_i \dfrac{d\phi_{ij}}{dN_{ij}^*} - P_i \dfrac{d\phi_{ij}}{dN_{i(3-i)}^*} \leq \alpha_{ij} & (5) \\[8pt]
\omega_{i2} + \alpha_{i2} - 1 \leq P_i \dfrac{d\phi_{i2}}{dN_{i2}^*} \leq \omega_{i2} + \alpha_{i2} - k_{i2}\theta_{3-i} & (6)
\end{cases}$$

式中，$P_i = C_i - \sum_{j=1}^{2}N_j^*$，$i = 1, 2$，那么，模型（3）存在局部渐近稳定的正平衡点 $E(N_{11}^*, N_{12}^*, N_{21}^*, N_{22}^*)$，即两产品在两个区域市场中实现共存与发展。

定理 1 表明，当两产品的接受度正、负增量之差处于在区间 $[0, \alpha_{ij}]$（$i = 1, 2$），并且产品 A 接受度的负增量不高于阈值 $\omega_{i1} - k_{i1}\theta_{3-i}$、产品 B 接受度的正增量落在区间 $[\omega_{i2} + \alpha_{i2} - 1,$ $\omega_{i2} + \alpha_{i2} - k_{i2}\theta_{3-i}]$ 时，具有正广告效用的两产品可以同时在两个区域市场中取得生存机会。也就是说，当两产品在每个区域市场的保有量均小于一定的阈值时，竞争双方能够在复杂的营销博弈中获取相应的市场份额，实现持续共存和发展。同时，人口迁出率 θ_i 越大，两产品接受度的正增量阈值区间上限就越小，其接受度正增量就越容易满足平衡点的要求，正平衡点就越容易达到，即两区域间的人口流动率越高，产品 A 和 B 同时在两个区域市场中共存的可能性就越大；而且，人口流动的外部效应会在一定程度上增强广告宣传和口碑传播对消费者购买决策的影响。这是因为，大规模的人口流动对于消费市场的作用不仅仅是从量的方面改变了消费水平，更具有促进消费信息在不同地区间的频繁交换的深远意义，各地区之间的文化不断交融，促进了消费方式和生活方式的转变。

3.2 非负广告宣传效用

现考虑广告效用为零的产品在两个市场上同时与具有正广告效用的可替代性产品进行竞争的情形，分别考察没有广告宣传的产品得以生存和被市场淘汰的条件。

首先考虑没有广告宣传的产品仍能在市场中占有一席之地的情形。为不失一般性，假设产品 A 不做广告，即 $\gamma_{11} = \gamma_{12} = 0$，其他参数为正常数，那么模型（3）可重写为：

$$\begin{cases} \dfrac{dN_{11}}{dt} = \phi_{11}P_1 - \alpha_{11}N_{11} + k_{11}\theta_2 N_{21} + k_{11}\theta_2 N_{22} \\[2mm] \dfrac{dN_{12}}{dt} = \omega_{12}P_1 - \alpha_{12}N_{12} + k_{12}\theta_2 N_{21} + k_{12}\theta_2 N_{22} \\[2mm] \dfrac{dN_{21}}{dt} = \phi_{21}P_2 - \alpha_{21}N_{21} + k_{21}\theta_1 N_{11} + k_{21}\theta_1 N_{12} \\[2mm] \dfrac{dN_{22}}{dt} = \omega_{22}P_2 - \alpha_{22}N_{22} + k_{22}\theta_1 N_{11} + k_{22}\theta_1 N_{12} \end{cases} \quad (7)$$

定理 2 如果模型（8）满足如下约束条件：

$$\begin{cases} P_i \dfrac{d\phi_{i1}}{dN_{i2}^*} \leqslant \phi_{i1} - k_{i1}\theta_{3-i} \quad (8) \\[3mm] 0 \leqslant P_i \dfrac{d\phi_{ij}}{dN_{ij}^*} - P_i \dfrac{d\phi_{ij}}{dN_{i(3-i)}^*} \leqslant \alpha_{ij} \quad (9) \\[3mm] \omega_{i2} + \alpha_{i2} - 1 \leqslant P_i \dfrac{d\phi_{i2}}{dN_{i2}^*} \leqslant \omega_{i2} + \alpha_{i2} - k_{i2}\theta_{3-i} \,(10) \end{cases}$$

式中，$P_i = C_i - \sum_{j=1}^{2} N_{ij}^*$，$i = 1$，2，那么，存在局部渐近稳定的正平衡点 $E(N_{11}^*, N_{12}^*, N_{21}^*, N_{22}^*)$，即没有广告宣传的产品也能够在市场竞争中占有一席之地。

定理 2 表明，当两产品的接受度正、负增量之差落在区间 $[0, \alpha_{ij}]$ $(i = 1$，2），并且产品 A 接受度的负增量不高于 $\phi_{i1} - k_{i1}\theta_{3-i}$、产品 B 接受度的正增量落在区间 $[\omega_{i2} + \alpha_{i2} - 1, \omega_{i2} + \alpha_{i2} - k_{i2}\theta_{3-i}]$ 时，产品 A 才能在没有广告宣传的情况下与产品 B 共存。相对于定理 1 而言，产品 A 接受度的负增量阈值较小，因此，在同一正负增量差值限制下，产品 A 接受度正增量的阈值区间上限必须更大，即人际传播效应需足够强大，才能保证其不被市场所淘汰。显然，在正平衡点处，除广告效用外，产品 A 和 B 接受度正增量的阈值区间仍与两区域间的人口流动率密切相关，人口流动率越大，阈值区间上限越小，正平衡点就越容易达到，产品 A 取得生存机会的概率就越大，而且由于产品 A 的广告宣传效用为零，其口碑效应的作用对人口流动率的变动将更为敏感。

下面考虑无广告宣传的产品被市场所淘汰的条件。

定理 3 当模型（7）满足如下约束条件：

$$\begin{cases} 1 - \alpha_{i1} \leqslant P_i \dfrac{d\phi_{i1}}{dN_{i2}^*} \leqslant \phi_{i1} - k_{i1}\theta_{3-i} \quad (11) \\[3mm] \alpha_{i2} - 1 \leqslant P_i \dfrac{d\phi_{i2}}{dN_{i2}^*} \leqslant \omega_{i2} + \alpha_{i2} - 1 \quad (12) \end{cases}$$

式中，$P_i = C_i - N_{i2}^*$，$i = 1$，2，那么，存在

渐近的非负平衡点 $E(0, N_{12}^*, 0, N_{22}^*)$，即没有进行广告宣传的产品最终将被市场淘汰。

定理 3 显示，在产品 A 的广告效用为零的情形下，当产品 A 接受度的负增量与产品 B 接受度的正增量分别落在区间 $[1-\alpha_{i1}, \phi_{i1} - k_{i1}\theta_{3-i}]$、$[\alpha_{i2}-1, \omega_{i2}+\alpha_{i2}-1]$ 内时，产品 A 将同时在两个区域市场中遭遇竞争失败，最终被市场所淘汰，这也验证了"酒香不怕巷子深"这种以产品为中心的传统营销观念的局部适用性。而且，当两区域间的人口流动率增大时，产品 A 接受度负增量的阈值区间变小，产品 B 接受度正增量的阈值区间变大，非负平衡点更容易达到，即在没有广告宣传的情况下，人口流动率的增加将加速产品 A 的淘汰过程。这主要是由于无广告宣传的产品的市场扩散主要依赖于人际传播效应，而频繁大规模的人口迁移在一定程度上降低了人际关系网络的稳定性以及网络内部信息的可靠性，从而制约了口碑效应对产品扩散的影响。

4 数值模拟与分析

以某两冰箱生产企业在徐州城市和农村市场中的产品扩散为例，通过数值分析验证本文的主要结论，并进一步探讨广告效用、口碑效应及人口流动率等参数在产品竞争与扩散过程中的影响作用。

4.1 参数设置

本文中定义的接受度函数 ϕ_{ij} 为抽象函数，为便于计算和模拟，采用现有研究中普遍采用的线性形式，即 $\phi_{ij} = \lambda_{ij} N_{ij}$（$i=1, 2; j=1, 2$），其中 $\lambda_{ij} > 0$ 为接受度系数，表示产品潜在消费者对产品的有效接受率，这时模型变为具有双线性接受度的产品扩散模型。各参数在正广告效用和非负广告效用情形下的数值设置如后文表 1 所示。其中，情形 1~3 分别指代两企

业产品广告效用均为正以及非负广告效用下存在正平衡点和非负平衡点的情形；市场 1、2 分别指城市和农村；$N_{11}^{t=0}$ 和 $N_{21}^{t=0}$、$N_{12}^{t=0}$ 和 $N_{22}^{t=0}$ 分别表示初始时刻产品 A 和 B 在两个区域中的市场保有量。数值设定显示，在初始时刻（$t=0$），产品 A 比 B 更具竞争优势。容易验证三种情形下的参数设置分别满足定理 1~3 的约束条件。

4.2 定理验证

根据以上参数设置，利用 Matlab7.0 软件编程并对模型（3）和模型（7）进行模拟，分别得到三种情形下的模拟结果，如图 1~图 3 所示。

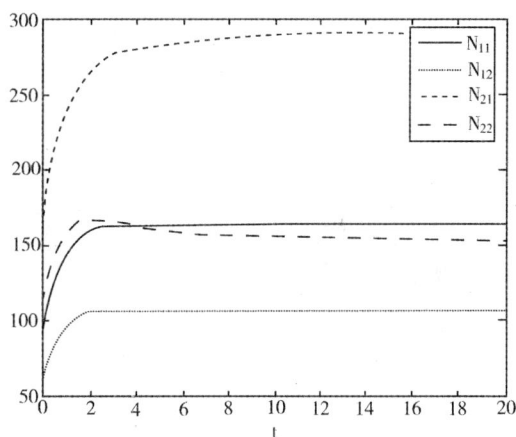

图 1　正广告效用下的正平衡点

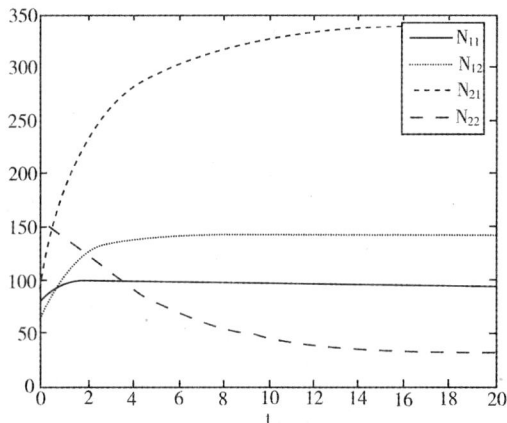

图 2　非负广告效用下的正平衡点

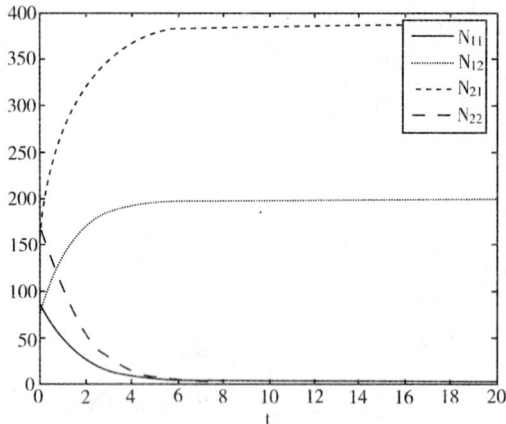

图 3　非负广告效用下的非负平衡点

在图 1 中，$t=0$ 时，相对于产品 B，产品 A 在城市和农村市场中均处于优势地位，在广告效用、口碑效应及人口迁移等因素的作用下，两产品经过长时间的竞争达到均衡状态，最终共同分享市场份额，这与定理 1 的结论一致。从图 2 可以看出，在产品 A 无广告投入的条件下，虽然产品 B 在两个区域的市场份额因其广告宣传优势均大幅增加，但是产品 A 并未被淘汰，这与定理 2 的结论一致。图 3 表明，在广告效用为零的情况下，产品 A 遭遇市场危机，并最终被迫退出市场，而产品 B 在两个区域的市场保有量均大幅增加，这与定理 3 的结论一致。

4.3　参数变化对模型均衡结果的影响

为了考察参数变化对产品扩散均衡结果的影响，令其他参数不变，分别调整广告效用、接受度系数及人口流动率，重新对模型（3）和模型（7）进行分析，探讨不同参数对产品扩散的影响特性。

表 1　三种情形下的参数设置

	C_1	C_2	$N_{11}^{t=0}$	$N_{12}^{t=0}$	$N_{21}^{t=0}$	$N_{22}^{t=0}$	λ_{11}	λ_{12}	λ_{21}	λ_{22}	γ_{11}	γ_{12}
情形 1	310	650	90	60	160	110	0.003	0.003	0.0015	0.0017	0.4	0.28
情形 2	310	650	80	60	150	90	0.0035	0.003	0.0016	0.0017	0	0.27
情形 3	310	650	90	70	180	150	0.003	0.0028	0.0015	0.0013	0	0.63
	γ_{21}	γ_{22}	α_{11}	α_{12}	α_{21}	α_{22}	θ_1	θ_2	k_{11}	k_{12}	k_{21}	k_{22}
情形 1	0.35	0.25	0.48	0.53	0.58	0.72	0.05	0.25	0.4	0.3	0.45	0.35
情形 2	0	0.3	0.6	0.55	0.66	0.73	0.06	0.25	0.35	0.3	0.3	0.25
情形 3	0	0.66	1.02	0.85	1.05	0.8	0.05	0.27	0.02	0.4	0.04	0.30

（1）正广告效用。在各产品广告效用均为正时，不同参数条件下的模拟结果如图 4 ~ 图 9 所示。

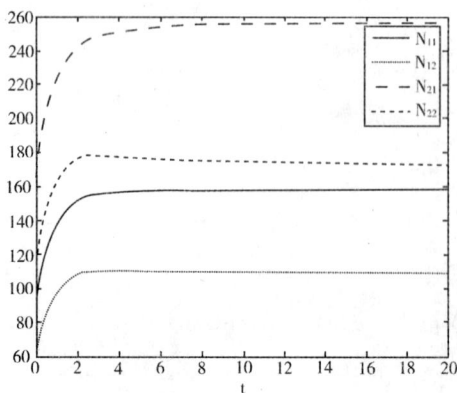

图 4　产品 A 广告效用减小（$\gamma_{11}=0.3$，$\gamma_{21}=0.2625$）

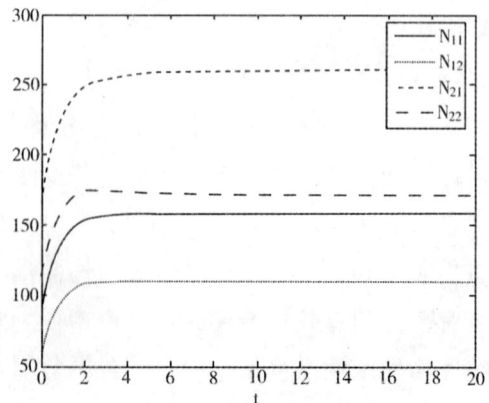

图 5　产品 A 接受度减小（$\lambda_{11}=0.0024$，$\lambda_{21}=0.0012$）

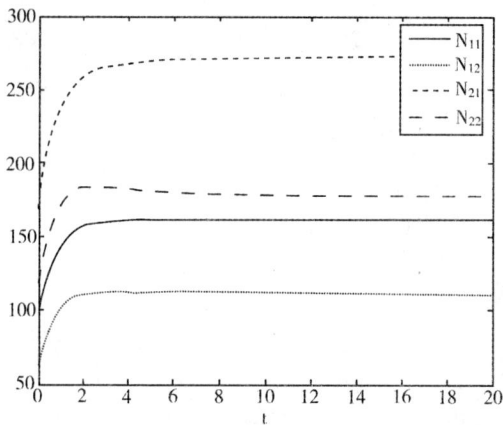

图6　产品 B 广告效用增大（$\gamma_{12} = 0.35$，$\gamma_{22} = 0.3125$）

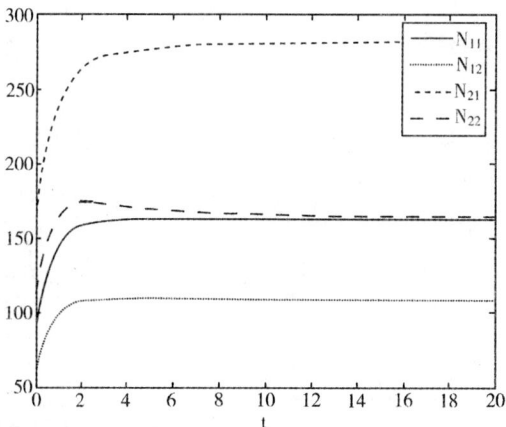

图7　产品 B 接受度增大（$\lambda_{12} = 0.0033$，$\lambda_{22} = 0.00187$）

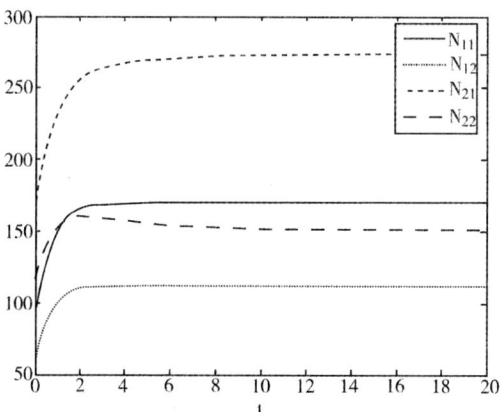

图8　农村到城市的人口流动率增大（$\theta_2 = 0.325$）

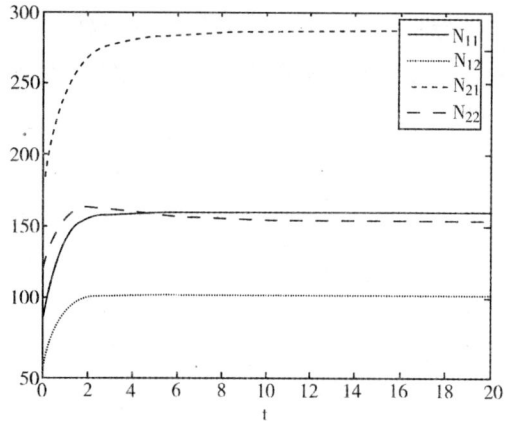

图9　城市到农村的人口流动率增大（$\theta_1 = 0.065$）

由图4和图5可知，无论是产品 A 广告效果减弱还是口碑效应降低，都将在一定程度上削减其市场份额，而产品 B 在两个区域市场中的份额存在不同幅度的上升，这与2011年双汇瘦肉精事件所引起的市场反应是一致的。对比图4、图5与图1可以看出，对于产品 A 而言，广告效用和口碑效应对农村市场保有量变化绝对值的影响均大于城市市场，这表明，因人口素质、消费观念、地域文化、收入水平等条件的限制，农村市场对广告宣传和口头传播的灵敏度更高；同时，对于产品 B 而言，其城市市场保有量受到的影响非常小，而农村市场保有量的增加远小于产品 A 在两个区域市场中保有量的减少，从而造成竞争双方客户流动的缺口，导致整体市场绩效降低。由图6和图7可知，当产品 B 的广告效用增加或口碑效应增大时，其农村市场保有量有所提高，城市市场保有量变化甚微，而产品 A 的城市和农村市场保有量均较小。由图6可知，当产品 B 的广告效用增加时，其农村市场保有量的增加明显大于产品 A 农村市场保有量的减少，从而提高了整体市场绩效。由图8、图9可知，城市与农村之间人口的加速流动会减少人口流出区域的产品份额，从而增加人口流入区域的产品份额，不同的是，与城市人口迁入农村相比，农村人口迁入城市对两市场产品份额的影响更加显著。

（2）非负广告效用。根据前文分析可以知道，非负广告效用存在正平衡点的情形与正广告效用情形极为相似，因此，对于此种情形下各参数对系统稳定性的影响不再赘述。下面着重分析非负广告效用下存在非负平衡点的情形，不同参数条件下的模拟结果如图 10 ~ 14 所示。

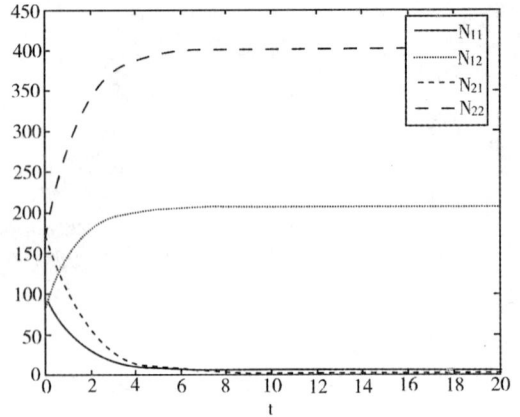

图 12　产品 B 接受度增加
（$\lambda_{12} = 0.00336$，$\lambda_{22} = 0.00156$）

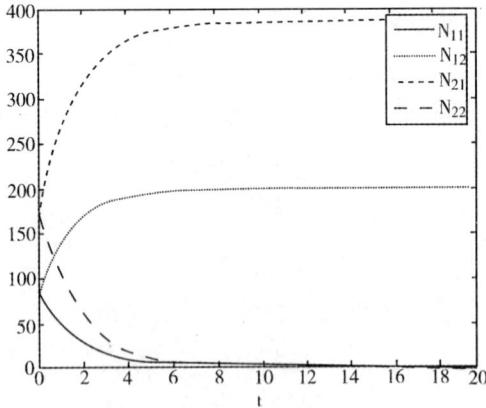

图 10　产品 A 接受度增加
（$\lambda_{11} = 0.0036$，$\lambda_{21} = 0.0018$）

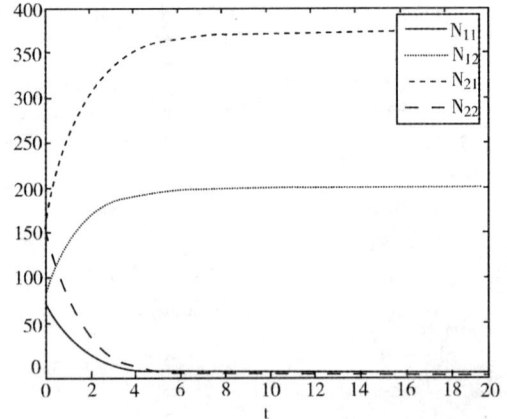

图 13　农村到城市的人口流动率增大（$\theta_2 = 0.351$）

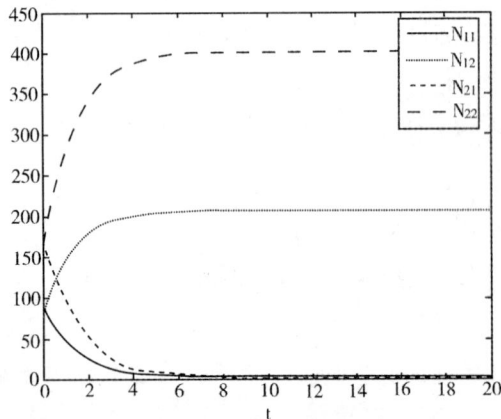

图 11　产品 B 广告效用增加
（$\gamma_{12} = 0.7245$，$\gamma_{22} = 0.759$）

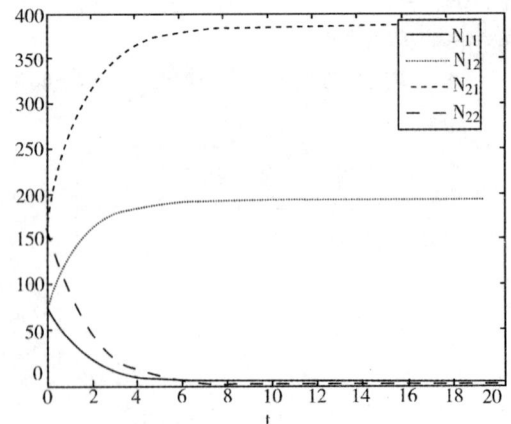

图 14　城市到农村的人口流动率增大（$\theta_1 = 0.065$）

对比图 10 和图 3 可知，在广告效用为零的情况下，产品 A 的口碑效应增强对产品 B 市场份额的影响并不大，但却能有效延迟模型（7）

到达非负平衡点的时间，即延长了产品 A 的生命周期。分别将图 11、图 12 与图 3 比较可知，产品 B 广告投入增加与使用者引导作用增强均不能对其市场份额产生明显影响，原因在于产品 B 在市场中已经占据绝对竞争优势，市场拓展空间有限；同时，产品 B 广告效用与接受度增加均在一定程度上缩短了模型（7）到达非负平衡点的时间，即加速了产品 A 的消亡。

分别将图 13、图 14 与图 3 对比可知，城市到农村的人口迁移与流动对产品 A 的生命周期及产品 B 的市场保有量的影响非常小，而农村到城市的人口迁移与流动则缩短了产品 A 在农村市场的生命周期，而且小幅减少了产品 B 的农村市场保有量，这表明，在无广告宣传的情况下，人口流动会对产品在人口迁出区域的生命周期产生消极影响。

5 结论

本文构建了两区域市场环境下的可替代性产品扩散动力学模型，并分析了模型的长期动力学行为。研究发现：①在产品具有正广告效用的情况下，任一产品广告效用或口碑效应的降低都会导致市场整体绩效的降低，反之则带来整体市场绩效的提升；广告效用和口碑效应对农村市场保有量变化绝对值的影响均大于城市市场，即农村市场对广告宣传和人际传播的灵敏度更高；人口流动率越大，两产品分别在两个区域市场中共存的机会就越大。②在没有广告宣传的情况下，当产品的口碑效应达到一定阈值时，企业仍能够在市场中占据一席之地，而且人口流动率对产品市场份额的影响更加灵敏；当无广告投入，接受度负增量低于区域市

场的人口流失率（包括人口死亡率、迁出率和使用者自然离开率）时，该产品将遭遇营销"瓶颈"，最终被市场淘汰，而且大规模的人口流动会在一定程度上缩短产品在人口迁出区域的生命周期。

参考文献

[1] Bass F. M. A New Product Growth Model for Consumer Durables [J]. Management Science, 1969, 15 (5): 215~227.

[2] Nigel M., Towhidul I. Modeling and Forecasting the Diffusion of Innovation [J]. International Journal of Forecasting, 2006, 22 (3): 519~545.

[3] Wang F. K. Modified Diffusion Model with Multiple Products Using A Hybrid GA Approach [J]. Expert Systems with Applications, 2009, 36 (10): 12613~12620.

[4] Bulte C. V., Joshi Y. V. New Product Diffusion with Influentials and Imitators [J]. Marketing Science, 2007, 26 (3): 400~421.

[5] Mahajan V., Muller E. Timing, Diffusion and Substitution of Successive Generations of Technological Innovations: The IBM Mainframe Case [J]. Technological Forecasting and Social Change, 1996, 51: 109~132.

[6] Speece M. W., Maclachlan D. L. Application of A Multi-generation Diffusion Model to Milk Container Technology [J]. Technological Forecasting and Social Change, 1995, 49: 281~295.

[7] Danaher J. D. Marketing-mix Variables and the Diffusion of Successive Generations of a Technological Innovation [J]. Journal of Marketing Research, 2001, 38: 504~514.

[8] 朱恒源，刘广，吴贵生. 城乡二元结构对产品扩散的影响研究：以彩电采用为例 [J]. 管理世界，2006，4: 66~72.

基于支持向量顺序回归机的中小物流企业信用多分类研究

陈影[1,2]，陈红[1]

（1. 上海大学悉尼工商学院）

（2. 上海大学管理学院）

摘要：中小物流企业在社会生活中承担重要责任，如何评析中小物流企业的信用情况，对中小物流企业的发展起着至关重要的作用。本文在分析前人研究的基础上，选取京、沪、穗三个地区的中小化工物流企业进行分析，运用支持向量顺序分类机的方法，将中小物流企业分为四类，并对分类结果进行解释调整。

关键词：顺序回归机；中小物流企业；信用

Research on multi – classification of credit rating of small and medium – sized logistics companies based on ordinal regression support vector machine

Chen Ying[1,2], Chen Hong[1]

（E – mail：dorothychen@ staff. shu. edu. cn, tracychen@ shu. edu. cn）

（1. Sydney Institute of Language & Commerce, Shanghai University, Shanghai）

（2. School of management, Shanghai University, Shanghai）

Abstract：Small and medium – sized logistics companies are playing an increasingly important part in social life, because of which, how to analyze credit rating of the small and medium – sized logistics companies is of extreme significance for the development of these companies. Based on the analysis of previous studies, the author studied the data of small and medium – sized logistical companies in Beijing, Shanghai and Guangzhou, used support vector machine for ordinal regression method to analyze, divided them into four categories, and explained the results and errors.

Key words：support vector machine for ordinal regression method；small and medium – sized logistical companies；credit rating

1　前言

中小企业在国民经济中占有重要地位。有关资料显示，我国中小企业占企业总数的99%以上，对GDP的贡献超过60%，对税收的贡献超过50%，提供了近70%的进出口贸易额，创造了80%左右的城镇就业岗位。[1]同样在物流行业领域，大型的物流企业设施设备完善充足，内部管理控制科学完善，自有资金雄厚，信誉较好，外部融资能力较强，有固定的客户群体和稳定的收入来源。同时中小物流企业也发挥重要作用，为数百万的中小企业提供物流需求和诸多城市的物流送货服务，满足人们的日常物流服务的需求。但中小物流企业自身资源有限，受客户制约较多，只能为客户提供相对低端的服务，附加利润较少，业务增长点较少，较容易被其他企业替代，赢得订单经常会接受客户苛刻的条件，也容易遇到信誉不好或财务问题客户造成应收账款负担，进而由于资金链紧张而逐渐陷入债务危机濒临破产倒闭。

目前实务中运用的定性评估方法主要是人工专家分析法，又被称为古典信用分析方法，主要有5C法：品德（Character）、能力（Capacity）、资本（Capital）、担保物（Collateral）、环境（Condition）。定量评估方法主要有最早应用于信用评估并且应用非常广泛的统计方法，如多元判别分析法（Multi - linear Discriminate Analysis）、Logistic 模型分析、Fisher 模型分析等。

2　文献综述

2.1　中小企业信用研究

徐志春（2008）[2]从某省贷款 CMS 数据库中随机采集中小企业作为样本，选取12个财务指标和11个非财务指标（外部环境发生变化、对外提供担保、对内外增加投项抵押物价值下降、发现有不端行为、税收或环保等负面消息、被执法机关调查、账户现金流量下降、不配合银行管理、管理层变更等），建立 Logistic 回归模型预测借款人违约风险，预警能力得到显著提高，预警模型分类效果显著优于随机分类。戴芬（2009）[3]提出财务指标与非财务指标相结合的中小企业信用评价指标体系，运用基于蚁群神经网络的评价模型对样本进行五个评价等级的分类，结果表明蚁群神经网络的预测方法与传统的 BP 神经网络预测方法相比，具有较强的泛化能力，应用在中小企业信用评价系统中具有很高的评价准确率。

企业赊销视角对企业的信用评估：Steven Finlay（2010）[4]选用英国一家大型目录零售商的赊销信用数据数据，用二进制连续财务行为预测模型描述顾客违约情况，证明该模型是一种可行的分类方法，如引入遗传算法还可进一步计算利润最优化边界。

2.2　支持向量机

支持向量机（Support Vector Machine, SVM）是 Corinna Cortes 和 Vapnik[5],[6]等人1995年首先提出的，它在解决小样本、非线性及高维模式识别中具有许多优势，并能够推广应用到函数拟合等其他机器学习问题中。支持向量机能处理回归问题（时间序列分析）和模式识别（分类问题、判别分析）等诸多问题，并可推广于预测和综合评价等领域。支持向量机是建立在统计学习理论的 VC 维理论和结构风险最小化基础上，根据有限的样本信息在模型的复杂性（对特定训练样本的学习精度）和学习能力（无错误地识别任意样本的能力）之间寻求最佳折中，以期获得最好的推广能力，分类的过程是一个机器学习的过程。在 N 个空间的超平面里，VC 就是 $N+1$。VC 维在这些数据点

是 n 维实空间中的点，这些点需要通过一个 $n-1$ 维的超平面分开，通常这个被称为线性分类器。VC 维在有限的训练样本情况下，当样本数 n 固定时学习机器的 VC 维越高，学习机器的复杂性越高，VC 维反映函数集的学习能力，VC 维越大则学习机器越复杂（容量越大）。结构风险最小化就是在保证分类精度（经验风险）的同时，降低学习机器的 VC 维，可以控制学习机器在整个样本集上的期望风险，进而寻找分类最佳的平面，即可以使属于两个不同类的数据点间隔最大的面，亦称最大间隔超平面。支持向量机将向量映射到一个更高维的空间里，在这个空间里建立有一个最大间隔超平面，在分开数据的超平面的两边建有两个互相平行的超平面，建立方向合适的分隔超平面使两个与之平行的超平面间的距离最大化。平行超平面间的距离或差距越大，分类器的总误差越小，支持向量即指在间隔区边缘的训练样本点。支持向量机与神经网络类似都是学习型的机制，但与神经网络不同的是 SVM 使用的是数学方法和优化技术。

SVM 的关键在于核函数。通常低维空间向量集难以划分，如将它们映射到高维空间，会增加计算复杂度，引用核函数可以解决这类问题。选用适当的核函数，可以得到高维空间的分类函数，采用不同的核函数将导致不同的 SVM 算法。

周绮凤等人（2005）[7] 选取某商业银行 2003 年轻工业企业 1000 多条样本数据，输出 AAA、AA、A 及 A 以下进行分析，实证研究后发现在多分类支持向量机方法中，有向无环图法和内置空间法，具有较快的学习速度和较高的预测准确率，适合作为商业银行信用风险评估的建模方法。Wun - Hwa Chen 等人（2006）[8] 运用该理论对台湾地区资本市场具备发行商资格的商业银行进行信用评估分类，引入股票市场信息、政府财务支持、大股东财务支持等变量进行分析，得到比神经网络更高的准确率。肖文兵等人（2007）[9] 运用支持向量机建立个人信用评估模型，并将结果与三层全连接 BPN 分类结果进行了比较。结果表明，在判别潜在的贷款申请者中支持向量的判别结果比神经网络的要好。Cheng - Lung Huang（2007）[10] 运用遗传算法和支持向量机的混合算法对澳大利亚和德国的信用数据进行分析，得到较为理想的结果。Shu - Ting Luo 等人（2008）[11] 利用支持向量机和聚类法对德国信贷数据进行信用评分得到较为理想的结果。Atish P. Sinha 等人（2008）[12] 比较朴素贝叶斯、Logistic 回归、决策树、决策表、神经网络、K 近邻法、支持向量机法在借款者信用评价的效果后认为，在具体专业知识和数据有限的情况须强调专业知识和数据挖掘的协同作用。吴冲等人（2008）[13] 利用基于模糊积分的支持向量机集成方法对电子商务环境下客户信用进行评估，具有较好的鲁棒性和泛化能力。万福永（2009）[14] 利用高斯核 SVM 建立上市公司财务风险评价模型，从上市公司 13 个主要财务指标中选出部分指标，建立了 42 种财务风险评价预测模型，并利用这 42 种模型对评估预测精度进行比较研究，文章对比支持向量机和统计学方法，并基于数值仿真实验说明了基于高斯核的支持向量机在上市公司进行财务风险评价预测的优越性。Wen Jing Chen（2010）[15] 用 Lp 标准近似支持向量机对美国主要银行的 6000 个信用卡记录进行分析，通过共轭梯度法解决平滑问题，数据结果表明这种方法是有效的。

3 样本数据及模型分析

在供应链系统中，对中小型物流企业进行

分析研究，可以做出相对客观有利的综合情况及信用评价。供应链中链主企业可以根据自身的资金市场和客户优势与中小物流企业建立长期的合作关系，可以提升中小物流企业的综合竞争实力和信用水平，如石化行业、知名的销售网站等，同时还需考虑整个行业的系统风险。

对中小物流企业的分析，首先需要考虑基本的财务信息、总资产、负债、净利润外，还需了解企业的资产管理效率、盈利能力、运营效率、偿债能力（掌握企业的资产结构组成和各项资产的流动性），综合评估中小物流企业的财务情况。由于中小型物流企业的固定资产数量有限，流动资产中应收款占很大比例，由于兑付时间的影响极易造成短期资金周转困境，无力支付短期负债和应付款，造成自身流动资金被其他企业占用而濒临破产倒闭。其次需要考虑中小物流企业提供服务的业务和能力，是运输服务、仓储服务还是增值服务，如果功能单一，增值服务薄弱，收益就会非常有限，并且同质化竞争激烈，会造成整个行业全部企业受到损失。如果中小型物流企业不能提供更好的服务维护现有的优质客户资源，未来的综合评价和信用状况会受到影响的。最后需要分析中小型物流企业内部控制制度完善情况、各项资产管理状况、服务质量监管、费用结算以及特殊情况处理等信息。

选取北京、上海、广州地区化工行业中小物流公司发放调查表格，获取到详细的全方位的资料信息。了解到企业的名称地址、法人代表、业务负责人的年龄学历等相关信息，以及注册资本、企业类型（包括国企改制或外资独资、合资、私营等）、成立日期、公司主要机构所在地、经营范围、核心业务、开户银行信息、经营许可证、人员状况构成、资产净值、固定资产原值及净值、资产总额、负债总额、资产负债率、企业营业收入、利润总额、净利润；物流服务能力：运输服务（包括铁路运输的企业专用铁路、托运站和其他方式，公路运输和水路运输的普通货物运输、集装箱运输及危险品液体运输），仓储服务（包括普通货物固体仓储、危险品货物固体仓储、普通液体产品仓储、危险品液体储存及液化气体储存），其他服务（包括港口装卸、运输代理、铁路计划代理），增值服务（包括物流方案设计和物流资源整合等服务）；运输服务设施情况（包括公司自有公路运输车辆情况——普通货物运输车辆和危险品运输车辆，以及合作单位运输车辆情况——普通货物运输车辆和危险品运输车辆）；仓储设施情况（自有固体仓储设施、自有液体仓储设施、库房与储罐配套装卸设施、公司自有水路运输船舶、公司泊位设施情况、铁路运输设施——装卸车线路、铁路槽车）。

总计获取71个有效样本数据。由于一些中小物流企业不具备上述的运输仓储能力条件，缺省数据取0。由于获取的样本数据多为定性变量，定量变量较少，定性变量较多。由于选取的指标较多且不同指标会包含重复的信息，如资产总额、负债总额和资产负债率。因此需进行降维分析，笔者选用主成分分析法进行分析，经过运算处理后得到因子：公司总体业务情况因子、资产状况因子、收益能力因子、普通物品运输能力因子、危险物品运输能力因子、普通物品仓储能力因子、危险物品仓储能力因子、其他服务因子、增值服务因子、普通运输服务设施因子、危险品运输服务设施因子、固体仓储设施因子、液体仓储设施因子、水路仓储设施能力、铁路运输仓储能力因子。

由于本文样本属于小样本分类问题，因此选用小样本学习的支持向量机多分类算法。给定的训练集是：

$$T = \{(x_1, x_2), \cdots, (x_l, x_2)\} \in (R^n \times y)^l,$$
$$x_i \in R^n, y_i \in Y = \{1, -1\}, i = 1, \cdots, l \quad (1)$$

支持向量机解决多分类问题的途径是构造一系列两类问题，[5][6]并建立相应的两分类机，根据这些两分类机对输入 x 判定的结果推断 x 的归属。通常使用的方法有：成对分类法（One Versus One）、一类对余类（One Versus the Rest）、顺序回归机和 Crammer – Singer 多类支持向量分类机等。本文选用顺序回归机法，认为 M 类的输入在空间 R^n 的位置是从 1 到 M 有顺序的，它们有确定的相邻关系，即第 j 类和第 j - 1、j + 1 类相邻，而第 j - 1 类和第 j + 1 类并不相邻，也就是该空间可以被 M - 1 个平行超平面分开。

$$T = \{x_i^j\}_{i=1,2,\cdots,l^j}^{j=1,2,\cdots,M} \quad (2)$$

式中，x_i^j 为训练点的输入，上标 j 为相应训练点的类别，l^j 是第 j 类训练点的个数。

原始问题是：

$$\min_{w,b} \frac{1}{2} \|w\|^2 \quad (3)$$

s. t. $(w \cdot x_i^j) - b_j \leqslant -1, j = 1, \cdots, M, i = 1, \cdots, l^j$
$$(4)$$

$$(w \cdot x_i^j) - b_{j-1} \geqslant 1, j = 1, \cdots, M, i = 1, \cdots, l^j \quad (5)$$

这里 $b = (b_1, \cdots, b_{M-1})^T, b_0 = -\infty, b_M = +\infty$

根据训练集需要引入松弛变量 $\xi^{(x)} = (\xi_1^1, \cdots, \xi_{l^1}^1, \cdots, \xi_1^M, \cdots, \xi_{l^M}^M, \xi_1^{*1}, \cdots, \xi_1^{*M}, \cdots, \xi_{l^M}^{*M})^T$ 和惩罚参数 $C > 0$，原始问题转化为凸二次规划：

$$\min_{w,b,\xi^{(*)}} \frac{1}{2} \|w\|^2 + C \sum_{j=1}^{M} \sum_{i=1}^{l^j} (\xi_i^j + \xi_i^{*j}), \quad (6)$$

s. t. $(w \cdot x_i^j) - b_j \leqslant -1 + \xi_i^j, j = 1, \cdots, M, i = 1, \cdots, l^j$

$(w \cdot x_i^j) - b_j \geqslant -1 + \xi_i^{*j}, j = 1, \cdots, M, i = 1, \cdots, l^j$

$\xi_i^j \geqslant 0, \xi_i^{*j} \geqslant 0, j = 1, \cdots, M, i = 1, \cdots, l^j$

其中 $b = (b_1, \cdots, b_{M-1})^T, b_0 = -\infty, b_M = +\infty$

4 结论

运用顺序回归支持向量机将中小物流企业信用情况进行分类，分为 AAA、AA、A、B 四级。根据实验结果，训练准确率四级分别为 95.8%、93.9%、92.1%、91.9%，测试集的准确率分别为 93.1%、92.7%、91.1%、87.9%。根据分析结果可以解释为，将本文样本分为具备危险品运输仓储能力的企业 AAA 级、具备危险品运输能力的企业 AA 级、普通物品运输仓储能力的企业 A 级、普通物品运输企业 B 级，涉及误差的部分可以解释为有的中小物流企业只具备普通物品的运输仓储或运输能力，但其运输车辆或挂靠车辆较多，增加其信用程度，对于此例外企业可以人工专家法进行调整，从而达到较好的判断结果。

参考文献

[1] http：//www. chinanews. com. cn/cj/cj – gncj/news/2010/05 – 14/2283411. shtml. 中国中小企业数量已超千万户 2010 年 05 月 14 日 15：27 新华网.

[2] 徐志春，王宗军，薄纯林. 引入非财务因素的中小企业信用风险预警模型实证研究. 金融理论与实践，2008（6）：3~6

[3] 戴芬，刘希玉，王晓敏. 蚁群神经网络在中小企业信用评价中的应用. 计算机技术与发展，2009，19（10）：218~221

[4] Steven Finlay Credit scoring for profitability objectives European Journal of Operational Research. 2010（202）：528~537.

[5] 邓乃扬，田英杰. 支持向量机——理论、算法与拓展. 科学出版社，2009.

[6]［英］Nello Cristianini, John Shawe – Taylor. 支持向量机导论. 李国正，王猛，曾华军译. 电子工业出版社，2004.

[7] 周绮凤，林成德. 商业银行信用风险评估中多分类方法的比较. 第 24 届中国控制会议，2005：

1734~1737.

[8] Wun – Hwa Chen , Jen – Ying Shih, A study of Taiwan's issuer credit rating systems using support vector machines, Expert Systems with Applications 30 （2006）: 427~435.

[9] 肖文兵，费奇，万虎. 基于支持向量机的信用评估模型及风险. 中国学术期刊文摘，2007，13 （22）：284.

[10] Cheng – Lung Huang, Mu – Chen Chen, Chieh – Jen Wang, Credit scoring with a data mining approach based on support vector machines, Expert Systems with Applications 33 （2007）: 847~856.

[11] Shu – Ting Luo, Bor – Wen Cheng , Chun – Hung Hsieh, Prediction model building with clustering – launched classification and support vector machines in credit scoring, Expert Systems with Applications 36 （2009）: 7562~7566.

[12] Atish P. Sinha, Huimin Zhao Incorporating domain knowledge into data mining classifiers: An application in indirect lending Decision Support Systems 46 （2008）: 287~299.

[13] 吴冲，夏晗. 基于支持向量机集成的电子商务环境下客户信用评估模型研究. 中国管理科学，2008年10月.

[14] 万福永，石秀福. 基于 SVM 的上市公司财务信用评价预测方法研究 [A]；2009 年，中国智能自动化会议论文集（第二分册）[C]. 2009.

[15] Wen Jing Chen, Ying Jie Tian Lp – norm proximal support vector machine and its applications Procedia Computer Science 1 （2010）：2411~2417.

产能约束与价格分散：供应链中的研究[①]

刘洋　马永开

（电子科技大学经济与管理学院）

摘要：现有的价格分散研究，往往是在信息不对称的前提下进行的，而在信息完全对称的情况下进行的研究很少。本文在市场需求不确定的情况下建立了一个基于报童模型的包括一个零售商、两个供应商的供应链系统，通过斯塔克伯格博弈分别在不同的产能约束情况下讨论了两家供应商中间出现的价格分散现象。研究表明，在无搜索成本以及信息对称的情况下，仅仅由于产能约束，也会导致价格分散现象的出现；这种供应链中由产能约束导致的价格分散是内生的；随着供应商生产能力的不同，价格分散可能表现出价格几乎接近和价格明显分散这两种形式；供应商的相对价格高低和实际的期望利润之间并没有明显的关系，两个供应商中生产能力高的供应商可以获取供应链中更多的期望利润。

关键词：价格分散；产能约束；斯塔克伯格博弈；报童模型

Production Capacity Constraint and Price Dispersion：Study in Supply Chain

Liu Yang, Ma Yongkai

（E – mail：wieweit@ 126. com, mayongkai@ uestc. edu. cn）

（ School of Management and Economics,

University of Electric Science and Technology of China, Chengdu）

Abstract：Previous researches of price dispersion are often based on asymmetric information；researches based on symmetric information are sparse. This article established a Newsvendor model with one retailer and two suppliers under the uncertain demand condition. By Stackelberg game we discussed suppliers' price dispersion in different situation of production capacity constraint. This research shows that：in the absence of search cost and symmetric information, production capacity constraint will lead to price dispersion；this kind of price dispersion caused by different production capacity constraints is endogenous；with different suppliers' production capacity constraints, price dispersion may have two forms, which are significant price dispersion and the almost close price dispersion；there is no obvious relationship between suppliers' relative price level and the actual expectation profit, the higher of production capacity, the more profit can get from the

---

① 基金项目：国家自然科学基金重点项目（70932005），教育部博士点基金项目（20100175110017），国家自然科学基金项目（71101019）。

supply chain.

Key words：srice dispersion；production capacity constraint；stackelberg games；newsvendor model

1　引言

在 Bertrand 模型中，同一个市场内，同质产品的价格应该是趋于一致的，而在现实生活中，同质产品的价格并不总是按照 Bertrand 模型呈现出一个基本一致的情况，甚至在诸如电子、地产等一些行业中，基本同质的产品价格可能会出现很大的差别。考虑到商品的质量、售后服务、购买便利度等属性不可能完全一致，在很长的一段时间内，同质产品的价格分散现象都被解释为因为商品不完全同质所造成的。

最早提出价格分散这个概念的是 Stigler[1]（1961），他在研究中指出，即使是完全同质产品，在搜索方式不同和信息不对称的情况下，也会产生价格分散现象，并在研究中给出了由于信息不对称所造成的价格分散的模型。Varian[2]（1980）在 Stigler 研究的基础上进一步给出了当市场上存在知情和不知情两种消费者时候的一种价格分散的市场均衡。在随后对价格分散的研究中，学者从许多方面对价格分散形成的原因进行了解释。Brynjolfsson[3]（2000）通过实证数据研究发现销售渠道、品牌以及消费者认知度等都可能导致价格分散现象的发生。Pan[4]（2002）在对网络上存在的价格分散进行研究时指出销售者的服务质量对价格分散的也有一定程度的影响。Gerardi[5]（2009）通过对美国航空业的实证研究发现市场竞争激烈程度和价格分散程度并不是绝对的负相关，在航空行业里面，市场竞争越激烈，价格分散程度越高。林旭东[6]（2009）研究了在线广告和价格分散程度之间的关系，发现

广告强度会提高价格分散的程度。王强[7]（2010）在 Stigler 研究的基础上通过增加对卖家声誉的分析，发现声誉和卖家的价格之间存在正相关的关系。

在关于由生产能力的限制而导致的价格分散的研究上，以往的研究都是在搜索的基础上进行的。Pratt[8]（1979）首先提出同质产品也可能由于生产能力的差距而存在一定的价格分散。Kreps[9]（1983）和 Davidson[10]（1986）研究了无搜索成本的价格分散。Peters[11]（1984）和 Deneckere[12]（1995）研究了搜索成本无限大的价格分散，Deneckere（1995）发现了在没有搜索成本的情况下，达到市场均衡的时候会有唯一的均衡。Arnold[13]（2000）研究了有一定搜索成本的价格分散。在上述关于生产能力导致的价格分散的研究中，主要研究内容都是当消费者不能完全掌握产量信息情况下使用搜索的方式来进行购买，在可能搜索到更低价格的可购买商品与搜索成本之间权衡，从而使得销售商之间可以出现价格分散的情况。

与现有的文献相比，本文关于价格分散的研究是在信息完全对称的情况下进行的。在本文中，通过使用一个零售商来代替市场上的消费者，完全排除了购买方的信息不对称的情况，避免了由于消费者所掌握的信息不对称而形成的价格分散。本文通过讨论存在产能约束时候的供应商博弈问题，给出了寡头垄断时候产能限制和价格分散程度之间的关系，同时通过讨论供应链中内生的价格分散，避免了在供应链中假定同质商品价格外生而导致的供应链绩效的下降。

本文首先讨论了零售商的最优采购策略，

然后在零售商的最优采购策略的基础上研究了在不同产能约束情况下供应商之间的价格博弈，继而通过两家供应商各自的最优决策，导出了产能限制和可能的价格分散之间的联系。

2 问题描述

在一个销售期开始之前，零售商从两个同质产品供应商处采购同一种易逝商品并在销售期中进行销售；当销售期结束后，零售商处没有销售掉的商品都完全报废，残值为 0。在该供应链中，所有成员的信息都是完全对称的，供应商的批发价格分别为 w_1 和 w_2，生产能力分别为 q_1 和 q_2，两家供应商的生产成本都为固定成本 c。零售商根据两家供应商的供应价格来决定采购的数量 q，并且在销售的时候将产品按照统一的固定价格 p 进行销售。假设消费者市场的市场需求为随机需求 D，在区间 $[a, b]$ 上均匀分布，其中 a 是可能的最低需求，b 是可能的最高需求，其密度函数为 $f(x) = \dfrac{1}{b-a}$，分布函数为 $F(x) = \dfrac{x-a}{b-a}$。假设两家供应商的定价行为是按照斯塔克博格博弈进行的，其中供应商 1 优先进行定价，在观察到供应商 1 给出的定价后，供应商 2 进行定价，零售商将优先在价格低的供应商处进行采购，如果两家供应商价格相等，那么零售商在任意一家优先进行采购的概率都为 50%。

为了讨论问题的方便，我们将首先讨论零售商的采购策略，然后在零售商最优采购策略的基础上来讨论两家供应商中可能存在的价格分散情况。

3 零售商决策分析

由于在采购期结束后零售商处所有的商品残值都为 0，零售商的期望利润函数可表示为：

$$\prod_r = pE\left[\min\ \{q,\ D\}\right] - c_A q \qquad (1)$$

式中，$\prod_r$ 是零售商的总期望利润，c_A 是所有商品的单位平均成本，只在一家供应商处进行采购的时候，c_A 就是该供应商的批发价格，而在两家供应商处采购的时候，c_A 是两家供应商的批发价格加权平均，由一阶条件可以得到零售商的最优采购量为：

$$q^* = b - \frac{c_A\ (b-a)}{p} \qquad (2)$$

零售商的采购行为是在观测到了两家供应商的价格的基础上进行的，平均价格 c_A 与两家供应商的价格以及生产能力有关系，因此，在这里我们将对供应商的不同价格情况进行讨论。

3.1 供应商定价相等时的情形

假设两家供应商价格相等的时候价格都为 w_e，那么 $c_A = w_e$，零售商的采购量为 q_e，由式 (1) 可以将生产商的期望利润可以表示为：

$$\prod_r = \frac{(2bq_e - aq_e - q_e^2)\ p}{2\ (b-a)} - w_e q_e \qquad (3)$$

当供应商的批发价格相等的时候，由一阶条件，供应商的最优采购量始终为：

$$q^* = b - \frac{w_e\ (b-a)}{p} \qquad (4)$$

3.2 供应商定价不相等时的情形

如果两家供应商给出的价格不同，定义价格高的供应商价格为 w_H，生产能力为 q_H，价格低的供应商价格为 w_L，生产能力为 q_L。

当低价供应商可以完全满足零售商的需求时，由式 (2) 可以将零售商的期望利润函数表示为：

$$\prod_r = \frac{(2bq - aq - q^2)\ p}{2\ (b-a)} - w_L q \qquad (5)$$

在式 (5) 中，零售商的期望利润 $\prod$ 为采购量 q 的凹函数，在 $q^* = b - \dfrac{w_L\ (b-a)}{p}$ 处达到最大值，当低价供应商的生产能力 $q_L \geq b - \dfrac{w_L\ (b-a)}{p}$ 的时候，低价供应商能完全满足零售商的需求，零售商只会在低价供应商处进行采购；而当低价供应商的生产能力 $q_L < b - \dfrac{w_L (b-a)}{p}$ 的时候，生产商会根据期望利润来决定是否采购高价产品，如果采购的话采购多少。当 $q_L < b - \dfrac{w_L (b-a)}{p}$ 的时候，零售商采购高价产品的边际收益可以表示为 $MR_r = \dfrac{p (b-q_L)}{b-a}$，当 $MR_r > w_H$ 的时候，即 $q_L < b - \dfrac{w_H (b-a)}{p}$ 时，零售商多采购一单位的高价商品总能使得边际利润上升，由此可得以下结论：

结论 1　当 $q_L \geq b - \dfrac{w_H (b-a)}{p}$ 的时候，零售商的最优策略为只采购低价产品；当 $q_L < b - \dfrac{w_H (b-a)}{p}$ 的时候，零售商将会在两家供应商处进行采购。

零售商采购的商品平均价格可以表示为 $c_A = \dfrac{w_L q_L + w_H (q-q_L)}{q}$，将其带入式（1）可以得到这种情况下零售商的期望利润函数：

$$\prod_r = \frac{(2bq - aq - q^2) \, p}{2 (b-a)} - w_L q_L - w_H (q - q_L) \quad (6)$$

这种情况下，零售商的最优采购量为：

$$q^* = b - \frac{w_H (b-a)}{p} \quad (7)$$

由结论 1、式（4）和式（7）可以得到以下结论：

结论 2　在两家供应商的价格相等的情况下，零售商的最优采购量始终等于 $q^* = b - \dfrac{w_e (b-a)}{p}$。当低价供应商的生产能力 $q_L \geq b - \dfrac{w_L (b-a)}{p}$ 的时候，低价供应商能够完全满足零售商的需求，最优采购量为 $q_L = b - \dfrac{w_L (b-a)}{p}$；当低价供应商的生产能力 $b -$

$\dfrac{w_H (b-a)}{p} \leq q_L < b - \dfrac{w_L (b-a)}{p}$ 的时候，低价供应商不能完全满足零售商的需求，最优采购量为 $q^* = q_L$；而当低价供应商的生产能力 $q_L < b - \dfrac{w_H (b-a)}{p}$ 的时候，零售商将会同时在两家供应商处进行采购，最优采购量为 $q^* = b - \dfrac{w_H (b-a)}{p}$。

4　供应商决策分析

结论 2 给出了零售商的采购策略，零售商采购的顺序和两家供应商的决策次序没有明显的关系，而是按照价格高低来进行采购的。设零售商的最大采购量为 q_{MAX}，由式（4）可知，零售商可能的最高采购量为：

$$q_{MAX} = b - \frac{c (b-a)}{p} \quad (8)$$

由于两家供应商是采用贯序决策来确定价格的，为了涵盖所有的可能，我们将根据两家供应商的生产能力是否达到零售商的最高采购量来对两家供应商的定价情况进行讨论。

4.1　两家供应商生产能力都大于 q_{MAX} 的情形

在这种情况下，由于两家供应商均能完全满足零售商的需求，那么价格低的供应商就会得到全部的需求，而价格高的供应商则不能销售出去任何商品。因此，当供应商 1 给出了定价后，供应商 2 只需要在供应商 1 给出的价格基础之上稍微降低一点，就可以占有全部的需求，供应商 1 必须设置价格为最低价格，来保证自己有 50% 的几率能够销售出去商品。从而在达到均衡的时候，供应商 1 与供应商 2 的价格都会是最低价格，也就是商品的成本 c。由式（4）可以知道，两家供应商的期望商品销售数量都为：

$$q = \frac{bq - c (b-a)}{2p} \quad (9)$$

这个时候两家供应商的期望利润都为 0，供应链的全部期望利润被零售商获得，供应商整个供应链的期望利润达到最大，没有价格分散情况的发生，这也就是传统的 Bertrand 竞争。因此可以得到如下结论：

结论 3 当两家供应商都能完全满足零售商的需求的时候，供应链绩效达到一体化，供应链中不存在价格分散。

4.2 两家供应商只有一家生产能力大于 q_{MAX} 的情形

在这种情况下，一家供应商的生产能力大于 $q_{MAX} = b - \dfrac{c (b-a)}{p}$，而另外一家供应商的生产能力小于 $q_{MAX} = b - \dfrac{c (b-a)}{p}$。在竞争中，无论哪家供应商的生产能力不能完全满足零售商的需求，其定价都必须要不高于另一家供应商的定价，否则将不能销售出去任何的商品，按照 Varian（1980）的证明，有以下引理：

引理 1 当市场所允许的最小价格差足够小的时候，只要先决策的供应商价格不为 c，后决策的供应商设置略低的价格总可以比设置相同的价格取得更高的期望利润。

证明 当最小价格差足够小的时候，相比设置相同的价格，后决策的供应商设置略低的价格可以明显提高销售数量，而单位商品的期望利润只会极少地降低，从而使得利润有很大提高。

首先讨论供应商 1 能够完全满足需求，而供应商 2 的生产能力不能完全满足需求的情况，也就是 $q_1 \geq b - \dfrac{c (b-a)}{p}$ 并且 $q_2 < b - \dfrac{c (b-a)}{p}$ 的情况。在这种情况下，由于供应商 2 不能完全满足零售商的需求，那么只要供应商 1 的价格不为 c，供应商 1 都可以保证自己的期望利润大于 0。同时由引理 1，当供应商 1 的价格不为 c 的时候，供应商 2 只需要在供应商 1 的基础上将价格降低一点，就可以保证销售出所有的商品，从而确保期望利润最大。设市场上所允许的最小价格差距

为 δ，那么供应商 2 的最优定价策略就是：

$$w_2 = w_1 - \delta \tag{10}$$

设两家供应商的期望利润分别为 $\prod_{s1}$ 和 $\prod_{s2}$，由结论 2 可以得到供应商 2 期望利润为：

$$\prod_{s2} = (w_1 - \delta - c) q_2 \tag{11}$$

供应商 1 期望利润为：

$$\prod_{s1} = (w_1 - c)\left(b - \frac{w_1 (b-a)}{p} - q_2\right) \tag{12}$$

由 1 阶条件，供应商 1 的最优价格为：

$$w_1{}^* = \frac{(b - q_2) p}{2 (b-a)} + \frac{c}{2} \tag{13}$$

将式（13）代入式（10）可以得到供应商 2 的最优价格为：

$$w_2{}^* = \frac{(b - q_2) p}{2 (b-a)} + \frac{c}{2} - \delta \tag{14}$$

由式（13）、式（14）可以得到如下结论：

结论 4 在先决策的供应商能够完全满足零售商的需求而后决策的供应商不能满足零售商的需求的情况下，两家供应商之间发生了价格分散现象，其价格差始终为市场所允许的最小价格差，两家供应商的价格和后决策供应商的生产能力负相关。

第二种情况，也就是供应商 1 生产能力小于 $q_{MAX} = b - \dfrac{c (b-a)}{p}$，而供应商 2 生产能力大于 $q_{MAX} = b - \dfrac{c (b-a)}{p}$ 的情况。在这种情况下，当供应商 2 选择价格高于供应商 1 时两家供应商的期望利润函数为：

$$\begin{cases} \prod_{s1} = (w_1 - c) q_1 \\ \prod_{s2} = (w_2 - c)\left(b - \dfrac{w_2 (b-a)}{p} - q_1\right) \end{cases} \tag{15}$$

当供应商 2 选择价格低于供应商 1 时候两家供应商的期望利润函数为：

$$\begin{cases} \prod_{s1} = 0 \\ \prod_{s2} = (w_2 - c)\left(b - \dfrac{w_2 (b-a)}{p}\right) \end{cases} \tag{16}$$

由引理 1，式（15）可以更新为：

$$\Pi_{s2} = (w_1 - \delta - c)(b - \frac{w_1 - \delta - (b-a)}{p})$$

（17）

供应商 1 的最优定价必须使得供应商 2 价格高于供应商 1 的时候可以获得比价格低于供应商 1 时更大的期望利润，由式（15）和式（17）可以得到，供应商 1 的最优价格应该满足如下条件：

$$(w_2^* - c)(b - \frac{w_2^*(b-a)}{p} - q_1) =$$
$$(w_1^* - \delta - c)(b - \frac{w_1^* - \delta - (b-a)}{p}) \quad (18)$$

其中 w_2^* 是当供应商 2 价格高于供应商 1 时候的最优价格，w_1^* 为该情况下供应商 1 的最优价格，由式（15）可得：

$$w_2^* = \frac{p(b-q_1)}{2(b-a)} + \frac{c}{2} \quad (19)$$

将式（19）代入式（18）可以得到，供应商 1 最优价格为：

$$w_1^* = \frac{2\sqrt{c^2a - 2c^2ab + 2abcp + c^2b^2 - 2cb^2p + cbp - cq_1p + 2p^2bq_1 - p^2q_1^2 + 2cb - 2ca + 2bp}}{4(b-a)} + \delta \quad (20)$$

由式（19）、式（20）可以得到如下结论：

结论 5　当先决策的供应商不能完全满足零售商的需求，而后决策的供应商能够满足零售商的需求时会存在价格分散，需求波动范围与供应商价格分散程度正相关，先决策的供应商的生产能力与价格分散程度负相关。

4.3　两家供应商生产能力都小于 q_{MAX} 的情形

当两家供应商的生产能力都小于 $q_{MAX} = b - \frac{c(b-a)}{p}$ 的时候，由引理 1，供应商 2 的价格设定不会和供应商 1 相同。由结论 2，当供应商 2 选择价格高于供应商 1 的策略时，两家供应商的期望利润函数分别为：

$$\begin{cases} \Pi_{s1} = (w_1 - c)q_1 \\ \Pi_{s2} = (w_2 - c)(b - \frac{w_2(b-a)}{p} - q_1) \end{cases}$$

（21）

由结论 2，当供应商 2 选择价格低于供应商 1 的策略时，两家供应商的期望利润函数分别为：

$$\begin{cases} \Pi_{s1} = (w_1 - c)(b - \frac{w_1(b-a)}{p} - q_2) \\ \Pi_{s2} = (w_1 - \delta - c)q_2 \end{cases} \quad (22)$$

由式（21）和式（22）可知，两家供应商的期望利润函数都是非连续的，随着供应商 1 设定的价格的不同，两家供应商的期望利润函数呈现出明显的分段现象，因此不能使用传统的 Nash 均衡点的寻找方法，在这里我们将通过比较两种情况下两家供应商的最优期望利润来寻找可能存在的 Nash 均衡点。设供应商 2 选择价格持续高于供应商 1 的时候最优价格为 w_{2h}^*，选择价格持续低于供应商 1 的时候最优价格为 w_{2l}^*。

当供应商 2 选择价格持续高于供应商 1 的策略时，由式（21）可得供应商 2 的最优价格为：

$$w_{2h}^* = \begin{cases} \frac{p(b-q_1)}{2(b-a)} + \frac{c}{2} & 当 w_1 < \frac{p(b-q_1)}{2(b-a)} + \frac{c}{2} \\ w_1 + \delta & 当 w_1 \geq \frac{p(b-q_1)}{2(b-a)} + \frac{c}{2} \end{cases} \quad (23)$$

当供应商 2 选择价格持续低于供应商 1 的策略时，由式（22）可得供应商 2 的最优价格为：

$$w_{2l}^* = w_1 - \delta \quad (24)$$

将式（23）代入式（21），式（24）代入式（22）后可得供应商 2 的反应函数为：

$$w_2^* = \begin{cases} \dfrac{p\,(b-q_1)}{2\,(b-a)} + \dfrac{c}{2} \\ \quad \text{当 } w_1 \leqslant \dfrac{p\,(b-q_1)^2}{4\,(b-a)\,q_1} - \dfrac{(b-q_1)\,c}{2q_1} + \\ \dfrac{(b-a)\,c^2}{4pq_1} + c \\ w_1 - \delta \\ \quad \text{当 } w_1 > \dfrac{p\,(b-q_1)^2}{4\,(b-a)\,q_1} - \dfrac{(b-q_1)\,c}{2q_1} + \\ \dfrac{(b-a)\,c^2}{4pq_1} + c \end{cases} \quad (25)$$

由于信息是完全对称的，因此供应商 1 可以预计到供应商 2 的这种反应，由式（21）、式（22）、式（25）可以得到供应商 1 的期望利润函数为：

$$\Pi_{s1} = \begin{cases} (w_1 - c)\,q_1 \\ \quad \text{当 } w_1 \leqslant \dfrac{p\,(b-q_1)^2}{4\,(b-a)\,q_1} - \dfrac{(b-q_1)\,c}{2q_1} + \\ \dfrac{(b-a)\,c^2}{4pq_1} + c \\ (w_1 - c)\left(b - \dfrac{w_1\,(b-a)}{p} - q_2\right) \\ \quad \text{当 } w_1 > \dfrac{p\,(b-q_1)^2}{4\,(b-a)\,q_1} - \dfrac{(b-q_1)\,c}{2q_1} + \\ \dfrac{(b-a)\,c^2}{4pq_1} + c \end{cases} \quad (26)$$

由式（26）可以得到供应商 1 的最优价格为：

$$w_1^* = \begin{cases} \dfrac{p\,(b-q_1)^2}{4\,(b-a)\,q_1} - \dfrac{(b-q_1)\,c}{2q_1} + \dfrac{(b-a)\,c^2}{4pq_1} + c \\ \quad \text{当 } (q_1 - q_2)\,(2\,(pb - c\,(b-a)) \\ \quad - p\,(q_1 + q_2)) < 0 \\ \dfrac{p\,(b-q_2)}{2\,(b-a)} + \dfrac{c}{2} \\ \quad \text{当 } (q_1 - q_2)\,(2\,(pb - c\,(b-a)) \\ \quad - p\,(q_1 + q_2)) \geqslant 0 \end{cases} \quad (27)$$

将式（27）代入式（25）可以得到供应商 2 的最优价格为：

$$w_2^* = \begin{cases} \dfrac{p\,(b-q_1)}{2\,(b-a)} + \dfrac{c}{2} \\ \quad \text{当 } (q_1 - q_2)\,(2\,(pb - c\,(b-a)) \\ \quad - p\,(q_1 + q_2)) < 0 \\ \dfrac{p\,(b-q_2)}{2\,(b-a)} + \dfrac{c}{2} - \delta \\ \quad \text{当 } (q_1 - q_2)\,(2\,(pb - c\,(b-a)) \\ \quad - p\,(q_1 + q_2)) \geqslant 0 \end{cases} \quad (28)$$

在这种情况下，价格分散会持续发生，并且存在两种不同情况的价格分散，由式（27）、式（28）可以得到以下结论：

结论 6 在两个供应商都不能完全满足零售商需求的情况下，供应链中存在着两种不同的价格分散现象，第一种情况是当 $(q_1 - q_2)(2(pb - c\,(b-a)) - p\,(q_1 + q_2)) \geqslant 0$ 的时候，这时候价格差固定为市场所允许的最小价格差；第二种情况是当 $(q_1 - q_2)(2(pb - c\,(b-a)) - p\,(q_1 + q_2)) < 0$ 的时候，在这种情况下，先决策的供应商的生产能力和价格分散程度负相关，生产成本和价格分散程度负相关。

5 结论

在通常的多供应商同质产品的研究中，供应价格都被假定为是外生的，而本文基于报童模型，在随机需求和信息完全对称的情况下，通过探讨零售商和供应商之间的博弈，分析了供应链中供应环节上由于供应商生产能力的限制而导致的价格分散现象。研究表明，在供应链中，即使在信息完全对称的情况下，供应价格也可能因为供应商的产量限制而出现价格接近和价格明显分散这两种形式的价格分散现象，这种价格分散现象是与供应商的生产能力限制相关的；在供应链中，单个供应商不足以满足零售商的需求的情况下，供应商的期望利润和其供应价格的高低并没有直接的联系，供应商在供应链中的期望利润占比更主要是取决于供应商的生产能力。

在现实生活中，价格分散往往是受到多个因素的影响的；而在本文中，也仅仅只是探讨了由于产能约束而导致的价格分散；在未来的研究中，在由多个因素所造成的价格分散的领域上，还有许多值得研究的问题。

参考文献

［1］ G. J. Stigler. The Economics of Information ［J］. The Journal of Political Economy, Vol. 69, 1961: 213～225.

［2］ H. R. Varian. A Model of Sales ［J］. The American Economic Review, Vol. 70, 1980: 651～659.

［3］ E. Brynjolfsson and M. D. Smith. Frictionless Commerce? A Comparison of Internet and Conventional retailers ［J］. Management Science, Vol. 46, 2000: 563～585.

［4］ X. Pan, B. T. Ratchford and V. Shankar. Can Price Dispersion in Online Markets be Explained by Differences in E‐Tailer Service Quality? ［J］. Journal of Academy of Marketing Science, Vol. 30, 2002: 433～445.

［5］ K. S. Gerardi and A. H. Shapiro. Does Competition Reduce Price Dispersion? New Evidence from the Airline Industry ［J］. Journal of Political Economy, Vol. 117, 2009: 1～37.

［6］林旭东，何佳. 同质产品电子市场价格分散度、信息价值与有效性测度［J］. 运筹与管理，Vol. 18, 2009: 144～152.

［7］王强，陈宏民，杨剑侠. 搜索成本、声誉与网上交易市场价格离散［J］. 管理科学学报，Vol. 13, 2010: 11～20.

［8］ J. W. Pratt. D. A. Wise and R. Zeckhauser. Price Differences in Almost Competitive Markets ［J］. Quarterly Journal of Economics, Vol. 93, 1979. 189～211.

［9］ D. Kreps and J. Scheinkman. Quantity Precommitment and Bertrand Competition Yield Cournot Outcomes ［J］. Bell Journal of Economics, Vol. 14, 1983: 326～337.

［10］ C. Davidson and R. Deneckere. Long‐run Competition in Capacity, Short‐run Competition in Price, and the Cournot Model ［J］. Rand Journal of Economics, Vol. 17, 1986: 404～415.

［11］ M. Peters. Bertrand Equilibrium with Capacity Constraints and Restricted Mobility ［J］. Econometrica, Vol. 52, 1984: 1117～1127.

［12］ R. Deneckere and J. Peck. Competition over Price and Service Rate When Demand is Stochastic: A Strategic Analysis ［J］. Rand Journal of Economics, Vol. 26, 1995: 148～162.

［13］ M. A. Arnold. Costly Search, Capacity Constraints, and Bertrand Equilibrium Price Dispersion ［J］. International Economic Review, Vol. 41, 2000: 117～131.

［14］蔡建湖，王丽萍. 季节性商品两级供应链契约设计与协调模型研究综述［J］. 计算机集成制造系统，Vol. 16. 2010: 1012～1019.

［15］徐建腾，张庆普. 多供应商的动态批量问题研究［J］. 哈尔滨工程大学学报，Vol. 31, 2010: 451～456.

基于耗散结构理论的猪肉质量链管理研究[①]

沙鸣[1,2]　孙世民[1]

(1. 山东农业大学经济管理学院)

(2. 山东农业管理干部学院经管系)

摘要：猪肉质量链管理是供应链环境下新的猪肉质量管理理论和模式，以提升猪肉产品质量为目标，研究猪肉质量实现的多个组织、多种要素在特定时期的供应链条运行规律，通过控制猪肉质量链关键链节点并使之有效耦合的管理模式。本文依据耗散结构理论，剖析了猪肉质量链的运作机理，提出了猪肉质量链管理的途径与策略。研究表明，猪肉质量链管理是一个总熵变逐步减少的过程，需要不断地增加负熵流、减少正熵流，以提高运作绩效、弱化外部威胁。

关键词：猪肉质量链；耗散结构；熵流

Study on the Pork Quality Chain Management Based on Dissipative Structure Theory

Sha Ming[1,2], Sun Shimin[1]

(1. School of Economy and Management, Shandong Agricultural University)

(2. Department of Economy and Management, Shandong Agricultural Management Staff's College)

Abstract：The pork quality chain management is a new model of management in the environment of supply chain, which aim is to promote pork quality. It studies pork supply chain's operation rules between a variety of organizations and elements. And it also progresses the coupling between different key chain junctions. Based on dissipative structure, the paper analyzes the mechanism of the pork quality chain and makes some recommendations. The conclusion is that the pork quality chain is a process in which the total entropy change is gradually reducing. In order to improve operational performance and weaken the external threats, it is essential to increase the negative entropy and reduce the positive entropy.

Key words：pork quality chain; dissipative structure; entropy flow

---

① 基金项目：国家自然科学基金项目"优质猪肉供应链合作伙伴的质量安全行为及其协调机制研究"（No：70972121）。

1　前言

中国是全球最大的猪肉生产国，猪肉产量占世界总产量的47%左右。近年来，中国猪肉生产在数量稳步增长的同时，质量安全水平却未有相应提高，猪肉出口量占世界贸易总量的比例已经降至目前的2%~3%，直接影响了消费者的身心健康和猪肉产业国际竞争力的提升，因此质量问题迫切需要解决。其根本原因在于生猪饲养、生猪屠宰加工和猪肉流通销售等全过程中猪肉质量链的断裂、失控和不稳定。如何将猪肉生产经营主体有效地组织起来，进而克服单个主体内部的"质量孤岛"，形成从投入品供应到生猪饲养、生猪屠宰加工，再到猪肉储运销售的完整、畅通、稳健的猪肉质量链，已成为中国政府、企业和学者共同关注的重大现实问题。为此，本文将运用耗散结构理论和方法，剖析猪肉质量链系统的运作机理，旨在为加快我国猪肉质量链的建设与发展提供理论参考和借鉴。

2　耗散结构理论概述

耗散结构科学理论由比利时布鲁塞尔非平衡统计物理学派领军人物普利高津（Prigogine）于1969年提出。该理论的研究对象是开放系统在远离平衡的非线性区从混沌向有序转化的机理和规律[1]。其核心观点为：一个远离平衡态的非线性的开放系统，通过不断地与外界进行物质和能量交换，在外部条件和系统内部某个序参量的变化达到一定阈值时，通过涨落，系统就可能发生突变，由原来的混沌无序状态转变为一种在时间上、空间上和功能上的有序结构，即耗散结构（Dissipative Structure）。

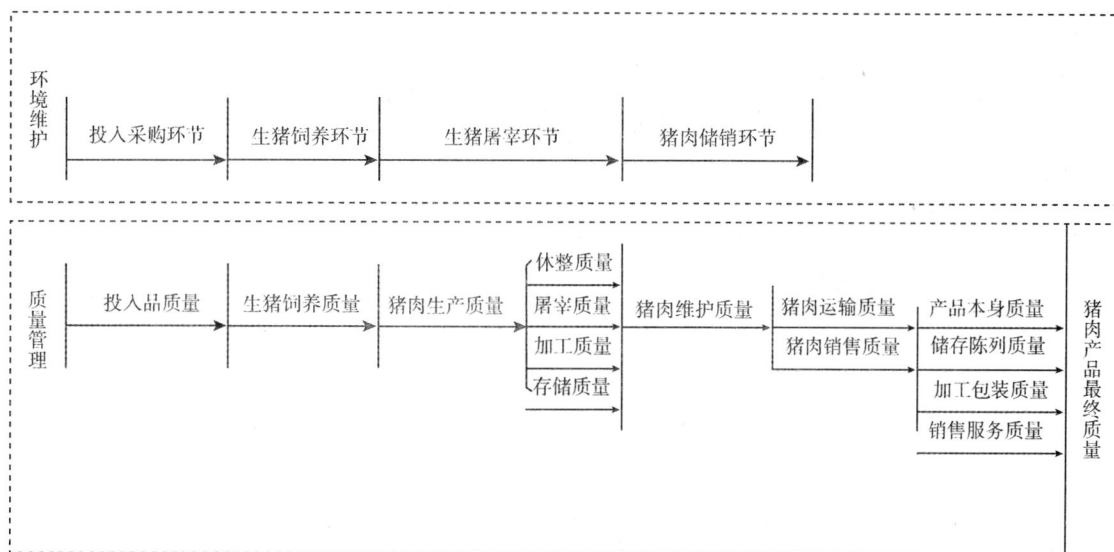

图1　猪肉质量链的形成过程

有序，即事物内部的诸要素之间有规则的联系或转化。耗散，是一种能量耗散，是由利用效率高的能量转化为利用效率低的能量。涨落，是系统状态量对其平均值的偏离，是一种推动系统演变的力量。判断一个系统是否处于耗散结构，通常依据以下四个方面：开放系统、远离平衡态、非线性相互作用、涨落。

耗散结构理论中的涨落导致有序原理、不稳定原理和熵变原理表明，系统从混沌状态向有序状态演变或由低级有序向高级有序演变，是一个系统不断失稳的过程。不稳定之后出现的宏观有序是由快速增长的涨落决定的，在远离平衡的非线性区，随机的小涨落通过相干作用不断增强形成巨涨落，使系统从不稳定状态跃变到一个新的稳定有序状态，随着时间的变化，新的状态又变得不稳定，又可以通过涨落形成更有序的结构，如此循环往复，使系统不断地从无序走向有序，从低级有序走向高级有序。其本质是系统的正熵流逐渐减少、负熵流逐渐增加，系统的总熵由正值变为负值并逐渐减少的过程[2]。

3 猪肉质量链系统形成耗散结构的条件分析

3.1 猪肉质量链的含义

猪肉质量链是由养猪场、屠宰加工企业和超市共同参与实现的猪肉质量过程集成体，使猪肉核心产品、形式产品和延伸产品①的质量特性在生猪饲养、生猪运输以及屠宰加工、猪肉储运和销售等环节的定向流动和有效传递[3]。

3.2 猪肉质量链系统形成耗散结构的条件分析

猪肉质量链是猪肉生产所需要素综合作用的结果，满足耗散结构所要求的条件。

首先，身处开放的社会系统是猪肉质量链运行的必要条件，该链需要不断与外界进行信息、原料、产品、资金等的交流，缺少其中任何一条件，质量链都无法运行。换言之，猪肉生产涉及饲料和兽药的生产经营，种猪的繁育，仔猪、育肥猪的喂养，生猪屠宰加工，猪肉储运及销售等环节，这些环节的运作需要猪肉质量链不断地与外界环境发生物质流、信息流、资金流和质量流等的交换。

其次，猪肉质量链是非平衡的，PFSS 以及消费者之间是竞争与合作的关系，永远存在着博弈。这些主体之间的平衡是一种动态平衡，合作方式、利润分配、合作成员数量等方面都会随着时间的变化而变化。

再次，猪肉质量链内部要素和子系统之间是非线性结构，即 PFSS 与消费者间的合作与监督方式往往都是非线性的关系，同时其内部各相关主体、主体内部各部门之间有着相互制约、相互推动的正反馈的倍增效应及负反馈的饱和效应等非线性关系。

最后，猪肉质量链不断受到外界的影响而产生无数个小涨落，进而偏离平衡态，当涨落影响程度达到一定阈值时，系统会产生巨涨落，进而失稳发生跃迁，从当前状态跃升到更有序的状态，形成新的耗散结构，推动系统向前发展。例如，2009～2010 年生猪疫情严重、生猪饲养成本上涨、生猪出栏率下降等导致了 2011 年春季以来猪肉价格的骤涨，使得猪肉质量链上相关主体根据现实调整生产计划。

4 猪肉质量链管理的内涵和目标

4.1 猪肉质量链管理的内涵

本文认为猪肉质量链管理是以提升猪肉产品质量为目标，研究猪肉质量实现的多个组织、多种要素在特定时期的供应链条运行规律，通过控制猪肉质量链关键链节点并使之有效耦合的管理模式。

不同于传统的质量管理只强调猪肉屠宰加

① 此处猪肉是一个整体产品概念，核心产品包括猪肉的卫生、安全、营养和风味等要素；形式产品包括猪肉的部位、品种、品牌、包装和商标等要素；延伸产品包括猪肉的质量承诺、食用说明、信息传递和物流配送等要素。

工企业内部的质量管理活动，本文所言的猪肉质量链管理是供应链环境下新的猪肉质量管理理论和模式，其质量管理活动涉及整个供应链的质量问题，要求猪肉供应链上的相关主体，即养猪场、屠宰加工企业和超市 PFSS（Pig Farm，Slaughterhouse，Supermarket）以共同满足消费者需求为目标而开展质量管理活动。

4.2 猪肉质量链管理的目标

猪肉质量链管理的总体目标是通过协调链上相关主体的质量行为，实现质量链关键链节点耦合机制，保证以及提高猪肉整体产品质量，具体内容从以下四个角度加以阐述。

4.2.1 形成猪肉质量体系

实现包括核心产品、形式产品和延伸产品在内的猪肉质量体系是猪肉质量链管理的首要目标。猪肉质量链中，涉及生猪养殖、生猪运输以及屠宰加工和猪肉生产、储运及销售等的各个环节最终将面对同样的消费者，质量链上下游的合作伙伴之间是既相互竞争又合作协调的关系。猪肉质量链管理首先要求猪肉生产所涉及环节内部运用 TQM（Total Quality Management）模式开展质量业务及其相关业务活动，为形成整体产品概念基础之上的猪肉质量体系奠定基础。

4.2.2 减少猪肉质量波动

在业已形成的猪肉质量体系基础上弱化猪肉质量的波动性，确保猪肉质量稳定提高是猪肉质量链管理的目标之一。猪肉质量链中能够合作的养猪场、屠宰加工企业和超市在合作前必须经过科学的评价和筛选过程，均必须具备扎实稳定的质量管理能力和长期合作意愿。猪肉质量链管理要求质量链上各相关环节严格执行质量标准并启动有效的质量监控、预警机制，以减少猪肉质量的波动。

4.2.3 控制猪肉质量损失

猪肉质量链管理在努力减少猪肉质量波动的同时，还将力争在一定程度上防范和控制猪肉质量损失。猪肉质量链管理需要识别猪肉关键质量特性及其影响因素，从而判断以及选择各级关键链节点，并在此基础上对关键链节点进行质量检验和控制，从而防患于未然，有效减少猪肉质量风险产生的可能性，在出现质量安全隐患或问题时，最大程度地减少可能由此造成的质量损失。

4.2.4 维护猪肉质量信誉

猪肉质量链管理最终要实现维护产品质量信誉的目标，这需要全面、持续地改善猪肉质量的各类指标，降低甚至消除由猪肉质量事件造成的负面影响，最终提高猪肉质量的市场信誉，从而提高猪肉消费者的满意度。

5 猪肉质量链系统的运作机理分析

既然猪肉质量链是一种耗散结构，那么其运作过程必然遵从耗散结构的某些规律，因此可用熵变模型来解释猪肉质量链的作用机理。

普利高津的熵变模型表明，要实现猪肉质量链的全面、协调、稳健发展，就必须不断地从外界引入足够量的负熵流 $d_e s$，以抵消内部的熵 $d_i s$ 的增加。本文对这种说法进行了补充：

（1）受人类思想活动和对事物认识程度的影响，在猪肉质量链的运作过程中，来自于系统环境的不全是负熵流，也有正熵。

（2）自组织理论认为，系统内部各要素通过非线性的协同和竞争，在竞争中某种趋势优势化并支配系统从无序走向有序，因此猪肉质量链内部既能产生正熵也能形成负熵。

可见，来自热力学定律的普利高津总熵变公式，不能完全适合于解释猪肉质量链运作的机理问题。本文借鉴企业耗散结构模型[4]，对普利高津的总熵变公式进行改进，提出如下描述猪肉质量链运作机理的熵变模型：

$$\begin{cases} dS = d_eS + d_iS \\ d_eS = \sum S_{e1} + \sum S_{e2} \\ d_iS = \sum S_{i1} + \sum S_{i2} \end{cases} \quad (1)$$

式中，dS 是猪肉质量链的总熵变；

d_eS 是猪肉质量链的正熵流；

d_iS 是猪肉质量链的负熵流；

S_{e1} 是生成于猪肉质量链内部的熵产生，称为第一类正熵；

S_{e2} 是来自猪肉质量链外部的熵产生，称为第二类正熵；

S_{i1} 是生成于猪肉质量链内部的负熵，称为第一类负熵；

S_{i2} 是来自猪肉质量链外部的负熵，称为第二类负熵。

第一类正熵流（来自系统内部）具有损耗猪肉质量链运作功效的作用，其形成主要和猪肉质量链组织较为松散，链上某些主体不严格遵守制度和协议，质量链内部协同性较差；PF-SS 间缺乏信任，缺乏沟通；PFSS 本位主义严重，不顾整个链条的利益等条件相关。

第二类正熵流（来自系统外部）具有增强外部风险、降低猪肉质量链运作绩效的功能，市场需求的改变，政策环境的变化，一些意外灾害的发生，文化以及公众意识的改变等是其产生的主要原因。

第一类负熵（生成于系统内部，对于质量链来说是可控的）具有提高猪肉质量链运行能力的功效，其形成条件主要依赖于猪肉质量链上经营主体拥有良好的企业文化氛围，成员企业间能做到信息共享，制度化的措施使得猪肉产品实现的各个经营组织与质量链整体有共同的价值标准等。

第二类负熵（生成于系统外部，质量链通过自身努力可以影响该负熵的值）具有抵消猪肉质量链外部威胁、增加猪肉质量链运作绩效提高机会的作用，其形成条件主要有将新技术运用于猪肉质量链管理的实践中，及时应对环境变化、有效规避风险等。

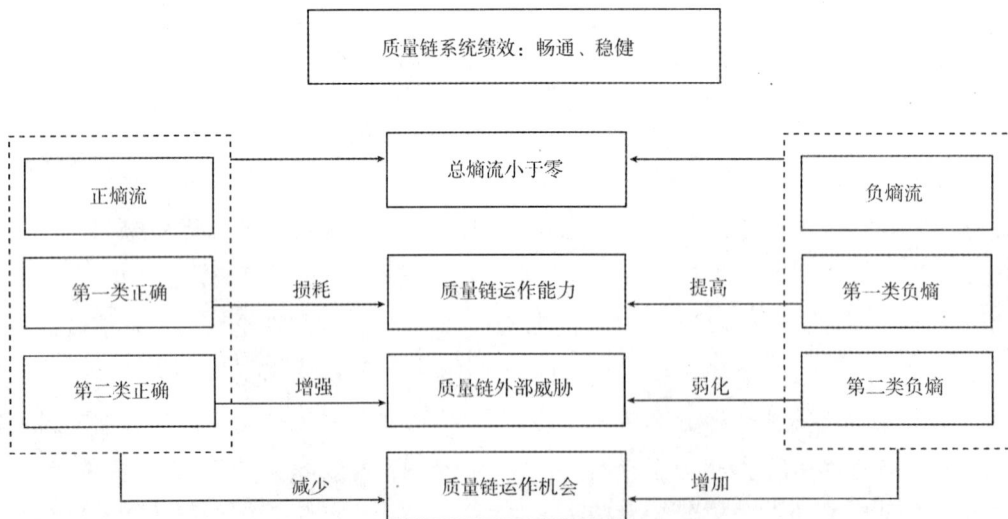

图 2 猪肉质量链系统运作机理图

6 猪肉质量链管理的途径与策略

6.1 猪肉质量链管理途径

猪肉质量链系统运作机理表明，增加负熵流和减少正熵流是促进猪肉质量链畅通、稳健运行的两个根本途径。为此，应从如下方面进行猪肉质量链管理活动：第一，避免或弱化第一类正熵对质量链运作能力的损耗，同时强化放大第一类负熵对提高猪肉质量链运行绩效的作用；第二，防范和控制第二类正熵所导致的外部威胁的增加，借助第二类负熵来有效抵消外部威胁的增加；第三，充分利用第二类负熵的控制作用，增加猪肉质量链的有效运作机会，尽量减少第二类正熵对该链运作机会的不利影响。

6.2 猪肉质量链管理策略

根据猪肉质量链的运作机理和管理途径，基于两类正熵形成的主要原因及主要条件，下文将针对目前猪肉质量运作中存在的主要问题，从内部条件和外部环境两方面提出完善猪肉质量链运行机制的建议与策略。

6.2.1 优化结构、改善自身，增加第一类负熵，提高质量链运作能力

根据系统学原理，结构是系统功能的决定因素。因此，增加内部负熵 S_{i1}，提升运作能力，是猪肉质量链降低总熵变、实现科学发展的关键。这需要从质量链主体构成结构优化和主体关系改善两方面入手。

优化质量链构成主体结构。为避免猪肉质量链建设过程中构成主体的逆向选择问题，必须对主体进行科学准确的评价。笔者所在课题组的前期研究表明，按照"理论分析、专家咨询→问卷调查、统计分析→融合调整、逐步完善"的思路设计评价指标体系；以猪肉整体产品的概念及其对所涉及生产经营主体的质量要求为切入点，设计主体评价的目标与内容、标准与原则、方法和步骤等[5]，能够保证入选的构成主体质量优、能力强，并在一定程度上避免其在履约过程中的败德行为。

营造良好的质量链文化氛围，改善相关主体之间的关系。猪肉质量链强调猪肉整体产品的理念，要求质量链上各主链节点既要战略合作，又要信息共享、同步协调、竞合共赢。良好的猪肉质量链文化能够形成一股强大的凝聚力，自动生成相应的第一类负熵流，改善链上相关主体之间的关系，从而减少矛盾冲突，增强团结协作；同时，在猪肉质量链运行中出现正熵时，这种凝聚力会在一定程度上减少内耗，抵消正熵的增加，进而促进主体间合作，维持并推动质量链的稳定发展。

6.2.2 强化管理、协同运作，减少第一类正熵，维护猪肉质量链运作绩效

内因是事物运动、变化和发展的根本原因。猪肉质量链内部的有效管理和科学运作能弱化第一类正熵流对质量链能力的损耗，有助于使猪肉质量链系统的内部总熵流趋于减少。

强化有效的内部管理行为。猪肉质量链中主体行为选择取决于自身经济利益，受其对其他经营主体的信任程度影响。有效的激励可克服本位主义，有效的沟通可克服信息不对称现象，弱化第一类正熵流对猪肉质量链上主体间协作能力的损耗作用，实现通过构建猪肉质量体系减少猪肉质量波动、防范猪肉质量损失的目标。比如，相关主体要设计健全的合同、明确各方的责权利，并遵守协议；建立健全的监督机制，屠宰加工企业作为链上核心企业，要对养猪场和超市进行定期抽检或随机抽检，并接受合作方对于自身有关屠宰工艺、疫病检疫等方面的监督。

科学构建协同的业务流程。猪肉质量链每一环节的产品质量管理制度都将影响到猪

肉整体产品的各种指标，各链节点都应紧紧围绕最终猪肉质量不断改善而协调一致地开展生产经营活动，因此，构建科学、协同的业务流程又是猪肉质量链优化自身结构的重要内容。笔者所在的课题组前期研究结果表明，目前解决我国猪肉质量安全问题的有效途径是构建以大中型屠宰加工企业为核心、适度规模养猪场为养殖基地、超市为猪肉销售商的优质猪肉供应链[6]。由此，在猪肉质量链运作过程中，屠宰加工企业既要负责生猪屠宰和猪肉加工，又要生产高质量的饲料，繁育优良的种猪；养猪场在建设猪舍和配备饲喂设施的基础上需要从屠宰加工企业引进饲料、种猪和饲养管理规程；超市不仅负责销售猪肉，还要搜集消费者的建议等信息并将其及时传递给上游企业，以确保需求、采购、生产和运输等环节协同发展。这种分工明确且同步化运作的业务流程能够减少第一类正熵，增强猪肉质量链上各相关主体的协同性，维护并提高质量链运作效率。

6.2.3 准确定位、增加扶持，增加第二类负熵，弱化外部威胁

依据第二类负熵的形成条件与功效，要建设运行良好的猪肉质量链，必须进行准确定位、合理规划、加大支持力度，削弱外来威胁。

面对全球普遍高度重视食品质量安全，而我国猪肉质量安全水平与发达国家差距较大的现实，我国猪肉质量链的发展规划应与猪肉产业链的发展战略保持一致：大力提高猪肉质量安全标准、努力从猪肉生产大国向猪肉生产强国转变，提升猪肉产业国际竞争力。

从政府支持层面上看，应出台针对性和可行性较强的政策法规，为猪肉质量链的稳健发展提供更多机会。例如，对于整个质量链条给予信贷和税收方面的政策优惠，在生猪养殖环节给予土地征用和疫病防疫方面的政策扶持，在屠宰加工方面给予设备购置和污染防范等方面的政策倾斜。这些策略能为猪肉质量链中的构成主体带来更多的发展机会，使其更积极地面对市场风险和意外灾害、增强对市场的关注与灵敏性，更能降低其生产成本，提高其生产效率。另外，在猪肉质量链管理实践中采用先进的技术与方法、应用最新的科技成果也有助于帮助该链上各主体应对环境变化、规避风险。

6.2.4 创新体制、健全法规，消除第二类正熵，杜绝外部威胁

转变现有的职能部门管理体制，实现业务流程管理，并加大法规制度的建设和执行力度，有助于消除第二类正熵，减少外部总熵流，能从源头上杜绝外部威胁，为猪肉质量链通畅、稳健运行营造良好的外部环境。

目前猪肉产品生产过程所需要经历的兽药生产、饲料配制、生猪养殖、生猪运输、生猪屠宰、猪肉储运及销售流通等环节，受到工商、卫生、环保、动检、质检和市场管理等部门的多头管理，这种条块分割的管理体制使猪肉质量链构成主体分别受不同的职能部门领导，不利于业务流程协调同步，阻碍了猪肉整体产品质量实现的进程。成立专门的从源头到餐桌的猪肉质量链监管机构，实现从职能管理部门到业务流程管理的转变，有助于猪肉质量链的畅通运行。

我国政府还应加大有关法规制度的建设与执行力度，依法消除第二类正熵，为猪肉质量链的稳健运作提供良好的空间。例如，《消费者权益保护法》和《产品质量法》等法律法规的修订与调整将有助于改善市场环境，严格贯彻执行《食品安全法》和市场准入制度，有助于提高质量链上主体合作质量，健全猪肉产品安全应急处理机制。

参考文献

[1] 苗东升. 系统科学原理 [M]. 北京：中国人民大学出版社，1990.

[2] 孙世民. 基于熵变模型的城乡结合部科学发展机理与策略研究 [J]. 山东农业大学学报（社会科学版），No. 3，2005：44.

[3] 孙世民，沙鸣，韩文成. 供应链环境下的猪肉质量链探讨 [J]. 中国畜牧杂志，Vol. 45，No. 2，2009：61~64.

[4] 刘兴国. 企业耗散结构模型分析 [J]. 工业工程与管理，No. 3，2001：33~36.

[5] 刘召云，孙世民. 优质猪肉供应链合作伙伴选择问题研究 [J]. 物流技术，Vol. 26，No. 11，2007：164~166.

[6] 孙世民：基于质量安全的优质猪肉供应链建设与管理探讨 [J]. 农业经济问题，No. 4，2006：71~73.

供应链管理的细节优化

许雯

（交通大学机械与动力学院）

摘要：以供应链上的企业为对象，从最初供应商到最终用户的物料和信息流动的整个过程中，确定整个供应链的最佳订货方式、订货时间、最优库存数量，货物的运输和配送方式等，其目的在于跨越企业边界，提高售后服务水平和降低总交易成本，从而增强竞争力，使企业从激烈的市场竞争中脱颖而出。

关键词：细节优化；运作成本；系统优化

1 绪论

1.1 细节优化的概念

21世纪的今天，供应链管理作为一种新的管理理念，以建立战略合作伙伴和双赢的新思路为基础，而后从供应链全局和整体的角度考虑产品竞争力，体现了整体化、系统化的思想。其主要内容是以供应链上的企业为对象，从最初供应商到最终用户的物料和信息流动的整个过程中，确定整个供应链的最佳订货方式、订货时间、最优库存数量、货物的运输和配送方式等，其目的在于跨越企业边界，提高售后服务水平和降低总交易成本，从而增强竞争力，使企业从激烈的市场竞争中脱颖而出。2007年，位居世界500强榜首的沃尔玛公司，之所以能够使一个连锁零售企业取得全球最多的营业收入，就是因为它拥有一整套先进、高效的物流和供应链管理系统。20世纪90年代，海尔走出国门的时候，能够让它在国际化的大舞台上提供卓越的服务，也是因为其创新高效的供应链管理系统。

伴随着经济全球化的到来，企业家面临日益稀缺的资源和不断增加的劳动力成本，但同时还要满足市场需求，进行成本控制，这些都成为制约企业发展的"瓶颈"。而大多数企业家盲目追求片面利润，只注重个体库存成本或运输成本最低，而忽视了企业的整体运作。由于物流业在中国还处于朝阳产业阶段，一些企业家们对供应链管理的认知更是模棱两可，这就成为企业做不大、做不强的主要原因。

（1）长期稳定合作的供应商伙伴是高效供应链的基础保障。在供应链的不同环节中，通常具有不同甚至相互冲突的目标，如供应商希望制造商能够保持稳定并大量的采购，同时交货时间具有一定的灵活性；但制造商为满足顾客不断变化的需求，其生产过程则更需要柔性，希望小批量采购以降低库存成本。这就使得制造商在降低库存成本的同时增加了供应商的运输成本。在供应链管理过程中，要使整体成本最优，就需要各环节的企业建立战略合作关系，把改善彼此的经营业绩作为共同的目标。

众所周知，丰田汽车开创了准时化生产方式（Just In Time，JIT），实现了零库存的作业方式，这种高效的供应链管理使其在成本控制和市场响应速度上，已在全球汽车领域占有明显优势。丰田公司成功的背后，得益于其与供应商之间长期稳定的合作关系。一些研究显示，如果丰田在一个地区建立整车厂，它的上下游企业都愿意跟随其合作，是因为彼此间都相互信任，协作相当默契，很多物流甚至不需要外包，因此入厂物流的成本非常低。

而相对于丰田公司这种与供应商血脉相连的关系，一些美系的汽车制造商和供应商的关系则是一种短线合作的管理方式，他们通常比较看重供应商的价格优势，并要求供应商每年在价格上有一定的降幅，如果供应商的成本不能承受降价的压力了，他们就会采用招标方式，结果会导致终止与前一家供应商的合作。这种短线的合作方式带来的结果是供应商没有忠诚度，自然也不会有动力去降低成本。

在 2003 年 OEM 基准（评价美国汽车制造业制造商—供应商关系的主要指标之一）调查中，丰田汽车公司不论是从信任度、潜在的机会，还是在研发变革等方面都被评为零部件供应商最受欢迎的企业。另外在一项"最希望合作的整车厂商"的调查中，70%以上的零部件供应商表示了与丰田合作的意愿，而美国三大汽车商则全部低于30%。供应商企业一致认为丰田比较重视供应商的知识产权，能够在成本、质量以及技术三者间选取合理的平衡点，谋求长期的发展。这也是近年来，丰田汽车可以不断超越美系车的主要原因。

（2）信息一体化共享平台是高效供应链的施行保障。第三次科技革命之后，计算机技术迅速发展，Internet 网络的使用也为企业施行全球化的采购和全球的市场提供了巨大的支持，企业为了抓住时代的商机，纷纷加大科学技术投入，企业信息一体化应运而生。以瑞典服装零售业巨头 H&M 为例，它在全球 28 个国家拥有 1500 多家分店，服装生产全部采用外包形式，分给分布在欧亚的 700 多个供应商，每年

的营业收入增长都在 10% 以上，它的成功就是源于一个可以支持供应链管理的信息一体化共享平台。

H&M 内部采用名为 OFS（Offer Follow up System）的信息系统跟踪供应链的生产计划。由于均是外包供应商负责生产，H&M 的工作人员会在生产初期、中期和后期到供应商那里验货。验货结束后，H&M 的员工会将生产进度录入 OFS 系统里，远在瑞典的总部就可以了解到供应商的生产进程并进行监督。除了采用 OFS 系统跟踪供应商的生产计划外，H&M 总部和 22 个生产办事处的所有部门间的沟通还基于 ICT（Information and Communication Technologies）平台完成。ICT 支持灵活采购模式，将采购部和销售部紧密联系起来；所有门店也能在 ICT 平台上知道彼此的销售情况，以及时进行货物调拨；采购和物流部门能跟踪到每款产品的销售和库存情况，便于及时补货。ICT 为 H&M 建立了一个环形的信息反馈机制，销售、库存、采购计划和生产能力的信息变得完全透明。

在物流环节，为了避免过量生产而导致积压，H&M 的中央物流体系通过 ICT 紧跟每款产品的销售进程。H&M 供应商生产的产品通常会运送到德国汉堡的中央仓库，进行整理和发送，但是如果这款产品是针对某个区域市场的，H&M 通过 ICT 做出快速反应，将产品直接送达该国分部，甚至直接运送到店面。基于 ICT 的快速反应供应链，为 H&M 赢得了宝贵的时间，自然刺激了销售业绩的持续增长。

（3）仓库作业效率最大化及运输成本最小化是高效供应链的运作保障。运输成本一直在物流费用中占较大份额，而高效的仓库作业也是供应链的整体效率的优秀表现之一。在这两种实体作业中，很多细节都起到了不可忽视的作用。

产品的包装,不论是供应链中的哪个环节,上游供应商都应在提供产品时考虑到包装规格、尺寸和颜色等对下游用户的影响。通过提高包装内的货物量,可以降低单位产品的运输成本;适当的包装尺寸对提高运输满载率和托拍的存储利用率有很大的帮助;而不同的颜色可以使外观相似的包装显而易见地区分开来,以避免仓库作业中的拣选错误;在自动化仓库中,标准的包装尺寸及包装上的条形码都是实现仓库无人作业的基础。

混合使用不同的运输的方式在满足需要的同时降低总成本。中国经济的飞速发展,带动了中国运输网络的发展,到 2007 年底,我国公路通车总里程已经达到 357.3 万公里,公路运输网络完善。以往高成本的航空运输在速度上有较大优势,但现在在公路运输的大容量装载和运输时间的缩短,使企业有更多的机会选择最优运输方式。

利用第三方物流整合供应商运输资源。在供应链中的企业各自为政的情况下,如 A 城市中有两个不同的供应商,每周两次要定期以小批量的零担运输方式发货给 B 城市中的制造商,以满足制造商的柔性生产,这时两个供应商的单位运输成本较高,且零担运输的交货时间长。而如果制造商按其生产需要委托第三方物流,将两个供应商的产品整合为整车运输,那么单位运输成本会降低,同时缩短交货时间,有利于供应链系统的整体成本优化。

(4)合理的库存成本为高效的供应链提供了服务保障。库存与库存管理越来越为企业经营者,特别是物流的管理者所重视,有的学者甚至把物流管理描述为静止或运动库存的管理。库存是有成本的,在很多企业这个成本占用大量的流动资金,并存在存货过期的风险。由于意想不到的顾客需求变化,在一些情况下,供应的数量和交货时间也存在显著的不确定性,为了保证服务水平,企业又必须持有一定的库存。在高效运作的供应链管理中,如何满足既定的服务水平目标,使系统内整体的库存水平最低,成为大家所关注的问题。

需求预测的准确性越大,降低库存的可能性最大。谈到预测,有以下三个原则是一定要记住的:①预测总是不准确的。②预测的期限越长,预测误差越大。③汇集预测更准确。

缩短订货提前期,减少预测误差,从而降低库存。订货提前期即从发出订单到货物到达需求地点的时间,主要包括生产时间和运输时间。一般来说,订货提前期越短,订量越准确。另外,改变运输方式、缩短运输时间及优化供应的网络,也可以适当地缩短订货提前期,这需要从全局角度计算总成本最优的方式。

动态的安全库存可最大限度地降低需求预测偏差造成的风险。安全库存的设立是为了避免由于一些不确定性而影响服务水平。安全库存的设定需要考虑的因素有需要满足的服务水平、订货提前期、交货准时率、需求标准偏差及产品生命周期等。

供应链管理的实际操作非常强,它需要上下游企业的各节点环环相扣,同时管理者要特别注重细节,保证各部门的协调合作,才能使企业得到长足的发展,最终将企业做大做强。

2 供应链管理细节优化的方面

供应链的优化,着重点在于规模、时间和信息。供应链优化的指导思想就是要降低成本。最近几年,网络、报纸杂志上有很多供应链优化的案例,尤其在国外已经把供应链优化做到了极致。德国做仓储、物流配送的朋友,曾告诉我有关摩托罗拉公司在欧洲手机配送的事例,我很受启发。他一再强调要保密,所以不便在这里披露。他人的供应链很优秀，但是他们供应链策略几乎很难被移植。不过我个人的一个观点：学习他人的供应链不如深入了解自身供应链。

在外贸方面做了好几年的工作，对自己的供应链有深刻的认识。2010年美国有个公司，旗下拥有四个子公司，其中一个子公司做汽车离合器的，另一个公司是翻新福特公司的自动变速器的，还有一个公司是做物流配送的。这个物流配送的公司，在美国中部和东部有50家配送点，同时为200多家汽车维修公司服务。但这个配送公司是专门为自己其他公司做配送的。由此，我突发奇想，我要用它的配送系统，在台州或温州本地采购一些优质的汽车零部件，与他们合作赚钱，扩大我公司的销售额。

油锯是我公司旗下一个子公司的主打产品。在欧美有很多零售商店经销这类园林机械。时常有好多欧美的零售商向我们采购十件左右产品，也有最终用户订购几台的，我们很是为难，因为价格偏高，主要是邮送成本过高。我也曾经设想利用德国朋友现成的配送系统配送，也许能降低更多成本。当然，这需要建立一个电子商务平台来运作这样的项目。与德国朋友商讨，他非常感兴趣。

根据我们公司的实际情况，我想在供应链优化方面要做如下工作：

（1）获取规模化优势。在供应链中，把分散的业务集中起来，就可以获得规模优势，如每个经销商自己提货不如由核心企业统一配送，每个供应商送货不如核心企业组织统一取货。在生产环节中，N个品种多条生产线，这时把某条生产线专用于生产量大的品种，即使空闲也不切换生产其他品种，也是一种合并零散订单获取规模优势的策略，还能提高生产率。分析供应链看看有哪些业务可以合并，如果能够合并，则可能有改进空间。

（2）不同的业务类别需要不同的业务策略，实行差异化策略。针对家庭客户和商用客户分别建立了供应链；服装企业可以针对南北方不同的区域设计不同的运营策略，错开上市时间等；针对不同的采购材料类别，设计不同的采购策略。因为不同类别有不同特点，所以需要不同的策略。供应链优化时候先分类，分析不同类别特点，试试看能否找到优化空间。

（3）缩短各环节时间，提高各环节时间匹配，减少等待。这是一种基本的优化策略。时间缩短了，周转库存，订单提前期等指标都会优化，减少等待也能达到类似效果。做时间优化的基础是先画出运作流程，把各环节时间标注出来，画出时间图（T：运输，S：存储，P：生产，I：检测，D：延迟）逐项分析哪一项时间可以缩短或者取消，从而可以优化供应链。我们把从原料到成品送到终端的时间画出来，我们可能会被吓一跳。

（4）是销售环节与生产环节信息共享，核心企业与供应商信息共享，从共享长期计划、中期计划到短期计划信息、共享需求预测信息，再到业务细节中的信息共享，等等。共享信息可以促进业务优化，难怪有人说，信息代替库存。信息共享的手段方式可以多样，不一定非得要庞大的信息系统，丰田就是用看板共享信息的；用Excel也可以采集渠道信息，关键在于信息真正地共享了。当然信息是有管理的共享。

3　供应链管理细节优化的方法

3.1　提升管理水平

所谓WCM，是以TPM（全员生产保全管理）为基础，融合供应链管理、全面质量管理、战略成本管理、六西格玛、精益生产等管理要素，汇聚而成的一套系统实用、富有成效的先进管理技术集成，其目的就是帮助企业打造"世界级制造商"。

"这正是我们的目的，也是光明在全球化背景下的定位。当前光明不一定要做规模最大的，但一定要做最优秀的！"光明乳业总裁郭本恒介绍，自 20 世纪 90 年代以来，光明即以"创新生活，共享健康"为使命，同时确立"超越自己追求卓越"是光明价值观的首要组成部分。

在乳品企业利润空间日渐微薄的背景下，如何在消费者利益和股东利益之间取得最佳平衡，成为中国乳品企业集体面临的一道难题。

郭本恒就此表示，光明一向通过内外协同增效来不断提升盈利能力，原则是做到两全其美：既降低成本，又提高品质。降低成本有很多途径，光明绝不以伤害消费者利益为代价，而是通过不断提升管理水平来实现。

"WCM 帮助提升光明整体竞争力的一个重要组成部分是，在确保产品优质的前提下更有效地降低成本，逐步实现全线设备零缺陷、物料零库存、产品零投诉，"郭本恒直言，"光明向全程供应链的每一个细节要协同增效。"

相关资料显示，自 2007 年以来，光明持续加大供应链管理力度，2008 年度实现节约成本 4000 万元，2009 年这一成绩增至 6000 万元，此外采购成本与上年相比下降了 2 个百分点。从 2011 年开始光明逐步推行 WCM，成本控制能力将得到更有效的提升。根据系统设定目标，光明将实现劳动生产率提高 180%，维护成本下降 50%，设备综合效率提升 40%，投入产出比达到 1∶4。

3.2 注重系统推进

"WCM 的核心是总体优化和持续改进，这是光明一直在做的，只是现在使用更有效的系统方法来进一步提升。"据光明乳业公共事务总监龚妍奇介绍，光明建立 ERP 系统已近 10 年之久，且每年都在推进和完善，如今上马 WCM 只是水到渠成之举。据悉，光明新鲜产品管理是在国内最早实现以销定产和零库存的，而且在全国的生产基地均已同步联网。2003 年，业内首家投诉管理信息系统在光明上线，2006 年业内首家生产报表信息系统在光明正式运行，从去年下半年到现在，光明又成功地完成了收奶系统信息化工程的改进和升级。

据悉，选择光明乳品八厂作为 WCM 应用的开路先锋，也正是基于其在自动化、信息化方面的成功积淀。早在 2006 年，乳品八厂就成功完成了投入高达 1 亿元的全自动技术升级改造工程，目前八厂的生产能力不仅是亚洲第一，质量管理和自动化程度也跻身国际先进行列。

据郭本恒透露，光明规划的 WCM 路线图是，水到渠成，八厂先行，华东跟进，全国推广，逐步实现光明旗下所有的生产基地管理升级。三年之后，第一个"吃螃蟹"的乳品八厂就可以拿到 JIPM 颁布的"TPM 优秀奖"证书，"这个奖项是象征全球竞争能力制造商的标志，评选标准非常苛刻，希望此后每年光明都将会有一个工厂获奖"。

"这对于光明来说也是一场挑战，各个层级都有压力。但光明就是要不断挑战自我，每个光明人亦是如此。"郭本恒认为，光明应用 WCM 系统，本质上是又一轮"管理变革"，光明推进 WCM 的关键因素还是"人"，要确保 WCM 的成功应用，不仅需要高层团队强力推动，更重要的是把它变成每个员工自己的事情。为此，从厂长、中层、主管、领班到基层的操作工都要进行培训，WCM 咨询项目组会帮助光明建立完善的跟进考评系统，一周一旬一月一回顾，精神和物质激励并举。

对于成长中的光明乳业来说，WCM 既是"导航仪"，又是推进器。根据光明"复苏—成长—腾飞"战略规划,三年间光明以千分标准为利器,不断推进"奶源建设"和"生产变革",此番又通过 WCM 深化"管理变革",旨在进一步提升光明的盈利能力和抗风险能力。这些举措不仅有利于光明达成 2010 年登顶百亿元的市场目标,也为其推进下一个三年战略、实现远景目标打下根基。

3.3　流程体系化建设与优化

(1)供应链流程体系的建立。供应链的流程体系的建立,有基础易于完成。这主要是由于供应链从计划、生产、采购、物流、仓储都有相应的业务部门,可以找到组织内部较为稳定的责任人共同推进。供应链的流程相对来说,在企业运作多年,往往已有很好的基础。因此,确定以业务部门为主的责任人,持续推行流程梳理、流程手册的细化工作。总的来讲,容易取得阶段性的成果。

但正因为如此,整个体系的流程难点也在于此。这类流程运作频率很高,细节的落实会影响流程运作的质量。在建立期,如何把流程运作的内容落实在细节,落实到可操作的层面,往往需要花费更多时间。业务不断发展,细节的调整工作量会比较大,两相比较,总是在建立期时关注较为稳定的,较为成熟的做法固化下来,成为大多数企业的选择。这使得这类流程的梳理、建立需要持续推进的机制才能稳定在企业内部推行,而不在于初次建立取得的阶段成果。也就是说,如何把变化、以持续推进的机制,落实为可以稳定跟进的工作,以不断适应业务调整对整个流程体系带来的影响,从而进一步以流程体系为基础,进行工作提升效率点的寻找、人员培养的一部分。

(2)供应链流程体系的建立。供应链流程体系的优化,是个更为复杂的命题。本文仅从两点引入,未窥全豹,和大家共同探讨。

流程优化的重点在于创新性的确立如何易于落实、易于操作。这类流程复杂的地方不是流程本身的优化,而是如何建立流程操作和运作中易于落实的机制,也就是以创新方式来思考流程如何变得易于操作才是问题的关键。这个创新,本身并不是需要产品研发,专职专岗的研究。主要原因是个人智慧无法胜于整个链条上所有参与者的智慧,这是多个专业领域,而非单一环节。

这样,在企业中的现实情况往往会这样:一方面,企业内部积累了大量员工的经验,在每个细节,都闪烁着智慧。另一方面,供应链上细节问题众多,无法由管理部门统筹解决。我认为,对流程优化的思考,转变为企业内部如何确定"放大镜"的职能,更为可行。即把管理中心部门定位与寻找链条上各个环节/点上优秀的做法,形成内部的最佳实践,并推动这种最佳实践能变成适合点上所有人的行为。

这种调整和推广的能力,往往是一个企业很核心的管理能力。这种机制的确立与推行,将不断降低供应链运行的成本。

参考文献

[1] 姜芳桃,陈长彬. 供应链管理实务 [M]. 武汉:武汉理工大学出版社,2007.

[2] 赵启兰,刘宏志. 生产计划与供应链中的库存管理. 北京:电子工业出版社,2003

[3] [美] 鲍勃·多纳斯(Bob Donath),乔·麦泽(Joe Mazel)等. The IOMA Handbook of Logistics and Inventory Management. 王宗喜. 张亚兵等译. 物流与库存管理手册. 电子工业出版社,2003

[4] [英] 唐纳德·沃尔特斯(Donald Waters). Inventory Control and Management. 李习文,李斌译. 库存控制与管理 [M]. 北京:机械工业出版社,2005

[5] 宋志国,贾引狮. 绿色供应链管理若干问题研究 [M]. 北京:中国环境科学出版社,2009.

[6] [美] 戴夫·纳尔逊,帕特里夏·E. 穆迪·乔

纳森·斯特格纳. The Purchasing Machine：How the Top Ten Companies Use Best Practices to Manage Their Supply Chains. 刘祥亚译. 供应链管理最佳实践 ［M］. 北京：机械工业出版社，2003

［7］马士华，林勇. 供应链管理（第 3 版）［M］. 北京：机械工业出版社，2010.

［8］宋华，苟彦忠. 现代物流管理 ［M］. 北京：中国人民大学出版社，2008.

临界价格下易变质产品生产
企业 RFID 投入决策研究①

张李浩[1]   胡继灵[2]   杨惠霄[1]

（1. 华东理工大学商学院）

（2. 上海市经济管理干部学院）

摘要：不同成本的企业往往具有不同的市场地位。本文建立并比较了不同成本易变质产品生产企业的竞争博弈价格模型和合作博弈价格模型，并考虑了变质产品数量对定价产生的影响，求得能使企业保持较高利润且对新企业不产生吸引力的临界价格。在临界价格水平上，分析了采用 RFID 对易变质产品生产企业利润的影响，得出企业可承担的最大 RFID 温度标签成本，为该类企业 RFID 投入决策提供了定量化、模型化的依据。最后，通过数值模拟分析验证了所建立的模型。

关键词：易变质产品；博弈定价模型；临界价格；RFID 投入决策；温度标签成本

Deterioration Item Manufacturers Decision – making on
RFID Investment Based on Critical Price

Zhang Lihao[1]   HU Jiling[2]   Yang Huixiao[1]

（1. School of Business, East China University of Science and Technology, Shanghai 200237, China）

（2. Shanghai Economic Management College, Shanghai 200237, China）

Abstract：The different cost of manufacturers often have different market positions. In this paper a competitive game pricing model as well as a cooperative game pricing model are established and compared between the deterioration item manufacturers with different costs. Calculating the critical price that could maintain high profit for existing Manufacturers but has no attraction for new investors with considering the number of deterioration products. We study the influence of RFID investment to deterioration item manufacturers profits and determine the cost of temperature tag thresholds at which RFID investment becomes profitable based on the critical price. This can be used as quantitative and modeling basis by deterioration item manufacturers in making decision on RFID investment. A numerical simulation analysis is given to illustrate the model at last.

Key words：deterioration item；game price model；critical price；RFID investment decision – making；temperature tag cost

---

① 基金项目：国家自然科学基金资助项目（项目编号：70871038）。

1 引言

产品变质问题危害公众的健康；损失企业的利润；浪费国家的资源。1997 年，Wee[1] 给出了变质的定义：变质是指腐烂、受损坏，利用价值降低以及边际价值损失等物品的固有价值降低的现象。易变质产品是指在生产、运输或存储过程中容易发生腐烂、性能衰退和分解的变质类物品[2]。文献 [3] 把变质产品分为两类：一类是有固定生命周期的变质产品，这类产品虽然没有固定的变质率，但是在一定时间后会因为变质而不能再使用。如：牛奶、面包、饮料等。另一类是不固定生命周期的变质产品，这类变质产品有一定的变质率。如：酒精、化学物品、蔬菜、水果等。

随着生活水平的提高，人们对产品安全问题越发关注。现实中产品都会存在一定的变质率（损耗），特别是一些易变质产品，例如蔬菜、水果、酸奶、肉食和胶片等，其变质率更不容忽视，所以研究变质产品具有很强的现实意义。如何在储运等环节有效地管理此类产品，防止变质现象的发生，是管理者经常要面对的问题。采用 RFID 技术虽不能直接减缓产品的变质速度或者延长其保质期，但是可以通过记录流通过程的数据，优化产品的流通速度，有效减少产品储运过程中变质现象的发生，保证其品质。文献 [4] 指出，当包装箱和托盘贴有 RFID 标签时，利用 RFID 阅读器可自动获取产品的生产日期及其所处状态，以便及时处理即将变质的产品，消除由产品变质造成的损失。文献 [5] 指出在易变质产品物流及生产流程管理中，通过先进的 RFID 技术，可对产品的生鲜度、品质进行实时地管理，对环境温度进行严格的监控、记录和分析，从而及时发现即将变

质的产品并加以处理；文献 [6] 指出在日本运送易变质产品的一些货车中，会在车内放入 RFID 温度标签，可随时监测送货过程中车厢内温度的变化。文献 [7] 指出我国每年有总值达数百亿元人民币的易变质产品在储运过程中发生腐烂，更有一些易变质产品，售价中有近七成用于补贴产品变质损耗的支出。为保证产品的质量和品质，减少储运中的变质，引入 RFID 是最好的选择[8]。采用该技术可以随时监测产品在储运过程中的温度变化，从而预防变质现象的发生。

毫无疑问，上述研究为 RFID 的应用提供了良好的借鉴与支持，但更全面、深入的研究十分必要。关于 RFID 技术对易变质产品生产企业影响的相关文献中，定性研究和实证研究居多，没有采用博弈模型化的方法定量研究，至今尚没有文献对易变质产品生产企业 RFID 投入决策的量化研究。易变质产品生产企业不能直观地分析出投资 RFID 是否会产生足够大的回报。因此，通过定量模型化的方式分析 RFID 对易变质产品生产企业收益的影响成了十分必要的研究课题[9]。对于生产商来说，产品的数量巨大，因此，RFID 温度标签的价格成为制约 RFID 应用的最主要因素[10]。必须明确了采用 RFID 对企业收益的影响，才能激发其采用 RFID 的积极性。本文基于不同成本易变质产品生产企业地位不等的前提，采用博弈定价模型，建立并比较了不同成本企业的竞争博弈价格模型和合作博弈价格模型，考虑了变质产品的数量对定价产生的影响，求得能使企业保持相对较高的利润又对新企业不产生吸引力的临界价格，然后在临界价格水平上，引入 RFID 以消除产品变质对企业造成的损失。分析了采用 RFID 后对易变质产品生产企业利润的影响，得出企业可承担的最大 RFID 温度标

签成本，为该类企业采用 RFID 的决策提供了定量化、模型化的依据。最后通过算例分析验证了该模型。

2　不同成本生产易变质产品企业博弈定价模型

2.1　竞争博弈定价模型

假设市场上有 n 家大型企业和 k 家小型企业，且大型企业的产量相同，小型企业的产量也相同，生产无差异的易变质产品。市场需求逆函数[11]为：

$$P_D = a - bQ_D = a - b\alpha(nQ_{DB} + kQ_{DS}) \quad (1)$$

式中，P_D 为市场价格；Q_D、Q_{DB}、Q_{DS} 分别为总产量及各大型及小型企业的产量；a、b 为常数；α 为未变质产品数量与产量的比值。此时 $(1-\alpha)Q_D$ 的产品发生了变质，无法被销售且没有残值。

大型企业的总成本函数：$C_{DB} = c_B Q_{DB} + F_B$　(2)

小型企业的总成本函数：$C_{DS} = c_S Q_{DS} + F_S$　(3)

式中，c_B、c_S 分别为大型企业和小型企业的单位变动成本；F_B、F_S 分别为大型企业和小型企业的固定费用。

由于大型企业和小型企业的单位变动成本不同（根据规模效应原理，假设 $c_B \leqslant c_S$），成本较高的一方处于不利位置，不能与成本较低的企业平等博弈，因而高成本企业的合理选择应是根据低成本企业的产量策略采取对策。

小型企业的剩余需求逆函数为：

$$P_D = a - b\alpha(nQ_{DB} + kQ_{DS}) = a_1 - bk\alpha Q_{DS} \quad (4)$$

式中，$a_1 = a - b\alpha nQ_{DB}$

由于 m 家同成本企业竞争博弈的均衡产量

$$q^c = \frac{a-c}{(m+1)b\alpha^2} \quad （见附录的证明）\quad (5)$$

由（5）式可得，k 家小型企业竞争博弈的均衡产量

$$Q_{DS} = \frac{a_1 - c_S}{(k+1)b\alpha^2} = \frac{a - bn\alpha Q_{DB} - c_S}{(k+1)b\alpha^2} \quad (6)$$

将式（6）代入式（1），得到大型企业的需求函数

$$P_D = a - bn\alpha Q_{DB} - \frac{k(a - bn\alpha Q_{DB} - c_S)}{(k+1)\alpha} = a - \frac{ka - kc_S}{(k+1)\alpha} - \frac{[(k+1)\alpha^2 - \alpha k]}{(k+1)\alpha}bnQ_{DB} \quad (7)$$

由式（5）可得，n 家大型企业竞争博弈的均衡产量

$$Q_{DB} = \frac{a - \dfrac{ka - kc_S}{(k+1)\alpha} - c_B}{(n+1)\left\{\dfrac{[(k+1)\alpha^2 - \alpha k]}{(k+1)\alpha}b\right\}} = \frac{a}{(n+1)\alpha b} + \frac{k(c_S - \alpha c_B) - \alpha c_B}{(n+1)(k\alpha + \alpha - k)\alpha b} \quad (8)$$

将式（8）代入式（6），得到各小型企业的产量均衡模型：

$$Q_{DS} = \frac{a - bn\alpha\left[\dfrac{a}{(n+1)\alpha b} + \dfrac{k(c_S - \alpha c_B) - \alpha c_B}{(n+1)(k\alpha + \alpha - k)\alpha b}\right] - c_S}{(k+1)b\alpha^2}$$

$$= \frac{n(c_B - c_S)}{\alpha b(n+1)(k\alpha + \alpha - k)} + \frac{a - c_S}{\alpha^2 b(n+1)(k+1)} \quad (9)$$

将式（8）、式（9）代入式（1），可得多家企业竞争博弈最优定价模型：

$$P_D = a - b\alpha n\left[\frac{a}{(n+1)\alpha b} + \frac{k(c_S - \alpha c_B) - \alpha c_B}{(n+1)(k\alpha + \alpha - k)\alpha b}\right] - b\alpha k\left[\frac{n(c_B - c_S)}{\alpha b(n+1)(k\alpha + \alpha - k)} + \right.$$

$$\frac{a - c_S}{\alpha^2 b(n+1)(k+1)}] = \frac{a + nc_B}{n+1} - \frac{k(a - c_S)}{\alpha(n+1)(k+1)} \tag{10}$$

各小型企业的利润为：

$$M_{DS} = P_D \alpha Q_{DS} - C_{DS} = \{\alpha[\frac{a + nc_B}{n+1} - \frac{k(a - c_S)}{\alpha(n+1)(k+1)}] - c_S\} \times [\frac{n(c_B - c_S)}{\alpha b(n+1)(k\alpha + \alpha - k)} +$$

$$\frac{a - c_S}{\alpha^2 b(n+1)(k+1)}] - F_S \tag{11}$$

各大型企业的利润为：

$$M_{DB} = P_D \alpha Q_{DB} - C_{DB} = \{\alpha[\frac{a + nc_B}{n+1} - \frac{k(a - c_S)}{\alpha(n+1)(k+1)}] - c_B\} \times [\frac{a}{\alpha b(n+1)} +$$

$$\frac{k(c_S - \alpha c_B) - \alpha c_B}{\alpha b(n+1)(k\alpha + \alpha - k)}] - F_B \tag{12}$$

2.2 合作博弈定价模型

竞争博弈中，每个企业以自身的利润最大作为目标，而合作博弈以企业总体利润最大作为目标。合作博弈确定出产品价格和总产量之后，还需要确定各企业的产量。生产易变质产品的各大型企业的产品成本相同，各小型企业的产品成本相同，此时以平均分配的方式来确定产量。而生产易变质产品的大型企业和小型企业的产品成本不同，就需找到一种分配方式，以保证大型企业和小型企业的利润都不小于竞争博弈时的利润。故引入分配系数 β，它是各个企业产量与总产量的比例，若从市场的角度来描述，相当于各企业产品的市场占有率。

设 β_B、β_S 分别为生产易变质产品的各大型企业和小型企业的产量分配系数。合作博弈情形下总产量为 Q_C，则各大型企业和小型企业产量分别为 $\beta_B Q_C$、$\beta_S Q_C$（$0 \leqslant \beta_B \leqslant 1$，$0 \leqslant \beta_S \leqslant 1$；$n\beta_B + k\beta_S = 1$）。

$n + k$ 家企业合作博弈模型为：

$$\max M_C = [a - b\alpha(n\beta_B Q_C + k\beta_S Q_C)]\alpha(n\beta_B Q_C + k\beta_S Q_C) - n(c_B \beta_B Q_C - F_B) - k(c_S \beta_S Q_C - F_S) \tag{13}$$

对式（13）关于 Q_C 求微分得企业的纳什均衡总产量为：

$$Q_C = \frac{a\alpha - n\beta_B c_B - k\beta_S c_S}{2b\alpha^2} \tag{14}$$

各大型企业产量为：

$$Q_{CB} = \frac{a\alpha - n\beta_B c_B - k\beta_S c_S}{2b\alpha^2}\beta_B \tag{15}$$

各小型企业产量为：

$$Q_{CS} = \frac{a\alpha - n\beta_B c_B - k\beta_S c_S}{2b\alpha^2}\beta_S \tag{16}$$

合作博弈定价模型为：

$$P_C = \frac{a\alpha + n\beta_B c_B + k\beta_S c_S}{2\alpha} \tag{17}$$

各小型企业的利润为：

$$M_{CS} = \frac{(a\alpha)^2 - (n\beta_B c_B + k\beta_S c_S)^2}{4b\alpha^2}\beta_S -$$

$$\frac{a\alpha - n\beta_B c_B - k\beta_S c_S}{2b\alpha^2}\beta_S c_S - F_S \tag{18}$$

各大型企业的利润为：

$$M_{CB} = \frac{(a\alpha)^2 - (n\beta_B c_B + k\beta_S c_S)^2}{4b\alpha^2}\beta_B -$$

$$\frac{a\alpha - n\beta_B c_B - k\beta_S c_S}{2b\alpha^2}\beta_B c_B - F_B \tag{19}$$

2.3 比较分析

从理论上说，只要合作博弈策略下的企业总利润大于竞争博弈策略下的总利润，就可调整分配系数使各企业的利润都大于竞争博弈时的利润。因此，合作策略优于竞争策略。

具体来说，当分配系数 $\beta_B \geq$
$\dfrac{4b\alpha^2\gamma}{(a\alpha - u)(a\alpha + u - 2c_B)}$ 时（$u = n\beta_B c_B +$
$k\beta_S c_S$；$\gamma = \{\alpha[\dfrac{a + nc_B}{n+1} - \dfrac{k(a - c_S)}{\alpha(n+1)(k+1)}] -$
$c_B\}[\dfrac{a}{\alpha b(n+1)} + \dfrac{k(c_S - \alpha c_B) - \alpha c_B}{\alpha b(n+1)(k\alpha + \alpha - k)}]$），
可证得：$M_{CB} \geq M_{DB}$；$\beta_S \geq \dfrac{4b\alpha^2\omega}{(a\alpha - u)(a\alpha + u - 2c_S)}$ 时
（$\omega = \{\alpha[\dfrac{a + nc_B}{n+1} - \dfrac{k(a - c_S)}{\alpha(n+1)(k+1)}] - c_S\}$
$[\dfrac{n(c_B - c_S)}{\alpha b(n+1)(k\alpha + \alpha - k)} + \dfrac{a - c_S}{\alpha^2 b(n+1)(k+1)}]$），可
证得：$M_{CS} \geq M_{DS}$。

又因为 $n\beta_B + k\beta_S = 1$，所以可得：
$$\dfrac{4b\alpha^2\gamma}{(a\alpha - u)(a\alpha + u - 2c_B)} \leq \beta_B \leq \dfrac{1}{n} - \dfrac{4kb\alpha^2\omega}{n(a\alpha - u)(a\alpha + u - 2c_S)} \qquad (20)$$

通过比较式（11）与式（18）及式（12）与式（19），可以发现当分配系数满足式（20）时，合作博弈的利润较大；比较式（8）与式（15）和式（9）与式（16），可知合作博弈的产出较少；比较式（10）与式（17），可知合作博弈的价格较高。所以在成本不同的情况下，可以得出竞争博弈是一个高产出、低价位的策略，而合作博弈是一个低产出、高价位的策略。即当生产易变质产品的大型企业产量分配系数满足式（20）时，每家企业的利润都大于竞争博弈下的利润，此时企业应采取合作博弈策略。

3 有新企业进入时的博弈定价模型

易变质产品生产企业采取合作博弈定价策略时，每个企业都会获得很高的利润，竞争博弈虽是纳什均衡状态，但会造成企业的收益过低；合作博弈虽然产品价格高、企业利润大，

但其策略没有达到纳什均衡，是不稳定的。而现代市场是一个开放的系统，合作策略的高利润必然会吸引新企业的进入，最终导致高收益目标难以实现。而合作博弈也不利于生产技术的发展，在竞争博弈中，成本较低的企业拥有优先定价优势，将获得更多的利润，这将激励企业开发新技术，以求获得优先定价权。而合作博弈不需要争取优先定价权，企业不再热衷开发新技术，从长远发展考虑，依靠资源消耗引发的经济繁荣无法长久，没有技术创新，繁荣的背后带来的将是资源匮乏、环境污染等不利结果，不符合我国的可持续发展战略。因此，合作博弈策略和竞争博弈策略下的易变质产品定价是两个理论上的极端，实践上不宜完整应用，现实中大多数企业都处于竞合状态[12]、[13]。研究如何在竞合状态下，制定使原有企业保持相对较高的利润又对新企业不产生吸引力的临界价格，才是企业的合理选择。

设临界价格为 P_t，新企业的目标利润为 M_N，单位变动成本为 c_N，固定费用为 F_N，市场进入费为 D，分配系数为 β_N。
$$M_N = P_t\alpha Q\beta_N - c_N Q\beta_N - F_N - D = P_t\dfrac{a - P_t}{b}\beta_N - c_N\dfrac{a - P_t}{b\alpha}\beta_N - F_N - D \qquad (21)$$

整理可得关于临界价格 P_t 的一元二次方程：
$$P_t^2 - (a + \dfrac{c_N}{\alpha})P_t + \dfrac{ac_N}{\alpha} + (F_N + D + M_N)\dfrac{b}{\beta_N} = 0$$

当 $\Delta = [-(a + \dfrac{c_N}{\alpha})]^2 - 4[\dfrac{ac_N}{\alpha} + (F_N + D + M_N)\dfrac{b}{\beta_N}] \geq 0$，即 $D \leq \dfrac{\beta_N(a - \dfrac{c_N}{\alpha})^2}{4b} - F_N - M_N$ 时，可得临界价格：

$$P_t = \frac{a + \dfrac{c_N}{\alpha} - \sqrt{(a + \dfrac{c_N}{\alpha})^2 - 4\left[ac_N \div \alpha + (F_N + D + M_N)\dfrac{b}{\beta_N}\right]}}{2} \tag{22}$$

原有易变质产品生产企业亦追求利润最大化，当新企业进入市场无法达到其目标利润而放弃进入时，原有企业为获得相应的稳定和较高的收益，最优定价 $P^* = P_t$ 是理性的选择。同时，由式（22）可得，价格区间是动态的，随着企业产品成本、市场进入费用的变化而变化。这也从理论上解释了在需求相对稳定情况下，市场价格也会经常波动。

此时易变质产品生产企业的总产量

$$Q_t = \frac{a - \dfrac{c_N}{\alpha} + \sqrt{(a + \dfrac{c_N}{\alpha})^2 - 4\left[ac_N \div \alpha + (F_N + D + M_N)\dfrac{b}{\beta_N}\right]}}{2\alpha b} \tag{23}$$

各大型企业的利润为：

$$M_B = P_t \alpha \beta_B Q_t - c_B \beta_B Q_t - F_B =$$

$$\left\{ \frac{a\alpha\beta_B + \beta_B c_N - \alpha\beta_B \sqrt{(a + \dfrac{c_N}{\alpha})^2 - 4\left[ac_N \div \alpha + (F_N + D + M_N)\dfrac{b}{\beta_N}\right]}}{2} - c_B \beta_B \right\} \times$$

$$\left\{ \frac{a - \dfrac{c_N}{\alpha} + \sqrt{(a + \dfrac{c_N}{\alpha})^2 - 4\left[ac_N \div \alpha + (F_N + D + M_N)\dfrac{b}{\beta_N}\right]}}{2\alpha b} \right\} - F_B \tag{24}$$

各小型企业的利润为：

$$M_S = P_t \alpha \beta_S Q_t - c_S \beta_S Q_t - F_S =$$

$$\left\{ \frac{a\alpha\beta_S + \beta_S c_N - \alpha\beta_S \sqrt{(a + \dfrac{c_N}{\alpha})^2 - 4\left[ac_N \div \alpha + (F_N + D + M_N)\dfrac{b}{\beta_N}\right]}}{2} - c_S \beta_S \right\} \times$$

$$\left\{ \frac{a - \dfrac{c_N}{\alpha} + \sqrt{(a + \dfrac{c_N}{\alpha})^2 - 4\left[ac_N \div \alpha + (F_N + D + M_N)\dfrac{b}{\beta_N}\right]}}{2\alpha b} \right\} - F_S \tag{25}$$

4　临界价格下 RFID 的投入决策

在易变质产品生产企业中，产品变质问题十分严重，导致很多产品无法销售。这将会降低企业的收入，还会增加企业的生产成本、库存成本、物流成本和清理成本等。尽管此问题可以通过 RFID 技术解决，但是，由 RFID 的投入产生的成本增加问题亦会影响企业的收益。

根据现有的研究成果，企业不能直观地分析投入 RFID 的临界点。因此，通过定量和模型化的方法分析 RFID 的投入对企业收益的影响十分必要。

易变质产品生产企业采用 RFID 后，该类企业的产品在生产出来以后被贴上一个 RFID 温度标签，可以随时监测产品所处环境下的温度变化，并通过记录流通过程的数据，优化产品的流通速度，从而有效减少产品储运过程中变质现象的发生，保证其质量和品质。假设此时 $\alpha = 1$。附加于每个产品上的 RFID 温度标签成本为 t，采用 RFID 后的产品价格为 P，新企业的目标利润为 M_N，单位变动成本为 $c_N + t$，固定费用为 F_N，市场进入费为 D。

$$M_N = PQ\beta_N - (c_N + t)Q\beta_N - F_N - D = P\frac{a-P}{b}\beta_N - (c_N + t)\frac{a-P}{b}\beta_N - F_N - D \quad (26)$$

原有易变质产品生产企业亦追求利润最大化，当新企业进入市场无法达到其目标利润而放弃进入时，原有企业为获得相应的稳定和较

整理可得关于临界价格 P 的一元二次方程：

$$P^2 - (a + c_N + t)P + a(c_N + t) + (F_N + D + M_N)\frac{b}{\beta_N} = 0$$

当 $\Delta = [-(a + c_N + t)]^2 - 4[a(c_N + t) + (F_N + D + M_N)\frac{b}{\beta_N}] \geqslant 0$，即 $D \leqslant \frac{\beta_N[a - (c_N + t)]^2}{4b} - F_N - M_N$ 时，可得临界价格：

$$P = \frac{a + c_N + t - \sqrt{(a + c_N + t)^2 - 4[a(c_N + t) + (F_N + D + M_N)\frac{b}{\beta_N}]}}{2} \quad (27)$$

高的收益，最优定价 $P^* = P$ 是理性的选择。

此时易变质产品生产企业的总产量为：

$$Q = \frac{a - c_N - t + \sqrt{(a + c_N + t)^2 - 4[a(c_N + t) + (F_N + D + M_N)\frac{b}{\beta_N}]}}{2b} \quad (28)$$

各大型企业利润：

$$M'_B = P\beta_B Q - (c_B + t)\beta_B Q - F_B =$$

$$\left\{ \frac{a + c_N + t - \sqrt{(a + c_N + t)^2 - 4[a(c_N + t) + (F_N + D + M_N)\frac{b}{\beta_N}]}}{2} - (c_B + t) \right\}$$

$$\times \beta_B \left\{ \frac{a - c_N - t + \sqrt{(a + c_N + t)^2 - 4[a(c_N + t) + (F_N + D + M_N)\frac{b}{\beta_N}]}}{2b} \right\} - F_B \quad (29)$$

各小型企业利润：

$$M'_S = P\beta_S Q - (c_S + t)\beta_S Q - F_S =$$

$$\left\{ \frac{a + c_N + t - \sqrt{(a + c_N + t)^2 - 4[a(c_N + t) + (F_N + D + M_N)\frac{b}{\beta_N}]}}{2} - (c_S + t) \right\}$$

$$\times \beta_S \left\{ \frac{a - c_N - t + \sqrt{(a + c_N + t)^2 - 4[a(c_N + t) + (F_N + D + M_N)\frac{b}{\beta_N}]}}{2b} \right\} - F_S \quad (30)$$

原有企业为保持相对较高的利润又需阻止 新企业的进入，在采用 RFID 技术后，产品的定

价 P 应满足：$P \leqslant P_t$ (31)

当所有企业都获得比原先更多的收益（至少不少于原先的收益），才能激励企业采用 RFID 技术消除产品的变质，故还应满足：

$$M'_S \geqslant M_S \tag{32}$$

$$M'_B \geqslant M_B \tag{33}$$

由式（31）可得：

$$t \leqslant P_t - c_N - \frac{b(F_N + D + M_N)}{\beta_N(a - P_t)} = \gamma$$

由式（32）可得：

$$t \leqslant a - c_N +$$

$$\frac{b[\beta_N(M_S + F_S) - \beta_S(F_N + D + M_N)]}{\beta_N \beta_S(c_S - c_N)} +$$

$$\frac{\beta_S(c_S - c_N)(F_N + D + M_N)}{\beta_N(M_S + F_S) - \beta_S(F_N + D + M_N)} = \xi$$

由式（33）可得：

$$t \leqslant a - c_N +$$

$$\frac{b[\beta_N(M_B + F_B) - \beta_B(F_N + D + M_N)]}{\beta_N \beta_B(c_B - c_N)} +$$

$$\frac{\beta_B(c_B - c_N)(F_N + D + M_N)}{\beta_N(M_B + F_B) - \beta_B(F_N + D + M_N)} = \eta$$

由于生产易变质产品的大型企业和小型企业要阻止新企业进入，它们应保持竞合状态不变，故 RFID 温度标签成本的取值范围：

$$0 \leqslant t \leqslant \min(\gamma, \xi, \eta) \tag{34}$$

对 t 的表达式进行分析还可发现：t 的大小不仅与企业的经营情况相关（通过 α 值的大小可以体现，值越大说明企业对易变质产品的保管越好，即经营情况越好），同时也与贴有 RFID 温度标签的产品成本相关。产品成本越高，则企业可承受的 RFID 成本就越大。这也从理论上解释了目前 RFID 技术的应用现状，即由于 RFID 温度标签成本目前还比较高，因此，RFID 温度标签主要被应用于一些价格较高、变质较为严重的产品上。由此可知，易变质产品生产企业可以通过对以往变质产品的数量统计数据来确定 α 值的大小，并综合考虑产品的成本，即可确定投入 RFID 的临界点。

5 数值模拟分析

设某行业内，有 2 家大型企业和 3 家小型企业，生产无差异的易变质产品。大型企业处于领导地位，产品的需求函数 $P = 2500 - 5\alpha Q$，$c_B = 10$，$c_S = 15$，$F_B = 4000$，$F_S = 1000$，$\alpha = 0.8$，$\beta_B = 0.3$，$\beta_S = 0.13$。

根据表 1 可以看出，在没有新企业进入的情况下，无论是整体还是每个企业，合作博弈的收益都比竞争博弈高。但是高利润会吸引新企业的进入，导致收益下降。原有企业必须重新制定一个相对较低的价格，以减少价格对新企业进入的吸引力。

设有一新企业进入市场，单位变动成本 $c_N = 11$，固定费用 $F_N = 3500$，目标利润 $M_N = 40000$，预计 $\beta_N = 0.2$。当市场进入费用 $D = 8000$ 和 0 时，按式（22）计算得临界价格为 749 元和 580 元。这表明市场有进入费用时，临界价格较高；否则临界价格较低。

若市场有进入费用，产品价格等于临界价格，新企业进入市场时可获得利润 39790 元，小于目标利润。若无新企业进入，原企业的收益虽然比合作博弈时少，但比竞争博弈时多很多，见表 1 最后一行。

将相应参数代入式（34），可得 $t \leqslant 2.7$。如图 1 所示，随着 RFID 温度标签成本 t 的增加，导致产品的定价与临界价格逐渐接近，当 $t = 2.7$ 时，产品定价刚好与临界价格相等。由图 2 可以发现，随着 RFID 温度标签成本 t 的增加，采用 RFID 技术使生产易变质产品的大、小型企业利润的增量逐渐减小。

当 $t = 2.7$ 时，易变质产品的价格刚好等于临界价格，此时大、小型企业采用 RFID 技术会

表 1　不同状态下各企业的产量、利润对比

状态		价格	产量			利润		
			大企业	小企业	合计	大企业	小企业	合计
原有企业	竞争博弈	64	214	61	611	4817	1208	13258
	合作博弈	1258	93	41	309	88665	39647	296271
新企业进入	竞合博弈	749	131	58	436	78135	32884	254922

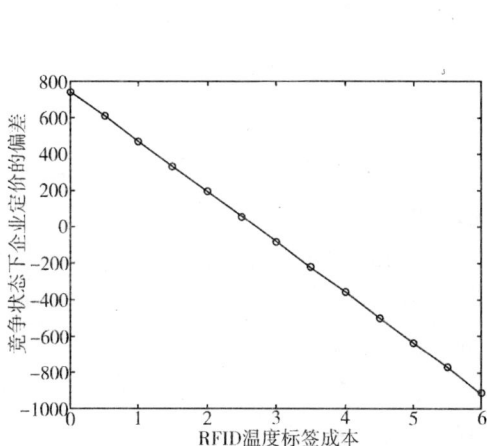

图 1　RFID 温度标签成本对竞合状态下企业定价增量影响

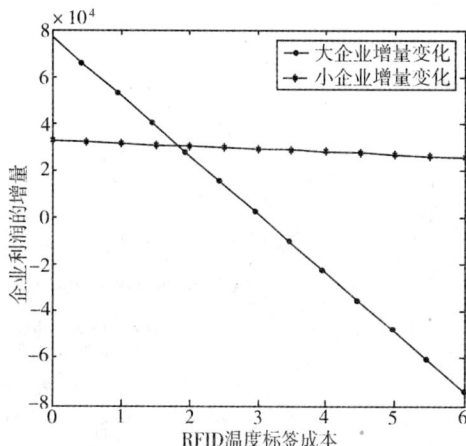

图 2　RFID 温度标签成本对企业利润增量的影响

增加利润。若不考虑临界价格，$t \leqslant 3.1$ 时，大型企业采用 RFID 技术是有利的；$t \leqslant 2.9$ 时，小型企业采用 RFID 技术是有利的。但是当 $t > 2.7$ 时，此时易变质产品价格大于临界价格，新企业就会进入。即使原有企业采用 RFID 技术，增加的收益也无法抵消新企业进入后减少的收益。此时，不采用 RFID 技术对处于竞合状态下的原企业是有益的。

6　结论

本文通过建立和比较不同成本易变质产品生产企业的竞争博弈定价模型与合作博弈定价模型，得出合作博弈情形下的高利润易导致新企业的进入的结论。然后运用临界价格概念建立了在原企业处于竞合状态下有新企业进入时的定价模型，并考虑了变质产品的数量对定价的影响。按此模型制定的产品价格，避免了新企业进入市场给原企业带来的威胁，又能使原企业拥有相对较高的收益。最后为消除变质产品对企业收益的影响，基于临界价格，采用定量化、模型化的方法解决了易变质产品生产企业的 RFID 投入决策问题。当 RFID 温度标签成本超过 t 时，易变质产品生产企业不应采用 RFID 技术，过高的温度标签成本会影响企业的利润。

虽然，本文的模型为易变质产品生产企业是否采用 RFID 提供了科学依据和管理启示，但其模型是建立在线性产品需求函数上，未探讨非线性需求函数时的情形。另外，有些变质产品可能仍具有一定的残值，后续研究中可考虑此种情形对 RFID 温度标签成本的影响。

附录：

m 家同成本企业的利润函数：

$$M_i = [a - b\alpha(q_i + q_{-i})]\alpha q_i - cq_i - F_i$$

$$\frac{\partial M_i}{\partial q_i} = a - 2b\alpha^2 q_i - b\alpha^2 q_{-i} - c = 0$$

可得：$q_i = \dfrac{a - c - b\alpha^2 q_{-i}}{2b\alpha^2}$ （a）

在对称均衡下：$q_{-i} = (m - 1)q_i$ （b）

将式（b）代入式（a）得：

m 家同成本企业的均衡产量 $q^c = \dfrac{a - c}{(m + 1)b\alpha^2}$

参考文献

[1] H. M. Wee, S. T. Law. Economic Production Lot Size for Deteriorating Items Taking Account of the Time Value of Money [J]. *Computers & Operations Research*, 1999, 26: 545 ~ 558.

[2] 柏庆国, 张玉忠, 徐建腾. 易变质产品在带运输时间的二级供应链中的订购策略研究 [J]. 管理学报, 2011, 8 (2): 294 ~ 300.

[3] Lin G. C., Kroll D. E., Lin C. J. Determining A Common Production Cycle Time for An Economic Lot Scheduling Problem with Deteriorating Items [J]. *European Journal of Operational Research*, 2006, 173: 669 ~ 682.

[4] 徐章一. 敏捷物流——供应链一体化的实现 [M]. 北京: 中国物质出版社, 2003: 39 ~ 47.

[5] 刘娜, 李锐. 浅议 RFID 技术在冷链物流中的应用 [J]. 中国科技信息, 2011, 3: 82 ~ 83.

[6] 卢菲菲. RFID 技术在日本 [J]. 中外物流, 2006 (4): 87 ~ 88.

[7] 应晓书. 基于射频识别（RFID）技术在冷链物流中的应用研究 [D]. 武汉: 武汉理工大学, 2008.

[8] 康永娟. 基于 RFID 技术的冷链物流中的温控管理 [J]. 商业现代化, 2009, 34: 27 ~ 28.

[9] LEE Y. M., CHENG F. Exploring the Impact of RFID on Supply Chain Dynamics [C]. *Proceedings of the 2004 Winter Simulation Conference*, *New York*: 2004: 36 ~ 43.

[10] KEITH A., TIG G., KATHRYN G, et al. Focus on the Supply Chain: Auto – ID within the Distribution Center [Z]. *Auto – ID Center*, *MIT*, 2002.

[11] RYALL M., SORENSON O. Brokers and Competitive Advantage [J]. Management Science, 2007, 53 (4): 566 ~ 583.

[12] Doz Y. L. The Evolution of Cooperation in Strategic Alliances: Initial Conditions or Learning Processes [J]. *Strategic Management Journal*, 1996, 17: 55 ~ 83.

[13] 郭炎, 郭彬. 不同竞合模式的战略联盟形式选择 [J]. 管理科学学报, 2007, 10 (1): 39 ~ 45.

基于过度自信零售商的供应商决策研究

刘哲睿

（华南理工大学工商管理学院）

摘要：根据以往过度自信的研究，我们借用报童模型，设定了一个期望需求及方差预测都存在偏差的过度自信零售商，探究了该零售商的订购量与理性订购量的差别，我们从供应商角度讨论了在不同动机下，供应商可采取契约机制实现有过度自信零售商的自身利润最大化。

关键词：报童模型；回购契约；过度自信

1 引言

近年来，大量心理学家和经济学家开始从人的心理因素和情感因素，即不完全理性的角度来研究经济行为。大量心理学的研究表明个体在决策中存在着各种偏见。过度自信是影响人的经济行为的重要心理因素和情感因素，也是这篇文章中我们探究的导致零售商决策偏差的因素。

Moore 和 Healy[1] 的文献综述涵盖了 350 篇描述过度自信的文章。他们定义了三种形式的过度自信：过高估计、过高定位和过高精度。第一种情况中，人们过高估计了自身能力，认为其比自身实际水平高；过高定位者认为他们强于其他人。过高精度中，个体相信自身的评估要比实际情况精准，他们对自身判断的精确性过度自信。Weinstein 等人[2] 的研究发现，人们总是趋向于过高估计自身的知识和能力水平；Fischhoff[3] 和 Alpert 等人[4] 认为，人们总是趋向于过高估计其所掌握信息的精确性，他们高估了事情成功的概率。Hilary 和 Menzly[5] 认为分析师在少量的准确预测后会变得过度自信，并

会导致预测准确度降低。Sandra[6] 发现相对理性代理人，适当过度自信的代理人会付出更多努力，有相对优势以及更高的成功可能性。

过度自信提出后受到了广泛关注，经济学家据此展开了广泛而深入的研究，运用过度自信的模型来解释和描述一些经济现象。Odean[7] 发现投资者过度估计信息准确度的行为，将导致其交易量大于最优值，同时期望效用降低。国内方面，黄健柏等人[8] 以及陈其安、杨秀苔[9] 借用委托——代理模型研究了过度自信对努力程度，激励和监督力度等的影响。

目前，关于存在过度自信行为的供应链研究很少。Croson 和 Ren[10] 等人利用过度自信的报童模型，解释了报童订购量非最优的问题，并利用契约机制使报童达到理性订购量。本文在 Croson 等人的模型基础上，对报童模型中零售商的过度自信行为有新的刻画，并进一步从供应链协调角度分析契约机制。

2 模型参数与假设

文中的参数设置如下：p 表示单位产品的零售价格；w 为供应商提供给零售商的单位产

品的批发价格；s 是单位产品的销售期末残值（$0 < s < w < p$）；v 是单位产品引起的缺货损失；c 为单位产品的生产成本；Q 和 D 分别为销售期初零售商的产品订购量及产品需求量；μ 为随机需求的期望；σ^2 为随机需求的方差；F_d 和 f_d 为 D 的分布函数密度函数；为方便计算，设置 x 为均值为 0 方差为 1 的随机变量；F_s 为 x 的分布函数；实际的商品需求量可表示为 $D = \sigma x + \mu$。我们设定零售商存在过度自信心理，供应商为理性经济人，并且他知悉零售商的过度自信程度。供应商与零售商对需求分布的理解不相同，供应商对需求函数有正确的判断，而零售商对此有错误的认识。

我们利用基本的报童模型进行分析。产品的期望销售量为 $S(Q) = Q - \int_0^Q F(x)dx$ ；令 $I(Q)$ 和 $L(Q)$ 分别为零售商的期望剩余库存及期望缺货量，则有报童模型临界分位数 $\beta = F_d(Q^*) = \frac{p + v - w}{p + v - s}$ ，定义 $F_s(x)$ 是 x 的分布函数，且有 $F_s(b) = \beta$ ，和 $F_s^{-1}(\beta) = b$ 。因为 F_d 是连续函数且单调递增，因此我们得到唯一最优解：$Q^* = F_d^{-1}(\beta)$ 。

$$F_d(\mu + \sigma b) = Pr(D < \mu + \sigma b) = Pr(\frac{D - \mu}{\sigma} < b) =$$
$$Pr(X < b) = F_s(b) = \beta = F_d(Q^*) \tag{1}$$

因此有 $Q^* = \mu + \sigma b$ ，我们把遵循经典报童模型实施订购策略的零售商称为理性零售商。我们会利用理性订购量与过度自信零售商的订购量作对比，以期得到一些结论。

3 过度自信零售商的订购决策

Moore 和 Healy（2008）在回顾了 350 篇有关过度自信的文献之后，总结出了三种典型的过度自信类型：过高估计、过高定位和过度精确。前两种类型强调的是过度自信者过高地估计了自己的能力，并且强于其他人；后一种类型说的是过度自信者相信他们对事物的判断能力比实际水准要更高，他们过高估计了自身的预测准确度。

基于以上观点，我们假设一类过度自信零售商，他对期望均值及方差的估量都存在偏差。式（1）表示它过度自信零售商高估了自身的营销能力，夸大了营销的效果，并认为商品的需求水平较高，假设它眼中的期望需求为 μ_o ，则有 $\mu_o > \mu$ ；式（2）表示过度自信零售商高估了自身的预测能力，它眼中的商品需求方差比实际的商品需求方差更小，假设它眼中的需求方差为 σ_o ，则有 $\sigma_o < \sigma$ 。

过度自信零售商眼中的需求可表示为：
$$D_o = \sigma_o x + \mu_o = (1 - a)\sigma x + (1 + a)\mu \tag{2}$$

其中 a 为过度自信水平，满足 $0 < a < 1$ ，随着 a 的增大，过度自信零售商眼中的期望需求比实际情况增大，而其眼中的需求方差则比实际情况减小。也即是说，a 与过度自信水平成正比。

我们首先求出过度自信零售商的商品订购量 Q_o^* ，然后与实际的最优订购量 Q^* 作对比。

定理 当 $\frac{\mu}{\sigma} > b$ 时，$Q_o^* > Q^*$ ；当 $\frac{\mu}{\sigma} < b$ 时，$Q_o^* < Q^*$ ；当 $\frac{\mu}{\sigma} = b$ 时，$Q_o^* = Q^*$ 。

证明：$Q^* = \mu + \sigma b$ ，$Q_o^* = \mu_o + \sigma_o b = (1 + a)\mu + (1 - a)\sigma b$ ，

则 $Q_o^* - Q^* = a(\mu - \sigma b)$ ，得证。

Croson 等人的模型中，零售商对方差预测存在偏差，其期望需求与理性情况一致，本文对零售商的过度自信程度有创新性的刻画，利用单个参数同时表征了零售商对期望需求及方差的判断偏差，得出当 $b > 0$ ，市场处于高利润环境时，过度自信零售商的订购量比理性情况偏低；反之，则偏高；当 $b = 0$ 时，零售商的订

购量无偏差。而我们得出的结论有所差别。由 $Q_o^* - Q^* = a(\mu - \sigma b)$ 可知，当 $b < 0$，当市场处于低利润环境时，过度自信零售商的订购量将会大于理性零售商的订购量（与 Croson 等人的研究结论一致）；当 $b > 0$，市场处于高利润环境，需要分情况讨论。当 $\frac{\mu}{\sigma} > b > 0$ 时，此时理性的最佳订购量 Q^* 较大，过度自信零售商的订购量将会大于理性零售商的订购量，且订购偏差相对（$b < 0$ 的情况）较小，这种情况与 Croson 等人的研究结论相反；当 $\frac{\mu}{\sigma} < b$，市场处于很高的利润环境时，理性零售商的最优订购量很大，超过期望需求的两倍，即 $Q^* > 2\mu$，那么过度自信零售商的订购量将会低于理性零售商的订购量；当 $\frac{\mu}{\sigma} = b$ 时，零售商的订购量无偏差。

过度自信零售商的订购量，与零售商的过度自信程度相关，过度自信程度越高，订购量的偏差程度越大；期望需求、方差、市场环境参数都是影响订购量偏差程度的重要因素，而这三个量都是衡量外部市场环境的重要指标，也就是说过度自信零售的订购量偏差程度与市场环境密切相关。

模型分析得出的结果，能够很好的解释现实生活中观察到的经济现象。Cachon 等人（2000）的研究发现，实际经济生活中零售商的订购量与理性最优订购量有差别，我们利用零售商过度自信的报童模型，合理地解释了零售商订购存在偏差的现象。

4 供应商利润最大化的实现

由以上分析我们知道，在通常情况下（$\frac{\mu}{\sigma} \neq b$）零售商的过度自信会导致零售商的利润损失，供应商的利润是与过度自信零售商的订

购量直接关联。我们假设供应商处于主导地位，了解零售商的过度自信程度。供应商可以对每单位未能出售的商品，设置一个回购值 I_s，同时商品的残值转移给供应商。易求得能实现供应链利润最大化的最优订购量满足 $\beta' = F_d(Q_i^*) = \frac{p + v - c}{p + v - s} = F_s(b_1), Q_i^* = F_d^{-1}(\beta')$，已知 $Q_o^* = Q^*(1 - a) + 2a\mu$，由于过度自信零售商的订购量围绕供应链最优订购量上下波动，因此回购契约要分情况讨论。

易求得，当 $F_d^{-1}(\beta)(1 - a) + 2\mu a - F_d^{-1}(\beta') \geq 0$ 时，过度自信零售商的订购量不小于供应链最优订购量，此时，供应商的利润达到最大化，无需再实施协调机制；反之，当 $F_d^{-1}(\beta)(1 - a) + 2\mu a - F_d^{-1}(\beta') < 0$，零售商的订购量未达到供应链最优订购量，此时供应商仍然有利润增加的空间，可通过回购契约实现自身利润最大化。

此时，实施回购契约后过度自信零售商的订购量满足 $F_o(Q'_o) = \frac{p + v - w}{p + v - I''_s} = \beta'_o$。订购量为：$Q'_o = \mu_o + \sigma_o F_s^{-1}(\beta'_o)$，期望剩余库存为 $I(Q'_o) = Q'_o - S(Q'_o) = \int_0^{Q'_o} F_d(x)dx$。此时供应商利润函数为：

$$\pi_2 = (w - c)Q'_o - (I_s - s) \cdot I(Q'_o)$$
$$= (w - c)[\mu_o + \sigma_o F_s^{-1}(\beta'_o)] - (I_s - S)\int_0^{\mu_o + \sigma_o F_s^{-1}(\beta'_o)} + F_d(x)dx \tag{3}$$

其中，关键分位数是与回购价有关的量，因此通过回购价的设置可以获得最优的利润值。

将利润函数对回购价进行求导，

$$\frac{\partial \pi_2}{\partial I_s} =$$
$$\{ w - c + (I_s - s)F_d[(\mu_o + \sigma_o F_s^{-1}(\beta'_o))]\}$$
$$\frac{\sigma_o \cdot \partial F_s^{-1}(\beta'_o)}{\partial I_s} - \int_0^{\mu_o + \sigma_o F_s^{-1}(\beta'_o)} F_d(x)dx \tag{4}$$

因此在两种情况下,

(1) $F_d^{-1}(\beta)(1-a) + 2\mu a - F_d^{-1}(\beta') \geqslant 0$ 时,无需协调契约;

(2) $F_d^{-1}(\beta)(1-a) + 2\mu a - F_d^{-1}(\beta') < 0$ 时,供应商采用回购契约,且回购价满足

$$\frac{\sigma_o \cdot \partial F_s^{-1}(\beta'_o)}{\partial I_s} = \frac{\int_0^{\mu_o + \sigma_o F_s^{-1}(\beta'_o)} F_d(x)\,dx}{w - c + (I_s - s)F_d[(\mu_o + \sigma_o F_s^{-1}(\beta'_o))]}。 \quad (5)$$

满足上述条件时,供应商能够实现自身的利润最大化。

在第二种情况中,回购价的设置与过度自信零售商的订购量有关,因此间接与过度自信程度相关。当 $\frac{\mu}{\sigma} > b$ 时,过度自信程度与回购价成反比;当 $\frac{\mu}{\sigma} < b$ 时,过度自信程度与回购价成正比;当 $\frac{\mu}{\sigma} = b$ 时,过度自信程度与回购价无关。

5 结论

根据以往心理学对过度自信的研究,本文用单个参数同时表征了过度自信零售商在期望需求及方差两方面的预测偏差。在需求随机的情况下,结合报童模型对过度自信零售商的决策偏差进行了研究,论证了过度自信零售商的订购量与理性订购量的偏差。

供应商在知悉零售商过度自信程度时,在自身利润达到饱和的情况下,没有动力实施契约机制;供应商从自身角度考虑,分情况决定是否实施回购契约,可以实现自身利润的最大化。

参考文献

[1] Moore, D., P. J. Healy. The Trouble with Overconfidence. Psychological Review. 2008, 115 (2): 502~517.

[2] Weinstein N. D. Unrealistic Optimism about Future Life Events [J]. Journal of Personality and Social Psychology. 1980 (37): 806~820.

[3] Fischhoff, B., Slovic, P. and Lichtenstein, S. Knowing with Certainty: the Appropriateness of Extreme Confidence [J]. Journal of Experimental Psychology: Human Perception and Performance. 1977 (3): 552~564.

[4] Alpert M. and Raiffa H. A Progress Report on the Training of Probability Assessors, in D Kahneman, P Slovic and A Tversky, eds., Judgement Under Uncertainty: Heuristic and Biases [C]. Cambridge: Cambridge University Press. 1982.

[5] Hilary, G., L. Menzly. Does Past Success Lead Analysts to Become Overconfident Management Science. 2006, 52 (4): 489~500.

[6] Sandra, L., Philipp C., Wichardt, Hanke, W. Overconfidence Can Improve An Agent's Relative and Absolute Performance in Contests Economics Letters, Volume. 2011, 110 (3): 193~196.

[7] Odean, T. Volume, Volatility, Price, and Profit When All Traders Are Above Average. Journal of Finance. 1998, 53 (6): 1887~1934.

[8] 黄健柏,杨涛,伍如昕. 非对称过度自信条件下委托代理模型. 系统工程理论与实践, 2009, 29 (4): 92~102.

[9] 陈其安,杨秀苔. 基于代理人过度自信的委托代理关系模型研究. 管理工程学报, 2007, 21 (1): 110~116.

[10] D. Croson, R. Croson, Y. Ren. How to manage an overconfident newsvendor. Working paper, 2008.

基于移动电子商务的农产品物流应用研究①

董学勤　戴丹

（浙江农林大学信息工程学院）

摘要：农产品物流是制约我国农业发展的一大难题，本文通过分析现阶段我国电子商务环境下的农产品物流发展情况以及存在的问题，提出了更为适合我国国情和市场需求的基于移动电子商务的农产品物流平台构想，并详细阐述了该平台的系统构架以及实现的功能，同时提出了保障平台安全性的几点措施。

关键词：农产品物流；移动电子商务；电子商务信息平台；第三方物流

Research of Agricultural Products Logistics Application Based on Mobile E – Commerce

Dong Xueqin, Dai Dan

（E – mail：Xue_ qinlxy@ yeah. net, boatdriver@ 126. com）

（School of Information Engineering, Zhejiang Agriculture and Forest University）

Abstract：Agricultural logistics is a big problem of restricting our agricultural development. This paper analysis the situation of the development and problems of agricultural logistics E – commerce in our country at present stage . Then proposed the Agricultural Product Logistics Platform based on mobile E – commerce, what is more suitable for China's national conditions. At last, descript the platform and function of the system, and put forward several measures of safety.

Key words：agricultural logistics；mobile E – commerce；electronic business information platform；third party logistics

1 引言

农业作为我国的第一大产业，是促进我国国民经济快速增长的一个重要因素。随着我国农业的发展，农产品已从总量不足的供给制约逐渐转变为局部结构过剩的需求制约，农业进一步发展的主要障碍已经从生产领域转向市场流通领域，农产品的流通问题成为当前制约农业和农村经济持续健康发展，影响农民增收甚至农村稳定的重要因素之一[1]。电子商务时代

---

① 本论文以青年教师创新团队项目"电子商务生态系统中网商成长规律及对策研究团队（2009RC08）"为依托展开论述。本论文以浙江省科联项目"生鲜农产品物流模式与效率研究——以杭州市为例（2011NO58）"为依托展开研究。

的到来，为农产品物流提供了先进的信息资源和信息技术。但是由于我国农村网络普及率尚低，涉农网站专业化程度不高，导致了目前的基于电子商务平台的农产品物流仍存在着一些不足。因此，笔者提出一种农产品物流发展的新思路，希望能够解决目前存在的问题，促进农产品物流的飞速发展。

2 传统电子商务环境下的农产品物流

电子商务被称为是 21 世纪的经济增长点之一，它的出现突破了传统商务在时空上的限制，改变了传统的交易模式，成为现代经济发展的助推器。在电子商务铸就一个又一个商业神话的同时，许多专家和学者将目光投向了农产品电子商务，并提出了有关农产品物流电子商务的运作模式及其体系构建。

2.1 电子商务农产品物流体系

基于电子商务环境的农产品物流是广泛采用现代网络信息技术，对传统的农产品物流运作模式进行改造，将现代物流与电子商务融合而成的产物。在整个电子商务农产品物流中，各参与者之间的信息流是关键因素。其流程如图 1 所示。

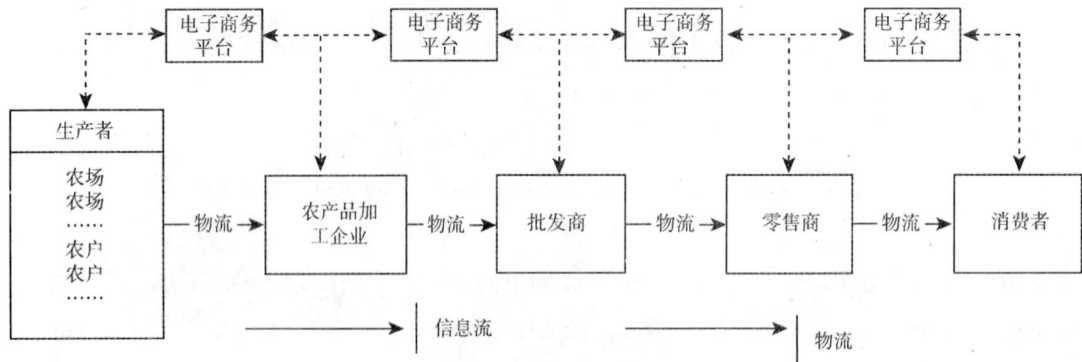

图1 传统电子商务环境下的农产品物流

信息流是农产品物流的神经系统，从农产品的产前、产中到产后的储存、运输、加工及销售，要对每一个环节的物流信息做及时处理，才能应对瞬息万变的市场需求[2]。

2.2 传统电子商务平台下的农产品物流缺陷分析

尽管电子商务环境下的农产品物流可以改善农产品流通不畅、流通成本过高等问题，但是却并未真正形成农产品产供销一体化的供应链，未能实现各参与者的资源共享和信息共用。

产生这种现象主要有以下几点原因：

（1）我国农村网络基础设施落后。农村软、硬件的缺乏，网络接通农户的"最后一公里"障碍，使得农民不能通过直接有效的途径参与到电子商务中来。据统计，在全国将近 1 亿的网民中从事与农业相关职业的网民所占比例大约为 1%，且分布极不均匀[3]。这种情况在很大程度上制约了农村地区互联网的普及，阻碍了农产品电子商务的应用。

（2）农民网络基础知识的匮乏。我国农民的文化水平普遍偏低，对于网络的认识更是匮乏至极。受文化程度制约，部分农民即使有电脑可以使用也无法及时、直接地从网上获取信息，也没有能力对获取的信息进行分析筛选，更没有可能上网发布信息。

（3）农产品物流信息平台缺乏。目前，国内有许多的涉农网站，但是这些网站大部分以展示和宣传为主，缺少专业水准和特色，更新周期较长，信息具有严重的滞后性。而农业物流信息为主的农业电子商务网站则更是凤毛麟角，农业物流信息传播的不及时在很大程度上束缚了中国农业电子商务的发展[4]。

（4）农产品物流信息平台名不副实。就目前的情况来看，我国的电子商务物流发展缓慢，现有的传统电子商务物流体系所能提供的信息品种和质量都不能满足农产品交易和流通需要，大部分电子商务网站徒有其名。显然，电子商务农产品物流并未真正发挥其信息平台和沟通桥梁的作用。

总而言之，在传统的电子商务下农产品物流中，农户不能充分掌握农产品流通中的信息，不能根据这些信息安排生产，造成供应链中的产销脱节，从而导致生产带有较大的盲目性。农产品物流无以为继，更谈何建设完善的农产品供应链体系。因此，改善农产品物流的关键在于解决农产品物流过程中信息传递不畅，信息共享性差的问题。

3　基于移动电子商务的农产品物流体系

3.1　移动电子商务

所谓移动电子商务（M－Commerce）就是利用手机、PDA 及掌上电脑等无线终端进行的 B2B、B2C 或 C2C 的电子商务。相较于传统的电子商务，移动电子商务增加了移动性和终端的多样性，因而拥有更为广泛的用户基础[5]。

3.2　移动电子商务下的农产品物流竞争优势比较

虽然我国农村网络普及率较低，但是农村的手机用户数量还是相当大的。据中国互联网络信息中心（CNNIC）去年发布的调查报告显示，截至 2009 年，我国农村网民达到 10681 万人，年增长率 26.3%。其中，农村手机上网用户数量约为 7189 万，与 2008 年相比增长 3000 多万，年增长率 79.3%，远高于农村网民的整体增幅。手机在农村的普及率远远高于电脑的拥有量，这为发展移动电子商务农产品物流提供了良好的发展沃土。另外，移动商务解决了农民不能长时间在电前上网的困扰，迎合了农民田间劳作流动性强的生活特性。

因此，移动电子商务在农产品物流中有着传统电子商务下农产品物流无法比拟的优势：

（1）移动电子商务在农产品物流中的应用很好地弥补了目前我国传统电子商务下农产品物流的缺陷，解决了农民生产者无网可上或上不起网的难题。使农产品生产者获取信息更加便捷快速，缩短信息反馈周期，加快市场反应速度，推动了农产品流通速度。

（2）通过第三方物流对农产品物流信息移动网络平台的构建与维护，将信息的收集与分析交给第三方物流中的专业人员处理，通过语音、短信、网站信息公布等方式为广大农户、农产品加工企业等提供多样化的信息服务。这种措施大大降低了农民处理信息的难度，解决了因农民文化程度限制而导致的信息利用度不高的问题。

（3）第三方物流通过移动电子商务将生产者和消费者进行完美对接，生产者可以通过移动电子商务信息平台获取生产销售信息，而消费者可以直接通过手机上网或者向第三方物流发送短信订购农产品，极大地方便了人们的生活。

（4）第三方物流公司可以与通信公司合作的方式方便快捷地获取农户的个人信息和产品

信息，并将其录入农产品信息数据库。由于手机号码具有唯一性，手机 SIM 卡上存储的信息可以较方便地确定一个用户的身份[6]，为移动电子商务农产品物流提供了安全基础的同时也可以据此对农产品产地进行溯源管理。

移动电子商务环境下的农产品物流信息体系建设可以在时间和空间上满足从生产要素到消费者之间的需求，能够及时处理物流各个环节中产生的信息，从而提高物流的运作效率。

3.3 基于移动电子商务平台的农产品物流体系的构建

物流是连接农产品供应链体系各个节点的关键，合理的物流体系能使整个供应链体系焕发勃勃的生机；反之则会对整个供应链的协调运作产生消极的影响。农产品的区域性、季节性以及生命周期较短等特征决定了农产品需要由第三方来完成物流配送，通过专业的物流配送，可以缩短流通时间、扩大流通半径、减少流通损耗、降低流通成本。

在基于移动电子商务平台的农产品物流体系中，第三方物流担任的角色不仅仅是产品的流通和运输，还起着信息收集传递和产品销售中介的作用。由于第三方物流是连接供应链体系各个节点的组织，其掌握的信息将比任何一个供应链参与者迅速、全面、准确、可靠。第三方物流组织通过其建立的移动信息网络系统，迅速地收集和处理市场供求信息，直接将生产者和消费者联系起来，整合优化供应链，形成"农产品生产者—农产品加工企业—农产品经销商—最终消费者"的供应链，缩短流通的时间，降低流通成本，加快信息反馈速度，最终促成交易，实现供需平衡。

另外，政府各监管机构可以通过物流信息移动平台来对农产品的标准化生产和质量安全进行监管，规范农产品市场；通过连接银行等金融机构，消费者可以通过物流信息平台方便地使用手机来进行支付操作。其体系如图 2所示。

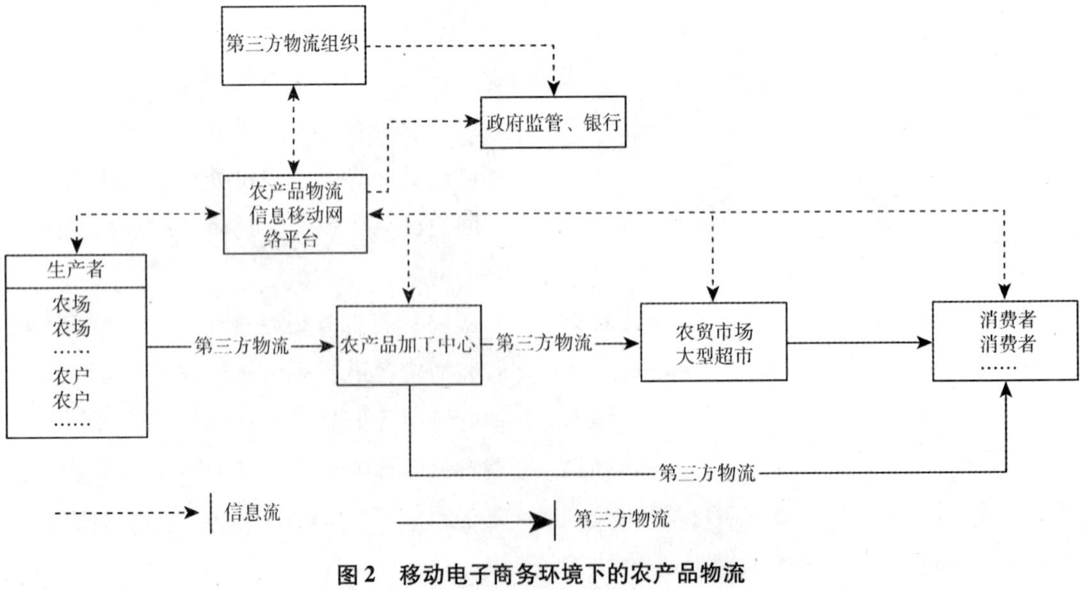

图 2　移动电子商务环境下的农产品物流

健全的农产品物流信息移动网络平台是移动电子商务环境下农产品物流体系良好运作的前提。平台的构建必须考虑到了农产品物流过程中各个节点需要的功能，运用先进的移动网络技术、手机短信平台、GIS 系统、RFID 等技术为农户、物流组织以及消费者提供订货系统、物流系统、信息资讯系统、农产品质量认证系统等服务功能，构建农产品物流的服务平台；通过移动网络把生产者、农产品加工组织、物流组织以及消费者形成完整有效的链接，构建

农产品物流的交流平台；及时形成农产品生产信息、价格信息、库存信息、运输信息、需求信息、交易信息等，构建农产品物流信息平台。另外，考虑到大多数农产品生产者的文化程度不高，网站风格简洁明了，最大限度地迎合了农户的要求和操作的便捷性；同时，网站与第三方物流组织的 ERP 系统、ECR 系统、JIT 系统具有良好的集成特性。基于上述思路，笔者初步构建了基于移动电子商务平台的农产品物流信息平台，其系统功能模块图如图 3 所示。

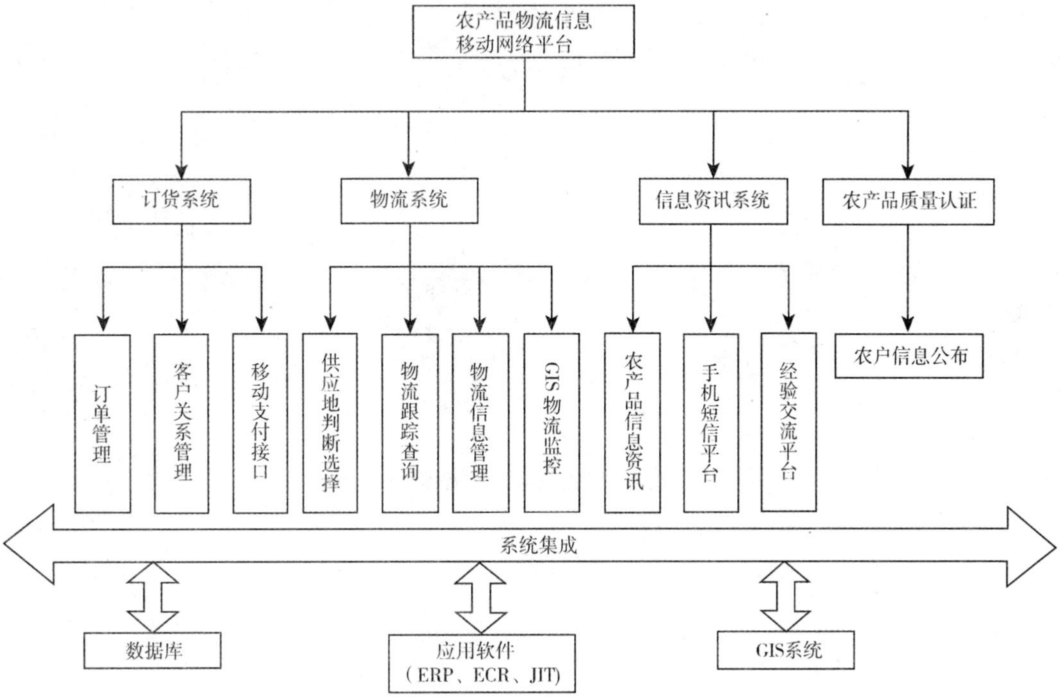

图 3 农产品物流信息移动网络平台组成

下面简要介绍物流信息平台各模块执行的功能。

（1）订货模块：消费者可以通过移动网络订单方式或者短信形式对农产品进行订购。支

持移动在线支付、话费扣除以及货到付款等多种支付方式，以满足不同用户的需求。后台操作包括了订单管理、客户关系管理、移动支付接口等部分。订货模块的工作流程如图 4 所示。

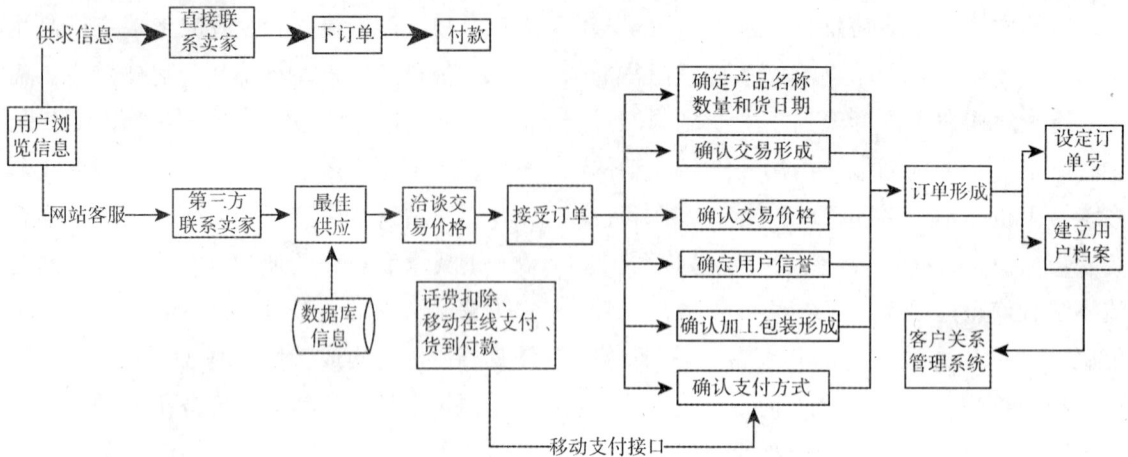

图4 订货模块工作流程

（2）物流模块：用户下单完成后，系统可以根据客户订单信息，通过 GIS 定位技术对道路以及车辆进行监控，制定货物运达目的地的最短最优路径[7]，以最快的速度将农产品送到消费者的手中。另外，通过 GIS 对农产品运输过程进行实时监控和记录，有效实现溯源。其工作流程如图 5 所示。

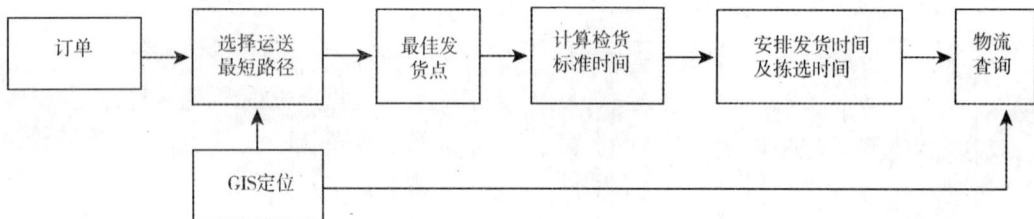

图5 物流模块工作流程图

（3）信息资讯模块：本模块中又分为几个小系统：信息发布系统、手机短信平台、经验交流模块。

1）信息发布系统。用户可以根据自己的需求通过本系统发布农产品供应或采购信息；移动网站维护方定时更新最新的农产品行情和农业相关新闻，供用户浏览了解最新的农业资讯。

2）手机短信平台。对于一些没有条件上网的农村居民，手机短信平台提供了一个便捷地了解信息的渠道。定时将一些有用的市场信息、采购信息、气象气候信息以短信形式发送给用户。

3）用户经验交流、信息咨询系统。在这个子模块中，用户们可以交流生产购买经验。同时，对于自己无法解决的问题，可以在线咨询网站专职咨询师或者留言咨询，在 24 内用户将得到满意的答复。

（4）农产品质量认证模块：生产监管机构、检疫机构、市场监管机构等各监管机构对注册网站并通过信息认证的农产品生产用户所销售的农产品进行质量认证，并将认证通过的农户予以公布，进行定期更新，一旦发现不合格产品，便将其除名并公布告知消费者，认证系统使消费者在购买时能消除对农产品质量的质疑，大大利于移动电子商务农产品销售的推广。其　运行机制如图6所示。

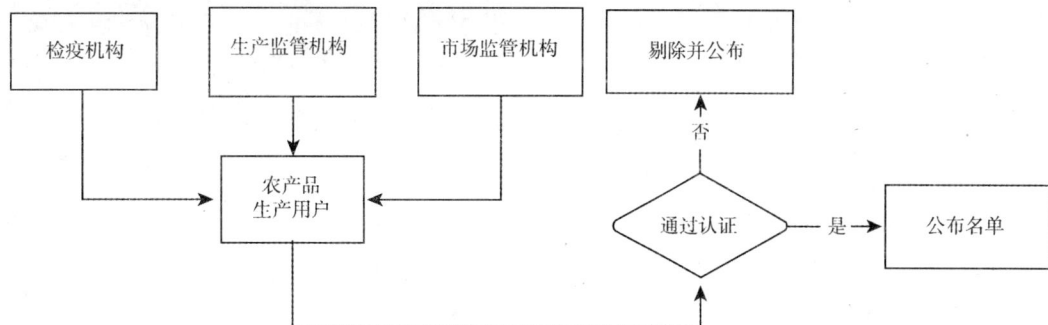

图6　农产品认证流程图

4　移动电子商务物流体系安全解决策略及相关技术

移动电子商务作为一个新兴产业，本身有着许多不成熟的地方，在此基础上构建的农产品物流信息平台存在着很多的安全隐患。安全问题是移动电子商务核心技术问题，解决移动电子商务安全问题并使之很好地与农产品物流体系相结合是一项复杂的系统工程，需要建立完整的安全策略框架。只有采取了必要和恰当的手段才能充分地使该平台得以顺利地运转，现提出以下安全策略方案及相关核心技术：

（1）防火墙技术。防火墙技术在无线网络服务层中有至关重要的作用，能够保证移动终端网络的安全性。现有的防火墙技术可以通过GPRS与互联网上的个人电脑相连，这可以有效地保护企业数据和个人数据不会轻易被人获取，但这项技术目前尚不能用于电话或PDA等低功率设备，因此有待进一步开发。

（2）加密技术。加密技术是现有的移动电子商务使用非常广泛的一种技术，现有的加密技术包括对称密钥加密、非对称密钥加密、数字签名技术、数字信封技术等，其中以数字签名技术最为经典。数字签名技术是利用密码学的原理，保证发送者对发送的信息无法抵赖，同时接受者无法伪造信息。

（3）身份认证技术。在移动商务的交易过程中，通过权威的CA认证机构发放证书，双方交换信息之前通过CA获取对方的证书，并以此识别对方。通过这种方法可以对进入物流平台的所有用户进行有效的身份管理，结合实名认证，通过将用户的手机与实名绑定的方式，一个用户只对应一份证书，这样就能有效地防止交易欺诈和交易抵赖行为。

（4）WPKI技术。传统的电子商务一个重要的安全保障是公开密钥基本构架（PKI），通过PKI为用户建立一个安全的网络运行环境。而对于移动电子商务，由于其移动设备以及应用环境不同，因此要对PKI技术进行适当的补充和优化改进。在无线网络环境安全认证中，无线公共密钥技术WPKI（Wireless PKI）是有线PKI的一种扩展，它将互联网电子商务中PKI的安全机制引入到移动电子商务中。WPKI采用公钥基础设施、证书管理策略、软件和硬件等技术，有效地建立了安全和值得信赖的无线网络通信环境，不仅能够安全鉴别用户、保护数据在传输中的完整性和保密性，而且能够帮助企业实施非复制功能，使得交易参与者无法抵赖，从而满足了移动电子商务安全要求[8]。

（5）WAP2.0 协议的安全策略。随着移动商务用户的不断增加，WAP2.0 技术应时而生。新的标准第一次提供了公钥结构（PKI）和先进的无线传输层安全（WTLS）功能。结合有线网络的安全措施，使得移动商务、移动银行应用和相关服务的提供变得更加安全可靠。WAP2.0 特有的直接 HTTP 通信、移动友好技术、标记语言 XHTMLMP 以及对 WML1.0 的完全向后兼容等技术也使得 WAP2.0 能有更好的图形展现及控制能力；更容易针对不同的终端做出相应的内容优化，克服了因终端设备差异造成的安全隐患。目前市场上主流的手机都已经支持 WAP2.0 技术。WAP2.0 中充分考虑了端到端安全的实现和 WPKI 体制，为移动电子商务提供了基本安全保证[8]。

（6）建立基于移动电子商务的第三方支付平台。在农产品物流应用平台中，最主要的是订货系统与物流系统，这两个模块都离不开支付功能，因此必须建立基于移动电子商务的第三方支付平台，使支付行为独立于买卖双方，由具有一定诚信度的第三方来主宰，这样才能真正解决消费者的后顾之忧。

（7）完善相关法律制度，加强法律约束。为了保证移动商务的正常、安全运作，必须加强移动商务的法制建设，专门制定与移动电子商务相关的法律，要加快移动电子商务安全立法进程，在保证所确定的法规不阻碍未来新技术发展的前提下，加强法律对安全管理的约束力量。

5 结论

移动电子商务作为一种新型的电子商务方式，利用了移动无线网络的优点，是对传统电子商务的有益的补充。它的出现和兴起，对于我国农产品物流的发展来说是一个新契机。在第三方物流的专业管理和维护下，通过农产品物流移动网络平台，可以有效解决农产品生产者的信息流通和获取障碍，形成产供销一体化的供应链体系。尽管目前我国的移动电子商务的农产品物流尚未真正起步，但是相比与传统的电子商务方式，移动电子商务在农产品物流方面有着天然的优势，我国的农业必将在移动电子商务环境下，农产品物流体系逐渐完善的基础上实现产业化，从而不断增强国际竞争力。

参考文献

［1］刘辉，刘瑾．基于电子商务的浙江省农产品供应链整合模式研究［J］．市场与贸易，2008（1）．

［2］王宁，黄立平，基于信息网络的农产品物流供应链管理模式研究［J］．农业现代化研究，Vol. 26，No. 12，2005．

［3］刘妮娜，米传民，电子商务在农产品中的应用［J］．物流科技，2009（5）．

［4］邓敏，完善中国农产品电子商务物流研究［J］．铜陵学院学报，2010（04）．

［5］秦成德，王汝林．移动电子商务［M］．北京：人民邮电出版社，2003．

［6］王勇民，我国农村移动电子商务的发展现状及思考［J］．企业技术开发，Vol. 29，No. 15，2010．

［7］谢明，电子商务物流系统设计与集成化建设，物流工程与管理，Vol. 32，No. 10，2010．

［8］田迎华，杨敬松，周敏．3G 时代移动电子商务安全问题研究［J］．情报科学，2010（28）．

需求无偏好下的企业废弃物交易策略优化[①]

刘　娟[1]，谢家平[2]

（1. 上海应用技术学院经济与管理学院）

（2. 上海财经大学国际工商管理学院）

摘要：废弃物交易是实现"低碳经济"的重要模式。在消费者对废弃物产出产品（简称产品 BN）和原生材料产出产品（简称产品 BR）需求无偏好的条件下，文章选取"单一产生企业—单一利用企业"废弃链，首先对交易的经济性条件进行了分析；然后构建了一个生产决策优化模型；针对废弃物存在剩余和不存在剩余两种情况进行了讨论；并在不存在剩余时发现了一个对废弃物利用企业生产决策产生影响的成本节约临界点 s^*；最后通过实例分析，验证了上述理论。该文为相关企业的决策优化提供了理论依据。

关键词：需求无偏好；废弃物交易；废弃链；决策优化

Decision Optimization on Exchange of By – product In the Demand without Preference

Liu Juan[1], Xie Jiaping[2]

（E – mail：liujuan81@ sit. edu. cn, jiaping_ xie@ shufe. edu. cn）

（1. School of Economics & Management, Shanghai Institute of Technology）

（2. Management for Business School, Shanghai University of Finance& Economics）

Abstract：The exchange and utilization of by – product between enterprises is an important practice model of "Low – carbon ecology". In this paper, based on the market that customers have no preference between the product made by raw material（called product BN）and the product made by by – product（called product BR）, a waste chain, which was made up of a single enterprise generating by – products and a single enterprise utilizing them, was analyzed. Firstly, the economic of the exchange of by – products was discussed. Then, a decision optimization model of the waste chain was established. Thirdly, the situations of surplus by – products and no surplus by – products were discussed. And a cost savings critical point was

---

① 基金项目：国家自然科学基金项目"EPR 下废旧产品再制造生产计划及应用研究"（70972062）；上海应用技术学院引进人才科研启动项目"化工企业群落废弃物循环利用合作机制研究"（YJ2011 – 23）。本文得到上海应用技术学院企业管理科研团队资助。

作者简介：刘娟（1981 ~ ），女，汉，山西太原人，管理学博士，上海应用技术学院经济与管理学院讲师，研究方向：绿色供应链，循环经济。谢家平（1963 ~ ），男，汉，四川安岳人，管理学博士，上海财经大学国际工商管理学院教授、博士生导师，上海市曙光学者，2007 年入选教育部"新世纪优秀人才支持计划"。

founded, which affected the production decisions of the using enterprise. At last, an example of data simulated was put forward. This article can provide a theoretical basis for the enterprises, which exchanges by – products, to make their production decisions.

Key words: demand without preference; by – product exchange; waste chain; decision optimization

1 前言

目前，在世界的大多数工业中，高能耗、高排放、高污染的"高碳经济"还是普遍现象，为了节约资源和保护环境，以低能耗、低排放、低污染为基本特征的"低碳经济"逐渐为学术界和企业界所认可。企业低碳化的实践存在两种策略[1]：一是企业内部的变革；二是企业间通过合作，建立"产出—投入"的废弃物利用关系。而且，从经济角度来看，企业在难以降低生产成本和销售费用的情况下，实现废弃物的价值就成为获得竞争优势的途径[2]。

在现存的文献中，有关企业废弃物的研究主要集中于交易意义，如 Wernick 和 Ausubel（1997）[3]，Lovins 等人（1999）[4]，Korhonen（2001）[5]等人的文献；交易实践模式和稳定性，如 Chertow（2000）[6]，张萌，姜振寰，胡军（2008）[7]等人的文献。可以发现，这些文献虽然将废弃物交易的研究从理论范畴推进到了实践领域，但是仍然停留在宏观层面和整体层面，缺少微观层面的研究，尤其缺少定量分析。

根据 Giutini（2003）[8]的研究，通过采用较高的质量标准，可使利用废弃物产出产品（made by by – product，简称产品 BN）的质量水平和原生材料制造的产品（made by raw material，简称产品 BR）接近，甚至达到产品 R 的质量技术标准。而且，在市场推广中，还可针对产品 BR 加强对消费者的环保宣传。这样，完全可以形成消费者产品 BN 和产品 BR 无偏好的市场环境。比如，柯达公司发现，消费者愿意

以相同的价格购买产品 BN 和产品 BR。然而，废弃物在什么条件下交易才具有经济性？废弃物交易会不会出现剩余？废弃物利用企业是只生产产品 BN，还是同时生产产品 BR？只生产产品 BR 与同时生产产品 BR 及产品 BN——这两种情况之间是否存在某种临界值？废弃物的产出率和废弃率会对其相对潜在价值以及企业的决策产生怎样的影响？这些都是亟待回答的实际问题，也是废弃物交易得以实现和资源有效利用的基础。

2 问题描述及相关符号说明

在废弃物交易市场上仅存在一家废弃物的产生企业 A 和一家废弃物的利用企业 B。企业 A 以价格 p_A 向市场出售数量为 q_A 的产品。每生产一单位产品，就会产生 θ 单位的废弃物（$\theta > 0$）；企业 A 以 p_W 的价格向企业 B 出售废弃物；除去卖掉的废弃物量 q_W，按照相关环境法规，剩余废弃物 $\theta q_A - q_W$ 必须以单位成本 c_W 进行废弃处理。企业 B 可用原生材料 I（价格为 p_I，需求量为 q_I）制造新品，产量为 q_{BN}；也可用废弃物生产再造品，产量为 q_{BR}；消费者对新品和再造品的需求偏好无差别，所以价格均为 p_B。具体如图 1 所示。

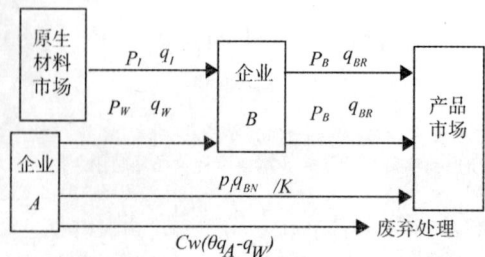

图 1 "单一产生企业——单一利用企业"废弃链模型结构

此外，废弃物产生企业 A 的潜在市场容量为 Q_{A0}，产品的单位生产成本为 c_A，产品的市场需求 q_A 是关于价格的线性函数：$p_A = Q_{A0} - \alpha q_A$；产品的需求随着价格递减而递增，其中 α 为价格需求弹性。同样地，企业 B 的潜在市场容量为 Q_{B0}，产品的单位生产成本为 c_B，产品的市场需求 $q_{BN} + q_{BR}$ 是关于价格的线性函数：$p_B = Q_{B0} - \beta(q_{BN} + q_{BR})$，其中 β 为价格需求弹性。

废弃物的废弃率为 ρ，$(0 \leqslant \rho < 1)$，当 $\rho = 0$ 时，说明废弃物可被 100% 利用；当 $\rho \to 1$ 时，说明废弃物可用性趋近于0；$f(\rho)$ 为单位废弃物的处理成本，$(f(\rho) \geqslant 0, f'(\rho) \geqslant 0)$，$f(\rho)$ 是 ρ 的单调增函数。企业 B 生产单位新品，需用 κ 单位原生材料 I，则 $q_I = \kappa q_{BN}$，且生产每单位再造品所需废弃物的量为 $\dfrac{\kappa}{1-\rho}$，企业 B 生产单位再造品可产生成本节约额为：$s = \kappa p_I - \dfrac{\kappa[p_W + f(\rho)]}{1-\rho}$。

3 废弃物交易决策优化模型

3.1 废弃物交易的经济性条件

废弃物交易存在经济性，就是此项交易要为交易双方都带来经济效益。从废弃物产生企业而言，就是废弃物的价格 $p_W > 0$，废弃物产生企业可从交易中获得一定收入；从废弃物利用企业而言，就是单位再造品的成本节约额 $s > 0$。通过废弃物的利用实现生产成本的节约。

可以发现，在 ρ 一定的情况下：

当 $p_W \to 0$ 时，$s \to \kappa p_I - \dfrac{\kappa f(\rho)}{(1-\rho)}$；

当 $s \to 0$ 时，$p_W \to (1-\rho)p_I - f(\rho)$。

所以，当 $0 < p_W < (1-\rho)p_I - f(\rho)$ 时，即 $0 < s < \kappa p_I - \dfrac{\kappa f(\rho)}{(1-\rho)}$ 时，废弃物交易具经济性。

3.2 废弃链的决策优化模型

作为废弃物的产生企业，企业 A 的利润可分为三个部分：生产正常产品获得的利润 $(p_A - c_A)q_A$，从废弃物中获得的收入 $p_W q_W$，交易剩余废弃物的废弃处理成本 $(\theta q_A - q_W)c_W$，则企业 A 的利润函数为 $\prod_A = (p_A - c_A)q_A + p_W q_W - (\theta q_A - q_W)c_W$。作为废弃物的利用企业，企业 B 的利润可分为两部分：生产原生品 BN 获得的利润 $(p_B - \kappa p_I - c_B)q_{BN}$，生产再生品 BR 获得的利润 $(p_B - \kappa p_I - c_B + s)q_{BR}$；那么企业 B 的利润函数可写为 $\prod_B = (p_B - \kappa p_I - c_B)q_{BN} + (p_B - \kappa p_I - c_B + s)q_{BR}$。又原生材料 I 的购买量 $q_I = \dfrac{q_{BN}}{\kappa}$；企业 B 的废弃物需求量与企业 A 的废弃物售出量相等 $q_W = \dfrac{\kappa q_{BN}}{(1-\rho)}$；废弃物售出量不能大于废弃物的产生量，$q_W \leqslant \theta q_A$；企业 A 和企业 B 的产量都不能为负，$q_A \geqslant 0$，$q_{BN} \geqslant 0$，$q_{BR} \geqslant 0$。将这些条件以及上文提到的企业 A、B 的需求函数和利润函数都代入 $max(\prod_A + \prod_B)$，那么得到"单一产生企业——单一利用企业"废弃链的决策优化模型如下：

$$\max_{q_A, q_{BN}, q_{BR}} \left\{ \begin{array}{l} (Q_{A0} - \alpha q_A - c_A)q_A + \dfrac{\kappa p_W q_{BR}}{1-\rho} - \\ \left(\theta q_A - \dfrac{\kappa q_{BR}}{1-\rho}\right)c_W \\ + (Q_{B0} - \beta q_{BN} - \beta q_{BR} - \kappa p_I - c_B)q_{BN} \\ + (Q_{B0} - \beta q_{BN} - \beta q_{BR} - \kappa p_I - c_B + s)q_{BR} \end{array} \right\}$$

$$\text{s. t.} \begin{cases} \theta q_A \geqslant \dfrac{\kappa}{1-\rho}q_{BR} \\ q_{BN} \geqslant 0 \\ q_{BR} \geqslant 0 \end{cases} \tag{1}$$

为寻求决策策略，采用拉格朗日乘子法和库—塔克定理，解决带不等式约束的最优化问题，构造函数如下：

$$L(q_A, q_{BN}, q_{BR}, \lambda_1, \lambda_2, \lambda_3) = (Q_{A0} - \alpha q_A - c_A)\, q_A + \frac{\kappa p_W q_{BR}}{1-\rho} - \left(\theta q_A - \frac{\kappa q_{BR}}{1-\rho}\right)c_W$$
$$+ (Q_{B0} - \beta q_{BN} - \beta q_{BR} - \kappa p_I - c_B)q_{BN} + (Q_{B0} - \beta q_{BN} - \beta q_{BR} - \kappa p_I - c_B + s)q_{BR}$$
$$+ \lambda_1\left(\theta q_A - \frac{q_{BR}}{1-\rho}\right) + \lambda_2 q_{BN} + \lambda_3 q_{BR} \qquad (2)$$

4 废弃物交易利用最优策略

根据式(2)分别求 q_A、q_{BN}、q_{BR} 的一阶偏导数，并令其为 0，通过计算得到可行的三种策略如表 1 所示：

表 1 使废弃链利润最大的策略

	企业 B 只生产再生品 BR，企业 A 的废弃物交易后存在剩余（$\lambda_1=0$，$\lambda_2>0$，$\lambda_3=0$）	企业 B 同时生产再生品 BR 和原品 BN，企业 A 的废弃物被全部利用（$\lambda_1>0$，$\lambda_2=0$，$\lambda_3=0$）	企业 B 只生产再生品 BR，企业 A 的废弃物被全部利用（$\lambda_1>0$，$\lambda_2>0$，$\lambda_3=0$）
条件	$\beta(1-\rho)(Q_{A0}-c_A-\theta c_W) \geqslant \alpha\kappa\left[Q_{B0}-c_B+\frac{\kappa(c_W-f(\rho))}{1-\rho}\right]$	$\beta(1-\rho)(Q_{A0}-c_A-\theta c_W) < \alpha\kappa\left[Q_{B0}-c_B+\frac{\kappa(c_W-f(\rho))}{1-\rho}\right]s<s^*$	$\beta(1-\rho)(Q_{A0}-c_A-\theta c_W)<\alpha\kappa\left[Q_{B0}-c_B+\frac{\kappa(c_W-f(\rho))}{1-\rho}\right]s\geqslant s^*$
q_A^*	$\frac{(Q_{A0}-c_A-\theta c_W)}{2\alpha}$	$\frac{Q_{A0}-c_A+\theta[(1-\rho)p_I-f(\rho)]}{2\alpha}$	$\frac{\kappa}{2[\alpha\kappa^2+\beta\theta^2(1-\rho)^2]}\left\{\begin{array}{l}\kappa(Q_{A0}-c_A+\theta p_W)\\+\theta(1-\rho)\binom{Q_{B0}}{-c_B}\\-\theta\kappa[p_W+f(\rho)]\end{array}\right\}$
p_A^*	$\frac{(Q_{A0}+c_A+\theta c_W)}{2}$	$\frac{Q_{A0}+c_A-\theta[(1-\rho)p_I-f(\rho)]}{2}$	$Q_{A0}-\frac{\alpha\kappa}{2[\alpha\kappa^2+\beta\theta^2(1-\rho)^2]}\left\{\begin{array}{l}\kappa(Q_{A0}-c_A+\theta p_W)\\+\theta(1-\rho)\binom{Q_{B0}}{-c_B}\\-\theta\kappa[p_W+f(\rho)]\end{array}\right\}$
q_{BN}^*	0	$\frac{Q_{B0}-\kappa p_I-c_B}{2\beta}-\frac{\theta(1-\rho)}{2\alpha\kappa}\left\{Q_{A0}-c_A+\theta\left[\begin{array}{l}(1-\rho)p_I\\-f(\rho)\end{array}\right]\right\}$	0
q_{BR}^*	$\frac{1}{2\beta}\left\{Q_{B0}-c_B+\frac{\kappa[c_W-f(\rho)]}{(1-\rho)}\right\}$	$\frac{\theta(1-\rho)}{2\alpha\kappa}\left\{Q_{A0}-c_A+\theta\left[\begin{array}{l}(1-\rho)p_I\\-f(\rho)\end{array}\right]\right\}$	$\frac{\theta(1-\rho)}{2[\alpha\kappa^2+\beta\theta^2(1-\rho)^2]}\left\{\begin{array}{l}\kappa(Q_{A0}-c_A+\theta p_W)\\+\theta(1-\rho)\binom{Q_{B0}}{-c_B}\\-\theta\kappa[p_W+f(\rho)]\end{array}\right\}$
p_B^*	$\frac{1}{2}\left\{Q_{B0}+c_B-\frac{\kappa[c_W-f(\rho)]}{(1-\rho)}\right\}$	$\frac{Q_{B0}+\kappa p_I+c_B}{2}$	$Q_{B0}-\frac{\beta\theta(1-\rho)}{2[\alpha\kappa^2+\beta\theta^2(1-\rho)^2]}\left\{\begin{array}{l}\kappa(Q_{A0}-c_A+\theta p_W)\\+\theta(1-\rho)\binom{Q_{B0}}{-c_B}\\-\theta\kappa[p_W+f(\rho)]\end{array}\right\}$
q_W^*	$\frac{\kappa}{2\beta(1-\rho)}\left[\begin{array}{l}Q_{B0}-c_B+\\\frac{\kappa(c_W-f(\rho))}{1-\rho}\end{array}\right]$	$\frac{\theta(1-\rho)}{2\alpha\kappa}\left\{Q_{A0}-c_A+\theta\left[\begin{array}{l}(1-\rho)p_I\\-f(\rho)\end{array}\right]\right\}$	$\frac{\theta\kappa}{2[\alpha\kappa^2+\beta\theta^2(1-\rho)^2]}\left\{\begin{array}{l}\kappa(Q_{A0}-c_A+\theta p_W)\\+\theta(1-\rho)\binom{Q_{B0}}{-c_B}\\-\theta\kappa[p_W+f(\rho)]\end{array}\right\}$

注：$s^* = \frac{\kappa}{(1-\rho)}\left[\frac{\alpha\kappa(Q_{B0}-\kappa p_I-c_B)+\theta\beta(1-\rho)(c_A-Q_{A0})}{\theta^2\beta(1-\rho)}-p_W\right]$，且容易证明函数 s 的连续性。

根据对模型的求解，可得到以下结论：

结论1：废弃物的相对潜在价值在交易中被企业A和企业B分割。

废弃物的相对潜在价值是指废弃物经处理后所具有的价值与处理成本之差，企业A产生的单位废弃物的相对潜在价值为 $(1 - \rho)p_I - f(\rho)$。企业A以价格 p_W 向企业B出售废弃物，那么 $p_W = (1 - \rho)p_I - f(\rho) - \phi, (\phi > 0)$，其中 ϕ 为企业A在单位废弃物上让渡给企业B的价值。将 $p_W = (1 - \rho)p_I - f(\rho) - \phi, (\phi > 0)$ 代入企业B的成本节约函数 $s = \kappa p_I - \dfrac{\kappa(p_W + f(\rho))}{1 - \rho}$, $(s > 0)$，可得 $s = \dfrac{\kappa\phi}{(1 - \rho)}$，则企业A和企业B分别以 p_W 和 ϕ 分割了单位废弃物的相对潜在价值。

结论2：废弃物交易后可能存在剩余的条件是：$\beta(1 - \rho)(Q_{A0} - c_A - \theta c_W) \geqslant \alpha\kappa\left[Q_{B0} - c_B + \dfrac{\kappa(c_W - f(\rho))}{1 - \rho}\right]$，此时企业B只生产再造品。

在废弃物存在剩余时，企业A产品的最优产量 q_A^* 与 θc_W 呈反向变化，最优价格 p_A^* 与 θc_W 呈同向变化；企业B将只生产再造品，而不生产新品，其最优产量 q_{BR}^* 与 $\dfrac{c_W - f(\rho)}{1 - \rho}$ 呈同向变化，最优价格 p_B^* 与 $\dfrac{c_W - f(\rho)}{1 - \rho}$ 呈反向变化；废弃物的最优交易量 q_W^* 与 $\dfrac{c_W - f(\rho)}{1 - \rho}$ 呈同向变化。

结论3：当废弃物不存在剩余时，存在一个成本节约临界点 s^*；当 $s < s^*$ 时，企业B将同时生产新品和再造品，当 $s \geqslant s^*$ 时，企业B只生产再造品。

当 $s < s^*$ 时，企业B将同时进行再造品和新品的生产，此时企业A产品的最优产量 q_A^* 与单位废弃物的相对潜在价值 $(1 - \rho)p_I - f(\rho)$ 和废弃物产出率 θ 均呈同向变化，最优价格 p_A^* 与单位废弃物的相对潜在价值 $(1 - \rho)p_I - f(\rho)$ 和废弃物产出率 θ 均呈反向变化；企业B新品的最优产量 q_{BN}^* 与单位废弃物的相对潜在价值 $(1 - \rho)p_I - f(\rho)$ 和废弃物产出率 θ 均呈反向变化，再造品的最优产量 q_{BR}^* 与单位废弃物的相对潜在价值 $(1 - \rho)p_I - f(\rho)$ 和废弃物产出率 θ 均呈同向变化，企业B产品的价格 p_B^* 与废弃物无关。

当 $s \geqslant s^*$ 时，企业B将只生产再造品，不生产新品，此时企业A的产量制定和价格制定将考虑企业B的潜在市场需求 Q_{B0}，单位产品生产成本 c_B，废弃物废弃率 ρ，废弃物加工成本 $f(\rho)$ 等多种因素；同样地，企业B在进行产量决策和价格决策时，也要考虑企业A的情况：潜在市场需求 Q_{A0}，废弃物的产生率 θ 和单位产品生产成本 c_A。

5　甜菜渣生产工业草酸案例

甜菜作为制糖原料，轧糖后会产生大量废弃物甜菜渣。因其所含木质素等物质，甜菜渣不适合做饲料；从中提取果胶又会产生含酸废渣，对环境危害较大。一方面，利用甜菜渣生产工业草酸可获得符合一级标准的产品，即产品 BR 和产品 BN（利用淀粉制造的工业草酸）在质量上不存在差别，而且草酸产率可达50%以上[①]，取得经济效益；另一方面，这种利用方式不会产生含酸废渣，又可节省淀粉等粮食原料，取得环境效益。选取某地区的制糖企业A和工业草酸生产企业B，企业A在该地区制糖业处于垄断地位，企业B在该地区工业草酸

---

① 王福祥. 甜菜废渣制草酸 [J]. 轻工环保，1990 (4)：24 - 44.

生产方面也处于垄断地位。企业 A 食糖的潜在市场容量 $Q_{A0} = 5800$ 吨，价格弹性 $\alpha = 1$；甜菜的出糖率为 10%，另有 30% 是生产损耗，则甜菜渣的产出率 $\theta = 6$ 倍；甜菜渣的废弃处理成本 $c_W = 2000$ 元/吨，食糖的生产成本 $c_A = 3000$ 元/吨，甜菜渣的价格经谈判为 $p_W = 1400$ 元/吨。企业 B 工业草酸的潜在市场容量为 $Q_{B0} = 7000$ 吨，价格弹性 $\beta = 1$；生产草酸的原生材料——淀粉的市场价格 $p_I = 4300$ 元/吨，生产 1 吨工业草酸需要使用 1 吨淀粉，即 $\kappa = 1$；生产草酸时甜菜渣的废弃率 $\rho = 50\%$，每吨甜菜渣的加工成本 $f(\rho) = 100e^{\rho}$，无论用甜菜渣还是淀粉生产草酸，每吨草酸均消耗生产成本 $c_B = 500$ 元。

5.1 相关决策制定

因为 $\beta(1-\rho)(Q_{A0} - c_A - \theta c_W) = -4600$，$\alpha\kappa\left[Q_{B0} - c_B + \dfrac{\kappa(c_W - f(\rho))}{1-\rho}\right] = 6829$，则前者小于后者，交易后甜菜渣不会存在剩余，被企业 B 完全利用，即 $\theta q_A = \dfrac{\kappa q_{BR}}{1-\rho}$。甜菜渣每吨的相对潜在价值 $(1-\rho)p_I - f(\rho) = 1986$；成本节约函数的临界值 $s^* < -3489$ 元，成本节约 $s = 1171$ 元，显然 $s > s^*$，企业 B 将完全生产产品 BR，不生产产品 BN。通过计算：企业 A 的食糖产量 $q_A = 1066$ 吨，食糖价格 $p_A = 4734$ 元/吨；企业 B 的工业草酸产品 BN 产量 $q_{BN} = 0$ 吨，工业草酸产品 BR 产量 $q_{BR} = 3197$ 吨，工业草酸价格 $p_B = 3083$ 元/吨，甜菜渣交易量 $q_W = 6394$ 吨。

5.2 参数 ρ 的影响

考虑企业 A 和企业 B 各分得甜菜渣相对潜在价值一半的情况（具体如图 2 所示）。随着 ρ 的提高，食糖的生产量 q_A 增加，并在 $\rho = 90\%$ 达到最高点，随后下降；甜菜渣产生量 q_W 的变化趋势与 q_A 相同。

当 $\rho < 0.91$ 时，$s > s^*$，工业草酸产品 R 的产

量 $q_{BN} = 0$，当 $0.91 \leqslant \rho \leqslant 0.94$ 时，q_{BN} 上升；工业草酸产品 B 的产量 q_{BN} 下降；食糖的价格 p_A 下降，并在 $\rho = 90\%$ 达到最低点，此后逐步上升；

当 $\rho < 0.91$ 时，工业草酸的价格 p_B 上升，当 $0.91 \leqslant \rho \leqslant 0.94$ 时，p_B 保持不变。当 $\rho > 94\%$，则 $s < 0$，不在本文讨论范围内。

甜菜渣的废弃率 ρ 对企业 A 利润 $\prod_A$、企业 B 利润 $\prod_M$ 以及废弃链利润的影响如图 3 所示。可以发现，$\rho = 80\%$ 时，$\prod_B$ 达到最大。而 $\prod_G$ 和废弃链总利润都随着 ρ 的提高而下降。

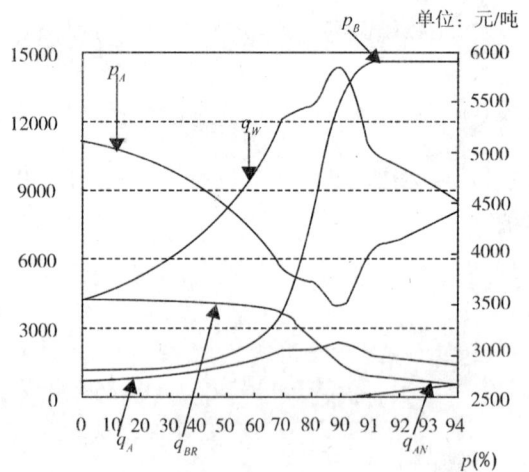

图 2 ρ 的变动对交易双方生产决策的影响

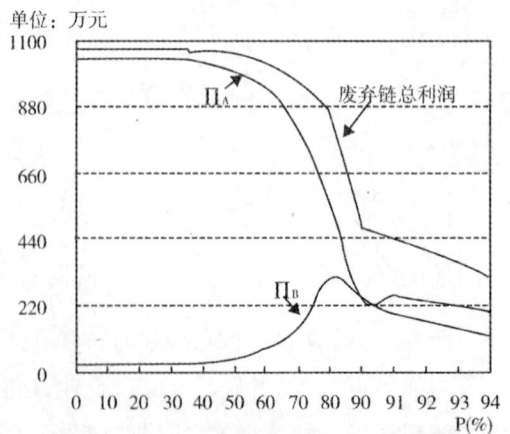

图 3 ρ 的变动对交易双方利润的影响

6 结论

企业间的废弃物交易可为交易双方带来经

济、环境、社会三方面的效益。本文通过建立决策优化模型，在消费者对产品 B 和产品 R 需求无偏好的市场环境下，针对"单一产生企业——单一利用企业"废弃链进行了分析，并得出了以下三个结论：

第一，废弃物交易为交易双方带来的经济效益，事实上是对废弃物的相对潜在价值进行分配。

第二，当废弃物产生企业正常产品的潜在市场容量和废弃物利用企业产品的潜在市场容量存在一定关系时，废弃物利用企业将完全生产产品 B，而废弃物产生企业的废弃物会出现剩余。

第三，当废弃物不存在剩余时，存在一个成本节约临界值，当废弃物利用企业的成本节约额小于该临界值时，利用企业将同时生产产品 R 和产品 B；当成本节约额大于该临界值时，利用企业将只生产产品 B。

参考文献

[1] Gertler, N. Industrial Ecosystems: Developing Sustainable Industrial Structures [A]. Dissertation for Master of Science in Technology and Policy and Master of Science in Civil and Environmental Engineering, Massachu-setts Institute of Technology [D]. Cambridge, MA, 1995: 137~168.

[2] Clemen, R. A. By-products in the Packing Industry [M]. Chicago: University of Chicago Press, 1927: 68.

[3] Wernick, I. K., Ausubel, J. H., "Industrial Ecology: Some Directions for research" [EB/OL]. (2007-12-19) [2010-04-15]. http://phe.rockefeller.edu/ie.aganda/.

[4] Lovins A. B., Lovins L. H., Hawken P. A Road Map for Natural Capitalism. Harvard Business Review, 1999 (5-6): 87~95.

[5] Korhonen J. Four Ecosystem Principles for An Industrial Ecosystem [J]. Journal of Cleaner Production, 2001 (9): 253~259.

[6] Chertow M. Industrial Symbiosis: Literature and Taxonomy [J]. Annual Review of Energy and Enviroment, 2000 (25): 313~37.

[7] 张萌，姜振寰，胡军. 工业共生网络运作模式及稳定性分析 [J]. 中国工业经济，2008, 243 (6): 77~85.

[8] Giutini R., Gaudette K. Remanufacturing: The Next Great Opportunity for Booting US Productivity [J]. Business Horizons, 2003, 46 (6): 41~48.

基于交货期的供应商客户满意度评价

刘朋飞　周根贵　金菁　韩良英

（浙江工业大学经贸管理学院）

摘要：随着科学技术的迅速发展，产品更新换代的速度加快，供应链交货期越来越成为决定的决定系统成败的关键因素。本文从供应商的角度出发，建立了基于交货期的客户满意度评价模型，提出客户满意度不仅仅由交货期长度确定，还受交货期确定性的影响。最后根据模型分析，提出了相应的应对措施，具有很强的现实意义。

关键词：交货期；客户满意度；供应商

Customer Satisfaction Assessment Analysis Based on Delivery Time

Liu Pengfei, Zhou Gengui, Jin Jing, Han Liangying

（E - mail：pengfeiliu2008@126. com, ggzhou@ zjut. edu. cn）

（College of Business Administration, Zhejiang University of Technology）

Abstract：The rapid development of science and technology accelerated the speed of products replacement. So delivery time is becoming one of the most important factors which determine success or failure of the supply chain system. In this paper, we proposed a customer satisfaction evaluation model from the perspective of the supplier, pointed out that customer satisfaction is not only determined by the length of delivery time, but also affected by its certainty. And then, we give some suggestions according to the model analysis.

Key words：Delivery Time；Customer Satisfaction；Supplier

1　研究背景及意义

随着科学技术的迅速发展，产品更新换代的速度加快，这就要求企业必须尽快推出新的产品来迅速占领市场；此外，随着全球经济一体化迅速推进，企业面临的市场竞争也日趋激烈，市场经济节奏也越来越快。客户需求日趋个性化、不确定性发展的同时，对于时间因素的要求也更加苛刻。

而以上目标的实现，都要求迅速的供应链响应时间。自20世纪90年代，Stalk 和 Hout 提出时间因素成为竞争关键因素以来[1]，对基于时间竞争的研究一直是理论界和企业界共同关注的课题。企业竞争已经从原来的成本、质量竞争转向时间竞争，对客户需求相应速度的快慢，将直接制约企业市场竞争力的大小，即在时间竞争的前提下，企业竞争力提高的根本在于提升供应链对客户的响应速度。

因此，从供应链的角度来讲，能否实现其交货期的精确预测与优化，将很大程度上决定我们整个供应链运作的成败，也是我们亟待解决的课题。

2 研究现状

20世纪初，科学管理之父泰勒开启了"时间研究"的先河，开始从单位时间创造的价值的角度来考虑企业的运作管理，使得企业运行的效率得到极大的提升。1988年，Stalk提出了"时间竞争"的概念，并指出时间是赢得竞争优势的下一个源泉[1]。随后，Stalk和Hout在他们的著作中突出强调基于时间模式对管理的意义[2]。其后，Swamidass认为企业可以利用时间这个竞争要素来满足顾客需求，提升其增值能力[3]。

另外，很多一流的企业，如沃尔玛、戴尔等由于能即时响应顾客需求，取得了很大的成功。其后，国内也出现了很多文献对时间竞争进行了研究，例如陈荣秋等在《生产运作管理》一书中通过对影响需求的各种因素全面分析，解释了出现基于时间的竞争出现的原因[4]。马士华则进一步分析了在供应链管理中引入时间竞争的理念的必要性[5]。

结合以上理论实践结果我们可以看出，大量的研究指出了压缩交货期的有利之处，认为对于交货期的压缩是系统利润的源泉。

另外，在现实中我们所面对的任何一个供应链系统，其响应时间并非总是越短越好，真正有效率的供应链系统，所要追求的应当是能够将产品或者服务在最正确的时间送达正确的地点[6]。

马士华、张毕西等学者分别从不同角度入手，提出了基于供应链延迟交货期的两维惩罚机制[7,8]。杨文胜等人则指出可以采用折扣定价的方法来解决不确定交货期所带来的影响[9]。但也往往忽略了另外一个重要的问题，就是顾客满意度并非只受其响应时间长短的影响，而且还受到其确定程度的制约。

另外，我们都有着这样一个经验，即客户等待时间的容忍程度，往往不是仅仅受时间长短的影响，而且还受到等待时间确定性程度的制约。即：如果我们能够给出一个明确的交货期，客户往往能够接受，前提是我们能够确保该交货期的精确性。

基于此，我们可以有以下假设：

假设1：在明确的交货期前提下，客户在其容忍范围内，可以接受任意长时间的交货等待。

在这种情况下，能否从整个供应链的角度出发，实现其交货期的精确预测，将很大程度上决定我们整个供应链运作的成败，也是我们亟待解决的课题。

3 满意度评价模型

3.1 客户满意度的概念

客户满意度，也叫客户满意指数。是客户期望值与客户体验的匹配程度，是一个相对的概念。换言之，就是客户通过对一种产品可感知的效果与其期望值相比较后得出的指数。

本文中供应商客户满意度则是指供应链下游节点对于其上游节点企业，或者市场需求对于供应链整体的满意程度。根据这个定义，我们不难发现，满意度是一种心理感受。其大小我们可以用效用（Total Utility，TU）来描述。所谓效用，是指顾客对于产品或者服务所感受到的满足程度，用TU来表示。

3.2 基本假设

首先，在信息技术高度发展的今天，产品价格、质量等因素差别不是很大，因而交货期成为影响顾客满意程度的重要指标，由此我们有以下假设：

假设 2：供应链所有节点企业都是时间敏感的，即顾客满意度及其效用水平只受交货期的影响，假设价格、质量等因素都是确定的情况。

另外，基于本文的研究目的，为了方便问题讨论，我们提出以下假设：

假设 3：所有的节点企业都是理性的，风险中性的，即所有的觉得都是基于自身效用的最大化。

假设 4：不考虑一个订单包括很多中产品的情况，即假设每个订单只包括一种产品。

假设 5：同一企业可以同时发出多个订单，但订单之间是相互独立的。

本文后续内容的讨论均是基于以上假设进行。

3.3 满意度评价模型

首先，经济、技术各方面的快速发展，使得企业面临的环境日益复杂多变。因此，时间因素在供应链的竞争中变得更加重要，甚至在很大程度上决定一个企业或者一个供应链系统运作的成败。

特别是在电子消费品行业，产品更新换代速度更快，以手机为例，基本上每月都有新产品推出。如果不能在时间上占领竞争优势，将会很快被市场淘汰。例如，出身代工企业的 HTC，在 2007 年首次推出其自主品牌手机之时，诺基亚已经是行业之中公认的巨头，销售额已经达到 761 亿美元，占有全球 40% 的市场。但是 HTC 正是依靠其卓越的市场策略，以及快速的响应顾客需求的能力，使得其市值在极短的时间增加 30 倍。截至 2011 年初已达 338 亿美元，超越行业巨头诺基亚的 328.4 亿美元。这两个公司的发展情况表明时间竞争的重要作用。

从以上分析我们可以知道，顾客满意程度，

即效用大小受到供应链响应速度的影响，同等情况下，响应速度越快，则顾客满意程度越高。

为了更好的加以描述，我们可以引入供应链交货期迅速指数（Index of Delivery Speed，IDS），根据假设 1，当供应商承诺交货期为一个时间点时，令：

PDT——供应商承诺交货期（Promised Delivery Time）；

ADT——供应商实际交货期（Actually Delivery Time）；

Is——供应商交货期迅速指数（Index of Delivery Speed）；

则有：

$$Is_{ij} = (PDT_{ij} - ADT_{ij})^2 \qquad (1)$$

其中：

$i = 1, 2, 3, \cdots, m$，表示第 i 家企业；

$j = 1, 2, 3, \cdots, n$，表示第 j 个订单。

由（1）式可知，第 i 个企业的综合交货期迅速指数为：

$$Is_i = \sum_{j=1}^{n} (PDT_{ij} - ADT_{ij})^2 \qquad (2)$$

但是在现实中，由于生产、运输等各个物流过程都是随机的。如前所述，虽然我们可以通过各种管理手段和方法，对交货期进行分析和控制，从而得出更为精确的时间，但是不可能达到 100% 的准确。所以，很多情况下，供应商为了提高自己交货及时率，其承诺交货期往往是一个时间区间。

在这种情况下，有：

$$Is_{ij} = \begin{cases} 1, & T_{ij}^l \leqslant ADT_{ij} \leqslant T_{ij}^u \\ (ADT_{ij} - T_{ij}^l)^2, & TS_{ij}^l \leqslant ADT_{ij} \leqslant T_{ij}^l \\ (ADT_{ij} - T_{ij}^u)^2, & T_{ij}^u \leqslant ADT_{ij} \leqslant TS_{ij}^u \\ 0, & 其他 \end{cases} \qquad (3)$$

其中：

$i = 1, 2, 3, \cdots, m$，表示第 i 家企业；

$j = 1,2,3,\cdots,n$，表示第 j 个订单；

T_{ij}^l 为第 i 家企业第 j 个订单承诺交货期下限；

T_{ij}^u 为第 i 家企业第 j 个订单承诺交货期上限；

TS_{ij}^u 为第 i 家企业第 j 个订单交货期容忍度上限；

TS_{ij}^l 为第 i 家企业第 j 个订单交货期容忍度下限。

由式（3）可得：

$$Is_i = \begin{cases} 1, T_{ij}^l \leqslant ADT_{ij} \leqslant T_{ij}^u \\ \dfrac{1}{n}\sum_{j=1}^n (ADT_{ij} - T_{ij}^l)^2, TS_{ij}^l \leqslant ADT_{ij} \leqslant T_{ij}^l \\ \dfrac{1}{n}\sum_{j=1}^n (ADT_{ij} - T_{ij}^u)^2, T_{ij}^u \leqslant ADT_{ij} \leqslant TS_{ij}^u \\ 0, \text{其他} \end{cases} \quad (4)$$

另外，如前文所述，供应商客户满意度不仅仅受到承诺交货期长短的影响，而且还受到承诺交货期确定程度的影响。在现实生活中，我们也往往愿意为了确定的交货期进行等待。

为了方便说明这个问题，我们引入另外一个指标——交货期精确性指数。

所谓交货期精确性指数，是描述供应商承诺交货期精确程度的一个指标，该指数越大，表明该供应商服务能力越强，从而其客户满意度相对比较高。因此我们认为：在供应链系统中，供应商能够通过各种管理分析手段，在接到订单之初给出明确的交货期。发出订单的企业更愿意为了明确的时间进行等待。从这个意义上讲，交货期越精确，将会对供应商客户效用水平产生越积极的影响。

交货期精确性，我们用供应商承诺交货期的长短来描述，则：

$$Ip_{ij} = \frac{k}{T_{ij}^u - T_{ij}^l} \quad (5)$$

其中：Ip_{ij} 为交货期精确性指数。

式（5）表示：供应商承诺交货期区间越大，精确性指标就越低，则越不确定。但是，单纯的交货期区间长度并不能真正的表示该交货期的确定程度。因为对于不同的行业来讲，其总体响应周期是不一样的，对于某些行业来讲，其总体响应周期很很长，比如一年。那么在此类行业中，其交货区间定为 10 天的话，才相当于其总体响应时间的 2.7%。而在其他的行业，比如快餐配送行业，如果交货期区间定为 10 个小时，那么对于顾客来讲，则是无法容忍的。

所以，我们在考虑交货期区间的时候，不能仅仅局限于其绝对量的大小，更重要的是要分析其相对量的大小，这样才能真反映其真实的情况。据此，我们可以得出下式：

$$Ip_{ij} = \frac{kT_{ij}}{(T_{ij}^u - T_{ij}^l)^2}, (T_{ij}^u - T_{ij}^l \neq 0) \quad (6)$$

当 $T_{ij}^u - T_{ij}^l = 0$ 时，有：$Ip_{ij} = 1$。

即此时客户满意度只受交货期长度的影响。

其中：

T_{ij} 为供应链实际响应周期；

k 为常数。

由式（6）可知，第 i 个企业来讲，有：

$$Ip_i = \frac{1}{n}\sum_{j=1}^n \frac{kT_{ij}}{(T_{ij}^u - T_{ij}^l)^2}, (T_{ij}^u - T_{ij}^l \neq 0) \quad (7)$$

其中：

T_{ij} 为供应链实际响应周期；

k 为常数。

式（6）和式（7）表示：对于供应链交货期确定性指数与实际供应链响应周期呈正相关，即整体交货期越长的行业，其由内需的承诺交货期区间越大。

根据假设 1 和假设 2 可知，供应链下游客户满意度受到以上两个指标的影响，因此有：

$$TU_i = kIs_i^\alpha \cdot Ip_i^\beta, (i = 1,2,3,\cdots,m) \quad (8)$$

其中：

TU_i 为第 i 家企业的效用，即满意度水平；

α、β 为权重系数，分别表示 Is 和 Ip 的重要程度，有：$\alpha + \beta = 1$；

k 为比例系数。

式（8）表示：供应商客户满意度水平由上述两个指标共同决定，其权重可以根据操作过程中的实际情况进行确定。比如，若订单整体响应时间较短，则 Is 对供应链意义更重大，此时我们可以将 α 取一个较高的值；反之，如果更关注承诺交货期的确定程度，则 α 应取一个较小的值（或0）。

根据式（8），令：$k = 1$，$\alpha = 0.75$，$\beta = 0.25$，绘制其函数图像，如图 1 所示。

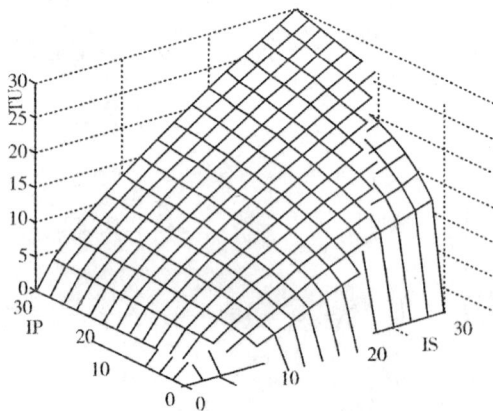

图 1　供应商客户总效用变化趋势

从图 1 可以看出，客户满意度随着两个指标的增加而增加。

另外，由式（1）~式（8）可得：

当供应商承诺交货期为一个确定的时间点时，则有：

$$TU_i = k\left[\sum_{j=1}^{n}(PTD_{ij} - ADT_{ij})^2\right]^{\alpha} \tag{9}$$

其中：

$i = 1,2,3,\cdots,m$。

当供应商承诺交货期为时间区间时，有：

（1）当 $PTD_{ij} \in [T_{ij}^l, T_{ij}^u]$ 时，有：

$$TU_i = \frac{k}{n}\left[\sum_{j=1}^{n}\frac{T_{ij}}{(T_{ij}^u - T_{ij}^l)^2}\right]^{\beta} \tag{10}$$

其中：$i = 1,2,3,\cdots,m,T_{ij}^u - T_{ij}^l \neq 0$。

（2）当 $PTD_{ij} \in [T_{ij}^u, TS_{ij}^u]$ 时，有：

$$TU_i = \frac{k}{n}\left[\sum_{j=1}^{n}(PTD_{ij} - T_{ij}^l)^2\right]^{\alpha}\left[\sum_{j=1}^{n}\frac{T_{ij}}{(T_{ij}^u - T_{ij}^l)^2}\right]^{\beta} \tag{11}$$

其中：$i = 1,2,3,\cdots,m,T_{ij}^u - T_{ij}^l \neq 0$。

（3）当 $PTD_{ij} \in [T_{ij}^l, TS_{ij}^l]$ 时，有：

$$TU_i = \frac{k}{n}\left[\sum_{j=1}^{n}(PTD_{ij} - T_{ij}^u)^2\right]^{\alpha}\left[\sum_{j=1}^{n}\frac{T_{ij}}{(T_{ij}^l - T_{ij}^l)^2}\right]^{\beta} \tag{12}$$

其中：$i = 1,2,3,\cdots,m,T_{ij}^u - T_{ij}^l \neq 0$。

（4）当 $PTD_{ij} \in [-\infty, TS_{ij}^l] \cup [TS_{ij}^l, +\infty]$ 时，有：

$$TU_i = 0 \tag{13}$$

其中：$i = 1,2,3,\cdots,m$。

4　模型分析

假设一个供应商，由假设 3、4、5，我们可以假定其各项数据如表 1 所示：

表 1　某企业订单相关数据　　单位：小时

订单	1	2	3
承诺交货期	20	30	40
承诺交货期区间	[20, 23]	[30, 34]	[40, 45]
实际交货期	22	32	45
订单	4	5	6
承诺交货期	80	100	150
承诺交货期区间	[80, 86]	[100, 107]	[150, 158]
实际交货期	87	108	160

令：$k = 1$，$\alpha = 0.75$，$\beta = 0.25$。

由以上相关交货期数据，假设客户容忍界限为订单总响应时间的 50%，则所有的交货时间都在容忍范围内，模型计算结果如图 2 所示。

由模型计算结果可以看出，如图2所示，对于交货期较短的订单来讲，因为此时交货期绝对量较小，则此时客户对于交货期确定性就比较敏感，供应商承诺交货期应该采用时间区间的形式，这样可以获得较高的客户满意度。而对于交货期较长的订单，其交货期承诺应该采用确定的时间点。

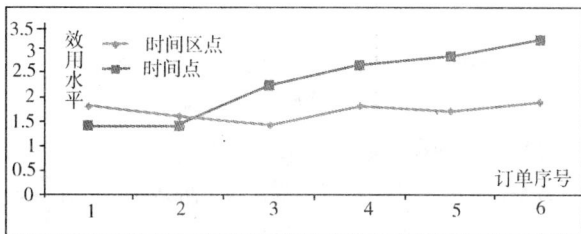

图2　模型计算结果

5　结论

在当前十分激烈的竞争环境下，时间成为决定供应链是否具有竞争力的关键因素。本文从交货期的角度对客户满意度进行了探讨，主要包括：

（1）在对现有文献总结的基础之上，强调了供应链交货期精确预测的在提升客户满意度方面的重要意义。

（2）建立基于交货期的客户满意度评价模型，并在模型分析的基础之上，指出供应商应

该对交货期较短的订单采用交货期区间承诺，而对于交货期较长的订单，则其交货期承诺应该采用确定的时间。

参考文献

[1] R. Stalk G. J. Time—the Next Source of Competitive Advantage [J]. *Harvard Business Review*, 1988, 66 (4): 41~51.

[2] G. Stalk Jr., T. M. Hout, Competing Against Time [M], *Free Press*, New York, 1990.

[3] Swamidass P. M. Innovations in Competitive Manufacturing [M]. *Dordrecht*: *Kluwer Academic Publishers*, 2000.

[4] 陈荣秋，马士华. 生产与运作管理 [M]. 北京：高等教育出版社，1999.

[5] 马士华，沈玲. 基于时间竞争的供应链预订单计划模式 [J]. 计算机集成制造系统——CIMS, 2005, 11 (7): 1001~1006.

[6] 陈国华，王永建，韩桂武. 基于可靠性的供应链构建 [J]. 工业工程与管理, 2004 (1): 72~74.

[7] 马士华，王青青，关旭. 带有两维延迟交货惩罚因子的供应链协同研究 [J]. 工业工程与管理, 2010 (6): 1~6

[8] 张毕西，周艳，赵伟. 订货生产式企业作业任务交货期决策研究 [J]. 工业工程, 2004 (1): 26~28.

[9] 杨文胜，李莉. 响应时间不确定下的交货期相关定价研究 [J]. 中国管理科学, 2005 (4): 56~62.

供应商管理库存在 A 公司的应用

梁晶

（上海交通大学机械与动力学院）

摘要：供应商管理库存作为一种新型库存管理策略，已被越来越多的企业所关注和使用；它可使供需双方都打破了传统的各自为政的库存管理模式，而采用供应链集成化思想共同管理库存，从而有效消除牛鞭效应。本文通过对 VMI/SMI 在 A 公司的实施案例的研究，简单介绍了供应商库存的实施前提，并阐述了其实施的关键步骤；通过供应商管理库存的实施，合作双方实现了高效率的信息资源共享，使供应商能结合即时库存情况，进行科学合理的排产和供货，而 A 公司则降低了自身库存，有效减少了库存成本且提高客户服务水平，其结果是双方都获得了效益最大化。

关键词：供应商管理库存；供应商；供应链；库存控制

The Application of Vendor/Supplier Management Inventory in Company A

Liang Jing

（E - mail：starry. liang@ hotmail. com）

（School of Mechanism and Power Engineering, Shanghai Jiaotong University）

Abstract：As a new method of inventory controlling, Vendor/Supplier Managed Inventory is more and more important and popular to the companies; it could break the traditional independent inventory management model, but as supply chain integrated model, and eliminate the bullwhip effect. In this article, we described the implementation of VMI/SMI project in company A, made a brief introduction for precondition and key procedure. After the VMI/SMI was used, both suppliers and company A shared their information, in this case, suppliers could make better arrangement for production and delivery per real - time demands, company A decreased its inventory cost and improved customer service level, leading to a Win - Win situation.

Key words：VMI/SMI; vendor/supplier; supply chain; inventory control

1 VMI 的基本理论及实施的前提

供应商管理库存（Vendor Managed Inventory，也可作 Supplier Managed Inventory）即 VMI/SMI，是一种以用户和供应商同时获得最低成本为目的，在一个共同的协议下由供应商来管理库存，并不断监督协议执行情况和修正协议内容，使库存管理得到持续改进的合作性策略。

这种库存策略管理模式是从快速响应（Quick Response）和高效客户响应（Efficient Customer Response）基础上发展而来，其核心思想是供应商通过共享用户企业的当前库存和实际耗用数据，按照实际的消耗模型、消耗趋势和补货策略进行有实际根据的补货。

根据存货所有权的不同和库存所在地的不同，我们可以把供应商库存管理的形式分为以下几类：

（1）用户拥有存货的所有权，但不在用户所在地建立库存。在这种方式下，供应商向用户提供所有产品的完整信息，用户据此来进行存货决策、执行存货决策、管理存货。此时，供应商对库存的管理和控制力有限，实质上并非真正意义上的供应商管理库存。

（2）用户拥有存货的所有权，在用户所在地建立库存。这种情况下，供应商可以了解到充分的存货信息，并且在用户所在地直接管理存货，代表用户执行存货决策，但其在进行存货决策时投入程度有限。

（3）供应商拥有存货的所有权，在用户所在地建立库存。这样的方式下，供应商几乎承担了所有责任，他们可以代表用户执行存货决策，管理存货；他们的活动也很少受到用户的监督或干涉，供应商可以十分清楚地了解到自己产品的销售情况，是一种完整意义上的供应商管理库存方式。

（4）供应商拥有存货的所有权，在供应商仓库或第三方物流仓库建立库存。这种方式也是供应商承担所有责任，执行存货决策并管理库存，清楚地了解自己产品的销售情况。这种情况下，对于客户的需求响应以及运输，则需要一些时间。

供应商管理库存的实施应具备以下前提：

首先，在 VMI/SMI 实施之前，企业必须先要找到信誉良好的合作伙伴，这种合作也必须建立在供需双方相互信任的基础上，否则就会失败。用户愿意如实地公开其销售数据，供应商也愿意承担一定风险，按要求配合客户建立库存，并且双方能及时沟通。供需双方的企业都具有较为完善的内部管理制度，及时传送各类商品的数据，所有数据必须体现真实销售，不能加以人为修改；用户不要干预供应商对发货的监控，供应商也要更积极主动地多做工作。只有相互信任，广泛交流和合作，供应商管理库存的建立也才具有实质意义。

其次，实施 VMI/SMI 的企业必须拥有完备的信息技术作支持。企业必须具有较为完善的企业管理信息系统，能通过电子数据交换系统 EDI 与供应商实行数据对接与共享，利用条码技术和扫描技术来确保数据的准确性；并且库存与产品的控制和计划系统都必须是在线的，这样才能保证数据传递的及时性。这些信息技术（包括 ID 代码、条形码技术、EDI 数据交换系统、POS 终端系统、连续补给程序 CRP、计算机辅助订货 CAO 等）中有一些价格比较昂贵，所以项目实施之前必须先做好项目经费的预算和申请。

再次，实施 VMI/SMI 之前必须签订一份严谨的合作协议，预先协调好存货所有权和资金支付问题。对于通常的贸易关系而言，一方面，由用户自身来进行补充库存的决策，用户收到货物时，所有权也同时转移了；现在变为寄售关系，供应商拥有库存直到货物被售出，供应商管理责任增大，成本增加了，因而双方要对条款进行洽谈，使供需双方共享系统整体库存下降。另一方面，通常对于货款的支付供应商可能会提供在收到货物一至三个月的账期，现在可能供应商会要求在货物售出后就立即支付货款，付款期限缩短了，用户也要适应这种变化。

最后，由于一切非诚信、规范的经营行为都将影响到配货量的合理性，因此双方能够彼此信任且拥有足够信息技术支持的情况下，还要求实行供应商管理库存的企业必须首先承诺做到诚信经营。

2 VMI/SMI 在 A 公司的实施案例

本人所在的 A 公司是一家美资的医疗器械生产企业，产品主要是通过美国本土的专卖门店出售，而其供应商遍布欧、亚、美三大洲，除了自有工厂生产的产品之外，也有一大部分是由亚洲的 OEM 供应商提供。公司的库存现状存在很大问题：首先，库存中物料品种繁多（达三万多个），而其中很多物料属于呆滞库存未及时处理，各个仓库的产品分配也需调整。其次，库存量过大且设置很不合理。一方面，目前公司销售终端储备的不同产品库存平均为 4 ~ 6 个月需求量，但对于某些产品还是时常出现缺货情况，因而不得不要求工厂/供应商加急生产并改海运为空运发货（比例达到 35% 之多），不仅给库存成本造成非常大的压力，而且增加了运输成本；另一方面，由于需求的不均衡，工厂又常常出现或加班赶工或停工的状况，从而降低了工厂的生产效率，使得整个供应链效率大打折扣。

公司致力于改变这种现状，因此详细地研究了造成这种状况的原因以及改善对策，对库存控制策略作了较大规模的调整，这其中的一项举措便是对部分 OEM 产品实施供应商管理库存。A 公司在亚洲的 OEM 供应商遍布中国及周边的十几个城市，产品类型各不相同，交货期较长且运输方式不定，为节约成本起见，公司将在选定的各个供应商自有工厂建立 VMI/SMI。另外，公司在新近实施的 SupplyWeb 系统中，

开发出一个专门的功能模块对其进行管理，并将该模块部分权限可共享给供应商，通过该系统供应商可以查看由其生产的所有产品的销售和预测信息。

该项目实施过程为期六个月，主要流程如图 1 所示：

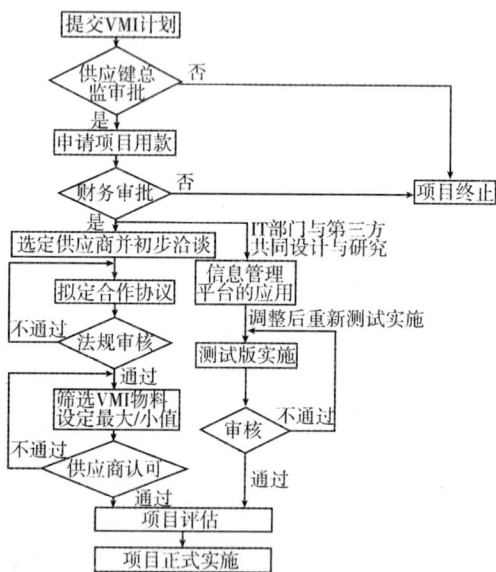

图 1 供应商管理库存项目实施流程

以上流程中，最关键的有如下三个方面：

（1）选择合作伙伴，与供应商签订合作协议，明确相互责任，实施联手共管。

先期选择实施 VMI/SMI 的合作伙伴必须具备规范经营、总部电脑系统完善、传送数据相对正确、内部管理有序等条件。当基本具备条件的企业一旦被纳入候选名单，A 公司将与各个供应商进行广泛的接触与沟通，使双方的权利和义务、双赢的具体目标获得一致认同。在此基础上，双方成立工作小组，全面负责项目的协调与推进工作。

当双方认同了 VMI/SMI 实施彼此的权利和义务后，即签订一份供应商管理库存合作协议。供应商可借助于 A 公司的管理职能和奖罚机制，

联手共管，共同实现规范经营、控制市场、达到共赢的目标。供应商严格按照要求准备库存，以及保证对 A 公司长期稳定的供货。而 A 公司也将此纳入年终考核体系，一旦供应商违反约定就给予必要的经济处罚，而若是供应商每月各项指标都控制得很好也将会给予一定奖励，从而使供应商一方管理变为供需双方共同管理。

（2）确定需建立 VMI/SMI 的物料，规范相关数据信息，并拟定库存的最高点和最低点。

首先，建立 VMI/SMI 之前要先筛选出恰当的物料品种。A 公司一共有一万多种 OEM 产品，但很多产品并不适合建库存（如定制产品，大金额、小频次采购的产品等），故不会考虑为其供应商管理库存的事。

其次，当物料品种确定好了之后，则需要规范必要的数据信息。A 公司对所有产品都有专门的包装要求，包括包装盒的材料、大小、样式、标志信息等，生产批号也根据供应商和生产日期统一规定，按照物料号和生产批号储存，制定条形码，直接扫描入库，避免因人工输入出错。

再次，依据历史销售数据，计算出平均销量和安全库存，从而拟定库存的最高点和最低点。因为有最低点与最高库存点，按时交货可通过相对库存水平来衡量。例如库存低于最低点，风险相当高；库存高于最高点，断货风险很小但过期库存风险升高。这样，统计上述各种情况可以衡量供应商的交货表现。根据未来物料需求和供应商的供货计划，还可以预测库存点在未来的走势。

最后，一段时间之后，供应商可参考电脑系统计算出的日均销量等数据的变化，然后与用户进行深入沟通，并结合已掌握的商业环境、销售变化趋势等因素对最大量进行适当的调整，最终双方对配货上限数达成一致并最终确认，这一调整与确认过程有助于提高 VMI/SMI 实施过程中数据的可操作性。

（3）启动信息管理平台。供应商通过登录到 Supply Web 系统，可以浏览由其生产的所有物料的需求预测信息、最新订单信息、用户现有库存状态等，并且可以实时地更新其管理的供应商管理库存信息，从而将最新的供应商管理库存状态共享给用户。

在该系统中，若库存量低于最小量（即安全库存水平），则状态条会变成红色以作警示；若库存水平超出设置的最大库存量，包括最小量 +（距离下批货物的天数 + 运输时间 + 订单提前期）的用量 + 调节性库存储备，则状态条将变成蓝色来提醒用户检查其销售和订单状况；若是库存量处于最大值和最小值之间则属于正常情况，状态条显示为绿色。如图 2 所示：

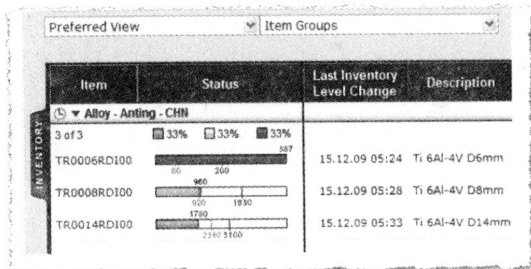

图 2　库存状态可根据颜色直观区分

该系统会链接到用户的管理信息系统，收到物料需求信息后，根据相应库存状态向供应商发出订单；供应商根据该订单信息出货并生成发货信息供用户查阅；同时安排补货并更新 VMI/SMI 中物料现有库存量；判断该物料现有库存量是否降至设定最低点；如果物料现有库存量已降至设定最低点，无须登录到库存的详细信息页，首页即会显示一条警示信息（如图 3 所示）。

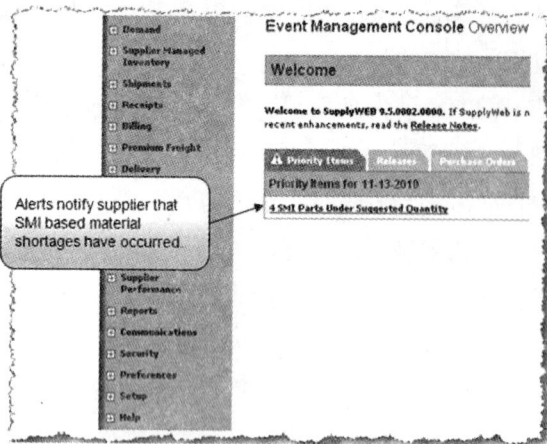

图 3 系统登录界面可警示 VMI/SMI 低于设定临界值

当用户查看到该警示信息，若有新订单则需先查看现有 VMI/SMI 库存量（如图 4 所示），如果存货量仍够，则要求进行出货作业；如果存货不足，则只能待补货到后再要求发货，同时优化公司预测信息的准确性。通过该系统能够直观地看到库存和出货信息，同时有效减少供应商和用户库存管理负担。

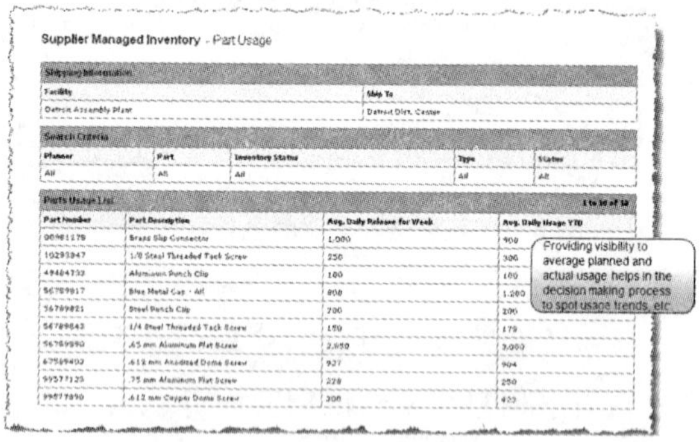

图 4 VMI/SMI 管理界面效果

VMI/SMI 在正常实施的时候，供应商不仅要与供应商管理仓库之间交换库存信息，还要交换生产计划、需求计划、采购计划、历史消耗、补货计划、运输计划、库存情况等信息，这些信息交换是完全的、实时的、自动的。当发生需求突然变化时，比如由于用户的销售突增，VMI/SMI 仓库中的库存不能及时满足用户需求时，这时 VMI/SMII 的实施结构会做出相应改变，VMI/SMI 仓库直接把补货计划发给供应商的信息系统，供应商则直接向用户进行补货，从而节约时间与成本。

3 VMI 的实施效果及改进

在 VMI/SMI 实施效果评估指标中，胀库、脱销发生率是最重要、可衡量的指标。突出这两大指标的重要性，符合准确预测市场需求、满足市场需求、提高客户满意度的市场化运作宗旨。一方面，销售终端胀库、脱销率的降低，意味着供需双方通过努力，正在优化所供应的产品和数量，使其更符合市场需求。另一方面，也说明公司的市场预测正逐步走向精准，并以此数据为依据指导供应商的生产。

A 公司选出周转最为频繁的 320 个 OEM 物料（对应四家供应商）建立供应商管理库存。在试点推行 VMI/SMI 模式运营后，由于采用跟踪终端的库存，使得有些产品从 20% 以上的脱销率下降到 5% 以下，而库存上限的设置，使胀库在理论上已不复存在；之前由于供应商因货源供应不足所引起的客户不满意情况，在实施 VMI/SMI 后有了实质性的改观。最重要的一点，由于企业库存造成的物流成本得到了有效的降低：首先，建立 VMI/SMI 部分的物料持有库存由原来的四个月用量降至一个月用量，这使 OEM 部分库存的总持有成本降低了 50%；其次，由于脱销情况的减少，海运改空运情况由原来的 35% 降至 15% 左右；最后，客户满意度的提高使得相应客服成本降低了 5% 以上。

由于 VMI/SMI 在医疗行业的实施是一项全新的工作，没有现成的经验可以借鉴，通过评估，可以发现流程中存在的某些缺陷。如：一项新的政府政策的颁布就可能立即引起市场需求的变化，一些灾害等又可能引起突发的需求，这些因素还是有可能导致胀库或者脱销的问题。与此同时，当供应商或公司总部电脑系统出现故障，跟踪库存中断后，如何有效应急的措施也需要提前考虑。这些不足有待于在以后的运营中不断总结经验，设计更优化的流程加以解决。同时，在运营一段时间后，公司需要对所设置的库存量最大/最小值进行全面复核，再一次确认该数据的可行性，如有不匹配应进行相应调整。

4 结论

由于 A 公司的产品主要是通过美国本土的专卖门店出售，其供应商却是遍布欧、亚、美三大洲的自由工厂或者 OEM 工厂，整个供应链层级非常多，跨度非常大，这往往使得信息交换的过程产生信息滞后甚至牛鞭效应。在供应商管理库存实施之后，整个供应链链条上的接点（从生产端到销售端）都处在同一个平台上，都可直接看到彼此原始的真实数据及其状态的实时变化，从而有效避免了沟通壁垒。与此同时，在该项目的整个执行过程中，供需双方荣辱与共，这大大提高了合作的积极性以及彼此之间的信任度。项目实施三个月后，建立 VMI 产品的库存仅为一个月量，A 公司的总体库存水平已从原来的平均 4~6 个月降至 3 个月以内，而缺货率却减少了 15% 以上；甚至对于某些产品的突发性需求，响应速度也提高了一倍。

实践证明，A 公司采用 VMI/SMI 运营模式后，客户的需求满足率上升、成本有效降低、客户满意度上升，同时供应商对市场的敏锐度有所加强，能即时了解市场的需求实况从而更好地做好他们自身的生产计划因而广泛欢迎，是一个成功的"双赢"运营模式。

参考文献

[1] 马士华，林勇. 供应链管理 [M]. 机械工业出版社，2005.8.

[2] Dong Yan, Ku Kefeng. A supply chain model of vendor managed inventory [J]. Transportation Research Part E: Logistics and Transportation Review. 2002，38（2）：75~95.

[3] 黄翔. 供应商管理库存的经济效果研究 [D]. 重庆大学，2006.4.

[4] 杨三山. 基于 SCM 的企业库存管理系统研究与开发 [D]. 武汉理工大学，2006.3.

[5] 赵月，陈燕，崔红建. 实施 VMI 预防供应链中的"长鞭效应"[J]. 河北交通科技，2007（3）.

[6] 郭海峰，黄小原. 供应商管理库存对牛鞭效应的影响 [J]. 控制工程，2007，14（1）：111~114.

[7] 张镒民，贾东浇. VMI 模式中的信息共享问题研究 [J]. 复旦学报（自然科学版），2007，46（3）：312~317.

[8] 王槐林，杨敏才，张晓凤，张向阳. 供应链管理中 VMI 系统的研究 [J]. 工业工程，2005，8（1）：12~15.

[9] 李建军. 供应商管理库存（VMI）的实施研究 [J]. 商业研究，2007（359）：56~58.

[10] 朱泽，张予川，高东旭. 随机需求环境下 VMI 模型研究与应用. 武汉理工大学学报（交通科学与工程版），2009，33（3）：608~610.

第三部分 金融工程

银企直连信贷系统采纳模型研究

裘江南[1]　赵倩倩[2]　王春玲[1]

（1. 大连理工大学管理与经济学部）

（2. 天津大学管理与经济学部）

摘要：银企直连信贷系统这一创新管理模式的提出，无论是对于银行还是对于企业都具有积极的意义。本文针对银企直连信贷系统的特点，在前人研究的基础上，综合已有技术采纳相关理论，构建了银企直连信贷系统技术采纳综合模型。通过对大连市中小企业财务主管的实证调研，验证了本文的模型和假设，根据研究结果提出了在银企直连信贷系统实施过程中的相关建议。

关键词：银企直连；信贷系统；采纳模型

Research on Acceptance Model of Bank – Enterprise Direct Connecting Credit System

Qiu Jiangnan[1], Zhao Qianqian[2], Wang Chunling[1]

（E – mail：qiujiangnan@ gmail. com，267266951@ qq. com，wangcl8659@163. com）

（1. Dut Faculty of Management and Economics，Dalian University of Technology）

（2. School of Management Tianjin University，Tianjin University）

Abstract：It has positive significance for both banks and companies that the coming up with Bank – Enterprise Direct Credit System as a innovative cash management model. In this paper，building the acceptance Model of Bank – Enterprise Direct Credit System is on the basis of the traits of it，previous researches and exiting IT adoption theory. After the empirical research on Small and medium enterprises in Dalian，this paper has modified the model and assumptions and then has given several suggestions based on the findings.

Key words：Bank – Enterprises Direct Connecting；Credit System；Acceptance Model

1　问题的提出

贷款困难是目前中小企业发展过程中普遍存在的问题，随着金融危机影响的日益深重，银行普遍采取谨慎放贷政策，这无疑令中小企业融资难上加难。银行不愿放贷的根源在于银企信息不对称的现状。因此，如何及时了解中小企业运营现状，正确评价企业信用等级，在促进贷款的同时积极防范信贷风险，至关重要。

为了实现银企资源共享，银行基于银企直连系统提出了银企直连信贷系统这一创新的现金管理模式。银企直连信贷系统是在银行业务系统与企业财务系统或 ERP 系统之间建立无缝的实时连接，双方基于信贷管理，协商制定一系列指标体系，实现实时、批量、灵活的数据传输。

本课题基于银企直连信贷系统，以大连市中小企业财务主管为调研对象，进行数据分析和假设检验，研究影响这一新兴系统采纳的相关因素，得出银企直连信贷系统技术采纳模型和采纳意向，充分论证了系统实施的可行性。该系统能够帮助银行实时收集与信贷评价相关的企业财务信息，改善银企信用信息不平衡的情况，促进银行向中小企业贷款，帮助中小企业应对金融危机和赢得发展。

2 银企直连信贷系统简介

为了实现银企资源共享，银行提出了银企直连信贷系统这一创新的现金管理模式，企业建立与银行业务系统的实时连接，根据银企双方商定，围绕着信贷管理，进行有限数据定制。

银企直连信贷系统为财务监管和实时信贷评价提供了可能，改变过去抵押为主的模式，银行通过这个系统可以看到企业的真实经营情况，包括销售情况、订单情况、盈利状态、供应商状态以及信用的情况等[1]，帮助银行实时收集企业与信贷评价相关的财务信息，改善银企信用信息不平衡的情况，提高银行对中小企业的信贷评价的实时性和客观性，正确做出贷款决策，降低其对企业的贷款风险；同时，帮助中小企业解决银行对其信用信息的迟滞问题，增强其融资能力，使健康发展的中小企业都能顺利贷款，银企携手共同发展。

银企直连信贷系统无论是对于银行还是企业来说，都具有一定的积极意义，具体表现在以下四个方面：①实时准确，同步高效。解决长期困扰企业的账务信息滞后、记账周期长等问题，提高企业财务管理水平，也帮助银行实时把握企业经营状况，做出正确贷款决策。②批量处理、方便快捷。客户不需要逐条记录输入，可批量录入财务信息和转账支付，之后，系统进行数据更新，节省了大量的二次录入和手工制单出票的时间，操作简单，高效准确。③全面专业，灵活制定。银企商定，企业灵活组合银行提供的服务，进行有限授权的数据定制，享有财务查询、付款转账、电子对账等全面的服务，实现有限授权的数据指标。④标准规范，安全保密。标准的数据接口，便于企业开发和个性化定制，支持 Oracle、SAP、金蝶等多种企业财务系统。特有的加密通道，权威的 CA 证书，在转账交易中增加"签名时间"和"包序列 ID"字段，保证信息准确安全传递。

尽管该系统技术先进，功能强大，但是鉴于银企直连信贷系统发展时间较短，还没有被大多数企业所正确认知，企业财务人员大多不愿意使用。首先，企业财务人员对系统缺乏先进性、方便性和高效性的认识，对新技术新模式不愿尝试、不敢使用，尤其是对于年龄偏大、计算机和互联网使用知识短缺的员工。其次，基于对风险的认知，一方面，如果企业财务信息外漏，造成企业运营不安全，不但影响日常工作，还会对系统的实施产生消极的抵制影响；另一方面，系统发展的时间较短，缺乏一定的实践经验，其中存在着不完善环节。根据以上分析来看，银企直连信贷系统是否能够在各企业中顺利实施，促进银企的共赢共生，还需要进一步的验证。

3 理论基础与研究假设

3.1 采纳行为的影响因素

在企业的信息技术采纳行为中，各种个体因素和组织因素的相互作用会对采纳行为产生重要的影响，从而导致不同的采纳效果。企业是由不同的个体所组成的，在某些时候，企业中的某些个体会影响或左右企业行为。在企业信息技术采纳行为中能够发挥重大影响作用的个体包括：投资者、高层经理人、主要相关人等[2]。由于本研究涉及企业财务相关信息内容，银企直连信贷系统的实施对企业财务人员的影响最为直接，影响到他们的工作方式、工作内容等方面，因此财务主管对银企直连信贷系统采纳的态度以及决策倾向对企业的采纳行为有重要的影响，也是不容忽视的。本次调研的主体以大连市的中小型企业为主，中小企业中的财务主管的决策能够影响公司领导层的决策。在调研时，选择了企业的财务主管作为本次问卷调研的具体对象，基于信息技术采纳模型，进行了实证分析。

本研究以技术采纳模型为核心，从有用性、易用性、安全性等认知角度来分析影响系统可用性的因素，并引入外部影响（Outward Influence）、组织内部和信贷指标等因素，比较全面地分析各变量对系统采纳（行为意向）的影响。

3.2 研究假设

基于技术采纳模型，具体分析有用性、易用性、安全性、外部影响、组织内部和信贷指标等因素，进行模型的初步建构。

（1）外部影响[3]。银企直连信贷系统实施的外部压力主要有两个来源：竞争压力和其他组织的影响（包括合作银行、行业协会、政府部门等）。如果竞争对手开始实施银企直连信贷系统，公司会越倾向于采纳该系统以保持自己的竞争地位。此外，银企直连信贷系统需要银企双方合作，使用统一的标准。具有优势地位的银行就很有可能期望它的合作伙伴使用该系统，实现进一步的业务整合和信息共享。

假设1a：外部影响在银企直连信贷系统实

施过程前后会影响行为意向：

（2）高层支持。企业高层支持和承诺被认为是信息系统开发和实施过程中十分关键的因素。高层领导保证有足够的人力、物力、财力投入，是系统顺利实施的基本保障[4]。高层领导的作用不仅体现于资金预算上的支持，还有必要实际参与系统实施过程，给实施团队提供及时的指导和帮助，从而影响使用系统的态度，坚定使用系统的决心[5]。

假设2a：高层支持在银企直连信贷系统实施过程前后会影响易用认知。

假设2b：高层支持在银企直连信贷系统实施过程前后会影响有用认知。

假设2c：高层支持在银企直连信贷系统实施过程前后会影响风险认知。

（3）培训。银企直连信贷系统的使用者必须同时具有管理和技术两方面的知识，即跨领域的专业知识，因此对系统使用人员进行培训非常重要。不足的管理时间、不适当的财务资源分配、缺乏内部电脑技术人员及内部训练，这些都被视为公司信息化的阻碍因子，是组织采纳信息技术的知觉障碍[6]。公司的内部训练能提升员工对信息技术的了解，提高系统使用频率和决策的满意度，会正面影响有用认知以及实际采纳行为。

假设3a：培训在银企直连信贷系统实施过程前后会影响易用认知。

假设3b：培训在银企直连信贷系统实施过程前后会影响有用认知。

假设3c：培训在银企直连信贷系统实施过程前后会影响风险认知。

（4）组织信任。企业在考虑采纳新兴系统时，认知不确定性和风险就是企业主要考虑的因素。因而，信任在银企直连信贷系统初始实施的过程中将会成为十分重要的潜在影响因素，银企之间充分的信任使得他们能够更顺利地进行信息的交流和技术的共享。

假设 4a：组织信任会在银企直连信贷系统实施过程前后影响易用认知。

假设 4b：组织信任会在银企直连信贷系统实施过程前后影响有用认知。

假设 4c：组织信任会在银企直连信贷系统实施过程前后影响风险认知。

（5）有用认知。对信息技术的有用认知会直接影响信息技术使用者的意向[7]。也就是说，银企直连系统对于其完成工作是否有所帮助以及帮助的程度，都会影响它们使用系统的态度和行为，最终影响系统在企业中的实施效果[8]。

假设 5a：有用认知会影响银企直连信贷系统实施过程前后的行为意向。

（6）易用认知。一般来说，信息技术越易于理解和使用，其被采用的可能性也较大。一个好的系统，不仅应提供企业所要求的功能，还应尽可能为用户提供最大的便利，如操作界面形象生动、友好直观、易学易用、操作简便等特点。

假设 6a：易用认知会影响银企直连信贷系统实施过程前后的有用认知。

假设 6b：易用认知会影响银企直连信贷系统实施过程前后的行为意向。

（7）风险认知。由于交易并不是通过面对面的交流而增加了新的风险，如密码、交易信息、企业财务信息的安全性。还有系统自身的性能、稳定性、速度、质量等等。认知风险的中心思想是特定行为可能会导致不可预见的后果，产生负面态度，因而会影响最终使用决定。因此，风险认知和采纳意向是负相关的。

假设 7a：风险认知会影响银企直连信贷系统实施过程前后的有用认知。

假设 7b：风险认知会影响银企直连信贷系统实施过程前后的行为意向。

（8）信贷指标。企业与银行建立业务系统的实时连接，围绕信贷管理，协商进行有限数据授权和定制。其向银行提交的可供直连的真实的信贷指标数量和内容影响企业对系统的风险认知程度。企业提供的信贷指标数量越多，越可能产生泄露企业信息的风险认知，其提供意愿越弱；相反，提供意愿越强，则表明企业认同实施信贷数据直连系统。

假设 8a：信贷指标会影响银企直连信贷系统实施过程前后的风险认知。

（9）行为意向。行为意向是个人想要采取某一特定行为的行动倾向或动机。在银企直连信贷系统的实施过程中，系统行为意向是指个人想使用系统行为的意愿，个人使用系统的意向越强，代表他越有可能去接受和使用该系统。

假设 9a：行为意向会影响银企直连信贷系统的实际使用行为。

技术采纳模型是一个开放模型，具有非常良好的解释能力，在信息技术采纳研究领域占有重要的地位。本研究将以技术采纳模型为核心来构建银企直连信贷系统综合采纳模型。在构造模型的过程中，引进结合了其他几个模型中的几个重要因素，弥补了技术采纳模型在外部变量上的不明确，对任务的缺乏关注以及对组织因素的重视不足等缺点。根据以上分析和假设，可以得到银企直连信贷系统采纳模型，见图 1。

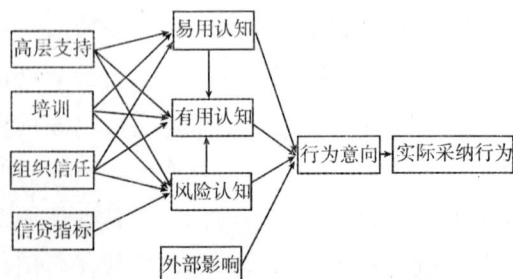

图 1 银企直连信贷系统采纳综合模型

4 研究方法和研究设计

4.1 研究方法

演绎法是一种常用的科学研究方法，它是从普遍性结论或一般性事理推导出个别性结论的论证方法。演绎法推崇实证主义，侧重于案例、试验、调查数据以及统计分析工具，在信息系统领域的实证研究论文中演绎法被经常使用。本文是对银企直连系统采纳和数据标准进行实证研究，故采用演绎法。首先，采用文献调研和实地调研相结合的方法，查阅国内外相关的文献资料，以技术采纳模型 TAM 为核心，结合社会影响理论、理性行为理论以及创新扩散理论等模型中的因素，建立银企直连信贷系统技术采纳综合模型。然后，对收集来的数据，运用 SPSS 统计分析工具，进行信度和效度检测，并进行描述性统计分析、因子分析、回归分析和信贷指标筛选等操作。验证模型中的影响因素假设，得出系统的采纳意向，论证系统的可行性。

4.2 设计过程

本研究属于实证性研究，主要以调查问卷法为主，通过定量分析来验证模型。

问卷分四个部分：第一部分为公司基本资料，如性质、规模（从业人数、营业额）等；第二部分是了解企业的信息系统现状，包括银企直连信贷系统所处的实施阶段；第三、四部分测量影响企业实施银企直连系统的相关变量，以及影响系统采纳涉及的信贷相关指标。量表采用 Likert7 度量表的形式。

本研究的目的在于了解银企直连信贷系统实施中的用户采纳倾向，而由于信贷系统实施环境千差万别，不同行业、不同环境都可能会对结果有不同的影响，产生差异，因此同时针对多个行业中的企业进行问卷调研。

5 数据收集与分析

5.1 数据收集

本研究以大连地区具有信贷需求的中小企业为研究对象，具体为 30 余家中小企业财务主管和公司负责人。这些企业具有信贷需求、有机会、有订单、有增长的潜力，但是由于银企信息不对称，不能被银行以及相关的业务合作伙伴所认同。因此，这些企业有很好的代表性，保证了问卷结果的准确性及经济性。

为了保证问卷的填答效果，在问卷开始填写之前，对相关的概念定义、问卷的构成、填写方式进行了详细的说明，并在问卷填写过程中进行全程跟踪与解释[9]。本次问卷调查一共发放问卷 35 份，回收 30 份，回收率为 85.7%。对于有漏答、乱答或者有自相矛盾的答卷，本研究认定其为无效问卷，其中无效问卷为 5 份。

表 1 行为意向的回归分析

Model	Unstandardized Coefficients		Standardized Coefficients	t	Sig.	95% ConfidenceInterval for B	
	B	Std. Error	Beta			Lower Bound	Upper Bound
（Constant）	1.085	0.327		3.315	0.003	0.411	1.760
易用认知	0.245	0.138	0.304	1.782	0.037	−0.038	0.529
有用认知	0.402	0.171	0.434	2.356	0.000	0.051	0.754
风险认知	0.202	0.092	0.276	2.211	0.016	0.014	0.391
外部影响	−0.038	0.075	−0.052	−0.506	0.217	−0.192	0.116

5.2 数据分析

对回收的问卷数据进行分析,主要包括信度分析、效度分析和回归分析以及检验假设。

(1)信度和效度分析[10]。通过计算,变量组内部一致性值均高于 0.7,表明本研究量表具有非常好的内在一致性信度。通过提取平均方差的平方根,发现所有子问题在各自因子上的负荷都超过了 0.6,表明各变量的聚合效度在期望的范围内。同样,每个子问题在它所测量因子上的负荷要高于在其他因子上的负荷,满足判别效度的要求。

(2)回归分析和假设检验。本研究通过多元回归分析(ALPHA =0.05)对银企直连信贷系统采纳模型中的假设变量依次进行验证,检验模型各建构间的因果关系。

首先,在以行为意向为因变量的回归分析模型中,标准化的相关系数表明,除了外部影响以外,各变量(易用认知、有用认知、风险认知)与因变量行为意向之间关系的 Sig 值都小于 0.05,因此,这表明模型中的假设关系(假设 6b、假设 5a 和假设 7b)都是成立的,假设 1a 不成立。易用认知、有用认知、风险认知都会对用户的行为意向有显著的正向的影响关系,外部影响与用户的行为意向没有明显的影响关系,如表 1 所示,这几个变量可以解释行为意向中的 89.8% 的差异。

对于研究模型中的其他变量的回归分析和假设验证结果如表 2 所示。

表 2　回归分析和假设验证

序号	模型研究假设		B	t	P - Value	R Square	因果关系
1	行为意向:						
假设 6b	易用认知——行为意向		0.304	1.982	0.037		成立
假设 5a	有用认知——行为意向		0.5434	2.356	0.000	0.806	成立
假设 7b	风险认知——行为意向		0.276	2.211	0.016		成立
假设 1a	外部影响——行为意向		- 0.052	- 0.506	0.217		不成立
2	有用认知:						
假设 6a	易用认知——有用认知		0.672	5.818	0.000		成立
假设 7a	风险认知——有用认知		0.290	2.515	0.018		成立
假设 2b	高层支持——有用认知		0.180	1.446	0.159	0.871	不成立
假设 3b	培　　训——有用认知		0.437	1.971	0.006		成立
假设 4b	组织信任——有用认知		0.241	2.628	0.026		成立
3	易用认知:						
假设 2a	高层支持——易用认知		0.670	2.163	0.001		成立
假设 3a	培　　训——易用认知		0.353	1.850	0.135	0.917	不成立
假设 4a	组织信任——易用认知		0.454	2.442	0.026		成立
4	风险认知:						
假设 2c	高层支持——风险认知		0.189	3.392	0.025		成立
假设 3c	培　　训——风险认知		0.294	3.769	0.019	0.863	成立
假设 4c	组织信任——风险认知		0.854	4.260	0.002		成立
假设 8a	信贷指标——风险认知		0.899	10.837	0.000		成立

在以有用认知为因变量的回归分析模型中，可以得出模型中的假设6a、假设7a、假设3b和假设4b都是成立的，易用认知、风险认知、培训以及组织信任这四个变量可以解释有用认知中的87.1%的差异；在以易用认知为因变量的回归分析模型中，假设2a和假设4a是成立的，可以解释易用认知中的91.7%的差异；以风险认知为因变量的回归分析模型中，假设2c、假设3c、假设4c和假设8a都是成立的，可以解释风险认知中的86.3%的差异。

数据表明，本研究的大部分假设是成立的，得出的结果与本文所构建的银企直连信贷系统采纳模型差距不大，模型的核心理论得到了很好的验证。

为了进一步研究银企直连信贷系统的实际使用行为，下面对系统采纳的"行为意向"变量进行全面的SPSS描述性统计分析。"行为意向"变量的最小值为3，最大值为5，这表示在所有的调查企业中，实施银企直连信贷系统的意向为不确定、愿意和非常愿意，没有企业选择不愿意。同时，"行为意向"变量的平均数为4.133＞4，这表示调查企业的系统使用意向的平均水平为比较愿意。因此，可以得出结论，调查企业对于实施银企直连信贷系统的行为意向为"比较愿意实施"，银企直连信贷系统这一信息技术是可行的，大部分企业愿意考虑实施。因此，该理论模型最终修正的结果如图2所示。

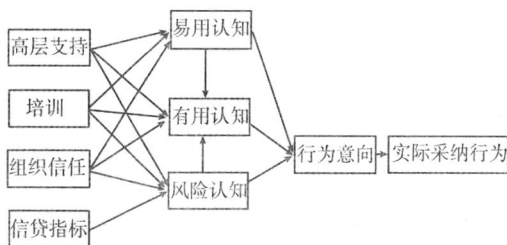

图2　银企直连信贷系统采纳的改进模型

企业采纳银企直连信贷系统的行为意向主要受到易用认知、有用认知和风险认知的影响，外部影响对于行为意图的作用不显著。本文认为外部影响因素没有显著作用主要有两方面的原因：一是由于银企直连信贷系统是新兴系统，相关政府部门的建议导向政策不明显；二是行业中竞争对手也只是出于刚刚实施或者考虑实施的初级阶段，所以，外部影响因素对于系统使用意向的决定性并不明显。

6　银企直连信贷系统实施的几点建议

结合前面的采纳模型和实证分析结果，本文认为企业在实施银企直连信贷系统的过程中，可以着重注意以下几个方面：

（1）培训引导。在银企直连信贷系统实施前，可以通过培训、宣传或成功案例的介绍等方式加强员工对系统的认识，避免单一的IT技能培训，一方面让员工认识到企业实施系统的必然趋势，即主观的行为规范，消除他们消极观望的态度；另一方面让员工意识到系统实施给企业和个人带来的效益和效率的提升，促使他们积极主动地接受。

（2）加强企业领导对系统实施的支持，力争做到：① 企业各级领导对建立系统有明确的目标和统一的认识。在准备购买和应用系统之前就应清楚地意识到，系统的引进会对目前的管理思想与管理模式产生冲击。② 企业的领导要富有改革进取、开拓创新精神，能对系统项目承担责任。缓解企业员工对于新系统的接受过程中产生的抵触情绪，解决新的管理方式引起的部分人的岗位危机。

（3）鼓励员工参与系统的实施，例如让员工参与前期软件包的选择和评估，或系统软件的定制过程等，一方面使得系统与企业、组织、流程的适合性增强；另一方面也加强员工的主人公意识，促进系统在企业的各个层面有效的渗透，在很大程度上提高系统的实施效果。

（4）竞争激励和绩效考核。企业对系统应用效果好的部门和个人予以经常性鼓励和宣传，引导员工形成良性竞争，促进员工积极思考如何通过掌握新技能提高自己的能力，如何在系统实施过程中提升个人形象等问题，在企业中形成良好的学习和工作氛围，从而推动系统的接受程度。

参考文献

［1］罗小卫 . 金蝶密谋深发展打造"银企直联"模式破局中小企业融资 . 2009.

［2］宋玉贤 . 企业信息技术采纳模型实证分析［C］. 信息系统协会中国分会 2006 年学术研讨会，2006.

［3］潘金峻 . B2B 系统实施过程中的技术采纳扩展模型研究与实证分析［D］. 上海：上海交通大学，2006.

［4］鲁耀斌，邓朝华，章淑婷 . 基于 Trust – TAM 的移动服务消费者采纳研究［J］. 信息系统学报，2007（1）：46～59.

［5］徐博艺，高平，姜丽红 . ERP 实施环境中的技术采纳模型及实证研究［J］. 工业工程与管理，2006（4）：64～69.

［6］E. M. Rogers. Diffusion of Innovations［M］. New York：The Free Press，1995.

［7］I. Ajzen and M. Fishbein. Understanding attitudes and predicting social behavior［M］. London：Prentice Hall，1980.

［8］高平 . 企业 ERP 实施过程中的用户采纳模型及实证研究［D］. 上海：上海交通大学，2005.

［9］姜江 . ERP 实施的用户接受模型及实证研究［D］. 上海：复旦大学，2005.

［10］郝黎仁，樊元，郝哲欧 . SPSS 实用统计分析［M］. 北京：中国水利水电出版社，2003.

中国农产品期货市场价格波动货币政策效应研究

甘大力

（中国矿业大学管理学院）

摘要：近年来，中国政府在不同时期相机实施了有效的货币政策，多次调整银行存款准备金率和存贷款利率，稳步推进利率市场化改革，以稳定物价和促进中国经济的发展。本文应用 GARCH 族模型研究了由于货币政策的实施而导致的利率变动对小麦、大豆和玉米期货市场价格波动性的影响。研究发现，小麦、大豆和玉米期货市场价格的短期和长期波动特性、价格波动的持续性及其价格波动的不对称效应各不相同；由于中国并未真正实现利率市场化，货币政策的传导机制不畅，因而利率变动对硬麦、大豆的期货价格收益和三种农产品期货价格波动性都没有显著的影响。

关键词：期货市场；价格波动；货币政策；GARCH

The Empirical Research of Monetary Policy Effects on Price Volatility of Chinese Agricultural Commodity Futures Markets

Gan Dali

（E - mail：gdlcumt@126.com）

（School of Management, China University of Mining and Technology）

Abstract：In recent years, Chinese government has considered different economic situations and implemented effective monetary policies at different times, adjusted the bank reserve ratio and the deposit and lending rates many times, boosted market – oriented interest rate reform steadily, in order to stabilize prices and promote the development of Chinese economy. Through the application of GARCH family models, this paper makes empirical research on the impacts of interest rates changes resulted from the implementation of monetary policies on the volatility of wheat, soybean and corn futures market prices. The findings indicate that the characteristics of transitory and permanent volatility , the persistence and the asymmetric effects of wheat, soybean and corn futures market prices volatility are different respectively; the impacts of interest rates changes on the return of wheat, soybean futures prices and the volatility of the three agricultural commodities futures prices are not obvious due to the not really achieved liberalization of interest rates and the poor monetary policy transmission mechanism in China.

Key words：futures market; price volatility; monetary policy; GARCH

1 引言

从 20 世纪 90 年代初至今，中国期货市场经过了 20 多年的发展历程。近年来，在国家"稳步发展期货市场"政策指引下，中国期货市场品种上市步伐逐步加快，市场规模稳步增长，已成为全球第一大商品期货市场，规避风险、价格发现的功能日益显现，期货市场服务国民经济能力稳步提升。"加快发展农产品期货市场，逐步拓展交易品种，鼓励生产经营者运用期货交易机制规避市场风险"成为中国政府的健全农产品市场体系的重要措施，规范有效的农产品期货市场对于农业经济的发展具有重要的现实意义。

农产品期货市场功能的实现需要包括生产经营者在内的期货市场投资者对决定农产品价格的国内外市场供求状况、影响农产品价格的政治经济、金融货币、产业政策、自然因素、投机行为和心理等各种因素进行全面综合的分析与判断，并做出正确决策。以上决定和影响农产品价格各种因素的变化必然会或多或少地对农产品期货市场价格产生影响。

近年来，中国政府在全面综合考虑国内外经济发展形势的情况下，在不同时期相机实施了有效的货币政策，多次调整银行存款准备金率和存贷款利率，并且自 2004 年以来稳步推进利率市场化改革，以稳定物价和促进中国经济又好又快地发展。那么，随着中国货币政策的实施，市场利率的变化对农产品期货市场价格有怎样的影响？进一步而言，中国农产品期货市场价格波动性货币政策效应如何呢？有关这个问题的研究和回答，对农产品生产经营者更好地利用农产品期货市场进行套期保值和规避价格风险具有重要的现实意义。

本文拟采用中国农产品期货市场有代表性的小麦、大豆和玉米三个期货品种对农产品期货市场价格波动性的货币政策效应进行实证研究，并对农产品生产经营者提出相应的决策建议。文章分为五个部分，第一部分为引言，第二部分对国内外有关市场利率变化对期货市场价格波动性影响的研究文献进行回顾，第三部分是本文拟采用的研究样本数据和 GARCH 族模型介绍，第四部分是实证研究结果和发现说明，第五部分是研究结论和决策建议。

2 文献回顾

一般而言，国外学者主要从两方面对商品价格波动和货币政策关系进行研究：其一是将商品价格波动看作是通货膨胀的标志，因而成为制定货币政策的有用工具，主要研究通过商品价格波动预测通货膨胀的有效性；其二是认为货币政策是商品价格波动的原因之一，主要探究货币政策和商品价格波动之间存在动态因果关系的可能性。在研究过程中，国外学者运用了协整、向量自回归和广义自回归条件异方差（GARCH）模型，力图解释商品价格波动、明确货币政策和商品价格之间存在的不确定关系。本文主要从货币政策是商品价格波动的因素之一的角度对文献进行回顾。

从理论上说，市场供求关系决定商品价格，利率在决定商品储藏成本进而决定商品供应方面起到重要的作用。较高的利率会增加储藏成本，因而出售而不是储藏商品对于商品供应者更有利。此外，较高的利率会使像债券这样的资产比商品资产更有吸引力。因此，提高利率会导致商品价格下降，降低利率会导致商品价格上升。

Frankel 和 Hardouvelis（1985）研究了美国商品价格对每周货币供应公告信息的反应，以评估联邦储备委员会对货币增长目标承诺的市场可信度。Frankel（2006）通过研究美国货币政策和农产品、矿产品之间的关系，认为较低的实际利率会导致较高的商品价格。Hess（2008）应用 1989～2005 年的日数据，研究了 CRB（Commodity Research Bureau）和 GSCI（Growth Space Competition Index，高盛商品指数）商品期货指数对宏观经济信息的反应，结果表明，CRB 和 GSCI 商品期货指数对宏观经济信息的反应是状态依赖和不对称的：在经济衰退时期，较高（低）通货膨胀率和交易活动的宏观经济会导致商品期货价格的正（负）向的调整，相反，在经济扩张时期，没有发现显著的反应。Hua（1998）研究发现商品价格易受利率变动的冲击。Swaray（2007）应用协整检验和误差修正模型实证研究了货币供应量的变动对商品价格的冲击，发现经济周期和宏观经济因素的波动以及石油价格对非燃料的主要商品有显著的影响。上述研究都估计了货币政策和商品价格之间的长期关系，但是没有解释商品价格波动的特征。而且，从研究方法的角度而言，协整检验和向量自回归不能较好地解释商品价格波动的原因。

国内外大量研究表明，金融市场价格收益通常具有波动的集聚性、分布的尖峰厚尾性及"杠杆效应"。Engle（1982）最早在平稳时间序列中引入了条件异方差性，提出了 ARCH 模型，Bollerslev（1986）提出了广义自回归条件异方差 GARCH 模型，通过分析异方差误差项，GARCH 模型可以估计价格波动的因果因素，因而，GARCH 模型已经成为估计商品价格波动性原因的主要工具。Shaun 等（2010）应用 GARCH 模型，采用 1997 年 1 月 1 日至 2009 年 12 月 31 日包括小麦、玉米、大豆等农产品在内的 12 种商品期货的日数据，实证研究了商品期货价格对宏观经济信息反应的敏感性，并且识别出这种反应敏感性的不对称情形；结果表明，这 12 种商品期货的日数据对宏观经济信息冲击反应的相对不敏感，宏观经济信息对 12 种商品

期货价格的影响较小；同时，还发现商品期货价格对宏观经济信息反应存在不对称情形，特别是对于贵金属金而言，"杠杆效应"明显。Hammoudeh 和 Yuan（2008）应用 GARCH、EGARCH 和 CGARCH 三种形式的广义自回归条件异方差模型，采用 1990 年 1 月 2 日至 2006 年 5 月 1 日三个月期货合约的收盘价日数据时间序列，研究了三种具有战略意义的金属金、银、铜在正向利率冲击和短期利率变化情况下的波动特征，分析了前期利率信息冲击的影响、"好的"和"坏的"信息对期货价格波动性的影响、短期暂时的和长期持续的波动效果，还发现对于用前期信息冲击和前期波动性预测未来的波动性而言，用前期波动性的预测稍显准确一些。此外，利率上升对期货市场价格的波动性具有减缓作用，这意味着货币政策可以成为平息商品市场的工具。最后，Hammoudeh 和 Yuan 发现，在某种程度上金和银的期货价格对"坏的信息"反应不敏感，使它们成为经济危机、战争和高通货膨胀时期较好的保值品。Lunieski（2009）应用 GARCH（1，1）模型，采用 1988 年 11 月 18 日至 2006 年 12 月 31 日 CRB 指数和贵金属金的期货价格日数据时间序列，研究了货币政策的不确定性对商品期货价格波动性的影响，研究结果发现，货币政策的不确定性导致金期货市场波动性的增加，相反，货币政策不确定性的减小可能会引起投机活动的增加和主要期货商品价格的上升。

赵玉、祁春节（2010）在事件分析法的研究框架下，采用大连商品交易所的黄大豆 1 号、豆油和豆粕期货价格日数据时间序列，应用 GJR - GARCH 形式的市场模型研究了中国大豆期货市场上的日历效应和事件效应，证伪了"中国大豆期货市场是有效市场"这一命题，检验结果表明大豆期货市场对中国汇率制度改革、美国信贷危机爆发、中国人民银行调整利率、

中国大部分地区遭受雪灾比较敏感，并且认为利率变化将引致期货收益贴现率变化，因此期货市场对利率很敏感。在利率下降时，社会资金储蓄意愿减弱，会导致部分储蓄资金从银行转向期货市场，从而推高合约价格；反之，若利率上升，投机资金会从期货市场转向低风险的银行存款，致使期货价格下跌。

综上所述，国内外学者运用协整检验、向量自回归、GARCH 模型和事件分析法等不同的方法研究了由于市场利率变动对商品期货市场价格波动的影响，得出了一些重要的结论。但是，中国农产品期货市场价格波动性是否会受到中国货币政策的实施而导致的市场利率变动的影响？中国农产品期货市场价格波动性是否存在"杠杆效应"？短期暂时的和长期持续的波动效果如何？这些问题是本文研究的主要内容。

3 数据和模型

3.1 数据

本文采用的数据为 2006 年 10 月 8 日至 2010 年 12 月 31 日上海银行间同业隔夜拆借利率（Shanghai Interbank Offered Rate, Shibor）作为市场利率，数据来源于上海银行间同业拆放利率网站（www. shibor. org），共计 1063 个有效数据；采用郑州商品交易所小麦期货日收盘价时间序列、大连商品交易所黄大豆 1 号期货和玉米期货日收盘价时间序列，时间都为 2006 年 10 月 9 日至 2010 年 12 月 31 日。由于期货价格具有不连续的特点，本文采取以下方式产生连续期货合约价格：选取最近期月份的期货合约作为代表，在最近期期货合约进入交割月后，选取下一个最近期期货合约，这样得到连续的期货合约序列，利用连续的期货合约序列每个交易日的收盘价，就产生一个连续的期货价格序列，其中小麦、黄大豆 1 号和玉米期货分别为 789、989、1026 个有效数据，数据来源于富

远期货（www. fuyoo. net）。

本文将硬麦、大豆、玉米期货价格的收益序列 R_{it} 定义为 $R_{it} = \ln(p_{it}/p_{it-1})$，其中 i = 硬麦、大豆、玉米期货价格，p_{it} 为连续期货合约第 t 日的收盘价格，$DLsir_t$ 为 Shibor 对数报价的一阶差分序列。各品种期货价格收益序列和 $DLsir_t$ 的统计检验结果见表 1。从表中数据可知，小麦、玉米期货价格收益序列是右偏的，大豆期货价格收益序列和 $DLsir_t$ 序列是左偏的，各期货品种收益序列和 $DLsir_t$ 序列的峰度均大于正态分布的峰度 3，JB 正态检验统计量值都很大，而且其相伴概率都为 0，因此，各期货品种价格收益序列和 $DLsir_t$ 序列拒绝正态分布假设，它们均具有尖峰厚尾特性；同时，它们的 ADF（Augmented Dickey - Fuller Test）和 PP（Phillips - Perron）单位根检验统计量远小于其临界值，而且其相伴概率都为 0，所以，各期货品种价格收益序列和 $DLsir_t$ 序列都为平稳序列。

表 1 小麦、大豆、玉米期货价格收益和 $DLsir_t$ 序列基本统计特征

	小麦期货	大豆期货	玉米期货	$DLsir_t$
样本数	788	988	1025	1062
均值	0.000386	0.000616	0.000435	0.000714
标准差	0.016468	0.012543	0.010306	0.078016
偏度	2.427475	-0.390687	2.244795	-1.853545
峰度	20.74445	7.415459	23.31127	47.28980
JB 统计量	11111.98 (0.000000)	827.7309 (0.000000)	18480.08 (0.000000)	87408.32 (0.000000)
ADF 统计量	-34.07317 (0.0000)	-15.19541 (0.0000)	-26.42224 (0.0000)	-29.44617 (0.0000)
PP 统计量	-38.33049 (0.0000)	-32.33176 (0.0000)	-35.91598 (0.0000)	-29.85747 (0.0000)

注：JB 值为检验正态性的统计量，ADF、PP 统计量为检验时间序列平稳性统计量，括号中的值为概率值。

3.2 模型

本文主要应用 GARCH 族模型分析以下农

产品期货市场价格的波动特性：应用标准的 GARCH 模型分析前期信息和价格波动冲击对农产品期货价格波动性的影响和波动持续的程度；由于 GJR - GARCH 模型能较好地刻画信息冲击的波动不对称性，本文应用 TARCH（GJR - GARCH）分析好的和坏的信息对农产品期货市场价格波动影响的不对称效应；应用成分 GARCH 模型（CGARCH）分析农产品期货市场价格暂时和持久的波动程度，以及短期和长期波动的持续性。

本文拟估计的三种农产品期货收益时间序列的 GARCH 族模型的均值方程为：

$$R_{it} = \mu_i + \sum_{m=1}^{k} a_{im} R_{it-m} + \sum_{n=1}^{s} b_{in} \varepsilon_{it-n} +$$
$$\kappa_i DLsir_t + \varepsilon_{it} \tag{1}$$

$$\varepsilon_{it} \mid I_{it-1} \sim GED(0, \sigma_{it}^2, \nu) \tag{2}$$

式中，方程（1）中 R_{it} 为硬麦、大豆、玉米期货价格收益，i = 硬麦期货、黄大豆 1 号期货、玉米期货，μ_i 为收益的无条件期望值，k, s 为滞后期，$DLsir_t$ 为外生变量，表示利率变动的货币政策效应。方程（2）中残差项 ε_{it} 服从均值为 0、方差为 σ_{it}^2、自由度为 ν 的广义误差分布（GED, Generalized Error Distribution）。GED 是由 J. P. Morgan 在 Risk Metrics 中提出的，是一种更为灵活的分布，通过对参数的调整可以拟合不同的情形，其密度函数为：

$$f(R, v) = \frac{v \exp\left[-\frac{1}{2} \mid R/\lambda \mid^v\right]}{\lambda 2^{\Gamma^{(v+1)/v}} \Gamma(1/v)} \tag{3}$$

式中，$\Gamma(\cdot)$ 为 Garmma 函数，v 为自由度，R 同上文的 R_{it}，$\lambda = \left[2^{(-\frac{2}{v})} \frac{\Gamma\left(\frac{1}{v}\right)}{\Gamma\left(\frac{3}{v}\right)}\right]^{\frac{1}{2}}$，$\lambda$ 为尾部厚度参数。广义误差分布通过对参数值 v 的调整可以处理不同程度的"尖峰厚尾"现象，当 $v < 2$ 时，GED 为厚尾分布，当 $v > 2$ 时，

GED 为瘦尾分布，当 $v = 2$ 时，GED 退化为正态分布。

（1）GARCH 模型。Bollerslev（1986）提出了广义自回归条件异方差模型 GARCH 模型，该模型的方差回归方程中同时加入了残差 ε_{it} 的滞后项和条件方差 σ_{it}^2 的滞后项，本文三种农产品期货收益时间序列的 GARCH(p, q) 条件方差方程可表述为：

$$\sigma_{it}^2 = \omega_i + \sum_{j=1}^{q} \alpha_{ij} \varepsilon_{it-j}^2 + \sum_{k=1}^{p} \beta_{ik} \sigma_{it-k}^2 +$$
$$\pi_i DLsir_{t-1} \tag{4}$$

式中，$p \geq 0$，$q > 0$；$\omega_i > 0$，$\alpha_{ij} \geq 0$，$j = 1, \cdots, q$；$\beta_{ik} \geq 0$，$k = 1, \cdots, p$，p, q 为条件方差和残差平方的滞后期。该方程中第 k 项 GARCH 的系数 β_{ik} 代表前期波动性效应的作用，第 j 项 ARCH 的系数 α_{ij} 代表前期信息冲击的效果。式中，$\sum_{j=1}^{q} \alpha_{ij} + \sum_{k=1}^{p} \beta_{ik}$ 决定硬麦、大豆、玉米期货价格波动冲击的持久性，波动冲击保持平稳并逐渐消失需要满足以下条件：

$$\sum_{j=1}^{q} \alpha_{ij} + \sum_{k=1}^{p} \beta_{ik} < 1 \tag{5}$$

式中，$p \geq 0$，$q > 0$；$\omega_i > 0$，$\alpha_{ij} \geq 0$，$j = 1, \cdots, q$；$\beta_{ik} \geq 0$，$k = 1, \cdots, p$。并且 $\sum_{j=1}^{q} \alpha_{ij} + \sum_{k=1}^{p} \beta_{ik}$ 越接近 1，冲击消失越缓慢。

（2）TARCH 模型。Glosten 等（1993），Zakoian（1994）提出了 TARCH 或者门限 ARCH（Threshold ARCH）模型。这个模型的条件方差被设定为：

$$\sigma_t^2 = \omega + \alpha \times \varepsilon_{t-1}^2 + \gamma \times \varepsilon_{t-1}^2 d_{t-1} + \beta \times \sigma_{t-1}^2 \tag{6}$$

式中，d_{t-1} 是一个虚拟变量，当 $\varepsilon_{t-1} < 0$ 时，$d_{t-1} = 1$；否则，$d_{t-1} = 0$。只要 $\gamma \neq 0$，就存在非对称效应。

在式（6）中，条件方差方程中的 $\gamma \times$

$\varepsilon_{t-1}^2 d_{t-1}$ 项称为非对称效应项，或 TARCH 项。条件方差方程表明 σ_t^2 依赖于前期的残差平方 ε_{t-1}^2 和条件方差 σ_{t-1}^2 的大小。好消息（$\varepsilon_{t-1} > 0$）和坏消息（$\varepsilon_{t-1} < 0$）对条件方差有不同的影响：好消息只有一个 α 倍的冲击，即 $\varepsilon_{t-1} > 0$ 时，$d_{t-1} = 0$，式（6）中非对称项不存在；而坏消息则有一个（$\alpha + \gamma$）倍的冲击，因为当 $\varepsilon_{t-1} < 0$ 时，$d_{t-1} = 1$，式（6）中非对称效应出现。如果 $\gamma > 0$，说明存在杠杆效应，非对称效应的主要效果是使波动加大；如果 $\gamma < 0$，则非对称效应的作用是使得波动减小。

本文中，硬麦、大豆、玉米期货价格的 TARCH 模型的条件方差被设定为：

$$\sigma_{it}^2 = \omega_i + \sum_{j=1}^q \alpha_{ij} \varepsilon_{it-j}^2 + \sum_{k=1}^p \beta_{ik} \sigma_{it-k}^2 +$$

$$\sum_{l=1}^r \gamma_{il} \varepsilon_{it-l}^2 d_{it-l} + \pi_i DLsir_{t-1} \qquad (7)$$

式（7）中，条件方差方程中 σ_{it}^2 除了依赖于前期的残差平方 ε_{it-1}^2 和条件方差 σ_{it-1}^2 的大小之外，还受到由外生变量 $DLsir_t$ 所表示的利率变动产生的货币政策效应的作用。

（3）CGARCH 模型。Ding 和 Granger（1996）提出了成分 GARCH（CGARCH）模型，通过引入随时间变化的长期变动率 q_t，将条件方差方程分成暂时方程和长期方程两部分，研究收益率序列波动的长期变动和暂时变动趋势。模型中可包含外生变量，可以放在暂时方程和长期方程中，本文放在暂时方程中；模型中也可加入非对称项，放在暂时方程中。带外生变量的非对称 CGARCH（1，1）模型的条件方差长期方程为：

$$q_{it} = \omega_i + \rho_i(q_{it-1} - \omega_i) + \phi_i(\varepsilon_{it-1}^2 - \sigma_{it-1}^2)$$

$$(8)$$

条件方差暂时方程为：

$$\sigma_{it}^2 - q_{it} = \alpha_i(\varepsilon_{it-1}^2 - q_{it-1}) + \gamma_i(\varepsilon_{it-1}^2 - q_{it-1})d_{it-1} + \beta_i(\sigma_{it-1}^2 - q_{it-1}) + \pi_i DLsir_{t-1} \qquad (9)$$

式中，σ_{it}^2 仍然是波动率，q_{it} 是随时间变化的长期波动率。d_{it-1} 是虚拟变量，表示负冲击，当 $\varepsilon_{it-1} < 0$ 时，$d_{it-1} = 1$，否则，$d_{it-1} = 0$。只要 $\gamma_i \neq 0$，冲击就会对短期波动率产生非对称的影响；如果 $\gamma_i > 0$，就意味着条件方差中存在暂时杠杆效应。

4 实证结果

本文采用硬麦、大豆、玉米期货价格的收益序列和 Shibor 对数报价的一阶差分序列 $DLsir_t$，首先，通过比较 AIC、SC、对数似然值和调整后的样本决定系数（Adjusted R^2），结合对所建立模型残差序列进行的 LM 自相关检验，分别对硬麦、大豆、玉米期货价格的收益序列建立以 $DLsir_t$ 为外生变量的三个 ARMA（m，n）模型；其次，通过对所建立模型的 LM ARCH 效应检验，发现所建立的三个品种的 ARMA（m，n）模型都存在 ARCH 效应；再次，采用四个序列的样本数据分别对 GARCH 模型、TARCH 模型和 CGARCH 模型进行拟合，根据各模型的约束条件，通过比较 AIC、SC、对数似然值和调整后的样本决定系数（Adjusted R^2），结合对所建立模型残差序列进行的 LM ARCH 效应检验；最后，确定的以 $DLsir_t$ 为外生变量的硬麦、大豆、玉米期货价格收益序列的 GARCH（1，1）模型、TARCH（1，1）模型和 CGARCH（1，1）模型如表 2、表 3、表 4 所示。所有结果应用 EViews 6.0 获得。

表2　硬麦、大豆、玉米期货价格收益序列 GARCH（1，1）模型估计结果

	硬麦	大豆	玉米
m,n	$m=0,\ n=1$	$m=0,\ n=2,3$	$m=1,2,3,\ n=0$
μ_i	0.000135 [0.561313]	0.000785*** [2.914805]	0.000297*** [3.535950]
a_i			-0.092647***，-0.030130***，0.014648* [-5.233815][-3.502642][1.923895]
b_i	-0.135612*** [-3.797823]	0.047487，0.060879** [1.625554][2.147795]	
k_i	-0.002458 [-0.663991]	-0.000971 [-0.267005]	0.002504** [1.983758]
GED（v）	1.0250***	1.0890***	0.7000***
ω_i	7.96E-05*** [11.57764]	9.87E-06*** [3.245942]	4.54E-05*** [7.478986]
α_1	0.605808*** [5.609296]	0.170757*** [4.274741]	0.572127*** [3.654078]
β_1	0.071660* [1.925562]	0.762399*** [16.27881]	0.116163* [1.884760]
$\alpha_1+\beta_1$	0.677468	0.933156	0.68829
π_i	-1.63E-05 [-0.141052]	3.85E-05 [0.861302]	-4.62E-05 [-0.893229]

注：[ ] 中表示 z - 统计量值；＊＊＊、＊＊和＊分别表示在1%、5%和10%显著性水平下统计显著。

由表2估计结果可知，硬麦、大豆、玉米期货价格收益序列 GARCH（1，1）模型中代表前期新息冲击的 α_1 和代表前期波动性效应的 β_1 都显著为正，表明硬麦、大豆、玉米期货价格波动受前期新息冲击和前期波动性效应的共同作用。对于硬麦、玉米而言，因为 $\alpha_1>\beta_1$，期货价格波动更多是由于前期新息冲击作用的结果；对于大豆而言，因为 $\beta_1>\alpha_1$，因而期货价格波动更多是由于前期波动性效应作用的结果。由于大豆期货价格收益序列 GARCH（1，1）模型中 $\alpha_1+\beta_1=0.933156$ 大于硬麦、玉米期货价格收益序列 GARCH（1，1）模型中 $\alpha_1+\beta_1=0.677468$ 和 0.68829，表明大豆期货价格波动比硬麦、玉米期货价格波动更持久，或者说，硬麦、玉米期货价格比大豆期货价格收敛得更快。对于货币政策实施而导致的利率变动而言，除了对玉米期货价格收益有显著作用外（ $k_i=0.002504$ 统计显著），对硬麦、大豆的期货价格收益和硬麦、大豆、玉米期货价格波动都没有显著的影响（各自的 k_i，π_i 值都不显著）。

表3 硬麦、大豆、玉米期货价格收益序列 TARCH（1，1）模型估计结果

	硬麦	大豆	玉米
m,n	$m=0,\ n=1$	$m=0,\ n=2,\ 3$	$m=1,\ 2,\ 3,\ n=0$
μ_i	0.000113 [0.769513]	0.000712 * * * [2.614956]	0.000233 * * [2.481666]
a_i			-0.112440 * * *, -0.032186 * *, 0.015120 [-5.831626] [-2.546262] [1.362094]
b_i	-0.068102 * * * [-4.292054]	0.046641, 0.063228 * * [1.593214] [2.242373]	
k_i	0.002363 [1.587628]	-0.001023 [-0.294697]	0.002317 * * [2.062335]
GED (v)	0.706348 * * *	1.0890 * * *	0.7600 * * *
ω_i	8.22E-05 * * * [5.694026]	1.19E-05 * * * [3.348035]	2.80E-05 * * * [4.724857]
α_1	0.000302 [0.011394]	0.147475 * * * [3.007642]	0.091012 [1.625298]
β_1	0.225984 * * [2.555892]	0.732193 * * * [13.65537]	0.371026 * * * [3.611579]
$\alpha_1+\beta_1$	0.226286	0.879668	0.462038
π_i	$-1.92E-05$ [-0.087712]	1.32E-05 [0.312304]	$-4.06E-05$ [-1.079566]
γ_i	1.287317 * * * [3.126726]	0.082296 [1.220715]	0.616074 * * * [3.086486]

注：［ ］中表示 z‑统计量值；＊＊＊、＊＊和＊分别表示在 1%、5% 和 10% 显著性水平下统计显著。

由表 3 估计结果可知，对于硬麦期货而言，由于 $\gamma_i=1.287317$ 统计显著，所以硬麦期货价格波动存在非对称效应，好消息对硬麦期货带来 $\alpha_1=0.000302$ 倍的冲击，而坏消息则会带来 $\alpha_1+\gamma_i=0.000302+1.287317=1.287619$ 倍的冲击；对于玉米期货而言，由于 $\gamma_i=0.616074$ 统计显著，所以玉米期货价格波动也存在非对称效应，好消息对玉米期货带来 $\alpha_1=0.091012$ 倍的冲击，而坏消息则会带来 $\alpha_1+\gamma_i=0.091012+0.616074=0.707086$ 倍的冲击；对于大豆期货而言，由于 $\gamma_i=0.082296$ 统计不显著，所以大豆期货价格波动不存在非对称效应。同样，对于货币政策实施而导致的利率变动而言，除了对玉米期货价格收益有显著作用外（ $k_i=0.002317$ 统计显著），对硬麦、大豆的期货价格收益和硬麦、大豆、玉米期货价格波动都没有显著的影响。

由表 4 的估计结果可知，对于硬麦期货而言，其条件方差暂时方程中的系数 α_1 不显著，而 β_1 显著，表明硬麦期货价格的短期波动主要是由前期的价格波动所导致，而前期的信息冲击作用不明显；γ_i 为正且显著，表明硬麦期货价格的短期波动存在不对称的暂时杠杆效应，坏的消息会对硬麦期货价格的短期波动带来更大的冲击而产生更大的价格波动；对于硬麦期货而言，其条件方差长期方程系数 $\rho_i=0.506111$ 较小且统计显著，与典型的 ρ 在 0.99～1 相比，其随时间变化的长期波动率 q_t 将相对较快地接近 ω。对于大豆期货而言，其条件方差暂时方程中的系数 α_1 和 β_1 都不显著，而条件方差长期方程系数 $\rho_i=0.929911$ 且统计显著，说明大豆期货价格波动性主要在于长期的波动性。对于玉米期货而言，其条件方差暂时方程中的系数 α_1、β_1 和长期方程系数 ρ_i 都在 1% 的显著水平下

显著，说明玉米期货价格的波动性存在显著的短期和长期波动效应，而且长期方程系数 $\rho_i = 0.994533$，表明长期波动率 q_t 将缓慢地接近 $\omega = 0.000106$，此外，条件方差暂时方程中的系数 $\gamma_i = 0.208018$ 为正且在 5% 的显著水平下显著，表明玉米期货价格的短期波动也存在不对称的暂时杠杆效应。值得特别注意的是，除了

硬麦期货均值方程中的 $k_i = -0.006836$ 在 10% 的显著水平下显著外，大豆、玉米期货均值方程中的 k_i 和硬麦、大豆、玉米期货条件方差方程中的 π_i 值都不显著，表明由于货币政策实施而导致的利率变动对于这三种农产品期货的收益和波动性影响较小。

表 4　硬麦、大豆、玉米期货价格收益序列 CGARCH（1，1）模型估计结果

	硬麦	大豆	玉米
m, n	$m=0, n=1$	$m=0, n=2, 3$	$m=1, 2, 3, n=0$
μ_i	0.000228	0.000792 * * *	0.000187 *
	[0.902439]	[2.987827]	[1.645884]
a_i			-0.121983 * * *，-0.037619 *，0.011117
			[-5.061123]　[-1.927864]　[0.710634]
b_i	-0.105103 * * *	0.045907 *，0.057954 * *	
	[-3.654638]	[1.715815]　[2.062780]	
k_i	-0.006836 *	-0.000933	0.001846
	[-1.764316]	[-0.287251]	[1.067220]
GED（v）	1.025 * * *	1.0890 * * *	0.8600 * * *
ω_i	0.000151 * * .*	0.000151 * * *	0.000106 * * *
	[12.36201]	[3.535385]	[14.82581]
ρ_i	0.506111 * * *	0.929911 * * *	0.994533 * * *
	[3.378773]	[30.37402]	[685.4665]
ϕ_i	0.072326	0.178035 * * *	-0.010558 * * *
	[1.080691]	[3.402871]	[-3.009805]
α_1	-0.001422	0.067575	0.211977 * * *
	[-0.017781]	[1.020441]	[2.778709]
β_1	0.175517 *	-0.404781	0.276109 * * *
	[1.771634]	[-1.361921]	[3.452853]
$\alpha_1 + \beta_1$	0.174095	-0.337206	0.488086
π_i	-0.000115	$-5.52E-05$	$-8.81E-06$
	[-0.992743]	[-1.065615]	[-0.223317]
γ_i	0.438906 * * *	0.078326	0.208018 * *
	[6.334681]	[0.829542]	[2.485612]

注：［ ］中表示 z - 统计量值；＊＊＊、＊＊和＊分别表示在 1%、5% 和 10% 显著性水平下统计显著。

综合上述以 $DLsir_t$ 为外生变量的硬麦、大豆、玉米期货价格收益序列 GARCH（1，1）、TARCH（1，1）和 CGARCH（1，1）模型的结果，硬麦、大豆、玉米期货价格波动都受前期信息冲击和前期波动性效应的共同作用，大豆期货价格波动比硬麦、玉米期货价格波动更持久；对于硬麦和玉米期货，价格波动存在显著的非对称效应，坏消息会比好消息带来更大的波动性冲击，大豆期货价格波动不存在显著的非对称效应；硬麦期货价格的短期波动主要是由前期的价格波动所导致，其随时间变化的长期波动率 q_t 相对较快地接近其长期均衡波动率 ω，大豆期货价格波动性主要在于长期的波动性且相对缓慢地接近其长期均衡波动率 ω，玉米期货价格的波动性存在显著的短期和长期波动效应且其长期波动率 q_t 缓慢地接近长期均衡波动率 ω。值得特别注意的是，总体而言，对于货币政策实施而导致的利率变动，除了对玉米期货价格收益有显著作用外，对硬麦、大豆的期货价格收益和硬麦、大豆、玉米期货价格波动都没有显著的影响。

上述实证结果存在的可能原因是：

（1）小麦、大豆、玉米作为我国主要的粮食作物，其期货市场的价格取决于其各自的静态和动态供求变化，也受到世界粮食供求形势、国家宏观经济调控政策、国际贸易、自然天气、投机炒作、国外期货市场价格波动等多种因素的影响，因而，硬麦、大豆、玉米期货价格的波动必然是前期信息冲击和前期波动性效应的共同作用而导致。

（2）由于小麦、玉米等商品涉及国家的经济和粮食安全，中国政府予以高度重视。自 2004 年起，国家连续八年出台支持"三农"的政策，采取了提高粮食最低收购价、加大对农民的直补力度、加快农业基础设施建设等行之

有效的措施，以促进农民增收、提高农民种粮积极性，巩固农产品保障供给能力，理顺农产品价格，稳定粮食产量。而且，政府还通过国家最低收购价小麦竞价销售，从微观层面上调控和稳定小麦价格。此外，由于政府的干预程度较高，而且自给程度较高、国内基本实现供需平衡，小麦、玉米市场开放程度较小，与国际市场的联系程度不大，有时候还可能出现价格"倒挂"的现象。国内、国际期货市场上小麦期货价格之间的关联度较低，期货价格之间缺乏有机的联系，价格的市场化程度相对较低。因此，虽然硬麦期货价格波动存在显著的非对称效应，但是，其随时间变化的长期波动率相对较快地接近其长期均衡波动率。中国玉米的进出口水平较低，国内市场价格也相对独立，所以，其期货价格的波动也主要是反映国内供求关系的变化。

（3）对于大豆而言，中国压榨大豆的 70% 需要从国际进口，导致决定国内大豆价格的主导权在国外，而不是在国内。同时，政府的管制和进出口限制较少，大豆价格的市场化程度较高，大豆期货市场信息流动比较充分，国内期货市场大豆价格与国际期货市场大豆的期货价格之间的关联度较高，二者存在互动关系，与国际市场较为接轨。芝加哥期货市场向中国传导了大豆的价格和波动性信息，在大豆期货市场上，美国在价格和波动性两个方面的信息传导上都占据主导地位。因此，近年来，由于受到国际市场大豆价格波动的较大影响，国内大豆期货价格波动比硬麦、玉米期货价格波动更持久，其价格波动性也主要在于长期的波动性且相对缓慢地接近其长期均衡波动率。

（4）货币政策中加息政策的传导机制主要是凯恩斯主义的货币传导机制。从理论上讲，当名义利率的上升幅度超过 CPI 的上涨幅度时，

实际利率上升，商品期货价格下降；当名义利率的上升幅度低于 CPI 的上涨幅度时，实际利率下降，商品期货价格上升。这一结论成立的前提条件之一是利率市场化，即利率水平的高低主要由资金的市场供求关系决定，利率能够实现资金流向和配置的不断优化。也就是说，如果利率的市场化程度低，利率对优化资源配置的作用受到阻碍，即使实际利率变动，总需求和价格也不一定变动。

经过多年的改革开放，虽然中国利率市场化程度不断上升，但是并没有实现真正的利率市场化，特别是关键的人民币存贷款利率市场化改革未有突破性进展。人民币存贷款利率的高低在很大程度上取决于决策机构，而决策机构倾向于把利率（现实中的利率）削减到远低于市场利率（由资金的市场供求关系决定的利率）的程度。这意味着，中国利率政策的传导机制受到阻碍，总需求和价格对实际利率的变动不敏感，这也正是实际利率变动对国内商品期货价格影响微弱的根本原因。因此，从总体而言，对于货币政策实施而导致的利率变动，除了对玉米期货价格收益有显著作用外，对硬麦、大豆的期货价格收益和硬麦、大豆、玉米期货价格波动都没有显著的影响。

5 结论及启示

本文研究了由于中国货币政策的实施而导致的利率变动对小麦、大豆和玉米三种农产品期货市场价格波动性的影响，得到了较有价值的研究结论。

研究发现，国内外多种因素的前期信息冲击和前期波动性效应的共同作用导致了硬麦、大豆、玉米期货价格的波动；小麦期货市场价格长期波动率相对较快地接近其长期均衡波动率；玉米期货市场价格的波动主要反映的是国内玉米供求关系的变化；由于受到国际市场大豆价格波动的较大影响，国内大豆期货价格波动比硬麦、玉米期货价格波动更持久，其价格波动性主要在于长期的波动性且相对缓慢地接近其长期均衡波动率。由于中国并没有真正实现利率市场化，货币政策的传导机制不畅，因而，由于货币政策实施而导致的利率变动对硬麦、大豆的期货价格收益和硬麦、大豆、玉米期货价格波动性都没有显著的影响。

由于国家政策的主导作用，国内小麦、玉米市场期货市场价格波动主要反映了国内小麦、玉米供求关系的变化，因而，对于农产品生产经营者或期货市场投资者而言，要加强风险防范意识，不仅要关注国际小麦、玉米现货和期货市场供求信息和行情波动，而且更重要的是关注国内小麦、玉米供求关系情况和行情变化；就大豆而言，不仅要关注国内外大豆现货和期货市场供求信息和行情波动，而且更重要的是要加强对国际大豆市场长期的供求关系和行情波动情况的研究，以便于更好地利用小麦、玉米、大豆期货市场进行套期保值和规避价格风险，并且在国内、国际期货市场上相关品种的期货价格偏离均衡状态时，投资者可以进行无风险的跨市场套利。

为了使国家宏观调控的货币政策能够更加有效地得以实施，促进资金的合理流向和资源的有效配置，政府相关部门应该在全面综合地考虑国内外经济金融形势的情况下加快利率市场化改革的进程，特别是对关键的存贷款利率的市场化改革要有突破性进展，理顺货币政策的传导机制，使得国家宏观调控的货币政策信息和意图能够在农产品期货市场得到充分的反映，以利于农产品期货市场价格更加具有权威性和指导意义，进而促进中国农产品期货市场价格发现和风险规避基本功能的真正发挥。

参考文献

［1］崔畅. 基于广义误差分布的股票收益率波动特征分析［J］. 宁波大学学报（人文科学版），2009（7）：.94～98.

［2］华仁海，陈百助. 国内、国际期货市场期货价格之间的关联研究［J］. 经济学（季刊），2004（3）：727～742.

［3］罗旭峰. 期市服务国民经济能力稳步提升［N］. 期货日报，2011-02-10.

［4］吴成良，李景卫，丁小希，黄发红. 中国稳定粮价措施获国际社会肯定. 人民网，2011. http：//finance. people. com. cn/GB/13881113. html.

［5］盛松成. 价格总水平稳定与利率市场化改革. 中国人民银行调查统计司，2010. http：//www. pbc. gov. cn/publish/diaochatongjisi/866/2010/20101229192320482335203/20101229192320482335203_. html.

［6］徐志谋. 国家定价收储政策对农产品期货的影响分析［J］. 饲料广角，2008（21）14～15.

［7］肖湘雄，熊文华. 高志杰. 农产品期货市场间波动信息传导与国际定价效率［J］. 统计与决策，2008（20）：152～154.

［8］赵萌，吴迟. 金融危机对中国农产品期货市场的冲击——基于事件研究法的价格敏感性测试［J］. 农业技术经济，2010（7）：4～12.

［9］中共中央、国务院关于加大统筹城乡发展力度进一步夯实农业农村发展基础的若干意见［N］. 人民日报，2010-02-01.

［10］张世英，樊智. 协整理论与波动模型［M］. 北京：清华大学出版社，2004.

［11］曾平. 利率市场化程度低的环境下淡化利率上升对商品价格的影响［N］. 期货日报，2011-02-21.

［12］赵玉，祁春节. 中国大豆期货市场有效吗？基于事件分析法的研究［J］. 经济评论，2010（1）：114～123.

［13］Bollerslev T. Generalized autoregressive conditional heteroskedasticity［J］. Journal of Econometrics，1986（31）：307～327.

［14］Ding Z X, Clive W. J, Granger. Modelling voaltility persistence of speculative returns: a news approach［J］. Journal of Econometrics, 1996（73）：185～215.

［15］Engle, R. Autoregressive conditional heteroskedasticity with estimates of the variance of United Kingdom inflation［J］. Econometrica, 1982（50）：987～1000.

［16］Engle, R. GARCH 101: The Use of ARCH/GARCH Models in Applied Econometrics［J］. Journal of Economic Perspectives , 2001（15）：157～168.

［17］Engle R F, Victor K Ng. Measuring and Testing the Impact of News on Volatility［J］. The Journal of Finance, 1993（48）：1749～1778.

［18］Frankel, Hardouvelis. Commodity Prices, Money Surprises and Fed Credibility［J］. Journal of Money, Credit and Banking, 1985（17）：425～438.

［19］Frankel J A. The Effect of Monetary Policy on Real Commodity Prices［M］. Asset Prices and Monetary Policy. Chicago: University of Chicago Press, 2006.

［20］Glosten L R, Jaganathan R, Runkle D E. On the Relation between the Expected Value and the Volatility of the Nominal Excess Return on Stocks［J］. The Journal of Finance, 1993（48）：1779～1801.

［21］Hammoudeh S, Yuan Y. Metal volatility in presence of oil and interest rate shocks［J］. Energy Economics, 2008（30）：606～620.

［22］Hess D, Huang H, Niessen A. How do Commodity Futures Respond to Macroeconomic news?［J］. Financial Market Portfolio Management, 2008（22）：127～146.

［23］Hua P. On Primary Commodity Prices: The Impact of Macroeconomic/Monetary Shocks［J］. Journal of Policy Modeling, 1998（20）：767～790.

［24］Lunieski C. Commodity Price Volatility and Monetary Policy Uncertainty: A GARCH Estimation［J］. Issues in Political Economy, 2009（19）：108～124.

［25］Raymond S. Macroeconomic Determinants of Non-fuel Primary Commodity Prices Movements［J］. Journal of Applied Business Research, 2008（24）：11～16.

［26］Roache S K, Rossi M. The effects of economic news on commodity prices［J］. The Quarterly Review of Economics and Finance, 2010（50）：377～385.

［27］Zakoian J M. Threshold heteroskedastic models［J］. Journal of Economic Dynamics and Control, 1994（18）：931～955.

个人资信评价的神经网络方法

吴开微[1]   陈娟[2]

（1. 集美大学工程技术学院）

（2. 集美大学理学院）

摘要：本文建立了一个三层前向神经网络结构，通过改进的 BP 算法对网络进行训练，构造了神经网络综合评价模型，用于进行个人资信评价。实证表明，神经网络用于个人资信评价，具有简单实用、客观准确的优点，有较好的应用价值。

关键词：个人资信；神经网络；评价模型

Method of Individual Credit Valuation based on Neural Networks

Wu Kaiwei [1], Chen Juan[2]

（E – mail：wukw@ jmu. edu. cn, jchen@ jmu. edu. cn）

（1. School of Engineering Technique, Jimei University）

（2. School of Science, Jimei University）

Abstract：In this paper, three – layer forward neural network construction is built. Through improved BP algorithm to train the network, we construct a comprehensive evaluation model based on neural network for a personal credit rating. Evidence shows that the neural network for personal credit rating, with a simple, practical, objective and accurate advantages, a better application.

Key words：individual credit; neural networks; evaluation model

1 前言

传统的资信评分模型存在许多不足，首先，它只是简单地复制银行占主流地位的实际操作使之自动化而已，并不能消除某个机构操作过程中的历史偏差。其次，在数理统计中，任何有代表性的样本都要符合一定的分布条件。如果建立模型时所采集的样本不能满足如服从多元正态分布的假设，模型的有效性就值得怀疑

了。因此，现代个人资信评估方法除使用评分法以外，还必须发展其他方法。这里引入人工神经网络进行个人资信评估，建立基于神经网络的个人资信评估模型并进行实证分析。

2 神经网络的综合评估模型

2.1 评估网络结构

神经网络模型的建立主要需考虑两方面的问题：一是确定网络结构；二是学习参数的调

整。网络结构主要包括连接方式、网络层次数和各层节点数。网络的连接方式代表了网络的拓扑结构，本文应用的 BP 网络是目前广泛应用的神经网络，已经证明，在一定条件下，一个三层的 BP 网可以实现多维单位立方体 R^n 到 R^m 的映射，高精度地逼近任意映射关系。各隐含层节点数的选择较为复杂，并无统一的规则。隐含层单元数的增多，有助于对训练样本的拟合，但同时降低了模型的自由度，削弱了模型的泛化能力。较好的隐含层节点数介于输入节点和输出节点数之和的 50% ~ 75%，隐含层节点数的理论上限由其训练样本数据所限定。隐单元数 j 与输入模式数 p 的关系为：$j = \log_2 p$。通常依据经验，针对具体情况确定隐含节点数。

我们采用改进的 BP 网络建立综合评估模型，利用 Levenber – Marquarat（L – M）规则训练前向网络，L – M 算法的速度比传统的 trainbp 和 trainpx 函数使用的梯度下降法要快得多，其缺点是需要较大的存储空间。

三层 BP 网络结构如图 1 所示，第一层为输入层，该层节点数目与输入向量相同，输入值 $p_1, p_2, \cdots, p_n$ 分别为统计所得的基本因素指标。

第二层为隐含层，传递函数为正切 S 函数 tansig，a_1 $a_1 = tansig(w_1 \cdot p + b_1)$。节点数，根据前述的隐层节点确定原则确定。

第三层为输出层，传递函数为线性函数，$a_2 = purelin(w_2 \cdot a_1 + b_2)$。该层只有一个节点，代表第 i 个被评估对象的信用评估等级。

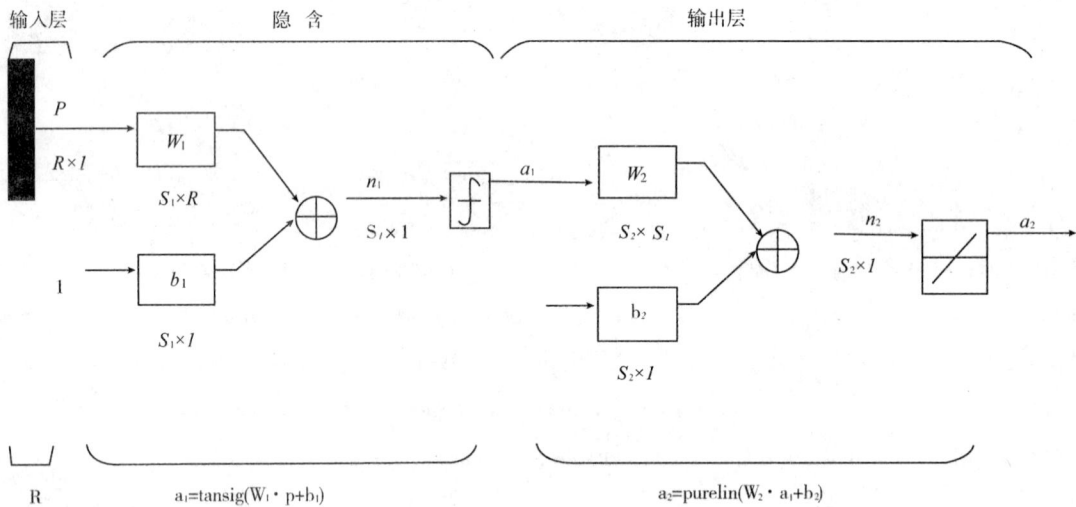

图1

2.2 神经网络评估步骤

综合评判的神经网络学习过程的算法步骤如下：

第一步，用 Delphi 法、专家调查法、判断分析法等方法赋权重初值以加快学习速度，用统计方法给出单因素评估矩阵的初值。由专家打分（5 分制）确定网络的期望输出，由此给出一组学习样本 $p_1, p_2, \cdots, p_n, a$。

第二步，确定评估学习的神经网络结构参数（输入层与隐层神经元个数等）。

第三步，输入样本 $p_1, p_2, \cdots, p_n$ 和期望输出 a。

第四步，对各样本计算出隐层和输出层各单元的实际输出值。

第五步，求 $E = \frac{1}{2}(a - \hat{a})^2$，其中 $\hat{a}$ 为网

络的实际输出。

第六步，比较 E 和给定的收敛值 ε，若 $E \leq \varepsilon$，则结束学习，否则到第七步。

第七步，分别计算隐层和输出层各节点的误差。

第八步，修改调整权值，求出误差梯度。

第九步，转到第四步。

通过上述训练，可以将综合评判的神经网络方法在计算机上实现。

3 实证计算

3.1 样本数据

本文以某市国有商业银行的个人资信评估为例，选择其 155 家客户为对象，考察它们的短期贷款偿还情况，调查取得的样本总数为 155 个，经过对样本的初步审查，删除不合格的样本 10 个（样本数据内容不完整），有效样本数为 145 个。样本数据内容包括客户年龄、住所、性别、婚否、学历、单位、行业、职位、月薪、家庭收入、个人资产、贷款额、贷款期限等 13 项（见表1）。

其中能够按期偿还银行信用贷款的客户为 143 家，未能如期偿还贷款的客户为 2 家，都按照个人资产、职业范围、贷款额与家庭月收入之比等因素将能够按期偿还与不能按期偿还贷款的客户进行匹配组合。

笔者将 145 家客户划分为两个子样本集合，训练子样本集合由 131 家客户组成，占有效样本 90.3%；剩下的 14 家客户组成测试子样本集合，占有效样本的 9.97%。

3.2 评估指标处理

（1）信用等级标准。信用等级评估标准，根据我国商业银行个人信贷资信额度标准和现行个人信用等级规定，结合神经网络评估模型输出的信用评估的值域。

表1 部分样本数据表

	年龄	住所	性别	婚否	学历	单位	行业	职位	月薪（元）	家庭收入（元）	个人资产（万元）	贷款额（万元）	期限备注
1	32	本市	女	已	本科	私企	摄影设备	财务	4000	9000	45.70	20.0	一年
2	34	本市	女	离	本科	国资	彩印	总经理	5000	5000	41.00	18.0	一年
...	...	...	...	...	...	...	...	...	...	...	...	...	
144	34	本市	男	已	高中	私企	商贸	总经理	2500	3500	8	6.00	一年
145	28	本市	男	已	专科	民企	货运代理	总经理	3500	5000	4	2.00	一年

建立评估等级与信用评分分值之间的对应关系，如表2所示。

表2 信用评估等级标准表

信用等级	评判分值范围	贷款上限（万元）	备注
AAA	0.9 ~ 1.0	100	
AA	0.7 ~ 0.89	50	
A	0.4 ~ 0.69	20	
B	0.2 ~ 0.39	5	
C	0.0 ~ 0.19	0	失信

（2）因素指标处理。对定性指标的量化处理，有许多方法可以利用。定性因素指标进行量化处理的目的是要使各指标在整个系统中具有可比性。为简便计，本文将定性因素指标也转化为 ［0，1］ 之间的值。定量指标利用效用系数对其进行规范化和同趋势化处理。本文在确定定量指标时，根据指标的性质分别采取。计算详见表3。

表 3 评估指标计算

一级因素	二级因素		指标换算方法、公式	备 注
个人背景 X_1	年 龄	X_{11}	$1 - \dfrac{\|n - 45\|}{45}$	最优年龄为 45 岁
	户 籍	X_{12}	本地 = 0.5 外地 = 0.2	
	性 别	X_{13}	女 = 0.6； 男 = 0.4	
	家庭状况	X_{14}	已婚有子女 = 0.6，已婚无子女 = 0.3，未婚 = 0.1	
	文化程度	X_{15}	研究生 = 0.8；本科 = 0.4；专科 = 0.2；中专 = 0.1，初中 = 0.05	
	失信记录	X_{16}	无记录、失信一次 = 0；失信两次以上 = -0.9；无失信 = 0.9	
职业状况 X_2	职 业	X_{21}	教师、医生 = 0.9，律师 = 0.75；企业主、公务员 = 0.7；军人、记者 = 0.65；企业职员 = 0.3，其他 = 0	
	职 务（职 称）	X_{22}	厅局级 = 0.9，处级 = 0.8；科级 = 0.6；一般干部 = 0.4，其他 = 0.2（高级 = 0.8；中级 = 0.65；初级 = 0.4.5；其他 = 0.1）	
经济支持 X_3	月 收 入	X_{31}	$\dfrac{X_{31} - 1200}{10000 - 1200}$	收入大于 10000 元取 10000 元
	家庭人均月收入	X_{32}	$\dfrac{X_{32}/3 - 800}{5000 - 800}$	
	住房状况	X_{33}	无房 = 0；租房 = 0.2；自有 = 0.8	
	个人资产	X_{34}	100 万元以上 = 1.0；50 万元 = 0.8；20 万元 = 0.6；5 万元 = 0.4；其他 = 0.1	

3.3 神经网络计算

神经网络的训练是应用 MATLAB 软件中的 Neural Network Toolbox 在微机上实现的。输入层共有 10 个节点，分别是年龄 X_{11}、户籍 X_{12}、性别 X_{13}、家庭状况 X_{14}、文化程度 X_{15}、失信记录 X_{16}、职业 X_{22}、职务（职称）X_{23}、月收入 X_{31}、家庭人均月收入 X_{32}、住房状况 X_{33}、个人资产 X_{34}。利用改进的三层 BP 神经网络计算，输出节点 1 个，为资信评估等级。

第一层是输入层，神经元数为 12；第二层是隐含层，神经元数为 8；第三层是输出层，神经元数为 1。

将表 4 数据分为两部分，前 131 组数据作为学习样本，用来训练神经元连接权值。后 14 组数据检验神经网络估价模型学习情况，利用 trainlm 网络训练次数为 500，残值平方误差

$$MSE = 5.211 \times 10^{-10}$$

训练结束后，利用训练好的网络，输入 14 组检验数据，得到结果如表 5 所示。

表 4 资信评估部分样本指标表

	序号	年龄	户籍	性别	婚否	学历	职业	职位	月薪	家庭收入	资产	信用分值	信用等级
训练样本	1	0.71	0.50	0.60	0.30	0.40	0.30	0.20	0.32	0.80	0.52	0.45	A
	2	0.76	0.50	0.60	0.10	0.40	0.30	0.80	0.43	0.80	0.40	0.65	A
	...	...	...	...	...	...	...	...	...	...	...	...	...
	130	0.87	0.50	0.60	0.30	0.40	0.70	0.60	0.13	0.80	0.25	0.45	B
	131	0.80	0.50	0.40	0.30	0.10	0.80	0.26	0.80	0.20	0.30	0.55	A

续表

	序号	年龄	户籍	性别	婚否	学历	职业	职位	月薪	家庭收入	资产	信用分值	信用等级
检验样本	132	0.72	0.50	0.40	0.10	0.40	0.60	0.19	0.80	1.00	0.2	0.65	A
	133	0.62	0.50	0.40	0.10	0.50	0.50	0.19	0.70	1.00	0.2	0.65	A
	…	…	…	…	…	…	…	…	…	…	…	…	…
	144	0.76	0.50	0.40	0.30	0.10	0.20	0.80	0.09	0.40	0.05	0.90	AAA
	145	0.62	0.50	0.40	0.30	0.20	0.30	0.80	0.15	0.40	0.09	0.90	AAA

表5 测试样本值、评估值对照表

样本号	1	2	3	4	5	6	7	8	9	10	11	12	13	14
实际值	0.65	0.65	0.55	0.35	0.85	0.85	0.45	0.75	0.55	0.35	0.85	0.65	0.9	0.9
实际等级	A	A	A	B	AA	AA	A	AA	A	B	AA	A	AAA	AAA
计算值	0.62	0.57	0.48	0.32	0.81	0.86	0.44	0.72	0.51	0.31	0.83	0.66	0.91	0.92
评估等级	A	A	A	B	AA	AA	A	AA	A	B	AA	A	AAA	AAA
数值误差（%）	4.6	12.3	12.7	8.6	4.7	−1.2	2.2	4.0	7.3	11.4	2.4	−1.5	−1.1	−2.2

从表5中可以看出，利用神经网络得到的信用等级判断正确率为100%。输出值与实际值之间的误差在−2.2%~12.7%，14个测试样本中数值负误差2.2%，数值正误差为12.7%。我们把误判分为两类：第一类错误称为"拒真"，定义为把能够还贷的客户误判为不能偿还贷款的客户；第二类错误称为"纳伪"，定义为把不能按时还贷的客户误判为能够按时还贷的客户。出现第一类错误至多损失一笔利息收入，而第二类错误的出现则困难造成贷款无法收回，形成呆账。因此，我们应尽量避免第二类错误。训练后模型模拟结果，最大数值负误差仅为2.2%，出现第二类错误即过高评定信用等级的可能性很小。实证说明本文使用的神经网络的资信评估方法是有效的、偏于安全的。

4　总结

根据神经网络原理建立基于神经网络的个人资信评估模型。收集了某商业银行个人信贷发放状况的145组有效数据，训练精度经过神经网络模型模拟训练，得到了较为满意的结果。通过实证分析，检验证明了神经网络方法应用于个人资信评估的有效性。

神经网络的个人资信评估模型充分利用了神经网络这个"特征提取器"的作用，从大量的个人资信资料中自动提取了影响因素与资信等级的规律关系，由于神经网络具有高度的容错性，因而对于过去的资信资料中因人为或其他因素造成的偏差有自动纠偏功能；此外神经网络是并行处理数据的，因而其处理速度相当快，满足了快速评估的要求。

运用神经网络的评估模型进行个人资信评估，提供了一种新的个人资信评估的方法。随着更加广泛地采集数据，更全面获得客户特征。将进一步提高个人资信评估结果的客观性和有效性，有效降低金融机构的贷款风险。

个人资信评估是一个动态的系统过程，神经网络资信评估很大程度上依据个人道德和行为的记录，现行个人资信评估资料中缺少客户与银行关系方面的完整数据，直接影响了个人资信评估的因素选取；定量因素的数值化处理，定性因素在打分过程中出现的偏差，以及网络输入数据的处理方式的选择合理程度，都将影响评估结果的准确性。

此外，神经网络评估方法也有其自身的局限性。从计算结果看，利用神经网络的评估模型的主要限制在于模型的选取和训练样本的选取上，评价模型的准确度取决于这两点。然而这两方面的选取目前只能凭经验完成，缺乏理论指导，造成个别输出目标值偏离实际值。这些缺陷有待于今后实践中不断改进、完善，保证评估结果的公正客观。

参考文献

［1］黄建欢，叶飞. 个人资信评估的指标体系与评估模型研究［J］. 中国房地产金融，2000（7）：19～21.

［2］陈娟，戴斌祥，奚青. 模糊综合评价的一种神经网络方法［J］. 湖南大学学报，2003，30（6）：3～5.

［3］吴德胜，梁樑，杨力. 不同模型在信用评价中的比较研究［J］. 预测，2004，23（2）：73～76，69.

［4］张德栋. 基于神经网络的企业信用评估模型［J］. 北京理工大学学报，2004，24（11）：982～985.

［5］高俊亮，王静. 略论我国个人资信制度的建立和评价原则［J］. 西安电子科技大学学报（社会科学版），2005（2）.

［6］庞素琳，黎荣舟，徐建闽. BP 算法在信用风险分析中的应用［J］. 控制理论与应用，2005，22（1）：139～143.

［7］方先明，熊鹏，张谊浩. 基于 Hopfield 神经网络的信用风险评价模型及其应用［J］. 中央财经大学学报，2007（8）：38～43.

金融服务外包风险因素的识别与度量

李竹宁　吴国新

（上海应用技术学院经济与管理学院）

摘要：金融服务外包过程中风险因素的存在，可能导致外包风险的发生，要了解这些风险的严重程度如何，就需要对这些风险因素进行识别和度量。本文将采用风险矩阵法找出金融服务外包中的风险因素，评价风险因素的影响等级以及风险发生的概率，通过风险级别对照表给出的标准来确定风险等级，并利用波尔达序值进行排序，对风险因素的影响等级进一步细分，起到了连接风险分析与风险管理的桥梁作用，从而有针对性地实施风险管理以降低风险。

关键词：金融服务外包；风险因素；Borda 排序法

The Recognization and Evaluation of Elements Influencing Risks in Financial Outsourcing Service

Li Zhuning, Wu Guoxin

（E－mail：li_ zhuning@ hotmail. com, guoxinwu@ sina. com）

（School of Economics and Management, Shanghai Institute of Theology）

Abstract：Concerning that the existence of unpredictable factors in outsourcing might lead to risks, it is necessary to know how severe the danger is, one should recognize and evaluate them. With the help of the metrix, the essay gives an evaluation of the influence of risks and their probabilities. The essay also makes a division of levels of influences not only by risk level formations but also by Borda order value, thus serves as a bridge between risk evaluation and management and reduce risks through effective risk management.

Key words：finacial service outsourcing; elements of risks; Borda order value

1　引言

金融服务外包过程中风险因素的存在，可能导致外包风险的发生，但并非所有的风险都是对金融外包产生严重后果的高风险，有时几个小风险的综合作用也会对金融外包产生影响，要了解这些风险的严重程度如何，就需要对这些风险进行识别和度量。本文将在文献综述的基础上，分析金融服务外包的风险影响因素，利用 Borda 评分法对风险因素进行识别。

2　相关文献综述

在金融服务外包风险评价及监管过程中，必须对可能导致外包风险发生的风险因素进行界定。巴塞尔联合论坛在《金融服务外包》文件中指出了 10 种主要风险，包括战略风险（Strategic Risk）、声誉风险（Reputation Risk）、法律风险（Compliance Risk）、操作风险（Operational Risk）、退出风险（Exit Strategy Risk）、信用风险（Counterparty Risk）、国家风险（Country Risk）、履约风险（Contractual Risk）、沟通风险（Access Risk）、集中和系统风险（Cion and Systemic Risk）。景瑞琴和邱伟华对金融外包风险来源进行了分析，认为外包协议、转变业务、企业机密外泄、产生依赖性、职业上的、利益冲突等都会带来金融外包风险。王铁山、郭根龙、冯宗宪对金融服务外包的风险形式进行了探讨，如不良贷款清收外包及其风险、信用卡账单制作外包及其风险、呼叫中心外包及其风险、信息技术外包及其风险等。唐柳、赵昌文、王军共同研究了金融服务外包风险治理机制及管理框架构建，分析了金融外包治理动因和特性，提出了内外治理模式。徐妹等人认为业务外包也具有项目管理的特征，使用风险矩阵来评估外包风险，将使风险更清晰、直观，可识别对项目影响最为关键的风险，可以在外包全过程中评估和管理风险，还能为外包风险管理提供制定措施的依据和详细的可供进一步研究的历史记录。

目前文献中，更多的是对金融服务外包风险的定性分析，对进一步确定风险因素及划分风险等级有一定的局限性。因此在对金融外包的风险进行识别、分类、分析之后，需要对风险的重要性进行衡量和排序，列出清单，为后续的风险控制提供依据，这是风险管理的重要环节。本文将贯穿于金融外包全过程的风险作为一种项目风险，划分为内部风险和外部风险，其中，内部风险主要包括战略决策风险、财务风险、人力风险、管理风险和市场风险；外部风险包括系统风险、技术风险以及承接商风险。采用风险矩阵法找出金融服务外包中的风险因素，然后评价外包风险的影响等级以及风险发生的概率，通过参照风险级别对照表给出的标准来确定风险等级，并利用波尔达序值进行排序，最后实施计划管理以降低风险。

3 金融服务外包的风险划分

任何企业的风险都可以分为两类，来自企业内部的风险和来自企业外部的风险，一般来说内部风险是可控制的，而外部风险中属于其他组织的风险是可以部分控制的，而属于整体环境和系统的风险是不可控制的。

3.1 企业内部的风险

企业内部风险包括决策风险、人力风险、财务风险、管理风险和市场风险。

（1）决策风险。决策风险主要包括合同风险和退出风险。其中合同风险包括合同修订、中止或终止，履行合同的能力以及离岸外包中管辖法的选择。退出风险主要是由不适当的市场退出引起，即过度依赖单一承接方，导致退出外包的沉没成本很高。

（2）人力风险。人力风险包括人员流失、缺乏，服务能力降低，学习能力下降，技术水平下降，后备人才缺乏，员工士气和信心下降等。金融业是人力资本密集型产业，因此人员的稳定性和人才的素质直接影响着金融服务的品质。由于薪资下降、上下层沟通不到位、离岸外包的语言障碍、文化差异以及文化融合度差等原因导致员工产生抵触情绪，人员流失；服务环节的外包导致金融机构内部的服务能力和学习能力的降低、技术水平下降、后备人才缺乏；信息不对称、信息沟通渠道不畅通以及机会主义行为导致的失误和欺诈等。

（3）财务风险。财务风险包括了连带风险、外汇风险以及操作风险。离岸金融服务外包还涉及用外汇购买外包资产以及外汇结算的问题，因此，可能存在汇率风险。

（4）管理风险。金融服务外包的管理风险包括：合规风险、操作风险、信息风险。合规风险表现为未遵守隐私法、未充分遵守客户与谨慎管理的法规以及委托方的合规金融服务外包及其风险研究与控制力不足等；操作风险表现为对提供商实施检查的成本过高；信息风险表现为外包协议影响受监管实体向当局及时提供数据及信息或信息被盗等。

（5）市场风险。金融外包的市场风险包括市场结构、市场机制和市场环境的完备程度、市场评价机制的健全程度、市场的利润构成以及利润空间等。市场风险主要表现为名誉风险（服务成本和质量问题）。随着金融外包经验和技术的成熟，金融外包市场格局发生变化，某些金融外包提供商竞争能力加强，从而提高了讨价还价的能力，导致外包成本上升；也有可能是行业标准、知识产权等法规完善加大了金融外包的进入门槛，导致总成本上升。而质量下降可能是由于金融机构对金融外包提供商进一步的低成本控制降低了其利润空间，导致金融外包提供商丧失服务积极性，也可能是由于金融外包提供商人才流失严重，从而导致质量下降。

3.2 企业外部的风险

企业外部的风险包括系统风险、技术风险和提供商的风险。

（1）系统风险。系统风险主要包括国家风险和集中与系统风险。国家风险主要是指政治、社会或法律因素的变动，以及商业持续性计划的复杂性；集中与系统风险是指行业整体的风险集中于某一提供商，造成行业整体风险。

（2）技术风险。技术风险包括技术不适用、技术泄密和技术被模仿。

（3）提供商的风险。提供商的风险包括提供商不能履约完成合同规定任务的风险，对提供商的过度依赖，少量提供商对外包市场的垄断，发生法律诉讼和争议，提供商的投机活动，失误和欺诈。

4 金融服务外包风险的识别

由于目前国内外对金融服务外包研究处于初级阶段，缺乏定量研究的相关数据，很难对各类风险存在的概率和对风险的影响程度进行量化，因此采用专家评价法进行评价分析，确定金融外包过程中每种风险的影响程度和发生的可能性，并在此基础上，得到每种风险的风险级别。

根据前文研究，在理论分析的基础上，先行确定风险因素，再采取德尔菲法，邀请了10位业内专家对这些因素的影响程度进行了两轮量化评估，并对预选列出的风险进行了筛选。本文将依据最终评估结果，结合金融服务外包风险调查问卷，对全部风险等级进行整体分析。

从纵向看，风险发生于企业内部和企业外部两个层面上；从横向看，风险涉及决策、人力、财务、管理、市场、系统、技术及承接方等八大类别。

为便于专家评估，我们将金融外包风险的影响程度分为5个等级，由高到低对应着5、4、3、2、1这5个分值。其等级含义见表1。

表1　外包风险程度的量化

级别	分值	风险描述
关键 (critical)	5	一旦风险事件发生，将会导致外包失败
严重 (serious)	4	一旦风险事件发生，会导致经费大幅增加，外包项目完成周期延长，可能无法满足企业的外包需求
一般 (moderate)	3	一旦风险事件发生，会导致经费的一般程度增加，外包项目完成周期一般性延长，但仍能满足企业一些重要的要求

续表

级别	分值	风险描述
微小 (minor)	2	一旦风险事件发生，经费只有小幅增加，外包项目完成周期延长不大，外包需求的各项指标仍能保证
可忽略 (negligible)	1	一旦风险事件发生，对外包实施几乎没有影响

识别风险除了要评价风险的影响程度，还要评价其发生的可能性。金融外包风险出现的概率是表示风险发生的可能性的，可用表 2 所示进行量化。

表 2　外包风险概率的量化

级别	分值	风险概率描述
0% ~10%	1	只在例外的情况才能发生
11% ~40%	2	多数情况下不可能发生
41% ~60%	3	某些情况下可能发生
61% ~90%	4	在多数情况下可能发生
91% ~100%	5	在多数情况下发生

比照风险影响等级和风险发生的可能性等级的划分、定义或说明，采取专家打分的方法进行调查，分析专家评价结果显示，风险的平均评估值在 2.7~4.4 分，超过 3 分的占全部风险的 92%。这说明确定的风险都是切实存在的，其负面影响是显而易见的。

综合表 1 和表 2，可以整理出风险矩阵级别对照表 3，从而可以初步确定各风险的大小等级。表中各金融外包风险被划分为"低、较低、中、较高、高"五个级别。

但从表 3 可以看到，表中只是给出了五个直观的风险等级（低、较低、中、较高、高），然而同一等级的风险的重要性程度可能并不完全一样，利用风险矩阵评估风险等级可能产生一些风险结，风险结是处于同一等级具有基本相同属性还可以继续细分的风险模块，可确定后果的严重程度。在对复杂系统风险的评估中，风险可能有几十个，甚至上百个。因此对于表 3 的评估结果，由图 1 显示。在这五个风险区域分布的风险结是很多的，在风险结多的情况下，风险管理者将无法从众多的高风险结中分离出最为关键的风险。

表 3　外包风险级别对照表

风险概率范围	解释说明	风险影响等级				
		可忽略	微小	一般	严重	关键
0% ~10%	只在例外的情况才能发生	低	低	低	较低	中
11% ~40%	多数情况下不可能发生	低	较低	较低	中	较高
41% ~60%	某些情况下可能发生	低	较低	中	较高	高
61% ~90%	在多数情况下可能发生	较低	中	较高	较高	高
91% ~100%	在多数情况下发生	中	较高	高	高	高

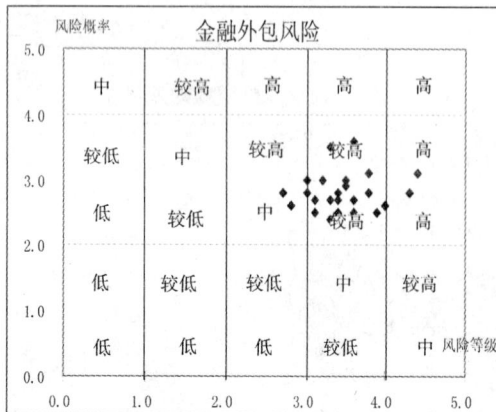

图 1　风险评估等级图

图 1 中，横轴（G）是金融外包风险的等级程度，纵轴（P）是金融外包风险发生概率。由图 1 可以看出按常规方法进行风险的等级划分，会出现很多风险结，因而不能对风险等级进行有效的测定。

为确定同一风险结下的最为关键的风险，并进行风险等级的排序，在表 3 的基础上，将投票理论应用到风险矩阵中，引入 Borda 排序法来确定哪种风险最为关键，以及应当将资源分配在哪里可以消除最可能的风险。

Borda 评分法是一种经典的投票方法，它是由法国数学家 Borda 在 1770 年提出的，Borda 排序法的原理是由每个投票人按照一定的规则对各候选人排序，然后计算各候选人的得分总数，得到最高分的候选人为胜者。这里候选人可以是待排序风险，得分最高者也就是最为关键的风险。这里的投票人为金融专家或资深业内人士。

Borda 排序法方法如下：

设 N 为某一风险结中所含风险的总个数，设 i 为某个特定风险，k 表示某一准则。原始风险矩阵只有两个准则：用 $k = l$ 表示风险的等级程度，$k = 2$ 表示风险发生的概率 P_0。如果 r_{ik} 表示风险 i 在准则 k 下的风险等级。则风险 i 的 Borda 序值可由下式给出：

$$b_i = \sum_k (N - r_{ik}) \tag{1}$$

风险等级就是由这些 Borda 值给出。某个风险的 Borda 值表示它所处的风险结中比它更为关键的风险个数。如果被评估的风险结为高风险结，那么 Borda 值为 0 的就是最为关键的风险。序值为 4，说明另外有 4 种风险更为关键。

Borda 序值的确定方法如下：对于风险 x_{11}，根据风险影响准则，比风险 x_{11} 等级程度高的风险个数为 0，比风险 x_{11} 发生概率高的风险项目个数有 2，带入上式，可得：$b_l = (24 - 0) + (24 - 2) = 46$，依次可以算出其他风险的 $Boada$ 值，如表 4 所示。比风险 x_{11} 的 Borda 数大的风险个数为 0，所以风险 x_{11} 的 Borda 序值为 0，因此可以推出其他风险的 Borda 序值，Borda 序值的大小也就是风险等级的大小，风险等级排序由此得出。对于金融服务外包风险的衡量，外包管理者应聘请来自企业的外包专家和相关专业人员参加，并为以后的风险控制提供依据。

表 4　金融服务外包风险的重要性排序

序号	代号	风险项目	分类	评价分值		等级	Borda 值	Borda 序值	排序
				G	P				
1	x11	合同修订、中止成终止	决策	4.4	3.1	高	46	0	1
2	x12	退出风险：过度依赖单一承接方；退出外包的沉没成本很高	决策	3.8	3.1	较高	42	1	2
19	x72	技术被模仿	技术	3.6	3.6	较高	42	1	2
20	x81	履约风险：承接方不能履约完成合同规定任务的风险	承接方	4.3	2.8	高	39	3	3
17	x61	行业外包集中于某一服务商，造成行业整体风险	系统	3.8	2.8	较高	36	4	4
22	x83	少量承接方对外包市场的垄断	承接方	3.5	3.0	较高	35	5	5
3	x21	人员流失、缺乏	人力	3.3	3.5	较高	33	6	6
18	x71	技术不适用或使用过期技术	技术	3.5	2.9	较高	32	7	7
12	x44	信息和核心技术外泄	管理	4.0	2.6	高	29	8	8
13	x45	难以维持与客户的关系	管理	3.6	2.6	高	29	8	8
21	x82	对承接方的过度依赖	承接方	3.4	2.8	较高	29	8	8
10	x42	服务质量下降	管理	3.2	3.0	较高	27	11	9
24	x85	失误和欺诈	承接方	3.9	2.5	较高	26	12	10
6	x31	承接方的财务风险传递过来，产生连带风险	财务	3.4	2.7	较高	24	13	11
8	x33	服务成本上升	财务	3.0	3.0	较高	24	13	11

续表

序号	代号	风险项目	分类	评价分值 G	评价分值 P	等级	Borda 值	Borda 序值	排序
11	x43	不能及时向监管部门提供数据及信息	管理	3.6	2.5	较高	23	15	12
15	x52	丧失研发创新能力	市场	3.3	2.7	较高	21	16	13
16	x53	对市场的反应力下降	市场	3.0	2.8	较高	20	17	14
9	x41	操作风险：发包方难以对外包项目进行检查或检查成本过高	管理	3.4	2.5	较高	18	18	15
5	x23	员工士气和信心下降	人力	2.7	2.8	中	17	19	16
7	x32	长期费用大	财务	3.1	2.7	较高	17	19	16
14	x51	缺乏内部改进动力	市场	3.1	2.5	较高	11	21	17
23	x84	发生法律诉讼和争议	承接方	3.3	2.4	较高	11	21	17
4	x22	技术水平下降	人力	2.8	2.6	中	9	23	18

通过风险矩阵方法分析，外包风险被划分为五个不同的等级，这样每个等级都会产生多个风险结，处于高风险等级的有 3 个风险结，属于较高风险等级的有 19 个风险结（略），属于中等风险等级的有 2 个风险结（略）。根据 Borda 序值，按风险的重要性从高到低排序可以分为 18 个等级次序，可以看出，经过 Borda 序值排序，消除了传统排序的某些风险结，但是它并不能完全消除所有的风险结（如 x_{14}、x_{72} 等），原因在于在 Borda 序值法中，风险事件发生的可能性有概率区间表示，影响程度用模糊语言表示，导致了风险等级有重叠的可能。而且两种排序法对风险的重要性排序有一定的矛盾，如等级排序为高的 x_{44}，在 Borda 序值排序中仅排第 8 位。这也是因为风险发生的随机性以及影响的模糊性造成的。

5 结论

风险矩阵方法分析将金融服务外包风险划分为五个不同的等级，对风险程度可以进行判定，但由于每个等级都会产生多个风险结，因此判定结果不确定。

Borda 评分法的优点在于根据需要可以将风险发生可能性的概率区间以及对影响等级进一步细分，从而减少风险结；此外，它通过对金融外包风险重要的排序，对风险分析和管理起到了连接桥梁的作用。

但是 Borda 评分法只能对各风险等级进行划分，但没有对外包战略所面临的总的风险进行评价，因此不能为是否外包、何时外包、外包什么的决策提供依据。模糊层次分析法可以弥补以上的不足，提供决策依据。在后继研究中将在此风险评价指标体系的基础上，利用模糊层次分析法对计划实施的金融服务外包项目进行综合评价。

参考文献

[1] Zhuning Li, Guoxin Wu. Measurement of Risk Factors in Financial Service Outsourcing 2010. 上海技术管理研读会论文集.

[2] 刘倩. 金融服务外包及其风险研究 [D]. 大连：东北财经大学，2007.

[3] 景瑞琴，邱伟华. 金融服务外包的利益与风险分析 [J]. 商业时代，2009 (3)：74.

[4] 王铁山，郭根龙，冯宗宪. 金融服务外包的风险及其监管对策 [J]. 国际经济合作，2007 (10)：88～92.

累积投票制下中小股东投票策略研究：
基于博弈论视角[①]

刘灿辉[1,2]　安立仁[1]

（1. 西北大学经济管理学院）

（2. 西安石油大学经济管理学院）

摘要：本文从微观层面入手，借助博弈论等数学手段还原了累积投票制作为一种议事规则、决策工具的本质属性，并结合具体的例子分析了累积投票制下选举博弈的纳什均衡实现路径，以帮助投票的参与各方（尤其是中小股东）加深对这一制度的理解，优化决策行为。

关键词：公司治理；累积投票制；非合作博弈；投票策略

A Study on Voting Strategies of Minor Shareholders in the Cumulative Voting System: in the View of Game Theory

Liu Canhui[1,2], An Liren[1]

（E - mail：lcanhui@ qq. com）

（1. School of Economics and Management, Northwest University）

（2. School of Economics and Management, Xi'an Shiyou University）

Abstract：Researches in this paper are mainly conducted from a micro perspective; the author uses game theory and other mathematical tools to reduce the cumulative voting system to its essential attribute, i. e., rules of procedure and decision - making tools. This paper also analyses how to realize a Nash equilibrium of an election game in the cumulative voting system with the combination of specific examples, in order to help voters (especially minor shareholders) deepen understanding of this system, optimize decision - making behavior.

Key words：corporate governance; cumulative voting; non - cooperative game; voting strategy

　　2002 年，中国证监会出台《上市公司治理准则》，累积投票制第一次被写入部委级法规性文件中。2005 年新修订的《中华人民共和国公司法》第 106 条规定：股东大会选举董事、监

---

①　本文受企业管理陕西省重点学科建设项目支持。

事，可以依照公司章程的规定或者股东大会的决议，实行累积投票制。决策层引入这一制度的初衷应在于增大中小股东的话语权，抑制大股东的隧道挖掘行为。本文拟从博弈论的视角出发，并结合组合数学的相关成果对累积投票制下的选举过程进行分析，以帮助中小股东确定最优投票策略，充分发挥累积投票制的作用，并最终实现公司治理结构的改善。

1 问题的提出

在我国公司目前的实践中，选举董事、监事多采取直线投票制（Straight Voting），这种投票制度实行简单多数原则，同股同权、一股一票，若某项提议所获赞成票超过一半（或 2/3 等，视公司章程及选举前约定决定），即获通过。直线投票制体现了资本多数决的原则，操作简便易行，因此被广泛采用。但直线投票制也有其固有缺陷，即大股东尤其是控股股东（持股比例超过 50%）可以利用自己在投票中的优势地位，完全控制投票进程，中小股东的意愿无从体现。

累积投票制（Cumulative Voting）作为一种区别于直线投票制的选举制度，放大了中小股东手中的表决权，使得以往只能"用脚投票"的中小股东也有可能"用手投票"，将自己中意的候选人选入董事会或监事会。具体而言，累积投票制是指在选举时，股东所持的每一股份拥有与待选职位总数相等的投票权，股东可将手中选票集中投予一人，也可将选票分散投予多人，最后按得票数依次决定候选人是否当选的表决权制度。

累积投票制下的投票进程同时具备了博弈的三项要件，即参与者、策略空间、收益函数，是一个典型的博弈问题。进一步的分析还表明，累积投票制下的投票进程，应属于非合作博弈下的完全信息静态博弈。首先，待选的董事总额是固定的，大股东控制的席位每多一个，小股东控制的席位就少一个，如果将股东在投票中的收益定义为最终控制的董事席位数，那么投票就是一个典型的零和博弈，而零和博弈属非合作博弈；其次，投票规则既定时，参与各方完全了解彼此的策略空间和收益函数，并且必须同时投票，因此投票博弈属完全信息静态博弈。

纳什（Nash）于 20 世纪 50 年代证明，对于非合作博弈中的完全信息静态博弈，存在纳什均衡，其表现形式可能为纯策略纳什均衡，也可能为混合策略纳什均衡。这一结论对于小股东优化投票策略，在董事会中占据尽可能多的席位具有重要的意义，它表明，小股东有可能选定一种投票策略（或依某种概率分布在多个投票策略之间选择），此时不论大股东如何分配手中选票，小股东的收益都要优于其采取其他策略时的收益。

目前，国内学术界对于累积投票制的研究多集中于宏观层面，如累积投票制是否能改善公司治理、这一制度的发展趋势如何以及相关的法律问题等[1~3]，而累积投票制的具体作用机制等微观问题则鲜有人涉及。因此，本文拟从微观层面入手，借助数学手段来还原累积投票制作为一种议事规则、决策工具的本质属性，从而帮助投票的参与各方（尤其是中小股东）加深对这一制度的理解，优化决策行为。

2 累积投票制数学公式的修正及启示

20 世纪 50 年代，美国学者 Williams 和 Campbell 得出了关于累积投票制的两个公式：

$$X = \frac{S * N}{D + 1} + 1 \tag{1}$$

$$N = \frac{(X - 1) * (D + 1)}{S} \tag{2}$$

式中各字母的含义如下：

X = 确保特定数额的董事当选所需的最低股

份数；

S = 有投票权的股份总数；

N = 股东欲选出的董事人数；

D = 待选出的董事总额。

式（1）的推导过程如下：

在待选总席位为 D 的选举中，小股东如果要想使自己中意的 N 名候选人当选，有以下几种情况：（假定参与投票的只有两人：大股东、小股东；γ_i 代表第 i 名候选人，$i = 1$, 2, 3, …；θ_i 代表第 i 名候选人获得的选票数，$0 \leqslant \theta_i \leqslant D * S$）。

（1）所有选票集中在 D 名候选人上，将这 D 名候选人构成的集合记为 $\{D\}$，则对于 $\gamma_i \in \{D\}$，只要 $\theta_i > 0$，γ_i 肯定当选；

（2）所有选票集中在 $D+1$ 名候选人上，设 γ_{d+1} 为集合 $\{D+1\}$ 中得票最低的一名候选人，易知 $\theta_{d+1} \leqslant D * S/ (D+1)$。（当所有选票均匀投向 $\{D+1\}$ 时，对于任意 $\gamma_n \in \{D+1\}$，$\theta_i = D * S/ (D+1)$；当选票分布不均匀时，必有候选人得票超过均值，即 $D * S/ (D+1)$，此时得票最低的候选人，其得票数 $\theta_{d+1} < D * S/ (D+1)$）。

将小股东中意的 N 名候选人构成的集合记为 $\{N\}$，$\gamma_n \in \{N\}$，θ_n 为其得票数。小股东为使 $\{N\}$ 全部当选，则必须保证 $\geqslant D * S/ (D+1)$（当所有选票均匀投向 $\{D+1\}$ 时，$\{D+1\}$ 中所有候选人得票均为 $D * S/ (D+1)$，$\{N\}$ 中任一候选人得票 $\theta_n = D * S/ (D+1)$，投票进入第二轮或采取其他方式决定最终当选者，$\{N\}$ 中候选人在第一轮不会被淘汰；当投票分布不均匀时，如前所述，$\{D+1\}$ 中得票最低的候选人为 γ_{d+1}，其得票数 $\theta_{d+1} < D * S/ (D+1)$，若 $\{N\}$ 中任一候选人得票数 $\theta_n \geqslant D * S/ (D+1)$，则有 $\theta_n > \theta_{d+1}$，γ_{d+1} 被淘汰，$\{D+1\}$ 中除 γ_{d+1} 之外的候选人，包括 $\{N\}$，全部当选）。

设小股东手中共有股票 X 股，则其拥有的选票数为 $D * X$，结合上述分析，则有：

$\because \theta_n \geqslant D * S/ (D+1)$，假定小股东手中选票均匀投向 $\{N\}$，

$\therefore D * X/N \geqslant D * S/ (D+1)$

$X \geqslant S * N/ (D+1)$

考虑到持股数 X 应为正整数，$\therefore X = [S * N/ (D+1)] +1$，$[X]$ 为向下取整函数，表示不超过实数 X 的最大整数。

（3）当获得选票的候选人人数为 $D+2$、$D+3$… 时，假定此时待选出的董事总额仍为 D，由于获得选票但并未当选的候选人增多，分流了一部分选票，无形中就降低了在选举中进入前 D 名的门槛。换句话说，如果小股东拥有 $X = [S * N/ (D+1)] +1$ 股股票，在有 $D+1$ 人获得选票时就能保证己方有 N 人当选，那么同样的股票数肯定能保证在有 $D+2$、$D+3$ 人获得选票时，己方有 N 人当选。

式（2）的推导过程如下：

$\because X \geqslant S * N/ (D+1)$

$\therefore N \leqslant X * (D+1) /S$

考虑到当选人数应为正整数，$\therefore N = [X * (D+1) /S]$。

从上述的推导过程可以看出：①严格来说，美国学者 Williams 和 Campbell 所给出的公式并不准确，应引入取整函数概念加以修正；②小股东如欲使 N 人当选，必须拥有一定数量的股票，但拥有这些股票并不是选举获胜的充分条件，小股东必须合理分配手中的投票权才能达到预期目的；③由式（2）可知，当小股东持有 X 股时，拥有的选票共有 $D * X$ 张，令 $N = [X * (D+1) /S]$，只要小股东将 $D * X$ 张选票均匀投给 N 位自己中意的候选人，就一定能保证这 N 位候选人当选。但是，小股东是否可以采取更为精确的投票策略，使自己所获得的董事席位超过 N? 直觉告诉我们，这种可能性是

存在的，但 Williams 和 Campbell 对此并没有深入探讨。下面，本文拟借助其他数学工具对小股东的投票策略进行初步分析。

3 基于组合数学的累积投票制的策略空间分析

在累积投票制下，所有的投票人都会面临这样一个问题：如何在各个候选人之间分配手中有限的选票，是将所有的选票投予一人，还是平均分配选票，或采取其他方案？每一种分配选票的方案都是投票人的一个策略，所有可能的方案构成了投票人的策略空间。

选票的分配问题可以抽象为正整数的分拆问题，正整数 n 的一个分拆是指把 n 表示成若干个正整数的和，即：设 $n_1, n_2, \cdots, n_k$ 是 k 个正整数，则分解式 $n = n_1 + n_2 + \cdots + n_k$ 成为 n 的一个恰有 k 个部分的分拆。分解式的每一项 n_i 叫做正整数分拆的一个分部，分部的个数叫做分部数，一个分部的数值叫做分部量；n 的不同分拆的个数叫分拆数。当投票人手中有 n 票，待选席位及本方推举的候选人为 k 时，$\{n_1, n_2, \cdots, n_k\}$ （$n_i \geq 0$, $n = n_1 + n_2 + \cdots + n_k$）即对应一个投票方案。

对正整数 n 的一个分拆，若对分部量和分部数没有任何限制，则称为一个无限制的分拆。n 的无限制分拆数记为 $p(n)$，n 的 k 部分分拆数记为 $p(n, k)$。正整数 n 的无限制分拆数 $p(n)$ 是随着 n 的增大而剧增的，例如：$p(1) = 1$, $p(5) = 7$, $p(10) = 42$, $p(20) = 627$, $p(50) = 204226$, $p(100) = 190569292$。因此，确定 $p(n)$ 的值往往非常困难。但是在大多数情况下，我们更关注正整数 n 的 k 部分分拆数 $p(n, k)$，它是大数学家 Euler 所建立的，在理论和实际中都有广泛的应用。

综合前人的研究成果，我们可得到以下公式：（符号 $[x]$ 表示不超过实数 x 的最大整数，

$<x>$ 表示距离实数 x 最近的整数。）

$$p(n, 2) = \left[\frac{n}{2}\right]$$

$$p(n, 3) = <\frac{n^2}{12}> = \left[\frac{n^2 + 3}{12}\right]$$

$$p(n, 4) = <\frac{((n+4)^2 - 9n)(n+7)}{144}>$$

其中 $n \geq 0$, $r = \frac{1 - (-1)^n}{2}$, $\begin{cases} 0, & n \text{ 为偶数}; \\ 1, & n \text{ 为奇数}; \end{cases}$

在累积投票制下的选举中，投票人手中的选票是有限的，候选人的个数也是有限的，因此投票人可选的投票方案也是有限的，换言之，每个投票人均面对有限策略空间。

由上文的分析可知，随着 n 的增大，n 的分拆数也急剧增大。因此，虽然每个投票人的策略数是有限的，但随着他们手中选票的增多，可供选择的投票方案总数也会迅速膨胀，以至于将每一种投票方案都列出并分析其优劣变得十分困难。

4 累积投票制选举博弈的纳什均衡实现路径：算例分析

在下面的论述中，本文拟构建一个例子，并从博弈论视角对其进行简单的分析。

假定某公司有甲、乙两名股东，总股份数为 5 股，其中甲持 3 股，为大股东，乙持 2 股，为小股东。公司章程规定，采用累积投票制选举董事。对于每一个待选董事名额，股东都有权提出自己的候选人；选举遇到僵局时，自动进入下一轮投票，在第二轮投票中，各股东手中的选票数与第一轮相同，但只针对待定董事席位在上轮得票相等的候选人中做出选择（比如说该公司拟选举 4 名董事，则甲股东可提出 4 个候选人，手中共有 12 票；乙股东也可提出 4 个候选人，手中共有 8 票。第一轮投票结束后，8 名候选人按得票多少排序，前 4 名进入董事会；若第一轮投票结束后，排序结果 3~5 名并

列，则前两名自动当选，选举转入第二轮。在第二轮投票中，甲股东仍有 12 票，乙股东仍有 8 票，第一轮得票数排第三至第五的候选人进入本轮投票，甲乙需要在这三位候选人中选出两位进入董事会，以此类推）。

（1）公司拟增选两名董事。

按累积投票制的规定，甲共有 6 张选票，需要在本方提出的两名候选人之间进行分配（假定甲股东不会投票给乙股东提名的候选人），则甲可选的投票方案共有 4 种（$p(6,1) + p(6,2) = 4$），如表 1 所示：

表 1　拟选举两名董事时甲的策略空间

A1	A2
0	6
1	5
2	4
3	3

注：A1、A2 为甲提名的两位候选人。

同理可知乙的投票方案：

表 2　拟选举两名董事时乙的策略空间

B1	B2
0	4
1	3
2	2

注：B1、B2 为乙提名的两位候选人。

考虑到乙手中只有 4 张选票，因此甲给某位候选人投 6 票没有意义，所以甲可选的投票方案也是三种，即表 1 的后三行。

明确了甲、乙的策略空间后，投票进程及结果的分析如表 3 所示：

表 3　拟选举两名董事时的投票进程及结果

	{0, 4}	{1, 3}	{2, 2}
{1, 5}	1，1	1，1	1，1
{2, 4}	1，1	1，1	2，0
{3, 3}	1，1	1，1	2，0

如表 3 所示，第一列是甲股东的策略，第一行是乙股东的策略，表的主体部分是投票结果，左侧数字是甲股东最终获得的董事会席位，右侧是乙股东。

分析表 3 可知，对甲股东而言，若采取 {1, 5} 策略，只能有 1 名候选人当选；采取 {2, 4} 或 {3, 3} 策略时，至少有 1 名候选人可以当选，同时两名候选人当选的可能性也是存在的，因此，甲股东应剔除策略 {1, 5}，而在 {2, 4} 或 {3, 3} 中做出选择；同样的分析可知，乙股东可选的策略为 {0, 4} 或 {1, 3}。新的投票进程分析如表 4 所示：

表 4　拟选举两名董事时的实际投票进程及结果

甲 ＼ 乙	{0, 4}	{1, 3}
{2, 4}	1，1	1，1
{3, 3}	1，1	1，1

如前所述，累积投票制下的投票选举属于非合作博弈中的完全信息静态博弈，必存在纳什均衡。表 4 揭示了选举两名董事时所达到的混合策略纳什均衡，即对甲乙双方而言，都不存在某个特定的策略作为其占优策略，但甲乙双方都可以在两个策略中随机选择（选择某个策略的概率均为 0.5），以使自己的收益最大化。

（2）公司拟增选三名董事。

此时甲共有 9 张选票，需要在 3 名候选人之间进行分配，共计有 12 种分配方案（$p(12,1) + p(12,2) + p(12,3) = 12$），如表 5 所示：

表 5　拟选举三名董事时甲的策略空间

A1	A2	A3
0	0	9
0	1	8
0	2	7
0	3	6
0	4	5
1	1	7
1	2	6

续表

A1	A2	A3
1	3	5
1	4	4
2	2	5
2	3	4
3	3	3

注：A1、A2、A3 为甲提名的三位候选人。

续表

B1	B2	B3
0	2	4
0	3	3
1	1	4
1	2	3
2	2	2

注：B1、B2、B3 为乙提名的三位候选人

同理可知乙的投票方案：

表 6 拟选举三名董事时乙的策略空间

B1	B2	B3
0	0	6
0	1	5

考虑到乙只有 6 张选票，因此甲给某位候选人的投票数不应超过 7，所以甲可选的投票方案有 10 种，即表 5 的后 10 行。

明确了甲、乙的策略空间后，投票进程及结果的分析如表 7 所示：

表 7 拟选举三名董事时的投票进程及结果

甲＼乙	{0, 0, 6}	{0, 1, 5}	{0, 2, 4}	{0, 3, 3}	{1, 1, 4}	{1, 2, 3}	{2, 2, 2}
{0, 2, 7}	2, 1	2, 1	2, 1	1, 2	2, 1	2, 1	2, 1
{0, 3, 6}	2, 1	2, 1	2, 1	2, 1	2, 1	2, 1	2, 1
{0, 4, 5}	2, 1	2, 1	2, 1	2, 1	2, 1	2, 1	2, 1
{1, 1, 7}	2, 1	2, 1	1, 2	1, 2	2, 1	1, 2	1, 2
{1, 2, 6}	2, 1	2, 1	2, 1	1, 2	2, 1	2, 1	2, 1
{1, 3, 5}	2, 1	2, 1	2, 1	2, 1	2, 1	2, 1	2, 1
{1, 4, 4}	2, 1	2, 1	2, 1	2, 1	2, 1	2, 1	2, 1
{2, 2, 5}	2, 1	2, 1	2, 1	1, 2	2, 1	2, 1	1.15, 0.85
{2, 3, 4}	2, 1	2, 1	2, 1	2, 1	2, 1	2, 1	3, 0
{3, 3, 3}	2, 1	2, 1	2, 1	1.87, 1.13	2, 1	2, 1	3, 0

如表 7 所示，第一列是甲股东的策略，第一行是乙股东的策略，表的主体部分是投票结果，左侧数字是甲股东最终获得的董事会席位，右侧是乙股东（投票结果出现小数是多轮投票后取均值所致）。

分析表 7 可知，甲的占优策略为 {2, 3, 4}，当甲采取这一策略时，不管乙如何分配手中选票，甲所能获得的董事会席位均不小于其采取其他策略时所能获得的席位。同理可知，乙的占优策略为 {0, 3, 3}。

由此可见，拟选举董事为 3 人时，该博弈达到的纳什均衡为纯策略纳什均衡，即对甲乙而言，均存在一个特定的策略使其收益最大化。

5 结论

通过上述分析，我们可得出以下结论：

（1）累积投票制下的投票博弈属于非合作博弈中的完全信息静态博弈，存在纳什均衡。这意味着我们对于各种投票方案的分析是有意义的，理论上来讲，我们可以找到某种特定的投票策略（或依一定的概率在若干投票策略中选择），以使自己的收益最大化。

（2）从组合数学的有关结论可知，当选举中可动用的选票数较多时，可能的投票方案将

会是一个非常庞大的有限集，很难对这一集合中的每个元素都进行分析，从实践的角度看也并无必要。首先，假定小股东手中的选票总数为 m，那么大股东所提名的每一个候选人的得票数都不应超过 $m+1$；其次，Williams、Campbell 的公式为寻找博弈的纳什均衡指明了方向，在分析投票策略前，投票人应先用该公式测算以手中现有的股份数至少可保证几人当选，将手中选票在这几人之间平均分配或略有倾斜将会是比较好的投票方案，寻找纳什均衡时应重点关注这些策略；最后，可结合以往的投票记录，分析得出各候选人得票的最大公约数，并将其作为最小的选票单位，以简化计算。综合考虑以上三个因素，投票人就可以大幅压缩其策略空间，使得借助计算机建模求解这一问题成为可能。

（3）在之前的论述中，本文只考虑了双人博弈的情况，即公司只有大股东、小股东两方参与投票，实际上公司的股东数量可能远超过两人，当投票博弈从双人博弈转为多人博弈时又该如何求解？笔者认为，首先，累积投票制固然提高了中小股东在选举中的影响力，但持股比例过低的小股东仍然无法从这项制度中获益，实际上，累积投票制最大的受益者是公司的第二大、第三大甚至第四大股东，类似这样持股比例中等的股东数量是很有限的；其次，

在选举中，多个中小股东有可能协商一致采取共同行动以提高胜选概率，一致行动人的出现减少了博弈的参与者，降低了博弈的复杂程度；最后，完全信息静态博弈下纳什均衡的存在并不局限于双人博弈，n 人博弈下均衡依然存在，我们完全可以按照上面的算法来建模求解这一问题。

参考文献

[1] 桑士俊，贺琛．关于我国累积投票制的反思——基于××公司董事选举决议无效的案例分析 [J]．财经理论与实践，2010，31（9）：44~47.

[2] 赵楷．公司法累积投票制刍议 [J]．消费导刊，2006（11）：357~358.

[3] 许杰．论公司法上的累积投票制 [D]．华东政法学院，2006.

[4] 安立仁，席酉民．群决策中个人判断能力与投票规则分析 [J]．人文杂志，2004（5）：87~95.

[5] Abner J. Mikva. The Case for Cumulative Voting [J]. IGPA Newsletter, 2000, 14（1）.

[6] Zingales L. What determines the value of corporate votes? [J]. Quarterly Journal of Economics, 1995（4）.

[7] 付香．正整数的分拆及其应用 [D]．电子科技大学，2009.

[8] 吴西彬．累积投票制的博弈性及其解决方法 [J]．商业研究，2004（5）：148~150.

引入"已实现"波动率还是引入高阶矩
——基于 EGARCH 模型的 VaR 预测绩效比较

方立兵[1] 曾勇[1] 郭炳伸[2]

（1. 电子科技大学经济与管理学院）

（2. 台湾政治大学国际贸易学系）

摘要："已实现"波动率作为真实波动的一种有效测度，通常包含较为丰富的有关波动的信息。本文尝试将"已实现"波动率引入指数 GARCH（RV - EGARCH）模型，并将正态分布假设下的 RV - EGARCH 模型与各种正态和非正态分布假设下的 EGARCH 模型的 VaR 预测绩效进行比较。结果发现，RV - EGARCH 模型难以获得较好的 VaR 预测绩效。另外，与现有研究不同，本文发现无论是将"已实现"波动率还是将高阶矩参数引入 EGARCH 模型，VaR 的预测绩效都难以得到改进。

关键词：风险价值；高阶矩；已实现波动率；GARCH

Involving realized volatility or higher order moments—— Comparing the performance of VaR prediction based on EGARCH

Fang Libing[1], Zeng Yong[1], Guo Bingshen[2]

（E - mail：fanglibing@ usetc. edu. cn）

（1. School of Management and Economics, University of Electronic Science and Technology）

（2. Department of International Business, National Chengchi University）

Abstract：Realized volatility is commonly claimed to be an efficient measure of daily volatility, and thus recognized to provide more information. The paper provides an investigation on the performance of VaR prediction by RV - EGARCH which involving realized volatility into EGARCH. Comparing with the other EGARCH specification conditional on five types of non - normal distributions, the paper finds that the performance of VaR prediction can not be improved by introducing both the parameters of higher order moments and realized volatility.

Key words：value at risk；higher order moment；realized volatility；GARCH

1 引言

VaR（Value at Risk，风险价值）是被广泛使用的风险管理工具。GARCH 模型在 VaR 预测领域一直占据着重要地位。收益率的非对称性和尖峰、厚尾性等高阶矩特征常常使得正态分布假设下的模型难以适用。现有研究为了提高模型的 VaR 预测绩效大多建议用各种引入高阶矩参数的非正态分布代替正态分布。例如，Bali 等（2008）[1]发现广义偏斜 – t 分布假设能够提供较好的 VaR 预测绩效；魏宇（2008）[2]则发现学生 – t 分布假设下的 GARCH 模型能够较好地预测 VaR；Hartza 等。（2000）[3]和徐炜和黄炎龙（2008）[4]则给出证据支持偏斜 – t 分布。然而，遗憾的是，上述研究所采用的非正态分布假设虽然能够较好地预测 VaR，但模型的复杂性常常令实务工作者望洋兴叹。

鉴于此，与现有研究不同，本文的目的在于继续沿用人们熟悉的正态分布假设和简洁的模型结构（如线性结构），而尝试将一些有益的信息，如"已实现"波动率（Realized Volatility, RV）中包含的有关收益率波动的信息，以简洁的形式引入模型，以期获得与其他复杂模型至少类似，甚至更加优越的 VaR 预测绩效。一般认为 VaR 的预测绩效依赖于模型能否较为准确地描述收益率的波动过程。"已实现"波动率作为真实波动的一种有效测度，通常包含更加丰富的有关收益率波动的信息（Andersen 和 Bollerslev，1998；Andersen 等，2003）[5]、[6]。因此，尝试将"已实现"波动率引入正态分布假设下的简洁模型，并考察其 VaR 预测绩效，将是一项十分有益的探索性工作。

近期的研究 Hansen 等（2010）[7]基于 GARCH 模型提出了一种新的引入"已实现"波动率的模型——RealGARCH 模型。他们认为，与直接将"已实现"波动引入指数 GARCH 模型（RV – EGARCH）相比，RealGARCH 模型能够更好地刻画收益率的波动过程。鉴于此，本文将以 2004 年 6 月 14 日至 2009 年 9 月 13 日中国上证指数收益为样本，实证比较了六种分布（正态分布和五种引入了偏度和/或峰度等高阶矩参数的非正态分布）假设下的 EGARCH 模型、引入"已实现"波动率的 EGARCH 模型（RV – EGARCH）以及 RealGARCH 模型的 VaR 预测绩效，以期回答如下四个问题：①引入高阶矩参数是否有助于提高 EGARCH 模型的 VaR 预测绩效；②引入"已实现"波动率能否改进 EGARCH 模型的 VaR 预测绩效；③正态分布假设下的 RV – EGARCH 模型能否获得与其他复杂分布假设下的 EGARCH 模型至少一样好的 VaR 预测绩效；④引入偏度和峰度等高阶矩参数能否进一步提高 RV – EGARCH 模型的 VaR 预测绩效。其中，对第①个问题的考察是为了与现有研究进行比较。对于上述四个问题，如果引入高阶矩参数有助于提高 EGARCH 模型的 VaR 预测绩效，且 RV – EGARCH 能够获得与其至少一样好的 VaR 预测绩效，那么，可以认为，在正态分布假设下，将"已实现"波动率引入 EGARCH 模型即可获得与其他复杂设定至少一样好的预测绩效。进一步的，如果在 RV – EGARCH 模型的基础上进一步引入高阶矩参数难以改进模型的预测绩效，则可以认为 RV – EGARCH 模型的预测绩效难以通过进一步引入高阶矩参数而得以改进。

本文余下内容的安排是：首先给出本文的模型设定和检验方法，其次是样本的描述性统计，再次是本文的实证研究结果，最后给出本文的主要研究结论。

2 模型方法

2.1 模型设定

考虑将 EGARCH 模型的均值方程设定为：

$$r_t = \mu + \sqrt{h_t} z_t \quad ; \quad z_t \sim IID(0,1) \tag{1}$$

其中，r_t 表示收益率；h_t 表示收益率的条件方差；z_t 是标准化扰动项，通常假设为 0 均值、单位方差的独立同分布的随机变量。收益率的波动过程考虑如下三种设定：

（1）EGARCH（1，1）

$$\ln h_t = \omega_1 + \theta_1 \mid z_{t-1} \mid + \theta_2 z_{t-1} + \beta_1 \ln h_{t-1} \qquad (2)$$

（2）RV - EGARCH（1，1）

$$\ln h_t = \omega_1 + \theta_1 \mid z_{t-1} \mid + \theta_2 z_{t-1} + \alpha_1 \ln RV_{t-1} + \beta_1 \ln h_{t-1} \qquad (3)$$

另外，对于上述两种波动模型，假定标准化扰动项 z_t 服从正态分布（Normal）、学生 - t 分布（StuT）、广义误差分布（GED）、广义 - t 分布（GnT）、偏斜 - t 分布（SkewT）和广义偏斜 - t 分布（SkewGT）六种情形。其中，在 Normal 分布的假定下，参数估计（即 QMLE）没有考虑偏斜和峰度等高阶矩特征；StuT、GED 和 GnT 都是引入了峰度参数的分布；而 SkewT 和 SkewGT 分布则同时引入了偏斜和峰度。具体的密度函数可参见 Bali 等（2008）[1]。

与其他的 GARCH 族模型相比，EGARCH 模型在进行参数估计的过程中，不需要非负性约束。

（3）RealEGARCH（1，1）

$$\ln h_t = \omega_1 + \alpha_1 \ln RV_{t-1} + \beta_1 \ln h_{t-1}$$

$$\ln RV_t = \omega_2 + \theta_1 \mid z_t \mid + \theta_2 z_t + \beta_2 \ln h_t + \xi_t \qquad (4)$$

这里需要说明的是，为了使用 QMLE 方法估计 RealGARCH 模型，Hansen 等．（2010）[7] 假定 $z_t \sim iidN(0,1)$，$\xi_t \sim iidN(0,\sigma_\xi)$。这就没有考虑标准化扰动项 z_t 可能存在的超额偏度和峰度。因此，可以进一步考虑将 z_t 的条件分布设为上述五种非正态分布。但这样做的一个新的问题是扰动项 ξ_t 的条件分布应当如何设定。比如，假定 z_t 服从 StuT 分布时，ξ_t 应当服从怎样的分布。鉴于 Andersen 等（2003）[6] 发现，$\log RV_t$ 服从正态分布。因此，我们在假定 z_t 服从非正态分布的情形下，也可以假定 $\xi_t \sim$

$iidN(0,\sigma_\xi)$。但是，如果我们假定 z_t 服从非正态分布同时又假定 $\log RV_t$ 服从正态分布可能存在逻辑上的不一致。更为重要的是参数估计的渐近一致性难以保证。此外，我们也尝试了假定 z_t 服从非正态分布同时 $\xi_t \sim iidN(0,\sigma_\xi)$，然而，极大化似然函数的过程很难收敛。因此，在估计 RealGARCH 模型时，我们仅考虑二者均为正态分布的情形。

"已实现"波动率的计算采用如下方法：

$$RV_t^* = \sum_{n=1}^{48} r_{t,n}^2 \qquad (5)$$

其中，$r_{t,n}$ 是以 5 分钟为时间间隔的日内对数收益率；每天交易 4 小时，共计 48 个日内对数收益。理论上，抽样频率越高，RV_t^* 对真实波动的估计越准确。但是，现实中的高频分时收益可能存在较强的微观结构噪声，如询报价反弹（Bid - ask bounce）等，从而使得 $r_{t,n}$ 出现序列相关。因此，我们利用如下方法对 RV_t^* 进行一阶偏差修正：

$$RV'_t = \sum_{n=1}^{48} r_{t,n}^2 + 2 \sum_{n=2}^{48} r_{t,n} r_{t,n-1} \qquad (6)$$

考虑到股票市场并非是 24 小时连续交易的，我们采用如下方法对 RV'_t 进行调整：

$$RV_t = \gamma RV'_t, \gamma = \frac{T^{-1} \sum_{t=1}^{T} r_t^2}{T^{-1} \sum_{t=1}^{T} RV'_t} \qquad (7)$$

其中，T 是日收益率数据的样本量；系数 γ 是尺度参数。Fleming 等（2003）[8] 以及 Hansen 和 Lunde（2005）[9] 等研究指出，经此调整的 RV_t 是真实波动 h_t 的无偏估计。

2.2 预测方法与绩效评价

为了进行样本外预测，将 $\{r_t \mid t = 1,2,\cdots, T\}$ 拆分为 $T = S + R$ 两部分。将总样本重新记为 $\{r_t \mid t = -S + 1, -S + 2,\cdots,0,1,2,\cdots,R\}$，需要预测的标准化扰动项序列为 $\{z_t \mid t = 1,2,$

$\cdots, R\}$，相应的 ϑ 水平上的 VaR 序列为 $\{\phi_t \mid t = 1, 2, \cdots, R\}$。滚动窗口的一步外推预测过程如下：首先，以 $\{r_t \mid t = -S+1, -S+2, \cdots, 0\}$ 为样本估计模型并预测 z_1 和 ϕ_1；然后，以 $\{r_t \mid t = -S+2, -S+3, \cdots, 1\}$ 为样本预测 z_2 和 ϕ_2；以此类推，第 k 步，预测 z_k 和 ϕ_k 时的样本是 $\{r_t \mid t = -S+1+k, -S+2+k, \cdots, k-1\}$，其中，$k = 1, 2, \cdots, R$。另外，$\{\phi_t \mid t = 1, 2, \cdots, R\}$ 是根据设定的 z_t 的概率密度函数，令其累积概率函数 $F_t(x)$ 满足，$F_t(\phi_t) = \vartheta$，$\vartheta = 0.01, 0.03, 0.05$ 而求出的。

为了评价模型 m 的 VaR 预测绩效，记 $\eta_m = \sum_{t=1}^{R} H_t$，$H_t = I(z_t < \phi_t)$，$t = 1, 2, \cdots, R$，其中，$I(\cdot)$ 是示性函数，当括号中的条件成立时取 1，否则取 0。考虑如下似然比（LR）统计量 HitRatio，$HitRatio_m = 2(\eta_m \log \dfrac{\eta_m}{\vartheta R} + (R - \eta_m) \log \dfrac{R - \eta_m}{R - \vartheta R})$

在 H_t 相互独立且服从概率为 ϑ 的贝努里分布假设下，$HitRatio_m \sim \chi^2(1)$。如果其 p 值低于显著性水平（$\alpha = 10\%, 5\%, 1\%$），则拒绝接受模型 m 适合于预测 VaR（即不能通过返回检验）。

另外，碰撞率（HitRatio）本身也可以视为预测 VaR 的损失函数。对于模型 m_0 和 m_1，当 $HitRatio_{m0} < HitRatio_{m1}$ 时，模型 m_0 具有相对较好的预测绩效。

3 样本描述

样本数据选择 2004 年 6 月 14 日至 2009 年 9 月 3 日中国上证综合指数的日收益率及其 5 分钟高频收益率。其中，最后 300、500、700 天作为样本外数据。表 1 给出了样本的描述性统计结果。

表 1 原始收益率以及经 EGARCH 和 RV - EGARCH 拟合后的描述性统计

	原始收益率	EGARCH (1, 1) 的标准化扰动项	RV - EGARCH (1, 1) 的标准化扰动项
均值	0.0211	- 0.0039	0.0032
最大值	9.0345	5.1689	3.5305
最小值	- 8.6179	- 3.9772	- 4.5452
标准差	1.9577	0.9993	1.0006
偏度	- 0.1626	- 0.1119	- 0.0019
峰度	5.5609	4.5366	3.4896
Jarque - Bera 检验	354.3151	128.1891	12.7457
p - 值	0.0000	0.0000	0.0017

从表 1 的描述性统计结果可以看出，原始收益率经 EGARCH 模型拟合后，其标准化残差的偏斜程度和峰度均有一定的减弱。例如，样本偏度从 - 0.1626 变为 - 0.1119，样本峰度从

5.5609 变为 4.5366。然而，原始收益率经 RV - EGARCH 模型拟合后的变准化残差则进一步接近正态分布，其偏度已十分接近于 0，而峰度也趋近于 3。正态分布的偏度为 0、峰度为 3。

由此可见，虽然 Jarque – Bera 检验均显著拒绝了各类样本的分布正态性，但表1的描述性统计结果已初步显示，引入已实现波动率的 RV – EGARCH模型有助于获得更加接近于正态分布的标准化残差，从而有可能在正态分布的假设下获得相对较好的 VaR 预测绩效。

4 实证结果

表 2 给出了六种分布假设下 EGARCH 模型的 VaR 预测绩效。

表 2 六种分布假设下 EGARCH 模型的 VaR 预测绩效

	HitN	HitRatio	Chi2 – p	HitN	HitRatio	Chi2 – p	HitN	HitRatio	Chi2 – p
		$\theta = 0.01$			$\theta = 0.03$			$\theta = 0.05$	
θR ($R = 300$)	3			9			15		
Norm	1	1.816	0.178	12	0.935	0.333	15	0.000	1.000
StuT	0	—	0.178	12	0.935	0.333	17	0.270	0.604
GED	0	—	0.178	12	0.935	0.333	16	0.069	0.793
GnT	0	—	0.178	12	0.935	0.333	17	0.270	0.604
SkewT	0	—	0.178	11	0.429	0.513	15	0.000	1.000
SkewGT	0	—	0.178	10	0.111	0.739	15	0.000	1.000
θR ($R = 500$)	5			15			25		
Norm	8	1.538	0.215	25	**5.749**	0.016	30	0.992	0.319
StuT	5	0.000	1.000	26	**6.854**	0.009	35	**3.765**	0.052
GED	5	0.000	1.000	25	**5.749**	0.016	32	1.903	0.168
GnT	5	0.000	1.000	26	**6.854**	0.009	34	**3.081**	0.079
SkewT	4	0.217	0.641	21	2.206	0.137	31	1.413	0.235
SkewGT	4	0.217	0.641	20	1.559	0.212	30	0.992	0.319
θR ($R = 700$)	7			21			35		
Norm	25	**28.120**	0.000	43	**18.355**	0.000	53	**8.476**	0.004
StuT	11	1.967	0.161	39	**12.767**	0.000	55	**10.326**	0.001
GED	12	**2.972**	0.085	36	**9.142**	0.002	57	**12.334**	0.000
GnT	12	**2.972**	0.085	38	**11.502**	0.001	57	**12.334**	0.000
SkewT	7	0.000	1.000	33	**6.044**	0.014	50	**6.008**	0.014
SkewGT	10	1.147	0.284	36	**9.142**	0.002	50	**6.008**	0.014

注：①R 表示样本外观测值的个数，θ 是预测 VaR 的分位数；②HitN、HitRatio 和 Chi2 – p 分别表示 VaR 被超越的次数、HitRatio 统计量和卡方检验的 p 值；③以粗体表示的 HitRatio 表示没有通过返回检验。

由此可见，表2的结果并不能一致地回答引入高阶矩参数能否改进 EGARCH 模型的 VaR 预测绩效。另外，在样本外容量为700，$\theta = 0.03$ 和 0.05 时，所有模型的 VaR 预测结果均不能通过返回检验。

表 3　六种分布假设下 RV - EGARCH 模型的 VaR 预测绩效

	HitN	HitRatio	Chi2 - p	HitN	HitRatio	Chi2 - p	HitN	HitRatio	Chi2 - p
		$\theta=0.01$			$\theta=0.03$			$\theta=0.05$	
θR ($R=300$)	3			9			15		
Norm	5	1.122	0.290	16	**4.581**	0.032	19	1.039	0.308
StuT	3	—	—	16	4.581	0.032	19	1.039	0.308
GED	3	—	—	14	2.458	0.117	19	1.039	0.308
GnT	3	—	—	15	**3.449**	0.063	19	1.039	0.308
SkewT	2	0.382	0.537	11	0.429	0.513	17	0.270	0.604
SkewGT	2	0.382	0.537	10	0.111	0.739	17	0.270	0.604
θR ($R=500$)	5			15			25		
Norm	13	**8.973**	0.003	29	**10.644**	0.001	36	**4.511**	0.034
StuT	7	0.719	0.397	32	**15.095**	0.000	41	**9.110**	0.003
GED	8	1.538	0.215	29	**10.644**	0.001	37	**5.317**	0.021
GnT	9	2.613	0.106	32	**15.095**	0.000	40	**8.079**	0.004
SkewT	4	0.217	0.641	22	**2.953**	0.086	36	**4.511**	0.034
SkewGT	6	0.190	0.663	18	0.582	0.445	35	**3.765**	0.052
θR ($R=700$)	7			21			35		
Norm	20	**16.238**	0.000	35	**8.048**	0.005	50	**6.008**	0.014
StuT	10	1.147	0.284	38	**11.502**	0.001	53	**8.476**	0.004
GED	12	2.972	0.085	36	**9.142**	0.002	52	**7.611**	0.006
GnT	15	6.957	0.008	36	**9.142**	0.002	53	**8.476**	0.004
SkewT	6	0.152	0.697	26	1.143	0.285	44	2.260	0.133
SkewGT	6	0.152	0.697	24	0.423	0.516	43	1.800	0.180

注：①示样本外观测值的个数，θ 是预测 VaR 的分位数；②HitN、HitRatio 和 Chi2 - p 分别表示 VaR 被超越的次数、HitRatio 统计量和卡方检验的 p 值；③以粗体表示的 HitRatio 表示没有通过返回检验。

表 3 对于引入了 RV - EGARCH 模型来讲，在样本外容量为 500 和 700 时，进一步引入高阶矩参数有助于改进模型的 VaR 预测绩效。在样本外容量为 300 时，$\theta=0.03$ 和 0.05 的 VaR 预测能够通过引入高阶矩参数得以改进，但 $\theta=0.01$ 时却不一定。另外，比较表 2 和表 3 的结果可以看出，相同的分布假定下，引入 RV 并不一定改进模型的 VaR 预测绩效。

表 4　正态分布假设下 RealEGARCH 模型的 VaR 预测绩效

	HitN	HitRatio	Chi2 - p	HitN	HitRatio	Chi2 - p	HitN	HitRatio	Chi2 - p
		$\theta=0.01$			$\theta=0.03$			$\theta=0.05$	
θR ($R=300$)	3			9			15		
	3	—	—	15	**3.449**	0.063	18	0.595	0.440
θR ($R=500$)	5			15			25		

	HitN	HitRatio	Chi2 – p	HitN	HitRatio	Chi2 – p	HitN	HitRatio	Chi2 – p
	$\theta = 0.01$			$\theta = 0.03$			$\theta = 0.05$		
	12	**7.111**	0.008	29	**10.644**	0.001	37	**5.317**	0.021
θR ($R = 700$)	7			21			35		
	17	**10.313**	0.001	37	**10.293**	0.001	44	2.260	0.133

注：①R 表示样本外观测值的个数，θ 是预测 VaR 的分位数；②HitN、HitRatio 和 Chi2 – p 分别表示 VaR 被超越的次数、HitRatio 统计量和卡方检验的 p 值；③以粗体表示的 HitRatio 没有通过返回检验。

表 4 的结果表明，正态分布假设下的 RealEGARCH 模型也难以通过返回检验。从 HitRatio 的值来看，RealEGARCH 模型也不一定优于其他模型。

5 结论

本文尝试继续沿用人们熟悉的条件分布（如正态分布）假设，并保持简洁的模型结构（如线性结构），而尝试将一些有益的信息，如"已实现"波动率（Realized Volatility，RV）中包含的有关收益率波动的信息，以简洁的形式引入模型，以期获得与其他复杂模型至少类似、甚至更加优越的 VaR 预测绩效。然而，遗憾的是，本文的实证结果显示，将"已实现"波动率引入 EGARCH 模型难以改进模型的 VaR 预测绩效。另外，与现有的研究成果不同，本文的结果也显示，在 EGARCH 模型的基础上进一步引入高阶矩参数也难以改进模型的 VaR 预测绩效。

参考文献

[1] T. G. Bali, H. Mo and Y. Tang. The Role of Autoregressive Conditional Skewness and Kurtosis in the Estimation of Conditional VaR [J]. Journal of Banking & Finance, 2008, 32 (2): 269 ~ 282.

[2] 魏宇. 股票市场的极值风险测度及后验分析研究 [J]. 管理科学学报，vol. 11，no. 1，2008：78 ~ 88.

[3] C. Hartza, S. Mittnika and M. Paolella. Accurate Value – at – risk Forecasting Based on the Normal – GARCH model [J]. Computational Statistics & Data Analysis, Vol. 51, No. 4, 2006: 2295 ~ 2312.

[4] 徐炜，黄炎龙. GARCH 模型与 VaR 的度量研究 [J]. 数量经济技术经济研究，Vol. 25，No. 1，2008：120 ~ 132.

[5] T. G. Andersen and T. Bollerslev. Answering the Skeptics: Yes, Standard Volatility Models Do Provide Accurate Forecasts [J]. International Economic Review, 1998, 39 (4): 885 ~ 905.

[6] T. G. Andersen and T. Bollerslev, Francis X. Diebold, Paul Labys. Modeling and Forecasting Realized Volatility [J]. Econometrica, Vol. 71, No. 2, 2003: 579 ~ 625.

[7] P. R. Hansen, Z. Huang and H. H. Shek. Realized GARCH: A Complete Model of Returns and Realized Measures of Volatility [J]. Workingpaper, 2010.

[8] J. Fleming and C. Kirby and B. Ostdiek. The Economic Value of Volatility Timing Using "realized" Volatility [J]. Journal of Financial Economics, 2003, 67 (3): 473 ~ 509.

[9] P. R. Hansen and A. Lunde. A Forecast Comparison of Volatility Models: Does Anything Beat A GARCH (1, 1) [J]. Journal of Applied Econometrics, 2005, 20 (7): 873 ~ 889.

惯性投资策略与反转投资策略的可行性分析
——基于中国 A 股市场的实证研究

肖会敏　曹允谦

（河南财经政法大学信息与系统工程研究所）

摘要："反转"投资策略和"惯性"投资策略是金融市场中的两大传统投资策略。本文采用上海和深圳 A 股市场 2005~2010 年的周交易数据，对股权分置改革后反转策略和惯性策略在沪深两市的可行性进行了实证分析。结果发现，短期内在我国沪深股市使用反转策略可以获得一定的超常收益，但使用惯性策略却是无利可图的。

关键词："惯性"投资策略；"反转"投资策略；反应不足；反应过度

The Practicability Analysis of the Momentum and Contrarian Investment Strategies—An empirical study of Chinese A – share stock market

Xiao Huimin, Cao Yunqian

（E – mail：Xiaohuimin@ 126. com, cyq963@ 126. com）

（Institute of Information and System Engineering, Henan University of Economics and Law）

Abstract：The momentum and contrarian strategies are the two mainly used traditional investment strategies in the financial market. Adopting the weekly data of A – share stock market (Shanghai and Shenzhen Stock Markets) from 2005 to 2010, this paper empirically analyze the practicability of the two different strategies after the reform of the stock right decentralized allot. And it reaches a conclusion that in a short term, superior rates of return could be gained through the use of contrarian strategies in the stock market , while the momentum strategies seem unprofitable.

Key words：Momentum Investment Strategies；Contrarian Investment Strategies；Under – reaction；Over-reaction

1 引言

资产定价与市场有效性方面的大量研究发现，股票收益存在一定程度的可预测性，尤其是短期价格惯性现象和长期价格反转现象。在这些发现的基础上衍生出了两大投资策略："反转"投资策略和"惯性"投资策略。

"反转"投资策略是指购买并持有过去几年中表现不好的股票，而相应地卖出表现出色的股票。DeBondt and Thaler 研究认为，使用这种投资方法可以获得8%左右的年超常收益。但是，一直以来，超常收益的来源都是争论的焦点。随着研究地不断深入，越来越多的学者倾向于认同行为金融理论的解释，即认为超常收益来自于投资者反应过度（DeBondt and Thaler，1985）。

与"反转"投资策略恰恰相反，"惯性"投资策略则是指买入过去几个月中表现出色的股票，卖出过去几个月中表现较差的股票。Jegedeesh and Titman（1993）发现了"惯性"投资策略的获利性：在 3 ~ 12 月的较短时期，存在相当程度的股票收益惯性。大量的研究表明，"惯性"投资策略获得的超额收益与价格对企业收入突变的缓慢调整相关；同时研究机构的盈利预测也是缓慢调整的。这些都表明市场对信息反应不足，即超常收益源于投资者反应不足。

传统金融理论以投资者完全理性作为分析基础，其将反应过度和反应不足视为股票市场上的异常现象。但是，长期以来，投资者完全理性的假设，即理性分析范式遭到了实践检验的严峻挑战，正是在这种推动下产生了新的金融理论范式——行为金融理论。行为金融的假设前提是认为投资者存在各种非理性的投资行为，行为金融对反应过度和反应不足的解释远远超出了传统金融学的范畴。

Barberis，Shieifer 和 Vishny（1996）假定投资者在进行决策时存在两种偏差：一是代表性偏差；二是保守性偏差。前者会造成投资者对信息的反应过度，使其误认为股票价格的变化已经反映了未来变化的趋势，从而对股价做出错误的判断；后者会引起投资者对信息反应不足。Daniel，Hirshleifer 和 Subrahmanyam（1998）认为投资者在决策过程中会过度自信或者出现归因偏差。过度自信是指过高估计私人信息所发出信号的精度，而过低估计公开信息所发出信号的精度。过度自信使投资者赋予私人信号更高的权重，引起反应过度。当越来越多的公开信

息出现后，反应过度的价格就会趋于反转。归因偏差是指当事件与投资者的行动一致时，投资者会将其归结为自己的高能力；当事件与投资者的行为不一致时，投资者会将其归结为外在因素的干扰，因此，归因偏差也会容易助长过度自信。Hong and Stein（1999）假定市场上存在两种投资者："消息观测者"和"惯性交易者"。消息观测者基于观察到的未来情况做出预测，其局限性是没有考虑过去的价格信息。相反，惯性交易者根据过去的价格信息做出预测。

自从价格惯性现象和价格反转现象被发现之后，越来越多的研究者开始关注这两种现象。

1.1 国外相关研究成果

DeBondt 和 Thaler（1985）首次提出长期内股票价格存在反转现象。他们通过对纽约证券交易所 1926 ~ 1982 年上市公司股票价格的分析发现，"输者"组合在组合形成后的 36 个月内累计超额收益率（Cumulative Average Return）比市场平均水平高出 19.6%，而"赢者"组合在这 36 个月内的累计超额收益率却要比市场指数的收益率低 5%。Jegadeesh 和 Titman（1991）提出了长期价格反转和出要差价之间关系的证据，从而支持更短时间间隔内短期价格的反转。Chopra，Lakonishok 和 Ritter（1992）也将长期价格反转归因于投资者的反应过度。Chang，McLeave 和 Rhee（1995）检验并发现日本股票市场采用"反转"投资策略短期内可以获得超额收益。Hameed 和 Ting（2000）发现马来西亚股票市场情况也同样如此。

与大量的价格反转研究相比，国外关于价格惯性的研究却很多。Jegadeesh 和 Titman（1993）最早发现了"惯性"投资策略，他们采用美国 NTSE ~ AMEX 股票在 1965 ~ 1989 年间的数据发现，使用"惯性"投资策略可以在

未来的 6 个月中获得 1% 的平均收益。Chan，Jegadeesh 和 Lakonishok（1996）对美国股市的研究也发现，在其他条件不变的情况下，过去 6 个月的价格可以预测未来 6 个月的价格，即存在价格惯性。他们将这种现象解释为，市场对新信息反应不足。Rouwenhorst（1998）对欧洲 12 个国家的股票市场研究，认为这些股票市场以及股票市场之间存在价格惯性现象。Chui，Titman 和 Wei（2000）则发现，亚洲国家也存在惯性利润，但日本与韩国除外。

"惯性"投资策略也引起了基金行业的关注。Grinblatt，Titman 和 Wermers（1995），Chan，Jegadeesh 和 wermers（2000）都发现，互助基金倾向于购买过去表现不好的股票，而卖出过去表现良好的股票，同时还发现，分析人士通常较多地推荐惯性效应明显的股票。

1.2　国内研究现状

近年来，国内的学者也开始研究中国股市是否也存在价格惯性和价格反转。张人骥、朱平芳和王怀芳（1998）对沪市 1994 年 6 月至 1996 年 4 月期间 722 个交易日的 48 只股票样本进行实证检验发现，"赢者"组合的收益率在下降，"输者"组合的收益率并没有上升。沈艺峰，吴世农（1999）采用事件研究法发现，在 46 周的检验时间内"赢者"组合与"输者"组合都无法获得超常收益率。张永东、毕秋香（2002）的研究也表明我国股市不存在短期反应过度。刘少波、尹筑嘉（2004）对沪市 A 股 2000 ~ 2003 年间的研究发现，绝大多数"赢者"组合和"输者"组合在持有期内的收益率都没有高于市场平均收益率，因此"惯性"策略和"反转"策略在沪市 A 股市场中基本是不可行的。

同时，在国内也不乏一些相反的研究成果。赵宇龙（1998）运用事件研究方法计算上海证券交易所 123 家上市公司于 1993 ~ 1996 年的会计盈余数据，发现上海股票市场对预期的好消息存在反应过度的现象，而对预期的坏消息反应不足。赵学军、王永宏（2001）认为，"惯性"策略和"反转"策略都表现出价格反转特征，表明中国股市只存在过度反应现象，不存在反应不足现象。JosephKang，Ming – HuaLiu 和 Sophie，Xiaoyan Ni（2002）研究认为短期内采用"反转"策略和中期内采用"惯性"策略可以获得统计显著的超额收益，并认为短期的反转收益来源于股市对信息的过度反应，而中国股市独有的小盘股收益引导大盘股收益现象则导致了中期内的惯性收益。

随着我国资本市场的快速发展，股市中投资者的结构已经发生了重大变化。目前，机构投资者已经占据了股市主体地位。同时，2005 年我国实行了股权分置改革，这次改革对我国股市有着深远影响。因此，研究现阶段我国股市的价格反转和价格惯性现象就显得尤为重要了。本文以 2005 年我国股权分置改革后，沪深股票市场 300 指数中成份股为研究对象，检验我国现阶段"惯性"投资策略和"反转"投资策略的有效性，为投资者尤其是机构投资者制定投资策略提供借鉴意义。

2　研究内容

2.1　数据选择

本文采用深沪两市 A 股数据分析研究了"惯性"投资策略和"反转"投资策略的可行性。考虑到我国股权分置改革，我们选取 2005 年 11 月至 2010 年 11 月期间为样本期，沪深 300 指数中所有成分股为样本基础。其中，为了减少异常数据对实证结果的影响，我们去掉了曾将被"ST"过的股票，并从沪深股市中随机抽取同行业的股票作为补充。数据来源于巨灵财经资讯系统，国泰安研究服务中心 CSMAR 数据库以及雅虎财经，包括了沪深 300 指数所有成分股及其补充股的复权交易信息。

2.2 分析过程

Chan，Frankel 和 Kothari（2004）将上市公司分为三种类型：第一，高增长公司：这类公司增长率很高，远远超出同行业的增长率，投资者容易过高估计公司价值；第二，低增长公司：这类公司一般增长缓慢，甚至会出现负增长，因此投资者往往会低估它们的价值；第三，无趋势公司：其增长率无一定的趋势可言，但是在未来其必然会进行一个方向性的取舍。

本文研究的基本思路：①将样本期分成组合形成期和组合持有期。②在每个形成期中，计算各个股票的超常收益率，从而计算出其累计超常收益率，将累计超常收益率从高到低进行排序，确定"赢者"组合（高增长组合）和"输者"组合（低增长组合）。③在持有期中，计算"赢者"组合和"输者"组合的累计平均超常收益率，并对累计平均超常收益率进行分析。

首先，将样本期分成组合形成期和组合持有期。我国股市波动幅度较大，短期内股票出现大幅上涨和下跌的现象比较普遍，因此，在检验"惯性"投资策略和"反转"投资策略中，形成期以周为单位。同时，在我国投资者通常以短线操作为主，所以持有期也以周为单位。

其次，计算个股的累计超常收益率。假定 $P_{i,t}$ 为股票 i 在 t 时刻的收盘价，$R_{i,t}$ 为股票 i 在 t 时刻的收益率，$R_{m,t}$ 为市场收益率，采用沪深 300 指数的收益率计算，$AR_{i,t}$ 为股票 i 在 t 时刻的超常收益率，则有

$$R_{i,t} = \ln(P_{i,t}) - \ln(P_{i,t-1}) \tag{1}$$

$$AR_{i,t} = R_{i,t} - R_{m,t} \tag{2}$$

而累计超常收益率 $CAR_{i,t}$ 就是股票 i 在 n 段时间中超常收益率的加总，即

$$CAR_{i,n} = \sum_{t=1}^{n} AR_{i,t} \tag{3}$$

在形成期中，将各股的累计超长收益率从高到低进行排序，从而确定"赢者"组合和"输者"组合。本文将累计超常收益率最高的 50 只股票作为"赢者"组合，累计超常收益率最低的 50 只股票作为"输者"组合。然后计算"赢者"组合和"输者"组合中所有股票的平均累计超常收益率。在"赢者"组合中，设股票 $A_j(j = 1, 2, \cdots, 20)$ 代表 n 段时间内累计超常收益率最高的 50 只股票，$CAR_{A_j,n}$ 是股票 $A_j(j = 1, \cdots, 20)$ 在 n 段时间内累计超常收益率，$ACAR_{A,n}$ 为组合形成期的平均累计超常收益率，则

$$ACAR_{A,n} = \frac{\sum_{j=1}^{Q} CAR_{A_j,n}}{Q} \tag{4}$$

Q 是组合中股票的个数，在本文中 Q 的值为 50。同理，可以计算"输者"组合的平均累计超常收益率。

最后，计算"赢者"组合和"输者"组合在相同持有期中的平均累计超常收益率的均值。设 $ACAR_{A,N}$ 为组合持有期平均累计超常收益率，$CAR_{A,n}$ 为组合持有期累计超常收益率，则

$$ACAR_{A,N} = \frac{\sum_{n=1}^{N} CAR_{A,n}}{N} \tag{5}$$

N 表示持有期的个数。然后，比较"赢者"组合和"输者"组合的均值，以计算两者之间的差异。

以 $ACAR_L$ 表示"输者"组合的平均累计超常收益率，$ACAR_H$ 表示"赢者"组合的平均累计超常收益率，如果存在反转效应，则应有 $ACAR_L > 0$ 且 $ACAR_L > ACAR_H$，如果存在惯性

效应，则会有 $ACAR_H > 0$ 且 $ACAR_H > ACAR_L$，而且这两个组合收益率的差异应当是统计显著的。为此，还必须做显著性 t 检验。

3 实证分析

为了判断"惯性"投资策略与"反转"投资策略的可行性，形成期长度取值分别为 1，6，10，14，18，20 个周，持有期的长度同样取值为 1，6，10，14，18，20 个周。这样就会有 36 种投资策略出现，每种投资策略用（形成期，持有期）数对来表示。

表 1、表 2 列出了沪深股市样本股中"输者"组合和"赢者"组合在 36 个策略中的周平均累计超常收益率，以及这两个组合收益率之差，括号内为 t 统计量。从表中我们可以看到，在所有策略中，除投资策略组合（6，20），（14，18），（18，20）之外，其他"输者"组合的收益率都超过了"赢者"组合的收益率，但是，统计的显著性都不高。在投资策略组合（1，1），（6，1），（10，1），（10，18），（14，6）中，Loser - Winner 的值全部大于零，Loser 的值也全部为正数，并且 Loser - Winner 的 t 统计值在 10% 的水平上是显著的。投资策略组合（1，14），（6，18），（18，18），（20，14）在 5% 的水平下显著，但策略（20，14）的 Loser 值为负；而只有策略（6，6）在 1% 的水平下是显著的。综合分析，实证结果总体表现出如下一些特点：

（1）大部分"输者"组合和"赢者"组合都没有表现出相应的惯性效应，而表现出一定程度的反转效应。在策略组合（6，20），（14，18），（18，20）中，只有（14，18）满足 Winner = 0.000366 > 0 且 Winner - Lower = 0.00272 > 0，说明该策略组合存在惯性效应，但是，Winner - Lower 的 t 统计量并不显著。除策略组合（6，20），（14，18），（18，20）外，其余组合的

Loser - Winner 的值全部大于零。其中，组合（1，6），（1，20），（6，14），（10，14），（10，20），（14，10），（14，14），（14，20），（18，10），（20，10），（20，14），（20，18），（20，20）的 Loser 值小于零，不满足反转效应的条件。其他策略组合的 Loser 值大于零，并且 Loser - Winner 的值全部大于零，这说明这些组合存在反转效应。

（2）大部分统计量显著性不高。表 1、表 2 显示，只有 10 个策略组合的统计量在不同的显著性水平下通过了显著性检验，大部分组合的统计量并不显著。其原因在于：

1）中国股市系统风险较大，上海证券交易所中系统风险占 2/3，非系统风险只占 1/3，导致多数股票超常收益率低。

表 1 "惯性"投资策略与"反转"投资策略：2005. 11 ~ 2010. 11（括号中是 t 统计量）

形成期	持有期（平均累计超常收益）		
	一周	六周	十周
A 一周			
Winner	- 0.00264	- 0.00122	- 0.00063
Lower	0. 001015	- 0.00035	0.000689
Winner - Lower	- 0.00365	- 0.000872	- 0.001322
	(1.70*)	(0.53)	(1.49)
B 六周			
Winner	- 0.00459	- 0.00613	- 0.00517
Lower	0.00285	0.002529	0.000472
Winner - Lower	- 0.007441	- 0.008659	- 0.002041
	(1.69*)	(3.59***)	(1.16)
C 十周			
Winner	- 0.0057	0.000285	- 0.0025
Lower	0.003091	0.000913	0.000918
Winner - Lower	- 0.00889	- 0.000629	- 0.003415
	(2.01*)	(0.23)	(1.55)
D 十四周			
Winner	- 0.00239	- 0.00343	- 0.00334
Lower	0.000286	0.002445	- 0.00019
Winner - Lower	- 0.002675	- 0.005878	- 0.003154
	(0.38)	(1.77*)	(1.19)

续表

形成期	持有期（平均累计超常收益）		
	一周	六周	十周
E 十八周			
Winner	-0.00021	-0.00438	-0.00148
Lower	0.000199	0.000652	-0.00144
Winner - Lower	-0.00041 (0.28)	-0.005027 (1.25)	-4.11E-5 (0.02)
F 二十周			
Winner	-0.00106	0.000338	-0.00349
Lower	0.005194	0.002086	-0.00035
Winner - Lower	-0.006255 (1.02)	-0.001748 (0.48)	-0.003146 (1.08)

注：Winner 为形成期累计超常收益率最高的 50 只股票，Loser 为形成期累计超常收益率最低的 50 只股票，Winner - Lower 为"赢者"组合和"输者"组合收益率只差，* 为 10% 的显著水平，** 为 5% 的显著水平，*** 为 1% 的显著水平。

**表2 "惯性"投资策略与"反转"投资策略：
2005.11~2010.11（括号中是 t 统计量）**

形成期	持有期（平均累计超常收益）		
	十四周	十八周	二十周
A 一周			
Winner	-0.00266	0.000259	-0.0016
Lower	0.001064	0.000374	-0.00081
Winner - Lower	-0.00372 (2.33 **)	-0.000116 (0.08)	-0.00079 (0.54)
B 六周			
Winner	-0.00258	-0.00175	-0.001
Lower	-0.00056	0.00118	-0.00303
Winner - Lower	-0.002017 (1.10)	-0.002935 (2.20 **)	0.00203 (-1.58)
C 十周			
Winner	-0.00086	-0.00284	-0.00093
Lower	-0.00061	0.000206	-0.00092
Winner - Lower	-0.000244 (0.12)	-0.003048 (1.84 *)	-1.74E-5 (0.01)
D 十四周			
Winner	-0.00273	0.000366	-0.00168
Lower	-1.8E-5	-0.00236	-0.00025
Winner - Lower	-0.002716 (1.10)	0.00272 (-1.39)	-0.001431 (0.76)
E 十八周			
Winner	-0.0004	-0.00268	-0.00211
Lower	0.001848	0.002792	-0.00271
Winner - Lower	-0.002244 (0.63)	-0.00547 (2.32 **)	0.0006 (-0.24)

续表

形成期	持有期（平均累计超常收益）		
	十四周	十八周	二十周
F 二十周			
Winner	-0.00512	-0.00173	-0.00235
Lower	-0.0002	-0.00284	-0.00145
Winner - Lower	-0.004919 (2.23 **)	-0.00111 (-0.40)	-0.000902 (0.36)

注：Winner 为形成期累计超常收益率最高的 50 支股票，Loser 为形成期累计超常收益率最低的 50 支股票，Winner - Lower 为"赢者"组合和"输者"组合收益率只差，* 为 10% 的显著水平，** 为 5% 的显著水平，*** 为 1% 的显著水平。

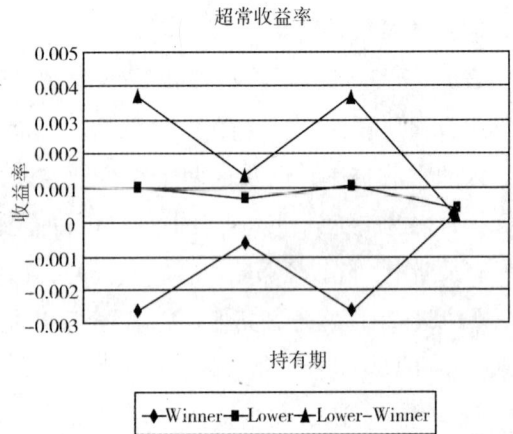

图1 形成期为1周的反转策略超常收益率

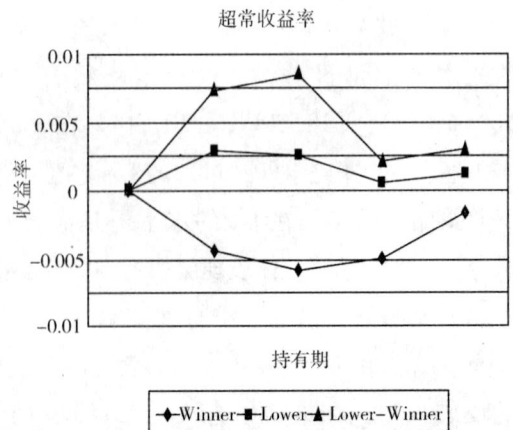

图2 形成期为6周的反转策略超常收益率

2）我国股市总风险较大，波动性太强。研究认为中国股票市场典型股票的年波动率高达 60%，远远超过国外股市。这些因素都说明了股市收益的风险大，所以统计量不显著。

3）投资策略获得的收益率较低。从表中我们发现，虽然"反转"投资策略获得了一定的收益，但是收益率都很低，基本上没有超过1%。图1和图2分别给出了形成期为1周和6周的"反转"的策略超常收益率，可以清晰地看到，超常收益率都没有高于1%。

综上所述，根据沪深 A 股的实证结果发现，市场一致表现出价格反转的特征，而价格惯性的情况很少出现。因此，我们可以肯定地认为"惯性"投资策略在中国现阶段股市中是不可行的，而"反转"投资策略却能帮助投资者，特别是资金实力较弱的中小投资，在现阶段股市中获得超额收益。

4 结论

通过对我国沪深 A 股市场的实证分析，我们得出如下结论：

（1）无论"惯性"投资策略还是"反转"投资策略都表现出价格反转特征。从这个意义上说，可以认为我国股市只存在反应过度现象，不存在反应不足。因此，短期内实行"反转"投资策略对投资者来说是有利的。

（2）"反转"投资策略获得的超常收益率并不高。在我们观察的所有形成期和持有期内，几乎所有超常收益率都低于1%。

参考文献

[1] DeBondt, Werner F. M., and Richard H. Thaler. Does the Stock Market Overreactions [J]. Journal of Finance, Vol. 40, No. 3, 1985. 793～805.

[2] Jegadeesh. N and S. Titman. Returns to Buying Winners and Selling Losers：Implications for Stock Market Efficiency [J]. Journal of Finance, Vol. 48, No. 1, 1993：65～91.

[3] Barberis, Nicholas, Andrei Shieifer, and Robert Vishny. A Model of Investor Sentiment [J]. Journal of Financial Economics, Vol. 49, No. 3, 1998：307～343.

[4] Daniel, Kent, David Hirshleifer, and Avanidhar Subrahmanyam. Investor Psychology and Security Market Under – and Over – Reactions [J]. Journal of Finance, Vol. 53, No. 6, 1998：1839～1886.

[5] Hong Harrison, and Jeremy C. Stein. A Unified Theory of Underreaction, Momentum Trading, and Overreaction in Asset Markets [J]. Journal of Finance, Vol. 54, No. 6, 1999：2143～2184.

[6] 王永宏，赵学军．中国股市"惯性策略"和"反转策略"的实证分析 [J]．经济研究，No. 6，2001：56～61.

[7] 尹筑嘉．中国股票市场反转策略与惯性策略的实证研究 [M]．暨南大学硕士学位论文，2004.

[8] Chopra, Navin, Joseph Lakonishok and Jay R. Ritter. Measuring abnormal performance：Do stocks overreaction. Journal of Financial Economics, Vol. 31, 1992：235～269.

[9] 张人骥，朱平芳，王怀芳．上海证券市场过度反应的实证检验 [J]．经济研究，No. 5，1998：59～65.

[10] 赵宇龙．会计盈余披露的信息含量——来自上海股市的经验证据 [J]．经济研究，No. 7，1998：42～50.

[11] 沈艺峰，吴世农．我国证券市场过度反应了吗？[J]．经济研究，No. 2，1999：23～28.

关于套期会计准则的再思考
——以外汇期权为例

李贵玲　王凤洲

（集美大学工商管理学院）

摘要：金融工具尤其是衍生金融工具的发展和应用越来越普遍，金融创新更是层出不穷，高收益、高风险的特征使其成为社会的热点和焦点，由此对会计提出的挑战也备受关注。金融工具尤其是衍生金融工具作为套期保值的工具被多数企业采用，而对外汇风险进行套期是目前我国应用较为普遍的一种套期工具。本文通过案例分析论证采用公允价值套期会计和现金流量套期会计对会计报表中的利润项目的影响，指出了准则中对公允价值套期会计和现金流量套期会计应用条件的界定不清可能会被部分企业加以利用进行利润操纵，从而影响财务报表的可靠性，并据此给出建议，以期能进一步完善会计准则。

关键词：套期保值；利润操纵；公允价值套期会计；现金流量套期会计

Re – thinking on Accounting Standard of Hedge
——Forward Exchange Right, for example

Li Guiling, Wang Fengzhou

（E – mail：iwaly191@163. com, fzhwang@ jmu. edu. cn）

（School of Business Administration, Jimei University）

Abstract：The application of financial instruments, especially the derivative financial instruments are more and more popular because of its high – yield, high – risk characteristics. Thus the challenge on accounting is concerned. Financial instruments, especially the derivative financial instruments are used as hedging instruments by most companies in our country, particularly in avoiding the foreign exchange risk. This article indicates that the unclear definition on when use the fair value hedging accounting and when use the cash flow hedging accounting may be used by the enterprise manager for profit operation, which damages the reliabilities of financial statements. Thus some proposals are given here to refine the Accounting Standards.

Key words：hedge; profit operation; fair value hedging accounting; cash flow hedging accounting

2006 年 2 月 15 日财政部颁布的 39 个会计准则中，涉及金融方面的会计准则共有 4 个，分别是《企业会计准则第 22 号——金融工具确认和计量》（简称《金融工具确认和计量准则》)、《企业会计准则第 23 号——金融资产转移》、《企业会计准则第 24 号——套期保值》和《企业会计准则第 25 号——金融工具列报》。这些准则的制定和实施是金融工具会计在我国的一个重大发展，其对我国金融工具会计的应用所起到的巨大的规范和促进作用是绝对的，但我们也应该思考其中不合理的成分，以便促进其越发完善。

1　概述

金融工具，尤其是衍生金融工具的发展和应用越来越普遍，金融创新更是层出不穷，由此而带来的收益和损失更是让不少企业几多欢喜几多愁。金融工具是指形成一个企业的金融资产并同时形成其他企业的金融负债或权益工具的合同[1]。它可分为基础金融工具和衍生金融工具，其中基础金融工具通常包括现金、银行存款、应收款项等；而衍生金融工具包括远期合同、期货合同、互换和期权等，且金融创新愈演愈烈。随着金融工具，尤其是衍生金融工具的发展和广泛应用，出现的问题越来越多，风险也越来越大。

衍生金融工具所带来的风险主要可归纳为三个方面：第一，出于投机获利的目的而持有带来的风险。由于投机获利者的涌入，市场秩序混乱，极可能导致市场价格远远偏离价值而形成泡沫，而泡沫一旦破裂，必然带来巨大损失。第二，金融创新带来的风险。金融创新是指各种金融要素的重新组合，是为追求利润最大化而发生的金融改革[2]。金融创新将社会上分散的风险集中在少数金融创新工具的市场上，所以风险很大。第三，衍生金融工具的会计确认问题带来的风险。对于刚刚过去的 2008 年的金融危机，会计虽不是罪魁祸首，但会计采用的公允价值计量无疑也起到了推波助澜的作用，

加大了风险。除了公允价值计量外，会计在处理涉及金融工具的经济业务上还存在着很多问题，这也给金融工具的应用带来风险。因此，相关会计处理问题亟待探讨。

虽然衍生金融工具出现的最初目的是防范风险，但目前而言，其主要应用可分为两种：一是投机获利，当然其中有短期投机者，也有长期理性投资者；二是为防范风险而进行套期保值。由于套期保值运用较为普遍且值得推崇，因而套期保值会计也越来越受到重视。

2　套期会计准则存在的不足及其影响

首先，准则中对于公允价值套期和现金流量套期的界定并不清晰。《企业会计准则第 24 号——套期保值》第三条规定："套期保值分为公允价值套期、现金流量套期和境外经营净投资套期。公允价值套期，是指对已确认资产或负债、尚未确认的确定承诺，或该资产或负债、尚未确认的确定承诺中可辨认部分的公允价值变动风险进行的套期。该类价值变动源于某类特定风险，且将影响企业的损益。现金流量套期，是指对现金流量变动风险进行的套期。该类现金流量变动源于与已确认资产或负债、很可能发生的预期交易有关的某类特定风险，且将影响企业的损益。"根据此规定可以看出，对公允价值套期和现金流量套期的划分很大一部分要取决于企业管理当局对套期所应对的风险类型，即为了规避公允价值变动风险则划分为公允价值套期，为了规避现金流量变动风险则划分为现金流量套期。此外，准则中还规定"对确定承诺的外汇风险进行的套期，企业可以作为现金流量套期或公允价值套期"，这使得企业有较大的空间来选择是将外汇风险进行的套期指定为公允价值套期还是现金

流量套期。

其次，准则关于公允价值套期和现金流量套期的会计处理存在差异，前者将套期工具公允价值变动计入当期损益，后者将套期工具的公允价值变动计入到所有者权益，待终止确认时再转入到当期损益中，不同会计处理对财务报表的有些项目存在影响，尤其是利润项目。

财务报表中的利润项目是各利益相关者关注的核心，其最直接的利益相关者当属企业的管理当局，利润是评价其业绩绩效的重要指标，利润是其融资开拓市场的利剑，同时，利润也是企业缴纳所得税等承担各种社会责任的依据之一。企业管理当局可能会根据自身的需要有目的地进行会计选择，进而可使报表中的利润项目高于或低于实际的利润，即进行利润操纵。

3 套期会计准则的应用举例

ABC 公司于 2010 年 11 月 28 日与美国的 P 公司签订了供货合同，合同约定 ABC 公司以签约日市场价格出售一批商品给 P 公司，该批商品在 2011 年 1 月 27 日发货，货款在发货日以美元结算，共计 100000 美元，签约日美元与人民币的汇率为 1：6.83。为了规避美元贬值的风险，ABC 公司在外汇市场上购入一份 2011 年 1 月到期的 100000 美元的看跌期权合约，合约的履约价格是 1：6.83，支付期权费 1000 元人民币。该公司在 2011 年 1 月 27 日取得货款后执行了期权合约（交割方式为轧差交割）。有关日期的汇率和外汇期权的市场价格见表 1。

表 1　汇率和外汇期权的市场价格　　　　　　单位：元人民币

日期	即期汇率	期权的市场价格	内在价值 = 100000 × (6.83 - 即期汇率)	时间价值 = 期权的市场价格 - 内在价值
2010 年 11 月 28 日	1：6.83	1000	0	1000
2010 年 12 月 31 日	1：6.82	1600	1000	600
2011 年 1 月 27 日	1：6.81	2000	2000	0

注：本案例采用唐佳的《外汇期权会计实务分析》中的案例并已稍作调整。

在此例中，ABC 公司即外汇期权的卖方，且该公司已于美国 P 公司签订合约时约定了交换价格和数量，所以 ABC 公司购进的外汇期权套期是"对确定承诺的外汇风险进行的套期"（确定承诺，是指在未来某特定日期或期间，以约定价格交换特定数量资源、具有法律约束力的协议）。根据准则规定，企业可以自主选择是按照公允价值套期还是用现金流量套期进行确认和计量。下面就分别分析公允价值套期和现金流量套期下确认和计量的不同及其产生的影响。

3.1　公允价值套期

3.1.1　初始确认

（1）由于期权合同有一个初始投资额——实际支付的期权费，所以在签约日，即 2010 年 11 月 28 日就形成了一笔现实交易，需确认为衍生工具。

借：衍生工具——外汇期权（内在价值）

0 元

　　　　——外汇期权（时间价值）

1000 元

　　贷：银行存款　　　　　1000 元

（2）将外汇期权的内在价值确认为套期工具，时间价值因属于无效套期部分，仍然在衍生工具中核算。

借：套期工具——外汇期权（内在价值）

0 元

贷：衍生工具——外汇期权（内在价值）

0 元

3.1.2 后续计量

在资产负债表日，即 2010 年 12 月 31 日，要对外汇期权套期的公允价值变动进行计量。

汇率的变化以及时间的推进导致外汇期权的公允价值增加了 600 元人民币，其中内在价值增加了 1000 元人民币，时间价值减少了 400 元人民币，应分别调整外汇期权的账面余额；同时，为了表明内在价值和时间价值的不同变动损益是由于时间价值是随着期权到期日的临近不断减少，实质上形成企业为获得内在价值而付出的一种损失，可以把时间的变动价值直接计入到"投资损益"，内在价值变动的部分则计入"公允价值变动损益"。

借：套期工具——外汇期权（内在价值）

1000 元

贷：公允价值变动损益 1000 元

借：投资收益 400 元

贷：衍生工具——外汇期权（时间价值）

400 元

3.1.3 终止确认

2011 年 1 月 27 日外汇期权到期，由于执行合约对 ABC 公司有利，所以 ABC 公司会选择行权。

（1）以公允价值调整外汇期权的账面余额，同时调整当期损益。

借：套期工具——外汇期权（内在价值）

1000 元

贷：公允价值变动损益 1000 元

借：投资收益 600 元

贷：套期工具——外汇期权（时间价值）

600 元

（2）发货并结转成本（分录略）；收到货款并确认一笔收入。

借：银行存款（100000 美元） 681000 美元

贷：主营业务收入 681000 元

（3）执行合约，结转套期工具和衍生工具，同时将原来计入"公允价值变动损益"的部分转入"投资收益"。

借：银行存款 2000 元

贷：套期工具——外汇期权（内在价值）

2000 元

衍生工具——外汇期权（时间价值）

0 元

借：公允价值变动损益 2000 元

贷：投资收益 2000 元

3.2 现金流量套期

作为现金流量套期，其利得或损失中属于有效套期的部分应当直接确认为所有者权益，并单列项目反映，其他处理则与公允价值套期基本相同。

3.2.1 初始确认

（1）由于期权合同有一个初始投资额——实际支付的期权费，所以在签约日，即 2010 年 11 月 28 日就形成了一笔现实交易，需确认为衍生工具。

借：衍生工具——外汇期权（内在价值）

0 元

——外汇期权（时间价值）

1000 元

贷：银行存款 1000 元

（2）将外汇期权的内在价值确认为套期工具，时间价值因属于无效套期部分，仍然在衍生工具中核算。

借：套期工具——外汇期权（内在价值）

0 元

贷：衍生工具——外汇期权（内在价值）

0 元

3.2.2 后续计量

在资产负债表日，即 2010 年 12 月 31 日，要对外汇期权套期的公允价值变动进行计量。

汇率的变化以及时间的推进导致外汇期权的公允价值增加了 600 元人民币，其中内在价值增加了 1000 元人民币，时间价值减少了 400 元人民币，应分别调整外汇期权的账面余额；同时，为了表明内在价值和时间价值的不同变动损益是由于时间价值是随着期权到期日的临近不断减少，实质上形成企业为获得内在价值而付出的一种损失，可以把时间的变动价值直接计入到"投资损益"，内在价值变动的部分则计入"资本公积——其他资本公积"。

借：套期工具——外汇期权（内在价值）

1000 元

贷：资本公积——其他资本公积

1000 元

借：投资收益 400 元

贷：衍生工具——外汇期权（时间价值） 400 元

3.2.3 终止确认

2011 年 1 月 27 日，外汇期权到期，由于执行合约对 ABC 公司有利，所以 ABC 公司会选择行权。

（1）以公允价值调整外汇期权的账面余额，将在公允价值套期中原先计入"公允价值变动损益"部分改为计入"资本公积——其他资本公积"。

借：套期工具——外汇期权（内在价值）

1000 元

贷：资本公积——其他资本公积

1000 元

借：投资收益 600 元

贷：衍生工具——外汇期权（时间价值） 600 元

（2）发货并结转成本（分录略）；收到货款并确认一笔收入。

借：银行存款（100000 美元）

681000 元

贷：主营业务收入 681000 元

（3）执行合约，结转套期工具和衍生工具，同时将原来计入"资本公积——其他资本公积"的部分转入"投资收益"。

借：银行存款 2000 元

贷：套期工具——外汇期权（内在价值）

2000 元

衍生工具——外汇期权（时间价值）

0 元

借：资本公积——其他资本公积

2000 元

贷：投资收益 2000 元

3.3 外汇期权对财务报表的影响

可以看出，由于汇率变动，该公司的货款遭受 2000 元的汇兑损失，但由于 ABC 公司买入了看跌期权，期权的内在价值增加的 2000 元正好抵偿了货款损失，时间价值减少的 1000 元使得公司承担了 1000 元的净损失。因此，利用外汇期权套期使该公司减少损失 1000 元。买入看跌期权后，这两种业务对 ABC 公司 2010 年、2011 年报表相关项目的影响见表 2 和表 3。

通过上述会计处理实例可以看出，不管是公允价值套期还是现金流量套期，最后的结果都使该公司减少了 1000 元由于汇率变动而导致的损失。但是，公允价值套期在套期有效期间，外汇期权的内在价值变动只计入当期损益；而现金流量套期在套期有效期间，外汇期权的内在价值变动只计入所有者权益，只在套期工具到期时把计入所有者权益的套期工具利得或损失转入当期损益，两种套期不同的会计处理方法使得该公司的年利润总额不相同。

表2　外汇期权套期对 ABC 公司 2010 年报表的影响　　　　　单位：元人民币

业务类型	资产	资本公积	投资收益	公允价值变动损益	利润总额
公允价值套期	+600	不变	-400	+1000	+600
现金流量套期	+600	+1000	-400	不变	-400

表3　外汇期权套期对 ABC 公司 2011 年报表的影响　　　　　单位：元人民币

业务类型	资产	资本公积	投资收益	公允价值变动损益	利润总额
公允价值套期	+400	不变	+1400	-1000	+400
现金流量套期	+400	-1000	+1400	不变	+1400

4　案例分析及结论

上述案例中，对于同一项套期保值业务进行公允价值套期会计和现金流量套期会计的处理，其会计确认、计量和报告都存在着差异，尤其是报告中的利润总额项目。虽然公允价值套期和现金流量套期最后的结果都使该公司减少了 1000 元由于汇率变动而导致的损失，但其不同的会计处理对于套期有效期内的年利润总额影响却是不同的。由表2可以看出，对于相同的看跌期权，将其划分为公允价值套期，2010 年的利润总额增加了 600 元；而将其划分为现金流量套期进行处理的话，却使得 2010 年的利润总额减少了 400 元。由表3来看，虽然二者都使得 2011 年的利润总额增加，但划分为公允价值套期使 2011 年的利润总额增加了 400 元，而划分为现金流量套期则使 2011 年利润总额增加了 1400 元，增加额相差了 1000 元。

本文的结论重点是现存的套期保值会计准则对何时采用公允价值套期会计、何时现金流量套期会计的界定并不清晰，尤其是"对确定承诺的外汇风险进行的套期，企业可以作为现金流量套期或公允价值套期"的规定使企业对于其外汇风险套期的类型界定有完全自主的选择空间，而二者的界定不清晰所带来的问题便是企业的管理当局有相当大的利润操纵的空间，

从而影响会计报告的真实性，使会计报告在一定程度上表达了企业管理当局的意愿，且使套期保值业务在企业中的应用因为会计处理问题给企业的相关利益者带来不必要的风险。

为了规避上述问题，本文提出两条建议：一是在准则中明确指定为其中一种，如直接说明对于意图不明确或有关确定承诺的套期直接指定为公允价值套期或现金流量套期；二是仍把选择权留给企业，但对其进行限制。如对于意图不明确或有关确定承诺的套期可选择采用公允价值套期或现金流量套期，选择之后则不可随意变更，应保持会计政策的一贯性。

参考文献

[1] 财政部会计司．企业会计准则讲解 2006 [M]．北京：人民出版社，2007．

[2] 陈林轶．金融工具创新的风险防范研究 [J]．时代金融，2011 (03)．

[3] 唐佳．外汇期权会计实务分析 [J]．财会通讯，2009 (25)．

[4] 皇甫亚楠．试析期权合同的会计核算 [J]．财会月刊，2009 (26)．

[5] 张志英．试析金融期权的会计处理 [J]．财会月刊，2006 (29)．

[6] 汪静．金融工具中公允价值计量对企业利润的影响的实证研究——来自金融业上市公司的数据 [J]．财会通讯，2010 (24)．

感知风险视角下移动金融服务采纳模型研究

张晓宇[1] 李英[1] 隋梦晴[1] 许睿[2]

（1. 华东理工大学商学院）

（2. 安徽建筑工业学院）

摘要：感知风险是从心理学引入营销学的一个概念，用于解释消费者的购买行为。本文通过基于感知风险和 TAM 模型的构建，对移动金融服务中消费者感知风险的构成维度进行剖析，并在 TAM 模型框架下增加感知风险这一变量，通过发放和收集调查问卷的形式，分析移动金融服务中消费者的感知风险对其采纳该服务的行为产生的影响，并试图通过此项研究，为我国当前移动金融服务业务的推广和发展提供参考性建议和意见。

关键词：TAM 模型；感知风险；移动金融服务

Mobile Financial Service Adoption Model from the Perspective of Perceived Risk

Zhang Xiaoyu[1]　Li Ying[1]　Sui Mengqing[1]　Xu Rui[2]

（E – mail：liying@ ecust. edu. cn）

（1. School of Business，East China University of Science and Technology）

（2 . Department of Management Science and Technology，Anhui University of Architecture）

Abstract：Perceived risk is a concept from psychology, introduced to the marketing area to explain consumer buying behavior. This paper builds a model based on the perceived risk and TAM model, to analyze the perceived risk of consumers in the mobile financial services. Through adding a variable of perceived risk to TAM model and collection of questionnaires, this paper mainly analyzes the influence of perceived risk to consumers' adoption behavior of the service, and attempts to provide referential suggestions for the business promotion and development of the current mobile financial services through this study.

Key words：TAM model；perceived risk；mobile financial services

1 前言

在当前3G时代的背景下，我国移动商务及其关联产业发展迅速。移动金融服务作为移动商务产业链中的重要服务类型之一，越来越受到众多金融企业的重视。移动金融服务是一种依托于先进的计算机信息系统的服务新产品，在其成功开发后，保证其能够顺利在社会消费群体中有效扩散同样非常重要。

以移动金融服务产品为核心，连同其周围

有关的活动参与者，可看作是一个庞大的信息系统，而对处于其最终端的消费者来说，他们心理上的感知风险是影响消费者选择移动金融服务的一个重要因素。因此，全面了解消费者在移动金融服务中感知风险的构成维度以及其对消费者采纳移动金融服务这一行为的影响，可以帮助我们更好地理解 3G 时代下消费者的行为，为促进移动金融服务整个产业的发展提供一些非常宝贵的资料数据和建议。

因此，在移动金融服务研发、推广的初期，研究消费者的消费心理，从心理学、营销学的角度对其可能产生的感知风险进行先验研究，并且在后续的推广扩散过程中有效地避免这些风险，对于移动金融服务提供商来说就显得非常重要。

2 理论模型

2.1 技术接受模型

技术接受模型（Technology Acceptance Model，TAM）[1]是 Davis 运用理性行为理论研究用户对信息系统接受时所提出的一个模型，技术接受模型提出了两个主要的决定因素：①感知的有用性（perceived usefulness），反映一个人认为使用一个具体的系统对其工作业绩提高的程度。②感知的易用性（perceived ease of use），反映一个人认为容易使用一个具体的系统的程度。在本论文中，将在 TAM 模型的基础上增加感知风险因素，构建移动金融服务采纳模型。

2.2 感知风险的构成因素和维度

20 世纪 20 年代，风险的概念在经济学领域相当流行，被成功地应用到经济学、财政学及其他决策学科里[2]。1960 年美国营销协会第 43 届年会上，哈佛大学的学者 Raymond A. Bauer[3]首次将"感知风险"的概念从心理学引入消费者行为学研究。Bauer 对感知风险的最初陈述为："消费者的所有行为都会产生其自身无法准

确预见的后果，而且其中部分后果很可能是令人不愉快的，所以从这个意义上讲，消费者的行为涉及风险"。即感知风险理论是用来解释消费者的购买行为，把消费者的行为视为一种风险承担行为，因为消费者在考虑购买时并不确定产品的使用结果，所以承担了某种风险，这是感知风险的最初含义。

Mitchell[4]认为，消费者在做出购买决策时倾向于减少其感知风险而不是最大化其感知价值，感知风险对消费者行为的解释更强而有力。Kotler[5]指出，消费者改变、推迟或取消购买决策在很大程度上是受到感知风险的影响。

Cox[6]提出感知风险可能与财务或者心理风险有关，Cunningham 认为消费者感知到的风险可能包括社会后果、资金损失、物理损伤、时间损失和产品性能等问题。之后众多学者研究了感知风险包含的构面，1972 年，Jacoby 和 Kaplan[7]将顾客感知风险分为财务风险、功能风险、身体风险、心理风险和社会风险；1975 年，Peter 和 Tarpey 提出的第六个重要的风险为时间风险；1993 年，Stone 和 Gronhaung[8]的研究表明，前五种风险加上时间风险可以解释 88.8% 总感知风险。到目前为止，许多对感知风险的研究采用的都是六个层面[9]：财务风险、功能风险、时间风险、身体风险、社会风险和心理风险。

2.3 感知风险视角下的采纳模型设计

在原始 TAM 模型的基础上，结合本文所讨论的范围，基于以上对感知风险构成维度的分析，本文构建出了在移动金融服务中的消费者接受模型的变型，并以此为假设模型，在以后的调查问卷中进行验证。

本文认为，消费者最终采用移动金融服务办理业务的行为受到其对移动金融服务这套信息系统选择的态度及使用的意向的直接影响，而后者则是由两方面共同决定的：一方面，消费者感知到的移动金融服务能为他带来的利益，

这其中包括感知到移动金融服务有用（感知的有用性）和感知到移动金融服务能为他带来方便并且便于使用（感知的易用性），感知的利益无疑对其选择的态度和意向具有促进作用，感知利益越大，消费者越趋向于选择使用它；另一方面，消费者对移动金融服务的感知风险构成了其选择意向的负作用因素，用户的感知风险越大，则越不愿意选择使用移动金融服务。

根据以上分析型，本文提出如下假设：

H1：感知的有用性对接受的态度及使用的意向有正向影响；

H2：感知的易用性对接受的态度及使用的意向有正向影响；

H3：感知的易用性对感知的有用性有正向影响；

H4：感知风险对接受的态度及使用的意向有负向影响；

H5：接受的态度及使用意向对移动金融的采纳行为有正向影响。

结合以上假设，可得到本文的理论模型，如图 1 所示。

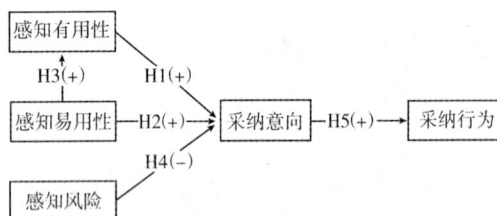

图 1 采纳模型

3 实证分析

3.1 问卷设计与发放

本研究采用问卷调查法对实证模型进行验证，考虑到变量的有效性，本文大部分变量的测度项来源于已有文献以及之前权威学者专家的变量设定，并根据移动金融服务的特点进行了适当的扩展和调整。

问卷由两部分组成：第一部分为调查对象的人口统计特征，包括性别、年龄、教育程度、职业等；第二部分包含实证模型中所有变量的测度项。采用 Likert 7 级量表对所有问题进行打分，填答者在 1～7 级之间选择，1 为非常不赞同，7 为非常赞同。

为了避免问卷的内容存在表达方面的问题，导致被调查者理解不清，本文研究采用问卷前测的方式对问卷内容进行检查。前测对象是信息管理与信息系统专业领域的多位老师及专家，通过各位老师的回复意见进行问卷修正。

问卷主要通过直接发放、电子邮件、在线问卷网站等方式进行发放。问卷填答者主要包括华东地区的大学本科生、研究生以及部分社会上的企业管理者、MBA 学员等等。问卷共发放 200份，回收 176 份，除去填答不完整及其他无效的问卷，有效问卷 154 份，占样本总量的 87.5%。

问卷中所有变量均采用多个测度项，表 1中列出变量的定义、来源和测度项个数。

表 1 变量的定义和来源

变量	定义	测度项个数	来源
感知有用性	用户感觉移动金融服务能提高其效率的程度	3	Davis
感知易用性	用户感觉移动金融服务容易使用的程度	2	Davis
感知风险	用户无法准确预见使用移动金融服务的后果而产生的不愉快	8	Bauer 等
接受态度及使用意向	用户愿意使用移动金融服务的动机	2	Venkatesh 等
采纳行为	用户实际的使用行为	2	Moon. J 等

3.2 数据信度和效度分析

信度是指根据测验工具所得到的结果的一致性或稳定性，反映被测特征真实程度的指标。一般而言，两次或两个测验的结果愈是一致，则误差愈小，所得的信度愈高。信度的分析方法有多种，比如重测信度法、复本信度法、折半信度法、评分者信度及阿尔法信度系数法等。在李克特量表法中常用的信度检验方法为Cronbach's阿尔法系数，即"折半信度"。本次调查问卷处理我们采用Cronbach's阿尔法系数法，信度分析结果如表2所示。

表2　各变量Cronbach's α系数值

变量名称	题数	Cronbach's α 值
感知有用性	3	0.9208
感知易用性	2	0.5804
感知风险	8	0.6977
接受态度及使用意向	2	0.8140
采纳行为	2	0.8037
问卷总体	17	0.7835

根据Cronbach α的测量标准，Cronbach α < 0.3 为不可信，0.3 < Cronbach α ≤ 0.4 为初步研究，勉强可信，0.4 < Cronbach α ≤ 0.5 为稍微可信，0.5 < Cronbach α ≤ 0.7 为可信，Cronbach α ≥ 0.7 为很可信[10]。在本研究中，如表2所示，量表总体信度为0.7835，各个因子的测量信度也均达到0.5以上，因此，可认为本研究的各个变量均具有较高的信度。

效度（Validity）即有效性，它是指测量工具或手段能够准确测出所需测量的事物的程度。效度分为三种类型：内容效度、准则效度和结构效度。效度分析有多种方法，其测量结果反映效度的不同方面。常用于调查问卷效度分析的方法主要有单项与总和相关效度分析、准则效度分析和结构效度分析。在SPSS中经常用KMO和Bartlett's Test来检验问卷的效度。

同样的，通过统计软件处理，经过KMO和Bartlett球形检验，得到的结果可以看出KMO检验系数为0.848，大于0.7，比较接近于1，而Bartlett's Test的P值也远小于0.001，因此调查问卷可以进行因子分析，从因子分析的结果可知本问卷具有良好的结构效度和内容效度。

3.3 因子分析

问卷分析过程中，指标间经常具备一定的相关性，人们一般希望在保证能够反映原有的全部信息的基础上，用较少的指标代替原来较多的指标。本研究中，我们采用因子分析的方法解决这个问题。

因子分析的基本目的就是用少数因子描述多个指标之间的联系，即将相关比较密切的几个变量归在同一类中，每一类变量用一个因子表示，达到用较少的因子反映原数据中大部分信息的目的。

因子分析的结果如表3所示。使用主成分分析法得到5个因子，变量与某一因子的联系系数绝对值越大，则该因子与变量关系越近，或者因子矩阵也可以作为因子贡献大小的度量，其绝对值越大，贡献也越大。分别将提取出来的5个因子命名为感知有用性、感知易用性、感知风险、接受态度及使用意向和采纳行为。

3.4 验证后的模型

因子分析后，本文将按照前文所构建的基本模型逐一验证。

首先，根据之前的模型假设和因子分析的结果，我们取factor4（接受态度及意向）为因变量，factor1 ~ factor3 为自变量（依次为有用性认知、风险认知、易用性认知）。得到的线性回归方程为：

接受的态度及使用的意向 = 8.208 + 2.370 × 有用性认知 − 0.197 × 风险认知 + 0.465 × 易用

性认知

表 3 因子分析

	Component				
	1. 有用	2. 易用	3. 风险	4. 态度	5. 采纳
效率	**0.764**	0.357	0.158	-0.123	-0.212
交易	**0.787**	0.400	0.105	-0.105	-0.166
有用	**0.766**	0.359	0.080	-0.157	-0.169
易学	0.098	**0.769**	0.064	-0.214	0.229
渠道	0.373	**0.581**	0.237	0.016	-0.103
安全	0.240	-0.009	**0.786**	0.052	-0.139
范围	0.004	0.171	**0.777**	0.135	-0.066
评价	-0.081	-0.133	**0.765**	0.082	0.134
隐私	0.155	-0.110	**0.759**	-0.021	0.164
时间	-0.151	-0.025	**0.790**	0.265	0.013
健康	-0.110	0.092	**0.820**	0.009	-0.036
服务	-0.005	0.047	**0.594**	0.087	0.473
压力	-0.165	-0.070	**0.698**	0.135	0.287
明智	0.295	-0.209	0.047	**0.785**	0.043
概念	0.199	-0.164	0.066	**0.832**	-0.077
接受	0.237	0.070	-0.051	0.149	**0.821**
加强	0.359	-0.065	-0.001	0.084	**0.742**

所以，消费者感知的有用性以及感知的易用性对移动金融服务的采纳和使用行为有正向的影响；顾客的感知风险会对移动金融服务的接纳和采纳行为造成负面的影响，即 H1、H2、H4 成立。

其次，在有用性认知、易用性认知以及感知风险这一模型分析层次，我们通过各个因子间相关性系数，可以很清楚地验证出 H3 的真伪，由于 factor1（有用性认知）与 factor2（易用性认知）的相关系数为正实数 0.017，由此我们可以判断感知的易用性和感知的有用性之间确实存在正向的影响关系，即 H3 成立。

再次，参考其他大多数学者基于 TAM 模型的研究，大多通过构建以感知的易用性、有用

性及自定义的外部变量为自变量，以对信息系统的接受态度及使用意向为因变量构建结构方程，通过结构方程的系数来确定它们之间的正负影响关系。而对于信息系统的接受态度及使用意向和系统最终的实际使用行为之间，则不进行进一步的实证研究，因为在 TAM 模型的假设环境中，默认认为对系统的接受态度及使用意向将会直接导致系统的实际采纳行为，因此，在这里不进行进一步验证，H5 成立。

最后，在消费者的感知风险构成维度层面，由因子负荷矩阵我们可以得到感知风险的 8 个构成维度对总的感知风险的贡献度，在后文的结论部分，我们将对该结果进行进一步详细的分析。

根据数据分析的结果，我们可以得出在前文构建的加入了感知风险因素的 TAM 模型中，各个因素之间的相关性影响关系以及感知风险的各个构成维度对总量的贡献程度如图 2 所示。

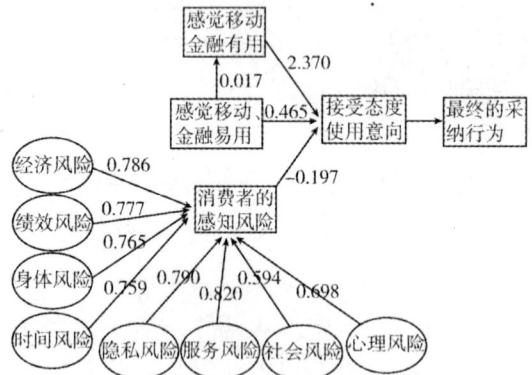

图 2 验证后的模型

3.5 策略分析

首先，根据对 H1、H2、H3、H4 研究假设的验证，我们得到这到这样的结论：消费者感知移动金融服务的有用性和易用性对其采纳和使用行为有正向的影响；而感知风险会对移动金融服务的接纳和采纳行为造成负面的影响；

同时感知移动金融服务的易用性对感知其有用性有正向作用。所以移动金融服务的提供商应该注意以下几点：①关注消费者接受和使用服务时的心理感受，对消费者注重的风险采取对应的规避措施，通过技术和非技术手段提高移动金融服务过程中的账户安全性，保护用户的隐私及财产安全；②扩大移动金融服务的业务覆盖范围，注重在社会中推广业务的过程，尽快促成一支比较成熟的产业链条，使消费者尽快习惯使用移动金融服务办理业务；③借助高速发展的软硬件技术，不断增强移动金融服务在便携式移动设备上使用的友好性、便利性、快捷性及安全性，为移动金融服务的使用者提供高质量的客户服务。

其次，本研究对感知风险的维度进行了验证分析。当前整个移动金融服务产业链的发展还不是很成熟，仍属于新兴事物，从感知风险的 8 个层面可知：①消费者对于其是否能够实现真实的移动金融机构所拥有的所有业务功能比较敏感；②消费者对于社会关系中周围的人群的看法和感受比较在意；③消费者对于使用移动金融服务所带来的时间风险和心理风险比较敏感；④对于传统意义上看起来比较重要的财务风险及隐私风险等的敏感性没有想象中高。由此可见，在当前的科技发展水平下，人们已经愿意相信技术手段的安全性和完善性可以在实现我们想要功能的同时给我们的隐私信息提供严密的保护。

因此，移动金融服务运营商应该把更多的精力放在宣传产品或业务的通用性及适用性上，只有在社会网络中拥有较多的用户数目、良好的用户基础，提供优质的售后服务，才能真正做到让消费者接受其产品和服务。

4　结论

通过本文的研究，得出了以下结论：

（1）验证了 TAM 模型在移动金融服务这一崭新的研究领域中同样成立。

虽然经典的技术接受模型已经在众多的研究领域中被不断地证实、改进和发展，但是在当前快速发展的 3G 时代背景下，在还处于起步推广发展阶段的移动金融服务这一全新的研究领域，证实其依然成立还是有相当重要的理论意义。

（2）在消费者采纳移动金融业务的过程中，感知风险这一心理因素，的确对其最终的采纳行为有明显的负面影响。

将广泛运用于心理学的感知风险这一概念引入消费者对新产品新服务的技术采纳模型研究，并成功得到证实，为对于消费者心理、行为的研究提供了一个新的思路和方法。

（3）消费者对于移动金融业务的感知风险，主要由经济风险、绩效风险、身体风险、时间风险、隐私风险、服务风险、社会风险以及心理风险构成。

在提出感知风险这一概念的同时，对其在 3G 移动金融领域的具体构成维度进行了大胆的假设和小心细致的求证，并得到一个较好的数据支持结果，对于移动金融服务提供商和政府相关部门促进和推广移动金融产业的发展将有十分重要的意义。

参考文献

[1] F. D. Davis, Perceived Usefulness, Perceived Ease of Use, and User Acceptance of Information Technologies [J]. MIS Quarterly, 1989, 13 (3): 319~340.

[2] Dowling Grahame R, Staelin Richard. A Model of Perceived Risk And Intended Risk – handling Activity [J]. Journal of Consumer Research, 1994 (21): 119~134.

[3] Ross Ivan Perceived Risk and Consumer Behavior: A Critical Review [J]. Advances in Consumer Research, 1975 (2): 1~18.

[4] Mitchell V – W. Consumer Perceived Risk: Conceptualizations and Models [J]. Eur J Mar. 1999, 33 (1/2): 163～196.

[5] Kotler P. Marketing Management: Analysis, Planning, Implementation, and Control [M]. 9th ed. Canberra: Prentice – HaU, 1999.

[6] Cox D F. Risk Taking and Information Handling in Consumer Behavior [M]. Boston: Graduate School of Business Administration, Harward University, 1967.

[7] Jacoby J, Kaplan L. The Components of Perceived Risk [A]. Proceeding of the 3rd Annual Conference, Association for Consumer Research [C]. Chicago, IL, 1972: 382～393.

[8] Stone R N, Gronhaug K. Perceived Risk: Further Considerations for the Marketing Discipline [J]. European Journal of Marketing, 1993, 27 (3): 39～50.

[9] Soh C, Mah Q Y, Gan F J, et a1. The Use of the Internet for Business: The Experience of Early Adopters in Singapore [J]. Internet Research, 1997, 7 (3): 217～228.

[10] 卢纹岱. SPSS for Windows 统计分析 [M]. 电子工业出版社, 2002.

网上银行服务质量评价实证研究

张瑶瑶　　汤兵勇

（东华大学旭日工商管理学院）

摘要：本文以传统服务质量 SERVQUAI 评价模型为基础，借鉴前人对电子服务质量研究成果，结合当前网上银行的特点，构建了基于顾客感知的网上银行服务质量评价指标体系，然后通过网络问卷的方法搜集实证数据，采用熵值法确立各指标权重，选择 D－S 证据合成作为评价方法，构建了网上银行服务质量评价模型，最后提出改进现阶段网上银行服务提供对策和建议。

关键词：网上银行；电子服务质量；熵权法；D－S 证据理论

The Empirical Research on Evaluation of Internet Banking Service Quality

Zhang Yaoyao, Tang Bingyong

（E－mail：zyy2008tkd@126.com, tangby@dhu.edu.cn）

（School of Management, Donghua University）

Abstract：This paper is based on SERVQUAL model which is the traditional service quality model and previous research about electronic service quality, with the current E－bank features, constructe a evaluation system of Service quality based on customer perception of Internet banking service. Second, collect evidence data by the network questionnaire and establish the weight of each index by Entropy Method. Thirdly, select D－S Evidence Method as an evaluation method. After all, propose some measures and suggestions to improve the Internet banking service.

Key words：Internet banking；electronic service quality；Entropy Method；D－S Evidence Method

1　前言

网上银行又称为电子银行或网络银行，是指依托于互联网发展起来向顾客提供金融服务的组织机构或业务形式，前者称为纯网上银行，是指完全通过互联网为顾客提供的金融服务；后者是实体银行利用互联网技术为顾客提供金融服务的一种渠道，相当于实体银行的分支机构。目前我国的网上银行都是这种类型。

现阶段对电子服务质量评价的研究比较多，但大多数仅仅是对网站评价进行简略的分析，并未结合服务质量的评价体系进行深入的研究，而且对综合类的评价指标体系的研究比较丰富，针对某个行业网站的评价研究比较缺乏，对于网上银行这一银行领域的新生系统，其相关研究比较少。网上银行是银行运营及管理的重要渠道，即时掌握网上银行服务质量的评价，可以更有针对性地解决银行领域存在的服务质量问题，进而帮助银行更好地进行经营管理，提高顾客满意水平和市场竞争力。

本文结合理论与实践，以 SERVQUAL 量表为基础，借鉴前人对电子服务质量评价指标的研究成果，并结合当前网上银行的特点，确定了基于顾客感知的网上银行服务质量评价体系。接着采用网络问卷的方法搜集数据，采用熵值法确定权重，选择 D－S 证据合成作为评价方法，构建网上银行服务质量评价模型，最后提出了改进网上银行服务质量的对策和建议。

Yoo 和 Donthu[1] 提出了从易用性、安全性、美观设计、处理速度四个维度来度量网站服务质量，也就是 SITEQUAL 量表。Barnes 和 Vidgen[2] 从 SERVQUAL 模型出发，开发了 WebQual 量表，并从可用性、移情性、设计、信息、信任和来度量企业提供的电子商务质量。Jos Iwaa den 等人[3] 通过对门户网站、零售网站、娱乐网站等网站的研究表明，传统服务质量的五维度（有形性、可靠性、响应性、保证性、移情性）同样适用于网络企业。Waymond Rodgers 等人[4] 也从传统的服务质量 SERVQUAL 量表出发，提炼出了一系列电子服务质量评价指标，包括安全性、反应性、移情性、可靠性、用户界面设计五个维度的电子服务质量量表。Parasuraman 等人[5] 提出了衡量电子服务质量的量表 E－SERVQUAL，由反应性、可靠性、隐私性、补偿性、效率性、完成性及接触性七个维度构成。

2 网上银行服务质量评价模型的构建

在构建上网上银行服务质量评价体系中，为了便于明确而具体地进行度量与控制，以 SE-RVQUAL 量表的五个维度为基础，借鉴前人对电子服务质量的相关研究，从顾客感知的角度出发，根据网上银行提供的服务类型把各类维度特性具体化并加以分析。

网上银行作为一种在线网站服务系统，顾客对服务的感知很大程度上体现在客户登录系统进行信息查询和业务办理。因此，网上银行网站的读取速度、整体设计、搜索引擎、分类清楚等都是影响顾客是否选择这种新信息技术的重要因素，也就是网上银行易使用性，如果顾客感觉网上银行不容易使用，则会极大地影响顾客对其服务质量的评价，因此在这里增加"易用性"维度。同时，在传统银行领域服务质量领域中，"安全性"维度一直是评价的关键维度之一，其具体含义是指银行服务过程中对客户健康、精神、财产、个人隐私的保障程度。在网上银行服务领域，网上银行的安全性同样也是广大使用者比较关注的问题，如果由于安全原因使客户遭到损失，将会极大地影响其对服务质量的评价，因此这里还增加了"安全性"这一维度。由于金融行业是一个以信息为导向的行业，网上银行的出现为用户提供了一个方便浏览经济资讯、理财信息以及信息交互的平台，在网上银行竞争日益激烈的今天，网上银行提供的财经资讯服务能否满足和达到用户的需要和期望已经成为网上银行服务质量评价的关键因素，因此在这里增加"财经资讯质量"维度。

与此同时，网上银行服务的"有形性"维度主要体现在顾客在使用此在线系统时对网上银行软硬件等技术准备的完善程度、网页制作水平以及网上银行自身的品牌形象等因素的感知；"可靠性"维度主要从网上银行是否能可靠、准确地履行服务承诺上来考察；"响应性"维度主要是考察网上银行在线服务人员是否能够积极回应用户的疑问及处理用户的问题；"移情性"则是考察网上银行为顾客提供个性化服务的程度，包括提供个性化金融产品以及一对一的服务等。鉴于传统 SERVQUAL 评价模型中的"保证性"维度主要与企业信誉和员工礼貌相关，在本文研究中对这一维度不予关注。此外，本文构建的评价体系中各评价指标项的得分是通过针对网上用户的问卷调研得到的，因此指标项在设立时要考虑普通用户是否有能力对其进行评价。

2.1 评价指标体系的构建

上面主要是对网上银行服务质量评价维度进行内容分析，具体的指标构成来源下面做具体阐述。在设计评价指标条款时尽量涵盖国内外研究文献中提及的因素，并依据网上银行服务的特性和小规模专家访谈结果加以取舍。接着通过对评价指标体系的层面相关性、条款措辞、预测试等方面进行进一步的研究，最终得出了 7 个维度 27 个测度项目集合的网上银行服务质量评价体系，用于获得顾客对个人网上银行服务质量评价的真实情况。指标汇总如表 1 所示：

表 1　网上银行服务质量评价指标体系

二级	三级指标层
有形性（a1）	a11：网站浏览器兼容性强
	a12：实体银行具有非常好的品牌形象
	a13：在顾客中具有非常好的口碑
	a14：网站界面的设计美观
可靠性（a2）	a21：能够在承诺的时间内提供服务
	a22：提供的服务记录准确无误
	a23：服务承诺清楚明确
	a24：能够按照承诺提供服务
移情性（a3）	a31：在线办理业务范围很宽
	a32：能够提供个性化的产品或服务
	a33：能非常主动地了解顾客需求
	a34：方便自定义页面风格

续表

二级	三级指标层
响应性（a4）	a41：能第一时间解决顾客在线提出的问题
	a42：提供 24 小时的在线服务
	a43：能通过自动或电子邮件提供及时的服务
	a44：网站具有良好的互动交流功能
安全性（a5）	a51：客户登录信息的安全性
	a52：在线交易的安全性
	a53：客户财产的安全性
	a54：提供增强系统安全性的工具
易用性（a6）	a61：目录组织和导航清晰明确
	a62：网站是易于链接和访问的
	a63：能够很容易地从网站上获取需要的信息
	a64：通过网站办理业务的操作过程非常简洁
财经资讯质量（a7）	a71：能提供最新和及时的财经资讯信息
	a72：能提供准确和相关的财经资讯信息
	a73：能提供全面详实的财经资讯信息

2.2 基于熵权法的权重确定

在现阶段综合评价研究中权重确定方法主要分为主观赋权法和客观赋权法，专家根据经验判断指标相对重要性的方法称为主观赋权法，比如专家打分法、层次分析法等；主成分分析、熵值法等属于客观赋权法，这些方法在使用过程中针对不同的应用背景从不同的角度对权重问题进行研究。由于本文从顾客感知的角度获取调查问卷数据，希望深入挖掘顾客对服务质量的感受和评价，不涉及专家打分，所以本文在此选择客观赋权法，同时由于考虑研究成本，熵值法在权重确定过程中可操作性最强，计算简便，因此本文在此选择熵值法作为确定权重的方法。通过熵值法得到各个评价指标的信息熵，指标间的差异程度越大，信息熵就越小，指标权重越大[6~7]，熵值法的计算步骤如下：

（1）各指标同度量化，计算第 j 项指标下第 i 项指标值的比重为：

$$p_{ij} = \frac{r_{ij}}{\sum_{i=m}^{m} r_{ij}} \qquad (1)$$

（2）假设多属性的决策矩阵为：

$$M = \begin{bmatrix} r_{11}r_{12}\cdots r_{1n} \\ r_{21}r_{22}\cdots r_{2n} \\ \vdots \qquad \vdots \\ r_{m1}r_{m2}\cdots r_{mn} \end{bmatrix} \qquad (2)$$

（3）用 E_j 来表示所有方案对属性 x_j 的贡献总量为：

$$E_j = -K \sum_{i=1}^{m} p_{ij}\ln p_{ij} \quad j = 1,2,\cdots,n \qquad (3)$$

其中常数 K 可以取为 $K = 1/\ln m$，这样就能保证 $0 \leqslant E_j \leqslant 1$。

（4）定义 $d_j = 1 - E_j$，则各属性权重 w_j 可表示为：

$$w_j = \frac{d_j}{\sum_{j=1}^{n} d_j} \qquad (4)$$

当 $d_j = 0$，第 j 属性可以剔除，其权重为 0。

2.3 基于证据理论的评价方法

国内外的研究中对服务质量评价方法的研究有很多，比较常用的有层次分析法、灰色关联度法、神经网络等方法。由于层次分析法过于依赖专家的经验判断、神经网络方法对数据要求十分严格，且需要的数据量比较大，灰色关联度法要求数据具有时间序列性，统计工作历时时间过长，不容易实现。相比之下，证据理论可以处理评价过程中各种未知的不确定性信息，因此，本文采用证据理论的评价方法对网上银行服务质量进行评价。证据理论评价步骤如下：

（1）进行基本概率分配函数的计算。确定各个评级指标的基本支持度 $\beta_{n,i}$，然后使用如下法则将规范化权重和基本支持度合成概率分配函数：

$$m_{n,i} = m_i(E_n) = w_i\beta_{n,i} \qquad (5)$$

$$m_{h,i} = m_i(E) = 1 - \sum_{n=1}^{N} m_{n,i} = 1 - w_i\sum_{n-1}^{N} \beta_{n,i} \qquad (6)$$

$$\bar{m}_{h,i} = \bar{m}_i(E) = 1 - w_i \qquad (7)$$

$$\tilde{m}_{h,i} = \tilde{m}_i(E) = w_i(1 - \sum_{N=1}^{N} \beta_{n,i}) \qquad (8)$$

其中 $m_{E,i} = \bar{m}_{E,i} + \tilde{m}_{E,i}$；$n = 1,\cdots,N$；$i = 1,\cdots,L$。$\beta_{n,i}$ 表示指标 ai 被评为等级 E 的置信度，$m_{n,i}$ 表示第 i 个指标 ai 支持指标 ai 被评为等级 E_n 的基本信度分配函数，$E_{h,i}$ 是未被分配的概率，$\bar{m}_{E,i}$ 表示因为权重而导致的未分配的信度，$\tilde{m}_{E,i}$ 是由于对事物的无知而引起的未分配的信度。

（2）进行证据合成。多层次的评价指标体系中，各个子评价指标作为证据对于其所属的上层评价维度的贡献程度很可能存在差别，因此需要考虑带有权重的证据合成问题[7]。本文在此采用 Yang 和 Xu 结合信度结构推导得出 ER 递归合成法则用来综合不同证据来源的基本概率分配函数，最后得出每个评价指标等级的概率，递归合成公式如下[8~9]：

$$m_{E,I(i+1)} = K_{I(i+1)}[m_{n,I(i)}m_{n,i} + m_{E,I(i)}m_{n,i+1} + m_{n,I(i)}m_{E,i+1}] \qquad (9)$$

$$m_{E,I(i)} = \bar{m}_{n,I(i)} + \tilde{m}_{n,I(i)}, n = 1,2,\cdots N \qquad (10)$$

$$\bar{m}_{E,I(i+1)} = K_{I(i+1)}[\bar{m}_{E,I(i)}\bar{m}_{E,i+1}] \qquad (11)$$

$$\tilde{m}_{E,I(i+1)} = K_{I(i+1)}[\tilde{m}_{E,I(i)}\tilde{m}_{E,i+1} + \bar{m}_{E,I(i)}\tilde{m}_{E,i+1} + \tilde{m}_{E,I(i)}\bar{m}_{E,i+1}] \qquad (12)$$

其中，$K_{I(i+1)}$ 是信度系数，满足总信度为 1 的要求

$$K_{I(i+1)} = [1 - \sum_{n=1}^{N} \sum_{t=1,t\neq n}^{N} m_{n,I(i)}m_{t,j+1}]^{-1}, i = 1, 2,\cdots L - 1 \qquad (13)$$

3 实证研究

本研究采用问卷调查方式对网上银行服务质量的情况进行了调研。调查问卷包括两部分：第一部分收集被调查者的基本信息，包括年龄、性别、文化程度等；第二部分包括网上银行服务质量评价的 26 个指标项，采用李克特 5 级尺度量表来衡量用户对网上银行服务质量的感知，5 个等级从低到高依次用"非常不满意"、"不满意"、"一般"、"满意"、"非常满意"来表示。本次问卷调查采用网络问卷的形式，由于本文的研究目的是对现阶段网上银行的整体情况进行一个评估，所以并不针对某一家银行进行调研。问卷收集历时 3 个月，共回收问卷 659 份。

3.1 权重的计算

依次按照公式（1）、（2）、（3）、（4）对网上银行服务质量评价体系的权重进行计算，其中，三级指标的决策矩阵采用原始数据，二级评价维度的决策矩阵数据采用每个二级指标下的三级指标数据的均值进行计算，由于证据理论需要确定一个优先系数用于反映关键指标各评价维度下的重要程度，本文在此将其设为 α，一般研究中取值为 0.9。进一步将相对权重化为权重规范化值为 $w = \alpha\hat{w}$。原始权重和规范化权重如表 2 所示：

表 2 网上银行服务质量评价体系规范化权重

指标	原始	规范	指标	原始	规范
a1	0.147892	0.720671	a11	0.345426	0.9
			a12	0.196665	0.512406
			a13	0.189087	0.492662
			a14	0.268822	0.70041
a2	0.100844	0.491408	a21	0.323202	0.9
			a22	0.223381	0.622035
			a23	0.253831	0.706827
			a24	0.199586	0.555774

续表

指标	原始	规范	指标	原始	规范
a3	0.142763	0.695677	a31	0.376	0.9
			a32	0.203055	0.486036
			a33	0.178417	0.427062
			a34	0.242529	0.580522
a4	0.160591	0.782552	a41	0.291503	0.9
			a42	0.22376	0.690847
			a43	0.2694	0.831758
			a44	0.215337	0.664842
a5	0.138485	0.674831	a51	0.240092	0.700628
			a52	0.308413	0.9
			a53	0.171876	0.501563
			a54	0.279619	0.815974
a6	0.184693	0.9	a61	0.254001	0.752908
			a62	0.303624	0.9
			a63	0.170574	0.505614
			a64	0.271801	0.805671
a7	0.124731	0.607808	a71	0.337311	0.673373
			a72	0.450835	0.9
			a73	0.211854	0.422923

3.2 网上银行服务质量综合评价

对于二级指标基本支持度的确定，本书将以参评用户中认为指标 aij 属于第 n 等级的人数除以参加评价的总人数所得到的商作为其基本支持度的值。对原始数据进行统计后，得三级指标的基本隶属度结果如下：

表 3 三级指标的基本支持度

指标	E1	E2	E3	E4	E5
a11	0.11	0.18	0.27	0.25	0.12
a12	0.1	0.15	0.22	0.32	0.14
a13	0.08	0.12	0.21	0.36	0.12
a14	0.11	0.19	0.45	0.15	0.07
a21	0.06	0.18	0.22	0.32	0.12
a22	0.07	0.19	0.21	0.36	0.12
a23	0.07	0.2	0.34	0.16	0.11
a24	0.09	0.14	0.21	0.35	0.12
a31	0.14	0.24	0.34	0.14	0.05
a32	0.08	0.17	0.26	0.28	0.17
a33	0.12	0.17	0.21	0.27	0.15
a34	0.14	0.25	0.23	0.19	0.12
a41	0.11	0.19	0.36	0.19	0.11
a42	0.06	0.15	0.22	0.3	0.15

续表

指标	E1	E2	E3	E4	E5
a43	0.11	0.19	0.29	0.2	0.12
a44	0.09	0.15	0.2	0.28	0.15
a51	0.04	0.15	0.36	0.26	0.12
a52	0.15	0.23	0.16	0.29	0.07
a53	0.09	0.17	0.31	0.24	0.15
a54	0.15	0.25	0.19	0.32	0.04
a61	0.09	0.22	0.31	0.2	0.12
a62	0.13	0.15	0.25	0.3	0.09
a63	0.08	0.19	0.29	0.23	0.12
a64	0.11	0.2	0.24	0.25	0.08
a71	0.04	0.17	0.23	0.39	0.13
a72	0.17	0.19	0.32	0.16	0.13
a73	0.11	0.21	0.29	0.12	0.18

结合上文中提到的方法，计算各个评价指标的基本概率分配函数，并由 ER 递归合成求得用户关于二级指标 ai 基本支持度，根据公式（5）～公式（13），使用 Matlab7.0 进行编程计算，结果如表 4 所示：

表 4　二级指标的基本支持度

维度	E1	E2	E3	E4	E5
有形性	0.0753	0.1480	0.3587	0.2630	0.0799
可靠性	0.0489	0.1659	0.2841	0.3356	0.0888
移情性	0.109	0.2294	0.3318	0.1676	0.0594
响应性	0.0614	0.1593	0.376	0.2623	0.0889
安全性	0.0831	0.2117	0.2356	0.3777	0.0443
易用性	0.0748	0.1662	0.3357	0.3051	0.0607
财经资讯质量	0.0892	0.1803	0.3108	0.2212	0.1160

继续计算各评价维度的基本概率分配函数，并进一步证据合成计算出一级指标 A，即网上银行服务质量水平的综合评价。

根据最大隶属度原则来看，现阶段对网上银行整体服务质量综合评价证据合成结果为一般，说明顾客对网上银行现阶段提供的服务整体感觉为"表现一般"可能性最大。7 个维度

的评价结果只有安全性（权重为 0.138485）和可靠性（权重 0.100844）的评价结果为"满意"，有形性（权重为 0.147892）、易用性（权重 0.184693）、响应性（权重 0.160591）、移情性（权重 0.142763）、财经资讯质量（权重 0.124731）均为"一般"，按照权重从大到小排序依次是易用性、响应性、有形性、移情性、财经资讯质量、安全性、可靠性。

表 5　总体服务质量 ER 递归合成基本支持度

隶属度	E1	E2	E3	E4	E5
综合评价结果	0.0200	0.0986	0.5294	0.3225	0.0180

3.3　统计结果分析

在登录网上银行查询信息和业务办理的过程中，顾客的在线服务经历直接影响其所感知的服务质量。结合证据理论合成的结果与问卷分析可知，现阶段网上银行服务还存在许多问题，综合得出以下结论：影响网上服务质量的主要因素是"易用性"维度下指标 a61、a63，"响应性"维度下指标 a41、a43，"有形性"维度下指标 a11、a14，"移情性"维度下指标 a31、a34，"财经资讯质量"维度下指标 a72、a73。此外，虽然"可靠性"维度的评价为"满意"，但是"可靠性"维度下指标 a23 评价为"一般"，且合成权重和较大，也是主要影响因素。

首先，网上银行用户反馈、在线客服、业务办理等功能不够完善，使得在线系统的使用难度增加；由于网页内容的复杂性或者设计的不合理性导致在线业务办理请求的响应速度缓慢会影响用户的服务感知，由于系统对某些浏览器的兼容性比较差以及运行情况不太稳定，使顾客有时会碰到系统登录异常的情况，这些问题均与系统的实现技术密切相关。其次，顾

客认为网上银行页面展现的内容形式不太合适，这很可能是由现阶段网上银行页面设计缺乏创新性所致，页面设计多是一些没有创意的文字叠加图片组成；还有可能是网站的页面布局、目录的逻辑层级以及导航系统不够好，不太符合用户的使用习惯，使得顾客获取信息非常不便。再次，顾客认为现阶段网上银行提供的财经信息质量不够好，虽然能够及时地提供最新的信息，但是信息的准确性和全面性方面还有待提升。最后，顾客普遍认为现阶段网上银行对个性化需求的关怀不足，导致对移情性维度的评价在"非常不满意"与"不满意"等级上的隶属度在七个评价维度中最高。

4 结论与建议

综上可知，现阶段网上银行虽然在整体功能上能够满足用户的基本需求，得到了顾客的普遍认可，但其在界面视觉效果、系统兼容性方面，系统响应速度方面，财经信息质量、个性化服务等方面还有很大的提升空间。因此，提高网上银行服务质量需要对以下几点加以改进。

（1）易用性。顾客希望能够通过网上银行尽可能方便快捷地进行金融业务办理，因此，网上银行的易用性称为顾客选择这种新型服务渠道的关键因素。这包括页面布局和导航设计合理、网页链接快、业务流程流畅等，可以让顾客容易通过网络获取服务或完成交易。这要求银行能够优化网上银行页面布局，构建方便易用的搜索引擎，合理设计网上银行系统结构，优化业务操作处理流程，构建提高复杂工作流系统定义的灵活性。

（2）响应性。顾客在使用网上银行过程中遇到的问题是网上银行提高服务质量的重点，顾客希望在网上提出问题时，在线客服人员能

够在第一时间提供服务，这就要求网上银行应提供多渠道的客户服务体系，比如同时建立客户服务代表和电子邮件自动回复系统等多渠道的客户服务管理体系，从而提高网上银行客户服务的反应速度，同时还需要加强在线客服人员的员工培训，使得客服人员能够专业熟练地为网上银行顾客提供服务。

（3）有形性。网上银行页面设计要符合美学原理，整体视觉效果特点鲜明，引人注目，并且可以根据表达情景恰当加入多媒体技术，比如：图片、音频、视频等多种形式，形象直观地表现网页内容，从而吸引顾客注意，不会让他们因长时间看文字表达而产生枯燥情绪，从而增加网页顾客黏性。如通过观看视频短片，使顾客对各项服务具体内容进行体验，增强顾客对服务的理解。

（4）移情性。随着顾客日益个性化和多样化的需求，尤其是对于理财方面的需求，这是银行经营的一大赢利点，网上银行应该向顾客表现出更多的个性化关怀。比如：满足顾客根据个人偏好定义页面风格、定制个性化服务的需求。借助线上投资理财决策工具、个性化推荐理财服务等方式，依据客户的消费情况和消费意愿以及资产情况，向客户推荐合适理财服务。

（5）财经资讯质量。虽然财务资讯服务不是网上银行服务中主营服务，但是这项服务的好坏会影响到顾客对整体服务的感知，财经资讯质量高的银行会增加顾客使用网上银行的频率，增强网页黏性。虽然现阶段顾客认为财经信息质量在及时性方面表现比较好，但是在信息全面性、准确性方面仍然不尽人意。因此，网上银行在资讯服务方面的改进重点在于提高财经信息的准确性和全面性。

（6）安全性。在安全性维度方面，顾客登

录信息的安全性和顾客财产的安全性方面得分较低，但是证据合成调查数据结果显示，顾客对于网上银行系统的安全性处于"满意"的水平，证明现阶段顾客普遍认为网上银行是还是比较安全的，但这并不意味着银行可以忽略对网上银行安全性的建设，毕竟安全性对于银行来说始终是除盈利性目标外最重要的目标之一，同时银行在加强技术建设同时更应该加强宣传力度，普及安全知识，消除顾客使用的心理障碍。

（7）可靠性。根据证据合成调查数据结果可知，顾客对于网上银行系统的可靠性处于"满意"的水平，证明现阶段顾客普遍认为网上银行是还是比较可靠的，但是在此维度中，"服务承诺清楚明确"评价得分最低，网上银行若能在承诺的时间内为顾客提供服务，能够增强客户使用其网上银行系统的信心，从而增加顾客对网上银行的使用频率，虽然现阶段顾客对网上银行可靠性感觉较好，可适当减少一些投入，但仍然不能放松警惕，下一步的重点在于进一步向顾客明确服务承诺，增强顾客信心，从而提高整体服务质量。

参考文献

［1］Yoo. Boonghee and Naveen Donthu. Developing A Scale to Measurethe Perceived Quality of An Internet Shopping Site（Sitequal）［J］. Quarterly Journal of Electronic Commerce, Vol. 2, No. 1, 2001: 31 ~ 46.

［2］Barnes, Stuart J. and RichardT. Vidgen. An Integrative Approach to the Assessment of E – Commerce Quality ［J］. Journal of Electronic Commerce Research, Vol. 3, No. 3, 2002: 114 ~ 127.

［3］Jos van Iwaarden and Ton van der Wiele. Applying SERVQUAL to Web sites: An Exploratory Study ［J］. International Journal of Quality &Reliability Management, Vol. 20, No. 8, 2003: 919 ~ 935.

［4］Waymond Rodgers, Solomon Negash, Kwanho Suk. The Moderating Effect of On – line Experience on the Antecedents and Consequences of On – Line Satisfaction ［J］. Psychology & Marketing, Vol. 22, No. 4, 2005: 313 ~ 331.

［5］Parasuraman A., Zeithaml, V. A. and Malhotra A. E – S – QUAL – A Multiple – item Scale for Assessing Electronic Service Quality ［J］. Journal of Service Research, Vol. 7, No. 2, 2005: 213 ~ 233.

［6］郭显光. 改进的熵值法及其在经济效益评价中的应用 ［J］. 系统工程理论与实践, Vol. 12, 1998: 559 ~ 565.

［7］张文泉, 张世英, 江立勤. 基于熵的决策评价模型及应用 ［J］. Vol. 3, 1995: 64 ~ 74.

［8］刘爱梅, 李光华, 周国华, 基于证据理论的企业 IT 内部服务质量综合评价 ［J］. 科技管理研究, Vol. 6, 2008: 307 ~ 309.

［9］J. B. Yang, D. L. Xu. On the Evidential Reasoning Algorithm for Multiple Attribute Decision Analysis under Uncertainty ［J］. IEEE Transactions on Systems, Vol. 32, No. 3, 2002: 289 ~ 304.

基于水平可见图的金融时序混沌特性识别

陈骏

（华东理工大学商学院）

摘要：近年来将非线性时序转换成网络的方法成为金融时序分析的研究热点，相关研究结果指出转换后的网络的度分布 $P(k) \sim \exp(-\lambda k)$，则 $\lambda = \ln(3/2)$ 为区分混沌时序和分形布朗运动的阈值。本文使用水平可见图对纳斯达克股票指数、上证指数和香港恒生指数进行了混沌识别，研究结果表明某些金融时间序列似为分形布朗运动。

关键词：水平可见图；经济时序；混沌；分形布朗

Description of Chaotic Financial Time Series Using Horizontal Visibility Graphs

Chen Jun

（E – mail：chenjunshu@163.com）

（School of Business, East China University of Science and Technology）

Abstract：In the last years, some methods mapping time series to network representations have been proposed in the field of nonlinear time series analysis. It shows that the series maps into a graph by horizontal visibility graphs with exponential degree distribution $P(k) \sim \exp(-\lambda k)$, and $\lambda = \ln(3/2)$ classifies chaotic processes or fractal Brownian motion. We analyze the US stock index and China stock index, and the result is that some financial time series may be fractal Brownian motions.

Key words：horizontal visibility graphs；financial time series；chaotic processes；fractal Brownian motions

1 前言

近20年来，混沌理论迅速发展，在社会经济系统中的应用也得到了丰富的结果。自Scheinkman 和 LeBaron 发现了股票市场是非线性动力学系统的一些证据以来，用混沌理论来分析股票市场迅速成为金融市场非线性研究的热点之一。Stutzer 在 Hvawelmo 经济增长方程中揭示了混沌现象；OeGrallWe 和 Dewachter 将混沌理论运用于汇率研究，提出汇率决定的混沌货币模型，认为投资者异质性预期假设是产生混沌吸引子的根本原因；Apostolos 和 Gogas 在部分东欧国家的市场中检验到混沌特性等。

而在金融学研究中，常不能确定系统的动力学方程，而只是得到实际的观察数据：例如股票价格序列、汇率序列等。对于金融时间序列是否存在混沌仍然存在许多争论。使用混沌理论研究金融时序的首要问题就是：观察到的时间序列是混沌的吗？抑或是非线性却没有混沌的随机过程？这就涉及混沌的识别。

2 混沌识别

迄今为止，混沌还没有一个统一的定义。相关定义主要是 Li – Yorke 混沌定义和 Deveny 混沌定义。

设 $I = [a,b]$，$f:I \rightarrow I$ 是 I 上的连续自映射，$P(f)$ 表示 f 的周期点集，$PP(f)$ 表示 f 的周期点的周期数的集合，$\omega(x,f)$ 表示点 $x \in I$ 的相对于 f 而言的全体 ω 极限点构成的集合，即：

$$P(f) = \{x \mid \exists n \in \mathbf{N}, s.t. f^n(x) = x, x \in I\}$$
$$PP(f) = \{n \mid n \in \mathbf{N}, f \text{ 有一个 } n \text{ 周期点}\}$$
$$\omega(x,f) = \{y \in I \mid x \in I, y = \lim_{i \rightarrow \infty} f^{m_i}(x),$$
$$\{f^{m_1}(x), f^{m_2}(x), \cdots\} \subseteq \{x, f(x), f^2(x), \cdots\}\}$$

定义 Li Yorke 定义[2]：设 f 是线段 I 到自身的连续映射，若满足下列条件，则称 f 在 I 中是 Li – Yorke 混沌的：

(1) $PP(f)$ 无上界；

(2) 存在 I 中的不可数子集 S，使得：

① $\overline{\lim_{n \rightarrow \infty}} \mid f^n(x) - f^n(y) \mid > 0, \forall x, y \in S$

② $\underline{\lim_{n \rightarrow \infty}} \mid f^n(x) - f^n(y) \mid = 0, \forall x, y \in S$

③ $\overline{\lim_{n \rightarrow \infty}} \mid f^n(x) - f^n(p) \mid > 0, \forall x \in S, p \in P(f)$

其中，不可数子集 S 称为 f 的混沌集。

根据 Deveny 定义[3]：设 X 是一个度量空间，$f:X \rightarrow X$ 是 X 上的一个连续自映射，f 称为在 X 上是 Deveny 混沌的，如果满足：

(1) f 具有可迁性；

(2) f 的周期点在 X 稠密；

(3) f 具有对初始条件的敏感依赖性。

直接使用定义验证金融时序是不可行的，在实际应用中，一般从混沌的两个基本特征

来判断：系统相空间中的吸引子是否具有自相似结构的分形维特征；系统对于初始条件是否具有敏感性。一般从定性、定量两个途径来进行时间序列性质的鉴别，定性分析方法主要是根据观测序列在时域或频域内表现出的特殊性质对序列的主要特性进行粗略分析，常用的有相图法、功率谱法、庞加莱截面法和代替数据法等。定量分析的方法主要是对描述混沌系统的重要特性指标包括关联维数 、最大 Lyapunov 指数 和 Kolmogorov 熵等特性指标定量分析。

众多研究者使用了上述多种方法研究了各种金融时序的混沌特性，得到了很多有益的结论。但也需要进一步探讨，混沌特性识别的主要问题来自于以下几方面：

(1) 金融时序普遍带有大量噪声；

(2) 其他的模型也具有一些相近混沌识别指标，如分形布朗运动；

(3) 一些金融时序在数据规模等条件上难以满足识别方法计算的要求；

(4) 识别方法本身计算上的难度。

如 Lyapunov 指数的计算依赖与重构相空间的嵌入维、延滞时间及有关参数的选择。在大多文献中通过不断地增加嵌入维数，最后 Lyapunov 指数趋于一个值而得出最大 Lyapunov 指数。而 Peters[1] 指出，嵌入维和延滞时间是不能随便更改的。

3 水平可见图

近几年来，研究者[4] 提出将时间序列映射为网络，同时保留了时间序列动力学有关性质，使用复杂网络理论加以研究的思路。本文使用其中的水平可见图方法（HVG）来识别金融时序的混沌特性。

文献 [5] 提出了可见图方法。时间序列的

点映射成节点，如果两个节点之间的所有节点都落在这两个节点连线的下面，两者之间建立边连接。这种网络的优点是保持了原时间序列的大部分性质，周期序列、随机序列、分形序列分别转化为规则网络、随机网络和无标度网络。

文献［6］提出了水平可见图，水平可见图的定义是在可见图基础上简化而来的。构建规则是序列数据点作为节点，如果两个节点的值大于它们之间的所有节点的值就相连。即：

设 $\{x_i\}_{i=1,\cdots N}$ 是时间序列，i,j 是网络中对应 x_i,x_j 两个节点，两者相连如满足：

$$x_i, x_j > x_n, \forall i < n < j$$

该方法可以很容易将混沌与随机序列区分开来，包括低维混沌、噪声低维混沌、高维混沌序列。与其他算法相比较，该算法的计算复杂度低，可以得到精确的解析解。其算法如图 1 所示。

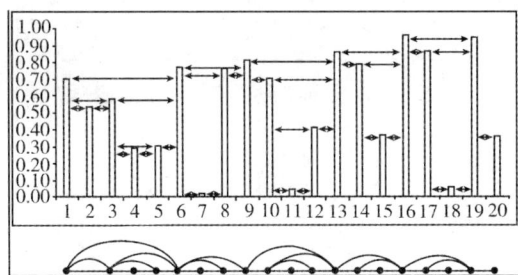

图1　水平可见图算法

文献［7］进一步解析分析了随机时序映射的网络的度分布 $P(k) \sim \exp(-\ln(3/2)k)$，而文献仿真了大量混沌系统及分形布朗运动的时序数据映射网络的度分布，发现度分布满足 $P(k) \sim \exp(-\lambda k)$，而且混沌时序的度分布中 $\lambda < \ln(3/2)$，分形布朗运动时序的度分布中 $\lambda > \ln(3/2)$。

4　股票指数的混沌识别

我们先以 1986 年 3 月 26 日至 2009 年 10 月 5 日道琼斯指数日收盘价（共计 29725 个数据）为样本进行混沌识别，如图 2 所示。

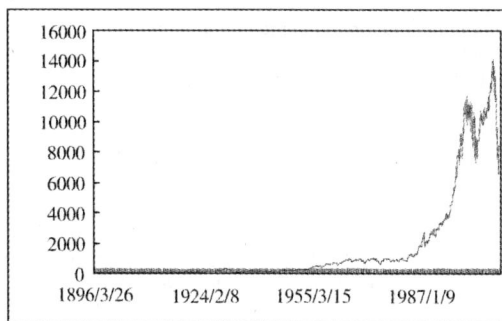

图2　道琼斯指数日收盘价

韩贵丞[8]根据功率谱分析、主分量分析，重构相空间，计算最大李雅普诺夫指数以及关联维数方法对于道琼斯指数数据（1900 年 1 月 1 日至 2009 年 10 月 14 日），以 10 年为一单位进行分析，其结论是美国股票市场存在混沌特性。

我们使用水平可见图对于道琼斯指数进行映射成网络，并考察其度分布，发现 $\lambda = 0.5921$，如图 3 所示。

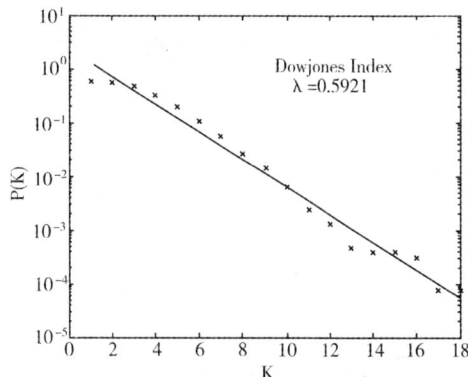

图3　道琼斯指数生成网络度分布半对数图

我们考察上证综合指数（1990 年 12 月 19 日到 2010 年 12 月 31 日，共 4911 个数据）和香港恒生指数数据（1990 年 5 月 14 日到 2011 年 7 月 15 日，共 5235 个数据），如图 4、图 5 所示。

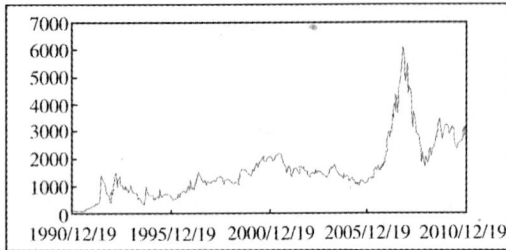

图 4　上证综合指数日收盘价

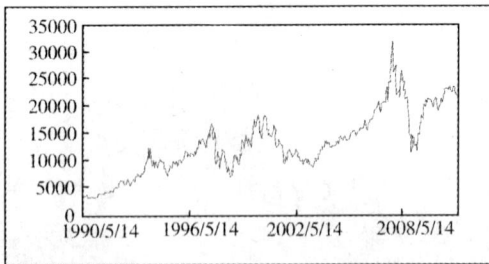

图 5　香港恒生指数日收盘价

其相应的度分布分别服从指数分布，而 λ 分别为 0.5473 和 0.5955 ，如图 6、图 7 所示。

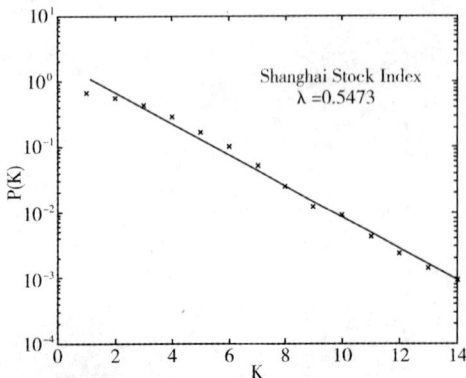

图 6　上证指数生成网络度分布半对数图

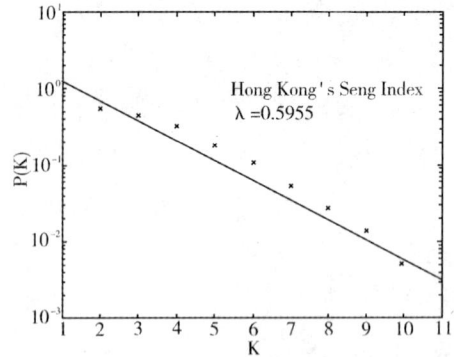

图 7　香港恒生指数生成网络度分布半对数图

另外我们在上海 A 股和深圳 A 股中随机抽取了各 10 只股票，考察了每只股票日收盘价数据（平均 2858 个数据），度分布指数分布如图 8 所示。

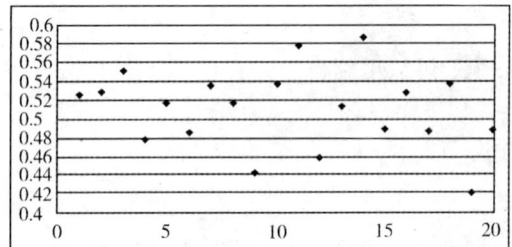

图 8　20 支随机股票度指数散点图

5　结论

本文选取了具有代表性的国内外股票使用水平，可见图方法进行混沌特性识别，得到的结论是通过该方法判定某些金融时序不能以混沌理论来分析，而应属于分形布朗运动。这一点与之前使用一些混沌识别方法得出的结论有所区别，值得进一步加以分析。

可见图方法计算简单，并保留了金融时序的相关特征，能将网络研究手段应用到复杂非线性科学分析中，但理论基础还需发展，与其他混沌分析手段之间的联系也需进一步分析。另外，能否通过网络研究作出金融时序的预测也需新的拓展。

参考文献

[1] Peters E. Chaos and Order in the Capital Markets [M]. New York: John Wiley&Sons, 1991.

[2] Li Yorke. Periods 3 implies chaos [J]. Amer Math Monthly, 1975, 82 (10): 985~992.

[3] Banks J, Brooks J, Cairns G et al. On Deveny's Definition of Chaos [J]. Amer Math Monthly, 1992 (4): 332~334.

[4] Xu X K, Zhang J, Small M. Super Family Phenomena and Motif of Networks Induced from Time Series [J]. Proc Natl Acad Sci, 2008 (105): 19601~19605.

[5] Lacasa L, Luque B, Luque J, et al. From Time Series to Complex Networks: The Visibility Graph [J]. Proc Natl Acad Sci, 2008 (105): 4972~4975.

[6] Luque B, Lacasa L, Ballesteros F, et al. Horizontal Visibility Graphs: Exact Results for Random Time Series [J]. Phys Rev E, 2009, 80: 046103.

[7] Lucas Lacasa and Raul Toral. Description of Stochastic and Chaotic Series Using Visibility Graphs [J]. Phys. Rev. E, 2010, 82: 036120.

[8] 韩贵丞, 李锋. 股票指数信号的似混沌特性研究 [J]. 计算机工程与设计, 2011, 32 (2): 711~715.

基于 DEA – Tobit 分析的商业银行经营效率研究

甘敬义　　黄明和

（江西师范大学软件学院）

摘要：数据包络分析是商业银行效率评价的重要工具，本文采用 DEA 方法对 2005～2009 年五年来我国五大国有控股商业银行的经营效率进行了分析评价，并运用 Tobit 回归模型对影响商业银行效率的因素进行了研究，研究结果表明商业银行的获利能力与经营效率显著正相关，其他影响因素呈现负相关关系。研究还发现中国银行发展规模速度过快，规模收益呈递减趋势。

关键词：商业银行；经营效率；DEA 数据包络分析；Tobit 回归

The Research of Operating Efficiency of Commercial Bank Based on DEA – Tobit Analysis

Gan Jingyi, Huang Minghe

（E – mail：edujxnu@ 126. com，huangmh0093@ sina. com）

（School of Software，Jiangxi Normal University）

Abstract：DEA is an important evaluation tool to evaluate the operating efficiency of commercial bank, we use the DEA method to analyze and evaluate the operating efficiency of of five state – controlled commercial banks from 2005 to 2009, and use the Tobit regression model to study the factors that influence the efficiency of commercial banks. According to the results, the profitability of commercial banks have a significant positive correlation with operating efficiency, other factors were negatively related. The study also showed that the scale of Bank of China's development is too fast that the trend in returns to scale is decreasing.

Key words：commercial banks；operating efficiency；DEA；Tobit regression

1 引言

我国是以商业银行为主体的间接融资金融体系，商业银行作为金融中间产品和支付手段的提供者，在我国经济发展中发挥着极其重要的作用，由于中国资本市场发展的不完善和国外金融机构的激烈竞争，商业银行，尤其是作为我国金融体系主体的五大国有控股商业银行存在极大的潜在金融风险，因此有必要对商业银行的绩效进行合理评估，本文的研究目的就是利用边界效率分析的方法对国有商业银行的效率状况进行分析估计，并实证研究影响商业银行经营效率的因素。

2 国内外相关研究

国际上对银行效率的研究较多地借助于"前沿分析法"，通过依照一定的标准构造一个生产前沿面，样本中的银行与该前沿面的差距就是它的效率。数据包络分析（DEA）是由著名运筹学家 Charnes 等人（1978）以相对效率概念为基础发展起来的非参数分析法。Barbara Casu 等人（2002）同时利用 SFA 和 DEA 法对意大利的银行业的成本效率及规模经济情况进行了研究，结果表明意大利的银行业并没有显著的规模经济，但是有一定的 X – 无效率。刘汉涛（2004）对 15 家商业银行的技术效率和规模效率进行了测度，结果表明，我国的银行显示出了较大的技术无效率，随着银行资产规模的上升，效率水平先上升再下降。朱南、卓贤和董屹（2004）运用数据包络分析和 DEA "超效率"模型对 14 家商业银行的效率状况进行分析排名，发现四大国有商业银行的整体效率要远低于十大股份制商业银行，其模糊不清的产权关系和国有商业银行较低的盈利能力是其效率低下的重要原因。毕功兵等人（2009）通过对招商银行 2003～2007 年招商银行的 17 份报表时间序列数据进行分析研究，构建回归模型并进行 DEA 效率分析，得出招商银行在 2005年第三季度之前还存在一定的非有效，但是在 2005 年第三季度之后，每个季度的效率值基本上都是有效率。相关结论见表 1。

表 1　国内银行业 DEA 效率研究投入产出指标选取表

文献	投入指标	产出指标
魏煜、王丽（2000）	全体职工人数、固定资产净值、可贷资金	利息收入、非利息收入

续表

文献	投入指标	产出指标
秦宛顺、欧阳俊（2001）	全体职工人数、自有资本、各类存款	税利总额
张维、李玉霜（2001）	资产费用率、资产利用率、存款成本	资产收益率、不良贷款下降百分点
陈刚（2002）	固定资产净值、营运费用	存款额、贷款额、利润
赵昕、薛俊波、殷克东（2002）	员工人数、营业费用率、一级资本	资产利用率、人均利润
刘汉涛（2004）	固定资产净值、员工人数、各项支出	利息收入、非利息收入
朱南、卓贤、董屹（2004）	员工人数、存款总额	净贷款、税前利润
陈敬学、李玲、杨文武（2004）	利息支出、非利息支出	利息收入、非利息收入
张剑、吴育华（2005）	固定资产净值、职工人数、可贷资金	存款、利润
毕功兵、梁樑和杨锋（2009）	固定资产，其他资产，工资及福利	贷款，存款，存放款项，拆入款项

3 模型的构建

数据包络分析（DEA）是著名的运筹学家 A. Charnes，W. W. Cooper 和 E. Rhodes 提出的，从生产函数角度看，他们提出的 CCR 模型是用来研究具有多个输入、输出的"决策单元"，由于不需要权重假设和不必明确输入输出间的函数关系，DEA 方法避免了主观因素的影响，减少了误差。C^2R 模型是最早提出的也是最基本的 DEA 评价模型，在本文中我们选取 C^2R 模型来研究评价银行的经营效率。在 C^2R 模型中通过对样本投入、产出数据的综合分析，确定有效生产前沿面，并根据各 DMU 与有效生产前沿面的距离状况，确定各 DMU 是否为 DEA 有效。DEA 把每一个银行与样本内的表现最佳的个体相比较，然后确定样本中的哪些决策个体是有效率或无效率的，通过比较得出 DEA 的效率值。

设有 n 个银行，每个银行都有 m 种类型的投入（x）和 s 种类型产出（y）投入指标的权向量 $v = (D_1, \cdots, D_m)^T$，产出指标的权向量 $u = \{u_1, \cdots, u_s\}^T$，则第 k 个公司的 *DEA* 相对效率值 h_k 可以通过求解式（1）来计算：

$$\max hk = \frac{\sum_{r=1}^{s} U_r y_{rk}}{\sum_{i=1}^{m} V_i x_{ik}} \quad (1)$$

$$\text{s. t. } \frac{\sum_{r=1}^{s} U_r y_{rk}}{\sum_{i=1}^{m} V_i x_{ij}} \leq 1, \ j = 1, 2\cdots, n$$

$$U_r \geq \ni > 0, \ r = 1, 2\cdots, s$$

$$V_r \geq \ni > 0, \ r = 1, 2\cdots, m$$

$$\min[\theta - \in (\sum_{r=1}^{s} s_r^+ + \sum_{i=1}^{m} s_I^-)] \quad (2)$$

$$\text{s. t. } \sum_{j=1}^{n} \lambda_i y_{rj} + s_I^- = \theta x_{ik}, \ i = 1, 2\cdots, m$$

$$\sum_{j=1}^{n} \lambda_i y_{rj} - s_r^+ = y_{rk}, \ r = 1, 2\cdots, s$$

$$\lambda_i, \ s_r^+, \ s_I^- \geq 0, \ \forall i, r, j$$

式（1）就是 DEA 法中的 C²R 模型，其中 x_{ij} 代表第 j 个公司的第 i 个投入值；y_{rj} 代表第 j 个公司的第 r 个产出值；ε 为非阿基米得数（ε 一般设定为 10^{-6}）。为了便于运算和处理一些特定目的的问题，对式（1）进行适当的数学对偶转换，令各限制式之对偶数为（θ, λ_i, S_r^+, S_I^- 分别为松弛变量），可得对偶形式（2）。

该模型用于评价 DMU 的技术和规模的综合效率。θ 是各决策单元 DMU 的有效值，D_1 表示第 j_1 个 DMU 投入向量，u_1 表示第 j_1 个 DMU 产出向量，s^+, s^- 为松弛变量，令 θ^*,

λ^*, s^{+*}, s^{-*} 是式（2）的最优解，则：①若 $\theta^* = 1$ 且 $s^+ = s^- = 0$ 则称该 DMU 绩效相对其他公司是 DEA 有效。②若 $\theta^* = 1$ 且 s^+、s^- 不等于 0，则称该 DMU 为弱 DEA 有效。此时在 n 个决策单元系统中（DMU）对于投入 D_1 可减少 s^+ 而保持原产量 u_1 不变。③若 $\theta^* < 1$，则称该 DMU 绩效相对其他公司是 DEA 无效的。

C²R 模型得出的 θ^* 总技术效率是在假设银行规模收益不变的情况下的经营效率，它可以分解为纯技术效率和规模效率，即综合技术效率（TE）＝纯技术效率（PTE）× 规模效率（SE）。

4 指标的选取

在 DEA 模型中投入和产出变量的选择有三种主要方法：生产法、中介法和资产法。生产法假设银行是贷款和其他金融服务的生产者，把资本和劳动力作为投入把存款账户数和贷款账户笔数作为产出；中介法把银行看成是储蓄者和投资者之间的金融中介，把存款金额作为投入，把贷款金额作为产出；资产法也将银行视为金融中介，将资产负债表中的资产项目作为其产出。

在本文中，我们将商业银行的运营看成是银行资产、员工通过经营活动获取存款、贷款和营业收入的过程。所以我们选取五大国有控股商业银行的固定资产、人员数和营业支出作为投入，存款、贷款和营业收入作为产出。五大国有控股商业银行投入产出数据见表 2。

表2　2005～2009年五大国有控股商业银行投入产出表

银行	年份	投入指标			产出指标		
		固定资产（亿元）	人员数（人）	营业支出（亿元）	存款额（亿元）	贷款额（亿元）	营业收入（亿元）
中国工商银行	2005	1099	355782	977	57368	32058	1623
	2006	1042	351448	1080	63514	35339	1788
	2007	766	381713	1409	68984	39575	2541
	2008	797	385609	1662	82234	44360	3097
	2009	846	389827	1434	97727	55831	3094
中国建设银行	2005	488	263579	727	40060	27953	1272
	2006	515	298365	854	47212	27958	1502
	2007	564	298868	1189	53403	31832	2194
	2008	639	298581	1489	63759	36835	2675
	2009	746	301537	1295	80013	46929	2671
中国银行	2005	729	190828	622	37037	21518	1160
	2006	918	223581	716	40954	23375	1819
	2007	811	237379	924	44001	27544	1819
	2008	888	249278	1421	51733	31896	2282
	2009	1099	262566	1216	66850	47974	2321
中国农业银行	2005	647	478895	312	46914	28292	554
	2006	657	452432	567	47303	31394	871
	2007	764	445360	1017	52871	27091	1792
	2008	1038	446588	1591	60974	30149	2111
	2009	1119	44144	1485	74976	40114	2222
交通银行	2005	206	57834	219	12144	7658	350
	2006	215	60865	257	14135	9090	432
	2007	213	68083	314	15558	10827	623
	2008	227	77734	408	18658	12987	766
	2009	237	79122	427	23720	18051	809

注：数据来源于各银行年报和和讯数据库。

5　DEA 实证研究分析

我们将不同年份的同一家银行看作不同的决策单元（Decision Making Unit，DMU），所以共有 5×5 = 25 个决策单元。根据数据包络分析理论，各决策单元（DMU）的相对效率值在 0 与 1 之间。当 DMU 的效率值为 1 时，表示相对有效率，DMU 的效率值越小表示该 DMU 相对效率越差。采用 C^2R 模型进行相对效率分析，相关分析数据见表3。

根据表3的分析结果，我们对国有控股商业银行的总体绩效表现进行综合排名，见表4。

表3 2005~2009 年五大国有控股商业银行效率及规模报酬情况

		工商银行	建设银行	中国银行	农业银行	交通银行
综合技术效率	2005	0.792	0.777	0.851	1	0.851
	2006	0.821	0.816	0.813	0.901	0.875
	2007	0.782	0.846	0.746	1	0.84
	2008	0.896	0.88	1	0.878	0.819
	2009	1	0.982	0.937	1	1
	均值	0.8582	0.8602	0.8694	0.9558	0.877
纯技术效率	2005	0.803	0.82	0.889	1	1
	2006	0.829	0.851	0.845	0.931	1
	2007	0.797	0.863	0.752	1	1
	2008	0.904	0.898	1	0.991	0.987
	2009	1	0.993	1	1	1
	均值	0.8666	0.885	0.8972	0.9844	0.9974
规模效率	2005	0.986	0.948	0.958	1	0.851
	2006	0.991	0.959	0.962	0.968	0.875
	2007	0.981	0.98	0.991	1	0.84
	2008	0.991	0.979	1	0.886	0.83
	2009	1	0.989	0.937	1	1
	均值	0.9898	0.971	0.9696	0.9708	0.8792
规模报酬	2005	irs	irs	irs	—	irs
	2006	irs	irs	irs	irs	irs
	2007	irs	irs	irs	—	irs
	2008	irs	irs	irs	irs	irs
	2009	—	irs	irs	—	—

注: irs, …, drs, 分别表示规模收益递增、不变、递减。

表4 五大国有控股商业银行效率均值排名

银行名称	TE	PTE	SE	排名
工商银行	0.8582	0.8666	0.9898	5
建设银行	0.8602	0.885	0.971	4
中国银行	0.8694	0.8972	0.9696	3
农业银行	0.9558	0.9844	0.9708	1
交通银行	0.877	0.9974	0.8792	2

由以上的分析结果和排名可以看出:

(1) 从综合技术效率均值和纯技术效率均值来看，中国农业银行的效率值最高为0.9558，而建设银行、中国银行和交通银行相差不大，

五年来从趋势数据上看，中国工商银行效率值不断提高，在 2009 年达到了 1 的效率水平，其他四家商业银行平均效率水平也在不断提高。交通银行在 2005~2007 年间综合技术效率的变动完全是由规模技术效率的变动引起的，在此期间，其纯技术效率始终保持在 1 的有效值，这说明 3 年来交通银行的规模的扩张是无效的。中国银行 2005~2008 年规模效率和纯技术效率都在调整过程中，在 2008 年各项效率达到了 1 的水平，表明此时其规模和技术投入达到了最有效状态。农业银行近五年来综合技术效率水平较高，这和农业银行近年来通过剥夺不良资产、扩充核心资本、压缩机构规模、提高人力资源的利用效率等措施密切相关，因此其较高的综合技术效率水平反映了农业银行经营效率水平有了快速的发展。

(2) 从规模效率来看，工商银行作为中国最大的商业银行，规模效率最高，建设银行作为我国第二大商业银行，其规模效率排在第二位，交通银行因发展规模远小于传统四大国有商业银行，其规模效率排在最后一位。从发展趋势上看，中国银行呈现下降趋势，农业银行和交通银行保持不变，工商银行和建设银行平稳发展，到 2009 年工商银行、农业银行和交通银行达到有效值1，研究表明中国银行的规模已经达到或超出了合理的范围，继续扩大规模会使其利益下降。

(3) 从规模报酬来看，工商银行和交通银行呈现规模报酬递增的状态，农业银行经过调整，在 2009 年达到规模报酬不变，建设银行规模报酬仍在调整中，中国银行在近年来表现出规模报酬递减的状态，这也充分说明中国银行的规模发展已经达到或超出了合理的范围，银行资产规模扩大，效率水平开始呈现下降的趋势。

6 商业银行经营效率的影响因素实证分析

在第一阶段利用 DEA 方法测算了银行效率之后，在第二阶段对于银行效率的影响因素进行系统分析，在这一阶段将银行效率值作为因变量，银行效率的影响因素作为自变量，通过回归模型来实证考察自变量与因变量之间的关系。由于前面我们测算出来的银行效率值处于 0 和 1 之间，最大值为 1，如果采用最小二乘法来估计，可能由于无法完整地呈现数据而导致估计偏差，因此选择 Tobit 回归模型。同时考虑到样本期间我国股份制商业银行所处的经营环境以及制度、技术的变化，将 Tobit 模型设定为：

$$Y = B_0 + B_1X_1 + B_2X_2 + B_3X_3 + B_4X_4 + B_5X_5 + \mu \tag{3}$$

Y 为银行的效率值；X_1 为市场势力，用各银行总存款表示；X_2 为银行的规模，用各银行的固定资产表示；X_3 为各银行存贷比率，用贷款总额除以存款总额表示；X_4 为人均营业费用，用总营业费用除以银行员工总人数表示；X_5 为银行是否上市，上市银行取值为 1，非上市银行取值为 0。根据式（3），使用 Eview7.0 进行回归分析，我们得出了五大国有控股商业银行效率影响因素的 Tobit 回归结果，如表 5 所示。

表 5　商业银行经营效率影响因素的 Tobit 回归结果

Wariable	Coefficient	Std. Error	Z – Statistic	Prob.
C	0.913940	0.042732	21.38775	0.0000
X1	0.001558	0.000516	3.022078	0.0025
X2	– 4.15E – 06	7.40E – 05	– 0.056071	0.9553
X3	– 30127869	1.036388	– 3.018048	0.0025
X4	– 0.000105	0.000264	– 0.399107	0.6889
X5	– 0.059917	0.030025	– 1.995576	0.0460

（1）市场势力与股份制商业银行经营效率的呈现正相关，说明现阶段我国五大国有控股商业银行所占的存款市场份额较大，在市场竞争中居于优势地位，扩大存款规模有利于收益的增长，提高了银行的经营效率。

（2）规模对提高股份制商业银行效率的影响相关性很低。传统观点认为，大规模的经营可以取得规模经济的优势。然而，规模扩张也会导致成本的上升。因此，商业银行应该根据自身特点对规模进行理性选择，规模大的银行不一定有效率。

（3）银行存贷比的回归系数为负，统计性显著。这表明，银行存贷比越高，其清偿能力越低，银行的经营效率就越低。因为存贷比越高，银行经营风险越大，这自然会影响到银行的经营绩效。由于上市银行作为明确的利益主体，其追求利润最大化的动机很强，因此会尽可能通过提高存贷比来提高收益，在这种情况下，适当地降低存贷比有助于其提高经营效率。

（4）人均营业费用（M）的系数为负，相关程度较低。通常观点认为人均营业费用越高，银行经营效率越高，在改革开放初期，这是我国银行业的一个特有的现象。但随着各商业银行完成股份制改革，建立起现代的管理体系之后，商业银行通过精简机构人员的改革来提高经营效率的行为效果愈发不显著了。

（5）银行上市时间的系数为负且统计性显著。上市对于银行的发展来说是一个重大的发展机遇，但上市对银行经营的直接影响主要表现在对银行资本金的补充上，对银行经营效率的影响则是间接的。回归系数为负，反映出虽然五大国有控股商业银行均已成功上市，但只有在自身经营管理理念、管理方式、高效运作机制得到切实转变之后才能够对经营效率产生积极影响，所以国有控股商业银行应继续切实深化改革，提高自身经营效率。

参考文献

[1] Barbara Casu. Claudia Girardone, A Comparative Study of the Cost Efficiency of Italian Bank Conglomerates. Managerial Finance, 28 (9) 3~23.

[2] 杜莉, 王锋. 中国商业银行范围经济状态实证研究 [J]. 金融研究, 2002 (10).

[3] 张健华. 我国商业银行效率研究的 DEA 方法及 1997~2001 年效率的实证分析 [J]. 金融研究, 2003 (3).

[4] 刘汉涛. 对我国商业银行效率的测度: DEA 方法的应用 [J]. 经济科学, 2004 (6).

[5] 毕功兵, 梁樑, 杨锋. 商业银行 DEA 效率评价投入产出指标选择研究 [J]. 云南财经大学, 2007 (12).

[6] 朱南, 卓贤, 董屹. 关于我国国有商业银行效率的实证分析与改革策略 [J]. 管理评论, 2009 (6).

[7] 栾义君, 马增华. 我国政策性银行的 DEA 效率分析 [J]. 技术经济, 2009 (7).

[8] 庞瑞芝, 张艳, 薛伟. 中国上市银行经营效率的影响因素——基于 Tobit 回归模型的二阶段分析 [J]. 金融论坛, 2007 (10).

中国股市财富效应的实证分析研究

甘敬义　黄明和

（江西师范大学软件学院）

摘要：本文从消费函数的理论分析出发，结合中国股市的实际情况，运用我国近几年来的宏观经济数据，探索运用修正的二阶差分模型采用多元线性回归的方法对我国股票市场的财富效应问题展开实证研究。研究结果表明，我国股票市场规模的扩大不但没有促进居民消费性支出的增长反而对消费产生一定程度的挤出效应，即证明了存在微弱的负财富效应。因此，应采取措施构建规范有序的股票市场，以充分发挥股市的财富效应。

关键字：股票市场；财富效应；协整检验；格兰杰因果检验

The Empirical Analysis of China's Stock Market Wealth Effect

Gan Jingyi, Huang Minghe

（E – mail：edujxnu@126.com，huangmh0093@sina.com）

（School of Software，Jiangxi Normal University）

Abstract：In this paper, we take the theoretical analysis of the consumption function, combined with the actual development of China's capital market situation, and make the empirical search using modified second – order difference model with multiple linear regression method for China's stock market wealth effect. The results show that the expansion of China's stock market not only does not promote the growth of household consumption expenditure on consumption but do a certain degree of crowding – out effect to household consumption expenditure, that is a weak sub – wealth effect. Therefore, we should take some measures to build orderly stock market to fully play the stock market wealth effect.

Key words：stock market；wealth effect；co – integration test；granger causality test

1　引言

股市财富效应（Wealth Effect）是指由于股票价格上涨（或下跌），导致股票资产持有人财富的增长（或减少），进而促进（或抑制）消费增长，影响短期边际消费倾向（MPC），促进（或抑制）经济增长的效应。简而言之，就是指人们资产越多，消费意欲越强，财富效应又称实际余额效应，人们资产越多，消费意欲越强，这个理论的前提为人们的财富及可支配收入会随着股价上升而增加，由此人们更愿意消费。

大量的国外学者的研究表明，股票财富的变化能引导消费的变化，准确地说，股票财富的增长能促进消费的增加。许多学者都对财富效应持肯定观点，如 Zandi（1999），Gale 和 Sabelhaus（1999），Parker 等人（1999）在这方面进行了大量的研究，虽然他们对财富效应影响经济的程度上没能达成一致意见，但都肯定了财富效应对经济影响的重要性。J. M. Poterba（2000）的研究认为即使股市具有较低的财富 MPC，消费效应也十分明显。Greenspan（1999、2001）则从官方角度肯定了股市财富效应对经济增长的贡献。从消费视角分析，财富效应主要表现为：一是通过影响居民收入预期，增强市场信心，提高短期 MPC，进而扩大消费；二是通过影响投资者实际收入影响消费；三是通过影响企业状况来间接影响消费支出。但从我国实际情况上看，1992～2009 年，我国股票市价总值从 1048 亿元增长到 243939 亿元，增长了近 232 倍；同期我国城镇居民消费支出从 13000 亿元增加到 121129.9 亿元，仅增长了 9 倍，股票资产的增长与消费支出的增长出现了严重的背离，在此背景下，本文综合运用动态回归模型，采用最新的年度统计数据对我国股票市场规模及其他可能的影响因素对消费的影响进行实证研究，并进一步对实证结果做了深入的分析。

2 国内外相关研究

Pigou 是最早研究财富效应的专家之一，他（1943）最早提出了财富效应，阐述了金融资产的真实价值与消费之间的关系，并研究了在总消费之内的财富效应问题，他认为假如其他条件相同，货币余额的变化将会在总消费者开支方面引起变动，产生的这种财富效应被称为"实际余额效应"[1]。Zandi（1999）认为发展中的证券市场有效的支持了消费信心，同时对没有拥有股票的家庭财富效应的影响也是可能的[2]。Ludvigson 和 Steindel（1999）对

美国股票市场财富效应进行分析后发现股票财富与社会总消费之间存在显著的正向关系，股票市场的发展正向地促进了市场消费的增长，但股票市场财富效应存在一定程度的不稳定性[3]。Alvin Tan 和 Granham Voss（2000）通过对 1988～1999 年的数据分析了澳大利亚居民的消费行为得出非耐用消费品的消费、劳动收入、家庭总财富之间存在显著的联系，并通过计算得出合计 1 美元财富的增加会消耗 4 美分的非耐用消费品，同时研究发现金融财富和非金融财富是消费增长的重要因素[4]。Nicholas Apergis 和 Stephen M. Miller（2006）运用协整检验与误差修正模型对美国的股票市值与市场消费之间的关系进行了分析，搜索了在美国的人均实际消费的财富的各个组成部分的不对称的效果，实证结果显示财富的调整在很大程度上反映了短暂的调整，这意味着它对消费的影响要小得多，研究表明人均股票价值、人均收入与人均消费之间存在长期稳定的协同变化关系[5]。

在国内的相关研究文献中，已有文献探讨了我国的股票市场财富效应现象，且从股市模型、股市的波动性、投资者投资结构等方面分析了我国股票市场财富效应不显著的原因。梁宇峰和冯玉明（2000）通过对上海股票投资者市场抽样调查数据分析后得出，投资者在股指上扬多持有乐观态度和较好的收入预期，从而扩大生活消费，客观存在一定的财富效应，但受限于市场现有的分配和公平效率机制，富者相对更富、贫者相对更贫的"马太效应"依然存在，"马太效应"会在效率和公平两方面制约"财富效应"发挥作用[6]。马辉和陈守东（2006）采用协整方法，运用 Granger 因果检验方法考察股票价格、居民收入和消费的关系，定量分析了我国股票价格变化对居民消

费的影响，实证研究表明收入水平是影响居民消费的最重要因素；我国股市在全样本期并没有显著的财富效应，当样本期从1996年开始选取时，股市呈现出一定的财富效应，但较微弱，研究结论认为受限于中国股市的运行特征，短期的股市上涨根本不能形成较强的财富效应[7]。杨新松（2006）运用基于VAR模型的协整验、Granger因果关系检验、ECM方法研究财富效应的问题，研究认为股票市场总体上存在财富效应，在某些时段表现为股市投资对消费的替代效应，通过股票市场刺激消费的做法短期可行，长期并不有效[8]。刘旦和唐国培（2007）以2000～2006年的季度数据为样本，运用基于VAR模型的协整检验、Granger因果关系检验、基于VAR模型的脉冲响应函数对中国股市财富效应进行了理论研究和实证分析，研究结论表明中国股市存在微弱财富效应，股市财富效应对总消费影响较小的原因在于：股票市场的深度和广度有限、政府行政干预过多、股票市场法制建设滞后等问题[9]。宋芝仙和刘辉（2010）通过建立向量误差修正模型，对股票市场财富效应进行了实证研究，具体分析了股票价格、房地产价格、居民储蓄、居民可支配收入之间的相关关系及这些变量对居民消费的影响效果，研究发现，在短期内受限于中国的股票市场不存在明显的财富效应[10]。

3　股市财富效应的实证分析

3.1　模型指标的选择

本文参考了以往文献的结论，将财富分为居民储蓄、股票资产价值、房地产价值三类。为了方便统计，归纳选择的因变量为居民消费性支出Y，解释变量为股票市场市价总值X1，国民生产总值GDP设为X2，城镇居民家庭人均

可支配收入设为X3，由于从1991年开始我国股票市场才有了正规的模式，因此本文选取了1991～2009年各指标年度数据作为样本数据，数据来自《中国统计局统计年鉴》、中国人民银行统计数据库。

1991～2009年股票市场市价总值、国内生产总值GDP、城镇居民家庭人均可支配收入与居民消费性支出的统计数据见表1：

表1　原始指标数据

年份	居民消费性支出Y（亿元）	股票市价总值X1（亿元）	GDPX2（亿元）	城镇居民家庭人均可支配收入X3（元）
1991	10730.6	5	21781.5	1700.6
1992	13000.1	1048	26923.5	2026.6
1993	16412.1	3531	35333.9	2577.4
1994	21844.2	3691	48197.9	2577.4
1995	28369.7	3474	60793.7	4283.0
1996	33955.9	9842	71176.6	4838.9
1997	36921.5	17529	78973.0	5160.3
1998	39229.3	19506	84402.3	5425.1
1999	41920.4	26471	89677.1	5854.0
2000	45854.6	48091	99214.6	6280.0
2001	49213.2	43522	109655.2	6859.6
2002	52571.3	38329	120332.7	7702.8
2003	56834.4	42458	135822.8	8472.2
2004	63833.5	37056	159878.3	9421.6
2005	71217.5	32430	184937.4	10493.0
2006	80476.9	89404	219314.4	11759.5
2007	93602.9	327141	265810.3	13785.8
2008	110594.5	121366	314045.4	15780.8
2009	121129.9	243939	340506.9	17174.7

3.2　序列平稳性检验

传统中的计量估计方法与最小二乘法（OLS）都是基于变量序列是平稳过程的，但实际的经济序列数据往往是非平稳的，若以平稳

为假设前提进行估计，则所得到的估计结果就有很大的偏差，从而产生虚假相关和伪回归问题，故应先进行平稳性检验。

表 2　ADF 检验结果

ADF 检验表				
变量	统计量	5% 临界值	滞后阶数	稳定性
Y	−3.11514	−3.081002	2	稳定
X1	−9.102105	−3.065585	2	稳定
X2	−3.503332	−3.081002	2	稳定
X3	−3.16996	−3.081002	2	稳定

本文采用 Eviews 6.0 软件对四个变量的水平值和二阶差分值进行 ADF 单位根检验，研究结果证明居民消费性支出、股票市场市价总值、国民生产总值 GDP 和城镇居民家庭人均可支配收入的水平变量均是非平稳的时间序列，具有时间趋势，但它们的二阶差分均是平稳的，如表 2 所示。因此可以认为变量是二阶单整的，对这样的经济变量不能采用普通回归分析方法检验它们之间的相关性，而应该采用协整方法进行检验分析。

3.3　Granger 因果检验

格兰杰因果关系（Granger Causality）所反映的是一个经济变量是否对另一变量具有显著的滞后影响，通过相伴概率知，在 5% 的显著性水平下，接受 X2 不是 X1 的格兰杰原因的假设，因为检验的 F 值为 3.10791，临界值 p 为 0.0815，0.0815 > 0.05，这说明了在 5% 的置信水平下检验的原假设是以比较大的概率发生的，所以可以认为接受原假设，同理拒绝 X1 不是 X2 的格兰杰原因的假设，所以股票市场市价总值是国民生产总值 GDP 的格兰杰原因。同理可知接受 X3 不是不是 X1 的格兰杰原因的假设，接受 X1 不是 X3 的格兰杰原因的假设，则认为 X1 与 X3 不存在格兰杰因果关系；接受 Y 不是

X1 的格兰杰原因的假设，拒绝 X1 不是 Y 的格兰杰原因的假设，则认为股票市场市价总值 X1 是居民消费性支出 Y 的格兰杰原因；接受 X3 不是 X2 的格兰杰原因的假设，接受 X2 不是 X3 的格兰杰原因的假设，则认为国民生产总值 GDPX2 与城镇居民家庭人均可支配收入 X3 不存在格兰杰因果关系；接受 Y 不是 X2 的格兰杰原因的假设，拒绝 X2 不是 Y 的格兰杰原因的假设，则认为国民生产总值 GDPX2 是居民消费性支出 Y 的格兰杰原因；接受 Y 不是 X3 的格兰杰原因的假设，拒绝 X3 不是 Y 的格兰杰原因的假设，则认为城镇居民家庭人均可支配收入 X3 是居民消费性支出 Y 的格兰杰原因，所以 X1、X2、X3 都是 Y 的格兰杰原因，这证明股票市场市价总值 X1、国民生产总值 GDPX2 和城镇居民家庭人均可支配收入 X3 对居民消费性支出 Y 具有显著的滞后影响。

表 3　格兰杰因果关系检验结果

Null Hypothesis：	obs	F − Statistic	Prob
X2 does not Granger Cause X1	16	3.10791	0.0815
X1 does not Granger Cause X2		6.99625	0.0100
X3 does not Granger Cause X1	16	2.46605	0.1287
X1 does not Granger Cause X3		1.75531	0.2254
Y does not Granger Cause X1	16	2.52721	0.1230
X1 does not Granger Cause Y		8.01860	0.0065
X3 does not Granger Cause X2	16	0.37297	0.7746
X2 does not Granger Cause X3		0.53250	0.6713
Y does not Granger Cause X2	16	0.56508	0.6516
X2 does not Granger Cause Y		7.86285	0.0070
Y does not Granger Cause X3	16	1040417	0.3039
X3 does not Granger Cause Y		8.40888	0.0056

3.4　序列协整检验

协整关系检验是一种处理非平稳数据的有效方法，其基本思想是：如果两个（或两个以

上）的时间序列是非平稳的，但它们的某种线性组合却是平稳的，则这两个（或两个以上）变量之间存在协整关系或长期均衡关系。协整检验有多种方法，通过对残差序列进行单位根验证，可得序列 e 无单位根，则 Y、X1、X2、X3 之间存在协整关系，下面建立误差校正模型，分别令：

DY = Y - Y（-1）- Y（-2），DX1 = X1 - X1（-1）- X1（-2），DX2 = X2 - X2（-1）- X2（-2），DX3 = X3 - X3（-1）- X3（-2）

得到模型的二阶差分序列数据，设定研究模型为：$y_t = \alpha + \beta x_{1t} + \chi x_{2t} + \delta x_{3t} + \varepsilon e_{t-1} + \phi e_{t-2} + \phi \xi_t$，通过 Eviews 进行线性 OLS 回归，得到二阶误差校正模型回归结果，残差序列用 E 表示，并将 E（-1）、E（-2）作为解释变量引入模型中，回归分析结果见表 4。

表 4　误差校正模型 OLS 分析结果

	Coeffident	Std. Error	t - Statistic	Prob
C	267. 1696	681. 6272	0. 391958	0. 7026
DX1	- 0. 008984	0. 002937	- 3. 058695	0. 0109
DX2	0. 037253	0. 031588	1. 179323	0. 2631
DX3	6. 361249	0. 575533	11. 05280	0. 0000
E（-1）	0. 271057	0. 249708	1. 085494	0. 3009
E（-2）	- 1. 643433	0. 252938	- 6. 497374	0. 0000
R - spuared	0. 998560	Mean dependent var		- 38109. 31
Adjusted R - squarde	0. 997905	S. D. dependent var		20867. 28
S. E. of regression	955. 1673	Akaike info criterion		16. 83221
Sum squared rdsid	10035789	Schwarz criterion		17. 12629
Log likelihood	- 137. 0738	Hannan - Quinn criter		16. 86145
F - statistic	1525. 095	Drubin - Watson stat		1. 941882
Prob（F - statistic）	0. 00000			

最终得到的回归模型为：

Y= 267. 1696 - 0. 008994DX_1 + 0. 037253DX_2 + 0. 0361249DX_3+ 0. 271057E(-1) - 1. 643433E(-2)
（- 3. 058）　　　（1. 179）　　　（11. 052）
（1. 085）　　（- 6. 497）

模型整体情况较好，可以用来度量股市财富效应，从上述模型可以得出股票市场市价总值对居民消费性支出影响为负，国民生产总值 GDP 和城镇居民家庭人均可支配收入对居民消费性支出影响为正，我国股市存在微弱的负财富效应。

3.5　模型分析结果

在其他条件不变的情况下，股票市场市价总值变化 1%，将引起居民消费性支出变动 - 0.00899%；在其他条件不变的情况下，GDP 变化 1%，将引进居民消费性支出变动 0.037253%；在其他条件不变的情况下，城镇居民家庭人均可支配收入每变动 1%，将引进居民消费性支出变动 0.0361249%。并且，该模型反映了 99.8% 的真实情况。

我们的线性回归模型检验了城镇居民人均可支配收入、GDP 与股票规模对消费支出的影响程度，研究发现 GDP 是影响消费支出的主导因素，GDP 能有力的促进消费增加，同时城镇居民可支配收入的增加也能有力地促进居民消费性支出的增加，而股市规模则对消费产生微弱的负面影响，即我国股票市场的财富效应为负，这一结论与部分学者的研究结论是一致的。

4 研究结论与建议

根据实证研究分析可知，我国股票市场存在微弱的负财富效应，我国股市的财富效应对城镇居民消费只有较弱的影响，原因是多方面的：

（1）股市规模和运行机制制约了财富效应影响的广度。股市规模主要包括两个方面：一是指股市的总市值，主要用市值占 GDP 的比例来衡量；二是指股市的参与面，即持有股票财富的家庭占社会总家庭的比重。由于我国股票市场缺乏足够的规模，因此财富效应的影响面相当有限，同时我国股市有近 2/3 为非流通股，流通市值与 GDP 的比例不到 20%，短期内对经济增长的直接贡献是有限的，同时我国股票市场发展和管理机制长期滞后于宏观经济发展，对国民经济促进作用也是有限的，因此需要有计划、有步骤地扩大股市规模，构建股市消费效应发挥的基础，凭借较大的股市规模的支持，股市变动带来的财富效应才有足够的影响力。

（2）股市投资不确定性制约了财富效应的影响深度。不确定性是一种普遍的存在，是证券投资的天然属性，这直接影响到财富 MPC 的大小。一般来说，在股市趋势不明朗的情形下，股市中的收入最多只能是暂时性收入，它将不与持久性消费发生固定比率，对消费的影响也是暂时的。如果股市波动幅度大，或者投资者趋向于短期投资，其影响将更多的表现为财富的结构调整，而不是总量的增加。

而我国股市 10 多年来的发展过程中波动幅度很大，显示不出明显的上涨或下降趋势。同时由于中国资本市场的特殊性，股票市场的波动很大程度上是受政府政策的作用影响，政策的不确定性增加了投资者对未来投资的不确定性，在此背景下，即使股市上涨，投资者对因此而增加的财富的不确定性心理亦将大大增加，对消费与信心的正面影响也将大打折扣。因此有必要构建中国股市的稳定机制，充分发挥股市经济"晴雨表"的作用，减少证券市场的政策性波动，减少投资者由于股票财富的不确定性而产生的投机行为，从而减少股市投资的不确定性。

（3）股市的挤占副效应影响了财富效应的影响强度。股市上涨将对消费产生两种效应：一是通过增加财富总量，减少储蓄，扩大消费的效应，即所说的财富效应。二是因股市持续走高而产生的预期可得收益效应，使原本用于即期的消费转化为股票投资，或股市长期走低，投资者资金被困于股市，被迫导致当前消费减少，即产生副效用的挤占效应。在中国股市发展的初期，股市的挤占效应超过了财富效应，股市的上升在一定程度上减少了当期消费，由于中国股市发展的前期股票上涨带来的预期收益效用超过了即期消费的效用，当股市发展到一定阶段，投资者财富增加，对未来收入预期趋好时，财富效应开始超过挤占效应而对居民消费发挥作用。

因此，为了充分发挥股票市场的财富效应，促进居民消费水平的平稳发展，本书针对以上因素，主要在以下几个方面提出建议：

（1）制定货币政策和宏观调控政策时考虑股市财富效应的影响。央行在推出货币政策时应充分关注股市价格的变动以及股票市场对货币需求、货币流动速度的影响，可以在调控股市财富效应上发挥作用，通过对资金流动的控制影响股市的财富效用。

（2）构建规范有序的股票投资市场，有步骤地扩大股市规模，构建股市促进消费增长的基础。规范健康的股票市场有利于形成投资者稳定的预期，当投资者有稳定的预期时，投资者才会把股市的短期收益作为持久收入的一部分进而形成财富效应，这主要是从政策制度、行政干预指导、投资者管理等方面加以改善，同时逐步扩大上市公司的规模和投资者规模，在股市规模效应的支持下充分发挥股市的财富效应。

（3）改善股票市场收益分配机制，降低交易成本。我国股市受限于市场现有的分配和公平效率机制，富者相对更富、贫者相对更贫的"马太效应"依然存在，而"马太效应"的存在会在效率和公平两方面制约"财富效应"作用的发挥。因此，为了发挥我国股市的正财富效应，推动我国经济增长，应该努力改善股市收益分配结构，推行富民政策，通过完善信息披露机制和降低股市的交易成本使广大中小股民获得更大的收益，使股市财富效应能从更大的范围推动经济的良好发展。

参考文献

［1］Dynan Karen E. and Dean Maki M.. Does Stoek Market Wealth Matter For Consumption? Federal Reserve Board Putnam Investments, 2001（1）.

［2］Zandi, Mark R. Wealth Worries. Regional Financial Review, 1999（8）：1~8

［3］Ludvigson, Steindel C. How Important Is the Stock Market Effect on Consumption. Economic Policy Review , 1999, 5（2）：34~42

［4］Alvin Tan, and Graham, Voss. Consumption and Wealth Research Discussion Paper, Economics Research Department Reserve Bank of Australia, 2001（12）：30.

［5］Nicholas Apergis and Stephen M. Miller. Resurrecting the Wealth Effect on Consumption：Further Analysis and Extension. Working Paper, University of Connecticult, 2005：57.

［6］梁宇峰，冯玉明. 股票市场财富效应实证研究［J］. 东方证券导报，2000（6）.

［7］马辉、陈守东. 中国股市对居民消费行为影响的实证分析［J］. 消费经济，2006（8）.

［8］杨新松. 基于 VAR 模型的中国股市财富效应实证研究［J］. 上海立信会计学院学报，2006（5）.

［9］刘旦，唐国培. 中国股票市场财富效应的实证分析［J］. 河南金融管理干部学院学报，2007（06）.

［10］宋芝仙，刘辉. 中国股市财富效应实证分析［J］. 西部金融，2010（4）.

明星分析师、职业声誉与荐股价值

王宇熹[1] 肖峻[2] 陈伟忠[3]

（1. 上海工程技术大学管理学院）

（2. 江西财经大学金融与统计学院）

（3. 同济大学经济与管理学院）

摘要：通过从投资者角度测算和比较 2003～2008 年明星分析师组和非明星组三类荐股评级在滞后一年的超常收益率，检验了分析师职业声誉与荐股价值之间的关系，发现明星分析师与非明星分析师推荐评级投资价值之间存在差异：在熊市中，明星分析师的"买入/增持"推荐价值相对非明星分析师并不具备优势，在许多情况下甚至低于非明星组，但是在牛市中，明星分析师的"买入/增持"推荐获得超额收益的能力要高于非明星组；无论是牛市还是熊市中，明星分析师组和非明星分析师组的"中性"推荐质量差异不大，但明星分析师组的"卖出"推荐质量要高于非明星组，投资者参考明星分析师的"卖出"推荐，可避免较大损失。

关键词：明星分析师；荐股评级；荐股价值；职业声誉

Star Analysts，Professional Reputation and Recommendation Value

Wang Yuxi[1]，Xiao Jun[2]，Chen Weizhong[3]

（E - mail：wyxixl@ 163. com）

（1. School of Management，Shanghai University of Engineering Science）

（2. School of Finance and Statistics，Jiangxi University of Finance and Economics）

（3. School of Economics & Management，Tongji University）

Abstract：By measuring and comparing three groups of recommendation abnormal returns in the following year from star and non - star analysts between 2003 ~ 2008，we test the relationship between analysts professional reputation and recommendation value. Our research results show that there is obvious difference between the investment value of star and non - star analysts. In bear market，the "strong buy/buy" recommendations of star analysts are not better than those of non - star analysts. But in bull market，the "strong buy/buy" recommendations of star analysts obviously can gain more abnormal return than those of non - star analysts. Whether in bull or bear market，the "hold" recommendations' investment value has little difference between two analyst groups，however the "sell" recommendations of star analyst group have higher investment value for investors.

Key words：star analysts；recommendation rating；recommendation value；professional reputation

1 前言

明星分析师是分析师群体中的佼佼者，每年由基金经理通过填写问卷方式投票选出。分析师被评上明星分析师后不仅会有薪水和职位的提升，更重要的是这个名誉会带来分析师职业声誉的增厚。明星分析师究竟能否成为投资者判断分析师研究报告投资价值的重要依据？职业声誉与分析师荐股评级投资价值之间的关系很难确切描述。一方面，投资者可能认为明星分析师的评选是基于其过去的研究质量得出，职业和市场竞争决定了更具天赋的分析师存在于那些顶级券商和证券研究机构中，因此这些职业声誉高的明星分析师面临利益冲突较小，他们推荐的股票比那些非明星分析师推荐的股票更具备投资价值。但另一方面，明星分析师的评选也有可能并不完全依赖其研究质量，而仅取决于分析师与基金经理交流的频率和服务，身处名牌大券商的分析师接触有投票权基金经理的机会远大于小券商分析师，为了讨好和迎合基金经理，争取连续上榜，明星分析师可能存在更严重的利益冲突，投资者按明星分析师推荐进行投资，损失可能更大。国内已有学者对明星分析师荐股业绩及利益冲突来源做了初步研究，王宇熹等人（2007）以《新财富》最佳分析师为例研究了分析师荐股绩效的量化评价方法[1]。于静和陈工孟等人（2008）利用事件期市场、规模和行业调整超额收益率模型定量评选出了 50 名最佳证券分析师，并检验了这50 名分析师战胜市场的能力。王宇熹等人（2010）检验了券商荐股评级统计分布特征是否有助于投资者预测分析师荐股的获利潜力，为深入思考分析师利益冲突来源提供了新视角[8]。与国内多数研究不同，本文主要研究目的是探讨职业声誉与分析师荐股评级投资价值之间的

关系，参照 Barber（2001，2006）[2~3] 的经验，采取基于投资者角度的日历时间方法，将评选为明星分析师作为职业声誉的代理变量，以分析师推荐评级样本作为研究对象，对分析师样本按职业声誉进行分组后，检验投资者按明星分析师组推荐和非明星分析师组推荐进行投资所获得的超常收益是否存在显著差异。

2 样本选择及描述性统计

2.1 样本选择

财务数据源自 CSMAR 财务报表数据库，剔除了前视误差（Look‑ahead Bias）；个股及市场交易数据来自国泰安 CSMAR 中国股市交易数据库，选择样本标准为：①剔除连续停牌 3 个月以上股票；②剔除公司上市第一天数据；③剔除 B 股股票；④剔除数据缺失股票；⑤本年五月初到次年四月底为交易年度；⑥剔除金融板块股票；⑦剔除前视误差。分析师荐股评级样本来自 CSMAR 分析师数据库，CSMAR 数据库分析师投资评级样本每条包含研究报告中的个股投资评级和个股评级变动数据。CSMAR 将投资评级分为买入、增持、中性、减持、卖出五档；如遇证券机构使用其他评级标准，CS-MAR 数据库将其转化为五档评级。本研究中分析师研究报告样本选择区间为 2003 年 1 月至 2008 年 12 月，共计 34390 条推荐样本数据，如果分析师推荐日期处于股票停牌期，则收益计算顺延至复牌首日。从 2003 年至今，我国著名财经杂志《新财富》借鉴国际惯例，通过问卷方式每年由机构投资者筛选出包括宏观经济和债券研究在内的各个研究方向的"最佳分析师"。该项"最佳分析师评选"是我国最早开始的明星分析师评选活动，已在投资界和证券研究行业内形成巨大影响。明星分析师数据来自《新财富》杂志公布的 2003~2008 年的最佳

分析师排行榜。

2.2 样本描述性统计

表 1 提供了 CSMAR 数据库分析师样本的描述性统计量。2003 年 1 月至 2008 年 12 月，CS-MAR 记录了来自 104 家机构的超过 34000 条分析师推荐评级数据，覆盖超过 1200 家沪深上市公司。表 1 从左至右显示了证券机构数目、每年发布的分析师总推荐样本数目以及覆盖的公司数目。

表 1　2003 ~ 2008 年 CSMAR 分析师样本描述性统计量

年份	证券机构数目	分析师评级数目	覆盖公司数目
2003	45	803	372
2004	46	1092	377
2005	67	3895	595
2006	54	5413	755
2007	55	5880	801
2008	70	17307	1023
总计	104	34390	1276

表 2 提供的是《新财富》最佳分析师样本的描述性统计量。2003 ~ 2008 年，《新财富》共评选出 26 家研究机构的 285 名分析师为最佳分析师，这些分析师主要分布在 30 个不同的行业。

表 2　2003 ~ 2008 年《新财富》最佳分析师描述性统计量

年份	证券机构数目	分析师数目	覆盖行业数目
2003	11	65	25
2004	11	78	29
2005	17	97	30
2006	13	81	27
2007	16	89	30
2008	15	119	29
总计	26	285	30

3　职业声誉与分析师荐股价值关系的检验

新财富明星分析师评选的特点是每年底进行一次，评选依据是基金经理对分析师过去一年业绩进行专家综合判断和打分。随着该项评选在投资界影响力不断扩大，引起国内越来越多的分析师和研究机构重视，纷纷参与明星分析师评选竞争，分析师研究成果的质量也得到了迅速提升。每年评选结束后，不同行业分析师排名大都会出现新变化，明星分析师也有落选或新当选。对广大普通投资者而言，由于其直接接触不同研究机构分析师的机会非常少，甄别分析师研究报告质量的能力十分有限，因此对专业机构评选出的最佳分析师排名存在较大信任度。由于明星分析师评选是每年底进行，其排名反映的是过去一年明星分析师综合业绩的最新变化，因此投资者在新明星分析师排名出炉前只能够参考上年度排名进行投资。本节从投资者角度间接检验职业声誉与分析师荐股价值之间的关系：如果投资者按照上年度明星分析师的推荐构建投资组合，能否跑赢按非明星分析师推荐构建的投资组合？新财富最佳分析师评选活动带来的职业声誉信息能否作为投资者判断分析师研究报告投资价值的依据？

3.1　组合构建与荐股价值模型

为了研究职业声誉对分析师推荐评级投资价值可能产生的影响，首先从投资者角度比较明星分析师组和非明星分析师组推荐评级的平均收益率，构建基于不同组分析师推荐评级样本的日历时间投资组合。对于两组分析师样本，构建三种投资组合：①"买入/增持"投资组合。该组合是由分析师给出"买入"或"增持"评级的样本组成。②"中性"投资组合。该组合由分析师给出"中性"评级的股票组成。

③"减持/卖出"投资组合。该组合是由分析师给出"减持"或"卖出"评级的股票组成。为方便理解如何计算投资组合收益，以明星分析师组"买入/增持"样本为例：如果第 t 日该组分析师给出"买入"或"增持"评级，该股票将会在推荐发布日进入"买入/增持"样本投资组合。考虑到我国资本市场中小投资者获取分析师评级信息普遍存在延迟，剔除了推荐发布首日的股票收益率。假设投资组合对每次"买入"或"增持"评级进行等金额投资，第 t 天的组合收益率如式（1）：

$$\frac{\sum_{i=1}^{n_t} x_{it} \cdot R_{it}}{\sum_{i=1}^{n_t} x_{it}} \tag{1}$$

在式（1）中，R_{it} 是"买入"或"增持"评级股票 i 第 t 天的总收益率，n_t 是投资组合中"买入"或"增持"的数目，x_{it} 是"买入"或"增持"评级股票 i 从给出评级交易日到第 $t-1$ 日的复利累计收益率。构造的买入投资组合每日都进行更新，如果分析师对其评级调低至"中性"或"中性"以下，将评级调低股票从投资组合中剔除。

从投资者角度考察不同分组的分析师荐股价值，重要评价标准是投资者参照分析师推荐构建组合进行投资能否获得超常收益率。为检验投资组合 p_k 跑赢市场的能力，首先计算构建组合的市场调整超常收益率 $R_{pt} - R_{mt}$，R_{pt} 是投资组合 p_k 第 t 日收益率，R_{mt} 是第 t 日考虑现金再投资的沪深两市综合日市场回报率（总市值加权平均法）。其次，根据 $CAPM$ 模型进行分析，对式（2）中日度时间序列数据进行回归得到 α_p 和 β_p 的参数估计[5]：

$$R_{pt} - R_{ft} = \alpha_p + \beta_p (R_{mt} - R_{ft}) + \varepsilon_{pt} \tag{2}$$

这里 R_{ft} 是无风险利率，将银行固定年利率按照复利计算转化为日度数据，R_{mt} 是总市值加权平均的综合日度市场回报率，投资组合 p_k 的超常收益为截距项 α_p。市场为 β_p，回归误差项为 ε_{pt}。除此之外，利用 Fama 三因素模型对组合 p_k 进行评价，利用时间序列的日度值对方程（3）回归[6]：

$$R_{pt} - R_{ft} = \alpha_p + \beta_p (R_{mt} - R_{ft}) + s_p SMB_t + h_p HML_t + \varepsilon_{pt} \tag{3}$$

R_{ft} 和 R_{mt} 含义同上，投资组合 p_k 的超常收益为截距项 α_p。假如市场 β_p 值大于 1，这表明市场风险低于组合 p_k 中的股票平均风险；假如 s_p 值大于 0，这表明小盘股占投资组合的比例较高；假如 h_p 大于 0，这表明高账面市值比股票在投资组合中比例较高，SMB_t 是日规模效应，HML_t 是日度价值效应。

最后，借鉴四因子模型对卖方分析师荐股绩效进行评价（Carhart，1997），通过对投资组合 j 的日时间序列回归得到方程（4）：

$$R_{pt} - R_{ft} = \alpha_p + \beta_p (R_{mt} - R_{ft}) + s_p SMB_t + h_p HML_t + w_p WML_t + \varepsilon_{pt} \tag{4}$$

R_{ft}、R_{mt}、SMB_t、HML_t 含义同上，投资组合 p_k 的超常收益为截距项 α_p 代表平均业绩。β_p 是市场贝塔，ε_{pt} 是回归误差项。WML_t 是价格动量，如果 w_p 大于 0，这表明投资组合中的股票在近期表现较好，误差项为 ε_{jt}。

3.2　实证结果

假设投资者每年都参考上年度的明星分析师评选结果进行投资，表3～表8分别给出的是 2004～2009 年按上年度明星分析师评选结果构建动态投资组合的收益率，计算时间区间为一年。表格从左至右分别为平均原始收益率，平均市场调整收益率，CAPM、三因子、四因子超常收益率。2004 年投资组合收益率的计算是基于 2003 年《新财富》首届明星分析师的评选结果，明星分析师的市场声誉在资本市场影响并不大。2004～2005 年我国资本市场绝大部分时间为熊市，以上证指数为例，从 2004 年 1 月初的 1517 点开始缓慢上升，在 4 月初达到 1783 点后开始了长达 20 个月的熊市。通过观察表3

的收益率数据,发现 2004 年明星分析师组和非明星分析师组的"买入/增持"评级投资组合,市场调整后收益率为正值且非常接近。明星组"中性"评级组合原始收益率的表现比非明星组差,经过市场调整后差距缩小,经过三因子调整后的"中性"组合收益率明星组的表现更好,接近 0。明星组的"减持/卖出"评级组合收益率要明显优于非明星组,原始收益率达到 -0.253%,经过市场调整和三因子调整后依然为负值,投资者按明星组的建议进行投资可避免较大损失。而非明星组经过调整后的值全部为正值,意味着非明星组看空的股票在熊市中跑赢市场能力较强。2005 年我国资本市场全年低迷,表 4 反映的是第二批评选出的明星分析师组荐股能力。第二批明星组"买入/增持"组合的原始收益率为 0.033%,推荐质量要远高于非明星组的 -0.235%,即使经过市场调整和三因子调整后,该差距依然存在。"中性"推荐两组差距并不大。表 4 中明星组"减持/卖出"评级组合收益率也明显优于非明星组。2006 年市场指数开始缓慢上升,观察表 5 可发现第三批明星分析师组"买入/增持"评级原始收益率为较大正值,但略低于非明星组。经过市场调整后,明星组"买入/增持"组合获得超常收益能力要低于非明星组,两组跑赢市场的能力都不强。尽管明星组和非明星组的"中性、减持/卖出"组合原始收益率皆为正值,经过市场和三因子调整后,明星组和非明星组在中性评级上的绩效相差不大,但在"减持/卖出"组合中明星组的表现要明显优于非明星组,投资者可以避免持有那些大幅度跑输市场的股票。2007 年我国资本市场进入了大牛市,表 6 反映的是第四批明星分析师荐股业绩,我们发现牛市中明星组的"买入/增持"组合原始收益率与非明星组接近,但经过市场调整和三因子调整后明星组跑赢市场的能力要优于非明星组。明星组和

非明星组在"中性"推荐上的绩效差距不大,在牛市中,分析师较少给出"减持/卖出"评级,明星组全体在 2007 年都没有给出"减持/卖出"评级。牛市中非明星组给出"减持/卖出"评级数量很少,投资价值也并不高。受国际金融危机影响,2008 年我国资本市场开始大幅回落,表 7 显示第五批明星组和非明星组"买入/增持"组合收益率全部为负值,经过市场调整后,两组差距不大,经过 CAPM、三因子、四因子调整后,非明星组跑赢市场能力高于明星组,意味着大熊市中明星分析师的"买入/增持"推荐投资价值较低。明星组和非明星组"中性"推荐经过调整后反而都跑赢了市场,跑赢市场的能力要高于"买入/增持"推荐,但两组之间差距不大。明星组的"减持/卖出"组合原始收益率达到 -0.670%,经过市场调整后高达 -0.267%,而同期非明星组市场调整收益率为 -0.018%。在大熊市中,明星组"减持/卖出"推荐质量远高于非明星组,投资者按照明星分析师的"卖出/减持"推荐卖出或回避买入股票可以避免大量损失。2009 年中国资本市场出现反弹,表 8 中第六批明星分析师的"买入/增持"推荐组合原始收益率高达 0.616%,超过了第四批明星分析师的表现,但经过市场调整后的超常收益率与 2007 年持平,两批明星分析师的"买入/增持"推荐组合跑赢市场能力接近,但经过调整后的超常收益率第六批要大幅低于第四批。明星组"中性"推荐原始收益率与非明星组差距较大,经过市场调整和三因子调整后其超常收益率非常接近。2009 年明星分析师"卖出/减持"推荐组合表现要明显优于非明星组,市场调整后收益率达到了 -0.207%,经过三因子调整后的超常收益率仍然有 -0.209%,而同期非明星组的三因子调整超常收益率接近 0。

表3　2004年明星分析师分组荐股评级组合收益率　　　　　　单位:%

	原始收益率	市场调整收益率	截距项（超常收益率）		
			CAPM	Fama French 三因子	Carhart 四因子
面板 A 买入/增持投资组合					
明星组	-0.067	0.067	0.025	0.078	0.064
t 值		1.72*	1.57	2.99***	2.47***
非明星组	-0.003	0.065	0.062	0.090	0.067
t 值		1.6*	2.40***	2.99***	2.35***
面板 B 中性投资组合					
明星组	-0.165	-0.039	-0.015	-0.003	-0.016
t 值		-1.27	-1.44	-1.29	-1.43
非明星组	-0.087	0.011	0.076	0.081	0.076
t 值		0.19	1.98**	2.03**	1.84*
面板 C 减持/卖出投资组合					
明星组	-0.253	-0.090	-0.058	-0.043	0.075
t 值		-1.01	-1.57	-1.42	1.67*
非明星组	-0.070	0.033	0.161	0.133	0.162
t 值		0.53	3.40***	2.98***	3.17***

表4　2005年明星分析师分组荐股评级组合收益率　　　　　　单位:%

	原始收益率	市场调整收益率	截距项（超常收益率）		
			CAPM	Fama French 三因子	Carhart 四因子
面板 A 买入/增持投资组合					
明星组	0.033	0.045	0.026	0.038	0.055
t 值		1.24	1.66*	2.15**	2.40***
非明星组	-0.235	-0.212	-0.170	-0.185	-0.048
t 值		-1.05	-1.78*	-1.84*	-1.19
面板 B 中性投资组合					
明星组	-0.053	-0.039	-0.034	-0.048	-0.019
t 值		-1.00	-1.81*	-2.17**	-1.38
非明星组	-0.039	-0.027	0.021	0.007	0.010
t 值		-1.05	1.78*	1.30	1.35
面板 C 减持/卖出投资组合					
明星组	-0.312	-0.301	-0.080	-0.173	-0.228
面板 C 减持/卖出投资组合					
t 值		-1.96*	-1.49	-2.20**	-2.30**
非明星组	-0.041	-0.032	0.017	0.011	-0.049
t 值		-1.04	1.54	1.01	-2.44**

表5　2006 年明星分析师分组荐股评级组合收益率　　　　　　　单位:%

	原始收益率	市场调整收益率	截距项（超常收益率）		
			CAPM	Fama French 三因子	Carhart 四因子
面板 A 买入/增持投资组合					
明星组	0.370	-0.021	-0.015	0.012	-0.047
t 值		-0.45	-1.31	1.28	-1.74*
非明星组	0.395	-0.11	0.010	0.048	-0.016
t 值		-1.31	1.25	2.39**	-1.32
面板 B 中性投资组合					
明星组	0.378	-0.010	-0.014	0.018	-0.041
t 值		-0.18	-1.27	1.36	-1.59*
非明星组	0.342	-0.053	-0.044	-0.005	-0.060
t 值		-1.22	-2.01**	-1.14	-2.26**
面板 C 减持/卖出投资组合					
明星组	0.209	-0.174	-0.186	-0.179	-0.505
t 值		-1.64*	-1.58*	-1.51	-3.09***
非明星组	0.337	-0.043	-0.062	-0.014	-0.014
t 值		-0.52	-1.74*	-1.19	-1.14

表6　2007 年明星分析师分组荐股评级组合收益率　　　　　　　单位:%

	原始收益率	市场调整收益率	截距项（超常收益率）		
			CAPM	Fama French 三因子	Carhart 四因子
面板 A 买入/增持投资组合					
明星组	0.572	0.241	0.202	0.254	0.227
t 值		2.51**	2.05**	2.62***	2.19**
面板 A 买入/增持投资组合					
非明星组	0.524	0.176	0.159	0.176	0.122
t 值		2.24**	1.97**	2.45**	1.60*
面板 B 中性投资组合					
明星组	0.399	0.070	0.026	0.060	0.012
t 值		1.54	1.20	1.46	1.09
非明星组	0.413	0.081	0.056	0.031	-0.021
t 值		1.87*	1.58*	1.38	-1.24
面板 C 减持/卖出投资组合					
明星组	—	—	—	—	—
t 值	—	—	—	—	—
非明星组	0.381	0.039	0.044	-0.007	-0.023
t 值		0.35	1.38	-1.06	-1.21

表7　2008年明星分析师分组荐股评级组合收益率　　　　　　　　　　单位：%

	原始收益率	市场调整收益率	截距项（超常收益率）		
			CAPM	Fama French 三因子	Carhart 四因子
面板 A 买入/增持投资组合					
明星组	−0.309	0.091	0.119	−0.001	0.123
t 值		1.4	1.65 *	−0.41	1.75 *
非明星组	−0.299	0.101	0.194	0.045	0.157
t 值		1.41	2.47 * *	0.79	2.28 * *
面板 B 中性投资组合					
明星组	−0.434	−0.003	0.164	0.009	0.103
t 值		−0.04	1.91 *	0.14	1.30
非明星组	−0.334	0.065	0.186	0.013	0.101
t 值		0.87	2.27 * *	0.23	1.52
面板 C 减持/卖出投资组合					
明星组	−0.670	−0.267	−0.106	−0.226	−0.168
t 值		−1.68 *	−1.60 *	−2.32 * *	−1.80 *
面板 C 减持/卖出投资组合					
非明星组	−0.418	−0.018	0.123	−0.041	0.089
t 值		−0.22	2.33 * *	−1.54	1.97 * *

表8　2009年明星分析师分组荐股评级组合收益率　　　　　　　　　　单位：%

	原始收益率	市场调整收益率	截距项（超常收益率）		
			CAPM	Fama French 三因子	Carhart 四因子
面板 A 买入/增持投资组合					
明星组	0.616	0.243	0.237	0.081	0.031
t 值		1.96 * *	2.89 * * *	1.77 *	1.20
非明星组	0.542	0.135	0.132	−0.023	−0.026
t 值		1.46	2.42 * *	−1.38	−1.29
面板 B 中性投资组合					
明星组	0.507	0.082	0.096	−0.077	−0.017
t 值		0.67	1.79 *	−1.85 *	−1.12
非明星组	−0.087	0.073	0.097	−0.060	−0.175
t 值		0.76	2.06 * *	−2.04 * *	−3.08 * * *
面板 C 减持/卖出投资组合					
明星组	0.182	−0.207	−0.121	−0.209	−1.049
t 值		−0.69	−1.43	−1.74 *	−3.82 * * *
非明星组	0.431	0.058	0.087	−0.004	−0.055
t 值		0.56	1.87 *	−1.04	−1.40 *

注：表3~表8中收益率均为日度值，单位为百分比；表7中面板C中的—意味着没有减持/卖出样本；*，* *，* * *分别代表在10%、5%、1%水平上显著。

为了考察投资者能否从分析师推荐评级中获利和直观比较明星分析师组和非明星分析师组的"买入/增持"评级和"卖出/减持"评级业绩；绘制了基于明星分析师组的"买入/增持"评级 p_1 和"卖出/减持"评级 p_2 以及非明星分析师的"买入/增持"评级 p_3 和"卖出/减持"评级 p_4 投资价值曲线，参见图1。图1显示的是在2004年初至2009年底按照1元等额投资和买入并持有策略构建四种类型动态组合进行投资的累计收益率，同时也绘制了同期按总市值加权考虑现金红利再投资的综合日市场累计收益率曲线。

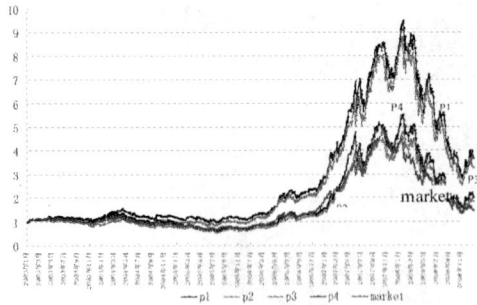

图 1　基于明星/非明星分组的 p_1, p_2, p_3, p_4 累计收益投资价值曲线

从图 1 中可以看出，明星分析师的有利组合 p_1 在长期内跑赢了大盘，在牛市中和熊市中与非明星组的有利组合 p_2 差异不大，整体上略高于非明星组。对投资者而言，不利评级组合跑输大盘越多，对投资者的参考价值越高。明星分析师的不利组合 p_2 长期跑输大盘，特别是在牛市阶段，明显跑输非明星组的不利评级组合 p_4，虽然在 2008 年熊市阶段小幅跑赢大盘但仍然在非明星组的不利评级组合 p_4 之下，普通投资者对明星分析师的"卖出/减持"评级信息应该保持高度的警惕，一旦获知该信息应该及时卖出或者回避该股票。

4　研究结论

通过从投资者角度测算和比较 2003 ~ 2008 年明星分析师组和非明星组三类荐股评级在滞后一年的超常收益率，我们检验了分析师职业声誉与荐股价值之间的关系，发现明星分析师与非明星分析师推荐评级投资价值之间存在差异：在熊市中，明星分析师的"买入/增持"推荐价值相对非明星分析师并不具备优势，在许多情况下甚至低于非明星组，但是在牛市中，明星分析师的"买入/增持"推荐获

得超额收益的能力要高于非明星组；无论是牛市还是熊市中，明星分析师组和非明星分析师组的"中性"推荐质量差异不大，但明星分析师组的"卖出"推荐质量要高于非明星组，投资者参考明星分析师的"卖出"推荐就可避免较大损失。

参考文献

[1] 王宇熹，肖峻，陈伟忠. 我国证券分析师荐股绩效量化统计评估方法研究——以《新财富》杂志最佳分析师为例 [J]. 统计与决策，2007（3）.

[2] Barber B., Lehavy R., McNichols M. Can Investors Profit from the Prophets? Security Analyst Recommendations and Stock Returns [J]. The Journal of Finance, 2001（56）: 531 –563.

[3] Barber B., Lehavy R., McNichols M., Trueman B. Reassessing the Returns to Analysts Recommendations [J]. Financial Analysts Journal, 2003（59）: 88 ~ 96.

[4] Barber B., Lehavy R., McNichols M., Trueman B. Buys, Holds, and Sells: The Distribution of Investment Banks' Stock Ratings and the Implications for the Profitability of Analysts' Recommendation, [J]. Journal of Accounting and Economics, 2006（41）: 87 –117.

[5] 王宇熹，陈伟忠，肖峻. 我国证券分析师推荐报告投资价值实证研究 [J]. 中国矿业大学学报自然科学版，2006（2）.

[6] 王宇熹，肖峻，陈伟忠. 券商可信度、分析师荐股绩效差异与利益冲突 [J]. 证券市场导报，2010（5）.

＊本文获国家社科基金项目（11CGL021）资助，教育部人文社会科学研究项目（08JC790068, 08JC790049）资助，国家自然科学基金项目（70671075）资助，上海市教委科研创新重点项目资助（09ZS194）。

第四部分
决策理论与风险管理

救灾物流的最短时间线路优化研究

龚建　徐迪

（厦门大学管理学院）

摘要：最短时间运输问题，是生产及生活资料运输特别是灾害时期物资运输中值得研究的一个重要问题。本文从救灾物流的实际出发，针对救灾物流的物资调运最短路径问题进行了相关研究。综合考虑线路优化中实时、时限、道路情况等制约条件，以总运行时间最短为目标，建立了确定情况下的线路优化模型，并通过模糊综合评价法详细分析了道路通行情况对行驶速度的影响，制定了道路交通受阻时备选线路方案。最后用 Dijkstra 算法解决所建模型，用计算机程序实现其运算。并通过实例验证了该优化模型和算法的有效性。

关键词：救灾物流；线路优化；路径；最短时间

A Study on the Route Optimization with Shortest Time in Relief Logistics

Gong Jian, Xu Di

（E – mail：740366210@ qq. com，dxu@ xmu. edu. cn）

（School of Management，Xiamen University）

Abstract：The problem of shortest time transportation is worth studying as an important problem in living material transportation especially in disaster period. Based on the reality of relief logistics, this paper studies the problem of the shortest path of material transportation in relief logistics. Comprehensive consideration of restrictive conditions such as the just – in – time, time limit, road conditions and so on , targeting the shortest time of total operation , we establish route optimization model in certain cases, and analyze the influence of road traffic situation on the driving speed via fuzzy conmrehensive evaluation method in detail, then establish alternative route schemes for road traffic jam. Finally we use Dijkstra algorithm to solve he built model, use computer programs to achieve its operations. And through an example it shows the effectiveness of the model and algorithm.

Key words：relief logistics；route optimization；path，shortest time

1　引言

1.1　选题背景与意义

资源、环境和安全是 21 世纪人类面临的重大挑战。加强应对自然灾害、突发性公共卫生事件、突发性公共安全事件等严重危害人类生活事件的应急能力建设，已成为全球社会关注的热点。我国是一个自然灾害频发的国家，但由于目前我国尚未建立完善的大规模灾害抢救安置体制,在灾害发生时,大量的救灾器材、物资无法及时地供应、配送,贻误了最佳救灾时机。例如,在汶川地震中,虽然全国人民群众众志成城、团结一心抗震救灾,但无数的生命还是无法挽回。截至 2008 年 9 月 25 日,汶川地震已确认遇难 69227 人,受伤 374643 人,失踪 17923 人,抢险救灾人员已累计解救和转移 1486407 人,直接经济损失 8451 亿元,是唐山大地震后伤亡最惨重的一次[1]。《国家综合减灾"十一五"规划》中明确提出了"灾害发生 24 小时之内,保证灾民得到食物、饮用水、衣物、医疗卫生救援、临时住所等方面的基本生活救助"的要求。

根据以上情况,本文选取救灾物流作为研究的对象。在救灾物流中,救灾物流线路优化直接影响着最终的决策和计划的合理性,如何规划最优的物流线路,以最短的时间,准确无误地把救援物资紧急配送至灾区,是救灾物流研究的重要内容,也是本文的研究目的。

2 理论基础

2.1 救灾物流概述

救灾是对各种自然灾害、人为灾害及其他灾害的救助活动。救灾物流则是指围绕救灾而进行的所有物流活动的统称,即为了确保救灾物资能准确有效的从供应方输送到需求方手中,而进行的救灾物资的运输、储存、搬运、包装、流通加工、配送、救灾物流设施和装备的使用、管理以及救灾中的信息处理等活动。

作为物流活动的组成部分,救灾物流具有和一般物流共同的特性。同时,救灾物流是非营利组织物流活动的一部分,因此具有其自身的特殊性,主要表现在以下几个方面:

(1)组织者的特殊性。救灾物流的组织者通常是政府及各级组织机构,只有这样才能保证重点考虑时间目标。

(2)环境要素的特殊性。这主要是指灾害发生的时间地点和影响程度都是无法详细预测的。

(3)供需因素的特殊性。救灾物流系统的作业方式是将救灾物资自供给方输配送到需求方灾民手中,追求的是快速准确。

(4)供应链模式的差异性。一方面,他们作为供应方是被动的,无法提前知道客户的要求。另一方面,作为客户方,他们也无法提前把信息反馈上去。只有链条的中间部分,即救灾活动的组织者,是推动链条运作的主要因素[2],[3]。

2.2 救灾物流线路优化问题与最短路径问题的区别

救灾物流线路优化的目标也是求出源点到终点的最短路径,但它与一般的最短路径问题还是存在较大差别,主要体现在:

(1)道路通行状况会导致不确定的道路运行时间。自然灾害会破坏道路交通网络,而救灾人员往往无法在短时间内准确了解道路状况,也不可能及时修复道路恢复正常行驶状态,道路往往会随着时间越来越难行驶。正是这些因素,造成了路段运行时间的不确定性,使得同一条道路,在不同的时间行驶,行驶所需的时间会不一致。因此,救灾物流线路优化问题的最短线路以时间最短为依据,而非路程的最短。

(2)道路交通网络的不确定性。线路优化还得保证线路的可靠性,也就是保证源点到终点的连通性。有时,某一路段的受阻而导致车辆不能前行,可能会付出生命的代价。所以,在线路决策时,需要根据灾害的发展来动态调整运输方案,必须能够提供备选方案,确保物资尽快抵达救援地。

3　救灾物流线路优化模型

事实上，在救灾物流过程中物资运输是比较复杂的。我们可将救灾物资的运输分成两步：第一步是大量的物资从各地运送到受灾地区附近的中心城市，这与传统的运输问题差别不大；第二步是由城市救灾物资储备中心（供应节点）向受灾地区（需求节点）运输。而如何处理好救灾物流供应链的最后"一公里"对整个救灾过程的效果起着决定性的影响。我们要研究的正是第二步中的这"一公里"的运输问题，由于这类问题涉及的空间范围较小，我们只考虑公路运输这种单一的运输方式[3]。

3.1　模型构建

我们将现实中的道路交通网抽象成以重要道路交接处为节点，两相邻节点间的道路为边的网络，边长为现实道路的里程数。

3.1.1　问题数学描述

（1）图表 $G = [V, E]$ 表示救灾物流网络（无向图），$V = \{v_1, v_2, \cdots, v_n\}$ 是节点的集合，$A \subseteq V \times V$ 表示弧集。其中 v_1 是源点，v_2 是终点。

（2）d_{ij} 表示点 v_i 到邻节点 v_j 的弧长度，$(v_i, v_j) \in A$。

（3）v_{ij}^0 表示在弧 (v_i, v_j) 正常情况下车辆的行驶速度，$v_{ij}(t)$ 表示当灾害发生时，在弧 (v_i, v_j) 上时刻 t 的行驶速度。

由于灾害发生时影响的延伸范围，在路网的弧上的行驶速度会随着时间和空间的变化而变化。灾害发生后，道路在短期内往往会难行，即使得弧上的速度会随时间连续下降。为了不是一般性，运行速度的变化公式[4]为：

$$\overline{V}_{ij}(t) = \overline{V}_{ij}^0 \cdot a_{ij} \cdot e^{\overline{b_{ij}} \cdot t} \qquad (3.1)$$

其中 a_{ij}，b_{ij} 表示速度函数 $V_{ij}(t)$ 随时间减

少幅度的参数，它们的具体值可用模糊综合评价法来确定。

（4）t_{ij} 表示通过弧 (v_i, v_j) 所需的时间，t_i 表示到达节点 v_i 的时间（时刻），t_j 表示沿弧 (v_i, v_j) 到达节 V_j 点的时间（时刻）。可知，$t_{ij} = t_j - t_i$。

（5）T 为物资应急调运的时间限制，即最晚到达时间，运输超过这个限制时间的方案无效。

（6）x_{ij} 是一种 $0 - 1$ 整数变量，是方案的决定变量。$x_{ij} = 1$ 表示所选路径包括弧 (v_i, v_j)，即有经过这段弧；反之，$X_{ij} = 0$ 表示所选路径不经过弧 (v_i, v_j)。

（7）用 L 表示该路网的一种运输路径，l_k 表示路径节点 v_{l_k} 的序列号，因此路径 L 便可以用 $(v_{l_1}, v_{l_2}, \cdots, v_{l_k})$ 表示，$1 \leqslant l_k \leqslant n$。因为 L 始于源点，止于终点，所以 $l_1 = 1$，$l_k = n$。在救灾物流中，为了节省时间，不能有回路。我们若用 $VT(L, v_{l_k})$ 表示沿着路径 L 从点 v_{l_1} 到 v_{l_k} 的时间，则有

$$VT(L, v_{l_k}) = \sum_{i=1}^{k} t_{l_i} t_{i+1} = t_{lk} - t_{l_1}$$

3.1.2　运行时间的递归算法

基于上述定义，对于一条已知合理的路径 $L = (v_{l_1}, v_{l_2}, \cdots, v_{l_k})$，我们可得以下结论：

$$t_{l_1} = t_1 = 0 \qquad (3.2)$$

$$\int_{t_{l_{k-1}}}^{t_{l_k}} V_{l_{k-1} l_k} dt = d_{l_{k-1} l_k} \qquad 2 \leqslant k \leqslant n \qquad (3.3)$$

在式（3）中，已知积分下限 $t_{l_{k-1}}$，积分函数 $V_{l_{k-1} l_k}(t)$ 和积分结果 $d_{l_{k-1} lk}$，便能求出积分上限 t_{l_k}。

通过等式（3.2）和式（3.3）的递推关系，便可以计算出到达节点 v_{l_k} 的时间 t_{l_k}，从而得出路径 L 的总时间。

3.1.3　建立时间最短路径模型

通过以上分析，建立模型如下：

$$\min W = \sum_{i=1}^{n}\sum_{j=1}^{n}x_{ij}t_{ij} \qquad (3.4)$$

约束条件为：

$$\int_{t_i}^{t_j}V_{ij}(t)\,dt = d_{ij} \qquad (3.5)$$

$$t_{ij} = t_j - t_i \qquad (3.6)$$

$$t_1 = 0, \ t_j \leqslant T \qquad (3.7)$$

$$V_{ij}(t) = V_{ij}^0 \cdot a_{ij} \cdot e^{-b_{ij}\cdot t} \qquad (3.8)$$

$$x_{ij} = 0, 1, \ i = 1, 2, \cdots, n; j = 1, 2, \cdots n \qquad (3.9)$$

$$\sum_{\substack{j=1 \\ j\neq i}}^{n}x_{ij} = \begin{cases} \leqslant 1, i\neq n \\ 0, i = n \end{cases} \qquad (3.10)$$

从中我们可以看到，模型的目标函数是最小化路径的总运行时间。等式（3.5）、（3.6）、（3.7）是运行时间的递归算法，即以速度 V_{ij} 通过弧 (v_i, v_j) 的时间 t_{ij}；公式（3.8）在式（3.1）中已有所述，表示弧 (v_i, v_j) 上的行驶速度随时间的变化函数；约束式（3.9）表示决策变量 x_{ij} 的整数 $0-1$ 限制；约束式（3.10）表示路径中没有回路。

3.2 路径受阻时备选方案的制定

区别于一般企业物流，救灾物流的运行过程中充满了不确定因素。因各种突发问题造成道路中断的现象并不鲜见。而车辆在行进过程中并不知道道路中断的完全信息，只是在行驶到中断处时才知晓受阻信息。此时需要另行确定最优线路。

3.2.1 问题假设

为了研究的必要性和方便性，我们假设条件为：

（1）车辆一直沿着计划的最短路径行驶；

（2）道路中断只发生在源点至终点的最短路径上，否则车辆继续按计划行进，不必实施备选方案；

（3）在车辆行驶过程中只发生了一条道路中断；

（4）此时线路优化的最短时间不考虑已走过的时间，将之前花费的时间当作沉没成本[5]。

3.2.2 问题解决步骤

当路径受阻时，可以按照以下步骤选择备选线路：

（1）由于救援车辆在受阻前已行驶部分路段，这时就可以更准确地掌握这些路段的通行状况，再用由这些收集到的信息确定的实际运行时间来代替事先不确定的时间，因为此时在行进也可能会走回路，即重复行走已经过的路段。

（2）路段受阻，所选路径 L 不可能经过该路段，那么就在模型的约束条件直接置该 $x_{ij} = 0$。

（3）在新路网中按照前面所建模型计算得出最优化时间，从中选择最优线路为调整后的运输线路。而对于已出发在受阻路段的救援车辆，可以向最近的节点回溯，并以这个节点为起点，按照以上步骤计算，选择最优线路继续执行救援。

3.3 道路通行状况分析

要提高速度函数 $V_{ij}(t)$ 的参数 a_{ij}，b_{ij} 的精确度，就需要对道路通行状况的影响因素进行定量化表征。通过定量描述这些因素对道路通行状况的影响关系，得到灾害条件下行驶速度的准确表达结果，掌握该场景下的道路通行状况。由于道路通行状况存在多个影响因素，我们可以利用模糊综合评价法较好地反映这些具有模糊特征的影响因素对道路通行状况的影响作用。

在模糊数学中，综合评判的目的是对若干对象按一定意义进行排序，从中挑出最优和最劣对象，也称为决策过程。在本文中，我们将单一因子对道路通行状况的影响作用进行排序，得到影响因子的定量表征。

根据以上分析，按以上步骤建立评价模型：

（1）首先列出灾害情况下道路通行状况的影响因素，组成影响因子集：$A = (\alpha_1, \alpha_2, \cdots, \alpha_n)$。

（2）定义道路通行状况集，即评判集：$B = (\beta_1, \beta_2, \cdots, \beta_n)$。

（3）建立权重集。根据各个影响因素对道路通行状况的影响程度不同，给每个因素进行权值分配，构成权重集 $W = (W_1, W_2, \cdots, W_n)$，权重之和为1。

（4）单因素评判，即建立一个从 A 到 B 的模糊映设 $f: A \to F(B)$。从某一影响因子 α_i 出发，确定该因子对每个评判集元素 β_j 的隶属度函数。灾害发生后，对道路交通网中的各个路段统计，得到影响因子的具体数值表征，代入隶属度函数计算出单因子模糊评价集 $U_i = (u_{i1}, u_{i2}, \cdots, u_{im})$，它是 B 的一个模糊子集。所有因子的单因子模糊评价集就组成了路段的评价矩阵 U。

（5）综合评价。U_i 反映了单个影响因子对评判集的影响，但这并不能得到综合评价结果，还需综合考虑所有因子的影响，而且各个影响因子的影响作用并不一样。模糊综合评价集 $U = W \cdot U$ 综合了所有因子的影响，准确地表示了各因子的隶属度。

4　算法分析

4.1　模型算法设计

$V_{ij}(t)$ 是时间 t 的减函数，弧（v_i, v_j）上的时间 t_{i_j} 并不仅仅取决于弧长 d_{ij} 和运行速度 $V_{ij}(t)$，还取决于车辆到达节点 v_i 上的时间，这是与一般最短路径最大的区别。而古典 Dijkstra 算法无法解决时间变化的最短路径问题，需要一种改进的 Dijkstra 算法来求解本文的模型。

4.1.1　算法步骤

我们用 P, T 分别表示某个点的 P 标号、T 标号，s_i 表示第 i 步时，具有 P 标点的集合。为了在求出从 v_1 到各点的时间的同时，也求出从 v_1 到各个点的最短路，给每个点赋一个 λ 值，算法终止时，如果 $\lambda(v) = m$，表示在从 v_1 到 v 的最短路上，v 的前一点是 v_m；如果 $\lambda(v) = M$，则表示 G 中不含从 v_1 到 v 的路；$\lambda(v) = 0$ 表示 $v = v_1$。

算法的具体步骤：给定赋权图 $G = (V, A)$。

开始（$i = 0$）令 $S_0 = \{v_1\}$，$P(v_1) = 0$，$\forall v \neq v_1$，令 $T(v) = +\infty$，$\lambda(v) = M$，$m = 1$，$t = T$，令 $k = 1$。

第一步：如果 $S_i = V$，这时 $\forall v \in S_I$，$t(v_1, v) = P(v)$，是从 v_1 到 v 的最短运行时间，且 $P(v) < t$，相应的路径也就是最短路径，算法终止；否则转入第二步。

第二步：$\forall (v_k, v_j) \in V$ 且 $v_j \notin S_i$ 的点 v_j，令 $t_k = P(v_k)$，计算 $\int_{t_k}^{t_j} V_{kj}(t) = d_{kj}$ 求出 t_j。如果 $T(v_j) > t_j$，则把 $T(v_j)$ 修改为 t_j，把 $\lambda(v_j)$ 修改为 k；否则直接转入第三步。

第三步：令 $T(v_{jt}) = min\{T(v_j)\}$，其中 $v_j \notin S_j$。如果 $T(v_{ji}) < +\infty$，则把 v_{ji} 的 T 标号变为 P 标号 $P(v_{ji}) = T(v_{ji})$，令 $S_{i+1} = S_i \cup \{v_j\}$，$k = j$，$i \leftarrow i + 1$，转入第一步；否则终止算法，这时 $\forall v \in S_i$，$t(v_1, v) = P(v)$，而对 $\forall v \notin S_i$，$t(v_1, v) = T(v)$。

4.1.2　算法证明

引理1 对于 $t \in (0, +\infty)$，若 $V_{ij}(t)$ 是一个关于 t 的单调减函数，则 t_j 是等式 $\int_{t_i}^{t_j} V_{ij}(t) = d_{ij}$ 中的 t_i 的单调增函数。

令 t_{ij}^L 是沿着路径 L 中弧（v_i, v_j）所经历的时间，$t_j^l \cdots k$，表示沿着路径 L 从点 v_j 到点 $v_k 0$ 所经历的时间，Pst_{v_k} 表示从点 v_1 到点 v_k 的最短时间路径。我们用数学归纳法证明改进 Dijkstra 算法的正确性。

证明：事实上，我们只需证明，$\forall v_k \in S_i$，沿着任一条可行路径 L 到达节点 V_K 的时间 $VT(L, v_k) \geq P(v_k)$，$P(v_k)$ 为节点 v_k 的 P 标签运行时间。

(1) 当 $i = 0$ 时，结论显然是正确的。

(2) 当 $i = n$ 时，假设结论正确，即 $\forall v_k \in S_n$，$VT(L, v_k) \geq P(v_k)$。则当 $i = n+1$ 时，根据前面的算法设计我们可以知道，$T(v_{j_n}) = \min\{T(v_j)\}$，其中 $v_j \notin S_n$，$S_{n+1} = S_n \cup \{v_{j_n}\}$。既然 $v_k \in S_n$ 且 $V_{j_n} \notin S_n$，沿着任一条可行路径 L 必定存在一条弧，其起点在 S_n 而终点不在 S_n。假设弧 (v_p, v_q) 是这些弧中的第一条弧，即 $v_p \in S_n$，$v_q \in S_n$，则有 $VT(L, v_{j_n}) = VT(L, v_p) + t_{pq}^L + t_{q \cdots j_n}^L$。

根据归纳假设，由于 $v_k \in S_n$，所以有 $VT(L, v_p) \geq VT(Pst_{vp}, v_p)$。根据引理 1，知 $t_{pq}^L \geq t_{pq}^{Pst_{vp}}$，再由等式（3.2）和式（3.3）我们可以得出：

$$VT(L, v_p) + t_{pq}^L = VT(L, v_q) \geq VT(Psv_{v_p}, v_q) + t_{pq}^{Pst_{vq}} = VT(Pst_{vq}, v_q)。$$

在算法设计中的修改 T 标签中，可以得知：

$$VT(Pst_{vq}, v_q) \geq T_n(v_q)$$

根据算法中将 v_{j_n} 增加到点集 S 中的规律，可以得知：

$$T_n(v_q) + VT(Pst_{vq}, v_q) \geq T_n(v_{j_n})。$$

所以，综上，$VT(L, v_{j_n}) = VT(L, v_q) + t_{q \cdots j_n}^L \geq T_n(v_q) + VT(Pst_{vq}, v_q) \geq T_n(v_{j_n}) = P(v_{j_n})$，即 $VT(L, v_{j_n}) \geq P(v_{j_n})$。

由（1）、（2）可知，对于任何 $k \geq 0$，命题均成立，即 $VT(L, v_k) \geq P(v_k)$ 成立。

证毕。

4.2 模型算例验证

本节通过具体的算例来验证模型的有效性。假设路网 $G(V, A)$，其中 $V = \{1, 2, 3, 4, 5, 6\}$，1 是救灾物资的供应点，即源点；6 是物资的需求点，即终点。$T \leq 1.5h$，路网拓扑结构见图 1 所示，弧长如图 1 所示。

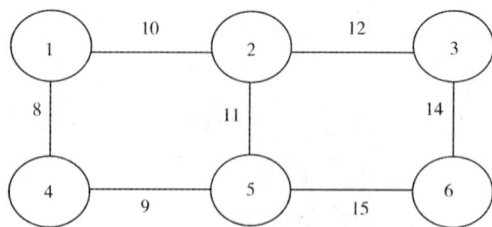

图 1　路网拓扑图

4.2.1　确定参数值

道路通行状况受灾害的影响，通过 a_{ij}，b_{ij} 的变化来反映灾害毁坏情况。参数 a_{ij} 反映运输道路的毁坏程度，a_{ij} 越小就表明道路毁坏的越严重，速度越小；b_{ij} 反映灾害的影响程度随时间变化而变化，b_{ij} 越大，表明行驶速度下降得越快，灾害的毁坏程度越大。所以，a_{ij} 和 b_{ij} 能反映出不同情况下灾害对行驶速度的影响程度。

一般情况下，地震发生时对道路通行状况的影响因子有地震强度、震源深度、地质状况、道路结构、海拔、房屋建筑密度、道路已使用年限等多项[6]。为了简化计算过程，本算例暂时只考虑震源距离与房屋建筑密度两项影响指标，令它们组成因子集 $A = (\alpha_1, \alpha_2)$，模拟表明地震对道路通行状况的影响，并设两个影响因子的权重集 $W = (0.55, 0.45)$。然后，将道路通行状况分为轻微损坏、一般损坏、较重损坏和严重损坏，令它们组成道路状况集，即评判集合 $(\beta_1, \beta_2, \beta_3, \beta_4)$。表 1 为道路毁坏状态与参数 a_{ij} 和 b_{ij} 的对应值域，表 2 为道路网络参数 V_{ij}^0（km/h），即为正常条件下的行驶速度，表 3 为震源距离和房屋建筑密度两项指标与道路通行状况等级之间的对应关系。

表1 道路毁坏状态参数值

道路毁坏状态	轻微损坏	一般损坏	较重损坏	严重损坏
a 的值域	$\alpha \in (0.8,\ 0.9)$	$\alpha \in (0.7,\ 0.8)$	$\alpha \in (0.6,\ 0.7)$	$\alpha \in (0.5,\ 0.6)$
b 的值域	$b \in (0.05,\ 0.10)$	$b \in (0.10,\ 0.15)$	$b \in (0.15,\ 0.20)$	$b \in (0.20,\ 0.25)$

表2 道路网络参数值 V_{ij}^o

弧	(1, 2)	(1, 4)	(2, 3)	(2, 5)	(3, 6)	(4, 5)	(5, 6)
V_{ij}^0	50	65	60	70	55	60	65

表3 影响因子隶属度表

影响因子	轻微损坏	一般损坏	较重损坏	严重损坏
震源距离（km）	100	75	50	25
房屋建筑密度（%）	10	20	30	40

根据震源距离和房屋建筑密度两项指标与道路通行状况等级之间的对应关系，建立隶属度函数。

三类隶属度函数[7]如下：

（1）S 函数（偏大型隶属度函数）。

$$S(x;m,n) = \begin{cases} 0 & x \leq m \\ 2\left(\dfrac{x-m}{n-m}\right)^2 & m < x \leq \dfrac{m+n}{2} \\ 1 - 2\left(\dfrac{x-m}{n-m}\right)^2 & \dfrac{m+n}{2} < x \leq n \\ 1 & n < x \end{cases} \quad (4.1)$$

S 函数是 x 的连续递增函数，$S\left(\dfrac{m+n}{2};m,n\right) = \dfrac{1}{2}$ 表示偏向大的一方的模糊现象的模糊集的隶属度函数均可通过 S 函数来定义。

（2）Z 函数（偏小型隶属度函数）。

$$Z(x;m,n) = 1 - S(x;m,n) \quad (4.2)$$

Z 函数是 x 的连续递增函数，$Z\left(\dfrac{m+n}{2};m,n\right) = \dfrac{1}{2}$，表示偏向大的一方的模糊现象的模糊集的隶属度函数均可通过 S 函数来定义。

（3）π 函数（中间型隶属度函数）。

$$\pi(x;m,n) = \begin{cases} S(x;m,n) & x \leq n \\ Z(x;m,n) & n < x \end{cases} \quad (4.3)$$

π 函数是 x 的连续函数，$x < n$ 时递增，$x \geq n$ 时递减，$\pi(n;m,n) = 1$，且曲线关于 $x = n$ 对称，趋于中间的模糊现象的模糊集的隶属度函数均可通过 π 函数来定义。

分析以上公式和表3，得如下隶属度函数：

α_1 对 β_1 隶属度函数 $U_{\alpha1\beta1} = S(\alpha_1;\ 25,\ 100)$ (4.4)

α_1 对 β_2 隶属度函数 $U_{\alpha1\beta2} = \pi(\alpha_1;\ 50,\ 75)$ (4.5)

α_1 对 β_3 隶属度函数 $U_{\alpha1\beta3} = \pi(\alpha_1;\ 50,\ 50)$ (4.6)

α_1 对 β_4 隶属度函数 $U_{\alpha1\beta4} = Z(\alpha_1;\ 25,\ 100)$ (4.7)

α_2 对 β_1 隶属度函数 $U_{\alpha1\beta1} = Z(\alpha_2;\ 10,\ 40)$ (4.8)

α_2 对 β_2 隶属度函数 $U_{\alpha1\beta2} = \pi(\alpha_2;\ 20,\ 20)$ (4.9)

α_2 对 β_3 隶属度函数 $U_{\alpha1\beta3} = \pi(\alpha_2;\ 20,\ 30)$ (4.10)

α_2 对 β_4 隶属度函数 $U_{\alpha1\beta4} = S(\alpha_2;\ 10,\ 40)$ (4.11)

为简化计算，假设每条弧离震源的距离 y_2（km）和房屋建筑密度 y_2（%）分别为：

表 4 影响因子假设值

弧	(1, 2)	(1, 4)	(2, 3)	(2, 5)	(3, 6)	(4, 5)	(5, 6)
y_1	100	95	60	75	35	70	50
y_2	30	35	20	40	35	10	15

将数据代入公式（4.1）~（4.11），依次可得七条路段对道路通行状况等级的隶属度。其中 U_1 表示震源距离（y_1）的隶属度，U_2 表示房屋建筑密度（y_2）的隶属度。

$U_1 (1, 2) = (1, 0.5, 0, 0)$；

$U_1 (1, 4) = (0.991, 0.68, 0.02, 0.009)$；

$U_1 (2, 3) = (0.436, 0.82, 0.92, 0.564)$；

$U_1 (2, 5) = (0.778, 1, 0.5, 0.222)$；

$U_1 (3, 6) = (0.036, 0.08, 0.82, 0.964)$；

$U_1 (4, 5) = (0.68, 0.98, 0.68, 0.32)$；

$U_1 (5, 6) = (0.222, 0.5, 1, 0.778)$；

$U_2 (1, 2) = (0.222, 0.5, 1, 0.778)$；

$U_2 (1, 4) = (0.056, 0.125, 0.875, 0.944)$；

$U_2 (2, 3) = (0.778, 1, 0.5, 0.222)$；

$U_2 (2, 5) = (0, 0, 0.5, 1)$；

$U_2 (3, 6) = (0.056, 0.125, 0.875, 0.944)$；

$U_2 (4, 5) = (1, 0.5, 0, 0)$；

$U_2 (5, 6) = (0.944, 0.68, 0.32, 0.056)$。

根据公式 $R = W * U$，$U =$，建立各段弧的模糊综合评判集，综合评判，得到评判结果 R：

弧（1, 2）的模糊评判矩阵

$$U (1, 2) = \begin{pmatrix} 1 & 0.5 & 0 & 0 \\ 0.222 & 0.5 & 1 & 0.778 \end{pmatrix},$$

$R (1, 2) = W * U (1, 2) = (0.650, 0.5, 0.45, 0.350)$。

弧（1, 4）的模糊评判矩阵

$$U (1, 4) = \begin{pmatrix} 0.991 & 0.68 & 0.02 & 0.009 \\ 0.056 & 0.125 & 0.875 & 0.9444 \end{pmatrix},$$

$R (1, 4) = W * U (1, 4) = (0.570, 0.430, 0.405, 0.430)$。

弧（2, 3）的模糊评判矩阵

$$U (2, 3) = \begin{pmatrix} 0.436 & 0.82 & 0.92 & 0.564 \\ 0.778 & 1 & 0.5 & 0.222 \end{pmatrix},$$

$R (2, 3) = W * U (2, 3) = (0.590, 0.901, 0.731, 0.410)$。

弧（2, 5）的模糊评判矩阵

$$U (2, 5) = \begin{pmatrix} 0.778 & 1 & 0.5 & 0.222 \\ 0 & 0 & 0.5 & 1 \end{pmatrix},$$

$R(2, 5) = W * U (2, 5) = (0.430, 0.55, 0.5, 0.572)$。

弧（3, 6）的模糊评判矩阵

$$U (3, 6) = \begin{pmatrix} 0.036 & 0.08 & 0.82 & 0.964 \\ 0.056 & 0.125 & 0.875 & 0.944 \end{pmatrix},$$

$R (3, 6) = W * U (3, 6) = (0.045, 0.100, 0.845, 0.955)$。

弧（4, 5）的模糊评判矩阵

$$U (4, 5) = \begin{pmatrix} 0.68 & 0.98 & 0.68 & 0.32 \\ 1 & 0.5 & 0 & 0 \end{pmatrix},$$

$R (4, 5) = W * U (4, 5) = (0.824, 0.789, 0.374, 0.176)$。

弧（5, 6）的模糊评判矩阵

$$U (5, 6) = \begin{pmatrix} 0.222 & 0.5 & 1 & 0.778 \\ 0.944 & 0.68 & 0.32 & 0.056 \end{pmatrix},$$

$R (5, 6) = W * U (5, 6) = (0.547, 0.581, 0.694, 0.453)$。

进行归一化处理得：

$R (1, 2) = (0.334, 0.256, 0.230, 0.180)$

R（1，4）=（0.311，0.234，0.221，0.234）

R（2，3）=（0.224，0.342，0.278，0.156）

R（2，5）=（0.215，0.275，0.25，0.286）

R（3，6）=（0.023，0.051，0.434，0.491）

R（4，5）=（0.381，0.365，0.173，0.081）

R（5，6）=（0.240，0.255，0.306，0.199）

由于隶属度比较紧密，采用平均法进行运算。

$a_{12} = 0.334 \times 0.85 + 0.256 \times 0.75 + 0.230 \times 0.65 + 0.180 \times 0.55 = 0.7244$

$b_{12} = 0.334 \times 0.075 + 0.256 \times 0.125 + 0.230 \times 0.175 + 0.180 \times 0.225 = 0.1378$

依此类推，可以算出其他弧上的 a，b 值。具体数值如表5所示。

表5　地震灾害情况下的 a_{ij} 和 b_{ij} 值

弧	(a_{ij}, b_{ij})	弧	(a_{ij}, b_{ij})
(1.2)	(0.7244, 0.1378)	(3, 6)	(0.6099, 0.1945)
(1, 4)	(0.7122, 0.1439)	(4, 5)	(0.7546, 0.1227)
(2, 3)	(0.7134, 0.1433)	(5, 6)	(0.7036, 0.1482)
(2, 5)	(0.7088, 0.1586)		

4.2.2　计算最短路径

根据图1和上述各种数据，采用计算机编程计算数据，改进 Dijkstra 算法如表6~表10所示：

表6　第一次遍历结果

$K=1$	节点 A	1	2	3	4	5	6
	$T_1(v)$	0	0.2815	∞	0.1533	∞	∞

$v^* =(4)$，$t(1, 4) = T_1(v^*) = 0.1533$，前列点为1。

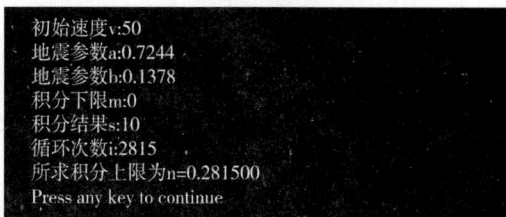

初始速度v:50
地震参数a:0.7244
地震参数b:0.1378
积分下限m:0
积分结果s:10
循环次数i:2815
所求积分上限为n=0.281500
Press any key to continue

图2　计算结果截图

表7　第二次遍历结果

$K=2$	节点 A	1	2	3	4	5	6
	$(T_4(v))$	0	0.2815	∞	0.1533	0.3585	∞

$v^* = (2)$，$t(1, 2) = T_2(v^*) = 0.2815$，前列点为1。

表8　第三次遍历结果

$K=3$	节点 A	1	2	3	4	5	6
	$(T_3(v))$	0	0.2815	0.5797	0.1533	0.3585	∞

$v^* = (5)$，$t(1, 5) = T_3(v^*) = 0.3585$，前列点为4。

表9　第四次遍历结果

$K=4$	节点 A	1	2	3	4	5	6
	$(T_4(v))$	0	0.2815	0.5797	0.1533	0.3585	0.7136

$v^* = (3)$，$t(1, 3) = T_4(v^*) = 0.5797$，前列点为2。

表10　第五次遍历结果

$K=5$	节点 A	1	2	3	4	5	6
	$(T_5(v))$	0	0.2815	0.5797	0.1533	0.5177	0.7136

$v^* = (6)$，$t(1, 6) = T_5(v^*) = 0.7136$，前列点为5。

即得到最短时间0.7136h，反向追踪得到最短路径1→4→5→6

进行验算：

从源点1到终点6共有三条路径，分别是：1→2→5→6，1→2→3→6，1→4→5→6，计算这三条路径所行驶的时间。经计算，依次为

0.8815h，1.0695h，0.7136h。显然，1→4→5→6 经历的时间最短，与算法计算所得相符。

5 结论

5.1 总结

在救灾物流方面，目前我国尚未建立完善的就是物流体系，对救灾物流的研究也才刚刚起步。论文从救灾物流的线路优化角度出发，根据救灾物流的特点，运用了紧急状态下以时间最短为第一目标的物资调运模型，并详细分析道路通行状况对物资运输的影响，将模型扩展至路径受阻的情况以应对行驶途中的特殊情况。在分析道路通行状况时，对道路通行状况影响因素进行定量化表征，利用模糊综合评价法得到灾害条件下道路通行的定量化表达结果。算例部分，论文基于改进的 Dijkstra 算法设计和计算机程序对算法进行了验证，来表明其有效性和应用性。

5.2 进一步研究的方向

本文研究围绕救灾物流展开，着重解决救灾物资的线路优化问题，并取得了一定的进展，但由于论文仅限于救灾物流的初步探讨和单供应点的物资调运模型上，研究还未完善，有待进一步的探讨。在以后的相关研究中，主要可以从两个方面进行深入研究：

（1）是多物资供应点的运输。本文实际上隐含了一个假设，即一个物资供应点的物资存储量大于需求点的需求量，但在实际情况中这通常是不发生的。灾害发生时，往往需要从多个存储点调运，于是便提出了救灾物流的组合优化问题。多个物资供应点运往需求点，仅仅考虑单供应点的线路优化是不现实的，这需要从全局的角度寻求最优线路。

（2）是多目标与动态目标的调运模型。在救灾物流的实际操作中，会涉及保障供应的优先级，除了时间要求外，还需考虑费用、路径复杂度等多个目标。而且，在救灾物流中，突发事件多种多样，这就需要建立面向对象的动态规划模型，以便在条件变化时尽快做出调运方案的决策，保障物资的供应。

参考文献

[1] 李滢堂．汶川地震引发的构建应急物流系统[J]．物流技术，2008，27（8）：8～10.

[2] ALI H，SEI - CHANG O．Formulation and Solution of A Multi - commodity Multi - modal Network Flow Model for Disaster Relief Operations [J]．Transportation Research：Part A，1996，30（2）：231～250.

[3] 王杏．救灾物流中的物资调运模型研究[D]．北京交通大学：物流管理与工程，2007.

[4] 王卫友．救灾物流线路优化研究 [D]．西华大学：西华大学车辆工程，2010.

[5] 魏宝红．救灾物流系统中的交通网络最短路径问题的研究 [D]．铁道运输与经济：西安建筑科技大学管理学院，2008.

[6] 许添本，吕奖慧．地震救灾最小风险路径选择模式之建立与应用 [D]．台湾：国立台湾大学土木工程学院，2002.

[7] 梁保松，曹殿立．模糊数学及其应用 [M]．北京：科学出版社，2007.

基于历史数据和累积前景理论的电信套餐消费者的选择行为分析

苗蕴慧　唐加福

（东北大学流程工业综合自动化国家重点实验室）

摘要：消费者选择电信套餐的行为对于电信企业的套餐营销策略具有重要的影响，为了解决有限理性的消费者对电信套餐的选择问题，本文基于电信行业的历史实际数据提出了一种基于累积前景理论的决策分析方法。在"累积前景理论"的框架下对消费者选择套餐的行为进行了理论建模：首先重点分析了参照点的设定方法，然后构建了价值函数和决策权重函数，最后通过计算每个电信套餐的前景值，得到套餐方案的优选结果。

关键词：有限理性；历史数据；累积前景理论；参照点；电信套餐；选择行为

Consumer Choice Behavior Analysis of Telecommunications Package Based on the Historical Data and Cumulative Prospect Theory

Miao Yunhui, Tang Jiafu

（E – mail：miaoyunhui1227@163. com, jftang@ mail. neu. edu. cn）

（State Key Laboratory of Integrated Automation for Process Industries，Northeastern University）

Abstract：Consumer choice behavior of the telecommunications package has significant influence on the package marketing strategy，in order to solve the package selecting problem of the consumers with limited rationality，this paper presents a decision analysis method based on historical data and cumulative prospect theory. In the framework of the "cumulative prospect theory"，the behavior of selecting package was theoretically modeling：firstly the setting method of the reference point was the key analysis；then the value function and decision weighting function were built；lastly the prospect value for each telecommunications package was calculated，and the optimal result was got.

Key words：limited rationality；historical data；cumulative prospect theory；reference point；telecommunications package；choice behavior

1 前言

电信行业的套餐业务是将多种业务（不同资费标准）组合成为一项综合业务推出的组合营销方式。随着三大电信运营商逐渐从"以业务为中心"向"以客户为中心"转变，运营商们不断推出面向不同客户群体的各种套餐。信息技术与电信市场推动电信行业实现了跨越式发展，带来了电信企业与消费者地位的变化，消费者的购买行为从单一型购买向多样型购买转化。电信消费者的购买行为越来越复杂，将陷入庞杂的多样化选择当中。面对如此多的套餐，有限理性的消费者最终的选择行为对电信企业的套餐营销策略具有至关重要的影响。

传统的消费者选择行为理论是在"期望效用理论"的框架下进行的。该理论的前提是假设消费者是完全理性的，认为在消费者和备选方案既定的情况下，若以效用来描述各备选方案的吸引程度的话，每个消费者都会选择期望效用最大的备选方案，即"期望效用最大化假说"。在早期研究所采用的极其简单的决策环境下，消费者的行为似乎符合"期望效用理论"。但是，即使是在决策环境中引进少量的复杂因素后，实际行为与"期望效用理论"的预见之间就立即明显的出现了种种背离。如著名的阿莱悖论和埃尔斯伯格悖论（The Allais and Ellsberg Paradox）就说明了真实的个体行为表现为系统的违反期望效用理论和主观概率理论共同建筑的"期望效用最大化假说"。

人们试图找到"期望效用理论"的替代理论来解释不确定性条件下的决策行为。这其中最著名的便是 1992 年由 Kahneman 和 Tversky 在 Simon 的"有限理性"的基础上提出的"累积前景理论"（Cumulative Prospect Theory, CPT）[1]。累积前景理论能更准确地反映决策者面临损失时偏好风险，高估小概率事件；面临获得时厌恶风险，低估发生概率较大事件的心理特征。目前，该理论的研究已广泛应用于医疗决策[2]、税收决策[3~4]、资源分配[5]、路径选择[6~9]等领域。另外，不少学者对参照点的设定、前景价值函数、权重函数及其参数也进行了研究[10~14]。

本文基于消费者是有限理性的前提，基于某市某电信运营商的历史实际数据，运用累积前景理论对消费者选择电信套餐的问题进行了进一步研究。

2 累积前景理论概述

Kahneman 和 Tversky 于 1979 年在标准化决策理论的基础上提出了前景理论（Prospect Theory, PT）[15]，认为人的认知因素对决策有着至关重要的影响。前景理论提出后，尽管可以解释许多用期望效用理论难以解释的风险决策行为，但仍有一些不足，并受到一些学者的质疑。首先是对于具有多个决策后果的前景难以分析，其次是在有些情况下其分析结果与随机优势（Stochastic Dominance）分析的结果不一致。

为了解决前景理论存在的不足，Kahneman 和 Tversky 于 1992 年在吸收了 Quiggin 提出的 RDU 理论（Rank - dependent Utility）后，提出了累积前景理论。累积前景理论是对前景理论的重要推广，可以适用于具有有限个决策后果的风险决策分析和决策后果为连续分布时的情形。而且，累积前景理论还可以处理不确定性的决策问题（Decision Under Uncertainty）。

在累积前景理论中，Kahneman 和 Tversky 利用两个函数来描述个人的选择行为：价值函数和决策权重函数，前景价值是由价值函数和决策权重函数共同决定的，即

$$V = \sum_{i=1}^{n} v(x_i) \pi(p_i) \qquad (1)$$

其中：V 为前景价值；$v(x)$ 为价值函数，是决策者主观感受形成的价值；$\pi(p)$ 为决策权重函数，是概率评价性的单调增函数。

3 基于"累积前景理论"的消费者选择电信套餐的行为分析

3.1 问题描述

电信运营商针对某一目标市场推出 k 种套餐，基于消费者是有限理性的基本假设，利用累积前景理论预测消费者对套餐是如何选择的。

其中，c_{rd} 为参照点；c_e^k 为消费者对每个套餐的期望消费金额；c_a^k 为消费者对每个套餐的实际消费金额，假设其服从正态分布；ρ 表示概率，$0 < \rho < 1$；K 为套餐的集合，并且 $k \in K$。

3.2 参照点的设定

在累积前景理论应用过程中，对参照点的设定至关重要，它是衡量用户得益与损失的重要标准。通常，消费者在选择套餐前心里会对每个套餐都有一个消费预期。本文将选取消费者对所有套餐的期望消费金额的最小值作为参照点。

$$c_{rd} = \min_{k \in K} c_e^k \tag{2}$$

$$\text{s. t.} \quad P(c_a^k \leqslant c_e^k) \geqslant \rho, \quad \forall k \in K \tag{3}$$

对于式（3），假设 $c_a^k \sim N(\mu_k, \sigma_k^2)$，可得到：

$$c_e^k \geqslant \mu_k + \sigma_k \Phi^{-1}(\rho) \tag{4}$$

其中：μ_k 为每个套餐的实际消费金额的均值；σ_k 为每个套餐的实际消费金额的标准差。

最后将式（4）代入目标函数式（2）中即可求出参照点 c_{rd}。

3.3 价值函数

由于消费者每个月对套餐的实际消费金额是随机变化的，消费者无法预先获知每个月的实际消费金额，只能主观估计一下每个月的消费金额。将每个人每个月的主观估计消费金额与参考点进行比较，以权衡得失。当主观估计消费金额 ≤ 参照点时，消费者认为获得"收益"；反之，则认为产生"损失"。

消费者选择套餐的价值函数如式（5）所示，该式与 Kahneman 和 Tversky（1992）提出的价值函数的形式略有不同。

$$v(\Delta c) = \begin{cases} (c_{rd} - c_{估})^\alpha, & c_{rd} \geqslant c_{估} \\ -\lambda(c_{估} - c_{rd})^\beta, & c_{rd} < c_{估} \end{cases} \tag{5}$$

其中：$c_{估}$ 为每个消费者每个月的主观估计消费金额；参数 α、β 分别为收益和损失区域价值幂函数的凹凸程度；α、$\beta < 1$ 为敏感性递减；λ 系数为损失区域比收益区域更陡的特征；$\lambda > 1$ 为损失厌恶。根据 Kahneman 和 Tversky 的标定，通常取 $\alpha = \beta = 0.88, \lambda = 2.25$。

3.4 决策权重函数

按照 Kahneman 和 Tversky（1992）提出的决策权重函数的形式，决策权重函数及参数取值分别如下：

收益时：

$$\pi^+(p_{收益}) = \frac{p_{收益}^\gamma}{(p_{收益}^\gamma + (1 - p_{收益})^\gamma)^{1/\gamma}}, \gamma = 0.61 \tag{6}$$

损失时：

$$\pi^-(p_{损失}) = \frac{p_{损失}^\delta}{(p_{损失}^\delta + (1 - p_{损失})^\delta)^{1/\delta}}, \delta = 0.69 \tag{7}$$

其中：

$$p_{收益} = \frac{某套餐中每月实际消费小于参考点的消费者样本数}{使用某套餐的消费者样本总数} \tag{8}$$

$$p_{损失} = 1 - p_{收益} \tag{9}$$

3.5 累积前景价值函数

$$V = \pi(p) v(\Delta c) \tag{10}$$

根据式（10）可得到每种套餐的累积前景价值，最后选择累积前景价值最大的套餐为最满意套餐。

4 算例

某市的某电信运营商针对某农村市场推出

两种套餐：金农通—幸福卡和金农通—乡情王。

根据该市使用这两种套餐的人群的历史实际消费数据可知使用幸福卡的消费者的实际消费金额服从正态分布：$c_a^{幸} \sim N(24,20^2)$；使用乡情王的消费者的实际消费金额服从正态分布：$c_a^{乡} \sim N(35,26^2)$。

依据式（2）~式（4），可得到表1，当 ρ 取不同值时对应的参照点的取值如表1最右一列所示。

表1 ρ 取不同值时得到的参照点

ρ	$\Phi^{-1}(\rho)$	$c_e^k = \mu_k + \delta_k\Phi^{-1}(\rho)$ 幸福卡 乡情王		c_{rd}
0.7	0.52	34.4	48.52	34.4
0.75	0.67	37.4	52.42	37.4
0.8	0.84	40.8	56.84	40.8
0.85	1.04	44.8	62.04	44.8
0.9	1.28	49.6	68.28	49.6
0.95	1.64	56.8	77.64	56.8
0.99	2.33	70.6	95.58	70.6

由 ρ 和参照点的不同取值，根据式（8）~式（9）可得到选择幸福卡/乡情王时收益/损失的概率，如表2所示。

表2 ρ 取不同值时选择各套餐收益/损失的概率

ρ	选择幸福卡收益的概率	选择幸福卡损失的概率	选择乡情王收益的概率	选择乡情王损失的概率
0.7	0.819	0.181	0.665	0.335
0.75	0.847	0.153	0.713	0.287
0.8	0.876	0.124	0.749	0.251
0.85	0.9	0.1	0.792	0.208
0.9	0.925	0.075	0.835	0.165
0.95	0.949	0.051	0.873	0.127
0.99	0.97	0.03	0.93	0.07

这里首先假设 $c_{估} = 40$，根据式（5）及参照点的取值可得到各套餐在不同 ρ 时的价值 $v(\Delta c)$，见表3。根据式（6）~式（7）可得到各套餐在不同 ρ 时的决策权重 $\pi^+(p)/\pi^-(p)$，如表3所示。

表3 $c_{估} = 40$ 时各套餐的价值函数及权重函数的计算结果

ρ	幸福卡		乡情王	
	v	π	v	π
0.7	−10.25	0.242	−10.25	0.35
0.75	−5.22	0.219	−5.22	0.319
0.8	0.82	0.682	0.82	0.568
0.85	3.98	0.712	3.98	0.601
0.9	7.32	0.748	7.32	0.639
0.95	11.97	0.791	11.97	0.679
0.99	20.3	0.84	20.3	0.756

依据式（10）及 $v(\Delta c)$、$\pi^+(p)/\pi^-(p)$ 的值可得到每个套餐的累积前景价值，如表4所示。

表4 $c_{估} = 40$，ρ 取不同值时两个套餐的累积前景价值

ρ	c_{rd}	幸福卡累积前景价值	乡情王累积前景价值
0.7	34.4	−2.48	−3.59
0.75	37.4	−1.14	−1.67
0.8	40.8	0.6	0.47
0.85	44.8	2.83	2.39
0.9	49.6	5.48	4.68
0.95	56.8	9.47	8.13
0.99	70.6	17.05	15.35

同理，当 $c_{估} = 30$ 时，分别得到两个套餐的 $v(\Delta c)$、$\pi^+(p)/\pi^-(p)$ 及累积前景价值，见表5和表6。

**表5 $c_{估}=30$ 时各套餐的价值函数及
权重函数的计算结果**

ρ	幸福卡		乡情王	
	v	π	v	π
0.7	3.683	0.624	3.683	0.512
0.75	5.82	0.651	5.82	0.542
0.8	8.12	0.682	8.12	0.568
0.85	10.71	0.712	10.71	0.601
0.9	13.72	0.748	13.72	0.639
0.95	18.06	0.791	18.06	0.679
0.99	26.03	0.84	26.03	0.756

**表6 $c_{估}=30$，ρ 取不同值时两个套餐的累积
前景价值**

ρ	c_{rd}	幸福卡累积前景价值	乡情王累积前景价值
0.7	34.4	2.30	1.89
0.75	37.4	3.79	3.15
0.8	40.8	5.54	4.61
0.85	44.8	7.63	6.44
0.9	49.6	10.26	8.76
0.95	56.8	14.29	12.26
0.99	70.6	21.87	19.68

由表4、表6及图1可知：对于两种套餐，无论 ρ 取何值，幸福卡的累积前景价值均高于乡情王的累积前景价值，也就是基于人是有限理性的假设条件下，利用累积前景理论进行选择的结果是选择幸福卡。

这与实际情况也基本相符，1863 个样本中有 1421 个消费者选择幸福卡，442 个消费者选择乡情王，因此可说明所提出方法的有效性。

5 结论

对消费者的选择行为进行建模具有重要的理论价值和实践意义，由于"累积前景理论"能够更加真实地描述不确定性条件下的决策行为，因而为我们提供了一个有力的工具。

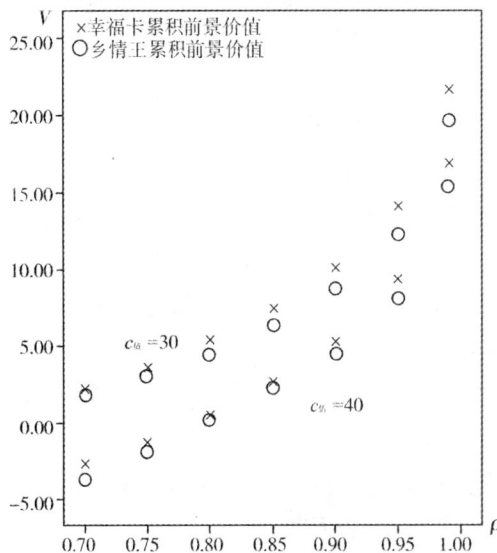

图1 $c_{估}$ 取不同值时两种套餐的前景价值的比较

本文根据消费者选择套餐行为的特点和累积前景理论的基本原理，利用电信行业的实际历史数据，提出了一种更有效的参照点设定方法。通过算例表明，利用本文提出的方法得到的结果与实际情况是基本相符的，由此说明本方法的有效性。另外，对该理论模型的参数进行标定将是今后研究的主要目标。

参考文献

[1] Tversky A, Kahneman D. Advances in Prospect Theory: Cumulative Representation of Uncertainty [J]. Journal of Risk and Uncertainty, Vol. 5, No. 4, 1992: 297~323.

[2] Han Bleichrodt, Jose Luis Pinto. A Parameter-free Elicitation of the Probability Weighting Function in Medical Decision Analysis [J]. Management Science, Vol. 46, No. 11, 2000: 1485~1496.

[3] Sanjit Dhami, Ali al-Nowaihi. Why Do People Pay Taxes? Prospect Theory Versus Expected Utility Theory [J]. Journal of Economic Behavior and Organization, Vol. 64, 2007: 171~192.

[4] Sanjit Dhami, Ali al - Nowaihi. Optimal Taxation in the Presence of Tax Evasion: Expected Utility Versus Prospect Theory [J]. Journal of Economic Behavior & Organization, Vol. 75, 2010: 313 ~ 337.

[5] Philip Bromiley. A Prospect Theory Model of Resource Allocation [J]. Decision Analysis, Vol. 6, No. 3, 2009: 124 ~ 138.

[6] Tim Schwanen, Dick Ettema. Coping with Unreliable Transportation When Collecting Children: Examining Parents' Behavior with Cumulative Prospect Theory [J]. Transportation Research Part A, Vol. 43, 2009: 511 ~ 525.

[7] Song Gao, Emma Frejinger, Moshe Ben - Akiva. Adaptive Route Choices in Risky Traffic Networks: A Prospect Theory Approach [J]. Transportation Research Part C, Vol. 18, 2010: 727 ~ 740.

[8] Hongli Xu, Jing Zhou, Wei Xu. A Decision - making Rule for Modeling Travelers' Route Choice Behavior Based on Cumulative Prospect Theory [J]. Transportation Research Part C, Article in press.

[9] 赵凛, 张星臣. 基于 "前景理论" 的先验信息下出行者路径选择模型 [J]. 交通运输系统工程与信息, Vol. 6, No. 2, 2006: 42 ~ 46.

[10] William Neilson, Jill Stowe. A Further Examination of Cumulative Prospect Theory Parameterizations [J]. Journal of Risk and Uncertainty, Vol. 24, No. 1, 2002: 31 ~ 46.

[11] Manel Baucells, Franz H. Heukamp. Stochastic Dominance and Cumulative Prospect Theory [J]. Management Science, Vol. 52, No. 9, 2006: 1409 ~ 1423.

[12] Mohammed Abdellaoui, Han Bleichrodt, Corina Paraschiv. Loss Aversion Under Prospect Theory: A Parameter - Free Measurement [J]. Management Science, Vol. 53, No. 10, 2007: 1659 ~ 1674.

[13] Ulrich Schmidt, Horst Zank. Risk Aversion in Cumulative Prospect Theory [J]. Management Science, Vol. 54, No. 1, 2008: 208 ~ 216.

[14] Han Bleichrodt, Ulrich Schmidt, Horst Zank. Additive Utility in Prospect Theory [J]. Management Science, Vol. 55, No. 5, 2009: 863 ~ 873.

[15] Kahneman D, Tversky A. Prospect theory: An Analysis of Decision Under Risk [J]. Economica, Vol. 47, No. 2, 1979: 263 ~ 291.

灾害网络中边的脆弱性研究[①]

张荣　荣莉莉　王翔

（大连理工大学系统工程研究所）

摘要：将某一突发事件和各突发事件之间的引起关系抽象为网络的节点和边，构成了一个无权有向灾害网，基于灾害网各节点不可移除的特殊性，从边的角度研究灾害网络。本文首次将网络抗毁性概念引入到了灾害网络的研究领域，基于网络抗毁性研究成果，研究边的脆弱性。目前对网络抗毁性的研究多用于保护网络安全畅通的运行，本文反其道行之，找到脆弱度大的边，进行人为的破坏，使灾害网络尽量缩小，同时给出了一个计算边的脆弱度的算法。以 2008 年雪灾为例，验证了这种算法的有效性，对阻止灾害网的形成起到了决策支持作用。

关键词：灾害网；抗毁性；边的脆弱性

Research on Edge Invulnerability in Disasters Net

Zhang Rong, Rong Lili, Wang Xiang

（E – mail：cumtzr@ gmail. com, llrong@ dlut. edu. cn, xiangfreedom@ 126. com）

（Institute of System Engineering, Dalian University of Technology）

Abstract：Abstract an emergency and caused relationship between each emergencies to the node and the edge of a network, then form an un – weighted directed disasters net, based on the particularity that disasters net each node should not be removed, study the disasters net from the edge perspective. This paper first introduces the invulnerability concept into the disasters net research field, at present the studies of invulnerability more used to protect network, exactly the opposite, this paper finds a edge of invulnerability weak, damages it and minimizes the disasters net. At the same time, gives a new algorithm for computing invulnerability index of edge. Snowstorm in 2008, for example, verify the effectiveness of this algorithm, can play a role in decision support to prevent the formation of disasters net.

Key words：instruction; paper; conference

---

① 基金项目：国家自然科学基金资助项目（70771016、91024003、91024031）。

作者简介：张荣（1989～），女，硕士，研究生，主要研究方向为应急管理、复杂网络（cumtzr@ 126. com）；荣莉莉（1964～），女，教授，博士，主要研究方向为应急管理、知识管理、软件算；王翔（1979～），女，辽宁大连人，硕士，研究生，主要研究方面为应急管理、复杂网络。

1 引言

一旦发生重大灾害，借助社会生态系统间相互依存、相互制约的关系，极易产生连锁反应，由一种灾害引发出一系列灾害，或从一个地域空间扩散到另一个更广阔的地域空间，这种呈链式有序结构的灾害传承效应称为灾害链[1]。多条灾害链之间有着千丝万缕的联系，它们之间相互影响、相互转化，形成了灾害网，它对人民生命财产所造成的危害十分巨大。例如，2011 年 3 月日本的 9 级特大地震、海啸，使得沿海地区遭到毁灭性破坏，特别是导致核电站的核泄漏，引发了日本和周边国家对核辐射的恐慌。越来越多灾害网的实例使得人们认识到，灾害来临后如何有效减缓灾害的链式发生变得尤为重要。

目前，国内外对复杂网络抗毁性研究多是分析某网络的可靠性，即在网络的节点或边受到攻击的条件下，仍能保持连通的能力。比如对电网、供水网、供气网、交通网、Internet、通信网、供应链网等网络的研究。这些可靠性研究，旨在通过测试对节点或边的随机攻击和选择性攻击下的抗毁性，找到网络中抗毁性弱的点或边，加以保护，确保这些网络安全畅通的运行[2]。

是否可以将网络的抗毁性运用到灾害网中，反其道而行之，进行人为的破坏，使灾害网络尽量缩小，甚至不形成灾害网络？本文研究发现是可行的，不同之处在于，电网、交通网等网络抗毁性研究多是从攻击节点入手；而在灾害网络中，只能人为干预突发事件之间的引起关系（去除灾害网的边），无法避免某一突发事件发生（移除灾害网的节点）。例如，地震的发生无法避免，而由地震引发的停电在备灾措施恰当时可减少其影响范围，即地震—停电这一

引起关系可通过人为干预得到控制。所以，基于这种各节点不可移除的特殊性，从边的角度来研究灾害网络的抗毁性。并且，网络抗毁性的攻击策略有随机攻击和选择性攻击，基于阻止灾害网的形成这一工作特质，只能采取选择性攻击这种攻击策略，即移除灾害网中较重要的边，达到减灾的目的。

本文不针对某种具体的灾害网，而是将灾害中的某一突发事件和各突发事件之间的引起关系抽象为网络的节点和边，构成了一个灾害网，将其描述成一个无权的有向网络。从网络的抗毁性角度分析灾害网，给出每条边的脆弱度的计算方法，为灾害链预防、断链减灾工作做出决策支持。

2 灾害网的抗毁性和边的脆弱度

本文的研究依赖于网络抗毁性，首先介绍网络抗毁性，再由此引出边的脆弱度，并介绍边的脆弱度的一些相关评价指标。

2.1 网络抗毁性研究现状

网络的抗毁性是一种基于拓扑结构的可靠性参数，不考虑网络节点和边的可靠度，是指在节点或边发生自然失效或遭受蓄意攻击的条件下，网络保持连通的能力，衡量的是一个网络系统抗击破坏的能力强弱。

对复杂网络抗毁性的研究，Albert 起到了先驱作用[3]，他首先关注拓扑结构和攻击策略对复杂网络抗毁性的影响。Albert 等和 Holme 等的研究激起了大量研究人员对现实世界中的复杂网络抗毁性问题的探讨热潮：例如，Jeong 等研究了蛋白质网络的抗毁性[4]；Dunne 等[5] 研究了食物链网络的抗毁性；Newman 等[6] 研究了电子邮件网络的抗毁性；Magoni 等[7] 研究了互联网；Samant 等[8] 研究了 P2P 网络。相对国外而言，国内的研究起步较晚，但仍有不少学

者进行了有益的探索，如刘啸林[9]研究了证券交易网络的抗毁性，张勇等[10]研究了城市路网的抗毁性，王云琴[11]研究了城市轨道交通网络的抗毁性。

2.2　灾害网抗毁性与脆弱性关系研究

网络的抗毁性基于拓扑结构，是一种衡量可靠性的参数，它不考虑具体网络节点和边的可靠度，而是指在节点或边发生自然失效或遭受蓄意攻击的条件下，网络依旧保持连通的能力，表达的是一个网络系统抗击破坏的能力强弱。由于在灾害网络中，只能人为干预突发事件之间的引起关系（去除灾害网的边），无法避免某一突发事件发生（移除灾害网的节点）。基于这种各节点不可移除的特殊性，从边的角度来研究灾害网络的抗毁性。并且，网络抗毁性的攻击策略有随机攻击和选择性攻击，基于阻止灾害的形成这一工作特质，只能采取选择性攻击这种攻击策略，即移除灾害网中较重要的边，则该边即为网络中的脆弱环节。

抗毁性是用于评价整个网络的概念，本文主要研究的是灾害网的边，用脆弱性来描述边的抗攻击性。"脆弱性"术语经常出现在环境、生态、计算机网络等领域的有关研究中，用来描述相关系统及其组成要素易于受到影响和破坏，并缺乏抗拒干扰、恢复初始状态（自身结构和功能）的能力[11~12]。不同领域的"相关系统及其组成要素"不同，因而对脆弱性的定义也不同。灾害网边的脆弱性是指灾害网中，移除某边对于灾害网络破坏程度的影响，它代表灾害网对边的依赖程度。对脆弱性的定量评价，叫做边的脆弱度。脆弱性从边的角度反映灾害网的抗毁性，脆弱度大的边越多，说明网络的抗毁性越差；反之，网络的抗毁性越强。

2.3　边的脆弱度的指标

本文借助了复杂网络的一些概念[13]及网络抗毁性的一些研究成果来研究灾害网边的脆弱度。

（1）最短路径。对于无权网络，最短路径度量的是从网络中一个节点到达另一个节点所要经历的边的最小数目，也称为节点之间的距离，记为 d。

（2）介数。介数分为节点介数和边介数两种，它是一个全局变量。一个节点的介数衡量了通过网络中该节点的最短路径的数目，而边的介数则衡量了通过网络中该边的最短路径的数目。边介数的计算公式为：

$$B_i = \sum_{j,k} g_{jk}(i) \tag{1}$$

式中，g_{jk} 为节点 j 和 k 之间最短路径经过边 i 的次数。

（3）平均路径长度。网络中一个非常重要的特征度量，指的是网络中所有节点对之间的平均最短距离。平均路径长度的计算公式为：

$$L = \frac{1}{N(N-1)} \sum_{i \neq j \in V} d_{ij} \tag{2}$$

式中，N 为网络节点的总数，d_{ij} 为节点 i 和 j 之间的最短距离。

（4）连通系数。是在复杂网络抗毁性研究领域，由文献[14]给出的一个广泛应用的网络连通性的测度，用于评价网络的抗毁性。定义为：

$$C = \frac{1}{\omega \sum_{i=1}^{\omega} \frac{N_i}{N} L_i} \tag{3}$$

式中，ω 为网络连通分支数，N_i 为第 i 个连通分支中节点数目，N 为网络节点总数目，L_i 为第 i 个连通分支的平均最短路径。从定义可知，连通分支数越少、各分支的平均最短路径越小，连通系数 C 就越大，网络的连通性越好。由于本文研究的灾害网是一个有起始节点的有向网络，任何与起始节点断开的分支都不予考虑，

所以可取 $\omega = 1$。本文中，式（3）作为一个重要的理论依据。

（5）连通度。有向图中，以某起始节点出发，能够连通的节点数和总节点数的比值，参考式（3），本文定义为连通度。连通度的计算公式为：

$$R = \frac{N_i}{N} \tag{4}$$

式中，N 为网络节点的总数，N_i 为从某起始节点出发能够连通的节点个数。

3 边的脆弱度分析

当灾害来临时，人们最想做的是发现该灾害都能引发哪些次生灾害，并且引发哪种次生灾害造成的损失较大。本文就是研究一个灾害网，以突发事件为网络的节点，以各突发事件之间的引起关系为网络的边，构成一个无权的有向网络，如图 1 所示，其中 V_2 为起始节点，即源发灾害，其他节点均为次生灾害。目的是找出脆弱度最大的边，对其实施人为干预，起到阻止灾害网络形成的效果。

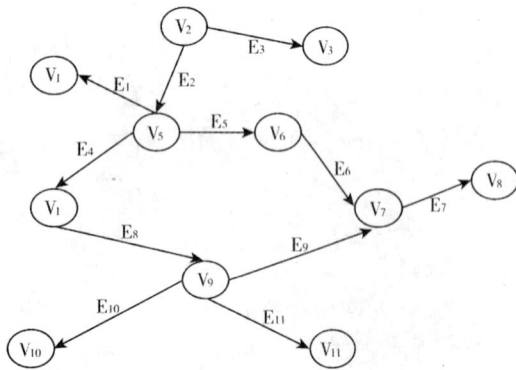

图 1 无权有向的灾害网络

如何衡量抗毁性的强弱，文献[14]给出了一个网络连通性的测度——连通系数，用它作为定量评价网络抗毁性的基础，但是，文献[14]没有考虑网络的介数。在以攻击节点的网络抗毁性研究中，运用选择性攻击策略时，往往首先攻击度最大的节点，说明度大的节点，对网络抗毁性影响大；同理，边介数越大，则该边对网络抗毁性影响也越大。本文认为，应在连通系数的基础上，综合考虑网络介数。

在灾害网中哪条边的介数大，移除该边后此灾害网的连通度变小，即该边的脆弱度就比较大。虽然前文中提到的指标均能从某个角度衡量边的脆弱度，但单独用它们进行评价都不全面，所以本文参考了文献[14]对网络连通系数的定义，即式（3），又综合考虑了介数因素，给出了一个新的计算边的脆弱度的公式：

$$V_{i \in (1,k)} = \frac{B_i L_i}{R_i} \tag{5}$$

式中，k 为灾害网中边的总数；B_i 为边 i 的介数；R_i 为去除边 i 后的网络的连通度；L_i 为移除边 i 后，网络的平均路径长度。某边的脆弱度越大，则该边的重要性越强；脆弱度越小，重要性越弱。

以下分别从边介数、平均路径长度和连通度来研究其和边的脆弱度的相关性。

（1）介数与边的脆弱度的关系。边的介数是通过网络中该边的最短路径的数目，介数本身可以用来衡量网络中节点或边的重要性。这与在以攻击节点的网络抗毁性研究中相似，其运用选择性攻击策略时，往往首先攻击度最大的节点，说明度大的节点，对网络抗毁性影响大；同理边介数越大，则该边对网络抗毁性影响也越大。如在交通网络、电网、Internet 等网络中，介数越大，说明该节点或边的影响力和重要性就越大。在本文研究的灾害网中，边的介数越大，则此边导致的灾害影响范围越广，说明该边的脆弱度越大。

（2）平均路径长度与边的脆弱度的关系。从图 1 任意移除一个边 E5，因为是有向图，由这个断边 E5 导致网络中节点 V6 和边 E6 也同时中断，从而导致网络中 E5→V6→E6 这条路径的中断，得到图 2。在移除 E5 之前，节点 V5 到 V7 之间有两条路径：E5→V6→E6 和 E4→V4→E8→V9→E9，$d_{57} = 2$；移除后，$d_{57} = 3$。节点 V5 到 V7 的距离增大，从而整个网络的平均路径长度 L 也就增大了。但如果继续移除边 E8，则 E8 之后的一个子网络都将不再连通，网络的平均路径长度 L 又减小了。即随着对网络破坏程度的加大，平均路径长度是先变大后变小的，这个结论与文献[14]描述的是一样的。

（3）连通度与边的脆弱度的关系。由图论可知，从连通图上删去一些边，可以破坏其连通性[15]，但每条边对图的连通性的破坏程度不同。任意移除图 1 中两条边 E5 和 E8 分别得到图 2、图 3。移除边 E5 后，节点 V6 和与其相连的 E6 也随之从原网络中断掉，其他节点和边仍然保持不变，网络连通度为 0.91；而移除边 E8 后，节点 V9、V10、V11 和 E9、E10、E11 从原网中脱离，网络连通度为 0.72。显然，较之移除 E5，移除 E8 对网络连通性影响较大，即对网络连通性破坏程度更大。若边 E8 遭到攻击，网络保持连通的能力变差，也就是脆弱度大。所以，移除某边后网络连通度越小，该边的脆弱度越大，即连通度和边的脆弱度呈负相关性。

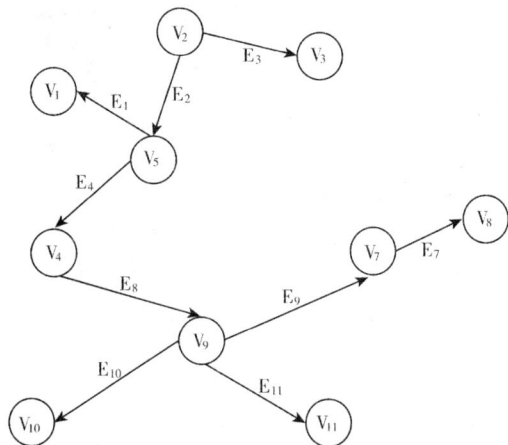

图2　移除 E5 后的灾害网络

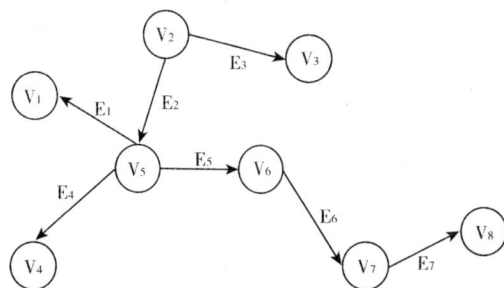

图3　移除 E8 后的灾害网络

4　实例分析

2008 年 1 月 10 日起，我国 21 个省市出现长时间、大面积、大强度的降雪和冻雨等灾害天气，截止到 2008 年 2 月 12 日，雪灾造成 129 人死亡，4 人失踪，紧急转移安置 166 万人，因灾直接经济损失 1516.5 亿元[16]。本文根据文献[16]及一些相关报道构造了如图 4 所示的灾害网。

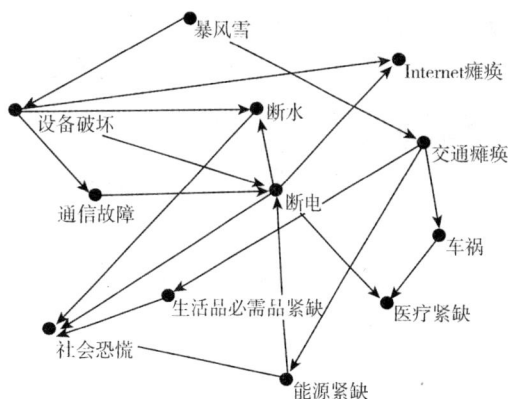

图4　2008 年雪灾灾害图

分别计算此网络各条边的介数，移除各条边后网络的平均路径长度及连通度，并按照前面给出的脆弱度公式（5），得出每条边的脆弱度。如表 1 所示。

表 1 2008 年雪灾灾害网络边的脆弱度

边	介数	连通度	平均路径长度	脆弱度
暴风雪→交通瘫痪	7	0.667	1.63889	17.20
暴风雪→设备破坏	8	0.917	1.84615	16.11
设备破坏→断电	6	1	1.68421	10.11
能源紧缺→断电	6	1	1.48387	8.90
交通瘫痪→车祸	4	0.917	1.68421	7.35
交通瘫痪→生活必需品紧缺	4	0.917	1.65789	7.23
设备破坏→断水	4	1	1.7	6.80
断电→社会恐慌	4	1	1.675	6.70
交通瘫痪→能源紧缺	4	0.917	1.52941	6.67
断电→医疗紧缺	4	1	1.64865	6.59
车祸→医疗紧缺	3	1	1.69231	5.08
断水→社会恐慌	3	1	1.66667	5.00
生活必需品紧缺→社会恐慌	3	1	1.66667	5.00
设备破坏→通信故障	2	1	1.7	3.40
设备破坏→Internet 瘫痪	2	1	1.7	3.40
能源紧缺→社会恐慌	2	1	1.675	3.35
断电→通信故障	2	1	1.62162	3.24
断电→Internet 瘫痪	2	1	1.62162	3.24
断电→断水	2	1	1.62162	3.24

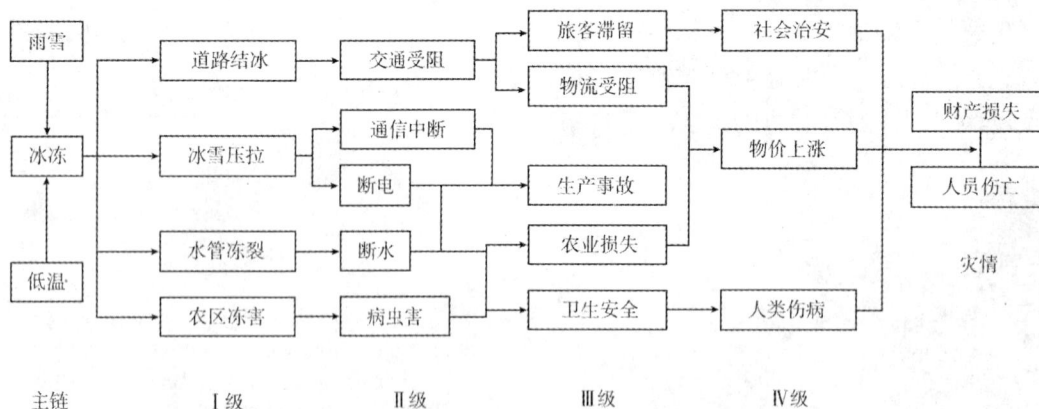

图 5 南方雪灾灾害链

其中，边介数采用 Ulrik Brandes 于 2001 年提出的算法[17]编程获得；平均路径可由强大的大型网络分析工具 Pajek[18]直接获得；连接度均以节点"暴风雪"为起点编程计算获得；根据公式（5）算得的值越大，此边的脆弱性越强。从表 1 可知，单独每一个指标与所得的脆弱度都不是单调对应的，即表 1 是以脆弱度从大到小单调递减排序的，但介数、连通度和平均路径长度都不是单调递增或递减的。虽然它们都能从某个角度衡量边的脆弱性，但只用它们其中之一评价边的脆弱性都不全面，需要综合考虑这些因素。表 1 按照计算所得的脆弱度大小进行排序。可以看出，"暴风雪→设备破坏"、"设备破坏→断电"、"能源紧缺→断电"、"暴风雪→交通瘫痪"、"设备破坏→断水"这些边是脆弱性较强的几条边。白暖、张建松、王静爱从南北方雪灾灾害链相比较的角度也对南方雪灾进行了研究，得出如图 5 所示的结论[19]。

从图 5 中可以看出"冰雪压拉→断电"、"水管冻裂→断水"、"道路结冰→交通受阻"、"冰雪压拉→通信中断"等灾害链的灾害级别较高，这与本文研究相吻合，如表 2 所示。同时文献[16]和文献[20]也得到了相似的结论。

表 2　本文与文献[19]结论的对比关系

本文脆弱度前 5 的边		文献[19]的对应结论	
边	脆弱度	对应灾害引起关系	灾害等级
暴风雪→交通瘫痪	17.20	道路结冰→交通受阻	Ⅰ级，Ⅱ级
暴风雪→设备破坏	16.11	冰冻→冰雪压拉	主链，Ⅰ级
		冰冻→水管冻裂	主链，Ⅰ级
设备破坏→断电	10.11	冰雪压拉→断电	Ⅰ级，Ⅱ级
能源紧缺→断电	8.90	未将能源紧缺列入研究范围	—
设备破坏→断水	6.80	水管冻裂→断水	Ⅰ级，Ⅱ级

从图 4 可直观看出，脆弱性较大的边或者是灾害网的源头，或者是灾害网中的较中心节点的入度边，与很多节点的关联程度都很大，重要性很高，如果人为破坏这些边，就可使图 4 的整个灾害网受到极大的破坏，使网中很多灾害节点都没有发生的条件。而边"断电→通信故障"、"断电→Internet 瘫痪"和"断电→断水"是脆弱性相对较弱的 3 条边，从图 4 也可以直观地看出，它们基本都是连接比较末端节点的边，与其他节点的关联性不强，重要性就稍低。

这样，在暴风雪灾害发生时，灾害链的预防工作中，对进行防灾减灾的决策就有指导性意义：首先是阻止"暴风雪→设备破坏"的发生，可通过指导人们加强设备的耐寒性和坚固性，购买温度范围更宽的设备等方式来达到此目的；其次是边"设备破坏→断电"，指导人们关注电力设备，特别是其耐寒性和坚固性，再寒冷的天气也要保障电力的供应，以此来阻止"设备破坏→断电"的发生；再次是边"能源紧缺→断电"，指导人们平时应加强能源的储备，防止缺乏能源影响电力供应；最后是边"暴风雪→交通瘫痪"，指导人们平时多储备一些除雪的用品、物资和设备，提高除雪效率；等等。做好以上工作，可以对图 4 的灾害网络进行最大程度的破坏，也就是使人民和国家的生命财产安全得到了最大程度的保护。

5　结论

由于在灾害网络中，只能避免突发事件之间的引起关系，而无法移除某一突发事件，所以基于这种各节点不可移除的特殊性，本文从边的脆弱性角度来研究灾害网络的抗毁性。本文选择了三个指标作为边的脆弱度指标：边介数、平均路径长度和连通度。逐一分析了上述指标与边的脆弱性的相关性，可知边介数越大，移除该边后此灾害网的平均路径长度越大、连通度越小，则该边的脆弱性就越强。通过这一规律，给出了计算边的脆弱度的方法。以 2008 年雪灾为例，构建了灾害网络，采用本文给出的算法，将灾害网络中的每条边按照脆弱度排序，得到了灾害发生后断边的顺序，为灾害链预防、断链减灾工作做出决策支持。

本文综合考虑介数、连通度和平均路径长度三个因素，给出脆弱度的计算公式，该公式着重体现这些因素间的正反比关系，侧重于定性分析。而对于三个因素对脆弱度的影响系数并没有给出，在实际应用中可通过历史数据获取、专家经验等方式获得，以便提供更为准确的决策支持。

参考文献

[1] 门可佩，高建国. 重大灾害链及其防御 [J]. 地球物理学进展，2008，23（1）：270~275.

[2] 谭跃进，吴俊，邓宏钟，朱大智. 复杂网络抗毁性研究综述 [J]. 系统工程，2006，24（10）：1~5.

[3] Albert R, Jeong H, Barab si A - L. Error and attack tolerance of complex networks [J]. Nature, 2000, 406：378~382.

[4] Jeong H, Mason S, Barab si A - L, et al. Lethality and centrality in protein networks [J]. Nature, 2001 (411)：41~42.

[5] Dunne J A, Williams R J, Martinez N D. Network structure and biodiversity loss in food webs：robustness increases with connectance [J]. Ecology Letters, 2002 (5)：558~567.

[6] Newman M E J, Forrest S, Balthrop J. E - mail networks and the spread of computer viruses [J]. Phys. Rev. E, 2002, 66（3）：035101.

[7] Magoni D. Tearing down the internet [J]. IEEE J. Sel. Areas Commun, 2003, 21（6）：949~960.

[8] Samant K, Bhattacharyya S. Proceedings of the Hawaii International Conference on SystemSciences [C]. IEEE Computer Society, 2004.

[9] 刘啸林. 网络抗毁性研究及其在证券交易网络中的应用 [D]. 上海：华东师范大学，2007.

[10] 张勇，杨晓光. 城市路网的复杂网络特性及可靠性仿真分析 [J]. 系统仿真学报，2008，20（2）：464~513.

[11] 王云琴. 基于复杂网络理论的城市轨道交通网络连通可靠性研究 [D]. 北京：北京交通大学，2008.

[12] 来学权. 道路交通运输网络脆弱性研究 [J]. 城市道桥与防洪，2010（6）：69~73.

[13] 汪小帆，李翔，陈关荣. 复杂网络理论及其应用 [M]. 北京：清华大学出版社，2006.

[14] 吴俊，谭跃进. 复杂网络抗毁性测度研究 [J]. 系统工程学报，2005，20（2）：128~131.

[15] 王树禾. 图论（第二版） [M]. 北京：科学出版社，2009.

[16] 荣莉莉，张继永. 突发事件连锁反应的实证研究——以 2008 年初我国南方冰雪灾害为例 [J]. 灾害学，2010，（3）：25~1.

[17] Brandes U. A Faster Algorithm for Betweenness Centrality [J]. Journal of Mathematical Sociology, 2001 (25)：163~177.

[18] Batagelj V, Mrvar A. Pajek - Program for Large Network Analysis [EB/OL]. 2009.

[19] 白媛，张建松，王静爱. 基于灾害系统的中国南北方雪灾对比研究——以 2008 年南方冰冻雨雪灾害和 2009 年北方暴雪灾害为例 [J]. 灾害学，2011，（1）：26~1.

[20] 胡爱军，李宁，史培军，郭海峰，赵晗萍，尹新怀. 极端天气事件导致基础设施破坏间接经济损失评估 [J]. 经济地理，2009，29（4）：529~534.

军事反恐风险预警与危机响应动态优化技术研究

于世伟[1,2]　姜江[1]　邢立宁[1]　陈英武[1]

（1. 国防科技大学信息系统与管理学院）

（2. 武警总部后勤部军需物资部）

摘要：军事反恐风险预警与危机应对决策是当前面临的重大实际问题。本研究在分析军事反恐风险预警与危机行动计划研究实践的基础上，运用现代管理科学与系统工程科学的理论技术，深入探索军事反恐风险预警与行动计划应对决策的客观科学规律，通过建立军事反恐风险分析模型、危机行动计划生成模型、交互式动态调整模型，研究反恐风险预警技术、智能优化调度技术、动态优化技术、模拟仿真技术，满足军事反恐应急管理需要，为军队和地方联合开展反恐应急管理提供科学有效的方法、工具支撑。

关键词：军事反恐；风险预警；危机响应；动态优化；建模仿真

Military Counterterrorism Risk Prediction and Dynamic Optimization for Emergent Response

Yu Shiwei[1,2], Jiang Jiang[1], Xing Lining[1], Chen Yingwu[1]

（E – mail：jiangjiangnudt@ hotmail. com）

（1. College of Information Systems and Management）

（2. National University of Defense Technology）

Abstract：Military counterterrorism risk prediction and emergent response decision are very important research areas in current background. This paper analyzes objective scientific rules, presents the problems and challenges in military counterterrorism and action planning research, and proposes a whole research framework for deal with these problems. The research idea and road consist of some models and techniques, including military counterterrorism risk analysis model, emergent response planning generating model, interaction dynamic planning model, risk prediction approach, intelligent optimization algorithms, dynamic planning method, modeling and simulation technique, and so on. This research would provide effective and applicable methods and tools for military and corresponding departments to respond the terrorism and other unconventional emergence events.

Key words：military counterterrorism; risk prediction; emergent response; dynamic optimization; modeling & simulation

1 引言

"恐怖主义"（Terrorism）一词起源于法国雅各宾专政时期，自 20 世纪中期国际恐怖主义滋生以来，经过半个多世纪的蔓延，现已成为人类安全的巨大威胁。2001 年 9 月 11 日，恐怖分子劫持民航飞机撞击世界贸易中心的两座大楼，在美国首都华盛顿、白宫、五角大楼、国务院和国会山也相继发生爆炸事件，"9·11"恐怖袭击事件死亡人数为 3019 人。恐怖主义已成为全世界共同的敌人，打击恐怖主义成为世界各国需要应对的重要问题。美国和其他西方国家、俄罗斯与中亚各国、恐怖活动较多的东南亚国家都高度重视反恐力量建设，进一步强化反恐机制，大幅调整安全战略，提升反恐在国家安全战略中的地位。

2009 年 7 月 5 日，乌鲁木齐发生打砸抢烧严重暴力犯罪事件，死亡 140 人，受伤 800 多人，被毁车辆达 260 部，受损门面房 203 间，民房 14 间；全市共有 220 多处纵火点，纵火面积达到 56850 平方米。2009 年 9 月，乌鲁木齐市连续发生犯罪分子用针状物刺伤市民，制造恐怖氛围的案件，引起群众恐慌和愤慨。9 月 3 日，部分市民开始在街头聚集，并演变为几万人在人民广场、南湖广场、南门等处游行。为了维护国家统一和安定团结的政治局面，保障经济建设的顺利进行，我们必须切实增强反恐的紧迫感，从源头着手遏制恐怖主义，认清恐怖主义活动在我国蔓延的主要因素。

恐怖主义袭击是一类非常规突发事件，与灾害（Disaster）与事故（Accident）类突发事件不同，属于人为（Willful）因素导致的突发事件。面对恐怖主义的威胁，国家和军队都加大了对反恐怖斗争的研究与支持力度，致力于提高我国反恐应急决策与管理的能力。首先，

必须加强对可能发生的恐怖事件的风险进行有效地识别、评估和预警，即运用一定的现代科学技术方法和手段，对可能引发恐怖事件的各种风险因素进行有效地识别；其次，对可能发生的恐怖事件的危险等级进行评定，并对各类危险的发生时间、发生概率、持续性、后果、不可探程度及可能造成的危害和损失进行事先分析、估算、预测；最后，在可能的风险源上设置险情指标，对危机处置行动和状态进行实时监测，以达到控制和降低风险的目的。尽管每一起恐怖事件所带来的风险不一定能够完全被消除，但如果评估准确、及时，处置得法，就能够成功地予以减小。可靠的风险识别、评估和预警，可使各级指挥员能根据可能发生的恐怖事件的风险等级来有效配备人力、物力和财力，既能保障反恐临战处置行动的安全有序，又不浪费各种宝贵的资源。

为了有效地开展反恐怖斗争，还要针对各种可能发生的不同等级的恐怖事件制定有效的处置预案，提高政府对恐怖袭击事件全过程的组织协调能力，构建相对统一、快速高效、救援能力强的应急指挥系统，根据各地的实际情况，编制反恐应急处置预案。一旦发生恐怖袭击事件，系统能够按照预案迅速、有序地组织抢险救灾，制止恐怖袭击事件危害的进一步扩大，减少人员伤亡和经济损失，尽快恢复人民群众正常的生产、生活。目前的研究主要是针对预案编制工作，讨论的重点主要在防范措施的选取问题、预案编制中的场景、方案及机构选取问题。

所以，需要研究军事反恐风险预警与危机行动计划的动态优化决策模型、方法与技术，对可能引发恐怖事件的各种风险因素进行有效地识别；对可能发生的恐怖事件的风险进行评估；在可能的风险源上设置险情指标，对危机

处置行动和状态进行实时监测；针对各种可能发生的不同等级的恐怖事件制定有效的危机行动计划；根据危机处置状态的变化动态地调整危机行动计划。通过对军事反恐风险预警与危机行动计划动态优化的研究，使得恐怖事件的处置更加科学、合理和有效。

2 研究现状及主要问题

2.1 国内外相关研究现状

关于反恐预警方面，目前研究主要集中在恐怖风险的评估上。具体包括利用各种法规、政策、技术手段生成科学有效的风险评估方法，开发风险分析辅助软件工具，利用得到的风险分析理论合理配置反恐资源，这些研究提高了反恐前期准备工作的有效性。一些理论成果已应用在解决实际问题中，得到了很好的效果。美国兰德公司比较早地开展了对反恐风险预警分析的研究，提出了一些模型和方法，包括RMS模型[1]，其通过分析各个不同地区面临的风险，以此为依据进行安全资源的配置，最小化资源浪费，减少生命和财产损失；提出反恐早期准备的可靠性评估问题[2]，通过评估可以预测当恐怖袭击事件发生后系统的反应情况，同时对资源管理提供参考建议；研究恐怖袭击的可能形式，提出应对恐怖袭击，反应过于迟钝或过于敏感都不是最佳反应，要寻求一个均衡反应策略，判断最有可能的威胁，对威胁进行排序区分，合理的采取措施[3]。除兰德公司以外，很多组织和个人对反恐风险预警分析进行了研究，如重点关注那些具有严重后果的恐怖袭击的定量化评估恐怖风险分析方法[4]；总结数学模型在反恐分析中的应用[5]；提出通过舆论警告和实际部署安全部队这两种反恐机制的模型解决恐怖袭击存在时间和地点的不确定性问题[6]；采用网络分析法计算给定有限资源

情况下最小的可能风险[7]，以及针对军事反恐系统提出了基于风险的定量分析方法[8]，针对风险源和风险管理方案过多问题提出的简化模型[9]，针对风险分析的信任研究方面，提出基于权变理论的信任研究[10]等。

在反恐危机行动计划方面，微观层面体现为反恐行动规划的技术工具研究，中间层面体现为规划技术整合（工具包）的研究，宏观层面则体现为作战行动的系统平台研究。如针对恐怖活动中对时间信息敏感的某些可稽查问题，提出的点区间逻辑的时间形式法则[11]，结合系统工程和认知心理学与统计分析方法提出了一种新的跨学科研究风险矩阵[12]。反恐行动是一个多机构协作的复杂活动，各部门和机构之间在行动规划上离不开信息共享和彼此信任。在现有的技术和工具基础之上构建决策支持系统，是反恐行动规划的一个研究热点。结合JADE思想提出一种基于知识的混合自发系统[13]，采用根据事实的可繁殖规划方法进行兵力调度规划和管理，在最短时间内完成大规模复杂调度方案；动态网络仿真软件平台，用于随时间变化的社会或者其他网络建模与分析[14]。

目前国内关于突发事件预警的研究领域较为广泛。在公共安全突发事件预警领域，研究灾害事故监测技术、模拟预测方法[15]，突发公共卫生预警脆弱性评价[16]，交通行业交通灾害预警理论体系[17]，借鉴危机管理和预警管理的思想，构建突发事件的预警预测、应急处理、信息发布及宣传教育等方面的管理机制[18]；在应急预案和危机行动计划方面，借助于GIS技术、计算机技术等对应急预案制定的救援过程进行模拟演练，检验预案的合理性和有效性[19]，从推迟的时间和降低的损失两个方面来评价一个突发事件可以被减缓的程度[20]，突发灾害事故的应急疏散问题[21]，基于偏好DEA

的应急服务设施选址模型和应急资源优化配置模型[22]，以及使用空间聚类技术解决应急救援机构的科学选址问题[23]等。

2.2 拟解决的问题与意义

通过对研究现状的综述，目前国内外关于突发事件预警的研究正在迅速发展之中，研究领域十分广泛。但是，对于军事领域应对恐怖威胁突发事件的研究基本没有。在应急行动研究方面，大部分研究关注于应急设施的选址，应急疏散和应急资源调度预案或模型的生成，而缺少根据事件发展动态调整行动计划方面的研究。

经过对问题的梳理和分析，提出以下几个需要解决的科学问题：①恐怖事件风险因素识别、影响关系分析与建模问题；②军事反恐风险定性定量综合评估、推理与预警问题；③基于风险的兵力部署与危机行动计划生成问题；④危机行动计划的交互式动态调整与智能优化决策问题；⑤基于多 Agent 的危机行动计划仿真验证建模问题等。

综上分析，本文将在系统工程与现代管理科学理论研究的基础上，深入探索与分析恐怖事件发生的特点、规律，建立恐怖事件风险评估与预警模型、危机行动计划的生成与动态调整模型，为军事反恐提供必要的决策支持，具有重大的理论意义与实际意义：①国内对反恐问题的研究刚刚起步，对反恐风险预警与危机行动计划的研究更是一个全新的领域。②对我国反恐机制建设具有重要的指导意义，提供恐怖事件风险识别、评估和预警，危机行动计划编制、展示、动态调整和验证的集成化平台，使决策者在面临恐怖事件时可以快速的获取所应解决的问题和所应处理的相关工作集合。③在科学理论研究上深入探索不确定、不完全信息条件下的风险评估与预警技术，危机行动

计划生成技术，知识型智能优化算法，以及交互性动态优化技术等前沿科学理论问题。④军事反恐风险与危机管理的研究成果可以扩展到解决自然灾害与意外事故等非常规突发事件应急管理中。

3 研究思路及核心技术

针对我国恐怖事件处置问题，特别是军事反恐风险预警与危机行动计划编制的实际需求，注重理论的集成性，借鉴国内外相关领域已有的理论、方法和技术，充分利用风险分析、系统规划技术和优化技术等领域的研究基础，进一步跟踪国外先进技术，集中研究军事反恐风险预警与危机行动计划动态优化的基础理论、核心模型和关键技术，在此基础上建立一套完善、实用的恐怖事件处置的理论、方法和工具。研究框架见图 1。

（1）基于层次全息模型（HHM）的恐怖事件风险因素识别与关系分析。HHM 全称层次全息模型（Hierarchical Holographic Model），是一种全面的思想和方法论，目的在于捕捉和展现一个系统中其多个方面、视角、观点、维度和层次中的内在不同特征和本质，已被 NASA 和美国国防部认可，并作为风险过滤排序管理框架 RFRM 中风险识别部分所采用的分析方法。在恐怖事件风险分析中采用 HHM，针对恐怖事件发生诱因的复杂性及其相互影响关系，从多视角、多维度全面地识别、分析风险因素，建立层次全息分解模型，构建风险分析矩阵；通过对风险因素的统计分析、相关性分析，查明主要风险因素之间的因果关系与影响程度关系，为后续的分析与评估提供支持。

（2）基于证据网络推理的恐怖事件风险评估与预警技术。针对恐怖事件风险评估与预警中风险因素相互影响关系复杂、信息收集不完全、专

家经验知识建模困难等特性，借鉴当前国内外风险分析技术，综合概率风险分析技术、影响图和贝叶斯网络风险建模技术、模糊风险分析技术、证据推理方法以及知识获取与建模技术，研究并提出一种新的风险分析方法——证据网络风险分析，用于恐怖风险评估与预警。证据网络运用网络分析模型构建恐怖事件风险因素之间的影响关系，通过规则知识建立风险因素影响程度，采用证据推理完成风险演化推理；解决恐怖事件风险的不确定建模、影响关系与程度建模、风险演化推理等问题，有效地实现恐怖事件风险的演化推理分析和评估，在不完全信息条件下最大化地实现风险预警，为风险应对措施的生成与实施提供信息支持。

（3）基于风险的兵力部署模型与方法。在恐怖事件风险识别、评估与预警的研究基础上，通过构建知识模型，研究知识型智能优化方法以求解基于风险的兵力部署问题，合理地配置现有的和可用的兵力资源（部队、武警、公安和消防等部门），构建相对统一、快速高效、救援能力强的应急处置队伍。

（4）有时间限制的具有组合性质的应急物资运输模型。考虑在规定的时间完成应急物资的运输（有时间限制），同时按照一定的比例和数量将应急物资运达到指定地点才能发挥应有的作用（具有组合性质）；采用知识型智能优化方法来求解有时间限制的具有组合性质的应急物资运输问题。

上面两个模型求解中采用知识型智能优化方法，图2给出知识型智能优化方法的运行机制，图的顶部刻画了智能优化方法的优化进程。智能优化方法按照"邻域搜索"机制对待优化问题的可行空间进行搜索；经过逐步迭代，智能优化方法最终收敛到最适应环境的个体；图的底部刻画了知识模型的作用。知识模型从前期已经完成的优化过程中挖掘或抽取一些有用的知识，然后应用已经获得的知识来指导后续的优化过程。在知识型智能优化方法运行的初始阶段，由于可供学习的样本太少，因此挖掘出来的知识的可信度不高，对后续优化过程的指导作用也不明显。随着知识型智能优化方法迭代的逐步推进，挖掘出来的知识的可信度越来越高，对后续优化过程的指导作用也越来越明显。

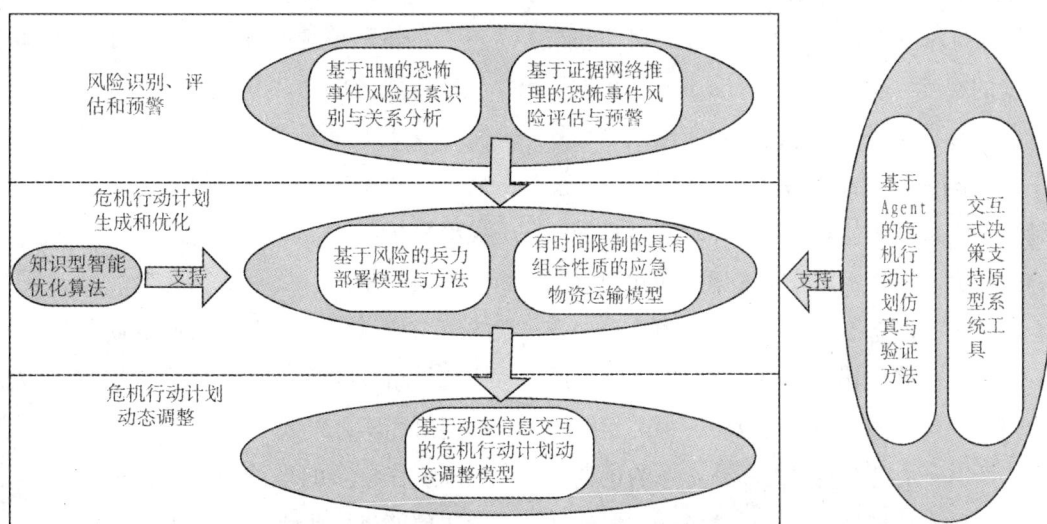

图1 研究思路框架

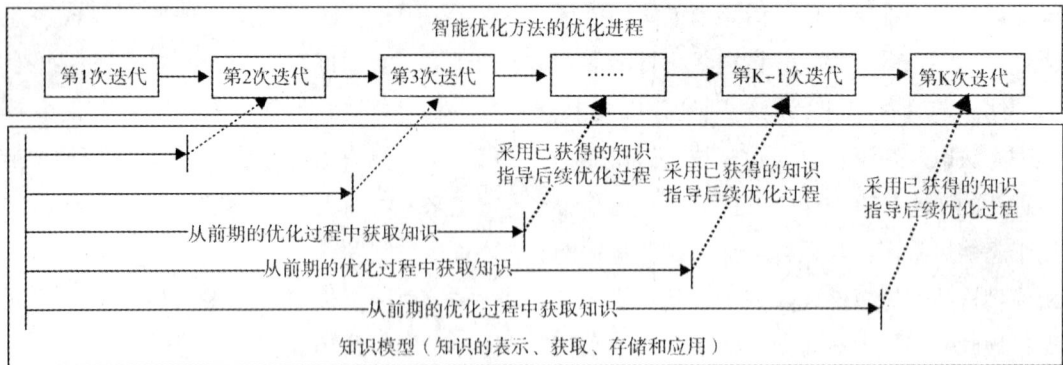

图 2　知识型智能优化方法的运行机制

（5）基于动态信息交互的危机行动计划动态调整模型。基于动态信息交互的危机行动计划动态调整模型将群组级的大模型化简为成员级的较小模型，通过成员之间的协调来求得满足群组目标的满意解，从而降低了模型的复杂程度和求解难度。模型中的协调是通过动态信息交互进行的，并通过计算机网络系统进行多次信息交换并调整各自的决策方案，得到优化的可被各方接受的决策结果。

（6）基于 Agent 的模拟仿真与决策支持工具。采用基于 Agent 的建模与仿真方法，来模拟风险场景和行动计划中的各种实体以及之间的关系。将风险场景和行动计划中的各种智能体（Agent）分解为各种基于角色逻辑分解的活动和与外部环境的交互。建立支持各个 Agent 之间进行交互的数据结构，使得每个 Agent 在预先定义的模式下能够与其他 Agent 进行状态信息的交互。为了解决仿真模型的复杂度和仿真时间过长等问题，在建模方法上采用多分辨率建模和知识重用相结合的方式，建立不同层次的仿真模型，如在运输方案中可以将机场作为一个 Agent 建立高层次低分辨率的仿真模型，也可以将各种类型的飞机作为一个 Agent 建立低层次高分辨率的仿真模型。高层次仿真模型是对整个风险场景和行动计划的高度抽象，低层次的仿真模型用来对高层次

模型进行进一步的验证。

通过建立风险场景的仿真模型，对军事反恐中的风险场景进行仿真模拟；在特定风险场景下，对构建的行动方案进行模拟和验证，对行动方案组成要素的行为、时序关系以及整个方案的效果和性能进行动态分析。建立反恐信息数据库，包括恐怖组织基本数据库、风险影响关系规则库、兵力部署资料库及可用物资装备数据库等，构建动态优化算法软件工具包，设计与开发人机交互式决策支持原型系统。

4　结论

世界恐怖主义事件频发及我国新疆乌鲁木齐"7·5"事件的爆发，增强了开展军事反恐预警与危机应对决策研究的必要性及紧迫感。为有效地开展反恐怖斗争，提高军队、武警、公安联合反恐应急决策能力，本文在综合分析我国恐怖组织的特点、恐怖事件发生的规律、诱因及前兆，以及军队、武警、公安联合反恐的组织特点、物质规划与调度制度以及军事指挥与行动策略等军事反恐风险预警与危机行动计划研究实践的基础上，运用现代管理科学与系统工程科学的理论技术，深入探索军事反恐检测预警与行动计划应对决策的客观科学规律，建立军事反恐风险分析模型、危机行动计划生

成模型、交互式动态调整模型，研究反恐风险预警技术、智能优化调度技术、动态优化技术、模拟仿真技术，解决定性定量相结合的风险分析与推理、动态交互式智能优化算法、多 Agent 模拟仿真验证技术等关键科学问题，为军事反恐应急管理提供科学有效的方法、工具支撑。

参考文献

［1］Henry H. Willis, Andrew R. Morral, Terrence K. Kelly, Jamison Jo Medby. Estimating Terrorism Risk ［D］. Rand center for terrorism risk management policy, 2005.

［2］Brian A. Jackson. The Problem of Measuring Emergency Preparedness ［D］. Rand center for terrorism risk management policy, 2008.

［3］Brian A. Jackson, David R. Frelinger. Emerging Threats and Security Planning ［D］. Rand center for terrorism risk management policy, 2009.

［4］Garrick B. J., Hall J. E., Kilger M., et al. Confronting the Risks of Terrorism: Making the Right Decisions ［J］. Reliability Engineering and System Safety, 2004, 86（2）: 129～176.

［5］Bernard Harris. Mathematical Methods in Combatting Terrorism ［J］. Risk Analysis, 2004, 24（4）: 985～988.

［6］Edieal J. Pinker. An Analysis of Short – Term Responses to Threats of Terrorism ［J］. Management Science, 2007, 53（6）: 865～880.

［7］Joseph DiRenzo. A Multivariable Technique for Analyzing U. S. Regional Maritime Risk ［D］. Northcentral University, 2007.

［8］Edouard Kujawski, Gregory A. Miller. Quantitative Risk – Based Analysis for Military Counterterrorism Systems ［J］. Systems Engineering, 2007, 10（4）: 273～289.

［9］Yacov Y. Haimes, Kenneth Crowther, and Barry M. Horowitz. Preparedness: Balancing Protection with Resilience in Emergent Systems ［J］. Wiley InterScience, DOI 10. 1002/sys. 20101, 2008: 287～308.

［10］Edward H. Powley, Mark E. Nissen. Responding to Counterterrorism Threats: Effects of Coalition Trust and Mistrust on Organizational Design ［D］. Naval Postgraduate School, 2009.

［11］Abbas K. Zaidi, Mashhood Ishaque, Alexander H. Levis. Using Temporal Reasoning for Criminal Forensics Against Terrorists ［J］. The Air Force Office of Scientific Research under contract numbers FA9550 – 05 – 1 – 0106, 2002.

［12］Eric D. Smith, William T. Siefert and David Drain. Risk Matrix Input Data Biases ［J］. Systems Engineering, Vol. 12, No. 4, 2009.

［13］Alice M. Mulvehill, Clinton Hyde, Dave Rager. Joint Assistant for Deployment and Execution（JADE）［J］. 2002.

［14］Richard M. Adler. A Dynamic Social Network Software Platform for Counter – Terrorism Decision Support ［J］. 2007.

［15］刘士兴, 张永明, 袁菲牛等. 城市公共安全应急决策支持系统研究 ［J］. 安全与环境学报, 2007, 7（2）: 140～143.

［16］范晨芳, 杨一风, 曹广文. 脆弱性评价在公共卫生突发事件预警理论模型构建中的应用 ［J］. 第二军医大学学报, 2007, 28（10）: 1116～1119.

［17］马颖, 佘廉, 王超. 我国城市交通突发事件预警管理系统的构建与运行 ［J］. 武汉理工大学学报（信息与管理工程版）, 2006, 28（1）: 67～70.

［18］李红九. 三峡库区航运突发事件预警和应急管理机制 ［J］. 武汉理工大学学报（社会科学版）, 2006, 19（1）: 114～117.

［19］张欣, 钟耳顺. 基于 GIS 的应急预案过程动态推演模拟技术研究 ［J］. 武汉大学学报（信息科学版）, 2008, 33（3）: 281～284.

［20］陈安, 李季梅, 陈宁. 应急管理中"可减缓性"评价模型及应用 ［J］. 应急管理汇刊, 2009, 4（1）: 26～32.

［21］张江华, 刘治平, 朱道立. 多源点突发灾害事故应急疏散模型与算法 ［J］. 管理科学学报, 2009, 12（3）: 111～118.

［22］方磊. 基于偏好 DEA 的应急资源优化配置 ［J］. 系统工程理论与实践, 2008,（5）: 99～103.

［23］樊博. 基于空间聚类挖掘的城市应急救援机构选址研究 ［J］. 管理科学学报, 2008, 11（3）: 16～28.

基于粗糙集理论的铁路货运需求预测

张诚　张广胜

（华东交通大学经济管理学院）

摘要：粗糙集理论是一种新的处理模糊和不确定性知识的数学工具。针对铁路货运量的特点，基于粗糙集理论，通过对影响铁路货运的因素进行分析后选取主要的预测指标，建立起铁路货运预测知识库，利用等距离法、属性约简分别进行数据离散化和提取出关键指标，对铁路货运量进行预测，并进一步计算出各个关键指标的重要程度，为采取相应措施提供依据，以期有效提高铁路货运量。利用粗糙集理论进行预测时，直接从数据本身出发，有效避免了主观因素的影响，提高了预测的可靠性和有效性。

关键词：粗糙集；等距离法；铁路货运量；预测

Demand Forecast of Rail Freight Based on Rough Set Theory

Zhang Cheng, Zhang Guangsheng

（E – mail：zgs_ 88@ 163. com, zgs_ 88@ 163. com）

（School of Economics and Management, East China Jiaotong University）

Abstract：Rough set theory is a new mathematical tools of deal with fuzzy and uncertain knowledge. The characteristics of railway freight are based on rough set theory. Through the analysis of the factors impacting of rail freight, we select the main predictor to build the Knowledge of rail freight forecasts. Using of equidistance method, attribute reduction for discrete data and extract key indicators to forecast the rail freight, and calculate the importance of each of the key indicators to provide basis for taking appropriate measures. Using rough set theory to predict, starting directly from the data itself could avoid the influence of subjective and improve the reliability and validity of the prediction.

Key words：rough set; equidistance method; rail freigh; prediction

1　前言

粗糙集理论是一种有效地处理各种不精确、不确定、不完备信息的数学分析工具。该理论主要思想是利用已知的知识库，将不精确或不确定的知识用已知的知识库中的知识来（近似）刻画。即当对象信息不确定、不精确时，通过对数据进行近似分类，推理数据间的关系，从而找出隐含知识，揭示潜在规律，进而完成对事物的判断、预测和决策。与其他软计算工具相比，其主要特点在于无须提供问题所需处理的数据集合之外的任何先验信息，直接从给定的信息出发，通过可分辨关系和不可分辨关系确定问题的近似域，从而找到隐含在数据中的内在规律，因此运用粗糙集理论对问题的不确定性进行分析是比较客观实用的。

2 粗糙集理论基本知识

粗糙集理论是一种新的处理模糊和不确定性知识的数学工具。其主要思想就是在保持分类能力不变的前提下，通过知识约简，导出问题的决策和分类规则。

2.1 知识库与等价类

设 $U \neq \Phi$ 是对象组成的集合，称为论域。任何子集 $X \subseteq U$，称为 U 中的一个概念或范畴。一个划分 W 定义为 $W = \{X_1, X_2, \cdots, X_n\}$；$X_i \subseteq U$，$X_i \neq \Phi$，$X_i \cap X_j \equiv \Phi$，$\bigcup_{i=1}^{n} = U$，对于 $i \neq j$，$i, j = 1, 2, \cdots, n$。U 上的一族划分称为关于 U 的一个知识库。

设 R 是 U 上的一个等价关系，U/R 表示 R 的所有等价类构成的集合，$[x]_R$ 表示包含元素 $x \in U$ 的 R 等价类。若 $P \subseteq R$，且 $P \neq \Phi$，称 $\cap P$（P 中所有等价关系的交集）也是一个等价关系，称为 P 上的不可区分关系，即 ind（P）。

2.2 粗糙集及其近似

给定知识库 $K = (U, R)$，对于每个子集 $X \subseteq U$，定义两个子集：

$$\underline{R}(X) = \cup \{Y \in U/R | Y \subseteq X\}；\overline{R}(X) = \cup \{Y \in U/R | Y \cap X \neq \Phi\}$$

分别称为 X 的 R 的下近似集和 R 的上近似集。集合 $bn_R(X) = \overline{R}(X) - \underline{R}(X)$ 称为 X 的 R 边界域；集合 $pos_R(X) = \underline{R}(X)$ 称为 X 的正域；集合 $neg_R(X) = U - \overline{R}(x)$ 称为 X 的 R 负域。如果 X 的边界域为空，即 $bn_R(X) = \Phi$，则集合 X 是关于 R 的普通集合；如果边界域不为空，即 $bn_R(X) \neq \Phi$，则集合 X 是关于 R 的粗糙集。

2.3 信息系统与决策表

信息系统 $S = (U, A, V, f)$ 是一个四元组，其中，U 为对象的非空有限集合，称为论域；A 为属性的非空有限集合，称为属性集；$V = \bigcup_{a \in A} V_a$，$V$ 是所有属性的值域的并集。$f: U \times A \to V$ 是一个信息函数，给每个对象的每个属性赋予一个信息值，即 $\forall x \in U$，$\forall a \in A$，有 $f(x, a) \in V_a \subseteq V$。信息系统也称为知识表达系统或属性值表，可以用一张二维表表示，这同时也是粗糙集理论中主要的知识表示方法。

若一个信息系统 $S = (U, A, V, f)$，其中 $A = C \cup D$，$C \cap D = \Phi$，C 为条件属性集，D 为决策属性集，具有条件属性集和决策属性集的信息系统称为决策表。

2.4 决策数据的处理

2.4.1 指标评分

在评价指标体系中，由于不同的指标在数量级、量纲上有差异，并且同一指标在计算时采用的样本数据也有差别，且对评价目标的影响方向一致，因此可以利用指标评分法来保持数据关系的一致性。评分方法如下：

当指标要求越小越好时：

$$y_{ij} = \frac{x_{imax} - x_{ij}}{x_{imax} - x_{imin}} \times 100\% \tag{1}$$

当指标要求越大越好时：

$$y_{ij} = \frac{x_{ij} - x_{imin}}{x_{imax} - x_{imin}} \times 100\% \tag{2}$$

式中，x_{imax}、x_{imin} 是第 i 个指标的上下限。

2.4.2 数据离散化

粗糙集理论是基于集合论的，只能处理离散属性值，而有些指标是连续型的，因此必须对连续型的指标进行离散化处理。数据离散化有许多方法，本文采用等距离法对属性进行离散化处理。具体步骤如下：

计算属性的区间长度：

$$\overline{y}_{ij} = \frac{(y_{i\max} - y_{i\min})}{n_i} \quad (3)$$

式中，$y_{i\max}$、$y_{i\min}$ 为指标数据处理后第 i 个属性的最大值、最小值；n_i 为区间个数；$\overline{y}_{ij}$ 为第 i 个属性区间的长度。

确定属性区间的范围：第 i 个属性区间的范围为 $[y_{i\min}, y_{i\min} + \overline{y}_{ij}]$，$[y_{i\min} + \overline{y}_{ij}, y_{i\min} + 2\overline{y}_{ij}]$，…，$[y_{i\min} + (n_i - 1)\overline{y}_{ij}, y_{i\max}]$。

计算属性的离散值：每个属性共有 n_i 个区间，对于一个属性中的值 y_{ij}，如果它位于第 i 个区间，则其值为 i。

2.5 知识的约简

知识约简是粗糙集理论的核心内容之一。由于知识库中的知识并不是同等重要的，甚至其中某些知识是冗余的。知识约简就是在保持知识库的分类能力不变的条件下，删除其中不相关或不重要的知识。

令 R 为一族等价关系，$r \in \mathbf{R}$，如果 $ind(R) = ind(R - \{r\})$，则称 r 为 R 中不必要的；否则称 r 为 R 中必要的。如果 $r \in \mathbf{R}$ 都为 R 中必要的，则称 R 为独立的；否则称 R 为依赖的。

设 $Q \subseteq P$，如果 Q 是独立的，且 $ind(Q) = ind(P)$，则称 Q 为 P 的一个约简。P 中所有必要关系组成的集合称为 P 的核，记作 $core(P)$。其中 $core(P) = \cap\, red(P)$，$red(P)$ 表示 P 的所有约简。

2.6 指标权重的确定

对于约简后的指标，可以通过计算指标的重要程度来计算指标的权重。

指标 C_i 的重要程度：

$$\mu_{C_i} = \frac{|pos_C(D)| - |pos_{C-\{Ci\}}(D)|}{|pos_C(D)|}, \quad C_i \in C \quad (4)$$

式中，$|\ |$ 表示集合元素个数；$pos_C(D)$ 表示 D 的 C 正域，即 U 中根据分类 U/C 的信息可以准确划分到关系 D 的等价类中去对象集合；μ_{C_i} 表示去掉指标 C_i 后对 $pos_C(D)$ 的影响，由此衡量指标 C_i 在指标体系中的重要程度。对 μ_{C_i} 做归一化处理可得到指标 C_i 的权重：

$$\omega_{C_i} = \frac{\mu_{C_i}}{\sum_{i=1}^{n} \mu_{C_i}} \quad (5)$$

3 铁路货运预测实例

现以我国铁路货运为例，利用粗糙集模型进行预测。通过分析影响铁路货运的影响因素，依据科学性和数据的可获得性选取指标，即条件属性。对条件属性进行离散化后形成初始决策表。然后进行属性约简提取关键指标，计算各指标的重要程度，最后形成预测规则进行预测。

3.1 指标体系的选取

由于铁路货运物流的发展不仅受到铁路自身建设的影响，还与经济和物流存在着相互促进的关系。因此，在选择铁路货运物流指标体系时要结合社会经济宏观环境、铁路物流基础设施、人力资源等方面的关联性，对各因素进行综合而全面的描述。经过研究，本文选取指标时，从经济水平、物流需求、区域物流供给三方面来考虑，选取的主要指标如表 1 所示。在经济水平中，由于铁路货运物流的发展与一个国家的经济总量成正比，与一个国家的经济发展水平成正比，因此选取 GDP 为指标，而国家产业结构的调整和升级也会导致铁路货运物流发展的变化，因此也将三大产业作为经济指标；在物流需求中，由于国际贸易、消费品的流通以及购买力对物流的要求，因此选取了进出口总额、消费品零售总额、居民消费水平为主要指标；在物流供给中，由于铁路货物周转量和铁路运输从业人员主要体现了铁路物流的供给功能，因此选这两者作为物流供给的主要指标。表中的指标为条件属性集，以铁路货运量为决策属性（D）。

表1　预测指标体系

总指标	一级指标	二级指标
铁路货运预测指标体系	经济水平（C_1）	GDP（C_{11}）、第一产业产值（C_{12}）、第二产业产值（C_{13}）、第三产业产值（C_{14}）
	物流需求（C_2）	进出口总额（C_{21}）、消费品零售总额（C_{22}）、居民消费水平（C_{23}）
	物流供给（C_3）	铁路货物周转量（C_{31}）、铁路运输从业人员（C_{32}）

3.2　原始数据离散

选取表1中相关指标自1995年到2009年的统计数据作为原始数据，见表2。

根据表2中属性的原始数据计算出各个属性的增长率，见表3。在计算增长率时，虽然计算方法相同，但所计算时选取的基数不同，因此可以利用上文的指标评分法来保持数据关系的一致性。由于各个指标均要求越大越好，故选公式（2）对指标增长率进行评分。评分值见表3。

表2　1995～2009年条件属性及决策属性原始数据

年份	GDP（亿元）	第一产业产值（亿元）	第二产业产值（亿元）	第三产业产值（亿元）	进出口总额（亿美元）	消费品零售总额（亿元）	居民消费水平（元）	铁路货物周转量（亿吨公里）	铁路运输从业人员（万人）	货运量（万吨）
1995	60793	12135	28679	19978	2808	23613	2355	13049	226	165982
1996	71176	14015	33835	23326	2898	28360	2789	13106	221	171024
1997	78973	14441	37543	26988	3251	31252	3002	13269	223	172149
1998	84402	14817	39004	30580	3239	33378	3159	12560	193	164309
1999	89677	14770	41033	33873	3606	35647	3346	12910	185	167554
2000	99214	14944	45555	38714	4742	39105	3632	13770	187	178581
2001	109655	15781	49512	44361	5096	43055	3887	14694	180	193189
2002	120332	16537	53896	49898	6207	48135	4144	15658	176	204956
2003	135822	17381	62436	56004	8509	52516	4475	17246	173	224248
2004	159878	21412	73904	64561	11545	59501	5032	19288	170	249017
2005	184937	22420	87598	74919	14219	67176	5573	20726	166	269296
2006	216314	24040	103719	88554	17604	76410	6263	21954	165	288224
2007	265810	28627	125831	111351	21737	89210	7255	23797	174	314237
2008	314045	33702	149003	131340	25632	114830	8349	25106	173	330354
2009	340506	35226	157638	147642	22075	132678	9098	25239	185	333348

注：数据均来自国家统计网。

表3 决策表属性值得分表

年份	C_{11}	C_{12}	C_{13}	C_{14}	C_{21}	C_{22}	C_{23}	C_{31}	C_{32}	D
1996	65	67	81	40	34	61	100	34	55	49
1997	28	14	41	33	51	16	18	38	70	33
1998	4	12	0	17	27	0	0	0	0	0
1999	0	0	8	0	49	0	5	47	46	42
2000	26	6	41	24	89	13	25	70	71	71
2001	26	25	28	26	42	15	14	70	48	82
2002	21	22	28	11	70	23	10	69	55	68
2003	40	23	69	10	100	10	21	90	58	89
2004	69	100	83	30	97	30	55	100	57	100
2005	57	21	84	35	73	28	42	75	54	81
2006	64	32	83	50	74	32	54	66	63	74
2007	100	83	100	100	73	45	80	80	93	87
2008	72	77	83	48	62	100	75	63	63	62
2009	13	21	11	11	0	40	28	34	100	35

根据评分值本文利用等距离法将决策表属性数据分别离散化为三个区间,通过公式(3)确定离散的属性区间,并根据各属性区间的大小对数据进行离散以得到简化的知识表达系统,结果见表4。

表4 知识表达系统简化

U	C_{11}	C_{12}	C_{13}	C_{14}	C_{21}	C_{22}	C_{23}	C_{31}	C_{32}	D
x1	2	3	3	2	2	2	3	2	2	2
x2	1	1	2	1	2	1	1	2	3	2
x3	1	1	1	1	1	1	1	1	1	1
x4	1	1	1	1	2	1	1	2	2	2
x5	1	1	2	1	3	1	1	3	3	3
x6	1	1	1	1	2	1	1	3	2	3
x7	1	1	1	1	3	1	1	3	2	3
x8	2	1	2	1	3	1	1	3	2	3
x9	2	3	3	1	3	1	2	3	2	3
x10	2	1	3	2	3	1	2	3	2	3
x11	2	1	3	2	3	1	2	3	2	3
x12	3	3	3	3	3	2	3	3	3	3
x13	3	3	3	2	2	3	3	2	2	2
x14	1	1	1	1	1	2	1	2	3	2

3.3 决策表属性的约简

由表4可知:

$U/(D) = \{(x1, x4)(x2, x14)(x3)(x5, x7, x11, x13)(x6, x8, x9, x10, x12)\}$;

$U/(C) = \{(x1)(x2)(x3)(x4)(x5)(x6)(x7)(x8)(x9)(x10, x11)(x12)(x13)(x14)\}$;

$U/(C - C_{11}) = \{(x1)(x2)(x3)(x4)(x5)(x6)(x7)(x8)(x9)(x10, x11)(x12)(x13)(x14)\} = U/C$;

$U/(C - C_{21}) = \{(x1)(x2)(x3)(x4)(x5)(x6, x7)(x8)(x9)(x10, x11)(x12)(x13)(x14)\} \neq U/C_\circ$

同理:

U/（C－C$_{12}$）＝U/C；U/（C－C$_{13}$）＝U/C；U/（C－C$_{14}$）＝U/C；U/（C－C$_{22}$）＝U/C；U/（C－C$_{23}$）＝U/C；U/（C－C$_{32}$）＝U/C；U/（C－C$_{31}$）≠U/C。

因此：C$_{11}$，C$_{12}$，C$_{13}$，C$_{14}$，C$_{22}$，C$_{23}$，C$_{32}$是冗余属性，可以约简；C$_{21}$，C$_{31}$是不可约简的属性；约简后的信息系统条件属性为：$C' = \{C_{21}, C_{31}\}$。

3.4 条件属性权重的确定

U/C' ＝｛（x1，x2，x4，x13）（x3）（x5，x7，x8，x9，x10，x11，x12）（x6）（x14）｝；

U/（C'－C$_{21}$）＝｛（x1，x2，x4，x13，x14）（x3）（x5，x6，x7，x8，x9，x10，x11，x12）｝；

U/（C'－C$_{31}$）＝｛（x1，x2，x4，x6，x13）（x3，x14）（x5，x7，x8，x9，x10，x11，x12）｝；

代入式（4）分别计算 C$_{21}$，C$_{31}$ 的重要性可得：$\mu_{c_{21}} = 2/5$；$\mu_{c_{31}} = 2/5$。对 μ_{c_i} 作归一化处理，利用式（5）可得到条件属性 C$_{21}$，C$_{31}$ 的权重分别为：$\omega_{c_{21}} = 0.5$，$\omega_{c_{31}} = 0.5$。

3.5 结果分析

通过对决策表条件属性的约简，得出了影响决策属性 D 的关键因素 C$_{21}$、C$_{31}$，即影响铁路货运量的关键属性是进出口总额和铁路货运周转量，通过计算权重可以看出两者的重要程度相同。并得出了五个确定性的决策规则，见表5。若已知 C$_{21}$ 与 C$_{31}$ 的离散值，根据决策规则得出 D 的值，则利用式（2）、式（3）即可算出货运量 D 的增长范围，而具体的增长幅度要根据 C$_{21}$、C$_{31}$ 的具体值来定。

表5 决策规则

规则一	$\{(C_{21}=2, C_{31}=2) \cup (C_{21}=1, C_{31}=2)\} \rightarrow D$
规则二	$\{C_{21}=1, C_{31}=1\} \rightarrow D=1$
规则三	$\{(C_{21}=2, C_{31}=3) \cup (C_{21}=3, C_{31}=3)\} \rightarrow D$

4 结论

本文提出的利用粗糙集理论进行铁路货运量预测的方法，主要优点有：①计算过程科学严谨，提高了预测的可靠性，有效避免了人为因素可能产生的信息丢失、主观影响过多的缺陷。相比传统的方法，粗糙集方法可以更科学、更准确地得到结果。②计算方法灵活，除了文中应用的算法外，粗糙集方法中的离散化处理和属性约简还有很多方法，在实际应用中，可以根据具体情况进行选择。本文利用粗糙集方法不仅得出了影响铁路货运的关键因素，而且还得到了各个因素的重要程度的排序。因此，在提高铁路货运量时，可以针对关键因素重要程度的不同，采取相应的措施来有效提高铁路货运量。

参考文献

［1］张文修，吴志伟，梁吉业等.粗糙集理论与方法［M］.北京：科学出版社，2000.

［2］吴顺祥.灰色粗糙集模型及其应用［M］.北京：科学出版社，2009.

［3］苗夺谦，李道国.粗糙集理论、算法与应用［M］.北京：清华大学出版社，2008.

［4］舒服华.粗糙集在电能质量综合评价中应用［J］.电力自动化设备，2008（10）：75～78.

［5］冯怡，张志勇，文培娜等.基于粗糙集理论的我国物流需求的预测［J］.物流技术，2010（1）：60～62.

［6］邵良杉.基于粗糙集理论的煤矿瓦斯预测技术［J］.煤炭学报，2009（3）：371～375.

［7］刘云忠，宣慧玉，林国玺.粗糙集理论在我国税收预测中的应用［J］.系统工程理论与实践，2004（10）：98～103.

确定区间数互补判断矩阵一致性的熵方法[①]

陈岩　聂凤鹤

（沈阳工业大学理学院）

摘要：针对区间型互补判断矩阵一致性问题提出一种简捷的判别方法。首先在总结区间型互补判断矩阵加性一致性定义的基础上，通过分析区间型互补判断矩阵性质、区间信息的不确定性以及熵与判断矩阵一致性的内在联系，给出区间型互补判断矩阵一致性的熵判别方法，从而为区间型互补判断矩阵的逻辑可靠性提供了理论依据。最后通过一个算例证实了该判别方法的可行性。

关键词：区间数互补判断矩阵；熵；一致性

Entropy Method for Determination the Consistency of Interval Numbers Complementary Judgment Matrix

Chen Yan, Nie Fenghe

（E – mail：Crouse – chen@ 163. com, nfh68@ 163. com）

（School of Science, Shenyang University of Technology）

Abstract：According to the consistency of interval numbers complementary judgment matrix, a simply discriminant method is proposed. At first, on the basis of summing up the definition of the additive consistency of complementary judgment matrices, and by analyzing the properties of interval numbers reciprocal judgment matrix and the uncertainty of the interval information and the internal relation between the entropy and the consistency of judgment matrix, an entropy method of the consistency of interval numbers complementary comparison matrix is given, which is provided more reasonable theory for the reliability of the complementary judgment matrix based on the interval number. Finally, the feasibility of the discriminant method is proved by an example.

Key words：interval complement comparison matrix；entropy；consistency

1 引言

在基于判断矩阵的决策分析过程中，由于受决策者的知识结构、判断水平等诸多主观因素的影响以及客观事物本身的模糊性与不确定性，当人们对方案进行两两比较时，所得到的

① 基金项目：辽宁省教育厅高等学校科学研究项目（20080506）；沈阳工业大学校青年学术骨干基金。

判断值常常不是确定的数值点，而是以区间数形式给出的。近年来基于区间型判断矩阵的决策问题逐渐成为研究热点，其中关于判断矩阵一致性的讨论受到广泛关注。从元素的表示方式看，区间判断矩阵有两种类型：一类是区间互反判断矩阵[1~4]，另一类是区间互补判断矩阵[5~7]。文献 [8]、[9] 讨论了区间互补判断矩阵的一致性问题，文献 [10] 则通过等价矩阵族讨论了区间数互补判断矩阵一致性的问题。然而以上研究工作未能有效的关注区间型的不确定问题，有关不确定性，香农于 1948 年提出信息熵概念，解决了系统不确定性的度量，如今已广泛用于度量任一物质运动方式的不确定性。由于区间数互补判断矩阵的元素的不确定性难以量化，因此本文借用区间概率的研究成果，引入了熵概念来描述区间型互补判断矩阵的一致性问题，尝试通过信息熵给出区间数互补判断矩阵一致性的有效判别方法。

2 基础概念

定义 1 若模糊互补判断矩阵 $\tilde{B}$ 元素

$$b_{ik} = b_{ij} - b_{kj} + 0.5, \forall i,j \in N \qquad (1)$$

则称 $\tilde{B}$ 满足模糊互补判断矩阵的加性一致性，其中 $\tilde{B} = (b_{ij})_{n \times n}$。这里 $N = (1,2,\cdots n)$，下同。

定义 2[11] 如果 $A = (a_{ij})$，其中 $a_{ij} = [a_{ij}^-, a_{ij}^+]$，$0 \leqslant a_{ij}^- \leqslant a_{ij}^+ \leqslant 1$，对 $\forall i,j \in N$ 满足

(1) $a_{ii} = 0.5$；

(2) $a_{ij} = a_{ji}^c, i \neq j$。

其中 $a_{ji}^c = [1 - a_{ji}^+, 1 - a_{ji}^-]$，称 A 为区间数互补判断矩阵。

定义 3 若区间数互补判断矩阵 A 元素

$$a_{ik} = a_{ij} - a_{kj} + 0.5, \forall i,j \in N \qquad (2)$$

则称 A 满足区间数互补判断矩阵的加性一致性。

定义 4 称矩阵 $\tilde{C}^k = (c_{ij}^k)_{n \times n}$ 为模糊互补判断

矩阵的 $\tilde{B} = (b_{ij})_{n \times n}$ 的导出矩阵，其中 $c_{ik} = b_{ik} - 0.5, c_{ik} + c_{kj} = c_{ij}^{(k)}, \forall i,j,k \in N$。

定义 5 信息熵（信熵）定义为[12]

$$E = -k \sum_{i=1}^{n} p_i \ln p_i \qquad (3)$$

其中 $k = \frac{1}{\ln n}$，p_i 表示一个系统处在向量空间中第 i 个元素的概率。

3 基本结论

根据文献 [13] 的结论给出互补判断矩阵一致性的熵判别方法。

由前式易得如下结论：

定理 1 模糊判断矩阵 $\tilde{B} = (b_{ij})_{n \times n}$ 满足一致性的充要条件是 $\tilde{C}^k = \tilde{C}, \forall k \in N$。

由于有关区间概率的研究工作较好地解决了区间型不确定决策数据的处理，这里引进文献 [14] 的有关成果处理模糊信息。$\tilde{C}^k = (c_{ij}^k)_{n \times n}$ 的概率定义为 $p_{ij}^{(k)} =$

$$\frac{sgn(c_{ij}^{(k)}) c_{ij}^{(k)}}{\sum_{l=1}^{n} sgn(c_{ij}^{(l)}) c_{ij}^{(l)}}，则$$

$0 \leqslant p_{ij}^{(k)} \leqslant 1$，$\sum_{k=1}^{n} p_{ij}^{(k)} = 1$，$\forall i,j,k \in N$。根据（3）式的熵定义有以下结论。

定理 2 若 $e_{ij} = -(\frac{1}{\ln n}) \sum_{k=1}^{n} p_{ij}^k \ln p_{ij}^k$，对 $\forall i,j \in N$，则有

（1）$0 \leqslant e_{ij} \leqslant 1$，$\forall i,j \in N$；

（2）$\tilde{B}$ 为一致性的充要条件是 $e_{ij} = 1$。

证明：（1）显然。（2）$e_{ij} = 1 \Leftrightarrow p_{ij}^k = \frac{1}{n}$，$\forall k \in N \Leftrightarrow c_{ij}^k = c_{ij}, \forall k,i,j \in N \Leftrightarrow \tilde{C}^k = \tilde{C}, \forall k \in N$。由定理 1 命题得证。

令

$$e'_{ij} = \frac{e_{ij}}{\sum_{r=1}^{n} e_{ir}},$$

$$\tilde{\alpha}_i = (-\frac{1}{\ln n}) \sum_{k=1}^{n} e'_{ik} \ln e'_{ik} ,$$

$$\tilde{\alpha}'_i = \tilde{\alpha}_i \sum_{r=1}^{n} \frac{e_{ir}}{n} ,$$

$$p_i = \frac{\tilde{\alpha}'_i}{\sum_{r=1}^{n} \tilde{\alpha}'_r} , \forall i,j \in N 。$$

定理 3 若熵 $E = -(\frac{1}{\ln n}) \sum_{i=1}^{n} p_i \ln p_i$ ，则有

（1） $0 < E \leqslant 1$ ， $\forall i \in N$ ；

（2） $\tilde{B}$ 为一致性的充要条件是 $E = 1$ ， $\forall i,j \in N$ 。

证明：（1）显然。

（2）由定理 1 知 A 为一致性矩阵 $\Leftrightarrow e_{ij} = 1 \Leftrightarrow e'_{ij} = \frac{1}{n}$ ， $\tilde{\alpha}'_i = 1 \Leftrightarrow \tilde{\alpha}_i = \frac{1}{n}$ ， $E = 1$ 。

定理 4 区间型互补判断矩阵 $A = (a_{ij})$ 具有一致性充要条件为 $E = 1$ 。

证明： A 为一致的，当且仅当 $a_{ik} = a_{ij} - a_{kj} + 0.5$ ， $\forall i,j,k \in N$ ，即 $a_{ik}^- = a_{ij}^- - a_{kj}^- + 0.5$ 和 $a_{ik}^+ = a_{ij}^+ - a_{kj}^+ + 0.5$ 同时成立，进一步由定理 1、2、3 知 $\frac{1}{n} = p_i$ 且 $p_i \in [p_i^-, p_i^+]$ 由式（3）知 $E = 1$ 。

下面给出区间概率的构造形式。

由互补判断矩阵的性质，对于一致性区间型互补判断矩阵 A ， $a_{ik}^- = a_{ij}^- - a_{kj}^- + 0.5$ ， $a_{ik}^+ = a_{ij}^+ - a_{kj}^+ + 0.5$ ， a_{ik}^- 和 a_{ik}^+ 可以理解为 p_i^- 和 p_i^+ ，由于公式（3）是离散型随机变量的熵，式中的概率采用的是点值。本文认为文献 [14] 方法三线性处理方法，相对其前两种方法更直观简洁，因此采用方法三处理点概率。下面给出判别一致性的步骤。

4 检验区间互补判断矩阵一致性的步骤

（1）构造区间概率。

$$[p_i^-, p_i^+] = [\frac{(\tilde{\alpha}'_i)^-}{\sum_{r=1}^{n} (\tilde{\alpha}'_r)^-} , \frac{(\tilde{\alpha}'_i)^+}{\sum_{r=1}^{n} (\tilde{\alpha}'_r)^+}]$$

其中根据定理二的形式有

$$(\tilde{\alpha}'_i)^- = (\tilde{\alpha}_i)^- \sum_{r=1}^{n} \frac{e_{ir}^-}{n} ,$$

$$\tilde{\alpha}_i^- = (-\frac{1}{\ln n}) \sum_{k=1}^{n} (e'_{ik})^- \ln (e'_{ik})^- ,$$

$$(e'_{ij})^- = \frac{e_{ij}^-}{\sum_{r=1}^{n} e_{ir}^-} ,$$

$$e_{ij}^- = (-\frac{1}{\ln n}) \sum_{k=1}^{n} (p_{ij}^k)^- \ln (p_{ij}^k)^- ,$$

$$(p_{ij}^k)^- = \frac{sgn(c_{ij}^k)^- (c_{ij}^k)^-}{\sum_{l=1}^{n} sgn(c_{ij}^l)^- (c_{ij}^l)^-} ,$$

$$(c_{ij}^k)^- = c_{ik}^- + c_{kj}^- ,$$

$$c_{ik}^- = a_{ik}^- - 0.5 ,$$

$$a_{ik}^- = a_{ij}^- - a_{kj}^- + 0.5 , p_i^+ 同理得到。$$

（2）将区间概率转化为点概率。令

$$\Delta_p = \sum_{i=1}^{n} p_i^+ - \sum_{i=1}^{n} p_i^- , \delta_{pj} = p_i^+ - p_i^- ,$$

为点概率

$$p_{ij} = p'_j + \frac{\delta_{pj}}{\Delta_p} (1 - \sum_{j=1}^{n} p_j^-) 。$$

（3）将点概率代入熵公式中进行一致性检验。

5 算例

文献 [7] 对求解出了区间数互补判断矩阵 A 的排序向量，但没有进行一致性检验，无法衡量决策者给出的判断矩阵是否合理，下面对其进行验算。

$$A = \begin{pmatrix} [0.5,0.5] & [0.2,0.4] & [0.3,0.6] & [0.5,0.7] \\ [0.6,0.8] & [0.5,0.5] & [0.7,0.9] & [0.6,0.8] \\ [0.4,0.7] & [0.1,0.3] & [0.5,0.5] & [0.7,0.8] \\ [0.3,0.5] & [0.2,0.4] & [0.2,0.3] & [0.5,0.5] \end{pmatrix}$$

（1）构造单值互补矩阵。

$$B = \begin{pmatrix} 0.5 & 0.2 & 0.3 & 0.5 \\ 0.8 & 0.5 & 0.7 & 0.6 \\ 0.7 & 0.3 & 0.5 & 0.7 \\ 0.5 & 0.2 & 0.4 & 0.3 \\ 0.5 \end{pmatrix} 和$$

$$C = \begin{pmatrix} 0.5 & 0.4 & 0.6 & 0.7 \\ 0.6 & 0.5 & 0.9 & 0.8 \\ 0.4 & 0.1 & 0.5 & 0.8 \\ 0.3 & 0.2 & 0.2 & 0.5 \end{pmatrix}$$

构造矩阵 D 如下：

$$D = \begin{pmatrix} 0.5 & 0.5 & 0.5 & 0.5 \\ 0.5 & 0.5 & 0.5 & 0.5 \\ 0.5 & 0.5 & 0.5 & 0.5 \\ 0.5 & 0.5 & 0.5 & 0.5 \end{pmatrix}$$

计算 $B - D$，$C - D$ 分别为：

$$B - D = \begin{pmatrix} 0 & -0.3 & -0.2 & 0 \\ 0.3 & 0 & 0.2 & 0.1 \\ 0.2 & -0.2 & 0 & 0.2 \\ 0 & -0.1 & -0.2 & 0 \end{pmatrix} \text{和}$$

$$C - D = \begin{pmatrix} 0 & -0.1 & 0.1 & 0.2 \\ 0.1 & 0 & 0.4 & 0.3 \\ -0.1 & -0.4 & 0 & 0.3 \\ -0.2 & -0.3 & -0.3 & 0 \end{pmatrix}$$

（2）计算 $B - D$，$C - D$ 的概率表，因为 $c_{ii}^{j} = 0$，$c_{ij}^{k} = c_{ji}^{k}$，$i, j, k \in N$ 有如下表：

表1　B－D 的概率表

p_{ij}^{k}	1	2	3	4
p_{12}	2/7	2/7	1/7	2/7
p_{13}	1/5	3/5	1/5	0
p_{14}	0	2/4	2/4	0
p_{23}	1/3	1/3	1/3	0
p_{24}	0	0	1	0
p_{34}	1/5	1/5	3/10	3/10

计算得 $e_{ij} \neq 1$。由定理 4 知 $E \neq 1$，给出的区间型互补判断矩阵 A 不具有完全一致性。

表2　C－D 的概率表

p_{ij}^{k}	1	2	3	4
p_{12}	0	0	3/4	1/4
p_{13}	1/5	1/5	1/5	2/5
p_{14}	1/6	3/6	3/6	1/6

续表

p_{ij}^{k}	1	2	3	4
p_{23}	4/13	2/13	2/13	5/13
p_{24}	1/7	2/7	2/7	2/7
p_{34}	0	1	0	0

表3　利用 matlab 计算求得的熵

e_{ij}	e_{12}	e_{13}	e_{14}	e_{23}	e_{24}	e_{34}
表1	0.93	0.98	1	0.96	0.88	0.98
表2	0.90	1	1	0.96	0.94	0.91

6　结论

本文通过引入信息熵作为工具对区间互补判断矩阵一致性进行了讨论，给出了区间互补判断矩阵一致性检验的熵判别方法，为区间互补判断矩阵的一致性判别提出了一种新的处理方法。对于通过熵的方法，如何判别判断矩阵满意的一致性将成为本课题进一步研究的内容。

参考文献

［1］Ahti A. Salo, Raimo P. Hamalainene. Preference programming through approximate ratio comparisons ［J］. European Journal of Operational Research, 1995, 82 (3)：458～475.

［2］Ying - Ming Wang, Taha M. S. Elhag. A goal programming method for obtaining interval weights from an interval comparison matrix ［J］. European Journal of Operational Research, 2007, 177 (1)：458～471.

［3］Ying - Ming Wang, Jian - Bo Yang, Dong - Ling Xu. Interval weight generation approaches based on consistency test and interval comparison matrices ［J］. Applied Mathematics and Computation, 2005, 167 (1)：252～273.

［4］L. Mikhailov. A Fuzzy Approach to Deriving Priorities from Interval Pairwise Comparison Judgements ［J］. European Journal of Operational Research, 2004, 159 (3)：687～704.

[5] 周礼刚, 陈华友. 两类区间数判断矩阵的一致性研究 [J]. 运筹与管理, 2005, 14 (4): 47~51.

[6] 侯福均, 吴祈宗. I 型不确定数互补判断矩阵的一致性和排序研究 [J]. 系统工程理论与实践, 2005, 25 (10): 60~66.

[7] 巩在武, 刘思峰. 区间数互补判断矩阵的一致性及其排序研究 [J]. 中国管理科学, 2006, 14 (4): 64~68.

[8] 刘芳, 兰继斌. 基于一致性和偏好程度的区间数多属性决策方法 [J], 广西大学学报 (自然科学版), 2009, 34 (5): 709~713.

[9] 冯向前, 魏翠萍, 胡钢, 李宗植. 区间数判断矩阵的一致性研究 [J]. 控制与决策, 2008, 23 (2): 182~186.

[10] 史文雷, 徐蕾. 区间数互补判断矩阵的一种新排序方法 [J]. 大学数学, 2010, 26 (3): 112~115.

[11] 吕跃进, 王玉燕, 覃柏英. 区间数的相容性与区间数互补判断矩阵的相容性研究 [J]. 广西大学学报 (自然科学版), 2004, 29 (3): 179~182.

[12] 李贤平. 概率论基础 [M]. 北京: 高等教育出版社, 1997.

[13] 秦学志, 王雪华, 杨德礼. 确定判断矩阵一致性程度的几种熵方法 [J]. 系统工程, 1998, 16 (5): 67~69.

[14] 何大义, 周荣喜. 区间概率信息条件下的决策方法 [J]. 系统管理学报, 2010, 19 (2): 210~214.

应急案例表示与数据库存储方法研究

仲秋雁　薛慧芳　郭素

（大连理工大学管理科学与工程学院）

摘要：本文分析了应急领域案例的特性，并提出了应急案例的层次划分方法，使案例内容表述更加清晰；构建了应急案例的抽象模型并设计了应急案例的 XML 表示方法，便于不同数据源之间的资源共享；分析了应急案例数据库的存储方法，针对案例数据存储的问题提出了改进措施，并通过案例库系统的开发证明该方法的实用性。

关键词：应急案例；案例表示；案例存储

Research on Representation and Database Storing Method of Emergency Case

Zhong Qiuyan, Xue Huifang, Guo Su

（E－mail：zhongqy@ dlut. edu. cn，xhf1988_ gx@ hotmail. com）

（School of Management Science and Engineering，Dalian University of Technology）

Abstract：This paper analyzes the case's characteristics of the emergency field，and presents a method of hierarchy division of emergency cases，which makes content expression of cases more clearly. The abstract model of emergency cases is proposed and the representation method of XML is designed，which is good for sharing in different data sources. The storage method of emergency cases database is analyzed，and the improvement measure is presented according to the problem of cases storage. The development of case base systems proved that the method is practical.

Key words：emergency case；case representing；case storage

1 引言

近年来突发事件频发，2001 年的美国"9·11"事件是人为的社会安全事件，2008 年的胶济铁路客车脱线相撞是一次重大的事故灾难，2008 年的我国四川汶川大地震属于自然灾害的范畴，2009 年的"甲流事件"则是由一种病毒引发的公共卫生事件，以上这些都属于突发性事件，给人类造成了惨痛的悲剧。

目前各国政府非常重视应急领域的研究，应急已经成为目前学术界的一个研究热点。如何在突发事件发生后快速高效地进行应急指挥决策以将灾害的损失降到最低，是目前人们普遍关注的问题。

应急案例的表示是指把过去发生的各类突发事件保存为应急案例的形式。合理的案例表示不仅能够使问题表述更加清晰，也可以使决策者更容易分析历史应急案例的具体情况，还可以使案例的存储更加方便，为应急案例库的建立奠定基础。目前，案例有多种表示方式，如张月雷、左洪福提出的基于本体的案例表示[1]；汤文宇、李玲娟研究的案例的框架表示[2]；张英菊等人提出的基于概念树—突发事件本体模型—事件元模型的三层架构的应急案例通用表示方法[3]；史忠植教授提出的记忆网的案例表示方法等[4]；案例表示基于现有的各种知识表示，现有的知识表示几乎都可以作为案例表示的实现方式[5]，如产生式、语义网络、决策树、神经网络和面向对象技术等[6]。对于案例表示方面的研究目前还不是非常成熟，因此也无法比较各种案例表示方法孰优孰劣[7]。在实际应用中，应该具体问题具体分析，根据实际情况选择合理的案例表示方式。

本文根据应急领域的实际情况，分析了应急案例的特征，进而提出了应急案例的层次划分方法。根据应急案例的层次结构，本文进行应急案例的抽象模型的构建，并将案例用 XML 方法进行表示。最后，本文设计了应急案例的数据库存储方法。

2 应急案例的特性及层次

2.1 应急案例的特性

目前的案例表示方法众多，要想从众多方法中选取一种应用于应急领域，就需要根据应急案例的特点进行分析，以便更好地选择有效的表示方法进行应急案例的表达和存储。应急案例的特征如下：

（1）应急案例涉及的突发事件种类繁多。

在《国家突发公共事件总体应急预案》中，把突发事件分为四大类，分别是：自然灾害、事故灾难、公共卫生事件和社会安全事件。每一类又包含若干个类别，例如，自然灾害又包括台风事件、暴雨事件、洪水事件等等[8]。可见，应急事件涉及很多专业领域，而每个专业领域的知识体系具有很大的差别。

（2）应急案例具有显著的非结构化特点。应急案例种类繁多，涉及不同专业领域。而每种突发事件都有其自身的特点，一些突发事件还有一些共性的特点。不同的突发事件所包含的特征属性多种多样，不尽相同。此外，目前的应急案例大多是用文本的形式进行描述，没有统一的表示形式，结构化程度很低。

（3）每一类突发事件包含若干个状态。突发事件是在不断的发展变化中的，包含有若干个状态。状态可以表述突发事件从发生、发展到结束的不同时期的变化情况，并且一个状态可以表述突发事件在某一特定时期内的相对稳定的状况[9]。

（4）由一类突发事件可能衍生其他突发事件。突发事件不是孤立的，它们之间存在一定的联系，具有衍生性。一类突发事件爆发，可能引发其他的突发事件，而其他的突发事件，又可能引发一些突发事件，这样就形成一个突发事件衍生事件链。衍生事件链的发展变化情况对突发事件的应急处置有着非常重大的指导作用。

2.2 应急案例的层次划分

一次突发事件被视为一个案例。每一个案例可以包含若干个元事件（根据突发事件的发生发展过程、性质和机理，具有共同特征的灾害事件划归为一类元事件），例如台风元事件、暴雨元事件等。根据元事件在一定时期内的相对稳定情况，每一个元事件又可以分为若干个状态，例如台风元事件，可以分为形成、登陆、减弱等状态。每一状态又有多个特征属性，需要分别记录特征属性的值。应急案例的层次结构如图 1 所示。

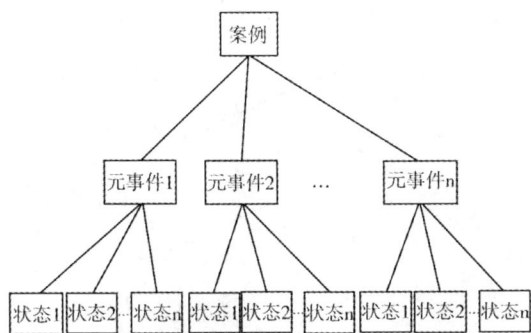

图 1　应急案例的层次结构

为了解决应急案例的非结构化、非规范化而带来的概念名称不统一问题，设计通用于各类突发事件的统一描述形式，本文提出了基于《中国分类主题词表》的应急案例三层概念树型结构，即应急案例——元事件名称——状态属性信息。首先，参照《中国分类主题词表》建立应急案例的全局概念树体系。概念树是一个标准化的分类和主题词树型结构，通过标准化、统一化、规范化的应急领域概念名称，给应急案例提供了一个规范的、通用的概念环境。在应急案例的全局概念树中，选择各类突发事件，即选择了标准化的元事件名称；选择元事件下的状态属性信息，即选择了规范化的状态特征属性描述信息。在应急案例的描述中，所有的概念均是从概念树中选取出来的，这样，应急案例的概念描述规范化、标准化，并且所有的应急案例均是用统一的形式进行描述，解决了异构应急案例的统一描述问题。

3　应急案例抽象模型的构建

根据应急案例的层次结构，采用扩展的巴科斯—诺尔范式（Extended Backus – Naur Form，EBNF），可以构建应急案例的抽象模型如下：

<案例> → <案例属性列表>，<元事件>，{<元事件>}

<案例属性列表> → <案例编号>，<案例名称>，<案例来源>，<案例编制时间>，[<死亡人数>]，[<受伤人数>]，[<失踪人数>]，[<直接经济损失>]，[<间接经济损失>]，[<其他已造成的后果>]，[<评估结果>]，[<备注>]

<元事件> → <元事件属性列表>，<状态>，{<状态>}

<元事件属性列表> → <元事件编号>，<元事件名称>，[<备注>]

<状态> → <状态编号>，<状态名称>，<状态特征信息>

在上面的抽象模型中，箭头左边的符号为"左手边"（left – hand side，LHS），它是正在定义的抽象；箭头右边的内容为"右手边"（right – hand side，RHS），它是 LHS 的定义；"< >"用来表示概念；"[ ]"中的内容为可选择部分；"{ }"中的内容是可以重复的部分，或者是完全没有的部分。

从应急案例的抽象模型可以看出，案例包含了案例属性列表和若干元事件；元事件是由元事件属性列表和若干状态组成的；案例属性列表、元事件属性列表和状态包含了必须描述的特征信息及一些可选的特征信息，如图 2 所示。

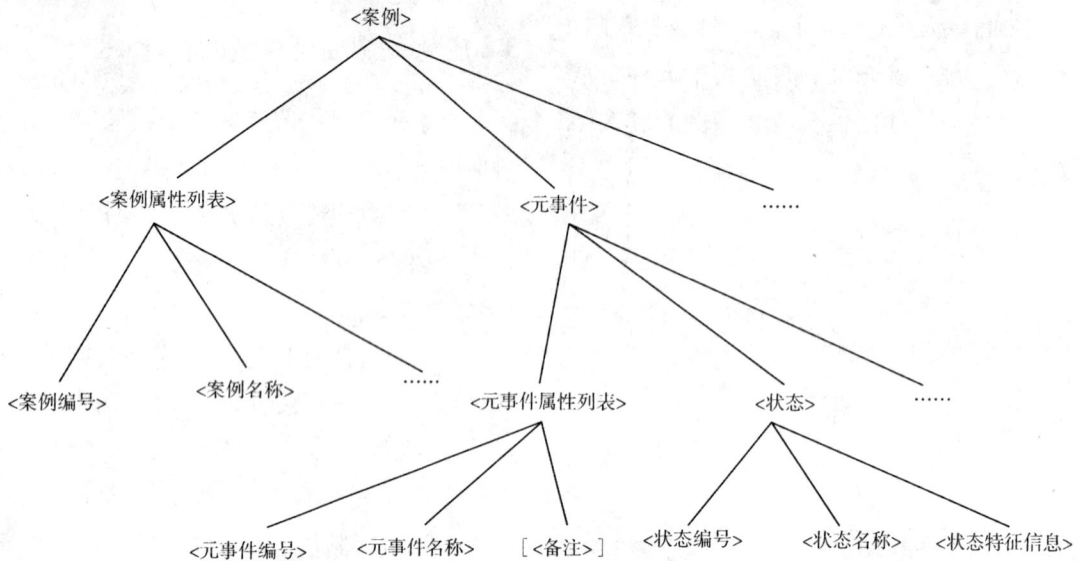

图2 应急案例分析树

4 基于抽象模型的应急案例 XML 表示法

根据应急案例的抽象模型，案例属性列表可以用来描述案例的特征，而元事件是案例的组成部分；元事件属性列表可以用来描述元事件的特征，而状态是元事件的组成部分；状态包含若干属性信息。因此，可以将图 2 所示的应急案例分析树进行变换，得到变换的应急案例分析树，如图 3 所示。

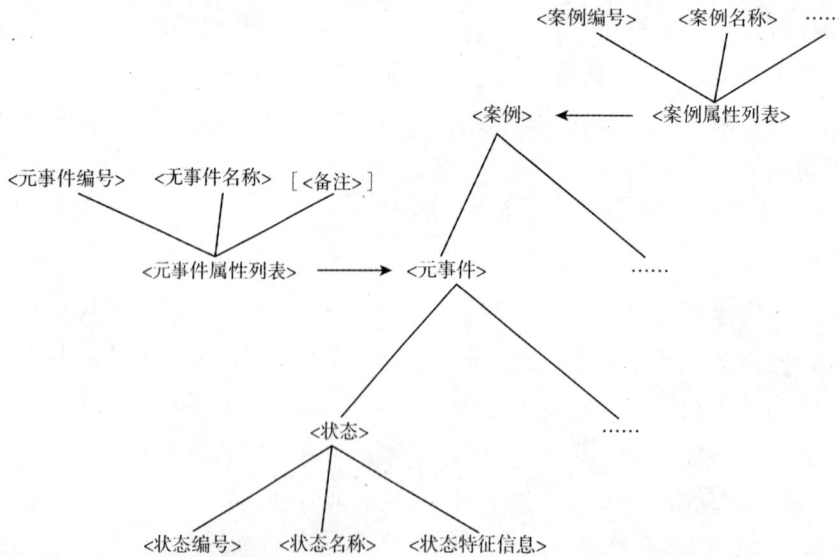

图3 变换的应急案例分析树

XML 代表可扩展标记语言（经常写成 eX-tensible Markup Language）。XML 是一组定义语义标记的规则，这些语义标记将文档划分为多个部分，并且标记出文档的不同部分。XML 是一种元标记语言，可以定义特定领域内的标记语言的语法结构，开发人员可以在其中生成所需的标记。这些标记必须按照某种通用规则进行组织，但是标记的含义可以很灵活[10]。XML 文档是树型结构的，案例库结构是分层次表示的，二者相适应。

根据图 3 所示的变换的应急案例分析树，可以用 XML 进行应急案例的表示。采用 XML 语言来描述案例有如下优势：

（1）当一个案例涉及不同的领域并且结构非常复杂的时候，使用 XML 可以将案例用层次结构清晰地表达出来，便于人们理解案例的复杂内容，为案例的进一步研究工作奠定了基础。

（2）XML 可以充当不同数据源之间的数据交换媒介，实现不同数据源之间的资源共享，使得案例可以被不同的应用程序处理，完成不同应用实体之间的信息传递[11]。

本文设计出案例的 XML 表示形式，结构示例如下：

<？xml version = "1.0" encoding = "GBK"？>

<案例 案例编号 = "001" 案例名称 = "格美" 死亡人数 = "" 受伤人数 = "" 失踪人数 = "" 直接经济损失 = "" 间接经济损失 = "" 其他已造成的后果 = "" 评估结果 = "" 案例来源 = "" 案例编制时间 = "" 备注 = "">

<元事件 元事件编号 = "01" 元事件名称 = "台风" 备注 = "">

<状态 状态 ID = "01" 状态名称 = "状态 1" 发生地点 = "福建省平和县境内" 经度 =

"118. 2°E" 纬度 = "25°N" 发生日期 = "2006 -07 -26" 台风等级 = "热带风暴（8 -9 级）" 中心气压 = "985 百帕" 移速 = "15 公里/小时" 移向 = "偏西" 风速 = "13 米/秒" 近中心风力 = "9 级" 降雨量 = "100 毫米" 行动方案 = "进入四级应急响应状态" 损失 = ""/>

<状态 状态 ID = "" …… />

……

</元事件>

<元事件 …… >

<状态 状态 ID = "" …… />

<状态 状态 ID = "" …… />

……

</元事件>

……

</案例>

5 应急案例数据库存储方法分析

根据应急案例的特征及层次，可以将应急案例进行数据库存储。在进行数据库设计的时候，也会遇到一些问题。例如，可以建立如图 4 关联关系的数据库。由于一个案例可能包含若干个元事件，每个元事件又可能有若干个状态，所以可以将每个元事件都建立一张数据库表。各个元事件的数据库表用来记录这一元事件的状态信息。各元事件数据库表用外码与案例基本信息表相关联。这是一种通常建立数据库表的思维方式。但是这样建立数据库会存在问题：数据库表结构需要经常进行变动。这会给数据库维护带来很大的不便。例如，元事件的增加或者减少，需要增加或者删除数据库表；元事件中关注的信息项变化需要修改数据库表的属性。因此，需要寻找一种更加合理且维护方便的数据库存储方法。

为了解决上述问题，本文将案例的元事件

抽象出来，用一张数据库表来存储，其通过外码记载该元事件所属的案例；将元事件的所有状态信息进行统一存储，通过自动生成案例元事件编号以及外码元事件编号来区分不同案例不同元事件的状态属性的值。这一改进的应急案例数据库存储设计思路如图 5 所示。在实际应用中，还可以根据不同情况的需要对这一设计思路进行适当地修改以达到更好地存储效果。

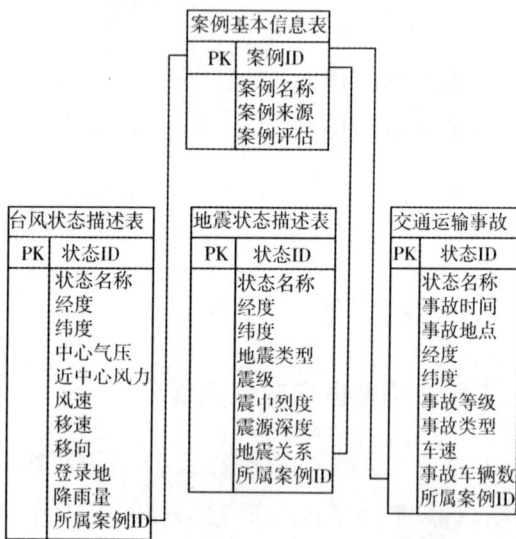

图 4 应急案例数据库存储设计

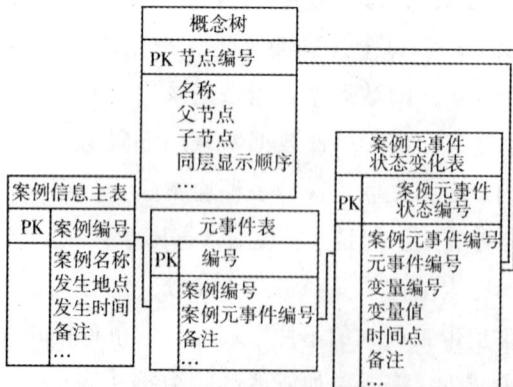

图 5 改进的应急案例数据库存储设计

库存储方法的可行性和实用性，笔者开发了应急辅助决策支持系统中的案例库系统，实现了应急案例在计算机内的表示与存储。该系统主要包括案例库运行和案例库维护两个部分。案例库运行主要有案例展现、案例匹配、模拟匹配、全文检索功能；案例库维护主要有案例导入、案例录入、案例删除、案例修改和问题变量管理功能。整个系统采用流行的 B/S 架构，数据层使用适配器模式适配 ORACLE、SQL SE-RSVER 等主流数据库；业务层使用 javaBean 技术；在网络层上使用 Servlet 和 jsp 组件，表现层上使用 HTML. VML 等超文本表现技术。图 6 为案例库系统中案例展现功能界面，可以展现系统包含的案例、元事件及状态信息。图 7 为问题变量管理界面，可以进行问题变量相关信息的编辑，并可以生成关于问题变量的 XML 文档。

图 6 案例展现功能界面

图 7 问题变量管理界面

6 实例

为了验证本文提出的应急案例表示和数据

7 结论

本文基于应急案例的特性，构建了应急案

例的抽象模型，并设计了应急案例的 XML 表示方法，这种方法具有结构清晰，便于不同数据源之间的资源共享等优点；最后通过分析应急案例在进行数据库存储时所遇到的问题提出了一种有效的数据存储改进方法，并通过应急辅助决策支持系统中模型库系统的开发，证明了该方法的实用性。本文所研究的应急领域案例表示方法能够将复杂的案例清晰地描述出来，解决了异构应急案例的统一表示问题，为应急案例的数据库存储维护工作提供了更加有效的思路。

参考文献

［1］张月雷，左洪福．基于本体的案例表示和 CBR 系统结构研究［J］．山东理工大学学报（自然科学版），2009，21（4）：48～51．

［2］汤文宇，李玲娟．CBR 方法中的案例表示和案例库的构造［J］．西安邮电学院学报，Vol. 11，No. 5，2006：75～78．

［3］张英菊，仲秋雁等．CBR 的应急案例通用表示与存储模式［J］．计算机工程，Vol. 35，No. 17，2009. 28～30．

［4］史忠植．高级人工智能［M］．北京：科学出版社，1998．

［5］Maria Salamo and Elisabet Golobardes. Rough Sets Reduction Techniques for Case – Based Reasoning［C］. International Conference on Cased – Based Reasoning, vol. 2001, Berlin, Springer, 2005：467～482．

［6］周凯波，魏莹，冯珊．基于案例推理的金融危机预警支持系统［J］．计算机工程与应用，No. 14，2001：18～21．

［7］孔月萍，周继，于军琪等．人工智能及其应用［M］．北京：机械工业出版社，2007．

［8］国务院．国家突发公共事件总体应急预案［EB/OL］.（2006 – 01 – 08）［2011 – 05 – 15］. http://www. gov. cn/yjgl/2006 –01/08/content_ 21048. htm.

［9］张英菊，仲秋雁，叶鑫等．基于案例推理的应急辅助决策方法研究［J］．计算机应用研究，Vol. 26，No. 4，2009：1412～1415．

［10］马云，钟萍等．XML 宝典［M］．北京：电子工业出版社，2002．

［11］李玲娟，汤文宇，王汝传．基于 XML 的案例表示和案例库构造方法［J］．计算机应用研究，Vol. 24，No. 11，2007：70～73．

基于熵和相似度的直觉模糊多属性群决策方法[①]

梁霞　魏翠萍　陈志敏

（曲阜师范大学管理学院）

摘要：针对专家权重完全未知的直觉模糊多属性群决策问题，提出一种由个体专家的评价结果确定专家权重的方法。根据所有专家对方案评价结果的不确定程度、个体专家评价结果中两两方案之间的相似程度和个体专家意见与其他专家意见的相似程度等三个方面对专家进行赋权。由此建立了一种直觉模糊多属性群决策方法。

关键词：多属性群决策；熵；相似度；专家权重

An Intuitionistic Fuzzy Multi – attribute Group Decision Making Approach based on Entropy and Similarity Measure

Liang Xia，Wei Cuiping，Chen Zhimin

（E – mail：susanliangxia@163. com，wei_ cuiping@yahoo. com. cn）

（School of Management，Qufu Normal University）

Abstract：For intuitionistic fuzzy multi – attribute group decision making problem in which the weights of experts are to be determined，we propose a method to derive the weights of experts by individual expert's decision results. We determine the weights of experts according to the uncertainty of expert's decision results，the similarity degree between assessments provided by the individual expert and the similarity degree between individual expert's opinions and other's. We establish an approach to handle intuitionistic fuzzy multi – attribute group decision making problem.

Key words：multi – attribute group decision making；entropy；similarity measure；weights of experts

1 引言

Zadeh[1]于1965年提出了模糊集理论。随后 Atanassov[2]对模糊集进行了推广，定义了直觉模糊集。直觉模糊集同时考虑了隶属度、非隶属度以及犹豫度三方面的信息，能更加细腻地描述客观世界的模糊性与不确定性，因此被广泛地应用于多属性决策[3]，医疗诊断[4]和模式识别[5]等领域。Gau 与 Buehreer[6]定义的Vague集也是模糊集的一种推广形式，Bustince

---

① 基金项目：教育部人文与社科规划青年项目（No. 10YJC630269）；山东省高等学校科技计划项目（J09LA14）。

和 Burillo[7]证明了它和直觉模糊集是等价的。

针对直觉模糊多属性群决策问题,许多学者已经提出了不同的群决策方法。Szimidt 和 Kacprzyk[8],Xu 和 Yager[9]分别提出了基于直觉模糊偏好关系的群决策方法。Xu 和 Yager[10,11]定义了许多直觉模糊几何集结算子,并将其用于解决专家权重完全已知的直觉模糊多属性群决策问题。当专家权重以直觉模糊数的形式给出时,李[12]利用分式规划模型求解直觉模糊多属性群决策问题。在许多实际的直觉模糊群决策问题中,专家权重往往无法确定[13,14]。因此,如何利用已知的决策信息对专家赋权是一项重要的课题。万[13]通过建立专家群体评价值之间的相似度矩阵对专家进行赋权;徐[14]分别利用个体专家意见和群体专家意见的偏差以及个体专家意见之间的偏差建立了两个非线性优化模型,从而确定专家权重,并据此给出了一种直觉模糊群决策方法。

本文针对直觉模糊多属性群决策问题中专家权重完全未知的情况,提出了确定专家权重的方法。根据所有专家对方案评价结果的不确定程度建立优化模型,从而求解专家权重,根据个体专家的评价结果中两两方案的相似程度和个体专家与其他专家评价结果的相似程度对专家赋权。基于上述确定专家权重的方法,给出一种直觉模糊多属性群决策方法,通过实例分析验证了该方法的合理性。

2 基本概念

定义 1[2]:设 X 是一个给定的论域,称 $A = \{,\langle x, \mu_A(x), \nu_A(x)\rangle | x \in X\}$ 为 X 上的直觉模糊集,其中 $\mu_A : X \to [0,1]$,$\nu_A : X \to [0,1]$ 且满足对 $\forall x \in X$,都有 $0 \leqslant \mu_A(x) + \nu_A(x) \leqslant 1$ 成立,$\mu_A(x)$ 和 $\nu_A(x)$ 分别代表 X 中元素 x 属于 A 的隶属度和非隶属度。

对 X 上的直觉模糊集 A,$\pi_A(x) = 1 - \mu_A(x) - \nu_A(x)$ 代表 x 属于 A 的犹豫度。X 上的所有直觉模糊集记为 $IFS(X)$。

为方便起见,称 $\alpha = (\mu_\alpha, \nu_\alpha)$ 为直觉模糊数[10],其中 $\mu_\alpha \in [0,1]$,$\nu_\alpha \in [0,1]$ 且 $\mu_\alpha + \nu_{\alpha \leqslant 1}$,令 Θ 为全体直觉模糊数的集合。

关于直觉模糊数大小的比较,Chen 和 Tan[15],Hong 和 Choi[16]分别定义了得分函数和精确函数,基于这两种函数,Xu[10]提出了比较两个直觉模糊数大小的方法。

定义 2[10]:设 $\alpha = (\mu_\alpha, \nu_\alpha)$ 和 $\beta = (\mu_\beta, \nu_\beta)$ 为两个直觉模糊数,$s(\alpha) = \mu_\alpha - \nu_\alpha$ 和 $s(\beta) = \mu_\beta - \nu_\beta$ 分别为 α 和 β 的得分值,$h(\alpha) = \mu_\alpha + \nu_\alpha$ 和 $h(\beta) = \mu_\beta + \nu_\beta$ 分别为 α 和 β 的精确度。则

(1) 若 $s(\alpha) < s(\beta)$,则 $\alpha = (\mu_\alpha, \nu_\alpha)$ 小于 $\beta = (\mu_\beta, \nu_\beta)$,记为 $\alpha < \beta$;

(2) 若 $s(\alpha) = s(\beta)$,则

1) 若 $h(\alpha) = h(\beta)$,则 $\alpha = (\mu_\alpha, \nu_\alpha)$ 与 $\beta = (\mu_\beta, \nu_\beta)$ 相等,记为 $\alpha = \beta$;

2) 若 $h(\alpha) < h(\beta)$,则 $\alpha = (\mu_\alpha, \nu_\alpha)$ 小于 $\beta = (\mu_\beta, \nu_\beta)$,记为 $\alpha < \beta$;

3) 若 $h(\alpha) > h(\beta)$,则 $\alpha = (\mu_\alpha, \nu_\alpha)$ 大于 $\beta = (\mu_\beta, \nu_\beta)$,记为 $\alpha > \beta$。

定义 3[17]:设 $\alpha = (\mu_\alpha, \nu_\alpha)$ 和 $\beta = (\mu_\beta, \nu_\beta)$ 为两个直觉模糊数,则直觉模糊数满足下面的运算法则:

(1) $\alpha \oplus \beta = (\mu_\alpha + \mu_\beta - \mu_\alpha\mu_\beta, \nu_\alpha\nu_\beta)$;

(2) $\lambda\alpha = (1 - (1 - \mu_\alpha)^\lambda, \nu_\beta^\lambda)$,$\lambda \geqslant 0$.

在直觉模糊多属性决策过程中,如何对直觉模糊信息进行集结是一项重要课题,徐[17]定义了直觉模糊加权平均(IFWA)算子来集结直觉模糊信息。

定义 4[17]:设 $\alpha_i = (\mu_{\alpha_i}, \nu_{\alpha_i})(i = 1, 2, \cdots, n)$ 为一组直觉模糊数,直觉模糊加权平均(IFWA)算子是一种映射:$\Theta^n \to \Theta$,使得

$$IFWA (\alpha_1, \alpha_2, \cdots, \alpha_n) = w_1\alpha_1 \oplus w_2\alpha_2 \oplus \cdots \oplus w_n\alpha_n = \left(1 - \prod_{j=1}^{n}(1-\mu_{\alpha_j})^{w_j}, \prod_{j=1}^{n}\nu_{\alpha_j}^{w_j}\right)$$

(1)

式中，$w = (w_1, w_2, \cdots, w_n)^T$ 为 $\alpha_i(i = 1, 2, \cdots, n)$ 的权重向量，满足 $w_j \in [0,1]$ 和 $\sum_{j=1}^{n} w_j = 1$。

3 基于熵和相似度的直觉模糊多属性群决策方法

直觉模糊多属性群决策问题的描述如下：设 $X = \{x_1, x_2, \cdots, x_n\}$ 为决策方案集合，$D = \{d_1, d_2, \cdots, d_s\}$ 为专家集合，$U = \{u_1, u_2, \cdots, u_m\}$ 为属性集合，$w = (w_1, w_2, \cdots, w_m)^T$ 为属性的权重向量，满足 $w_j \in [0,1]$ 和 $\sum_{j=1}^{n} w_j = 1$。令 $R_k = (r_{ij}^{(k)})_{n \times m}$ $(k = 1, 2, \cdots, s)$ 为直觉模糊决策矩阵，其中 $r_{ij}^{(k)} = (\mu_{ij}^{(k)}, \nu_{ij}^{(k)})$ 为直觉模糊数，代表专家 $d_k \in D$ 对方案 $x_i \in X$ 在属性 $u_j \in U$ 下的评价值。

利用 IFWA 算子对每个决策矩阵 $R_k(k = 1, 2, \cdots, s)$ 的信息进行集结，得到专家 $d_k \in D$ 对方案 $x_i \in X$ 的综合评价值 $z_i^{(k)} = (\mu_i^{(k)}, \nu_i^{(k)})(i = 1, 2, \cdots, n, k = 1, 2, \cdots, s)$：

$$z_i^{(k)} = IFWA_w (r_{i1}^{(k)}, r_{i2}^{(k)}, \cdots, r_{im}^{(k)})$$
$$= w_1 r_{i1}^{(k)} \oplus w_2 r_{i2}^{(k)} \oplus \cdots \oplus w_m r_{im}^{(k)}$$

(2)

式中，$w = (w_1, w_2, \cdots, w_m)^T$ 为属性的权重向量，满足 $w_j \in [0,1]$ 和 $\sum_{j=1}^{m} w_j = 1$。

3.1 确定专家权重

Burillo 和 Bustince[18] 于 1996 年提出了直觉模糊集的熵这一概念，用以度量直觉模糊集的不确定性程度。设专家 $d_k \in D$ 对方案 $x_i \in X$ 的综合评价值为 $z_i^{(k)}(i = 1, 2, \cdots, n, k = 1, 2, \cdots, s)$，且单元素直觉模糊集 $z_i^{(k)} = \{(\mu_i^{(k)}, \nu_i^{(k)})\}$ 的熵

为 E_{ik}。E_{ik} 越小，说明专家 $d_k \in D$ 对方案 $x_i \in X$ 综合评价值 $z_i^{(k)}$ 的不确定性程度越小。因此，为了使所有专家对方案综合评价结果的不确定性程度尽可能小，可以建立以下优化模型：

$$\min \sum_{i=1}^{n}\sum_{k=1}^{s} E_{ik}^2 \cdot \lambda_k^2$$
$$\text{s.t.} \begin{cases} \sum_{k=1}^{s} \lambda_k = 1 \\ \lambda_k \geq 0, \ k = 1, 2, \cdots, s \end{cases}$$

(3)

式中，$\lambda_k(k = 1, 2, \cdots, s)$ 为专家 $d_k(k = 1, 2, \cdots, s)$ 的权重。

解此优化模型，构造拉格朗日函数：

$$L(\lambda, \xi) = \sum_{i=1}^{n}\sum_{k=1}^{s} E_{ik}^2 \cdot \lambda_k^2 + 2\xi\left(\sum_{k=1}^{s}\lambda_k - 1\right),$$

(4)

式中，ξ 为拉格朗日乘子。分别求 $L(\lambda, \xi)$ 关于 λ_k 和 ξ 的偏导数，并令其等于零。则有

$$\begin{cases} \dfrac{\partial L}{\partial \lambda_k} = 2\lambda_k \cdot \sum_{i=1}^{n} E_{ik}^2 + 2\xi = 0, \ k = 1, 2, \cdots, s \\ \dfrac{\partial L}{\partial \xi} = 2\sum_{k=1}^{s}\lambda_k - 2 = 0. \end{cases}$$

(5)

从而解得专家 $d_k(k = 1, 2, \cdots, s)$ 的最优权重为：

$$\lambda_k^{(1)} = \frac{1}{\sum_{i=1}^{n} E_{ik}^2 \cdot \sum_{k=1}^{s} \dfrac{1}{\sum_{i=1}^{n} E_{ik}^2}}, \ k = 1, 2, \cdots, s$$

(6)

若专家 $d_k \in D$ 对所有方案 $x_i(i = 1, 2, \cdots, n)$ 的综合评价值 $z_i^{(k)}(i = 1, 2, \cdots, n)$ 中两两之间的相似程度越大，说明此专家对方案排序所起的作用越小，则应赋予他越小的权重；反之，若专家 $d_k \in D$ 对所有方案 $x_i(i = 1, 2, \cdots, n)$ 的综合评价值 $z_i^{(k)}(i = 1, 2, \cdots, n)$ 中两两之间的相似程度越小，说明此专家对方案排序所起的作用越大，则应赋予他越大的权重。

相似度[19] 是直觉模糊集理论中的另一个重要概念，用以度量两个直觉模糊集的相似程度。

专家 $d_k \in D$ 对所有方案 $x_i \in X$ 的综合评价值 $z_i^{(k)}(i=1,2,\cdots,n)$ 中两两之间的相似度总和定义为：

$$S^{(k)} = \sum_{i=1}^{n-1}\sum_{l=i+1}^{n} S(z_i^{(k)}, z_l^{(k)}), \quad k=1,2,\cdots,s \tag{7}$$

由上面的分析可知，$S^{(k)}$ 越大，应赋予专家 d_k 的权重越小；$S^{(k)}$ 越小，应赋予专家 d_k 的权重越大。因此，定义专家 $d_k(k=1,2,\cdots,s)$ 的权重为：

$$\lambda_k^{(2)} = \frac{(S^{(k)})^{-1}}{\sum_{k=1}^{s}[(S^{(k)})^{-1}]} \tag{8}$$

$$= \frac{1}{\sum_{i=1}^{n-1}\sum_{l=i+1}^{n} S(z_i^{(k)}, z_l^{(k)}) \cdot \sum_{k=1}^{s}[(\sum_{i=1}^{n-1}\sum_{l=i+1}^{n} S(z_i^{(k)}, z_l^{(k)}))^{-1}]}.$$

在确定专家权重的过程中，除了要考虑个体专家本身的评价意见，还要考虑个体专家与其他专家评价意见的相似程度。若专家 $d_k \in D$ 与其他专家对所有方案 $x_i(i=1,2,\cdots,n)$ 综合评价值的相似程度越大，说明他与群体意见越一致，则应赋予他越大的权重；反之，若专家 $d_k \in D$ 与其他专家对所有方案 $x_i(i=1,2,\cdots,n)$ 综合评价值的相似程度越小，说明他与群体意见越相悖，则应赋予他越小的权重。

设专家 $d_k \in D$ 对各方案的综合评价值构成直觉模糊集 $A_k = \{z_1^{(k)}, z_2^{(k)}, \cdots, z_n^{(k)}\}$。因此，专家 d_k 与其他各专家对所有方案综合评价值的平均相似度为：

$$S_k = \frac{1}{s-1}\sum_{\substack{l=1\\l\neq k}}^{s} S(A_k, A_l), \quad k=1,2,\cdots,s \tag{9}$$

由上面的分析可知，S_k 越大，应赋予专家 d_k 的权重越大；S_k 越小，应赋予专家 d_k 的权重越小。因此，定义专家 $d_k(k=1,2,\cdots,s)$ 的权重为：

$$\lambda_k^{(3)} = \frac{S_k}{\sum_{k=1}^{s} S_k}, \quad k=1,2,\cdots,s. \tag{10}$$

从上述三种确定专家权重的方法可知，专家权重向量 $\lambda^{(1)}$ 和 $\lambda^{(2)}$ 的确定考虑了个体专家本身的评价意见；$\lambda^{(3)}$ 的确定考虑了个体专家与其他专家评价意见的相似程度。为了能使专家权重尽可能合理，应将上述三种方法得到的权重集结为最终的专家权重。

3.2 直觉模糊多属性群决策方法

基于上述三种确定专家权重的方法，本节将建立一种直觉模糊多属性群决策方法。

步骤1 利用 IFWA 算子计算专家 $d_k \in D$ 对方案 $x_i \in X$ 的综合评价值：

$$\begin{aligned}
z_i^{(k)} &= IFWA_w(r_{i1}^{(k)}, r_{i2}^{(k)}, \cdots, r_{im}^{(k)})\\
&= w_1 r_{i1}^{(k)} \oplus w_2 r_{i2}^{(k)} \oplus \cdots \oplus w_m r_{im}^{(k)}\\
&= (1-\prod_{j=1}^{m}(1-\mu_{ij}^{(k)})^{w_j}, \prod_{j=1}^{m}(\nu_{ij}^{(k)})^{w_j})
\end{aligned} \tag{11}$$

式中，$w=(w_1, w_2, \cdots, w_m)^T$ 为属性的权重向量，满足 $w_j \in [0,1]$ 和 $\sum_{j=1}^{m} w_j = 1$。

步骤2 利用式（6）计算专家的权重向量 $\lambda^{(1)} = (\lambda_1^{(1)}, \lambda_2^{(1)}, \cdots, \lambda_s^{(1)})^T$；利用式（8）计算专家的权重向量 $\lambda^{(2)} = (\lambda_1^{(2)}, \lambda_2^{(2)}, \cdots, \lambda_s^{(2)})^T$；利用式（9）和式（10）计算专家的权重向量 $\lambda^{(3)} = (\lambda_1^{(3)}, \lambda_2^{(3)}, \cdots, \lambda_s^{(3)})^T$。

步骤3 利用线性加权法计算专家的组合权重向量 $\lambda = (\lambda_1, \lambda_2, \cdots, \lambda_s)^T$，其中 $\lambda_k = \alpha \cdot \lambda_k^{(1)} + \beta \cdot \lambda_k^{(2)} + \gamma \cdot \lambda_k^{(3)}(k=1,2,\cdots,s)$ 满足 $\alpha, \beta, \gamma \in [0,1]$ 且 $\alpha+\beta+\gamma=1$，α,β,γ 根据决策者对三种确定专家权重方法的主观偏好而定。

步骤4 利用 IFWA 算子计算方案 $x_i(i=1,2,\cdots,n)$ 的群体综合评价值 $z_i(i=1,2,\cdots,n)$：

$$\begin{aligned}
z_i &= IFWA_\lambda(z_i^{(1)}, z_i^{(2)}, \cdots, z_i^{(s)})\\
&= \lambda_1 z_i^{(1)} \oplus \lambda_2 z_i^{(2)} \oplus \cdots \oplus \lambda_s z_i^{(s)}\\
&= (1-\prod_{k=1}^{s}(1-\mu_i^{(k)})^{\lambda_k}, \prod_{k=1}^{s}(\nu_i^{(k)})^{\lambda_k})
\end{aligned} \tag{12}$$

式中，$\lambda=(\lambda_1, \lambda_2, \cdots, \lambda_s)^T$ 为专家的权重向量，满足 $\lambda_k \in [0,1]$ 和 $\sum_{k=1}^{s} \lambda_k = 1$。

步骤 5 利用定义 2 中比较直觉模糊数的方法来比较 $z_i(i = 1,2,\cdots,n)$ 的大小，从而对方案 $x_i(i = 1,2,\cdots,n)$ 进行排序。

3.3 实例分析

我们引用文献 [13] 中的例子来验证上节提出的直觉模糊多属性群决策方法。

某汽车生产厂家根据制造任务需要购买零部件进行装配，决定从 3 家零部件生产企业 $x_i(i = 1,2,3)$ 中选择自己的合作伙伴。为此，聘请了 3 位相关领域的专家 $d_k(k = 1,2,3)$ 参与决策。专家的评价指标分别为：设备生产能力（u_1）、精度能力（u_2）、企业信誉（u_3）和标价（u_4），设备评价指标的权重向量为 $w = (0.31,0.42,0.16,0.11)^T$。各专家 $d_k(k = 1,2,3)$ 对每个零部件企业 $x_i(i = 1,2,3)$ 在指标 $u_j(j = 1,2,3,4)$ 下的评价值为直觉模糊数 $r_{ij}^{(k)}(i = 1,2,3,j = 1,2,3,4,k = 1,2,3)$，从而得到直觉模糊决策矩阵 $R_k = (r_{ij}^{(k)})_{3\times4}(k = 1,2,3)$：

$$R_1 = \begin{pmatrix} (0.4,0.2) & (0.1,0.4) & (0.3,0.6) & (0.6,0.1) \\ (0.2,0.5) & (0.3,0.6) & (0.3,0.5) & (0.5,0.3) \\ (0.5,0.3) & (0.4,0.5) & (0.3,0.6) & (0.2,0.7) \end{pmatrix}$$

$$R_2 = \begin{pmatrix} (0.5,0.3) & (0.3,0.6) & (0.3,0.4) & (0.5,0.4) \\ (0.4,0.3) & (0.3,0.5) & (0.2,0.6) & (0.5,0.3) \\ (0.3,0.5) & (0.4,0.5) & (0.5,0.3) & (0.6,0.3) \end{pmatrix}$$

$$R_3 = \begin{pmatrix} (0.2,0.4) & (0.5,0.3) & (0.4,0.6) & (0.4,0.3) \\ (0.4,0.5) & (0.3,0.6) & (0.2,0.5) & (0.1,0.7) \\ (0.3,0.6) & (0.4,0.4) & (0.3,0.5) & (0.5,0.4) \end{pmatrix}$$

在本例中，我们将采用 Szimidt 和 Kacprzyk[20] 基于直觉模糊集的几何解释给出的熵公式和魏[21] 根据此熵公式导出的相似度公式进行计算。

对直觉模糊集 $A = \{ <x_i,\mu_A(x_i),\nu_A(x_i)>| x_i \in X \}$，Szimidt 和 Kacprzyk[19] 提出的熵公式等价于以下公式：

$$E(A) = \frac{1}{n}\sum_{i=1}^{n}\frac{\min\{\mu_A(x_i),\nu_A(x_i)\}+\pi_A(x_i)}{\max\{\mu_A(x_i),\nu_A(x_i)\}+\pi_A(x_i)} \quad (13)$$

式中，$\pi_A(x_i) = 1 - \mu_A(x_i) - \nu_A(x_i)$ 代表 x_i 属于直觉模糊集 A 的犹豫度。

直觉模糊集 $A = \{ <x_i,\mu_A(x_i),\nu_A(x_i)>| x_i \in X \}$ 和 $B = \{ <x_i,\mu_B(x_i),\nu_B(x_i)>| x_i \in X \}$ 的相似度公式[21] 为：

$$S(A,B) = \frac{1}{n}\sum_{i=1}^{n}$$

$$\frac{1 - \min\{|\mu_A(x_i)-\mu_B(x_i)|,|\nu_A(x_i)-\nu_B(x_i)|\}}{1 + \max\{|\mu_A(x_i)-\mu_B(x_i)|,|\nu_A(x_i)-\nu_B(x_i)|\}}.$$

$$(14)$$

步骤 1 利用公式（11）得到专家 $d_k(k = 1,2,3)$ 对方案 $x_i(i = 1,2,3)$ 的综合评价值 $z_i^{(k)}(i = 1,2,3,k = 1,2,3)$：

$z_1^{(1)} = (0.3026,0.2956)$，$z_2^{(1)} = (0.2969,0.5103)$

$z_3^{(1)} = (0.4001,0.4560)$，$z_1^{(2)} = (0.3923,0.4338)$

$z_2^{(2)} = (0.3430,0.4154)$，$z_3^{(2)} = (0.4154,0.4356)$

$z_1^{(3)} = (0.3924,0.3665)$，$z_2^{(3)} = (0.2991,0.5601)$

$z_3^{(3)} = (0.3677,0.4701)$.

步骤 2 利用式（6）和式（13）得到专家的权重向量为 $\lambda^{(1)} = (0.331,0.293,0.376)^T$；利用式（8）和式（14）得到专家的权重向量为 $\lambda^{(2)} = (0.350,0.305,0.345)^T$；利用式（9）、式（10）和式（14）得到专家的权重向量为 $\lambda^{(3)} = (0.333,0.330,0.337)^T$。

步骤 3 根据决策者的主观偏好，取 $\alpha = \beta = 0.25$，$\gamma = 0.5$，得到专家的组合权重向量为 $\lambda = (0.337,0.314,0.349)^T$（$\alpha = \beta = 0.25$，$\gamma = 0.5$ 说明：在确定专家权重时，决策者认为考虑个体专家意见和个体专家与其他专家意见的相似程度同等重要；在个体专家意见中，熵和相似度确定专家权重的方法同等重要）。

步骤 4 利用式（12）得到方案 $x_i(i = 1, 2, 3)$ 的群体综合评价值 $z_i(i = 1, 2, 3)$：

$$z_1 = IFWA_\lambda(z_1^{(1)}, z_1^{(2)}, z_1^{(3)}) = (0.3635, 0.3594)$$

$$z_2 = IFWA_\lambda(z_2^{(1)}, z_2^{(2)}, z_2^{(3)}) = (0.3125, 0.4942)$$

$$z_3 = IFWA_\lambda(z_3^{(1)}, z_3^{(2)}, z_3^{(3)}) = (0.3939, 0.4543)$$

步骤 5 计算 $z_i(i = 1, 2, 3)$ 的得分值 $s(z_i)(i = 1, 2, 3)$

$$s(z_1) = 0.0041, s(z_2) = -0.1817, s(z_3) = -0.0604$$

利用得分值 $s(z_i)(i = 1, 2, 3)$ 对方案 $x_i(i = 1, 2, 3)$ 进行排序，得到排序结果为：$x_1 > x_3 > x_2$。

因此，得到的最优方案为 x_1。

4　结语

本文针对直觉模糊多属性群决策问题中专家权重完全未知的情况，根据所有专家对方案评价结果的不确定程度、个体专家评价结果中两两方案之间的相似程度和个体专家与其他专家决策结果的相似程度三个方面对专家进行赋权。给出了一种直觉模糊多属性群决策方法，通过具体实例验证了该群决策方法的合理性与可行性。

参考文献

［1］ L. A. Zadeh. Fuzzy sets［J］. Information and Control, Vol. 8, No. 3, 1965：338～356.

［2］ K. Atanassov. Intuitionistic fuzzy sets［J］. Fuzzy Sets and Systems. Vol. 20, No. 1, 1986：87～96.

［3］ K. Atanassov, G. Pasi and R. R. Yager. Intuitionistic fuzzy interpretations of multi-criteria multi-person and multi-measurement tool decision making［J］. International Journal of System Science, Vol. 36, 2005：859～868.

［4］ D. K. De, R. Biswas and A. R. Roy. An application of intuitionistic fuzzy sets in medical diagnosis［J］. Fuzzy Sets and Systems, Vol. 117, No. 2, 2001：209～213.

［5］ I. K. Vlochos and G. D. Sergiadis. Intuitionistic fuzzy information—applications to pattern recognition［J］. Pattern Recognition Letter, Vol. 28, 2007：197～206.

［6］ W. L. Gau and D. J. Buehrer. Vague sets［J］. IEEE Transactions on systems, Man and Cybernetics, Vol. 23, No. 2, 1993：610～614.

［7］ H. Bustince and P. Burillo. Vague sets are intuitionistic fuzzy sets［J］. Fuzzy Sets and Systems, Vol. 79, 1996：403～405.

［8］ E. Szmidt and J. Kacprzyk. Group Decision Making under Intuitionistic Fuzzy Preference Relations［J］. IPMU' 98 (Paris, La Sorbonne), 1998：172～178.

［9］ Z. S. Xu. Intuitionistic preference relations and their application in group decision making［J］. Information Science, Vol. 177, 2007：2363～2379.

［10］ Z. S. Xu and R. R. Yager. Some geometric aggregation operators based on intuitionistic fuzzy sets［J］. International Journal of General System, Vol. 35, No. 4, 2006：417～433.

［11］ Z. S. Xu. Multi-person multi-attribute decision making models under intuitionistic fuzzy environment［J］. Fuzzy Optimization Decision Making, Vol. 6, No. 3, 2007：221～236.

［12］ D. F. Li, Y. C. Wang and S. S. Liu. Fractional programming methodology for multi-attribute group decision-making using IFS［J］. Applied Soft Computing, Vol. 9, 2009：219～225.

［13］ 万树平. 基于 Vague 集的多属性群决策专家权重的确定［J］. 应用数学与计算数学学报, Vol. 24, No. 1, 2010：45～52.

［14］ Z. S. Xu and X. Q. Cai. Nonlinear optimization models for multiple attribute group decision making with intuitionistic fuzzy information［J］. International Journal of Intelligent Systems, Vol. 25, 2010: 489 ~ 513.

[15] S. M. Chen and J. M. Tan. Handling multi – criteria fuzzy decision making problems based on vague set theory [J]. Fuzzy Sets and Systems, Vol. 67, No. 2, 1994: 163 ~ 172.

[16] D. H. Hong and C. H. Choi. Multicriteria fuzzy decision – making problems based on vague set theory [J]. Fuzzy Sets and Systems, Vol. 114, 2000: 103 ~ 113.

[17] Z. S. Xu. Intuitionistic fuzzy aggregation operators [J]. IEEE Transactions on Fuzzy Systems, Vol. 15, 2007: 1179 ~ 1187.

[18] P. Burillo and H. Bustince. Entropy on intuitionistic fuzzy sets and on interval – valued fuzzy sets [J].

Fuzzy Sets and Systems, Vol. 78, 1996: 305 ~ 316.

[19] D. F. Li and C. Chuntian. New similarity measures of intuitionistic fuzzy sets and application to pattern recognititions [J]. Pattern Recognition Letters, Vol. 23, 2000: 221 ~ 225.

[20] E. Szmidt and J. Kacprzyk. Entropy for intuitionistic fuzzy sets [J]. Fuzzy Sets and Systems, Vol. 118, No. 3, 2001: 467 ~ 477.

[21] C. P. Wei, P. Wang and Y. Z. Zhang. Entropy, similarity measure of interval – valued intuitionistic fuzzy sets and their applications [J]. Information Science, doi: 10. 1016/j. ins. 2011 (06): 001.

引入自信度的区间型多属性决策方法研究①

杨雷 李保亮

（华南理工大学工商管理学院）

摘要：在群体成员对备选方案属性有不同观点区间的情形下，研究如何在体现决策初始偏好信息基础上达成群决策结果。基于自信度、相离度两个关键决策变量，建立决策者对方案属性允许调整值，使个体决策矩阵与群决策矩阵相离度收敛到一定范围，然后在群决策矩阵的基础上，集结得到方案的排序。避免了专家的多次协调和反馈，也充分利用和体现了决策者的初始模糊偏好信息。最后通过实例应用说明该方法的有效性和实用性。

关键词：自信度；相离度；多属性问题；观点区间

The Research on Interval Multi – attribute Decision – making Method Introduced of Self – confidence

Yang Lei, Li Baoliang

（E – mail：yangl@ scut. edu. cn，zz_ lbl@ 163. com. cn）

（School of Business Administration, South China University of Technology）

Abstract：In the circumstances of group members have different opinion range to alternative options, and study how to reach the group decision – making results on the basis initial preference information. Based on self – confidence and difference degree two key decision variables, establish decision – makers' value of change opinion to make individual and group decision – making matrix convergence to a certain extent. Then based on the group decision – making matrix, to be assembled program order, and calculate the vector end with ordering the program. Avoiding the multiple coordination and feedback, and fully reflects the decision maker's initial fuzzy preference information. Finally, the effectiveness and practicability can be proved by an example application.

Key words：self – confidence；difference degree；Multi – attribute decision making；opinion interval

1 引言

多属性决策问题一般是由多个专家就多个属性对一组方案进行比较，选择最佳备选方案或排序有限备选方案的决策问题[1]，在某些情况下用区间（数）分析可能更容易接近复杂不确定的生产实际，更符合人们的模糊思维习惯[2]，如何利用和反映决策者的初始偏好区间

---

① 基金项目：教育部人文社会科学研究项目（09YJA630039）；广东省教育厅人文社会科学研究创新团队项目（07JDTDXM63005）。

信息，成为群决策需要研究的问题。

徐泽水[3]在基于区间理想点和方案在区间理想点的投影，有效避免了对区间数的比较和排序，但却丢失了许多有用信息。文献[4]在研究了属性权重未知的情形下，基于区间数相离度来求解属性权重的方法。张兴芳[5]解决了区间数综合决策模型中的可信度的问题，使得模型更有实用性。文献[6]提出了一种在区间型多属性决策中利用所有已知的模糊客观信息和主观偏好值，对方案进行排序的方法。虽然文献[7~11]对区间型多属性决策问题已经提出了一些解决思路，但它们都只是关注对给出的区间数如何利用来排序和确定最优方案，而对区间本身反映决策者的态度以及决策专家保留观点强度却没有很好的体现。当决策区间判断矩阵和群决策矩阵相离度比较大时，如何进行相应的改进以得到包含更多、更可靠决策信息的群决策，为了解决这一问题，本文引入自信度的概念，并给出一个基于自信度不断调整决策者自身可接受区间的属性值范围，一方面既充分利用决策者最初的偏好信息，又根据偏好信息的强度使群决策结果与个体决策结果具有较高的一致性；另一方面避免了对决策专家不同意见的多次反馈和调整，提高了效率，节省了人工时间成本。

2　问题描述

在多属性决策问题中，决策群体用 E 表示，它由 n 个专家组成，描述为 $E = \{e_1, e_2, \cdots, e_n\}$，其中 $e_k (k = 1, 2, \cdots, n)$ 表示第 k 个决策专家。$\lambda = \{\lambda_1, \lambda_2, \cdots, \lambda_n\}^T$ 是对应的专家权重向量。决策的方案集用 X 表示，它由 m 个备选方案组成，描述为 $X = \{x_1, x_2, \cdots, x_m\}$，评价属性用 C 表示，描述为 $C = \{c_1, c_2, \cdots, c_s\}$；用 $w_j (j = 1, 2, \cdots, s)$ 描述第 j 个

评价属性的权重，记 $W = \{w_1, w_2, \cdots, w_s\}$，并满足条件 $\sum w_j = 1$，其中 $0 \le w_j \le 1$。$A_k = (a_{pjk}^-, a_{pjk}^+)_{m \times s}$ 表示区间型多属性决策矩阵，其中 (a_{pjk}^-, a_{pjk}^+) 表示专家 $e_k \in E$ 给出的方案 $x_p \in X$ 关于属性 $c_j \in C$ 的决策区间，调整后的区间型多属性决策矩阵记为 $A_k' = (a_{pjk}^-, a_{pjk}^+)_{m \times s}$。初始个体决策结果记为 $I = I_1, I_2, \cdots, I_n$，其中 $I_k (1 \le k \le n)$ 表示专家 k 的决策结果，调整后的个体决策结果记为 $I' = \{I_1', I_2', \cdots, I_n'\}$，群决策结果 G 可由个体决策结果 I_k 和专家权重 λ_k 经过简单线性加权法求得。本文就是研究当决策矩阵相离度较大时，如何根据决策初始偏好信息改进专家意见，获得一致度较高的群决策结果。

3　基于区间数的自信度和相离度

区间数大小是个众说纷纭的问题，与决策者心态有关[12]。万树平[13]指出，当决策者的精力或处理信息能力有限时，会有悲观心态；当精力充沛或处理信息能力较强时，心态比较温和；当决策者自认为是该方面专家时，会保持乐观积极心态。在实际生活中，人们给出决策区间范围不仅与心态有关，更与其知识水平、以往经验密切相连，为此在多属性决策问题中通过专家最初给出的属性区间范围大小来反映决策专家的自信度，具有很好的现实依据和研究背景，为了便于研究，我们做出相关定义如下：

定义 1　设 $(a_{pjk}^-, a_{pjk}^+) \in I_k$，$(g_{pjk}^-, g_{pjk}^+) \in g_k$，称

（1）$edi = \delta / (a_{pjk}^+ - g_{pjk}^-)$ 为决策专家 $e_k \in E$、对于方案 $x_p \in X$、关于属性 $c_j \in C$ 的自信度，其中 δ 是自信度系数，用一个常数表示，自信度反映了专家对于方案精确程度的把握。

（2）$\max\left(a_{pjk}^+ - g_{pjk}\right)$ 为决策过程中关于方案属性自信度最小的个体，设其允许改变范围为 ε，则其他个体改变值：

$$\varepsilon' = \frac{\varepsilon\left(a_{pjk}^+ - a_{pjk}^-\right)}{\max\limits_{k=1}^{n}\left(a_{pjk}^+ - a_{pjk}^-\right)} \times \frac{\lambda_{\max}}{\lambda_p}$$

ε' 的存在保证了决策者与群体结果收敛的一致性。并有：

$$\left(a_{pjk}'^-, a_{pjk}'^+\right) = \left(a_{pjk}'^- \pm \varepsilon', a_{pjk}'^+ \pm \varepsilon\right)$$

对于定义 1 我们可以这样理解，当决策者在某一领域的具有较高的权威或专业的知识时，往往具有较高的自信度，对多属性决策问题的属性值判断时，观点区间值很小，甚至非常接近。但当决策者掌握的信息不充分或决策问题本身的复杂性，此时更多的会较低的自信度，对决策问题不同属性值给出的区间很宽，使决策者很难指出具体的数值。具有较高自信度的决策专家接受的改变范围比较小，而给出较大区间范围的决策者往往由于对自己决策属性值的不自信，因而也乐于接受比较大范围内的区间属性值，从而在与群决策一致性比较小的时候，倾向于改变自己的意见而接受更加自信的决策专家的观点。

定义 2　设区间数 $s_\alpha = \left[v_\alpha, v_\alpha'\right]$，$s_\beta = \left[v_\beta, v_\beta'\right]$ 令 $lan\left(s_\alpha, s_\beta\right) = \left|v_\alpha - v_\beta\right| + \left|v_\alpha' - v_\beta'\right|$ 为区间数 s_α、s_β 的相离度，$lan\left(s_\alpha, s_\beta\right)$ 值越大，相离度越大，决策者的自信度相差较大或者观点区间交叉较少，即是决策者之间对问题把握精度不同，也可能是观点分歧较大，反之则较小。

定义 3　设两区间数 $S = \left[v_\alpha, v_\beta\right]$，$\bar{S} = \left[\bar{v}_\alpha, \bar{v}_\beta\right]$，$\mu \in \left[0, 1\right]$，则

（1）$\mu S = \left[\mu v_\alpha, \mu v_\beta\right]$，$\mu\bar{S} = \left[\mu\bar{v}_\alpha, \mu\bar{v}_\beta\right]$；

（2）$S + \bar{S} = \left[v_\alpha + \bar{v}_\alpha, v_\beta + \bar{v}_\beta\right]$；

（3）当且仅当 $v_\alpha = v_\beta$ 时，$S = v_\alpha = v_\beta$，此时区间数转化为了具体的实数；

（4）当且仅当 $v_\alpha = \bar{v}_\alpha$，$v_\beta = \bar{v}_\beta$，得出 $S = \bar{S}$。

定义 4　设在决策问题中有两个属性区间值如：

$$s_1 = \left[s_{\alpha 1}, s_{\beta 1}\right], s_2 = \left[s_{\alpha 2}, s_{\beta 2}\right] \text{ 则}$$

$$p\left(s_1 > s_2\right) = \begin{cases} 0, & s_{\alpha 1} < s_{\beta 2} \\ 1/2, & s_1 = s_2 \\ 1, & s_{\beta 1} > s_{\beta 2} \end{cases}$$

当两属性区间均不满足上述条件时，很难说明两者的大小关系，我们按照文献［14］对区间数比较的公式，设：$l_{\alpha 1} = s_{\beta 1} - s_{\alpha 1}$，$l_{\alpha 2} = s_{\beta 2} - s_{\alpha 2}$

称 $p\left(s_1 \geqslant s_2\right) = \min\left\{\max\left(\dfrac{s_{\beta 1} - s_{\alpha 2}}{l_{\alpha 1} + l_{\alpha 2}}, 0\right), 1\right\}$

为 $s_1 \geqslant s_2$ 的可能度，这是一个基于概率运算的公式，所以也符合一些基本性质：

（1）有界性：$0 \leqslant p\left(s_1 \geqslant s_2\right) \leqslant 1$；

（2）互补性：$p\left(s_1 \geqslant s_2\right) + p\left(s_1 \leqslant s_2\right) = 1$。

4　决策实现的步骤

在区间型多属性群决策过程中，初始的个体决策结果与群决策结果的相离度往往比较大，在决策专家给出初始偏好信息后，通过一种对决策区间大小不断调整的过程，使得相离度达到可接受的范围内。

对于多属性群决策问题，个体决策矩阵为 $A_k = \left(a_{pjk}^-, a_{pjk}^+\right)_{m \times s}$（$k = 1, 2, \cdots, n$），$\left(a_{pjk}^-, a_{pjk}^+\right)$ 为专家 $e_k \in E$ 给出的方案 $x_p \in X$ 关于属性 $c_j \in C$ 的决策区间估计值。

第一步：在群决策问题中，最常见的属性类型有效益型和成本型，对不同属性采用规范化处理。首先，利用下面的标准化公式将个体决策矩阵 $A_k = \left(a_{pjk}^-, a_{pjk}^+\right)_{m \times s}$ 规范化成标准型矩

阵形式，得到标准化区间型决策矩阵 $R_k = (r^-_{pjk}, r^+_{pjk})_{m \times s}$，若 c_j 为效益型属性，则有

$$r^-_{pjk} = \frac{a^-_{pjk}}{\sum\limits_{p=1}^{m} a^+_{pik}}$$

$$r^+_{pjk} = \frac{a^+_{pjk}}{\sum\limits_{p=1}^{m} a^-_{pik}}$$

$p = 1, 2, \cdots, m; j = 1, 2, \cdots, s; k = 1, 2, \cdots, n$。

若 c_j 为成本型属性，则有

$$r^-_{pjk} = \frac{(1/a^+_{pjk})}{\sum\limits_{p=1}^{m}(1/a^-_{pjk})}$$

$$r^+_{pjk} = \frac{(1/a^-_{pjk})}{\sum\limits_{p=1}^{m}(1/a^+_{pjk})}$$

$p = 1, 2, \cdots, m; j = 1, 2, \cdots, s; k = 1, 2, \cdots, n$。

第二步：将标准化后的个体决策矩阵 $R_k = (r^-_{pjk}, r^+_{pjk})_{m \times s}$ 和专家的权重 $\lambda_k (k = 1, 2, \cdots n)$ 简单线性加权集结成区间型群决策矩阵 $G = (g^-_{ijk}, g^+_{ijk})_{m \times s}$。

第三步：计算每一个标准化个体决策矩阵 $R_k = (r^-_{pjk}, r^+_{pjk})_{m \times s}$ 与群决策矩阵 $G = (g^-_{ijk}, g^+_{ijk})_{m \times s}$ 的相离度，如果相离度小于该专家自信水平范围内允许调整的值 $2\varepsilon'$，则转到第五步，否则就进行第四步。

第四步：在相离度 $lan(s_\alpha, s_\beta)$ 大于专家自信水平范围内允许调整值 $2\varepsilon'$ 情况下，对不同专家的自信水平计算出区间调整范围，直至达到满意的相离度。

第五步：当每一个专家与群体意见达到可接受范围内，此时输出的群决策 $G = (g^-_{ijk}, g^+_{ijk})_{m \times s}$ 按照属性加权得到各方案区间值 v_p（p 为备选方案数）。

第六步：按照定义 4 区间数可能度公式，建立方案之间可能度矩阵 $V = v_{p \times p}$。

第七步：由文献［15］模糊互补判断矩阵公式 $w_i = \frac{1}{p(p-1)}(\sum\limits_{j=1}^{p} b_{ij} + \frac{p}{2} + 1)$ 求得方案的排序向量，得出方案最终的排序 V'，选出最优方案。

5 实例应用

某公司欲购置一批机器，有 A、B、C 3 个方案选择，并请 3 位（e_1, e_2, e_3）业内专家帮助决策，其对应权重分别为 $\lambda = (0.3, 0.4, 0.3)$。在决策前，首先制定了 3 项考核指标（属性）：$c_1$、$c_2$、$c_3$ 对应属性的权重已通过一定方法得到 $w = (0.65, 0.19, 0.16)$，为了便于研究，假设 3 个指标都属于效益型，3 个专家提供的各指标（属性）以区间的形式给出具体见（见表1）。

表1 （e_1, e_2, e_3）给出区间型多属性的决策阵 A

方案	指标（属性）								
	专家 e_1			专家 e_2			专家 e_3		
	c_1	c_2	c_3	c_1	c_2	c_3	c_1	c_2	c_3
A	[3, 5]	[7, 8]	[5, 6]	[4, 5]	[5, 8]	[6, 7]	[1, 4]	[4, 5]	[5, 5]
B	[6, 7]	[6, 8]	[6, 6]	[5, 5]	[3, 7]	[3, 4]	[7, 10]	[7, 10]	[8, 10]
C	[4, 4]	[8, 10]	[2, 7]	[5, 7]	[6, 8]	[7, 8]	[4, 7]	[9, 9]	[6, 8]

第一步：利用标准化公式，把个体决策矩阵分别标准化成标准型决策矩阵，具体见表2。

表2　标准化后的决策矩阵 R

方案	指标（属性）								
	专家 e_1			专家 e_2			专家 e_3		
	c_1	c_2	c_3	c_1	c_2	c_3	c_1	c_2	c_3
A	[0.1875 0.3846]	[0.2692 0.3809]	[0.2632 0.4615]	[0.2352 0.3571]	[0.2174 0.5714]	[0.3158 0.4375]	[0.0476 0.3333]	[0.1667 0.25]	[0.2174 0.2632]
B	[0.375 0.5385]	[0.2307 0.3809]	[0.3158 0.4615]	[0.2941 0.3571]	[0.1304 0.5]	[0.1579 0.25]	[0.3333 0.8333]	[0.2917 0.5]	[0.3478 0.5263]
C	[0.25 0.3077]	[0.3077 0.4762]	[0.1053 0.5385]	[0.2941 0.5]	[0.2609 0.5714]	[0.3684 0.5]	[0.1905 0.75]	[0.375 0.45]	[0.2609 0.4211]

第二步：利用简单线性加权把标准化决策矩阵集结成群决策矩阵 G 见表3。

表3　集结的群决策矩阵 G

方案	指标（属性）		
	C_1	C_2	C_3
A	[0.16, 0.35]	[0.21, 0.42]	[0.27, 0.39]
B	[0.33, 0.51]	[0.21, 0.46]	[0.26, 0.39]
C	[0.33, 0.51]	[0.31, 0.51]	[0.26, 0.46]

第三步：由定义2中相离度公式，计算每一个标准化个体决策矩阵和群决策矩阵的相离度（见表4），并判定其相离度是否超过自信水平范围内可接受的数值（ $\varepsilon = 0.05$ ）。

第四步：依据表4中自信水平的范围，按照定义1中区间调整公式，多次修正和改变个体决策矩阵的属性区间，得到新的决策矩阵（具体见表5）并再次检验相离度大小，此时相离度都已控制在在自信水平范围内，即达到满足输出群决策条件。

表4　个体决策矩阵与群决策矩阵的相离度矩阵

方案	指标（属性）								
	专家 e_1			专家 e_2			专家 e_3		
	c_1	c_2	c_3	c_1	c_2	c_3	c_1	c_2	c_3
A	0.0493, (0.07)	0.0884, (0.04)	0.0764, (0.1)	0.0717, (0.03)	0.1539, (0.1)	0.0904, (0.05)	0.1419, (0.1)	0.1103, (0.03)	0.1478, (0.02)
B	0.0607, (0.03)	0.1052, (0.05)	0.1188, (0.08)	0.2332, (0.01)	0.1142, (0.1)	0.2506, (0.04)	0.298, (0.1)	0.1185, (0.07)	0.2156, (0.1)
C	0.2951, (0.071)	0.0317, (0.07)	0.2025, (0.1)	0.0587, (0.03)	0.1133, (0.1)	0.1233, (0.02)	0.3777, (0.1)	0.1222, (0.03)	0.0705, (0.04)

表 5 经过调整后的决策矩阵 R′

方案	指标（属性）								
	专家 e_1			专家 e_2			专家 e_3		
	c_1	c_2	c_3	c_1	c_2	c_3	c_1	c_2	c_3
A	[0.1875 0.3846]	[0.2292 0.4209]	[0.2632 0.4115]	[0.1652 0.3571]	[0.2147 0.4714]	[0.2658 0.3875]	[0.1476 0.3333]	[0.2267 0.31]	[0.2774 0.3832]
B	[0.345 0.5685]	[0.1807 0.4309]	[0.3158 0.3815]	[0.3341 0.5571]	[0.3304 0.5]	[0.2779 0.37]	[0.3333 0.5333]	[0.2217 0.5]	[0.3478 0.4263]
C	[0.33 0.5177]	[0.3077 0.4762]	[0.2053 0.5385]	[0.3241 0.5]	[0.2609 0.4714]	[0.1284 0.48]	[0.2905 0.55]	[0.315 0.48]	[0.2609 0.4811]

第五步：依据输出群决策区间 G 和相应属性权重 $w = (0.65, 0.19, 0.16)$ 算出每个备选方案的决策区间 $v_1 = (0.19, 0.37)$，$v_2 = (0.29, 0.51)$，$v_3 = (0.32, 0.51)$。

第六步：为了对方案排序，由定义 4 中的区间比较的可能度公式，求出方案两两比较的可能度矩阵：

$$V = \begin{bmatrix} 0.5 & 0.2 & 0.1351 \\ 0.8 & 0.5 & 0.439 \\ 0.8649 & 0.561 & 0.5 \end{bmatrix}$$

第七步：利用模糊互补判断矩阵的排序公式得到可能度矩阵的排序的向量 $v' = (0.3479, 0.7245, 0.8024)$，由排序向量得到方案的可能度的优劣关系为 C、B、A，从而得到 C 综合评估结果最好，为备选中最优方案。

6 结论

本文在区间型多属性决策方法的基础上，提出了一种基于自信度调整个体属性观点区间的方法，使群决策与个体决策的相离度达到自信度接受范围，在基于区间比较概率的基础上对模糊判断做出正确决策。研究发现，根据决策区间大小来表示决策者自信度能很好地解决不同专家允许调整范围问题，并且不需要召集专家多次反复修改意见，能提高效率，同时又反映出决策者的初始偏好信息，在实际决策中具有很好的实用性。

参考文献

[1] 陈珽. 决策分析 [M]. 北京：科学出版社，1987.

[2] 吴江，黄登仕. 区间数排序方法研究综述 [J]. 系统工程，2004，22（8）：1~4.

[3] 徐泽水，达庆利. 区间型多属性决策的一种新方法 [J]. 东南大学学报，Vol. 33, No. 4, 2003：498~501.

[4] 徐泽水，孙在东. 一类不确定性多属性决策问题的排序方法 [J]. 管理科学学报，Vol. 5, No. 3, 2002：35~40.

[5] 张兴芳，张兴伟. 区间数的排序及其在系统决策中的应用 [J]. 系统工程理论与实践，Vol. 19, No. 7, 1999：112~116.

[6] 徐泽水. 求解不确定型多属性决策问题的一种新方法 [J]. 系统工程学报，Vol. 17, No. 2, 2002：177~181.

[7] 徐迎军，李东. 多属性群决策达成一致方法研究 [J]. 控制与决策，Vol. 25, No. 12, 2010：1810~1814.

[8] Fodor J., Roubens M. Fuzzy Preference Modelling and Multicriteria Decision Support [M]. Dordrecht：Kluwer Academic publisher, 1994.

[9] 杨雷. 群体多指标决策的偏好集结方法 [J].

数学的实践与认识, Vol.39, No.6, 2009: 121~126.

[10] 杨雷. 不完全信息条件下的多指标群体决策方法 [J]. 系统工程理论与实践, Vol. 27, No. 3, 2007: 172~176.

[11] 樊治平, 张权. 一种不确定性多属性决策模型的改进 [J]. 系统工程理论与实践, Vol. 19, No. 12, 1999: 42~47.

[12] 张兴芳, 管恩瑞, 孟广武. 区间值模糊综合评判及其应用 [J]. 系统工程理论与实践, Vol. 21, No. 12, 2001: 81~84.

[13] 万树平. 基于心态指标的区间型多属性决策方法 [J]. 系统工程, Vol. 26, No. 8, 2008: 108~111.

[14] Facchinetti G., Ricci R. G., Muzzioli S. Note on Ranking Fuzzy Triangular Numbers [J]. International Journal of Intelligent Systems, Vol. 13, 1998: 613~622.

[15] 徐泽水. 不确定多属性决策方法及应用 [M]. 北京: 清华大学出版社, 2004.

一种改进的基于不可分样本风险决策规则的 SVM

张雪梅[1]　杨力[2]

（1. 阜阳师范学院经济与商业学院）

（2. 安徽理工大学经济与管理学院）

摘要：支持向量机（SVM）是基于结构风险最小化的分类判别方法，对于非线性不可分的二分类样本，需要在最大间隔和错误分类之间做出折中选择。为了使 SVM 具有很好的泛化能力，本文提出了一种改进的基于不可分样本风险决策规则的 SVM 分类方法。先将 SVM 的输出转化为属于不同类的后验概率，对于落在两个支持向量面之间的点，利用经验风险最小化的风险决策规则进行分类预测。仿真结果显示，改进的 SVM 方法在两类比较容易分离的情况下，显著优于传统的 SVM，在其他情况下，其分类效果不比传统的 SVM 差。

关键词：支持向量机；判别规则；风险决策

An improved SVM based on risk deciding rules of impartibility sample

Zhang Xuemei [1], Yang Li [2]

（E – mail：xmz@ mail. ustc. edu. cn, y321212@ 163. com）

（1. School of Economics and Business, Fuyang Teachers College）

（2 . School of Economics and Management, Anhui University of Science & Technology）

Abstract：Support Vector Machines (SVM) is a classification discriminated method based on Structural Risk Minimum (SRM), for nonlinear and inseparable binary data, it needs to select between maximum the margin and wrong classification. In order to guarantee the SVM for good performance of generalization for learning algorithms, this paper puts forward an improved SVM based on risk deciding rules of inseparable sample points. The improved SVM transforms the outputs of the SVM to the posterior probability of the sample points belonging to the different classifiers, for the sample points between the two support hyperplanes, it uses the risk deciding rules of the Empirical Risk Minimum (ERM) to classify and forecast. Emulation results show that the improved SVM is better than the traditional SVM remarkably when the two classifiers are easy to separate, in other condition, its classified effect is not worse than the traditional SVM.

Key words：Support Vector Machines (SVM); discriminated rule; risk deciding

1 前言

支持向量机（Support Vector Machines, SVM）是基于统计学习的机器学习方法，通过寻求结构风险最小化，根据有限样本信息在模型的复杂性和学习能力之间寻求最佳折中，实现经验风险和置信范围的最小化，从而在统计样本量较小的情况下获得良好的统计规律和更好的泛化能力。对于非线性的数据通过核函数映射到高维空间，对于不可分的数据，采取了惩罚参数来限制支持向量面之间的点。

对于 SVM 的相关研究很多，有些是从最优参数的选择来研究[1,2]，有些是将其扩展到多类的分类问题[3,4]。后来发展到将 SVM 中的不等式约束转化为等式约束就产生了最小二乘支持向量机（LS – SVM）[5,6]，将样本数据用模糊集合表示就产生了模糊支持向量机（Fuzzy SVM）[7]。但是，对于样本中的不可分区域，从数据特性本身出发来研究的文献很少。本文就针对两个支持向量面之间的样本不可分区域，将支持向量机的输出转化为样本点属于不同类的后验概率，根据经验风险最小化的风险决策准则计算出概率阈值，然后制定不同的分类规则来改善传统支持向量机的分类效果。

当样本点是非线性的且不可分时，引入核函数和惩罚参数，当惩罚参数较小时，支持向量机具有很好的泛化能力，但会带来分类正确率的下降。针对这样的问题，本文在保持 SVM 具有很好泛化能力的同时，根据落入两个支持向量面之间的样本点的分布特性，将支持向量机的输出转化为属于不同类的概率，利用经验风险最小化求出最优概率阈值，然后将两支持向量面之间的区域分成几个区间，对不同的区间采取相应的分类规则，它是一种基于风险决策规则的改进的支持向量机分类方法，简记为：

RD – SVM（Risk Diciding – Support Vector Machines）。它既具有很好的泛化能力，也具有较高的分类正确率。

2 基于不可分样本风险决策规则的改进 SVM

传统的 SVM 直接以超平面将样本点分为两类，它对于分布在超平面附近的点特别敏感，特别是支持向量面之间的样本点，这两个支持向量面之间的区域是样本点的不可分区域，SVM 的错分主要是发生在这个区域，从而影响 SVM 的分类的效果。针对这样的问题，本文提出了一种改进的基于不可分样本风险决策规则的支持向量机，通过经验风险最小化的风险决策准则求出最优的分类概率阈值，然后和超平面结合，将两个支持向量面之间的区域分为四个区间，针对落入这些区间的训练样本，分别计算其正负类的区间数目，然后按照不同的判别规则进行分类预测。

2.1 RD – SVM 的分类判别规则

RD – SVM 的主要思想是利用传统的支持向量机对样本进行训练，对于落在两个支持向量面以外的点依然按照传统的 SVM 规则进行判别分类，对于落在两个支持向量面之间的点采取下面给出的 RD – SVM 规则。因此，首先输入支持向量机的参数，对训练样本进行训练，就会得出最优的分类超平面、分类决策函数以及样本点到分类超平面的相对距离。然后计算测试样本到分类超平面的相对距离，按照下面的规则进行判别分类。

假设给定一个测试样本 x_0，其中 x_0 是一个 s 维向量，s 表示选择出来的属性数，可以得到 $f(x_0)$[8]，根据 $f(x_0)$ 的函数值，有以下分类判别规则：

If $f(x_0) \geqslant 1$，then $y_i = +1$，该数据 x_0 属于

正类；

If $f(x_0) \leqslant -1$，then $y_i = -1$，该数据 x_0 属于负类；

If $-1 < f(x_0) < 1$，then $y_i = -1$ 的概率为 λ_2，$y_i = +1$ 的概率为 λ_1，并且 $\lambda_1 + \lambda_2 = 1$，$0 \leqslant \lambda_1 < 1$[11]。

其中[12]，

$$\lambda_1 = \begin{cases} f(x_0) & 0 \leqslant f(x_0) < 1 \\ 1 + f(x_0) & -1 < f(x_0) < 0 \end{cases} \tag{1}$$

$$\lambda_2 = \begin{cases} 1 - f(x_0) & 0 \leqslant f(x_0) < 1 \\ |f(x_0)| & -1 < f(x_0) < 0 \end{cases} \tag{2}$$

两个支持向量面之间的区域是样本的不可分区域，而分布在这个区域的样本点对支持向量机分类的效果影响很大，本文主要针对这个区域给出判别分类的规则。

与文献 [9] 和文献 [10] 类似，首先将两个支持向量面之间的区域分为四个区间，即，区域 I_1：区间 $[\lambda_0^*, 1)$，区域 I_2：区间 $[0, \lambda_0^*)$，区域 I_3：区间 $[-\lambda_0^*, 0)$，区域 I_4：区间 $(-1, -\lambda_0^*)$。其中，λ_0^* 是根据经验风险最小化的风险决策准则得出的最优概率阈值，后面会给出求解的方法。

然后，计算训练样本中每组的正类和负类在各个区域中的数目，记为：n_{ij}，其中，n 表示样本数，$i = 1$ 时表示正类，$i = 2$ 时表示负类，$j = 1,2,3,4$ 分别表示 4 个区间。

当 $-1 < f(x_0) < 1$ 时，有以下的分类判别规则：

$$y = \begin{cases} 1 \, \text{if} \ (f \ (x_0) \ \in I_j) \ \& \ (n_{1j} \geqslant n_{2j}) \\ -1 \, \text{if} \ (f \ (x_0) \ \in I_j) \ \& \ (n_{1j} \geqslant n_{2j}) \end{cases}$$

$j = 1,2,3,4$。

2.2 最优概率阈值 λ_0^* 的计算

对于全部的区域样本点按照以上规则进行分类会出现两类错误；第一类错误是本来属于负类（图 1 中的圆号表示）的数据被判别为正类（图 1 中的星号表示）；第二类错误是本来属于正类的数据被判别为负类。在区间 $[1, +\infty)$ 上会出现第一类错误，在区间 $[\lambda_0, 1)$、$[0, \lambda_0)$、$[-\lambda_0, 0)$ 和 $(-1, -\lambda_0)$ 上会出现第一类错误和第二类错误，在区间 $(-\infty, -1]$ 上会出现第二类错误。如图 1 所示。

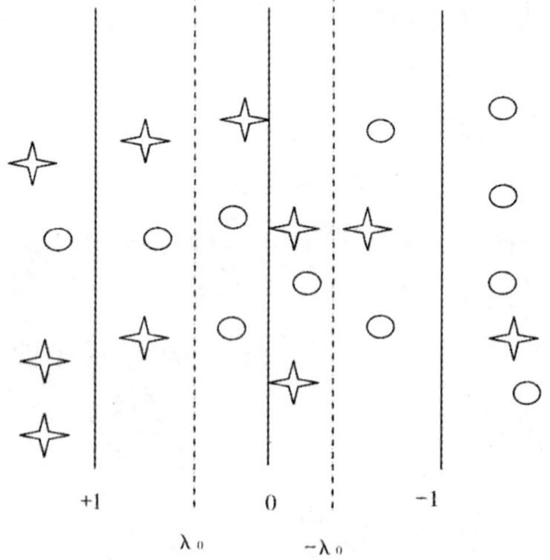

图 1 支持向量机中各区间的分类错误类型

图 1 说明了对于不可分样本，不同类的样本点可能分布在不同的区间，利用 SVM 分类规则进行分类，在不同的区间就会产生不同类型的分类错误。

在支持向量机训练的过程中，区间 $[1, +\infty)$ 上的第一类错误和区间 $(-\infty, -1]$ 上的第二类错误几乎为零，为了分析的简便，此时忽略不计。本文中主要考虑的是不可分样本点，即，处于两个支持向量面之间的样本点的分类问题，因为越靠近分类超平面的点，对误判的错误率影响越大。

在分类中第一类错误出现的概率为：$\lambda_1 \cdot \Pr(\lambda_1 < \lambda_0)$，第二类错误出现的概率为：$(1 - \lambda_1) \cdot \Pr(\lambda_1 \geqslant \lambda_0)$[11]。

假设 $F(\cdot)$ 是其出现概率的分布函数，$f(\cdot)$ 是其出现概率的密度函数，则两类错误的期望值分别为：

$$E_1(\lambda_0) = F(\lambda_0) \cdot \int_0^{\lambda 0} \lambda_1 f(\lambda_1) d\lambda_1 \qquad (3)$$

$$E_2(\lambda_0) = (1 - F(\lambda_0)) \cdot \int_{\lambda_0}^1 (1 - \lambda_1) f(\lambda_1) d\lambda_1 \qquad (4)$$

为了分析的方便，假设上面定义的不可分样本点属于正类的概率 λ_1 服从区间 $[0,1]$ 上的均匀分布，其

密度函数为：$f(x) = \begin{cases} 1, & 0 < x < 1 \\ 0, & 其他 \end{cases} \qquad (5)$

分布函数为：$F(x) = \begin{cases} 0, & x < 0 \\ x, & 0 \leq x < 1 \\ 1, & x \geq 1 \end{cases} \qquad (6)$

由于概率值 $\lambda_1 \in [0,1)$，令 $F(1) = 1$，$F(0) = 0$。

经验风险最小化的风险决策准则即误判期望值最小化，相应的优化模型为：

$$\min_{\lambda_0} E(\lambda_0) = E_1(\lambda_0) + E_2(\lambda_0)$$

$$= F(\lambda_0) \int_0^{\lambda 0} \lambda_1 f(\lambda_1) d\lambda_1 + (1 - F(\lambda_0)) \int_{\lambda_0}^1 (1 - \lambda_1) f(\lambda_1) d\lambda_1$$

$$s.t. \quad 0 \leq \lambda_0 < 1 \qquad (7)$$

将式（5）和式（6）代入优化模型（7）可得：

$$\min_{\lambda_0} E(\lambda_0) = 3(\lambda_0)^2 - 3\lambda_0 + 1 \qquad (8)$$

解优化模型得：最优概率阈值 $\lambda_0^* = 0.5$，期望误判率 $E^*(\lambda_0^*) = 0.25$。

2.3 RD – SVM 判别规则的适用范围

由于 RD – SVM 是针对不可分样本的分类规则，因此，定义一个样本集中正类和负类在不可分区域中各个区间所占的百分比，用 p_{ij} 表示，$i = 1$ 表示正类，$i = 2$ 表示负类，$j = 1,2,3,4$ 分别表示 4 个区间。

定义 $p_{ij} = \dfrac{n_{ij}}{\sum_{k=1}^4 n_{ik}}$，

式中，$i = 1,2$，$j = 1,2,3,4$，n_{ij} 表示第 i 在

第 j 区域的样本数目，其定义如前。

用 $p_i(j^*)$ 表示第 i 类中大样本数在区域 j^* 中最多，其定义如下：

$$p_1(j^*) = \max_j\{p_{1j}\}, \ j = 1,2,3,4,$$

$$p_2(k^*) = \max_k\{p_{2k}\}, \ k = 1,2,3,4。$$

如果 $p_1(j^*) \geq 90\%$ and $p_2(k^*) \geq 90\%$ and $j^* = k^*$，则说明两类样本点的大部分都落入同一个区域，在这种情况下，RD – SVM 判别规则并不能改进 SVM 判别规则的分类效果，这不是 RD – SVM 的适用范围。

如果 $p_1(j^*) \geq 70\%$ and $p_2(k^*) \geq 70\%$ and $j^* \neq k^*$，则说明两类样本点较容易分离，本文提出的 RD – SVM 规则主要适用于此情况。

如果 $p_1(j) > p_2(j)$ 或者 $p_1(j) < p_2(j)$，说明每个区域内以一类样本为主，当它们之间的差值越大时，使用 RD – SVM 判别规则进行分类的效果就明显优于 SVM 判别规则的分类效果。

3 数值仿真分析

为了分析 RD – SVM 方法的有效性以及该判别规则的适用范围，下面对于 5 个数据集[12]分别采取 RD – SVM 和 SVM 判别规则进行分类，每个数据集中都包括了 100 组训练样本和 100 组测试样本。假设两个支持向量面之间的点服从区间 $[0,1]$ 上的均匀分布，计算出来的最优概率阈值 $\lambda_0^* = 0.5$。在 RD – SVM 和 SVM 中都采用径向基函数，即 $K(x,y) = \exp(-\gamma \| x - y \|^2)$，参数 $\gamma = 1$，为了使支持向量机具有很好的泛化能力且与 SVM 进行比较，令 SVM 中的惩罚参数 $C = 0.1$。采用 matlab 6.5.1 对数据进行支持向量机的训练分类，通过 100 组的试验计算其平均分类错误率。

分别计算各个数据集的训练样本和测试样本的 100 组数据中的正类和负类在不同区间的平均数目，结果如表 1 和表 2 所示。

表 1　不同区域内的不同类的训练样本数目

	Diabetis	German	Heart	Thyroid	Titanic
$Avern_{11}$	0	0	0.86	0	5.37
$Avern_{21}$	0	0	0.84	0	0.14
$Avern_{12}$	0	0	0	19.88	12.9
$Avern_{22}$	0	0	0	0	2.96
$Avern_{13}$	129.99	162.91	0	22.66	9.15
$Avern_{23}$	4.17	0	0	28.78	11.39
$Avern_{14}$	33.68	47.63	74.74	0.15	19.33
$Avern_{24}$	300.16	489.46	93.56	68.53	80.99

表 2　不同区域内的不同类的测试样本数目

	Diabetis	German	Heart	Thyroid	Titanic
$Avern_{11}$	0	0	0.34	0	56.63
$Avern_{21}$	0	0	0.66	0	2.06
$Avern_{12}$	0	0	0	4.75	164.72
$Avern_{22}$	0	0	0	0.03	53.61
$Avern_{13}$	24.44	0.26	0	17.39	132.22
$Avern_{23}$	21.19	0.03	0	19.53	167.47
$Avern_{14}$	79.89	89.2	44.06	0.17	284.87
$Avern_{24}$	174.48	210.51	54.94	33.13	1089.37

表中 $Avern_{ij}$ 表示 100 组样本中第 i 类落入第 j 区间的平均数目，$i = 1,2$，$j = 1,2,3,4$。

从表 1 和表 2 中的不可分样本点的分布区域来看，训练样本和测试样本有很大的相关性，分布的区域基本相同。在 $C = 0.1$ 的情况下，所选取的 8 个基准数据集中，有的数据集的训练样本和测试样本落在了超平面的一侧，有的落在了超平面的两侧，它们的分布不同，采取本文提出的基于经验风险最小化的风险决策规则（RD - SVM）进行分类判别，分类的效果也不相同。

从表 1 和表 2 可以看出，数据集 Heart 的训练样本和测试样本的 95% 以上的点都落在了同一个区域，正类和负类不易分离开，这两个数据集不满足 RD - SVM 判别分类规则的适用范围，用基于经验风险最小化的风险决策规则（RD - SVM）进行分类，并不能改进传统 SVM 的分类效果。数据集 Thyroid 和 Titanic 的训练样

本和测试样本在每个区域中的分布，都是以一类样本为主，两类较容易分开，使用 RD - SVM 进行分类的效果应该明显优于 SVM 的分类效果。下面通过计算这 5 个数据集中 100 组样本点的平均分类错误率来验证 RD - SVM 的分类效果以及适用范围。

利用 RD - SVM 对 5 个基准数据集进行分类预测，其平均分类错误率与传统 SVM 比较的结果以及成对 t 检验的结果如表 3 所示。

表 3　RD - SVM 和 SVM 平均分类错误率的比较

	RD - SVM (%)	SVM(%)	改进率(%)	T 统计量	显著性
Diabetis	33.69	34.78	3.13	2.234	0.028 < 0.05
German	29.74	29.82	0.27	5.438	0.000 < 0.05
Heart	44.72	44.72	0	—	—
Thyroid	5.36	23.45	77.14	14.912	0.000 < 0.05
Titanic	23.17	24.24	4.41	4.177	0.000 < 0.05

其中，

改进率(%)

$$= \frac{SVM \text{ 的分类错误率} - RD - SVM \text{ 的分类错误率}}{SVM \text{ 的分类错误率}} \times 100\%$$

从表 3 可以看出，对数据集 Heart 和数据集 waveform 使用 RD - SVM 进行分类并没有改进传统 SVM 的分类效果，对于其他的数据集，RD - SVM 的分类判别规则比 SVM 的分类判别规则有显著性的改进（$\alpha = 0.05$）。通过对比表 1、表 2 和表 3 可以看出，在每个区域内，某一类（正类或负类）占多数的情况下，即一个区域内两类的数目之比远离 1 时，离 1 越远，分类效果越好，如数据集 Thyroid 和 Titanic。

本文提出的 RD - SVM 主要针对不可分样本的分类预测，当惩罚参数 C 越大时，两个支持向量面之间的不可分区域就越小，即两类样本越容易分开，此时就体现不出来 RD - SVM 分类规则的优越性。当参数 C 越小时，两个支持向量面之间的间隔越大，支持向量机具有很好的泛化能

力,但两个支持向量面之间的点较多,在这种情况下就可以使用本文提出的 RD - SVM 分类判别规则进行分类。

4 结论

传统的 SVM 分类规则只利用了少数样本点(支持向量)来建立支持向量面,从而确定最优的分类超平面进行分类预测,它对超平面附近的点特别敏感,错误分类的点经常就是发生在两类样本交叠的不可分区域,它还必须在最大间隔和最小错误分类率之间做出折衷选择。本文针对两个支持向量面之间的不可分区域的样本点,将支持向量机的输出转化为属于不同类的后验概率,利用经验风险最小化的风险决策规则进行分类判别(RD - SVM)。这种 RD - SVM 规则仅对较易分离的数据集分类效果较好,特别是每个区域内一类样本点占多数的情况下,RD - SVM 判别规则显著优于 SVM 判别规则。最后利用基准数据集验证了 RD - SVM 的有效性以及适用范围。

根据不同数据集在两个支持向量面之间的样本点的支持向量机输出值转化的后验概率值的分布情况,估计其概率密度函数和分布函数,然后计算出最优的概率阈值进行分类是可以进一步考虑的问题。

本文主要研究了二分类问题,而对于现实中的更加复杂的多分类问题,可以使用 SVM 与其他分类预测方法(如决策树、Logistic 回归、KNN 等)相结合进行分类,这在以后的研究中将是重点考虑的问题,使得分类规则更加适用于现实情况。

参考文献

[1]J. H. Min and Y. C. Lee. Bankruptcy prediction using support vector machine with optimal choice of kernel function parameters [J]. Expert Systems with Applications, Vol. 28, No. 4, 2005: 603 ~ 614.

[2]E. Avci. Selecting of the optimal feature subset and kernel parameters in digital modulation classification by using hybrid genetic algorithm - support vector machines [J]. Expert Systems with Applications, Vol. 36, No. 2, 2009: 1391 ~ 1402.

[3]C. W. Hsu and C. J. Lin. A comparison of methods for multiclass support vector machines [J]. IEEE Transactions on Neural Networks, Vol. 2, 2002: 415 ~ 425.

[4]A. Navia - Vazquez. Compact multi - class support vector machine [J]. Neurocoputing, Vol. 71, No. 1 - 3, 2007: 400 ~ 405.

[5]X. D. Wang, W. F. Liang, X. S. Cai, etc. Application of adaptive least square support vector machines in nonlinear system identification [J]. Proceeding of the 6th World Congress on Intelligent Control and Automation, 2006: 1897 ~ 1900.

[6]S. X. Lu and X. Z. Wang. A comparison among four SVM classification methods: LSVM, NLSVM, SSVM and NSVM [J]. Proceeding of the Third International Conference on Machine Learning and Cybernetics, 2004: 4277 ~ 4282.

[7]H. B. Liu, S. W. Xiong. Fuzzy support vector machines based on density clustering [J]. IEEE International Conference on Control and Automation, 2007: 784 ~ 787.

[8]V. N. Vapnik. The nature of statistical learning theory [M]. Springer, 1995.

[9]Z. S. Hua. B. Zhang. J. Yang and D. S. Tan. A new approach of forecasting intermittent demand for spare parts inventories in the process industries [J]. Journal of the Operational Research Society, Vol. 58, 2007: 52 ~ 61.

[10]Z. S. Hua. Y. Wang. X. Y. Xu. B. Zhang and L. Liang. Predicting corporate financial distress based on integration of support vector machines and logistic regression [J]. Expert Systems with Application, Vol. 33, No. 2, 2007: 434 ~ 440.

[11]Z. S. Hua. S. J. Li and Z. Tao. A rule - based risk decision - making approach and its application in China's customs inspection decision [J]. Journal of the Operational Research Society, vol. 57, 2006: 1313 ~ 1322.

[12] http://ida. first. fhg. de/projects/bench/benchmarks. htm.

药品安全风险管理信息整合的途径与方法研究

王广平　杨依晗

（上海市食品药品监督管理局科技情报研究所）

摘要：目前我国政府转变政府职能，以电子监管为主要手段，积极适应国际信息化新形势发展要求，有必要对药品安全风险管理信息整合的理论与方法进行分析和研究。基于当前药品风险管理的迫切需求、药品安全电子监管的现状分析和药品安全风险管理信息的各种元素及其关联性问题探讨，本文提出了基于信息整合的药品安全风险管理的途径与方法。

关键词：药品；风险管理；信息整合；信息共享；电子监管

Study on the Mechanism of Drug Risk Management Basing on the Process of Information Sharing and Synthesizing

Wang Guangping, Yang Yihan

（Scientific and Technical Information Institute of Shanghai Municipal Food and Drug Administration）

Abstract：Now Chinese government is transforming the governmental functions actively, and caters to international information developing situations basing on the electronic supervision method. So it is necessary to research and develop the theory and mechanism of Drug Risk Management (DRM). Basing on the need urgently of DRM, status of the pharmaceutical electronic supervision, analysis of the DRM various information elements and the mutual relationships each other, the paper study the mechanism of DRM basing on the process of information sharing and synthesizing.

Keywords：drug；risk management；information synthesizing；information sharing；electronic supervision

1　引言

面对知识经济和信息社会的到来，各国政府都在思考自身的变革问题，药品安全风险管理的信息整合方式提升了政府管理的有效性。我国与世界范围内的政府信息化和信息共享的大趋势相比较，存在着明显的不足，需要借助信息化手段转变职能和加强监管。我国政府出台的信息化政策均提出了信息共享和信息整合的相关策略，例如《国务院关于整顿和规范市场经济秩序的决定》指出："已经建成的电子监管系统要尽快实现全国联网，并加快相关部门之间的网络互联，实现监管信息交流和共享"；《国家国民经济和社会发展纲要》（2006～2020）

"支持现代服务业信息支撑技术及大型应用软件研究与推广";《国家中长期科学和技术发展规划纲要》(2006～2020)指出"加强部门之间、地方之间、部门与地方之间的统筹协调"。2010年5月,《关于基本药物进行全品种电子监管工作的通知》将药品安全风险管理带上一个新台阶,对药品安全风险管理信息整合问题进行深入研究,将促进我国药品安全监管工作的顺利开展。

2 我国药品安全风险管理的现状分析

药品安全风险的信息管理是技术创新和制度变迁相结合的产物。国内外药品风险管理实践和药品安全电子监管的现状的双重要求,促使我国药品安全风险的信息管理成为必然,实现网络环境下的政府监管职能。

2.1 药品风险管理是时代需求

药品风险是指药品在预防、诊断和治疗疾病的同时,可能造成对患者的伤害。在药品的研制、生产、流通和使用过程中都存在着影响药品质量的诸多风险因素。近几年来,随着我国医药产业的迅速发展壮大,技术创新成为提高企业竞争力的主题,新药不断推陈出新,然而药品在治病救人同时也产生了一些严重的不良反应。据世界卫生组织(WHO)的统计,世界各国住院患者发生药品不良反应的比率在10%～20%,其中有5%的患者因严重的药品不良反应致死。在全世界死亡的病人中,药品不良反应致死已占社会人口死因的第四位。以此推断,我国每年约250万住院病人出现药物不良反应,而死于药物不良反应的每年约近20万人,药品安全风险管理的政府监管任重而道远。

20世纪国外的重大药害事件频频出现,触目惊心。40～70年代美国使用黄体酮、非那西丁、三苯乙醇和乙烯雌酚造成严重的药品不良反

应;60年代法国使用二碘二乙基造成患者视神经中毒、失明、中毒性脑炎270人;1950～1962年欧洲使用反应停致畸12000多人;1965～1972年日本使用氯碘奎引起患者亚急性脊髓视神经痛综合征(SMON)7865人,死亡394人;等等。进入21世纪以来,国内出现的"齐二药"、"欣弗"和"甲氨喋呤"等重大药害事件,引起广大民众的普遍关注,对我国医疗卫生体制改革进程增加了困难和提出反思。

2.2 药品安全电子监管的现状

风险管理是一门研究风险发生规律和风险控制技术的管理科学,是人们对风险进行识别、分析、估计和处理的过程。针对风险管理的社会需求,美国FDA出台了Mini - Sentinel风险管理信息整合的行动计划。

我国现行的行政管理体制,由于计划体制历史原因客观上造成了政出多门、分工不合理等现象。政府之间的横向信息共享难度远大于纵向信息共享。政府掌握了80%以上的信息资源,包括市场信息、服务信息,政府横向信息共享不通畅,造成了对市场主体监管力度不够。依据2010年《关于基本药物进行全品种电子监管工作的通知》提出的"国家基本药物全品种电子监管实施工作由局信息办牵头,统一组织具体实施工作",也只是从药监系统自身进行的电子监管,未能实现电子监管对药品安全的风险控制。

我国政府信息公开制度建立于2007年4月,此前我国在药品安全风险管理方面缺乏相应的法规和制度。信息社会发展初期,由于缺乏对政府信息资源的统一规划和管理,导致政府各部门各自为政或重复采集信息[1]。目前,我国政府信息资源的开发利用一般都按政府部门业务条块进行,政府部门之间缺乏横向信息共享进行组织协调;同时政府各部门纵向信息自成体系,客

观上导致信息资源共享困难,限制了药品安全电子监管的进程和效果。

2008 年,国家药监部门颁发《关于实施药品电子监管工作有关问题的通知》提出"在全国范围内实现对血液制品、疫苗、中药注射剂及第二类精神药品等重点药品的生产、经营情况实施电子监管",以及 2010 年《关于基本药物进行全品种电子监管工作的通知》要求"经营国家基本药物目录中药品的批发企业,必须在 2011 年 3 月 31 日前加入药品电子监管网"。因而,我国药品电子监管工作已经全面铺开,采用电子化手段保障人民用药安全已经迫在眉睫。

3 我国药品安全风险信息管理的元素分析

药品安全风险信息管理是实现政府监管目标的基础和条件,基于风险管理的规制理念,以产品信息为信息流,强化政府横向信息共享的协调工作,从而实现整个社会信息资源优化配置,促进政府电子监管职能的实施。

3.1 药品风险信息管理的阐述

风险管理思想起源于中世纪的欧洲,发展于 20 世纪的美国。由于风险研究总是在保险部门进行,风险管理的研究就局限于少数部门和行业。1930 年,所罗门·许布纳博士第一次正式提出了风险管理概念[2]。

药品风险管理是一系列药物警戒行动和干预,旨在识别、预防和减少药品相关风险[3]。美国 FDA 将药品风险管理解释为:在药品生命周期内,一个反复持续的管理过程被设计用于优化药品的风险/效益比。欧盟将药品风险管理解释为一系列的预警活动和干预被设计用于确认、描述和阻止或最小化药品的相关风险。药品风险管理是通过药品安全性监测,在不同环境下对药品风险进行识别、分析和综合性评价,并在此基础上优化组合各种风险管理技术,对风险实施有效的控制和妥善处理风险所致损失的后果,期望达到将药品安全风险降至最低的目标。

20 世纪 90 年代,美国首先在药品领域引入了风险管理的思想,当重点主要是药品上市后监测和风险评估方面。1999 年 5 月,美国 FDA 出台了药品风险管理的框架;2002 年,FDA 成立了药品安全办公室(ODS),将其作为药品风险管理机构;2007 年,FDA 提出 Sentinel Initiative(主动性前哨)的风险预警信息整合的设计理念。1992 年,欧盟制定的药品管理法,规定了欧盟委员会、欧盟药品评价委员会和各个成员国相关机构的职能,尤其是药品风险管理的职能;2005 年 9 月,欧盟出台了关于药品风险管理的两个核心文件,即"促进欧盟实施风险管理策略报告"和"人用药品风险管理制度指南"。我国的药品风险管理可以分为两个阶段:药品上市前和药品上市后的风险管理。上市前风险管理主要依赖于药品上市前评价与审批的管理,对其进行安全有效性和利益——风险分析后方可被批准上市。药品上市后风险管理采取的措施主要有以下几种:修改药品说明书、限制药品使用范围、撤销批准文号或者进口药品注册证书、通报违法药品广告、进行质量抽验和药品追溯召回。

3.2 药品风险信息管理的组成元素

药品风险管理制度既是一种思维,又是由一系列制度单元(元素)所构成,即包括预警报告制度、应急处理制度和保障救济制度,三项制度组合成一项药品风险管理体系,涉及了药品安全风险管理的事前、事中和事后。

预警报告制度(元素):涉及 ADR、药品审评和再评价的信息,医疗保险信息、医院 PACS(影像传输归档信息系统）、社会医疗服务信息等。

应急处理制度（元素）：基于政务信息共享机制，根据企业 ERP、招标采购系统、物流配送系统、电子监管系统/追溯追踪系统对产品进行应急处理。

保障救济制度（元素）：根据电子政务、政务信息共享机制，整合信息系统；基于政务信息共享机制，对药品风险事后的责任追究、保障救济，发挥政府公共管理职能。

信息沟通制度（元素）：基于风险管理信息整合的机制，构建良好的风险管理信息沟通制度，将有效促进风险管理信息整合机制的建立。

从风险管理的流程来看，风险的识别、预测和处理是风险管理的主要步骤。由于药品风险的危害特殊，风险的沟通贯穿药品风险管理始终（见图1）。

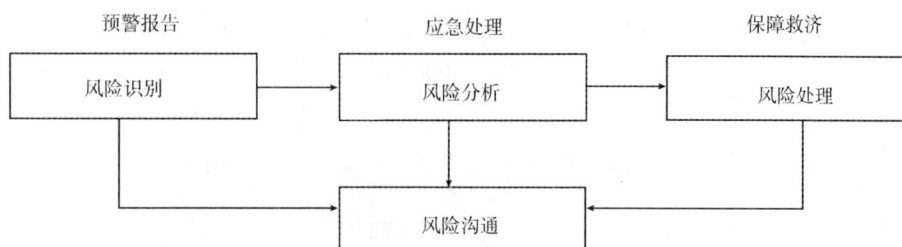

图1　药品安全风险管理的主要步骤

3.3　药品风险信息管理的关联性

一般而言，对药品安全的风险管理，首先获得的是存在风险的产品，监管部门和企业对产品信息进行追溯和召回（应急管理）、对市场主体进行追查（保障救济）。风险信号的设计和预警报告是风险识别的主要内容。基于发生药品风险管理的实践经验，对涉及药品安全信息的整合与开发，例如 ADR、药品审评和再评价、医疗保险、医院 PACS 和社会医疗服务信息，然后对未发生的药品风险进行预警设计（风险信号），药品信息起到了基础性作用。

以应急管理为内容的风险分析，主要涉及的是风险管理信息资源的整合问题。药品安全风险信息资源的组成元素，即企业与企业、企业与政府、政府与政府之间的信息，需要进行整合和综合集成；药品安全风险信息资源应该进行重新组合和优化，形成风险管理信息的元素，从而服务于政府监管决策和凸显电子监管效果。信息资源可重新组合为：法律和政策信息、行政执法和许可信息等，这些信息是政府内部的工作信息；企业的资质证明信息，包括营业执照、税务登记号、生产许可号、知识产权号等，主要是企业的市场准入资质证明，这部分信息分散在政府各个主管部门；企业的产品信息，主要包括名称、规格、数量、供货商及其联系方式、进货时间等，反映了企业对产品的追溯、追踪和召回能力。

政府内部的工作信息、企业的资质证明信息和企业的产品信息，三者组成了风险管理信息资源整合主要元素（见表1）。企业的产品质量、购销信息服务于消费者，政府作为公共事务管理者，肩负着促进产业经济发展和保障人民生命财产安全的责任，因而产品质量问题是消费者和政府共同关注的问题；监管部门根据与企业产品质量的相关信息，沿着产品的购销信息并逆物流方向，追溯和追踪与产品质量问题相关的市场主体，以追究其生产经营责任。在追溯和追踪与产品质量问题相关市场主体必须是政府与政府之间的信息共享问题,即企业的资质证明信息的共享问题。政府内部的工作信息,是企业的资质证明信息和企业的产品信息能否很好传递和及时

控制风险的基础性条件;企业根据政府内部的工作信息,及时提高生产和经营质量,以符合国家颁布的法律法规和技术规范等。

表 1 药品安全风险管理信息组成元素的关联性

信息元素		内涵	信息整合的主体	药品安全监管作用
药品安全信息		ADR、质量监督信息、医保信息、医院 PACS 息、社会医疗服务信息	药品监测部门、社会团体、政府征用信息	事前信息整合、居于风险识别前段
政府内部信息（纵向信息）		法律和政策信息、行政执法和许可信息	政府各监管部门	事前信息传递、居于风险控制中段
企业资质信息（横向信息）		营业执照、税务登记号、生产许可号、知识产权号	中央或地方政府	事前信息整合、居于风险控制中段
企业产品信息	质量	名称、规格、数量、供货商、进货时间	企业追溯和召回	事后信息追溯、居于风险控制后段
	购销	名称、规格、数量、供货商及联系方式、进货时间	企业追溯和召回政府征用信息	事后信息追溯、居于风险控制后段

4 药品安全风险管理信息的综合集成研究

面对药品安全风险管理信息的各种元素及其关联性问题,必须在风险管理信息整合进程中实现电子政务的引导机制,促进企业信息化与政府公共管理职能完美结合,促进政府信息公开和行政执法效率的提高。

4.1 药品安全风险管理的信息元素分析

药品安全风险管理信息整合问题,涉及了企业与企业、企业与政府、政府与政府、政府与社会团体等之间信息管理和知识管理的手段与方法,是实现药品安全风险管理信息整合机制的基础条件(见图 2)。从国家职能角度来看,国家是在暴力方面有比较优势的组织,因而政府往往拥有对企业信息进行征用和使用的权力,而政府自身也在加强公共管理事务的能力,例如颁布一系列与政务信息公开和电子政务建设相关的法律政

策,促进药品安全风险管理信息整合资源共享的空间和范围。

从药品安全风险管理信息共享角度来看,企业与企业之间信息共享是以 BPR(业务流程重组)为先导,拆除职能管理的藩篱,以产品信息为信息流,把 MRP – Ⅱ、ERP、SCM、CRM 等企业信息系统(MIS)整合起来,建立企业信息化水平的综合集成管理信息系统(MMIS),对整个组织的不同职能部门、不同管理层面实行“全面负责”。

从政府与政府之间信息共享角度来看,基于公共事务管理思想,通过对政务信息系统优化整合,提高企业对政务信息的利用效率,降低企业获得政务信息的成本,提高政府的公共管理效率,促进政府规制行为,提高其监管效果;同时,强化政府横向信息共享的协调、整合和综合集成,是实现电子监管的基础和条件。

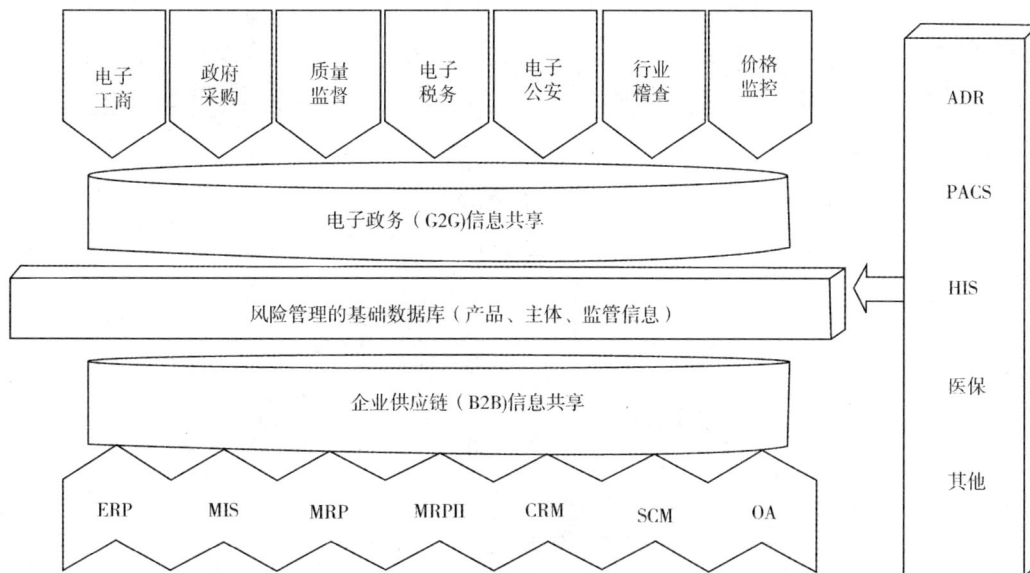

图2 药品安全风险管理的信息元素

从政府与企业之间信息共享角度来看,政府基于风险管理的规制理念,实现政府监管部门之间的电子政务横向信息整合,并对企业信息资源进行征用和管理,引导和激励企业对自身信息资源的共享和管理。

4.2 药品安全风险管理信息整合的设计

药品安全风险管理过程实质上就是信息整合、信息流传递的过程。企业在产品出厂前将产品信息通过风险管理信息系统,传递到政府设立的电子监管服务器上;服务器根据企业主体信息、产品管理信息库、法规和风险预警信息库的相关信息;接收企业对产品追溯召回的信息,并对照法规和风险预警信息库、企业资质信息、产品技术标准信息库等,对产品信息有偏差或异常的自动截留,进行信息的跟踪和追溯,紧急情况下责令企业启动产品的召回应急预案。行政执法和刑事侦查人员对截留下的产品信息进行分析,根据具体情况确定行政处罚或者刑事处罚。具体流程见图3。

构建基于国家层面的法律法规及风险预警等信息、企业资质证明信息的中央数据库,适用于对企业产品技术监督、对企业质量体系的行政监督。实现国家与地方政府法规与风险预警、企业资质证明信息等的数据同步,实现与药品安全风险管理的产品信息的交互。

4.3 药品安全风险信息管理的相关性策略

基于药品安全风险管理信息整合的电子监管策略,要遵循总体规划、指标规范、标准先行、信息共享、监管科学、安全可靠的方针,实行相关性策略推进药品安全风险信息管理。基于我国目前地域之间、行业之间经济发展不平衡的特点,实施药品安全风险管理信息整合要采取渐进式的策略。借助系统规划和业务流程优化思想,梳理部分业务流程,提取并识别数据类、数据元素,建立数据模型,最终实现信息的全面性和数据的规范性。

数据交换与共享接口标准、数据存储标准等,采取渐进式的策略,与系统开发进程同步进行,实现"速度与标准并重"。药品安全风险信息管理标准化建设要遵循电子监管系统建设的总体目标,参照现有相关的法律、法规、标准和规范,同时借鉴其他相关系统建设的经验,对监

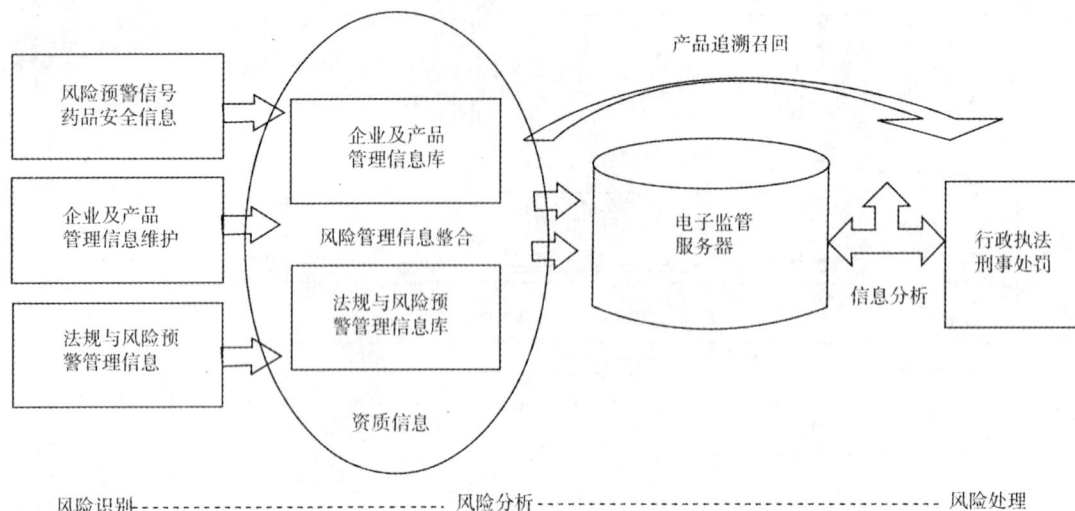

图 3 药品安全风险管理的电子监管总体流程图

管的现有业务术语、业务流程、业务文书及业务中用到的信息分类及编码进行梳理和规范。药品安全风险信息管理目的主要是对药品市场实行电子监管,首先获得的是存在风险的产品,监管部门和企业对产品信息进行追溯和召回(应急管理)、对市场主体进行追查(保障救济)。风险信号的设计和预警报告是风险识别的主要内容。

5 结语

基于现代网络信息技术的药品安全风险管理信息整合机制的构建,是网络社会和知识经济对政府部门提出的"政府工作流程再造"和制度创新的反映。信息通信技术发展带动了电子商务和电子政务的快速发展,电子稽查、视频监控、网络追踪和电子认证等对政府部门常规的监管工作提出了新的课题和发展方向。药品安全风险管理的信息资源共享、信息整合与优化配置,旨在为政府公共管理提供决策支持。

参考文献

[1]徐晓日.政府创新的信息化模式基于电子政务的政府运行机制转变[J].中国人民大学学报,2007(6):94~99.

[2]周亚,甘勇,温竹等.电子政务建设中信息共享的最优决策研究[J].北京师范大学学报(自然科学版),2007,43(6):684~688.

[3]李钢,汪寿阳,于刚等.供应链中牛鞭效应与信息共享的研究[M].长沙:湖南人学出版社,2006,6.

[4]马英娟.政府监管的理性选择—以"电子监管网事件"为中心[J].法学,2008(12):75~84.

[5]徐剑,黎东初.电子监管系统建设关键在于标准化[J].大众标准化,2008(8):40~42.

复合事元及其在非常规突发事件决策中的应用

崔丽　仲秋雁　郭艳敏

（大连理工大学管理科学与工程学院）

摘要：近年来各类非常规突发事件频繁发生，已经引起了社会和学界的广泛关注。本文利用可拓学中事元的性质及运算，为非常规突发事件的演进进行描述，并建立了复合事元灾害模型，便于为决策者快速认清事件发展态势，及时做出决策。同时以大连7·16油管爆炸事件为例，对其决策方案进行推理，证明了事元运用在非常规突发事件决策生成中的可行性，为非常规突发事件的决策提供了形式化方法的新思路。

关键词：事元；复合事元；非常规突发事件

Complex affair – element and Its Application in Making – decision of Unconventional Emergency

Cui Li, Zhong Qiuyan, Guo Yanmin

（E – mail：ayxc521@163.com, zhongqy@dlut.edu.cn , yanminguo@163.com）

（School of Management Science and Engineering, Dalian University of Technology, Dalian）

Abstract：In recent years, unconventional emergencies occur frequently, which has caused widespread concern in society and academia. This paper uses character and operation of affair – element to describe the evolution of unconventional emergency and establishes complex affair – element hazard model, which facilitates the decision – makers to understand the trend of events and make decisions as soon as possible. It also uses pipeline explosion case in Dalian as example to reason decision – making program, proves the feasibility of affair – element which is used in generation of unconventional emergency and provides the new tactics of formal methods for the making – decision of unconventional emergency.

Key words：affair – element；complex affair – element；unconventional emergency

1 前言

非常规突发事件是指前兆不充分，具有明显的复杂性特征和潜在次生衍生危害，破坏性严重，采用常规管理方式难以应对处置的突发事件[1]。非常规突发事件包含自然灾害、事故灾难、公共卫生事件和社会安全事件四大类。随着社会经济的快速发展，人类对周围环境的破坏不断加深，我国进入了一个非常规突发事件频繁发生的时期，特别是近几年，发生了多次规模庞大、破坏性严重的事件,极大地影响了社会的稳定和人民的生活。因此,维护社会健康持续发展,对非常规突发事件有效合理的决策已经成为迫切需要解决的问题。本文拟利用可拓学中的事元及其运算对大连 7·16 油管爆炸事件的演化及决策过程加以描述推理,提出非常规突发事件的决策方法和思路,并对今后的研究方向作出总结和展望。

2 相关知识

2.1 事元的概念[2]

事元是可拓学中描述事情的基本元,它是由动词、特征及相应的量值构成的三元组,记作

$$I = (动词, 特征, 量值) = (d, H, U)$$

由动词、动词的一个特征及相应的量值构成的一维三元组称为一维事元,简称事元。

由动词、动词的多个特征及相应的量值构成的 n 维三元组称为 n 维事元,记作

$$I = \begin{bmatrix} d, & h_1, & u_1 \\ & h_2, & u_u \\ & \vdots & \vdots \\ & h_n, & u_n \end{bmatrix} = (d, H, U)$$

其中,$h_i(i = 1, 2, \cdots, n)$是动词 d 的 n 个特征,$u_i(i = 1, 2, \cdots, n)$是相应的 n 个量值;$H = (h_1, h_2, \cdots, h_n)$,$U = (u_1, u_2, \cdots, u_n)$。

例如,$I = (写, 支配对, 作业)$是描述事情"写作业"的一维事元;

而

$$I = \begin{bmatrix} 写, & 支配对象, & 作业 \\ & 施动对象, & 小红 \\ & 时间, & 周六 \\ & 地点, & 家中 \end{bmatrix}$$

是描述"小红周六在家中写作业"这件事情的 n 维物元。

2.2 复合事元

事元中的量值可以是一般的数量量值或非数量量值,也可以是事物、事元或物元[3]。当事元中的量值是事元或物元时,称为复合事元[4]。

若事元 $I_1 = (d_1, h_1, u_1)$,$I_2 = (d_2, h_2, u_2)$,且量值 $u_1 = I_2 = (d_2, h_2, u_2)$时,称事元 $I_1 = (d_1, h_1, I_2)$为事元与事元的复合事元。

例如:"妈妈交代小红买菜"可表示为:

$$I_1 = \begin{bmatrix} 交代, & 支配对象, & I_2 \\ & 施动对象, & 妈妈 \end{bmatrix}$$

$$I_2 = \begin{bmatrix} 买, & 支配对象, & 菜 \\ & 施动对象, & 小红 \end{bmatrix}$$

若事元 $I = (d, h, u)$,物元 $R = (N, c, v)$,且量值 $u = R = (N, c, v)$时,称事元 $I = (d, h, R)$为事元与物元的复合事元。

例如:"小红洗粉色的衣服"可表示为:

$$I = \begin{bmatrix} 洗, & 支配对象, & R \\ & 施动对象, & 小红 \end{bmatrix}$$

$$R = (衣服, 颜色, 粉)$$

2.3 事元的运算[4]

事元的运算包括与、或、否三种运算。

(1) 与运算:

给定事元 $I_1 = (d_1, h_1, u_1)$,$I_2 = (d_2, h_2, u_2)$,称 I_1 和 I_2 同时实现的事元 I 为 I_1 和 I_2 之与,记作:$I = I_1 \cap I_2$。表示各事件同时发生。

例如:

$$I_1 = \begin{bmatrix} 唱, & 支配对象, & 歌 \\ & 施动对象, & 小红 \end{bmatrix}$$

$$I_2 = \begin{bmatrix} 跳, & 支配对象, & 舞 \\ & 施动对象, & 小红 \end{bmatrix}$$

则 $I = I_1 \cap I_2$ 表示的是"小红一边唱歌一边跳舞"。

(2) 或运算:

给定事元 $I_1 = (d_1, h_1, u_1)$,$I_2 = (d_2, h_2, u_2)$,称 I_1 或 I_2 实现就实现的事元 I 为 I_1 和 I_2 之或,记作:$I = I_1 \cup I_2$。表示至少发生一件事。

例如:

$$I_1 = \begin{bmatrix} 唱, & 支配对象, & 歌 \\ & 施动对象, & 小红 \end{bmatrix}$$

$$I_2 = \begin{bmatrix} 跳, & 支配对象, & 舞 \\ & 施动对象, & 小明 \end{bmatrix}$$

则 $I = I_1 \cup I_2$ 表示"小红唱歌或小明跳舞"。

(3) 否运算:

对事元 $I = (d, h, u)$,若存在事元 $I' = (d', h, u)$,其中 d' 表达与 d 相反的意思,记 $d' = \bar{d}$,则称 I' 为 I 的否事元,记作 $I' = \bar{I}(\bar{d}, h, u)$。用来表示与原来意思相反的事。

例如:

$$I = \begin{bmatrix} 喜欢, & 支配对象, & 猫 \\ & 施动对象, & 小红 \end{bmatrix}$$

表示"小红喜欢猫";

则

$$\bar{I} = \begin{bmatrix} \overline{喜欢}, & 支配对象, & 猫 \\ & 施动对象, & 小红 \end{bmatrix}$$

表示"小红不喜欢猫"。

可见,对于一些复杂的事情,用事元的运算可以清楚的表达。

3 复合事元灾害模型

非常规突发事件的发生往往伴随着次生事件和衍生事件的发生,事件之间的关系是用灾害链表示的,图 1 是大连 7·16 油管爆炸事件的灾害链。

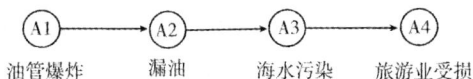

图 1 非常规突发事件灾害链

这次事件可以概括为"7 月 16 日在大连中石油国际储运有限公司发生油管爆炸,大量石油流入海中,对旅游业等都造成了严重影响"。

从图中可以看出,灾害链只能表示各事件之

间的先后联系,却不能显示每个事件的具体情况,因此本文利用事元性质建立复合事元灾害模型,过程如下:

(1) 运用复合事元将各事件的具体情况表示如下:

$$I_1 = \begin{bmatrix} 爆炸, & 支配对象, & 油管 \\ & 时间, & 7 月 16 日 \\ & 地点, & 大连中石油国际储运公司 \\ & 影响力, & 一级 \\ & 损失程度, & 二级 \end{bmatrix}$$

$$I_2 = \begin{bmatrix} 漏, & 支配对象, & 油 \\ & 施动对象, & I_1 \\ & 漏油量, & 约 1500 吨 \end{bmatrix}$$

$$I_3 = \begin{bmatrix} 污染, & 支配对象, & 海水 \\ & 施动对象, & I_2 \\ & 污染范围, & 50 \sim 60 平方公里 \end{bmatrix}$$

$$I_4 = \begin{bmatrix} 影响, & 支配对象, & 旅游业 \\ & 施动对象, & I_3 \\ & 影响范围, & 沿海地区 \end{bmatrix}$$

由此可见,复合事元不仅能表达出事件之间的先后关联关系,还能将每件事的具体内容清晰的表示出来。

(2) 建立事元灾害模型:

从灾害链中可以看出,非常规突发事件的发生是层级式的,即由上一事件的发生直接或间接引发下一层级事件的发生,因而事元灾害模型建立如图 2 所示。

I_1 为最先发生的事件,即事件源爆炸事件,I_2 为由于爆炸而发生的漏油起火事件,因为上一层的爆炸是作为漏油事件一个特征的量值,我们将 I_1 置入 I_2 内,表明有了作为 I_1 的量值才有 I_2 的发生,同理,I_2 作为 I_3 的量值,I_3 作为 I_4 的量值。

利用复合事元灾害模型我们可以很容易看出非常规突发事件演化的层级式进程，每层的复合事元又清晰的刻画了事件的详细情况，从层级的多少也看出灾害所波及的范围，从而为决策者的判断提供了直观、清晰的思路。

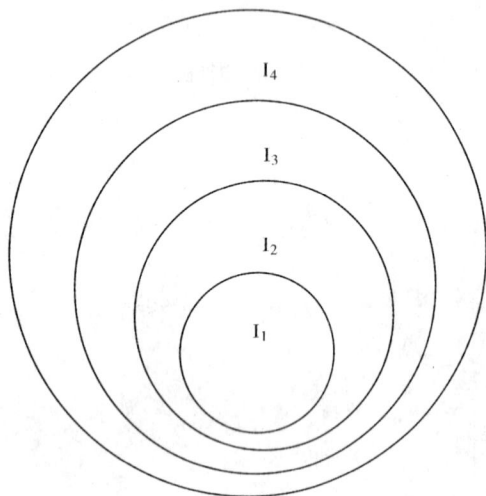

图 2　复合事元灾害模型

4　决策的生成

由以上复合事元灾害模型分析可知，若想减少次生、衍生灾害的发生，应该尽量切断最上面层级的灾害事件，也就是最内层核心部分的事件。以 7·16 油管爆炸事件为例，应该在油管爆炸后进行及时有效的处置，也就是要及时灭火，因为只有灭了火才不会发生连环爆炸事件。因此，建立目标事元为：

$$I = \begin{bmatrix} 扑灭, & 支配对象, & 火 \\ & 施动对象, & 相关人员 \end{bmatrix}$$

条件 l = 油，即在有油存在的情况下无法灭火。

对整个决策过程进行分析见图 3。

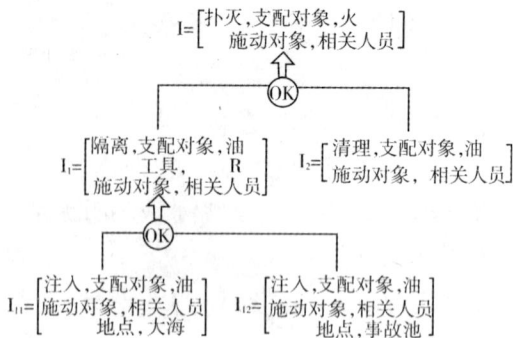

图 3　非常规突发事件决策分析图

其中 R 为物元，

$$R = \begin{bmatrix} 容器, & 容量, & 足够大 \\ & 性能, & 防火 \end{bmatrix}$$

由图可知，若要灭火必要先消除油，消除油可采用把火与油隔离的方法或用工具，如油毡等直接清理，即 $I_1 \cup I_2$，然而在当时的情况下油量很大，用油毡根本无法将油在短时间内清除，也不可能清除，因此考虑采用隔离的办法。若要进行隔离，必须要有足够大的防火容器将漏出的油全部盛下，而在当时的情况下，只有事故池和大海可作为盛油的工具，即 $I_{11} \cup I_{12}$。一般情况下，事故池就是为预防此类事故发生而设计备用的，将油注入事故池理应是最佳方案，然而在当时的现场，存在流动火，流动的火遇油很可能会引发周围的爆炸从而引起更大的损失和伤亡，即便使用事故池也解决不了流动火带来的这种危害，因此，在此情况下，将油注入大海才是当时最佳的策略，即 I_{11}。

当时实际进行处置时也是采用的此方案，即将油注入大海，才没有引发更严重的爆炸和人员伤亡，这与上面的推测是完全一致的，虽然污染了海水，却也得到了国家的谅解。

然而，虽然这次决策减少了损失和人员伤亡，但毕竟还是污染了海水，对旅游业的影响也是巨大的。从灾害链来看，最有效的措施就是尽量截断先发事件的演进，对于这次事件来说也就是在爆炸后的处理不让油流入海中。从对图3的分析中可知,注入事故池是最佳的方案,不但不会污染海水还节省了大量石油,但是不能采取这一方案的原因就在于有流动火的存在,只有快速消除流动火的威胁,才可以实施该方案。那么,如何在事故发生时消除流动火,最大程度上减少损失是我们应该考虑的问题。

5 结论和展望

5.1 结论

本文利用复合事元及其运算对非常规突发事件——大连7·16油管爆炸事件的演进过程进行了描述,并建立了复合事元灾害模型,比灾害链提供给决策者更多可利用的信息,便于决策者的决策。最后采用事元推理的方法对决策方案进行推理,并提出了更好的解决问题的决策方向,也证明了可拓学中的事元可作为分析和生成非常规突发事件决策方案的有效方法。本文仅对单条灾害链进行了分析,在今后的研究中可以考虑将事元运用在对多条灾害链的研究中。

5.2 展望

本文仅对单条灾害链进行了分析,然而在现实中发生的非常规突发事件多伴有衍生灾害和次生灾害的发生,用单条灾害链是无法描述清楚的,多条灾害链的研究更有利于对非常规突发事件的分析,因此,在今后的研究中将致力于多条灾害链的事元研究中。

参考文献

[1]韩智勇,翁文国,张维,杨列勋.重大研究计划"非常规突发事件应急管理研究"的科学背景、目标与组织管理[J].中国科学基金,2009,4:215~220.

[2]杨春燕.利用事元蕴含系统寻找开拓市场的策略[J].系统工程理论与实践,1999(8):32~37.

[3]蔡文.物元模型及其应用[J].北京:科学技术文献出版社,1994.

[4]杨春燕.事元及其应用[J].系统工程理论与实践,1998(2):80~98.

供应链风险预警指标体系研究

李健　邓天静

（北京化工大学经济管理学院）

摘要：本文从分析引起供应链风险的内因和外因入手，提取供应链风险预警指标，建立了供应链预警指标体系。预警指标体系主要由供应风险预警指标、生产风险预警指标、物流风险预警指标、需求风险预警指标、环境风险预警指标和政策法规风险预警指标组成。分析了供应链预警工作流程以及各流程的主要内容。

关键词：供应链风险；预警；指标体系

Research on Early Warning Index System of Supply Chain Risks

Li Jian, Deng Tianjing

（E - mail：dtj200653037@163.com）

（School of Economics and Management, Beijing University of Chemical Technology）

Abstract：This paper builds an early warning index system for supply chain risks after exploring the causes of supply chain risks. The system includes supply risks indexes, production risks indexes, logistic risks indexes, demand risks indexes, environment risks indexes, and policies and regulations risks indexes. This paper also analyses the work processes of the early warning and the main contents of each process.

Key words：supply chain risks；early warning；index system

1　前言

供应链管理的思想始于 20 世纪 70 年代晚期，至今已有 30 多年的发展历史。供应链思想在企业的应用，节约了企业的资源，降低了生产成本，同时改善了企业的绩效。然而，伴随着市场产品多元化及产品生命周期的快速缩短，日益精细化的供应链也变得比较脆弱。尤其是近年来，各种自然灾害、食品卫生安全危害、恐怖袭击事件等的发生，使得供应链遭受了严重的损失。如何有效预防供应链风险，减少各种风险给供应链带来的负面影响，是学术界以及实业界共同关注的重点。

"9·11"事件以及 SARS 之后，学术界和实业界开始关注供应链风险，尤其是对供应链中断风险的研究。前人研究供应链风险一般从界定供应链风险概念、对各种风险的分类以及相应的缓冲策略入手（Wu 等，2011）。Lee（2002）提出基于供应以及需求风险的不确定架构，并指出供应链策略应该与一定水平的供应和需求风险相对应。Adegoke Oke，Mohan Gopalakrishnan（2009）在遵循 Norman 和 Janson（2004），

Chopra 和 Sodhi(2004)以及 Kleindorfer 和 Saad(2005)对风险的一般分类方法的基础上,指出供应链风险除了高发生概率—影响后果轻微以及低发生概率—影响后果严重的两类之外,还存在着中等发生概率—影响后果中性的其他风险,并以美国零售业为例分析了供应链面临的各种风险。Tang 和 Musa(2011)将供应链风险分为物流风险、现金流风险和信息流风险,并指出 2000～2005 年关于供应链风险的研究只取得静态的进展。2005 年后,对供应链风险的研究逐步从消极应对转到有效预防。

近年来,国内学者关于供应链风险的研究也日渐增多。杨治宇、马士华(2001)指出信息不对称引起的委托代理问题是产生供应链风险的原因。丁伟东、刘凯、贺国先(2003)总结了供应链风险的主要来源,给出了供应链风险的评估方法,提出防范供应链风险的对策。晚春东、齐二石、索君莉(2008)将供应链风险因素归纳为系统风险、供应风险、物流风险、信息风险、财务风险、管理风险、需求风险和环境风险。刘永胜、王燕(2009)从企业物流风险预警的概念入手,指出供应链风险的成因主要是需求因素、供应因素、运作过程因素、环境因素、制度因素以及预防计划措施失败因素,并探讨了基于供应链管理的企业物流风险预警机制。

综合国内外关于供应链风险的研究可以看出,学术界和实业界对供应链风险已经有了比较深入的认识,对风险的诱因及风险分类有比较清晰的界定。但由于供应链风险涉及供应链各个方面,其风险形成是复杂多样的。因此,需要在分析风险成因的基础上,提取供应链风险预警指标,形成预警指标体系,最终建立供应链风险预警系统,从系统、整体的角度实现对供应链风险的管理。

2 供应链风险成因分析

供应链风险产生的原因可以分为内因和外因。

供应链管理主要涉及四个领域:供应、生产计划、物流和需求。因此,内因主要包括供应、生产计划、物流和需求这四个方面存在的可能使供应链运作的结果偏离预期的目标,给供应链上的企业造成消极影响,使之在一段时间内不能正常运作的各种因素。

内生风险来自供应链内部运作环境,属于可控风险。对于内生风险,供应链可通过加强各环节的沟通合作,实现各个节点的无缝连接。同时,做好供应链内部的预警防范,防微杜渐,可以有效防范各种内生风险的发生,从而避免给供应链带来不好的影响。

外因是供应链运作的外部环境中存在的可能使供应链运作的结果偏离预期的目标,给供应链上的企业造成消极影响,使之在一段时间内不能正常运作的各种因素。

外生风险属于供应链的不可控风险。与内生风险的应对不同,供应链应对外生风险不能完全避免,而是要通过建立相应的应急措施、应急预案来应对,属于一种事中应对和事后恢复。供应链风险的外因主要有自然灾害、政策法规等。

2.1 供应风险

供应风险来自供应链上游企业,是整个供应链的源头。一旦供应发生中断,整个供应链就会瘫痪,无法进行正常运作。2000 年 3 月 17 日晚发生的美国新墨西哥州的芯片厂的火灾,致使爱立信公司因为芯片短缺而遭遇重创。原因是爱立信公司为了节省成本,简化了它的供应链,基本脱离了芯片的后备供应商,导致发生突发灾害时,没有其他替代供应商可以作为紧急货源补充。

埃森哲供应链管理服务产品线的合伙人贝里(Randy Berry)指出,企业应该针对某一特定部件或部件类别,打造一个组合化的供应商安排方案,尽可能降低库存,同时保障产品的充足供应。

在选择供应商的过程中,要对供应商的整体生产能力以及供应商的应急能力进行评估,考察其是否能够适时转移生产基地或拥有多个生产基地,以应对突发事件,从而得以在供应链的源头对风险进行有效预防。

2.2 生产过程风险

现代企业生产组织强调集成、效率,这样可能导致生产过程刚性太强、柔性不足。如果在生产或者采购过程的某个环节出现问题,很容易导致整个生产过程的停顿,从而给供应链带来风险。

生产过程风险常常由于供应链追求 JIT 而产生。准时生产流程的风险之一是企业会尽量降低库存。虽然库存的减少可以降低存储成本,然而,供应链将面临其他风险。由于缺少相应的原材料而停工,需要以更高的运费吸收库存,或者要花更高的价钱从其他快速供货的供应商购买所需的材料或部件。

2.3 物流风险

物流风险通常存在于保管、运输、搬运和包装这四个主要环节。高效的物流运作离不开供应链成员间的联合计划,信息的共享与存货的统一管理。但是实际运作中,在原材料或者产品的保管、运输、搬运和包装的过程中,很难做到这些过程的无缝链接。这些链接的失误就会给供应链带来物流风险,导致原材料或产品不能在恰当的时间被完好地送往指定的地点。

2.4 需求风险

需求风险来自供应链下游,与市场直接接轨,主要是与需求的不确定性、产品的快速更新以及同行企业的激烈竞争相关。

供应链的运作以市场需求为导向,这就要求供应链能够准确预测市场需求,制定相应的生产及销售计划。对市场需求预测产生错误,将会给供应链带来严重影响。比亚迪从 2003 年涉足汽车行业以来,一直以销量同比翻倍的速度发展。畅销车型 F3 仅用四年多的时间就实现了累积销量 50 万辆。在如此乐观的发展前景下,2010 年,比亚迪定下了 80 万辆的销售目标。然而到 2010 年 6 月,比亚迪半年的累积销售量还没有达到 30 万辆,企业和经销商的压力骤然增大,经销商退网事件更是一触即发,给比亚迪带来了恶劣的影响。

在产品多元化的今天,新产品代替旧产品的速度越来越快,一旦有新的产品投入市场,很快就会被比之更新的、性能更高的产品替代。因此,如何做到在把握市场大方向的同时,制定合理的生产量与营销策略,从而不至于被其他同类产品取代而带来库存积压,是供应链应该关注的重点。

在互联网高速发展的时代,传统的营销及广告模式面临严峻考验。供应链之间的竞争,主要在于市场份额之间的竞争。谁能在市场中抢占更多的份额,谁就能在市场企稳,谋得发展的契机。供应商之间纷纷采取各种措施,如 2010 年圣诞节期间,当当网与京东商城之间的图书价格战中,双方以很低的图书价格来刺激市场需求。这种措施能够在一段时间内吸引顾客,扩大需求。然而,这往往是通过牺牲自身利益来实现的,一旦取消各种优惠,市场的需求又会恢复原有水平,甚至低于原有水平。因此,供应链要在激烈竞争中胜出,需谨慎制定自己的营销及广告策略,稳定市场需求,避免因市场份额减少而带来风险。

2.5 自然灾害风险

近年来,地震、飓风、海啸、泥石流等自然灾害的频频发生,给社会经济和人民生活带来了严重的影响。对于供应链来说,自然灾害的影响是极具破坏性的。供应链无法做到对于大多数自然灾害的完全避免或全面预防。如2011年3月11日日本发生的里氏9.0级地震,给日本的汽车产业带来了重创。由于一些来自日本的关键零部件何时恢复供应尚不明朗,致使不仅国内生产的日系品牌汽车,甚至欧美系品牌和自主品牌汽车都受到了一定程度的影响。由于零部件的供应不畅,导致了整个日本国内汽车产业暂停,甚至大多数汽车制造厂面临暂时停产的风险。

经济全球化以及供应链的日趋精细化,带来了分工和高效率的优势。世界经济呈现我中有你,你中有我,缺一不可的特点。供应链成员之间的相互依赖、祸福相系,增进了成员企业的战略合作关系。然而,一次次的自然灾害,使经济全球化以及供应链全球化的弊端暴露出来,即供应链任一环节的中断,都可能导致供应链的全面中断,而供应链上的任一企业,都不可幸免。

因此,在供应链全球化的背景下,必须防备突发事件对供应链的影响,做好突发事件的应急预案。尽管不能做到对自然灾害的防患于未然,但是,能保证在灾害发生时,供应链各成员能够根据应急预案,打有准备的仗。

2.6 政策法规风险

国家的法规可能会对特定行业或企业施加更大的压力。国家经济政策发生变化时,往往会对供应链的资金筹集、投资及其他经营管理活动产生极大影响,使得供应链的经营风险增加。当产业政策调整时,国家往往会出台一系列的产业结构调整政策和措施,对一些产业给予鼓励,为供应链投资指明方向;对另一些产业的限制,使供应链原有的投资面临着遭受损失的风险,供应链需要筹集大量的资金进行产业调整。

例如,由国家发改委新修订的、并于今年6月1日起施行的《产业结构调整指导目录(2011年本)》中,国家对碳汇林建设、植树种草工程及林木种苗工程的鼓励,必然导致相应产业供应链投资的加大;而对落后产业,如石化化工中有害物质含量超标准的内墙和红丹等有害物质的涂料的限制,必然导致相应产业供应链的投资和发展受阻,处于这些行业的供应链就会面临停产的风险。

因此,关注国家产业政策的调整方向,及时调整供应链的投资和发展方向,避免与国家引导的投资方向背道而驰,可以有效减缓国家政策法规带来的风险。

3 供应链预警指标体系设计

对供应链突发风险的管理重在事前的预警和预防,而建立供应链预警指标体系是进行风险管理的首要任务。供应链预警系统的建立在预警指标体系的基础之上,通过建立供应链预警系统,监测供应链关键风险点的预警指标出现的异常变化,及时发现供应链各种潜在风险。对警情等级很高或较高的,应及时启动应急预案,尽量将供应链各种危机和潜在风险减少,甚至消灭在萌芽状态。

3.1 预警指标体系的建立

通过文章第二部分对供应链风险成因的分析可知,供应链风险分为内生风险和外生风险,各种风险的成因、预警指标以及相应的缓冲策略是各不相同的。表1在文章第二部分分析的基础上总结了供应链风险的各种类型、产生风险的原因,并建立供应链预警指标体系。

3.2 预警指标分析

供应链风险预警指标体系如表1所示,共分为六大预警指标,分别是供应风险预警指标、生产风险预警指标、物流风险预警指标、需求风险预警指标、环境风险预警指标以及政策法规预警指标。其中每个风险预警指标又细分为各个子预警指标,分别对供应链各活动环节进行预警。下面以供应风险和政策法规风险为例对指标进行说明,其他风险可同理分析。

产生供应风险的主要原因是依赖少数关键供应商、供应商供货不稳定、供应商供货质量问题、供应商生产柔性不足以及供应商应对突发事件能力不足等方面,并由此建立相应的预警指标。

候补供应商数量:反映可替代供应商的数量。若供应链只从单一供应源采购原材料或相关零部件,或者只有少数几个可替代的供应商,那么供应链将随时面临供应中断的风险。

供应商准时供货率:反映供应商供货及时的情况。供应商应能在规定的时间内向下游供应链企业供货,若供应商经常出现供货失败或供货延迟的情况,意味着其不能按要求完成供应任务,供应链将面临供应中断风险。

供应商产品合格率:反映供应商供货质量的好坏。若供应商供货合格率太低,经常发生偷工减料、以次充好的事件,次品率超过规定的值,意味着供应商供货质量存在严重缺陷,将会给下游供应链的生产运作带来风险。

供应商生产柔性:衡量供应商最大生产能力与实际利用生产能力之差。供应商应当保持一定的生产柔性以应对更大的需求,若生产柔性很低,供应商可能就不能承接较大的供货需求,供应链将面临供货中断的风险。

供应商应急能力:反映供应商应对突发事件的能力。当自然灾害或其他突发事件发生时,供

应商应能及时转移生产基地或采取积极应对措施,确保供货的稳定。

政策法规风险是由国家产业政策调整或相关法律对特殊行业的限制、国家对税率和利率的改革变动引起的。政策法规风险会对企业的投资、筹资和融资带来风险。政策法规变动对供应链产生的影响可通过供应链筹资、融资影响度来衡量,是一个定性的指标。政策法规对筹资、融资的影响度越小,产生的风险越小;反之,则引起的风险越大。

表 1　供应链风险预警指标体系

供应链风险分类		原因	预警指标
供应链内生风险	供应风险	依赖少数关键供应商	候补供应商数量
		供应商供货不稳定	供应商准时供货率
		供应商质量问题	供应商供货合格率
		供应商生产柔性不足	供应商生产柔性
		供应商应急能力不足	供应商应急能力
	生产风险	原材料、关键零部件库存控制不当	原材料、关键零部件库存周转率
		机器故障	机器故障率
		合理安排生产能力不足	合理安排生产能力
	物流风险	物品保管不当	产品破损率
		物品运输不当	
		物品搬运不当	产品延迟率
		物品包装不当	
	需求风险	市场需求预测错误	产品市场份额
		客户忠诚度低	客户忠诚度
		客户对产品、服务不满意	客户投诉率
		新产品替代	客户流失率
		季节性或由广告引起的需求波动	需求波动幅度
供应链外生风险	环境风险	自然灾害	自然灾害影响度
		政治危害	政治危害影响度
		宏观经济环境	宏观经济环境影响度
	政策法规风险	产业政策调整	筹资、融资影响度
		税率、利率等变动	

3.3 供应链预警工作流程

供应链预警指标体系的建立是实施有效的供应链风险管理的前提和基础。在建立供应链

风险预警指标体系之后,结合行业以及以往的工作经验,设置各个指标的预警值,当达到相应的预警值时,发出预警警报。由此,就可以开展对供应链风险的管理。供应链风险预警流程如图1所示,主要包括供应链各环节活动监测、供应链关键风险源辨识和分析、风险评估、风险预警、风险应对以及供应链风险预警后果评价。

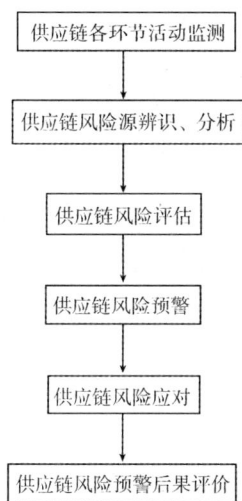

```
┌─────────────────────┐
│ 供应链各环节活动监测 │
└─────────────────────┘
          ↓
┌─────────────────────┐
│ 供应链风险源辨识、分析 │
└─────────────────────┘
          ↓
┌─────────────────────┐
│    供应链风险评估     │
└─────────────────────┘
          ↓
┌─────────────────────┐
│    供应链风险预警     │
└─────────────────────┘
          ↓
┌─────────────────────┐
│    供应链风险应对     │
└─────────────────────┘
          ↓
┌─────────────────────┐
│ 供应链风险预警后果评价 │
└─────────────────────┘
```

图1 供应链风险预警流程

(1)对供应链各环节活动监测是进行供应链风险管理的基础。供应链各环节是紧密联系又各自具有自身特点的,因此,对各环节的活动监测须有重点、有区别的展开。

(2)通过对供应链各环节活动的监测,发现潜在风险源,并对其进行辨识、分析,判断是否为关键风险点,并对其进行跟踪和进一步调查。

(3)在识别了关键风险点之后,需要对风险进行评估。

(4)如果预警指标已经达到或超过报警值,则发出预警警报。

(5)发出预警警报之后,进入风险应对阶段,立即启动相应的应急预案。

(6)在实施风险的应对之后,供应链应当总结经验教训,不断完善预警系统。

4 结论

供应链风险产生原因是多方面的,主要包括供应、生产、物流、需求等主要领域中存在的,可能给供应链带来损害的各种因素。同时,供应链的外部运作环境以及国家政策法规的变动也可能给供应链带来风险。供应链预警指标体系的建立是做好供应链风险预警的前提和基础。

当前,对供应链风险很难做到完全识别和全面应对。为了对供应链风险实施有效管理,应当建立供应链风险预警系统,在供应链的平时运作中注重对风险的预警和防范,不断从供应链各种风险的应对中总结经验教训。同时借鉴国内外成功的经验,探索完善供应链风险预警系统的方法,努力实现将供应链风险控制在萌芽状态,确保供应链正常、稳态运作。

参考文献

[1] Lee, H. Aligning Supply Chain Strategies with Product Uncertainties [J]. California Management Review 2002, 44(03): 105~119.

[2] Adegoke Oke, Mohan Gopalakrishnan. Managing Disruptions in Supply Chains: A Case Study of A Retail Supply Chain[J]. Internation Journal of Production Economics, 2009, 118: 168~174.

[3] Norman, Janson. Ericssons Proactive Risk Management Approach after A Serious Sub-supplier Accident[J]. International Journal of Physical Distribution and Logistics Management, 2004, 47(1): 434~456.

[4] Chopra, Sodhi. Managing Risk to Avoid Supply Chain Breakdown [J]. MIT Sloan Management Review, 2004, 46(1): 388~396.

[5] Ou Tang, S. Nurmaya Musa. Identifying Risk Issues and Research Advancements in Supply Chain Risk Management[J]. Internation Journal of Production Economics, 2011, 133: 25~34.

[6] Jun Wu, Jian Li, Jia Chen, Yinxue Zhao, Shouy-

ang Wang. Risk Management in Supply Chains[J]. International Journal of Revenue Management, Vol. 5, No. 2 – 3, 2011: 157～204.

[7]杨治宇, 马士华. 供应链企业间的委托代理问题研究[J]. 计算机集成制造系统, Vol. 17, No. 1, 2001: 19～22.

[8]丁伟东, 刘凯, 贺国先. 供应链风险研究[J].

中国安全科学学报, Vol. 13, No. 4, 2003: 64～66.

[9]晚春东, 齐二石, 索君莉. 供应链系统运行整体风险评估指标体系[J]. 工业工程, Vol. 11, No. 5, 2008: 97～100.

[10]刘永胜, 王燕. 基于供应链管理的企业物流风险预警机制研究[J]. 经济问题, No. 9, 2009: 78～80.

基于 DEA 和 GA – BP 集成的区域环境
绩效动态评价方法研究

胡健　　孙金花

（重庆理工大学工商管理学院）

摘要：针对我国区域环境绩效多为静态评价和缺乏具有普遍意义的评价方法问题，本文在依据评价指标体系设计原则基础上，构建了由环境投入、操作绩效、环境状况和环境效益所组成的区域环境绩效评价指标体系。结合数据包络分析方法和遗传神经网络方法的基本思想，提出了基于 DEA 和 GA – BP 集成的动态评价模型，并对我国 10 个典型地区的环境绩效进行了评价，通过实证分析得出结论，为各地区采取相应的策略以进一步提高其环境绩效水平提供了合理量化依据。

关键词：环境绩效；数据包络分析；遗传神经网络；动态评价模型

Regional Environmental Performance Evaluation with Dynamical
Evaluation Model Based on DEA and GA – BP Integration

Hu Jian, Sun Jinhua

（E – mail：jianhu – hit@ 163. com, sjh1009@ 163. com）

（School of Business Administration, Chongqing University of Technology, Chongqing）

Abstract：According to a majority of static evaluation and without common significance problems of regional environmental performance evaluation, evaluation indicator system of regional environmental performance is established in view of evaluation indicator system design principle, which is composed of environmental investment, operational performance, environmental condition and environmental profit. A dynamical model on regional environmental performance evaluation is put forward in this paper, which is combined with the basic idea of DEA and GA – BP assessment method. In order to provide the reasonable basis for local government to take corresponding measures to improve their environmental performance level, we carry through empirical analysis about regional environmental performance of 10 typical area in china and draw conclusion.

Key words：environmental performance；DEA；GA – BP；dynamical evaluation model

1 前言

随着我国经济的持续快速增长，经济增长与环境保护之间的矛盾日益突出，将环境与发展纳入统一架构，意味着在发展经济的同时，要注意保护环境。因此，环境资源配置效率问题也逐渐成为社会各界广泛关注的焦点，区域环境绩效已经成为影响我国各地区的核心竞争力的基本决定因素之一。从现有的文献来看，国外学者对环境绩效评价问题做了大量的研究，Haynes 等人将污染物作为投入指标提出一种基于数据包络的环境保护的生产前沿面来研究环境绩效[1]；Chung 等人考虑了污染物的弱处理性，将方向距离函数法应用于环境绩效评价问题中[2]；Reinhard 等人用 DEA 方法分析了荷兰牛奶场的环境绩效，并与随机生产前沿面的绩效评价方法进行了比较[3]；Halilu 采用 DEA 方法分析了加拿大造纸工业的环境绩效水平[4]；目前对区域环境绩效层面上的研究较少，Liang 等人用一种改进的 DEA 模型分析了中国安徽省的 17 个城市的环境效率[5]；李静等通过 SBM 模型对我国东、中、西部三大地区环境效率差异进行了分析[6]；周景博也运用数据包络分析方法分析了中国各省市的环境效率水平[7]；郭国锋运用条件广义方差极小法和变差系数法对评价指标进行筛选，然后运用数据包络分析方法，对河南省的环境污染治理进行了研究[8]；孙立城等人运用非径向非期望产出 DEA 模型测度了 2000~2007 年中国各地区环境绩效静态技术效率水平[9]；王俊能利用标准的 DEA 模型分析我国各省市区环境效率的现状，再用 Malmquist 指数方法考察中国环境效率变化情况[10]。

从目前的区域环境绩效研究来看，主要存在以下问题：一是缺少一套科学、有效的评价指标体系，大多数研究成果中所选取的指标不能客观地反映区域环境绩效问题；二是主要是对某一年的数据进行静态评价，很少从动态的角度对区域环境绩效进行研究。因此，本文首先依据评价指标体系设计原则，构建了由环境投入、操作绩效、环境状况和环境效益所组成的区域环境绩效评价指标体系。在此基础上，构建了基于 DEA 和 GA - BP 集成的动态评价模型，其目的在于科学合理地评价区域环境绩效水平，使各级政府以持续的方式准确地掌握和实施环境绩效管理相关的、可验证的信息，以便于管理者发现自身在环境绩效管理方面所存在的根本性问题及其主观有效努力程度。

2 区域环境绩效评价指标体系的构建

2.1 评价指标体系设计原则

（1）科学性原则。科学性原则是设计区域环境绩效评价指标体系和确保评价结果准确合理的基础。反映评价指标内容和含义，应建立在环境绩效管理理论和统计理论上，表达上应科学、合理和规范。虽说关于构建区域环境绩效评价指标体系的研究很少，但在环境绩效管理领域，与之相关的评价指标体系与评价方法研究现正向规范化方向深入，区域环境绩效评价指标体系的建立也毫不例外地要具有科学规范性。

（2）相关性原则。相关性原则指的是与区域环境战略经营管理目标的评价相关的原则。首先，环境绩效评价指标体系的设置应考虑有助于评价地区核心竞争优势的形成过程和保持状况，应能保证区域可持续发展；其次，环境绩效评价指标体系应能综合体现一个地区在环境绩效管理等方面的内容，反映出该地区的重要环境责任及状况；再次，环境绩效评价就是所得与所费及其之比评价，因而应保证所设置指标与之相关。

（3）综合性原则。由于区域环境绩效评价涉及多方面内容，跨及多门学科，由多个子系统构成，尤其是在可持续发展思想指导下，区域环境绩效评价要涵盖生态环境、资源能源、经济、社会等众多领域。因此，必须对它们的层次结构和相互作用进行全面综合的分析，一方面，做到主子系统协调统一和有机结合，系统全面地反映区域环境绩效所处的水平；另一方面，该指标体系应充分做到既不以偏概全，又要突出主导因素，在反映相关方利益的同时兼顾一个地区的环境效益、经济效益和社会效益。

（4）动态性原则。区域环境绩效评价指标体系的动态性原则是指在当区域环境竞争策略变化时，指标体系的设置也应随之改变，从而保证能较好地描述、刻画和度量整个系统的发展趋势。也就是说，区域环境绩效评价指标体系应该是在充分分析当前的经济可持续发展形势和影响区域核心竞争力的环境因素之后而建立。只有这样，才能保证一个地区在目前的环境中和相当长一段时期内实现可持续发展。

（5）可比性原则。评价指标体系的建立应该具有横向可比性，只有能够实现区域环境绩效的横向比较，这样的评价指标体系才具有实用价值。一套评价指标体系是同时对若干个地区的环境绩效水平进行综合评价而建立的，因此在选择指标时要充分考虑区域客观基础条件的差异。在具体指标选择上，必须是各地区共有的指标含义，即指标的名称、含义、统计口径和范围尽可能标准化，以保证能够实现各地区在不同的时期以及更大的范围内具有可比性。

（6）可操作性原则。评价指标体系设计要简明扼要、含义明确和科学合理，既要考虑其比较、分析和综合评价的功能性，还要考虑能够提供区域环境绩效数据资料的可能性。也就是说，对区域环境绩效评价指标的选择，既要确保评价指标体系宏观统计数据来源的顺畅，又要考虑可靠的统计数据支持和简便易行的操作运行程序，只有这样才能满足相关部门进行环境绩效管理对重要数据的需求，满足人们全方位、多侧面了解区域环境绩效真实水平的需求。

2.2 评价指标体系内容

本文在依据区域环境绩效评价指标体系设计的科学性、相关性、可比性、综合性、动态性和可操作性原则的基础上，构建了由环境投入、操作绩效、环境状况和环境效益四个二级指标组成的评价指标体系。其中，环境投入指标反映了一个地区在改善其环境方面所作出的具体投资，其中主要包括环境基础设施建设投资、工业污染治理投资、"三同时"项目环保投资和环境污染治理投资占 GDP 的比重；而一个地区的操作绩效则反映出该地区在治理工业"三废"和处理生活垃圾方面的具体操作结果，主要包括工业固体废弃物利用率、工业废水排放达标率、工业烟尘排放达标率和生活垃圾无害化处理率；另外，为了能反映出一地区的环境污染情况，并帮助其政府和其他组织了解该地区工业或其他产业对环境所产生的潜在影响，促进其对环境绩效评价的规划与实施，本文在区域环境绩效评价指标体系中设置了环境状况指标，它主要是依据区域和国家的相关统计结果。环境效益指标主要是供一个地区的政府管理者制定环境目标，提出改善环境的具体方案所用，其主要是作为一个地区与其内部或外部利益相关者间重要的沟通桥梁，它能充分反映一个地方政府在治理能耗及"三废"方面所做的努力，展现一个地区环境绩效的真实水平。不仅如此，这四个二级指标又分为若干个三级指标来描述区域环境绩效的具体内容。具体见表1。

表1 区域环境绩效评价指标体系

区域环境绩效评价	环境投入	环境基础设施建设投资
		工业污染治理投资
		"三同时"项目环保投资
		环境污染治理投资占 GDP 比重
	操作绩效	工业固体废弃物利用率
		工业废水排放达标率
		工业烟尘排放达标率
		生活垃圾无害化处理率
	环境状况	固体废弃物产生总量
		废水排放总量
		废气排放总量
		空气质量达到二级以上天数
		自然灾害累计损失
		环境污染事件次数
		城区噪声等效声级
		森林覆盖率
	环境效益	"三废"综合利用产品产值
		单位能耗的产值

3 基于 DEA 和 GA – BP 集成的动态评价模型

3.1 模型建立的思想

由于区域环境绩效具有多样性和复杂性等特点,本文在数据包络分析方法和遗传神经网络方法的基本思想基础上,提出基于 DEA 和 GA – BP 集成的效益动态评价模型。在评价过程中,首先采用遗传神经网络方法对以往的区域环境绩效进行评价,得到能够反映区域客观基础条件的优劣的参数绩效。与此同时,利用同样的指标体系及其方法对区域当前的环境绩效水平进行测算,得到其当前绩效,并将参考绩效与当前绩效组成的数据对界定为区域环境绩效的绩效状态。其次根据 DEA 方法的基本原理,即不同的投入对应不同的绩效状态前沿面投影,本文以反映区域客观基础条件的参考绩效为输入,反映当前区域环境绩效水平的绩效为输出,利用数据包络分析方法来确定区域环境绩效的动态评价效益值,进而达到剔除客观基础条件优劣影响的目的,反映出政府管理者在实施环境绩效管理过程中的有效程度,最终为决策者找出区域环境绩效所存在的不足,制定相应措施以提供可靠的量化依据。

3.2 遗传神经网络评价方法

GA – BP 网络模型具有全局寻优、自学习、自适应的能力,图 1 为 GA – BP 区域环境绩效评价模型。GA – BP 算法克服了传统 BP 算法的缺点,具有较强的适应性,用它来进行区域环境绩效评价在理论上和实际应用上都具有重要的意义。与其他方法(模糊决策、模糊综合评判、神经网络)相比,具有准确、简便的优点,排除了对所选择的指标赋予权重的主观随意性;对各影响因素不需要进行复杂的相关分析,重复的因素或者没有影响的因素的加入也不至于影响最后的结果,因为它们的权重会在运算中自动地迭代到零,从而给选择输入节点以比较宽松的条件。

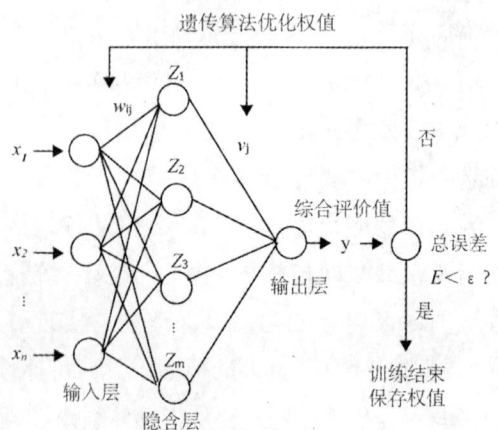

图 1 GA – BP 区域环境绩效评价模型

GA 与 BP 的结合方法具体步骤如下：

（1）确定网络结构参数；

（2）随机生成初始种群，按照一定的规则将网络权重进行编码形成一个长串（染色体）；

（3）运用初始染色体种群进行网络计算；

（4）进行网络适应度评价，选择适应度高染色体；

（5）若不满足评价条件，由对染色体进行遗传选择、变异和交叉操作，产生新的染色体，直到满足适应度评价函数（主要是进行网络权重的初选，以加快网络训练速度）；

（6）选择一个最优染色体作为网络权重，进行网络的训练和评价。

3.3 动态评价模型的构造

从动态评价模型的几何解释图 2 中可以看出，把参考绩效作为横坐标，把当前绩效作为纵坐标。假设有 3 人对参加评估绩效状态分别为 $A（X_1，Y_1）$，$B（X_2，Y_2）$，$C（X_3，Y_3）$。

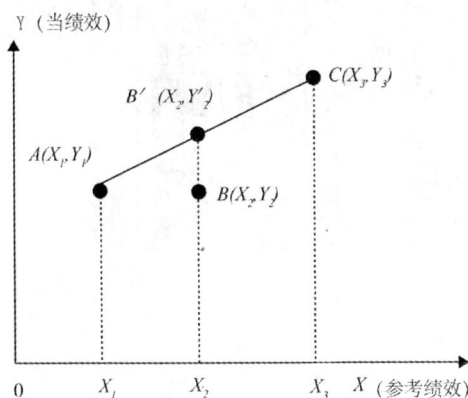

图 2　动态绩效评价模型几何解释

评价对象 B 的参考绩效介于评价对象 A、C 之间，即 $X_1 < X_2 < X_3$。如果评价对象 B 的绩效状态 $B（X_2，Y_2）$ 低于 $A（X_1，Y_1）$ 与 $C（X_3，Y_3）$ 的连线，则评价对象 B 的有效主观努力程度不如评价对象 A 和 C。A 和 C 的连线可以认为是 A、B、C 三者的相对有效前沿面，B

在该前沿面上的投影为 $B'（X_2，Y_2'）$，则 Y_2 与 Y_2' 的比值 η 就是反映 B 有效主观努力程度的动态绩效评价值。

引入绩效状态及绩效状态可能集的概念，假设 $X_j，Y_j$ 分别为第 j 个区域环境评价的参考绩效和当前绩效，$（X_j，Y_j）\in E_1$，E_1 为用遗传神经网络方法评价出区域环境绩效综合绩效的集合，则称数组 $（X_j，Y_j）$ 为第 j 个地区的绩效状态，即凸集。

$$T = \left\{（x_j,y_j）\left| \sum_{j=0}^{n} \lambda_j x_j \leqslant x，\sum_{j=0}^{n} \lambda_j y_j \geqslant y \right.\right.$$

$$\sum_{j=0}^{n} \lambda_j = 1，\lambda_j \geqslant 0，j = 0,1,2,\cdots,n\right\} \quad （1）$$

为由绩效状态 $（X_j，Y_j）$ 组成的绩效状态可能集，其中 $（X_0，Y_0）=（0，0）$。数据包络分析面向输出的 BCC 模型为：

$$\max Z$$

$$\text{s.t.} \sum_{j=0}^{n} \lambda_j x_j \leqslant x_{j0}$$

$$\sum_{j=0}^{n} \lambda_j y_j \geqslant z y_{j0} \quad （2）$$

$$\sum_{j=0}^{n} \lambda_j = 1，\lambda_j \geqslant 0，j = 0,1,2,\cdots,n$$

若最优值 $Z^* = 1$，称该地区处在绩效状态可能集 T 的前沿面上；若 $Z^* > 1$，该地区不在 T 的前沿面上，令 $\overline{X}_{j0} = X_{j0}$，$\overline{Y}_{j0} = Z'Y_{j0}$，显然 $（\overline{X}_{j0}，\overline{Y}_{j0}）$ 处在 T 的前沿面上，称 $（\overline{X}_{j0}，\overline{Y}_{j0}）$ 为 $（X_{j0}，Y_{j0}）$ 在绩效状态可能集 T 前沿面上的投影。综合以上情况，称 $\eta = 1/Z^* \times 100\%$ 为第 j_0 个地区的动态环境绩效评价值。由 $1/Z^* = Y/\overline{Y}$ 可见，动态环境绩效评价值是每个地区的当前绩效在相同条件下可能达到的最大值百分比。具体步骤如下：

（1）确定参考绩效、当前绩效及绩效状态可能集　为描述一个地区客观基础条件的差异，采用遗传神经网络方法对该地区以往环境绩效进行评价，得到的指数不仅体现该地区的实力，而且能反映其客观基础条件的优劣，称为参考绩效；用同样的方法对该地区当前的环境绩效进行评价，得到的指数被称为当前绩效。而由参考绩效和当前绩效组成的数组称为区域环境绩效的绩效状态可能集。

（2）计算动态环境绩效评价值根据区域环境绩效状态的变化反映其有效主观努力程度。这一过程是在综合评价基础上，进一步采用DEA方法进行的相对评价，本文称为动态环境绩效评价。具体来说是将参考绩效作为一种输入，当前绩效作为一种输出，代入DEA中的BCC模型，构造绩效状态的前沿面，再根据区域环境绩效的负偏离绩效状态前沿面的程度，计算出反映其有效主观努力程度的动态环境绩

效评价值。

4 区域环境绩效评价实例分析

利用区域环境绩效动态评价模型，对我国10个典型地区 2007~2009 年的区域环境绩效进行评价，将其中 2007 年数据作为 GA-BP 的训练样本，2008 年、2009 年数据作为动态绩效评价数据，本案例分析数据来源于《中国环境统计年鉴》。结果如图 3 和表 2 所示。为确定真正影响区域环境绩效排名的因素，把区域业环境绩效的综合指数做成柱状图，以反映其年度间相对变化。从评价结果看，区域环境绩效动态评价结果主要反映了各地区环境绩效偏离绩效状态前沿面程度。

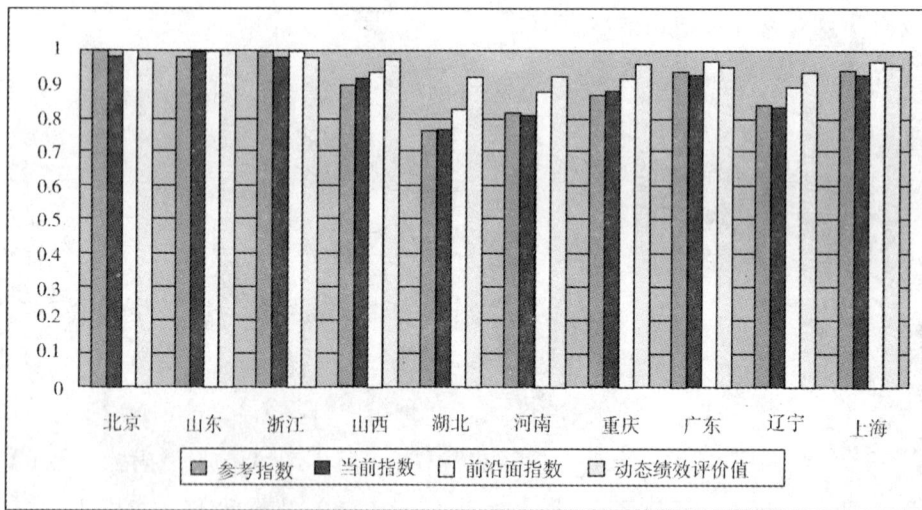

图 3 区域环境绩效的动态绩效评价

表 2 2008~2009 年区域环境绩效的动态评价结果

区域名称	2008 年	2009 年		2008~2009 年	
	参考绩效	当前绩效	名次	动态绩效评价值	名次
北京	0.9984	0.9792	3	0.9771	3
上海	0.9428	0.9294	4	0.9567	6
浙江	1.0000	0.9845	2	0.9822	2

续表

区域名称	2008 年	2009 年		2008～2009 年	
	参考绩效	当前绩效	名次	动态绩效评价值	名次
山西	0.8973	0.9152	6	0.9769	4
湖北	0.7551	0.7646	10	0.9225	9
河南	0.8183	0.8050	9	0.9181	10
重庆	0.8693	0.8836	7	0.9651	5
广东	0.9431	0.9271	5	0.9541	7
辽宁	0.8408	0.8334	8	0.9324	8
山东	0.9804	1.0000	1	1.0000	1

由于经济发展速度比较快且客观基础较好的地区提高相同的比率比客观基础条件较差的地区困难，所以虽然北京、山东和浙江三个地区的动态绩效排名没有增幅，但其状态始终趋近于或已达到动态绩效前沿面，所以排名仍在前面；而对于近年来经济发展环境得以较大改善的山西和重庆地区来说，虽然其以往客观基础条件较差，2009 年的当前环境绩效值相对落后，但从动态绩效评价值来看，其相对增幅很大。对上海和广东两个地区来说，由于近年来工业发展速度较快，加大了对周边环境污染的程度，因而严重影响了其环境效益提升，最终导致区域环境绩效的动态绩效评价值相对降幅较大；对于湖北地区来说，其目前经济发展水平和发展机遇相对稳定，客观环境较以往未得到较大改善，虽然动态绩效评价值有一定程度的提高，但仍较大幅度地偏离动态绩效前沿面，所以排名靠后。

从区域环境绩效综合指标指数看，2008～2009 年山东地区排在前面，是由于该地区在具备优越的客观基础条件的前提下，能够充分认识到环境绩效对于提高区域竞争优势方面的重要性，因而加大了对各项指标的投入力度，这使得该地区影响区域环境绩效的 4 项指标的投入提高幅度均很大，特别是加大了对影响环境

绩效十分关键的环境状况指标的投入，从而导致其环境效益指数的增长。而从三级指标来看，则主要表现在以下几个方面：一是该地区加大了对"三同时"项目的环保投资，从而在较大幅度提高该地区工业固体废弃物利用率的同时降低了废气排放总量；二是该地区加强了对自然灾害的预警，从而使其由自然灾害所带来的经济损失有了大幅度的下降；三是由于该地区属于临海城市，在处理"三废"方面，具备一定的地理优势，从而使得该地区的工业废水处理较其他地区更容易，最终使其工业废水达标率始终处于 10 个地区的前列。但是该地区影响环境状况的森林覆盖率在 2008～2009 年之间有了较小的浮动，其原因在于该地区忽视了周边的绿化，因而使得该地区的森林覆盖率指标值从 0.2004 下降到 0.1667。总之，我们可以利用指标体系中各级指标指数的变化情况，在已知各地区环境绩效排名的基础上，找到影响各地区动态绩效评价值排名的具体原因和内在潜力，从而使政府有的放矢地提高其环境绩效水平。

5　结论

通过实例分析可知，由于各地区受自身经济环境、产业发展规模等客观因素的影响，政府决策者很难从当前的综合评价结果中找出自

身在实施环境绩效管理过程中存在的主要问题。因此，本文通过对比我国 10 个地区的环境绩效的综合评价结果与动态绩效评价结果的排名变化，来分析各地区在环境绩效方面存在的问题，衡量各地区决策者在这一过程中所发挥的作用。通过对表 2 和图 3 的分析可知，目前区域环境绩效的综合评价结果与动态绩效评价结果的变化大致分为四种情况：一是客观基础条件好的地区继续努力仍然可以取得较好的环境绩效；二是基础条件差的地区经过努力也同样可以实现绩效水平的大幅度提高；三是基础条件优越的地区若放松对环境保护的投入和关注，其环境绩效水平也会有一定程度的降低；四是基础条件差的地区若仍继续忽视环保，则环境绩效的持续下降会形成恶性循环。

总之，政府和其他组织的决策者不能仅从各地区当前的环境绩效水平来说明其是否有效实施了环境绩效管理，而且能对各地区的实际情况进行客观分析，并对当前的环境绩效水平做出客观的评价。直观地了解各地政府决策者在实施环境绩效管理过程中所发挥的主观有效努力程度，而且通过对区域环境绩效的综合评价结果与动态绩效评价结果的排名次序变化进行分析，发现目前各地区在环境绩效管理过程中存在的共性问题，进而有利于政府和其他组织决策者较好地把握各地区环境绩效在动态中相对位置，对其切实起到监督和激励作用。

参考文献

[1] Haynes K. E., Ratuck S., Cummings - sexton J. Pollution Prevention Frontiers: A Data Envelopment Simulation [M]. Boston: University of Illinois Press, 1997: 115 ~ 118.

[2] Chung Y. H., Fare R., Groddkopf S. Productivity and Undesirable Outputs: A Directional Distance Function Approach [J]. Journal of Environmental Management, Vol. 51, No. 9, 1997: 229 ~ 240.

[3] Reinhard S., Lovell C. A. K., Thijssen G. J. Environmental Efficiency with Multiple Environmentally Detrimental Variables: Estimated with SFA and DEA [J]. European Journal of Operational Research, Vol. 121, No. 2, 2000: 287 ~ 303.

[4] Hailu A, Veeman T. S.. Non - parametric Productivity Analysis with Undesirable Outputs: An Application to the Canadian Pulp and Paper Industry [J]. American Journal of Agricultural Economics, Vol. 83, No. 3, 2001: 605 ~ 616.

[5] Liang L., Wu D. S., Hua Z. S. MES - DEA Model for Analyzing Anti - industrial Pollution Efficiency and Its Application in Anhui Province of China. International Journal of Global Energy, Vol. 22, 2004: 88 ~ 98.

[6] 李静，程丹润. 中国区域环境效率差异及演进规律研究——基于非期望产出的 SBM 模型的分析 [J]. 工业技术经济, Vol. 27, No. 11, 2001: 100 ~ 104.

[7] 周景博，陈妍. 中国区域环境效率分析 [J]. 统计与决策, No. 14, 2008: 44 ~ 46.

[8] 郭国锋，郑召锋. 基于 DEA 模型的环境治理效率评价——以河南为例 [J]. 经济问题, No. 1, 2009: 48 ~ 51.

[9] 孙立成，周德群，李群. 基于非竞向 DEA 模型的区域环境绩效评价研究 [J]. 统计与信息论坛, Vol. 24, No. 7, 2009: 67 ~ 71.

[10] 王俊能，许振成，胡习邦等. 基于 DEA 理论的中国区域环境效率分析 [J]. 中国环境科学, Vol. 30, No. 4, 2010: 565 ~ 570.

项目风险应对措施的评估和筛选模型

杨　颖

（上海交通大学）

摘要：在风险管理的系统研究中，如何在完成风险评估后采取有效的应对措施是一项重要的课题。在当前的研究中，风险应对措施的评估和选择方面系统完善的研究结果还寥寥无几。本文为风险应对措施（RA）的选择建立项目风险应对模型（PRRM），使达成项目目标的偏移量最小化，采用的目标函数包括了项目的三要素——时间、质量和成本。

关键词：项目风险管理；风险应对模型；工作分解

An Assessment and Selection Model for Project Risk Response Action

Yang Ying

（E – mail：YangYing82@gmail. com）

（Shanghai Jiaotong University）

Abstract：How to make efficient action after finishing risk evaluation is very import in risk management，but there is rare study on the assessment and selection of responseaction. This paragraph set up a Project Risk Response Model（PRRM）for RiskAssessment（RA）to minimize offset from project target，and the target function including three main project parameter – time，quality and cost.

Key words：project risk management；risk response action model；work breakdown

1　研究背景

项目的各个阶段都可能存在风险，风险是一种不确定的事件或条件，一旦发生，会对至少一个项目目标造成影响，如范围、进度、成本和质量[1]。针对风险管理开展的研究始于1990 年，有 RAMP[2]、RFRM[3]、SHAMPU[4]、PMBOK[1]等，其理论依据和研究框架都较类似。在风险管理的研究中关键点在于实行风险评估后如何有效地进行风险应对，即如何在风险分析后采取有针对性的行动。本文主要是基于项目风险的知识来识别、评估和分析风险应对措施（RA）。

RA 分析通常采用二维方式，采用矩阵模式来定义不同的参数，例如分析风险的可能性和影响关系的概率影响矩阵[1]、分析风险发生的影响和可预测程度之间关系的影响—可预测性矩阵[5]、风险应对规划的决策模型[6]等。有研究提出了建立 RA 分析的有效边界[7]，例如 RA 的期望成本和风险成本间的权衡模型[4]，RA 风险边界的统计模拟模型[8]。也有研究是基于项目活动分析而提出，例如早期的协同应急评估和审查技术 SCERT[9] 为项目发展工程中风险和工作任务之间的关系分析奠定了基础，但是 SCERT 并没有精确定义 RA 实施后发生的影响，也不包括任何工具来支持 RA 的选择。Ben 和 Raz[10] 采用遗传算法建立了在项目规划阶段中分类和选择 RA 的模型，但这个方法只考虑了项目风险中的成本影响，并没有考虑时间和技术影响。另外 Klein[11] 提出了分析可选 RA 的概念模型，并考虑了项目成功准则风险变化的可能性。因此本文在 Ben 和 Raz[10] 的理论基础上，综合 Klein[11] 的理论模型，建立"项目风险应对模型（PRRM）"，采用遗传算法进行反复迭代计算，取得相对最优解。

2　目标函数定义

2.1　项目目标范围

按照项目范围的三要素——时间、质量和成本[12]，提出以下定义：

$T_0 =$ 项目目标时间；

$Q_0 =$ 项目交付物的目标质量要求；

$C_0 =$ 项目目标预算。

2.2　工作分解结构（WBS）

工作分解结构（WBS）是对项目必须完成的任务进行由上至下分解的层次结构图[13]。本文的模型要求项目任务都包括在 WBS 要素范围内，并定义 WBS 要素为 WBSw（w = 1, 2, …, W）。每个 WBS 要素的工作内容按时间、质量和成本三要素进行细分。

2.3　项目最终状态

项目最终状态是项目 WBS 要素发生任何更改后的最终状态，也可以按照时间、质量和成本三要素进行细分：

$T_- =$ 项目最终时间；

$Q_- =$ 项目交付物的最终质量要求；

$C_- =$ 项目实际预算。

2.4　项目范围期望偏离（SED）

SED 是用来衡量项目最终状态和项目目标范围之间的偏移量。项目 WBS 要素的任何变化都可能造成偏移。根据 Kerzner[12] 的理论，假定允许三要素之间的权衡变换，因此基于简单加权平均法 SAW[14] 建立以下等式：

$$SED = 100 \times \left(t \times \left(\frac{T_0 - T'}{T_0} \right) + q \times \left(\frac{Q' - Q_0}{Q_0} \right) + c \left(\frac{C_0 - C'}{C_0} \right) \right)$$

其中，$t + q + c = 1$，

$t =$ 项目时间的权重系数；

$q =$ 项目质量的权重系数；

$c =$ 项目成本的权重系数。

根据项目情况，以两两判断法[15] 作为决定参数 t、q 和 c 的判断依据，分配各自的权重系数。

如果 SED 是负值，表示有超出预计的偏移；如果 SED 是正值，表示偏移在预计范围内。当 SED 最大时，取 RA 的有效组合。

2.5　风险因素（RE）

RE 指导致至少一个项目目标（时间、成本或质量[1]）发生积极或消极影响的不确定因素，定义为 RE_i（$i = 1, 2, …, m$）。根据 Ben 和 Raz[10] 的理论，假定各风险因素之间互相独立，RE 有如下特性：

（1）RE 的影响：RE 产生的影响[12]，当项目中产生 RE 时，其影响有积极的也有消极的[1]。

（2）RE 的可能性：RE 产生的可能性[12]。

2.6　应对措施（RA）

RA 指采取的应对措施，对 RE 的可能性和影响会产生积极或消极的影响，定义为 RA_j（$j = 1, 2, …, n$）。RA 有如下特性：

（1）*RA* 的影响：*RA* 产生的影响，可能会影响 *RE* 的两大标准或 *WBS* 要素的三要素，其影响有积极的也有消极的。

（2）*RE* 的资源：解决 *RE* 所采用的 *RA* 的资源。

（3）*RA* 的三要素（时间、质量和成本）：和项目 *WBS* 要素类似，*RA* 也可以按三要素进行考虑。

3 时间、质量和成本的衡量

当前的项目管理方法会将复杂的项目分解成较小的、易于管理的项目子集，这就是通常所说的分解结构，通常采用以下三种方法——工作分解结构 *WBS*、成本分解结构 *CBS* 和质量分解结构 *QBS*。

3.1 成本分解结构（*CBS*）

WBS 的各个工作细目通常会被分派给专门的责任人，这样就可以建立成本和资源的分层总和结构[1]。*CBS* 即项目成本的分层分解。

3.2 质量分解结构（*QBS*）

QBS 是从 *WBS* 衍生而来，用于项目质量的定量分析[11]。如果定义项目交付物的目标质量的权重系数为100%，并位于结构的最顶层，采用德尔菲法从上至下进行分层分解。

4 项目风险应对模型

根据以上目标函数可以发现，目标问题是一个复杂整数规划问题，属于采用指数增长率进行计算的组合问题[10]。为简化模型，本文只考虑 *RE* 的成本影响和 *RA* 的实行成本。

本文所探讨的 *PRRM* 法只是一种假设，并不是获取目标函数的最佳方案。*PRRM* 法是基于三大中心——项目、风险和应对措施，建立三大主要模型——项目评估模型 *M1*、风险评估模型 *M2* 和应对评估模型 *M3*，和三大分级方法——*WBS* 分级 *R1*、*RE* 分级 *R2* 和 *RA* 分级 *R3*。

4.1 项目评估模型（*M1*）

常规的项目规划包括创建 *WBS*、资源分配、项目计划等，属于 *M1*，其输出包括项目时间 *T*、项目质量 *Q* 和项目成本 *C*。

4.2 *WBS* 分级（*R1*）

R1 是为了识别 *RE* 而建立，可以从各个 *WBS* 要素中鉴别更多的 *RE*。在此流程中，各个 *WBS* 要素（$w = 1, 2, \cdots, W$）需要计算 SED_w^A 和 SED_w^D，即促进和恶化 *WBS* 要素主要成功标准的 *SED* 值。*WBS* 要素的分级将随着（$SED_w^A - SED_w^D$）（$w = 1, 2, \cdots, W$）递减。

4.3 风险评估模型（*M2*）

采用 *M2* 给识别的风险进行分级，并最终计算 *SED* 值。用 *RE* 的可能性和影响建立概率影响矩阵[1]，并决定风险等级。为计算 *SED*，并考虑所有 *RE* 的发生，执行 *M1*，将其输出值重命名为 *T'*，*Q'* 和 *C'*。注意 T_0，Q_0 和 C_0 是 *M2* 的输入变量。

4.4 *RE* 分级（*R2*）

R2 是为了识别 *RA* 而建立，可以从各个 *RE* 中鉴别更多的 *RA*，*R2* 的流程中有循环过程，每次循环只考虑一个 *RE*（RE_i，$i = 1, 2, \cdots, m$）的发生，执行 *M1*，其输出值重命名为 *T'*，*Q'* 和 *C'*。计算 *SED* 并重命名为 SED_i，作为每个 RE_i 对应的 *SED* 值。*RE* 的分级将随着 SED_i（$i = 1, 2, \cdots, m$）的绝对值递减。

4.5 应对评估模型（*M3*）

M3 作为决策流程的核心，其前提是识别 *RA*，需考虑风险分级，以及 *RE* 的影响和可能性的值。*RA* 可以表现为不同形式，例如增加新的 *WBS* 要素，调整 *WBS* 要素的上级结构、改变项目时间表等。

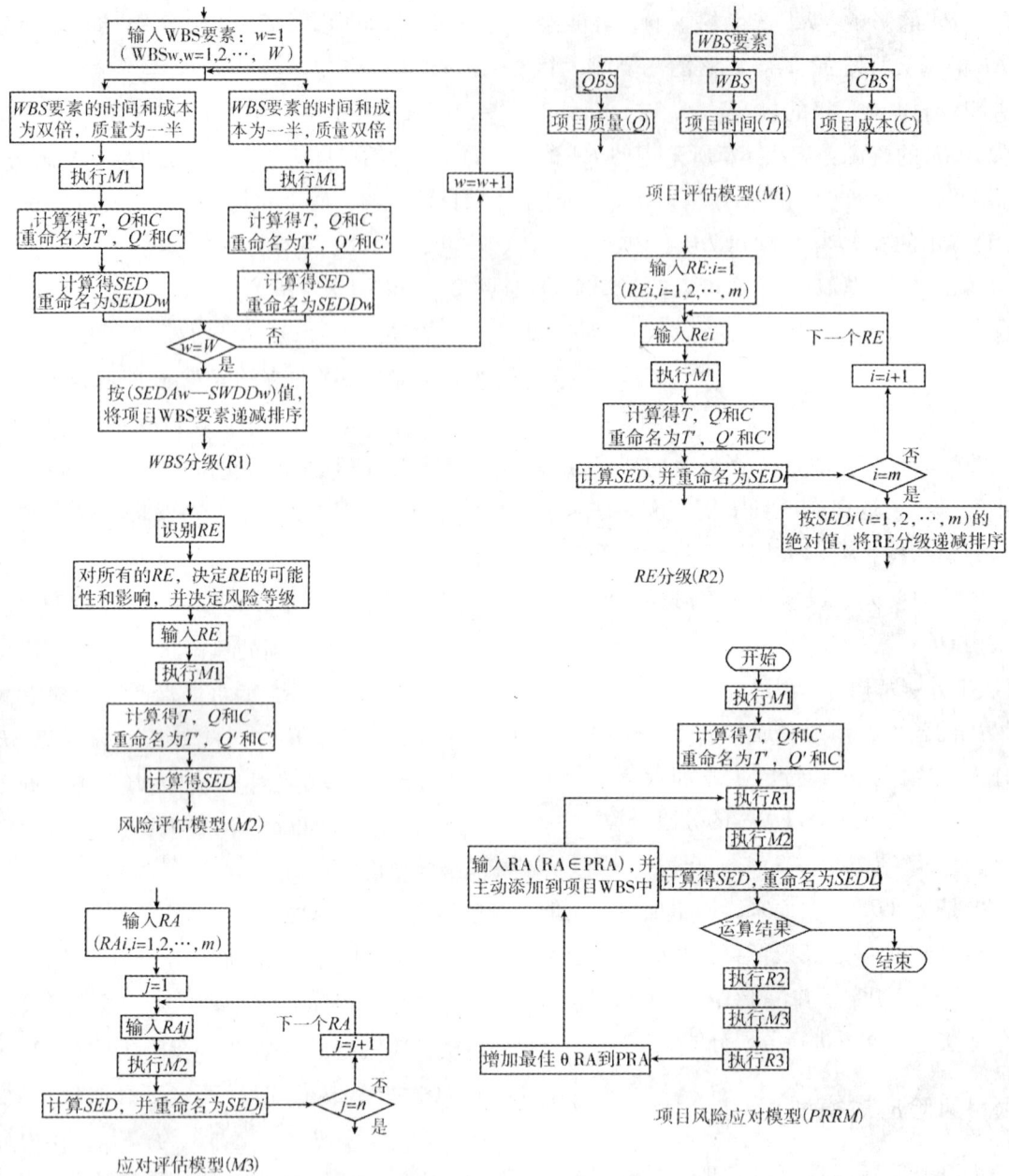

图1 项目风险应对模型及其子模型

识别可能的 RA 之后，开始执行 $M3$，每次循环只考虑一个 RA（RA_j, $j = 1, 2, \cdots, n$），执行其中的 $M2$，其输出的 SED 值重命名为 SED_j，对应各自的 RA_j。

4.6 RA 分级（R3）

RA 按照（$SED_j \dot{} SED_0$）（$j = 1, 2, \cdots, n$）递减。SED_0 是 $M3$ 的输入变量，是比较 RA 的基础。为能正确映射 RA，当（$SED_j \dot{} SED_0$）≤ α 时，由于此时改进的可能性极小，所以删除此时的 RA。初始值 α 是预先确定的，且不能为零。

4.7 项目风险应对模型（PRRM）的主要流程

PRRM 包含了三大主要模型和三大分级方法（见图1）。执行 $M1$ 后，其输出值为 T，Q 和 C，重命名为 T_0，Q_0 和 C_0 后进入规划流程循环。执行 $M2$，将其输出的 SED 值重命名为 SED_0 后输入 $M3$。

在规划流程的每个循环过程中增加最佳 θRA，形成规划应对措施 PRA，直到达到循环结束。参数 θ 是用德尔菲法确定的预设值。注意各个循环开始时，RA（$RA \in PRA$）应主动添加到项目 WBS 中，形成动态过程。另外还需要定义过程停止的条件，包括：

（1）不产生新的 RA；

（2）SED 的可接受标准；

（3）RA（$RA \in PRA$）的预算要求；

（4）时间限制等。

其他还包括模型的设置参数：目标函数系数 t，q 和 c，参数 θ 的初始值默认为1，界限值 α 的初始值默认为0等。

5 案例研究

以某公司新产品试制生产线建设项目为本文案例，项目内容包括生产线建立和调试、原材料采购、新产品试生产等内容。属于通常大批量定制型工业企业常见的项目类型。

首轮循环的参数设置为：$t = 0.2$，$q = 0.3$，$c = 0.5$，$\alpha = 0$，$\theta = 1$；$M1$ 首轮计算结果为：$T_0 = 485$ 天，$Q_0 = 100\%$，$C_0 = \$165800$；$M2$ 首轮计算结果为：$SED = -29.5\%$（此时 $T_- = 450$ 天，$Q_- = 85.2\%$，$C_- = 253675$）。

$$SED = 100 \times \left(0.2 \times \left(\frac{485 - 450}{485} \right) \right) + 0.3 \times \left(\frac{85.2 - 100}{100} \right) + 0.5 \times \left(\frac{165800 - 253675}{165800} \right)$$
$$= -29.50\%$$

$SED = -29.5\%$ 指的是完成项目任务过程

中可预料的失败几率。如果设置的 t，q 和 c 条件不同，其权重系数也会变化，因此 SED 变量也会相应变化，而 α 的位置表现了 SED 是积极还是消极（见图2）。

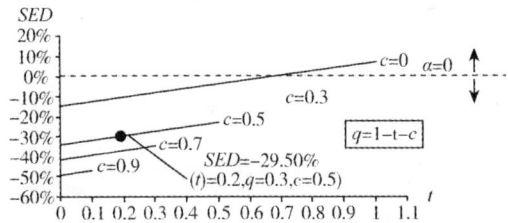

图2 不同 t，q 和 c 条件下，SED 变量的变化

然后执行 $M3$，令 $SED_0 = -29.5\%$。选取的 5 个 RA 值结果见表1（由于本文篇幅关系，只选取了项目中影响最大的 5 个 RA，但是事实上如果考虑的 RA 值越多，其最终结果将会更加精确）。由于 RA_1，RA_4，RA_5 的结果为负值，将其从 RA 的清单中剔除。RA_3 为最优解，则 $PRA = \{RA_3\}$，并开始下一轮循环。选取最优 RA 是项目过程中各个关联因素权衡的过程，对 5 个 RA 值的取舍也可以采用图3的方式综合评估。RA_1 和 RA_4 采取的是消极等待的方式，RA_2 和 RA_5 会极大地影响项目进度，而只有 RA_3 的选择综合考虑了各方面，是相对可取的。

表1 首轮计算的5个RA值结果

j	RAs	SED_j	$SED_j - SED_0$
1	增加操作工数量	-38.08%	-8.58%
2	降低产品生产技术要求和难度	-28.47%	-1.03%
3	优化车间布局设计方案	-26.18%	3.32%
4	员工培训，提高技能	-33.06%	-3.56%
5	重新评审设计方案	-29.83%	-0.33%

$$q \times \frac{Q_0 - Q'}{Q_0} \qquad t \times \frac{T' - T_0}{T_0} \text{以泡泡大小表示}$$

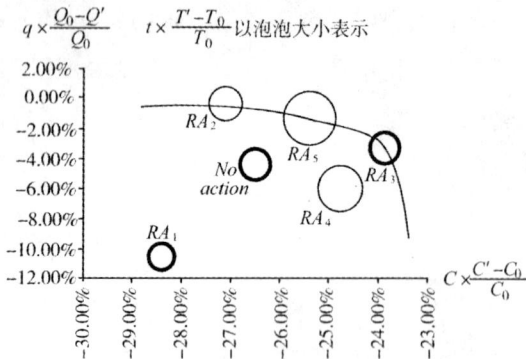

图3 项目关联因素权衡方式

按照以上方式计算案例所选取的 10 个 RA，完成 PRRM 计算（见表2），获得的最终 SED_0 = -11.20%。PRRM 的计算结果表明风险值降低了 18.3%（= 29.50% - 11.20%），其中成本风险降低了 10.97%，质量风险降低了 25.80%，进度延迟的风险降低了 25.36%。每进行一次循环，SED 的值获得逐步改善。

表2 10次循环的 SED 值

循环次数	RA（PRA 要素）	T´（天）	Q´（%）	C´（k$）	SED（%）
1	优化车间布局设计方案	460	88.9	245	-26.18
2	降低产品生产技术要求和难度	490	106	255	-25.31
3	改进加工工艺	495	93.6	235	-23.30
4	改进生产设备，添置新工装	510	86	209	-18.23
5	提高设备产能	350	92	235	-17.70
6	任命专职技术人员	335	102	240	-14.48
7	采购合适的原材料	330	112	240	-12.38
8	员工培训，提高技能	300	115	245	-11.76

续表

循环次数	RA（PRA 要素）	T´（天）	Q´（%）	C´（k$）	SED（%）
9	优化检验设备，提高质量控制能力	300	121	250	-11.46
10	提高设备自动化程度，减少人为因素	327	111	236	-11.20

6 结论

本文基于之前对风险应对措施的评估和选择方面的研究，提出了项目风险应对模型（PRRM），从项目三要素——时间、质量和成本着手，对风险应对措施（RA）的评估和筛选提供支持。并采用了某公司新产品试制生产线的案例测试了计算模型，并有效地表现了对项目三要素的改善成果。

参考文献

[1] 项目管理委员会（PMI）. 项目管理知识体系指南（PMBOKguide）[M]. 第四版. 北京：电子工业出版社，2009：212 ~ 248.

[2] Thomas Telford. Risk Analysis and Management for Projects (RAMP)[M]. London, UK, 1998：238 ~ 251.

[3] Haimes Y, Kaplan S, Lambert J [M] H. Risk filtering, ranking, and management framework using hierarchical holographic modeling [J]. Risk Analysis, 2002, 22 (2)：383 ~ 397.

[4] Chapman CB, Ward SC. Project Risk Management. Processes [M]. Techniques and Insights, 2nd ed. Chichester, UK, 2003：89 ~ 122.

[5] Charette R. Software Engineering Risk Analysis and Management [M]. New York. US, 1989：23 ~ 51.

[6] Piney C. Risk Response Planning：Select the Right Strategy [M]. Fifth Project Management Conference, France, 2002.

[7] Markowitz H [M] M. Portfolio Selection：Efficient Diversification of Investments [M]. New Haven：Yale

Univ. Press, 1976.

[8] Kujawski E. Selection of technical risk responses for efficient contingencies [J]. Systems Engineering, 2002, 5 (3): 194~212.

[9] Chapman C [M] B. Large engineering project risk analysis [J]. IEEE Transactions on Engineering Management, 1979, 26: 78~86.

[10] Ben D [M] I, Raz T. An integrated approach for risk response development in project planning [J]. Operational Research Society, 2001, 52: 14~25.

[11] Klein J [M] H. Modeling risk trade - off [J]. Operational Research Society, 1993, 44: 445~460.

[12] Kerzner H. Project Management: A Systems Approach to Planning, Scheduling, and Controlling, 8th ed. New York: Wiley, 2003.

[13] J. Gido, J. P. Clements. 成功的项目管理 [M]. 机械工业出版社, 2003: 58~62.

[14] Jacquet - Lagreze E, Siskos J. Assessing a set of additive utility functions for multi - criteria decision making [J]. European Journal of Operational Research, 1982, 10: 151~164.

[15] Srinivasan V, ShockerAD. Estimating the weights for multiple attributes in a composite criterion using pair - wise judgments [J]. Psychometrika, 1973, 38 (4): 473~493.

基于 SDN – Agent 扩展 RBAC 模型的访问控制研究①

倪明[1]　　廖瑞辉[2]

(1. 华东交通大学经济管理学院)

(2. 南京大学工程管理学院)

摘要：随着网络信息技术在不断的发展，信息安全是其中的主要影响因素之一。在现有的 RBAC 访问控制模型的基础上，引入 SDN – Agent 理念，为供需网节点实现高效合作提供保障。以物流系统为例，供需网节点之间的物流合作流程通过 SDN – Agent 动态权限管理模块进行控制，增强了供需网节点合作的安全性，提高了权限配置的效率和系统的灵活性。仿真结果表明，在增强了系统的安全性的同时，系统搜索时间、柔性和鲁棒性等特征也得到进一步改善。

关键词：SDN – Agent；角色控制；访问控制

Study of Access Control of Extended RBAC Model Based on SDN – Agent

Ni Ming[1]　　Liao Ruihui[2]

(1. College of Economics and Management, East China Jiao Tong University)

(2. School of Management and Engineering, Nanjing University)

Abstract：With the development of information technology, information security is one of the major factors in the modern network. Combining with the opening and dynamic stability of SDN, this paper proposes SDN – Agent access control module based on the existent RBAC model, which provides securely protection for sharing resources better among enterprises of SDN. Taking logistics system as an example, the security of SDN has been enhanced through SDN – Agent dynamic controlling the flow of logistics cooperation, which also improving the efficiency and flexibility in privileging configuration of the system. The simulation shows that the extended RBAC model is suitable for information security of SDN, and the characteristic of seek time, flexibility and robustness is improved.

Key words：SDN – Agent; role control; access control

随着现代信息技术和计算机网络应用的　　推广，人们对信息安全越加重视。由于现代

---

① 该研究得到国家自然科学基金（70962010）、省社科规划项目（10GL19）和省教育厅科技项目（GJJ11425）资助。

权限管理的需要，很多访问控制的方法不断涌现，如基于角色的访问控制（RBAC）方法，该方法作为传统访问机制以其灵活性、方便性和安全性在许多系统尤其是大型数据库系统的权限管理中得到应用，随着研究的深入，不断有改进的角色访问控制模型被提出[1~2]。Park（2003）等[3]基于任务角色访问控制，拓展了任务分配信息的交流范围，为任务的协调解决提高了效率。访问控制中，可以对权限集的分配采用同类合并规则来简化操作[4]，以此来减少管理员的失误，进一步解决角色关联和权限关联之间的衔接问题[5]。对多类企业共同参与的网络模型，可以从产品管理系统角度对产品生产信息进行分析[6]，Qi Li（2009）等[7]针对传统 RBAC 模型处理多类企业参与合作的局限性，提出基于组别概念的权限下放的 GB – RBAC 模型，该模型也可以应用于电子政务，使用户、权限管理条理化，减少授权管理的复杂性，还有学者通过引入维数概念，对复杂环境下如何实现安全互操作问题进行了归纳[8~10]。综上，RBAC 访问控制模型由于实用性较好，可拓展性强，在电子商务、电子政务等一些受限环境中有着广泛的应用。为能够更加适应动态复杂环境的访问控制，本文引入 SDN – Agent 动态权限控制模块，对多用户和多角色的权限进行动态设定。

1　核心 RBAC 模型

　　角色访问策略是一种兼顾访问控制要求和资源共享要求的访问控制策略，根据用户在系统里表现的活动性质而定，核心 RBAC 模型为角色访问控制系统中的基本部分，主要体现用户和角色、角色和权限之间的指派关系，如图 1 所示。主要相互关系定义如下：

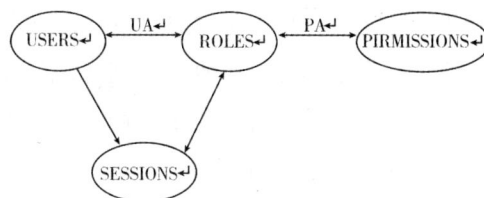

图 1　核心 RBAC 模型

　　（1）USERS 是用户的集合；

　　（2）ROLES 是角色的集合；

　　（3）PERMISSIONS 是权限的集合；

　　（4）$PA \subseteq PRMS \times ROLES$，是权限到角色的多对多的分配关系；

　　（5）$UA \subseteq USERS \times ROLES$，是用户到角色的多对多的分配关系，即一个用户可以是多个角色的成员，一个角色也可以拥有多个用户；

　　（6）SESSIONS 是确定用户与激活角色间各映射的会话集合，一次 SESSION 即一个用户与系统建立连接的进程，从而选择一个用户与多个激活角色的映射。

　　在图 1 中，核心 RBAC 模型对角色、权限只提出了一般性定义，主要存在以下不足：①权限繁冗，缺乏对客体多层次的抽象，操作的灵活性受到一定程度的制约；②在角色多重继承中，当底层角色撤销后，与之关联的用户的权限存在着不确定性。这类问题影响系统的稳定性，并且会降低操作人员的效率。

2　基于 SDN – Agent 的扩展 RBAC 模型

2.1　SDN – Agent

　　多功能开放型企业供需网（Supply and Demand Net – work with Multi – function and Opening Characteristics for Enterprises，SDN）[11]，是以全球资源获取、全球制造、全球销售为目标，相关企业之间由于"供需流"的交互作用而形成的一种多功能开放式的供需动态网络结构，具有信息化程度高、高度集成性、动态稳定等特征。而 Agent 之间的相互协作共同实现复杂目标的行为，在合作层面上与供需网理念有着很好的切入点。但是，由于各 Agent 个体知识的不完备性、不相容性等问题，可能会导致 Agent 间冲突的产生，从而影响 Agent 间的协作。目前，基于 Agent 的供需网协同研究为供需网管理理念的实施提供了一个柔性的、可重构的及开放式的技术解决方案，因为 Agent 能控制自己的内部状态和行为，不需要外界直接干预，适时地对环境的改变做出响应，可以协调供需流过程的执行，主动发现供需服务、动态地响应或重置其功能，因此，将基于 SDN 理念构建的协商规则封装于 SDN - Agent 的属性当中，组成一类大型开放式的 MAS，则可以在现实分散的企业平台中进行实现。这样在供需网中，不仅可以完成企业间的业务过程所规定的工作流任务，而且可以通过协调供需流来形成各项优势互补的合作关系，从而寻求整个供需网的最大效率与效益。

本文定义 SDN - Agent 的四元模型为 $SDN - Agent = < id\_SDN\_Agent, C, \pi, L >$，其包含的内容为：

（1）id_SDN_Agent 是 SDN - Agent 的标识码。它由系统为其分配的角色（Role）决定，如退货 SDN - Agent、配送 SDN - Agent 等，可以对角色等属性进行继承，成为子类 SDN - Agent，体现 Multi - Agent 系统的多层次结构。

（2）C 代表 SDN - Agent 的能力（Capability）。它可用自由形式的文本表示，反映出 SDN - Agent 可以完成一定的功能，如产品的再加工能力、物流配送、提供资金流等，并通过承担 Multi - Agent 系统中的角色（Role）获得收益。

（3）π 是 SDN - Agent 的属性状态。引入

SDN 思想的 SDN - Agent 通过在功能层次上融合层次型结构，可以适时地对 SDN - Agent 接受的任务做出有效规划和优化，因为该层次结构只影响到这个结构内部的 SDN - Agent，并可以提供给它完成任务所需求的资源，在有效完成各 SDN - Agent 之间的协调与任务分配之后，系统可以回到最初非层次型结构的状态。

2.2 扩展 RBAC 模型

核心 RBAC 模型中，权限并不直接分配给用户，而是先分配给角色，然后把用户分配给角色，从而获得角色的权限。系统定义了各种角色，每种角色可以完成一定的职能，不同的用户根据其职能和责任被赋予相应的角色。一旦某个用户成为某角色的成员，则此用户可以完成该角色所具有的职能。虽然这种访问控制方式大大简化了安全管理系统的复杂性，但是它不能满足现代应用系统的动态性特征，在系统开发过程中实现起来比较烦琐，并且不易管理。

针对核心 RBAC 模型中存在的不足，有学者引入 Agent，通过 Agent 授权过程的灵活性，在实际应用环境中体现了一定的理论参考价值[12]。但目前的研究中，Agent 会占用大量的临时存储空间，会引发角色空间不足，并且如何从多个具有不同权限额度、不同执行能力的 Agent 中选择合适的 Agent，是进一步研究的难点。

本文引入 SDN - Agent 模块进行扩展。在 SDN 环境中，整个系统中参与的节点和数量都是动态的，但所需要的各 SDN 节点的职责及其权限类似，SDN - Agent 模块结合 MAS 易变通性和弱耦合性的特点，在 SDN 环境中对客体和类别管理模块进行功能细化（见图 2）。

主要关系和内容定义如下：

（1）USERS，用户的集合。

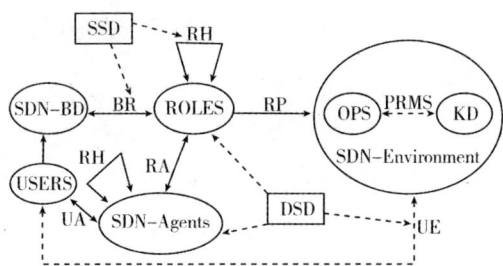

图 2　基于 SDN – Agent 扩展 RBAC 模型

（2）ROLES，角色的集合；

（3）SDN – BD ⊆ SDN – BASE DATA，供需网节点用户注册信息的集成数据库；

（4）KD ⊆ KNOWLEGE DATA，系统知识库，结合 SDN – Environment 中发布的任务进行集成；

（5）OPS，角色进行访问操作的集合；

（6）SDN – Agents，基于 SDN 设定的各系统节点类别；

（7）SSD ⊆ Static Separation of Duties，静态权责控制；

（8）DSD ⊆ Dynamic Separation of Duties，动态权责控制；

（9）RH，对所选对象进行分层；

（10）BR，角色权限授予前与 SDN 节点数据库交互会话，确认信息；

（11）RP ⊆ ROLES × PRMS，权限到角色的多对多分配关系；

（12）RA，Agent 与激活角色间各映射的会话交互，一次 SESSION 即一个用户与系统建立连接的进程，从而选择一个 SDN – Agent 与多个激活角色的映射；

（13）UA ⊆ USERS × SDN – AGENTS，用户到 SDN – Agents 多对多的分配关系；

（14）UE，用户与 SDN 合作网络平台交互会话，寻找适合的任务信息，同时 SDN 网络平台也可以向非 SDN 注册用户发布任务信息；

（15）SDN – Environment，SDN 环境；

（16）PRMS，客体访问权限的集合。

由于 SDN – Agent 具有智能特性，它能够处理不确定、不完备甚至矛盾的网络信息，能够适应不断变化的网络环境，实现自身的知识进化，具有临时性、动态性及功能撤销等基本特征，将避免角色数量不断增加引起的空间不足等问题。

在供需网中，用户的组成和数量不是固定的。可以按常规继承关系从同一 Agent 基类派生，使 SDN – Agent 类拥有共享权限，可以由各级 Agent 继承，这也说明供需网节点成员可以进行实时交流。在控制模型中，需要通过限制和规则来约束，SSD 与 DSD 对用户集合、角色集合、用户分配、角色激活、SDN – Agent 类权限分配等元素和关系的限制规则起到约束条件的作用。该机制支持授权管理，通过定义不同的角色作为沟通用户和资源的桥梁，当组织的功能变化或演进时，只需删除角色的旧功能、增加新功能，或定义新的角色，而不必更新每一个用户的权限设置，简化了对权限的管理。角色控制在 SDN 中的应用，可以根据不同企业特点，建立不同的角色关系。并且既可管理企业的外部用户，也可以有效地管理内部用户。

因此，引入 SDN – Agent 的拓展模型所适应的系统环境可以更加具有开放性，在共享绝大部分公共信息资源基础上，节点凭借对彼此的信任，可以最大程度交互私有信息，与传统的角色访问控制系统相比，本文在 USERS 和 SDN – Environment 之间加强了访问链接，在 DSD 动态权责控制模块的监控下，通过用户与 SDN 合作网络平台交互会话模块 UE，寻找适合的任务信息，能较好地克服角色在多重继承中所产生的一些不确定因素，增强了系统的可行性。这样不仅可以使用户了解到系统任务的信息，同时系统还可以对非本系统的用户提供进入的可能，只要该用户满足系统任务的资格要求，这也体现了供需网的网络拓扑性质，具有延展性。

3 例证

3.1 物流系统访问控制

以物流系统访问控制为例，SDN – Agent 分为供应商 SDN – Agent、制造商 SDN – Agent、销售商 SDN – Agent 和回收 SDN – Agent。物流系统具有不确定性和复杂性，SDN – Agent 控制模块就是要创造条件使这些理性 Agent 选择有利于整体的行为，协作完成物流合作。SDN 节点通过在供需网平台发布相关任务信息，让其他节点接收物流方案信息，其他节点根据自身能力选择感兴趣的子任务。若被接受，按任务要求执行分配的子任务，并向其他节点反馈结果。其中，制造商 SDN – Agent 物流方案为合作需求的驱动因素（见图 3）。

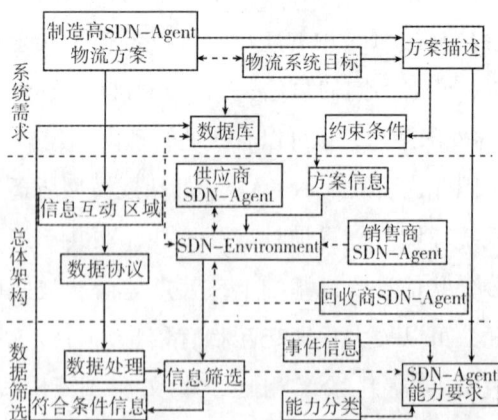

图 3 SDN – Agent 模块控制流程图

在扩展模型中，SDN – Agent 控制模块采用客户端—应用服务器—数据库的三层结构，实现信息资源的交互会话。以一类产品的流通为研究对象，访问控制流程如下：

（1）用户通过 UA 发出访问请求。

（2）访问响应器通过 BR 验证用户身份。

（3）对用户调用角色类别，分配其所属 SDN – Agent 类目权限，由 OPS 记录。由于物流产品数量及地区分布广，涉及环节多，存在一定的不确定性，扩展 RBAC 模型将适当调整合作时间，信息储存于 SDN – BD。

（4）SDN – Agent 通过 RP 渠道在 SDN – KD 的信息中获取任务分配信息。

（5）用户从 SDN – Agent 类目中获得相应访问权限。RH 对物流任务进行了分层，用户在与其他 SDN – Agent 进行会话交互时，更具有独立性和自主性。

（6）SDN – BD 与 KD 交互信息，通过信息筛选，将结果返回 SDN – Environment。

（7）各类 SDN – Agent 在任务信息中达成一致时，反馈于 SDN – KD，制造商 SDN – Agent 对原材料库存及成品库存信息进行发布，其他节点可以进行参照，控制物流系统中原材料的数量以及产品的回收速度。

（8）系统审核任务合作信息并返回客户端，本次访问结束。

3.2 仿真分析

结合面向 Agent 开发环境 JACK 平台进行仿真分析，目的是在时间等方面对扩展模型和核心 RBAC 模型进行比较。SDN 环境中，物流合作网络为 $N = (W, S, T, F)$，其中有：

$$\forall s_i \in S = \{Goal, Plan, Knowledge, Environment, Ability, Event, Intend\}$$

$$(I)s_i = \{SDN - Agent, Role. User, SDN - Evironment, ObjectClass\}$$

W 为世界可能集，是合作网络的范围，通过控

制标识 M_c 模拟物流系统，检验 N 中的时间点集 T 和能力映射 F 来分析扩展 RBAC 模型选取合格数 S 的有效性。假定引入 Agent 的核心 RBAC 模型的网络标记为 $N_1 = (W_1, S_1, T_1, F_1)$，初始标识为 M_{c1}，假定扩展 RBAC 模型的网络标记为 $N_2 = (W_2, S_2, T_2, F_2)$，初始标识为 M_{c2}。根据（I）式中的限制条件，相应参数设定为：

　　role：：= < R_ GOAL，R_ CAPABILITY，benefit >

　　R_ GOAL：：= {r_ goal}

　　R_ CAPABILITY：：= { r_ capability }

　　r_ capability：：= < capability，number >

　　benefit：：= integer

令供需网环境中，有供应商、销售商、回收商各 100 家，由制造商发布方案。其各自的限制条件主要是 Capability（能力）、Distence（距离）、Time（服务响应时间）这三者之间的差异，其值均设定为 0 ~ 1，由随机函数生成数值，Object No. 是节点编号。任务信息发布代码如下：

```
plan taskPlan extends Plan
{#handles event Product reference;
static boolean relevant（Product reference）
{#requires role Distributing
    #requires role inventory
#requires role funds
#requires role receiver
}
Context（）
{ …
}
#posts event Event1 handel1;
#sends event MessageEvent1 messagehandle1;
#reads data Relation1 relation_ NS_ Agent;
```

```
#modifies data Relation2 relation_ RS_ Agent;
#uses agent implementing InterfaceType InterfaceName;
#uses interface InterfaceType InterfaceName;
#reasoning method method
Body（）
{ …
}}
```

其中，NS_ Agent 包含供应商 SDN – Agent、制造商 SDN – Agent、销售商 SDN – Agent、回收 SDN – Agent，RS_ Agent 包含各类资源提供节点。根据功能节点层次设置构建完整功能集合，接着根据用户激活的角色集合筛选功能节点，筛选需要符合静态职责分离和动态职责分离的设置。制造商 SDN – Agent 公布的物流方案要求为 $N^* = (1, 0.5, 0.5, 0.5)$，其中数值 1 表示在全网络搜寻各项指标均在 0.5 以上的合格对象。

在 $W_1 = W_2$ 的情况下，图 5 中 SDN – Agent 扩展模型 N_2 比引入 Agent 的核心 RBAC 模型 N_1 所用时间更短（见图 4），只用了 12 分钟且 N_2 合格种类和数量更多，有 7 个符合条件的服务商，合格率为 0.75，比核心 RBAC 模型网络的 0.57 合格率要高。

基于仿真结果，SDN – Agent 扩展 RBAC 模型主要有以下几个方面的改进：

（1）搜索时间缩短。扩展 RBAC 模型基于物流资源的整合，相对于传统 RBAC 模式在业务处理中存在的固化现象，*SDN – Environment* 模块增强了物流节点企业处理业务的灵活性，提高了系统的适应能力。

（2）柔性加强。扩展 RBAC 模型构造了一个柔性的物流合作流程，根据物流业务处理的动态需求来提供正确的业务信息。体现了供需网的柔性度高的特征。

（3）鲁棒性加强。在本文的扩展模型中，访问用户身份通过鉴别后，在客户端用户身份可以限制对系统资源的访问类型，同时服务器端对数据请求进行审核，有效地防止非法用户的入侵，使系统的安全性得到增强，系统更加稳定。

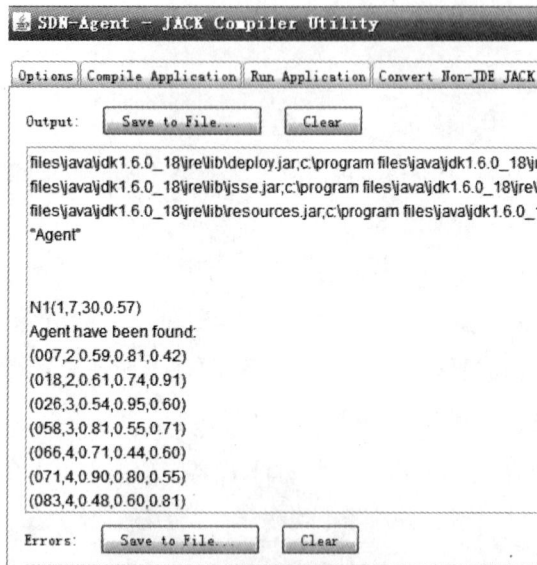

图 4　模型 N_1 仿真结果

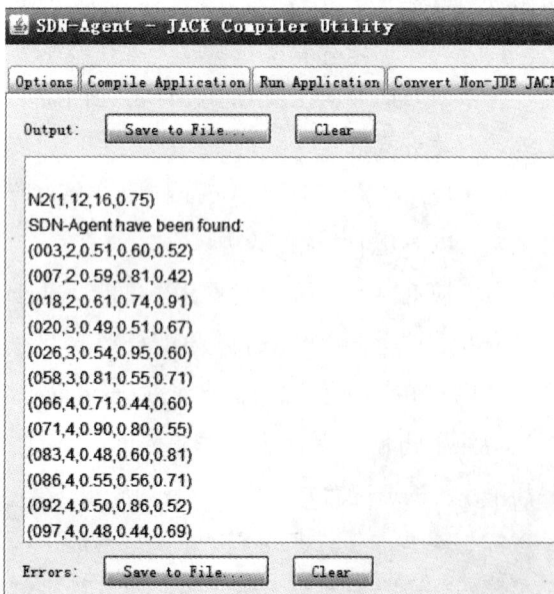

图 5　模型 N_2 仿真结果

4　结论

扩展的 RBAC 模型适用于数据库应用层等方面的网络访问控制研究。本文在核心 RBAC 模型的基础上，结合供需网节点企业信息系统的要求，建立的动态信息管理体系，是基于角色、操作和数据等维度上对权限控制的扩展，同时，引入 SDN - Agent 控制模块与特定角色进行对接，在信息互动区域可以很好地实现多级管理控制，增强了系统的安全管理性能，为供需网合作平台的有效运作提供保障。

参考文献

［1］S. Osborn, R. Sandhu, Q. Munawer. Configuring role – based access control to enforce mandatory and discretionary access control policies ［J］. ACM Transactions on Information and System Security. 2000, 3 (2)：85~106.

［2］AhnG., Sandhu S. Role – based authorization constraints specification ［J］. ACM Transactions on Information and System Security, 2000, 3 (4)：207~226.

［3］Park S., Oh S. Task – role – based access control model ［J］. Information Systems, 2003, 28 (6)：533~562.

［4］Andrea Omicini, Alessandro Ricci, Mirko Viroli. RBAC for organization and security in an agent coordination infrastructure ［J］. Electronic Notes in Theoretical Computer Science, 2005 (128)：65~85.

［5］Ju Hum Kwon, Chang Joo Moon. Visual modeling and formal specification of constraints of RBAC using semantic web technology ［J］. Knowledge – Based Systems, 2007 (20)：350~356.

［6］Zolfi, Ghomi. Advances in Production Management Systems ［J］. IEEE, 2007：69~76.

［7］Qi Li, Xinwen Zhang, Mingwei Xua, Jianping Wu. Towards secure dynamic collaborations with group –

based RBAC model ［J］. Computers & Security, 2009 (28): 260 ~ 275.

［8］张晓燕, 张素伟. 基于 RBAC 的电子政务权限访问控制模块的设计与实现 ［J］. 计算机工程与设计, 2007 (2): 680 ~ 682.

［9］单徐梅, 虞慧群. 基于 RBAC 的工作流管理系统授权约束方法 ［J］. 计算机工程, 2010 (4): 152 ~ 154.

［10］陈刚. 基于 RBAC 的跨域互操作机制研究 ［J］. 计算机与数字工程, 2010 (1): 111 ~ 113.

［11］倪明. 供应链组织模式的拓展——供需网组织模式 ［J］. 统计与决策, 2008 (15): 173 ~ 174.

［12］孙伟, 王淑礼, 邬长安. 基于 RBAC 的灵活代理委托模型 ［J］. 计算机应用, 2010 (7): 1797 ~ 1801.

群体规模对动态群体决策收敛时间的影响研究[①]

杨雷　孔雅倩

（华南理工大学工商管理学院）

摘要： 本文研究群体规模对动态群体决策观点演化收敛时间的影响。通过引入观点动力学的多数选择模型和 Deffuant 模型，分别研究在面对判断性问题与评价性问题时，决策参与人数多少对收敛时间的影响。根据决策交互方式的不同，将决策过程分为部分个体主导交互与全部个体同时交互两种情况，结合决策交互的动态性建立观点演化模型，进行仿真分析。结果发现：群体规模对决策观点演化过程产生显著的影响。在部分个体主导交互过程的情况下，随着群体规模的增大，决策收敛时间呈现线性增长趋势。而在全部个体同时交互的情况下，群体规模使得决策收敛时间对数式增长。但决策结果都可以在预期时间内出现。

关键词： 群体决策；群体规模；收敛时间；仿真实验

The impact of group size on the convergence rate of dynamic group decision – making

Yang Lei, Kong Yaqian

（E – mail：yangl@ scut. edu. cn, 525463582@ qq. com）

（School of Business Administration, South China University of Technology）

Abstract： This research study the impact of group size on the convergence rate of dynamic group decision – making. Through the introduction of the majority model and Deffuant model in opinion dynamic, the study analysis the impact of group size on the convergence rate when facing the judgment and evaluation issue. Considering different ways of interaction, decision – making process is divided into two cases including individual dominant interaction and all the individuals interaction. And then combining with the dynamic of interaction in decision – making, the research make a model of dynamic opinion evolution and analysis it with simulation. The simulation results showed that group size have significant impact on the opinion evolution process. With the increasing of group size, opinion evolution convergence rate was growing linearly in the case of individual dominant interaction. While in the case of all the individual interaction, the increasing of group size made the convergence rate showing logarithmic growth. However, the decision results could be expected to occur within the time.

---

① 基金项目：广东省教育厅人文社会科学研究创新团队项目（07JDTDXM63005）；教育部人文社会科学研究项目（09YJA630039）。

Key word：group decision－making；group size；convergence rate；simulation

1 前言

国内外学者普遍认为群体规模是影响群体决策绩效的重要因素[1~4]。群体规模是群体决策支持系统的主要作用因素之一[3]（Watson，1994）。群体行为的重要变量是群体规模，尤其在小群体情况下[5]。

目前，群体规模对决策绩效的作用得到广泛的关注。Dennis 等人（1990）研究 3 人、9人和 18 人群体，发现方案数量和结果满意度随着群体规模的增加而增加[2~6]。Valacich（1992）研究匿名和群体大小对计算机协调方法下产生想法的影响，发现更大的群体产生更多和更好的决策[7]。他还设置连续规模 5 ~ 10 人以考察规模对群体产生想法的影响，得到类似结论[8]。Hwang 则研究 3 人和 9 人群体，发现大群体相对于小群体产生更多的方案，但用更长的时间达成决策结果[9]。Aiken（1994）使用平均 8 人的小群体和平均 48 人的大群体进行对比实验，发现决策使用直接口头交互方式时，群体规模影响很大[10]。以上研究主要是实验室研究，结论集中在大群体能产生更好的决策绩效。但 Lowry 等人（2006）的研究则表明小群体能够建立和维持高层次的交互沟通质量，大群体在面对面讨论会会面临过程损失[11]。由此可知，群体规模的增加对决策绩效的影响是两面的，大群体产生更好的决策效果，但同时由于协调问题而导致过程损失，决策时间长。Carletti 对群体间交互作用仿真并发现：群体规模的一个分界点是 20，小群体中信息通过个体频繁相互作用而流动，而大群体则是群体内部的平均行为起作用[12]。而研究群体规模对决策绩效的影响主要为了针对不同的决策需要来适当地配置决策人员。文献[13]提出决定群体决策人数的四种因素：提出问题的数量，对每个问题的分配时间，焦点团体会议的形式和会议的持续时间[13]（Tang，1995）。

国内对群体规模的研究也有部分成果。席酉民等人（1997）在 GDSS 环境下进行群体规模的实验研究，结论是在非 GDSS 和 GDSS 情形下，群体产生唯一想法数量随着群体规模的增加而递增[14]。刘树林等人（2002）则针对口头面对面情况下进行实验研究，结果发现群体创建方案的数量随群体规模增大呈中间高两头低的"n"形曲线变化，人均方案数量随群体人数增大而减小[4]。杨雷等人（1997）将信号检测理论（SDT）用于描述、分析和求解二分群体决策问题。结果发现：群体决策绩效随着成员的增加而提高，但其研究没有考虑成员间的相互削减作用[15]。此外，乐晴（1999）从决策收益和成本角度论述群体规模对决策的影响，并提出在确定合理的决策规模时，应考虑决策的内容、群体的凝聚力、文化要素以及选择性激励等因素[3]。而文献[14]提出增加人数带来资源而促进决策绩效，但相应的沟通协调问题则抑制群体绩效，故推测存在最佳的群体规模范围[14]。

以上研究集中在实验研究和定性分析，实验只能研究部分规模的影响作用，没有对连续变化群体规模做出研究。而定性分析则说服力不强。现实中的决策群体为了得到最大收益应当采取多大的群体规模已成为一个亟待研究的问题[5]。而决策收敛时间是群体决策绩效的重要指标，决策时间的多少会影响到决策绩效。本文试图用全新的方法研究群体规模对决策收敛时间的影响：通过设定连续变化的群体规模，用建模仿真实验找到其规律。根据个体观点值的不同表达方式，形成二元离散观点和连续观点，分别对应人们面对的判断性问题和评价性问题。引入部分个体主导交互与全部个体同时交互的机制，根据群体决策交互过程的动态性来建立观点演化模型。本文的研究思路如图 1 所示。

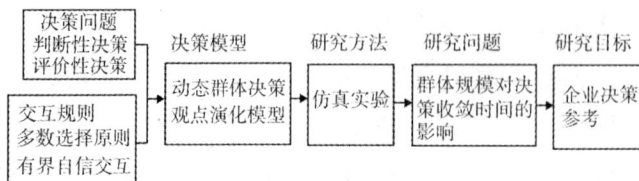

图 1　论文架构

2　基于多数选择原则的动态群体决策建模

现实中的决策问题可分为判断性问题和评价性问题。在面对判断性决策问题时，个体会给出离散观点代表多种不同的意见，如优、良、中、差，上、中、下，赞成或反对等。由于二元观点的判断性问题更为普遍，本文只讨论二元离散观点情况。多数选择模型[16]在此类研究中运用最为广泛。假设在规模为 N 的群体中，N_+ 部分个体赋予观点变量 $s_i = +1$，其余部分个体 $N_- = N - N_+$ 赋予观点变量 $s_i = -1$。由于每个决策成员的个性以及知识的不同，个体参与到决策交互的过程有不同的表现，有些个体积极参与讨论，有些个体则可能不发表或改变其意见。假设决策交互过程存在部分个体主导交互和全部个体同时交互的不同情况，本文设定两种不同的个体交互规则：一是每个时步随机选择 r 个不同个体进行交互；二是每个时步重复 N/r 次随机选择 r 个不同个体进行交互。观点演化规则选用多数选择原则，即抽取的小组成员采用该小组的大多数观点。当 r 是奇数时，就会存在一个大多数观点。如当 $r = 3$ 时，小组成员观点演化见图 2。当 r 是偶数时，则需要引入一个打破僵局的规则，如取小组观点为 $s = +1$。

图 2　多数选择观点演化

3　基于 Deffuant 交互的动态群体决策建模

现实生活中存在更多以连续数值表示观点值的评价性决策问题，Deffuant 模型在研究连续观点问题中应用最多[17]。假设在规模为 N 的群体中，群体观点值服从 $[0,1]$ 均匀分布。同理假设存在部分个体主导交互和全部个体同时交互的不同情况，从而设定两种个体交互规则：一是每个时步随机选择两个不同个体进行交互；二是每个时步重复 $N/2$ 次随机选择两个不同个体进行交互。被抽取的两个个体的观点值分别为 x_i 和 x_j，给定阈值 ε。当 $|x_i - x_j| < \varepsilon$，个体 i 和个体 j 按如下规则进行交互：

$$x_i(t+1) = x_i(t) + \mu[x_j(t) - x_i(t)]$$
$$x_j(t+1) = x_j(t) + \mu[x_i(t) - x_j(t)] \quad (1)$$

其中，μ 表示个体观点的改变程度，取值范围为 $[0,0.5]$。当 $|x_i - x_j| > \varepsilon$，个体 i 和个体 j 不进行交互，两者的观点也不发生改变。

由此可见，观点值越接近的个体越容易相互交互而达成一致，这符合生活中人们容易接受与自己观点相近的个体意见的习惯。本文将此再进行拓展，假定个体观点的改变程度与个体之间的观点差存在联系，定义新的 μ 值

$$\mu = (\frac{1}{2} - \frac{|x_i - x_j|}{2\varepsilon}) \qquad (2)$$

当个体 i 和个体 j 进行交互时，他们将根据观点差 $|x_i - x_j|$ 来决定其观点改变的程度 μ。μ 的取值范围同样为 $[0, 0.5]$。

4 多数选择模型的决策观点演化仿真分析

为了考察群体规模对群体演化过程的影响，基于 Windows Xp 平台使用 matlab 进行仿真。参数设置：①小组人数 r 分别取 3、5、7，对应的群体规模取值为：15，33，…，321；15，35，…，355；21，35，…，259。②对于每个群体规模的独立实验，产生一组持有 +1 和 -1 观点的人数之差为 1 的二元观点分布并固定。③随机选择 r 个个体代表部分个体主导交互情况，重复 N/r 次随机选择 r 个个体交互代表全部个体同时交互情况。④设定群体中持有多数观点的人数比例作为观点一致性的值，即 con $= \frac{\max(N_+, N_-)}{N}$，con $\in (0.5, 1]$。当 con 越接近 1，则群体的一致性越好，设定 con $= 1$。⑤对于每个独立实验均重复 500 次，排除随机性的影响，观点达成一致时的时步为收敛时间。收敛时间取 500 次实验的时步平均值。

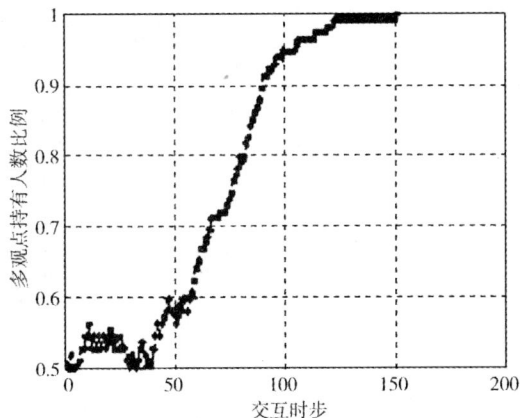

$N = 115$

（a）

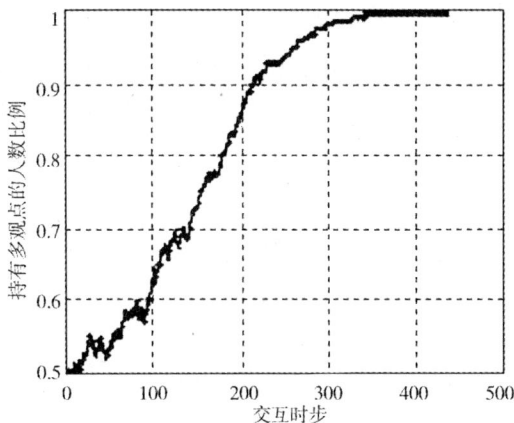

$N = 255$

（b）

图 3　群体规模分别是 115 和 255 的持有多数观点人数比例的时间变化

图 3 为当 $r = 5$ 时，在部分个体主导交互情况下的群体多数观点人数比例与时间变化关系图。随着交互时步的推移，持有多数观点的人数比例时而增加时而减少，这是因为决策过程个体受到不同个体的观点影响，群体观点尚未稳定。随着交互的深入，群体观点慢慢趋向稳定，最终呈现一致相同的观点。通过 500 次重复的仿真实验，得到当群体规模为 115 时，观点平均收敛时间为 152.72 个时步；而当群体规模为 255 时，观点平均收敛时间为 420.58 个时步。较大的群体规模需要用较长的决策时间来达成一致观点。

4.1 部分个体主导交互决策

设 $r = 3$，在每个时步随机选择三个个体进行交互，在不同的群体规模下进行实验观察，发现无论群体规模多少，群体通过意见交互都能达成一致观点。记录平均收敛时间形成图 4。

从图 4 可知，随着群体规模 N 以 18 为增量而逐渐增大，群体观点收敛时间呈线性增长。线性回归分析得到 $t = 4.131N - 87.14$，相关系数 $R^2 = 0.997$。这表明当主导个体人数为 3 时，

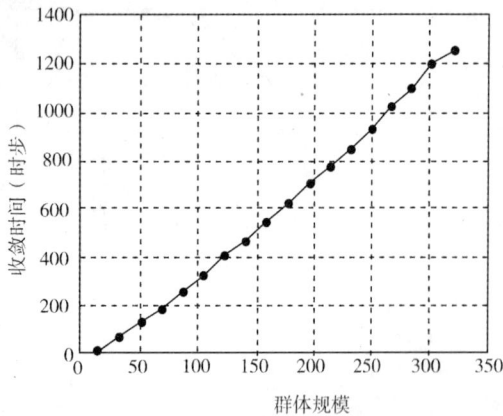

图 4　部分个体主导交互 $r = 3$ 时群体规模与收敛时间关系

群体规模的增大导致群体观点收敛时间线性增长，单位增长幅度为 4.131 个时步。

再对 $r = 5$ 和 $r = 7$ 的情况进行相同仿真实验以获得更好的实验外部性。将收集的数据形成图，发现收敛时间与群体规模也呈线性正相关关系，于是进行线性回归分析得出拟合公式

$$t(r = 5) = 1.812N - 43.85 R^2 = 0.996 \quad (3)$$
$$t(r = 7) = 1.089N - 24.33 R^2 = 0.996 \quad (4)$$

可知，当主导个体人数为 5 或 7 时，群体规模每增加一个人，收敛时间分别增长 1.812 个或 1.089 个时步。

综合分析表明，在部分个体主导交互的情况下，观点收敛时间与群体规模呈现线性正相关，即 $t \propto N$ 或 $t = a \times N + b (a, b \in \mathbf{R})$。据以往研究可知，原因在于：群体规模的增加导致个体之间的沟通和协调变得困难，从而导致收敛时间的增长。

4.2　全部个体同时交互决策

设 $r = 3$，在每个时步随机选择三个个体进行交互，在不同的群体规模下进行实验观察，发现群体规模的大小对于群体达成一致观点不存在影响。记录其平均收敛时间并形成图 5，发现随着群体规模 N 以 18 为增量而逐渐增大，群体观点收敛时间呈对数式增长。进行对数回归

分析得到 $t = 1.889 ln(N) + 0.63$，相关系数 $R^2 = 0.995$。这表明，群体规模的增大导致群体观点收敛时间呈现单位幅度为 1.889 的对数增长。每个群体区间的增长幅度有所不同，当群体规模从 15 增加到 69 时，收敛时间单位增长幅度为 0.05778 个时步；当群体规模从 75 增加到 175 时，则为 0.01598 个时步；当群体规模从 175 增加到 355 时，每增加一个决策个体，平均收敛时间只增加 0.00605 个时步。群体规模的增加对收敛时间的影响在群体规模较小时比较显著，而当群体规模已达到一定数量时，其对收敛时间的影响不显著。

再对 $r = 5$ 和 $r = 7$ 的情况进行同样的实验观察，发现群体观点在不同的规模下都能达成收敛。随着群体规模的增大，收敛时间也呈对数式增长趋势，对数回归分析结果见式（5）和式（6）。

$$t(r = 5) = 1.384 ln(N) - 0.403 R^2 = 0.989 \quad (5)$$
$$t(r = 7) = 1.207 ln(N) - 0.804 R^2 = 0.981 \quad (6)$$

可知，当主导个体人数为 5 或 7 时，随着群体规模的增加，决策收敛时间分别对数增长 1.384 个或 1.207 个时步。从表 1 可知，群体规模对收敛时间的影响在群体规模较小时比较显著，而当群体已达一定规模时，影响不显著。

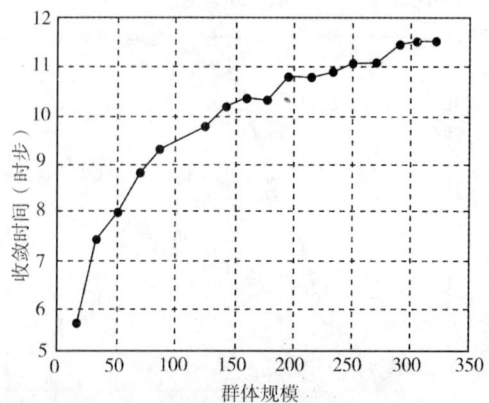

图 5　全部个体同时交互 $r = 3$ 时群体规模与收敛时间关系

表1 不同规模区间的单位增长收敛时间

规模区间	单位增长收敛时间（$r=5$）	规模区间	单位增长收敛时间（$r=7$）
15～75	0.04297	21～63	0.04081
75～175	0.01230	63～147	0.01141
175～355	0.00451	147～259	0.00413

综合分析得出，在全部个体同时交互的情况下，观点收敛时间与群体规模呈现对数式正相关关系，即 $t \propto \ln(N)$ 或 $t = a \times \ln(N) + b$（$a, b \in \mathbf{R}$）。群体规模的增加对收敛时间的影响在群体规模较小时显著，在规模较大时不显著。在部分个体主导交互情况下，决策收敛时间的数量级为1000；而在全部个体同时交互情况下，收敛时间的数量级为10。这说明，决策个体的积极参与交互能够大量地节省决策时间，从而获得更高的决策效率。

5 Deffuant 模型的决策观点演化仿真分析

仿真参数设置：①不充分交互的群体规模取10，20，50，…，250；充分交互的群体规模取10，20，50，…，1000；个体交互阈值取0.7，0.8，0.9以作对比实验。②对于每个独立实验产生一组 [0,1] 均匀分布的观点值作为初始观点并固定以消除其影响。③设定群体观点收敛区域的大小 D 作为一致性，其中 $D_t = x_{\max}(t) - x_{\min}(t)$，$x_{\max}(t)$、$x_{\min}(t)$ 分别表示在 t 时刻群体中最大观点值与最小观点值，D 越大则群体一致性越差，设定 $D \leq 0.001$。④每次实验重复200次，收敛时间（达成一致时的交互时步）取200次实验的平均值。

当部分个体主导交互时，群体观点随着交互时步推移的变化见图6。可知通过个体间的交互，群体观点由分散到集中，最终达成一致收敛。重复500次的实验观察表明：当群体规模

为50时，观点平均收敛时间为851.73个时步；而当群体规模为100时，观点平均收敛时间为1838个时步。群体规模增大，群体交互达成一致的收敛时间增大。

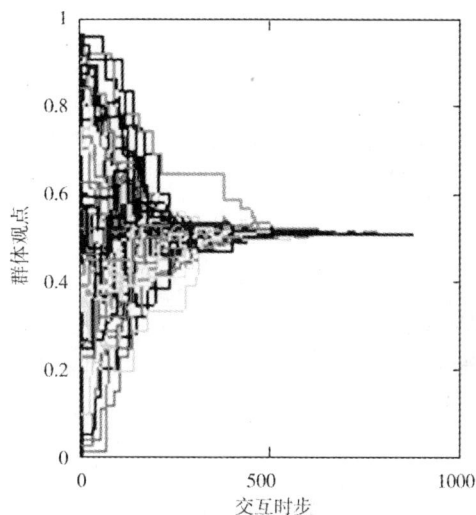

$N = 50$

（a）

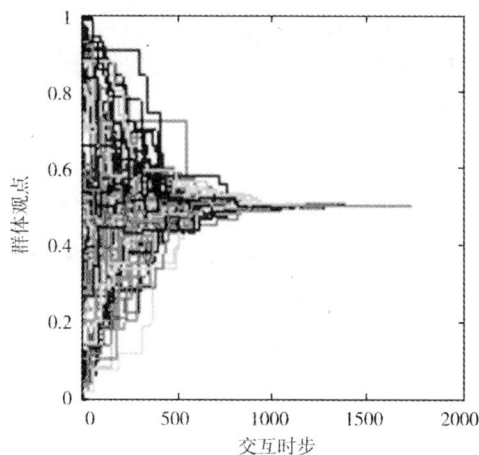

$N = 100$

（b）

图6 群体规模分别是50和100的群体观点演化

5.1 部分个体主导交互决策

针对部分个体主导交互情况，为了实验结

论的普适性,设定三个不同阈值 $\varepsilon = 0.7$, $\varepsilon = 0.8$, $\varepsilon = 0.9$ 以作对比实验。每个时步随机抽取两个不同个体进行交互,在不同的群体规模下进行实验观察,发现群体在不同的规模下群体观点都能达成一致。将收集的平均收敛时间形成图7。

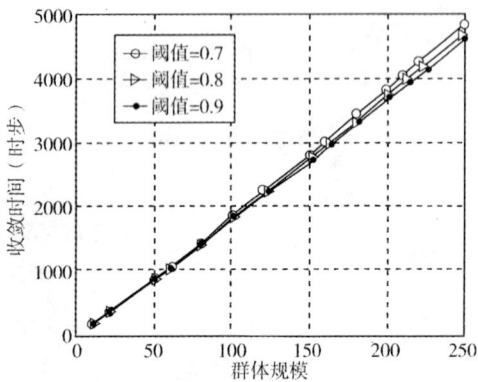

图7　部分个体主导交互时群体规模与决策收敛时间关系

可见,在不同的交互阈值情况下,收敛时间均与群体规模线性正相关。线性回归分析得出拟合公式

$$t(\varepsilon = 0.7) = 19.73N - 120.2 \quad R^2 = 0.999 \quad (7)$$
$$t(\varepsilon = 0.8) = 19.16N - 118.6 \quad R^2 = 0.999 \quad (8)$$
$$t(\varepsilon = 0.9) = 18.85N - 119.1 \quad R^2 = 0.999 \quad (9)$$

因此,当部分个体交互时,群体决策收敛时间与群体规模呈现线性正相关,即 $t \propto N$ 或 $t = a * N + b (a, b \in R)$ 。决策人数每增加一人,收敛时间增长约19个时步。原因在于:群体规模的增加带来沟通和协调问题,需要更多时间来解决。

5.2　全部个体同时交互决策

同理分别设定 $\varepsilon = 0.7$, $\varepsilon = 0.8$, $\varepsilon = 0.9$ 以获取较好的实验外部性。每个时步重复 $N/2$ 次随机抽取两个不同个体进行交互,在不同的群体规模下进行仿真实验观察,发现群体规模

的大小并不影响到最终决策观点的一致收敛。将收集的平均收敛时间形成图8。

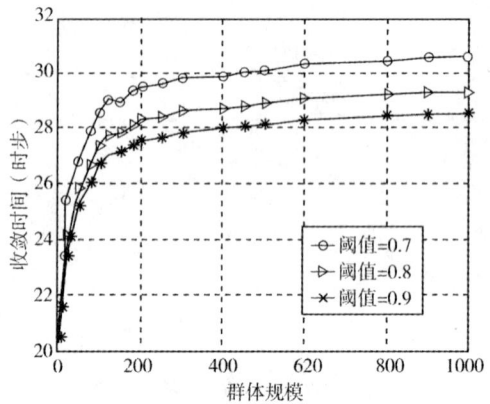

图8　全部个体同时交互时群体规模与决策收敛时间关系

可见,群体规模的增大导致观点收敛时间呈对数式增长。但每个规模区间的增长幅度不同。当阈值为 0.7,群体规模从 10 增加到 100 时,平均收敛时间增长 5.17 个时步;而当规模从 100 增加到 1000 时,平均收敛时间只增长了 2.02 个时步。当阈值为 0.8 或 0.9 时,也呈现类似情况,见表2。进行对数回归分析得出收敛时间和群体规模的关系拟合式

$$t (\varepsilon = 0.7) = 1.448\ln (N) + 21.26 \quad R^2 = 0.924 \quad (10)$$
$$t (\varepsilon = 0.8) = 1.512\ln (N) + 19.68 \quad R^2 = 0.899 \quad (11)$$
$$t (\varepsilon = 0.9) = 1.526ln (N) + 18.87 \quad R^2 = 0.883 \quad (12)$$

综合分析发现,对于评价性决策问题,在全部个体同时交互决策的情况下,群体观点收敛时间随着群体规模的增长呈对数式增长。即 $t \propto \ln (N)$ 或 $t = a \times \ln (N) + b (a, b \in R)$ 。每增加一个决策个体,平均收敛时间对数增长约 1.5 个时步。当群体规模较小时,增加的决策人数使得收敛时间增长较快;而当群体已达

一定规模时，增长趋于饱和。当群体规模为250时，全部个体同时交互情况下的观点收敛时间约为30个步长，而部分个体主导交互情况下约为4800个步长。

表2 不同规模区间的单位增长收敛时间

规模区间	单位增长收敛时间 $\varepsilon = 0.8$	单位增长收敛时间 $\varepsilon = 0.9$
10 ~ 100	5.92	6.26
100 ~ 1000	1.95	1.87

这说明决策个体认真地参与沟通过程中能够节约大量决策时间。

6 结论

本文研究了群体规模对动态群体决策收敛时间的影响。通过引入观点动力学的多数选择模型和Deffuant模型，分别研究在面对判断性问题与评价性问题时，决策参与人数多少对收敛时间的影响。通过仿真发现：群体规模对群体观点演化收敛时间存在重要的影响。在部分个体主导交互过程的情况下，随着群体规模的增大，决策收敛时间呈线性增长，即 $t \propto N$。而在全部个体同时交互的情况下，群体规模使得决策收敛时间对数式增长，即 $t \propto \ln(N)$。全部个体同时交互的情况下决策收敛时间比部分个体主导交互的情况少。这说明，群体的积极参考讨论是提高决策效率的途径。研究进一步验证前人关于群体规模的增大导致决策时间增大的结论。但不同的是，本文引入不同的交互过程机制，能够更好地描述现实生活的决策情况。在全部个体同时交互的情况下，群体规模的增大只带来很少的决策时间增大。因此，在需要多种意见的决策时，可以考虑选用较大规模的决策群体。而在决策时效相对重要时，企业应考虑选用较小规模的决策群体。

本文对群体规模对收敛时间的影响研究，为动态群体决策提供一种新的研究途径和思路，进一步完善了群体决策的相关理论。但本文只研究选择性决策和评价性决策问题，忽略排序性决策问题；假定所有的决策个体都是同质个体，不区分决策个体的属性等；决策者的不同学习能力没有被考虑等。更深入的研究需要后续完成。

参考文献

[1] D. E. O' Leary. Knowledge Acquisition from Multiple Experts: An Empirical Study [J]. Management Science, Vol. 44, No. 8, 1998: 1049 ~ 1058.

[2] A. R. Dennis, J. S. Valacich, J. F. Nunamaker Jr. An Experimental Investigation of the Effects of Group Size in An Electronic Meeting Environment [J]. IEEE Transactions on Systems, Man and Cybernetics, Vol. 20, No. 5, 1990: 1049 ~ 1057.

[3] 乐晴. 论决策团体的适度规模 [J]. 决策借鉴, Vol. 12, No. 3, 1999: 26 ~ 27.

[4] 刘树林，席酉民. 群体大小与群体创建决策方案数量的实验研究·[J]. 控制与决策, Vol. 17, No. 5, 2002: 583 ~ 586.

[5] 刘树林，席酉民，唐均. 群体大小对群体决策可靠性影响的研究综述 [C]. 第六届全国人—机—环境系统工程学术会议, 厦门, 2003, 10: 157 ~ 161.

[6] A. R. Dennis, J. S. Valacich, J. F. Nunamaker Jr. Group, Sub – group and Nominal Group Idea Generation in An Electronic Meeting [C]. In Proceedings of the 24th Annual Hawaii International Conference on System Science, Vol. 3, Kauai, January 1991: 573 ~ 579.

[7] J. S. Valacich, A. R. Dennis, J. F. Nunamaker Jr. Group Size and Anonymity Effects on Computer Mediated Idea Generation [J]. Small Group Research, Vol. 23, No. 1, 1992: 49 ~ 73.

[8] J. S. Valacich, B. C. Wheeler, B. E. Mennecke. The Effects of Numerical and Logical Group Size on Computer Mediated Idea Generation [J]. Organizational Be-

havior and Human Decision Process, Vol. 62, No. 3, 1995: 318 ~ 329.

[9] H. G. Hwang, J. Guynes. The Effect of Group Size on Group Performance in Computer - supported Decision Making [J]. Information and Management, Vol. 26, No. 4, 1994: 189 ~ 198.

[10] M. Aiken, J. Krosp, A. Shirani. Electronic Brainstorming in Small and Large Groups [J]. Information and Management, Vol. 27, No. 3, 1994: 141 ~ 149.

[11] P. B. Lowry, T. L. Roberts, N. C. Romano. The Impact of Group Size and Social Presence on Small Group Communication [J]. Small Group Research, Vol. 37, No. 6, 2006: 631 ~ 661.

[12] T. Caroletti, D. Fanelli, A. Guarino. Meet, Discuss and Trust Each Other: Large Versus Small Groups [C]. In Proceeding on Artificial Life and Evolutionary Computation, Vol. 4, Wivace, Press of World Scientific, July

2008: 213 ~ 225.

[13] K. C. Tang, A. Davis. Critical Factors in the Determination of Focus Group Size [J]. Family Practice, Vol. 12, No. 4, 1995: 474 ~ 475.

[14] 席酉民, 汪应洛, 王刊良. GDSS 环境下群体大小的实验研究 [J]. 决策与决策支持系统, Vol. 7, No. 2, 1997: 2 ~ 10.

[15] 杨雷, 席酉民. 信号检测理论与二分群体决策 [J]. 系统工程理论与实践, Vol. 17, No. 12, 1997: 115 ~ 120.

[16] C. Castellano and V. Loreto. Statistical Physics of Social Dynamics [J]. Reviews of Modern Physics, Vol. 81, No. 2, 2009: 591 ~ 649.

[17] G. Deffuant, D. Neau and F. Amblard. Mixing Beliefs Among Interacting Agents [J]. Advances in Complex Systems, Vol. 3, No. 4, 2000: 87 ~ 98.

设备采购的风险评估

方文

（上海交通大学机械与动力学院）

摘要：设备采购活动存在诸多风险，运用风险管理的方法对设备采购中的风险因素进行有效管理显得日益重要。风险评估作为风险管理中的重要一环，可以对设备采购过程中的诸多风险进行分析和评价，从而可以采取针对性的措施来应对这些风险。风险评估有很多种方法，风险矩阵法是风险评估中的一种基本评估方法。本文通过对风险矩阵法在设备采购领域中进行风险因素评估的研究，尝试寻找出最适用于设备采购风险因素评估的方法，为设备采购的风险管理体系的完善作一些探索。

关键词：设备采购；风险管理；风险评估；风险矩阵法

Risk Assessment on Equipment Procurement

Fang Wen

（E – mail：jackyfang@ qq. com）

（School of Mechanical Engineering, Shanghai Jiaotong University）

Abstract：Risk management is becoming more and more important to the management of all the risks in the equipment procurement since there are many risks in the equipment procurement activity. Risk assessment, as an important step in risk management, is able to do the analysis and assessment to most of risks in the equipment procurement process so that the corresponding actions can be taken to deal with these risks. There are a lot of measures can be used for risk assessment. Risk Matrix is one of the foundational measures of risk assessment. This article is to research the use of Risk Matrix for the risk assessment in the field of equipment procurement and try to find the best measure for the risk assessment of equipment procurement to perfect the risk management system of equipment procurement.

Key words：equipment procurement；risk management；risk assessment；risk matrix

1 引言

现代企业之间竞争日趋激烈，因此在采购中引入风险管理意识，对采购中的诸多风险环节进行有效管理，从而控制与降低采购成本显得越来越重要。但遗憾的是，现在很多企业领导者在采购管理当中很少应用风险管理的方法，风险管理的意识也较为淡薄，这就给采购管理带来了诸多隐患。尤其是设备采购，在这个领域中研究风险管理的人不多，没有一套完整的理论体系或方法对设备采购中的风险管理进行指导，从而使企业在设备采购中承担了很大的风险。本文将从这一问题入手，结合自身企业新厂建设过程中设备采购的实际情况就企业设备采购中的风险评估方法作一些研究与应用。

2 风险评估在设备采购中的应用

设备采购，多为单件的、一次性的、短期的，项目式的采购，一般具有投资大、定制性强等特点，且又较注重日后的维护与售后服务。一些大型设备还具有难以搬运、包装运输困难的特点。所以其采购方法具有独特性。由于市场竞争不规范，无成熟的行业操作体系，采购过程中存在很多风险。所以在风险评估过程中，就需要针对设备采购的特点，列出最关键风险与主要风险，然后对风险进行控制，从而避免或减少风险给企业带来的损失。

一般情况下，风险管理主要分四个步骤：

（1）风险识别，寻找、列出和描述风险因素；

（2）风险评估，以相关标准对识别出的风险进行风险等级评定；

（3）风险应对，依据风险等级选择和执行相应的风险处理的措施；

（4）风险监控，对风险识别、评估，应对全过程进行监视与控制，发现新风险并及时反馈，以重新进行风险识别、评估和应对。

其中，风险评估是整个风险管理的核心环节，采购过程中风险因素诸多且纷繁复杂，如何对这些风险因素进行正确的评估，在以后的应对中将企业的优势资源进行合理的分配，从而使企业资源得到有效运用，降低风险管理成本都有非常重大的意义。风险评估的主要方法有如决策树、随机过程理论、SWOT 分析、网络分析、层次分析、模糊综合评价、风险概率分析等方法。

以下介绍一种风险评估较为常用的方法——风险矩阵法在设备采购中的应用。

2.1 风险矩阵法的定义

风险矩阵法是一种定性和定量兼顾的风险评估方法，由两个基本的评估指标风险发生概率和风险影响程度组成一个矩阵空间，将所有需要评估的风险因素放入这个矩阵空间进行评估，定性评出每个风险因素的风险等级；再引入 Borda 序值法对各个风险因素进行排序，可以对每个风险因素进行定性分析。

2.2 风险矩阵法的步骤

（1）用"头脑风暴法"或者"德尔菲法"得出采购过程中所有可能发生的风险。无论是"头脑风暴法"还是"德尔菲"法可以由风险评估小组的专家或者组员进行。关键在于列出的风险因素需要反映整个设备采购项目过程中存在的风险，需要全面，不可有明显的缺漏。

（2）根据所有风险因素设计调查问卷，就每个风险因素的发生概率和风险对项目的影响程度，向相关负责人员作调查。接受调查人员的人数不宜过少，一般情况下在 10 名以上。每个接受调查的人员需要根据实际情况独立完成问卷。

（3）风险发生概率的确定。根据实际情况划分风险发生概率范围。例如设计以下风险发生概率对照表（见表 1），接受调查人员需要对照此表填写每个风险因素发生的概率。

表 1 风险概率对照表

风险概率范围（%）	解释说明
0 ~ 10	非常不可能发生
11 ~ 40	不可能发生
41 ~ 60	可能在项目中期发生
61 ~ 90	可能发生
91 ~ 100	极可能发生

统计所有调查问卷，设概率为 P，相关人员总数为 N，那么每个风险因素的发生概率为：

$$P_i = \frac{\sum\limits_{i-1}^{N} Pij}{N} \qquad (1)$$

（4）风险影响等级的确定 风险影响等级是指风险因素一旦发生，对结果和整个项目的影响程度。可根据以下定义设计风险影响等级表（见表2），接受调查人员需参照此表填写调查表。

表2　风险影响等级表

风险影响等级	风险影响值	定义或说明
关键（critical）	5	一旦风险发生，将导致采购项目失败
严重（serious）	4	一旦风险发生，会导致采购项目不能完全完成预定目标
一般（moderate）	3	一旦风险发生，会对采购项目造成中度影响，但可以部分完成预定目标
微小（minor）	2	一旦风险发生，会对采购项目造成轻度影响，但可以基本完成预定目标
可忽略（negligible）	1	一旦风险发生，会对采购没有影响

统计所有调查问卷，设风险影响等级为 Q，相关人员总数为 N，那么每个风险因素的影响等级为：

$$qi = \frac{\sum\limits_{i=1}^{N} Pij}{N} \qquad (2)$$

通过构建风险影响的隶属函数来判定各个风险的风险影响等级，根据最大隶属原则确定各个风险因素的风险影响等级。隶属函数构建如下：

$$fi = Max(Qk) \qquad (3)$$

式中：Qk 定义为 qi 对应的风险影响等级数量最多的那个等级。

（5）构建风险等级对照表（见表3）。将风险等级划分为"高、中、低"三个层次：

表3　风险等级对照表

风险影响等级					
风险概率范围（%）	可忽略	微小	一般	严重	关键
0～10	低	低	低	中	中
11～40	低	低	中	中	高
41～60	低	中	中	严重	高
61～90	中	中	中	高	高
91～100	中	高	高	高	高

对照表3，确定各个风险因素的风险等级。

（6）确定 Borda 序值。

首先确定 Borda 数，运用公式：

$$bi = (A - C_{i1}) + (A - C_{i2}) \qquad (4)$$

式中：A 为风险因素总数，C_{i1} 为第 i 个风险的风险概率序值，C_{i2} 为第 i 个风险的风险影响序值。

然后确定 Borda 序值，Borda 序值是指比其风险程度更为严重的风险数目。把各个风险的 Borda 数从大到小排列，其相应的 Borda 序值就从 0 开始依次排序，Borda 序值为 0 表示这个风险的 Borda 最大。

以上是对于风险矩阵法较为系统的一个描述，通过此方法可以对一般的风险因素进行评估。下面结合史丹利公司文登工厂设备采购项目，对其采购过程中的风险因素进行评估。

2.3　设备采购风险评估实例

（1）项目背景介绍。史丹利（文登）工具有限责任公司是一家从事工具开发、制造、销售于一体的美资企业，在国内已经投资兴建4家工厂，去年8月开始在山东省文登市建设第5家新工厂，投资金额3000万美元，设备投资1000万美元。设备需要覆盖制造手工具产品的各个工艺和领域，大致分为12个领域：锻造、热处理、喷砂、抛光、震荡研磨、机加工、模具车间、电镀、废水处理、装配、包装、生产辅助设备。预计总设备台数 240 台。工厂预期 2010 年 10 月开始投产。

（2）设备采购中风险因素研究。设备采购根据其独特性，与设备采购流程一般不同于其他产品的采购流程。一般情况下，需要结合厂房建设，车间布局为项目的开始，安装、调试、验收、维护为项目的结束。如果将整个采购过程分为前期、中期、后期，每个阶段都有与其相对应的风险因素（见图 1）：

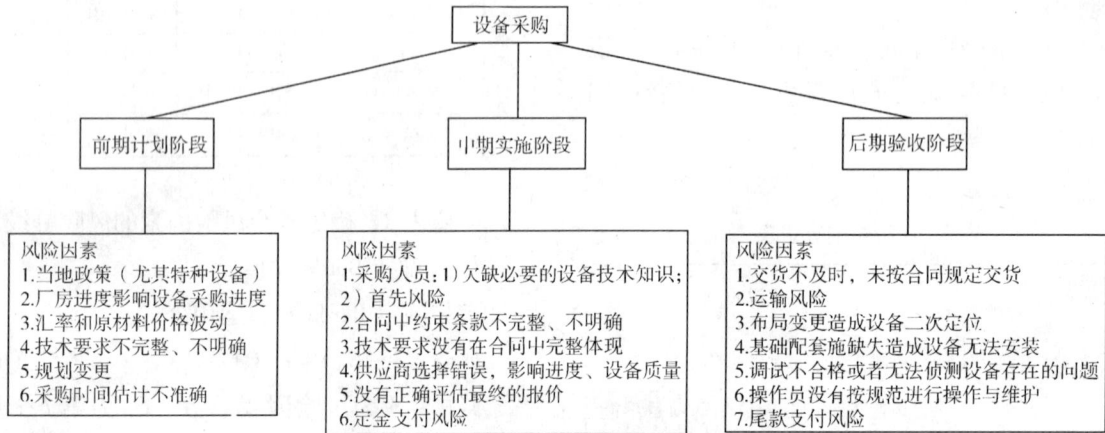

图 1　史丹利文登工厂设备采购中的风险因素

（3）根据所列风险因素设计调查问卷如表 4 所示。

表 4　调查问卷

风险因素	风险发生概率（%）	风险影响等级				
		关键	重要	一般	微小	可忽略

（4）运用 3 ~ 6 所介绍的方法，假设受调查的专家人数为 10 人，经过对这 10 份调查问卷分析计算之后，得到表 5 的结果。

（5）评估结果分析。

1）从评估结果来看，定性分析仅将风险等级分成高、中、低三个等级，除了当地政策之外，其他风险因素均处在同一个风险结之中，因此很难看出其他风险因素间的区别，难以评估各风险的等级。

表 5　风险因素评估结果

风险因素	风险概率均值（%）	风险影响值	风险影响等级	风险概率序值	风险影响序值	风险等级	Borda 数	Borda 序值
当地政策	65	4.4	关键	5	1	高	24	1
厂房进度	62	4.2	重要	6	2	中	22	3
价格波动	55	3.1	一般	9	8	中	13	7
技术风险	61.5	4	重要	7	4	中	19	5
规划变更	40	3.6	一般	13	6	中	11	9
采购人员	45	3.6	重要	12	6	中	12	8
合同风险	70	4	重要	3	4	中	23	2
供应商风险	66.5	3.9	重要	4	5	中	21	4
付款风险	27	4.1	重要	15	3	中	12	8

续表

风险因素	风险概率均值（%）	风险影响值	风险影响等级	风险概率序值	风险影响序值	风险等级	Borda 数	Borda 序值
供货不及时	78	3.4	重要	2	7	中	21	4
运输风险	84	4	重要	1	4	中	25	0
二次定位	46	3.1	一般	11	8	中	11	9
基础配套	48	3.6	重要	·10	6	中	14	6
调试不合格	29	4.2	重要	14	2	中	14	6
操作员风险	59	3.1	一般	8	8	中	14	6

2）定量分析，风险概率序值和风险影响序值可以看出各个风险因素对于采购项目的影响程度。但单一准则情况下，得到的结论也有一定的区别，所以只是从单一准则来决定各个风险因素等级会产生偏差，无法客观地反映各个风险因素的风险等级。

3）Borda 序值由于综合了风险概率序值和风险影响序值两个准则的结果，得到的结果与仅考虑单个准则的评估结果是不同的。显然，考虑多个准则的 Borda 序值来判定风险等级的方法比单一准则的评估方法更为合理。从实际结果来看，由 Borda 序值评定的风险等级更加接近事实情况。

3　总结与展望

通过以上实例的研究，可以看出风险矩阵法完全可以用于设备采购的风险评估，而且简单实用，得到的结论较为接近于实际的状况，可以用于一般企业中设备采购的风险控制中。但从上述实例的结果来看，由于风险结的存在，无法精细化地判别各个风险因素之间的实际差距，这也是现在的风险矩阵法存在的问题。这就需要运用模糊风险矩阵法的概念消除风险结的存在，从而使各个风险因素之间的差异评估更为精确。

参考文献

［1］Adam S. Markowsi, M. Sam Mannan, Fuzzy Risk Matrix ［J］. In Journal of Hazardous Materials, 2008：152～157.

［2］周丹，卢光泽，张洪鹏. 医疗设备的采购风险管理［J］. 医疗卫生装备，2009，29（3）.

［3］高建伟，贺登才. 基于风险矩阵的企业采购风险评估［J］. 物流科技，2008（7）.

第五部分
工业工程、项目管理、信息管理

TOC 理论在减震器生产中的运用

黄明松[1,2]　杨东[1]

（1. 上海交通大学机械与动力工程学院）

（2. 埃梯梯精密机械制造（无锡）有限公司）

摘要：TOC 是目前发展非常快的管理理论，它突破了以往各种管理理论过分注重局部成绩的局限，强调以公司总目标为前提，首先在现有的条件下发现最紧急的改善点，在改善的同时使其他部门的安排服从于此改善点，促使资源的使用的效益最大化。

关键词：TOC；DBR

The Application of TOC Theory in Dampers' Production

Huang Mingsong [1,2], Yang Dong[1]

（E – mail：mike. huang@ itt. com, dongyang@ sjtu. edu. cn）

（1. School of Mechanical Engineering, Shanghai Jiao Tong University）

（2. ITT High Precision Manufactured Products（Wuxi）Co. , Ltd, Wuxi）

Abstract：TOC（Theory of Constraint）now becomes much popular in management. Compared with other management theories, this theory focuses on the final target in the company instead of any local benefits in each department. TOC finds constraints at 1st step. And during improvement, TOC requires other departments to follow constraints and tries to use the resources the best efficiency.

Key words：TOC（Theory of Constraint）；DBR（Drum Buffer Rope）

1　TOC 理论的产生与发展

TOC 是英语"theory of constraints"的简称，在管理领域里可译为"约束理论"、"制约理论"、"瓶颈理论"或"限制理论"等[1]。20 世纪 80 年代，日本企业凭借"JIT（just in time, 准时制）"实施成功而面貌一新，美国企业顿时感觉面临很大的压力。在强烈的危机感下，很多企业都学习实施 JIT，但效果始终有限。以色列物理学家高德拉特（Goldratt）博士认为，简单拷贝没有用，一定要闯出一条优于 JIT 的路才行，而且，实施 JIT 需要巨额投资，绝大部分企业根本没有这种条件和资源[2]。

20 世纪 70 年代，高德拉特博士与他的合作者创立了新的企业管理思想，OPT（optimized production timetables, 最优生产时刻表）。20 世纪 80 年代后改称"optimized production technology（最优生产技术）"。1984 年，高德拉特博士第一次在以小说形式而著成企业管理作品《目标》（the Goal）中提出 TOC 的概念，将 OPT 发展成 TOC[3]。

TOC 立足于使企业"现在和将来都能获取更大的利润"，为了实现这一目标，TOC 提出了以五大核心步骤为主的方法[4]。

（1）找出系统的约束条件。

（2）挖尽约束条件的潜能。

（3）使非约束条件服从约束条件。

（4）提高约束条件的能力。

（5）约束条件解决后，回到步骤（1），寻找新的约束条件。

在步骤（5），再次返回到了步骤（1），这表示，约束条件的改善并不是直线式的，有终点的过程，而是循环、持续性的改善过程。

2 减震器生产的特色

减震器的生产工艺主要包含车削、焊接、装配调整、测试、油漆和包装几个部分，有近 60 个具体工位，由于减震器生产是小批量多批种的生产情况，机器设备的布局是按照工作中心来划分的，同一工作中心内由多种机器组合在一起，完成功能较类似的组件。

该公司以前采用 MRP 系统设置提前期的方法来组织各加工中心的生产，尽管在每个过程都预留了大量的富裕时间，但是产品的准时交货率仍然很低，客户的订单不能按时完成，而且，车间内积压大量的在制品。

由于在绩效上比较差的表现，总公司对该工厂的投资不满意，甚至几次有关厂的打算。公司内部员工也是士气低落，公司员工之间、部门之间互相指责，积极性受到重大打击。

3 寻找系统中的约束条件

TOC 理论认为，要实现整体优化就必须首先加强最弱的环。因此，TOC 理论的五大核心步骤中的第一步就是要找出这个最弱的环节，在生产上即是"瓶颈"。

3.1 建立计算方法

首先需要的参数是每道工序在每台设备上的调试时间（表示为 ST，单位为"小时"）和节拍时间（表示为 CT，单位为"小时"）。批量大小（表示为 BS，单位为"个"）也是作为考量的一个参数。

减震器的生产中会经常出现大量的返修，既然返修无法避免，在对设备、工序进行工时衡量时，需要引入"返修频率（表示为 RR，是百分比率数）"这个参数，这个参数表明对某一种类型的产品而言它们需要返修的比例。

某些工序既可以外协完成也可以自己来完成，外协是对内部能力的巨大补充，本文使用"外协比率（表示为 OR，也是个百分比率数）"来表示特定工序由外协完成的工作量。

还需要考虑"员工的投入度"（Attitude，表示为 AT，是个百分比率数）。作者在实践中发现，即使刨除掉上下工序的影响，计算出来的能力与员工实际完成的产量之间总还是存在比较大的差距，通过对这个问题的挖掘，作者认为原因是减震器这个产品体积较大，重量也比较重，机器又多为比较通用型的机器，不能用对电子厂的自动流水线的方式来评价它们，所以需要一个系数来表示这个差异，这个差异与人有关，与特定的工序有关，也与公司对员工的激励政策有关。在特定的条件下，作者认为人是恒定的，公司的政策也是恒定的，那么这个系数事实上是与特定工位的劳动繁重程度有关的。

减震器可以从总体上划分成几个系列，系列内部比较类似，系列之间的差异比较大。所目标数量（可以简写成 TQ，单位是"个"），表示平均到每天的每种系列的需求量。即使是同一个系列的产品有些工序也仅在这个系列的某些型号里面存在，对于这些工序而言，它的发生的概率是不一样的。为此作者还设立了一个"分配系数（表示为 DR，是个百分比率数）"的概念，用以表示在某个系列的减震器中某工序出现的可能性。

WT 表示工作时间（WT 是简写，单位是"小时"）。在同一台设备上，可能有多个完全不同的加工工序，作者使用"i"表示设备的序号，"j"表示设备上工序的序号，如"WT_{ij}"就表示第 i 个设备上第 j 个工序所发生的工作时间，式（1）用来计算"WT_{ij}"。

$$WT_{ij} = \frac{\left(\frac{TQ_{ij}}{BS_{ij}} \times ST_{ij} + TQ_k \times CT_{ij}\right)}{(1 - RR_{ij}) \times AT_{ij}} \times (1 - OR_{ij}) \times DR_{ij} \tag{1}$$

在式（1）中，有如下特点：

（1）此处的计算是基于一天三班的工作时间。

（2）不考虑发生的意外情况，比如机器故障等。

假设需要对设备 i 进行计算，那么所有的工作时间的总和也就是把在此设备上所有有关的工序的加工时间做个汇总就可以，假设一个有 n 个工序，那么总工作时间就是从工序 1 到工序 n 所有工作时间的累加。可以表示为式（2）：

$$WT_i = \sum_{j=1}^{n} WT_{ij} \tag{2}$$

3.2 寻找约束条件

有了式（2）后，首先采集数据，然后可以使用 Excel 表来完成这些计算，最后如表 1 进行一系列分析。表 1 中标准 1 是使用每天三班的时间总数 24hrs 减去计算结果而来，表明计算结果是否已远远超出其能力；标准 2 是使用在标准 1 的基础上再扣除员工应该的休息时间而来，

表明设备的最大能力值；标准 3 考虑每天正常能够利用的时间是 80%，使用这个时间去减计算结果来表明能否实施的可能性。

这几个工序发生的先后顺序是"锯床"→"Mazak（机加工）"→"单轴焊机"→"手工焊腔"→"液压测试机"。

3.3 对约束条件分析，挖尽约束条件的潜能

根据 TOC 的方法，挖尽瓶颈的潜能包括很多方法，如改变作息时间，包装进入瓶颈工位的产品质量，采用比较大的批量，尽可能使瓶颈工位使用较大的批量进行生产，甚至还包括采用外协的方法来弥补能力上的不足。

首先对 Mazak 这一道工序进行一下分析。

Mazak 的功能是加工减震器上面一些管子，通过分析发现，在整个工序中，有很多时间化在使用切削液冲洗零件和机器上，如果在Mazak 工作的时候，操作员不是在机床前等待，而是使用自动清洗机清洗管子，每根管子加工过程中可以减少 50 秒的手动时间，几乎占了这个手动时间的一半。

在对工艺进行优化的同时，由于能力的缺口非常大，因此把部分零件安排外协。

通过如上改进，再附以一定量的外协措施，可以得到表 2 新的需求时间的前五名。而且，外协的比率可以具有很大的弹性，可以使瓶颈Mazak 保证充足时间的基础上把多余的任务通过外协安排掉。

表 1　各设备工作时间前五名

序号	机器名	机器号	加工时间（小时）	标准 1（小时）	标准 2（小时）	标准 3（小时）
1	Mazak	3	51，8	−29，3	−30，8	−40，8
2	单轴焊机	21	27，8	−5，3	−6，8	−10，7
3	液压测试机	29	25，6	−3，1	−4，6	−8，0
4	手工焊腔	6	25，1	−2，6	−4，1	−7，4
5	锯床	1	20，0	2，5	1，0	−1，0

表 2　在 Mazak 采取措施后新的需求时间前五名

序号	机器名	机器号	加工时间（小时）	标准 1（小时）	标准 2（小时）	标准 3（小时）
1	单轴焊机	21	27, 8	-5, 3	-6, 8	-10, 7
2	液压测试机	29	25, 6	-3, 1	-4, 6	-8, 0
3	手工焊腔	6	25, 1	-2, 6	-4, 1	-7, 4
4	Mazak	3	23, 2	-0, 7	-2, 2	-5, 0
5	横四轴焊机	5	17, 5	5, 0	3, 5	2, 1

3.4　使非约束条件服从于约束条件，DBR 调度方法的落实使用

在这一部分的目的是需要强调其他非瓶颈的活动安排必须服从瓶颈，"使最大限度发挥瓶颈作用"。

"鼓●缓冲●绳子"方法（DBR）是系统实现最优化的具体实现办法。它是在挖尽约束条件的潜能的同时使非约束条件服从于约束条件[5][6][7]。

在实际的工作中，瓶颈控制着企业生产的节奏，我们形象地称这个节奏为"鼓点"，对于一个生产系统而言，瓶颈是控制的最好的控制点。

在瓶颈工位前需要设立缓冲，然后把瓶颈工位完成的信息传递到上游工位，使上游工位可以按需生产。发货前需要建立缓冲，使客服面对客户时有一定的周旋空间，确保在指定时间交货。同时，在装配工序的汇入点也需要建立缓冲，称为"汇入缓冲"。

这里的"绳子"其实是信息的传递。我们需要非瓶颈工位服从于瓶颈工位，这就需要把瓶颈的需求传递给其他的工位。

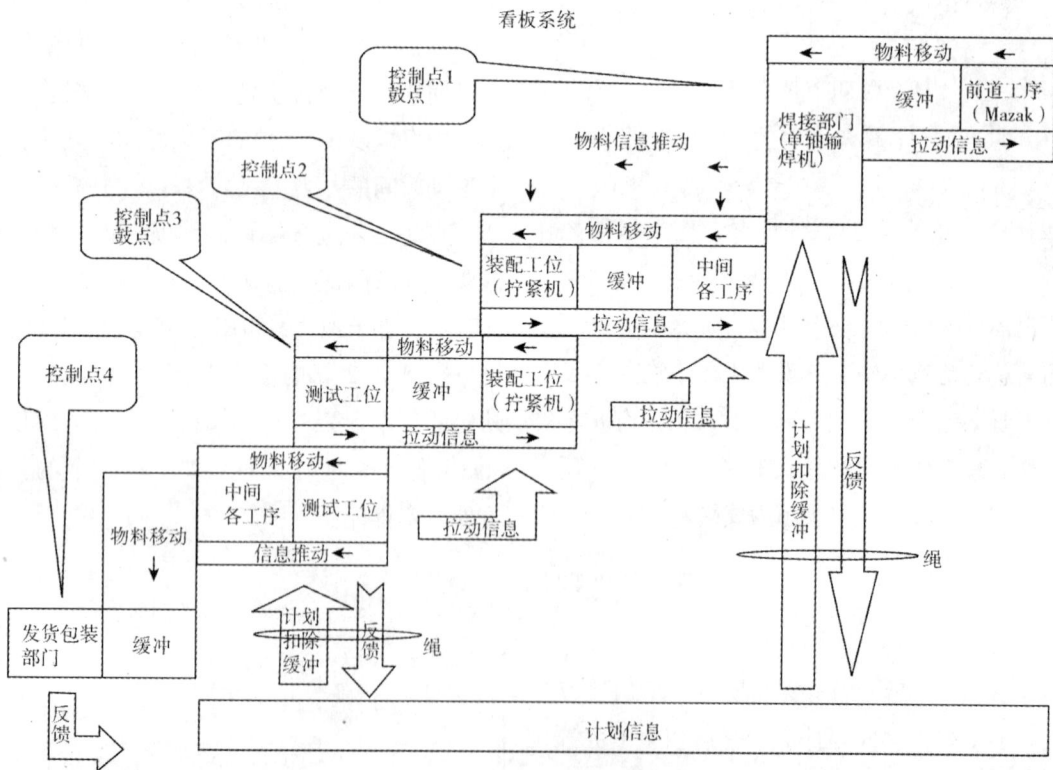

图 1　使用 DBR 方法的看板系统

图 1 表示的是一套运用 DBR 方法的看板管理系统，其中有两个鼓点，即两个瓶颈工位：单轴焊机和测试工位。在工艺路径的汇入点也设了一个控制点，这个控制点由瓶颈工位"测试工位"通过拉动来控制，并反馈到计划信息里面。另外一个控制点是发货包装部门，这个部门是由瓶颈工位推动加上设立的发货瓶颈进行保护而确保准时发货的。计划部门和管理部门主要通过图中两根"绳"来控制整个生产系统按部就班进行运转，其中第一根绳是计划信息到单轴焊机和该机器的反馈，第二根绳是计划信息到测试工位和该工位的反馈。

3.5 提高约束条件的能力

为了扩充瓶颈的能力，必须寻找出可以扩大瓶颈能力的办法。充分利用瓶颈的能力是在我们发现瓶颈后可以立即采取的措施，但是如果要提高瓶颈工位的能力，可能需要大量的工作。如果瓶颈是设备的能力不够，那么如果我们需要最终提高系统整体能力的话，我们需要采购一些新的设备，但是这些动作需要资金、时间及其他各方面的配合，所以不会立即到位。

在恰当时候，我们需要给瓶颈松绑。如果立于整体效益的基础上，我们甚至可以使用一些在局部利益观点上的"不是很经济"的手法来达到整体效益的提升，如可以进行外协，可以把老设备、老工艺重新使用起来，目标是能够在瓶颈的基础上能有所超越。

在表 1 和表 2 中，焊接的能力有比较大的缺口，除了单轴焊机以外，手工焊的能力相对于生产目标来说也是有比较大的困难。公司最终的方案选择了机器人，机器人设备具备了可以完成"单轴焊接"好"手工焊"所有工作的

能力，使工作的调配更容易。

3.6 重新寻找新的约束条件

TOC 也强调改善是一个持续不断的过程，而且特别强调要消除惰性。

针对这个减震器车间，从表 2 的数据可以反映出来，能力比较紧张主要有两块：一是"测试工序"，能力非常紧张，任何的工时损失都将直接导致这个车间完成不了工作任务，而且，这个损失是没有办法弥补的。因此必须继续使用能够使用的时间。二是必须继续寻找方法来提高测试通过率。

4 结论

通过计算找到了瓶颈，并运用了 TOC 的五大步骤对瓶颈进行了控制。TOC 的方法可以使目标变得更加清晰，同时 TOC 使车间内部改善找到了切入点和重点。通过 TOC 的方法的运作，车间的面貌得以改善。

参考文献

[1] 周岭. 车间作业调度与控制技术研究 [J]. 新技术新工艺，2002，(11)：19~21

[2] 艾利·高德拉特，杰夫·科克斯著，齐如兰译. 目标 [M]. 第 3 版修订本. 北京：电子工业出版社，2009.

[3] 周夫利，韩文民，刘智勇，龚俏巧. 基于约束理论的车间调度仿真系统研究与设计 [J]. 自动化仪表，2009，30 (5)：11~16.

[4] [日] 中野明著，吴麒译. 图解高德拉特约束理论 [M]. 北京：中国人民大学出版社，2008.

[5] Leslie K. Duclos, Michael S. Spencer. The impact of a constraint buffer in a flow shop Original Research Article [J]. International Journal of Production Economics, Volume 42, Issue 2, December 1995: 175~185.

[6] Satya S. Chakravorty. An evaluation of the DBR control mechanism in a job shop environment [J]. Original

Research Article, Omega, Volume 29, Issue 4, August 2001: 335 ~ 342.

[7] Jun – Huei Lee, Jia – Ging Chang, Chih – Hung Tsai, Rong – Kwei Li. Research on enhancement of TOC Simplified Drum – Buffer – Rope system using novel generic procedures Original Research Article [J]. Expert Systems with Applications, Volume 37, Issue 5, May 2010: 3747 ~ 3754.

基于重复博弈的工程总分包商的合作机制分析

范钰坤　吴孝灵

（南京大学工程管理学院）

摘要：在工程项目总分包模式下，总分包双方间的利益冲突制约了双方的合作共赢，进而损害了工程整体绩效。本文基于总分包双方间的利害冲突建立相应博弈模型，分析了总分包商之间的合作困局，然后通过引入不完全信息与重复博弈分析其合作机制，论证了联盟下的长期关系能够促进双方的合作共赢，并强调了诚信在稳固双方合作与联盟关系中的重要作用。

关键词：工程总分包模式；博弈模型；合作机制

Analysis of Cooperation Mechanism of Engineering Contractors Based on Repeated Game Model

Fan Yukun, Wu Xiaoling

（E – mail：fyk051150014@126. com, xiaoling—wu@126. com）

（School of Management and Engineering, Nanjing University）

Abstract：In the total sub – project mode, the conflict of interest between the general contractor and subcontractor constrain the win – win cooperation between the two sides, and then damage the overall performance of the project. This article established a corresponding game model which based on the total sub – conflict of interest and analised the difficulties of cooperation between the two sides. And then analised the cooperation mechanism with the introduction of repeated games with incomplete information, demonstrate that long – term relationship promote the win – win cooperation for both sides, and emphasize the importance of the integrity of the firm for the alliance.

Key words：total sub – model; cooperation mechanism; static game

1　引言

工程总分包模式是指将工程项目全过程或某个阶段的全部工作发包给一家资质条件符合要求的总包商，再由该总包商根据实际需要，将若干非主体或专业性较强的部分工程任务发包给若干承包商去完成。总分包模式在实际工程项目中的运用极广。研究表明，需要复杂技术设施的大型工程项目中多达75% ~ 80%的工程任务采用了总分包模式，而在房屋建设项目中，这一比率更是达到了80% ~ 90%[1]。

工程建设中总包商与分包商通过合约来约

束双方行为，存在事实上的委托代理关系。总分包双方的合作能够带来提升工程质量、节省交易费用等诸多好处[2]，但由于双方存在利害冲突，往往难以形成合作关系。不但使工程在成本、进度和质量上达不到设计的要求，严重的还会导致重大事故的发生。2010 年 11 月，造成重大伤亡的上海静安区火灾事故，就是一个因非法的分包行为引起的灾难性事故。因此，国内外许多学者的研究都着眼于研究总包商与分包商的委托代理关系，并试图建立双方的合作机制。

Richard Olsson（1998）[3] 建议引入协调人机制，处理分包商和总包商之间的矛盾，保障合同的顺利执行。Gary Packham 等人（2003）[4] 提出建立总包商与分包商的伙伴关系来促进项目管理。李瑞进等人（2006）[5] 建议以信息共享平台优化总包商与分包商的管理模式。王雪青等人（2007）[6] 利用博弈论分析了 partnering 模式中信任机制的建立。尹红莲等人（2008）[7] 提出在工程总分包模式下引入动态联盟机制，以实现总包商与分包商的双赢。尹红莲（2009）[8]、管百海（2010）[9] 研究了工程项目中的收益分配问题。杨晓林（2010）[10] 通过对建设项目总承包商与分包商合作关系的单期博弈分析，认为建立总承包商与分包商的长效合作机制有利于建设项目的总体目标实现。李忠富等人（2010）[11] 研究了在总分包模式下的分包商选择问题，提出总承包企业建立施工分包商库，有助于分包商的快速选取和项目运作效率的提高。

以上的研究有些是对调查结果的总结而缺乏充分的分析，并且分析基本上都是基于完全信息以及总分包双方都是完全经济理性的假设。事实上，总包商与分包商并不是完全的经济理性，总是存在诚信的商人注重自身的信誉胜过眼前的经济利益，并且无论是总包商还是分包商都不能掌握对方的所有信息以支持自身的决策。对此，本文利用博弈论和信息经济学的相关理论，考虑不完全信息的情形，来分析总分包商合作关系的形成机制，以及联盟机制对双方合作关系的影响，并在此基础上提出稳固合作与联盟关系的建议。

2　问题的提出

工程总分包模式与其他工程模式相比存在其独特的问题。总包商与分包商主要通过分包合同来约束权利及义务，但由于某些违反合约的行为难以监督，导致双方都会根据对方的行为选择使得自身收益最大化的策略，却往往造成了整体绩效的损失。基于此，本文将通过建立博弈模型，并引入联盟机制下的重复博弈来分析总分包商合作关系的形成与稳定条件。

3　模型的建立与相关假设

在工程总分包模式下，业主只与总包商发生直接关系，由总包商负责协调和监督各分包商的工作，总分包商之间的权利及义务主要通过分包合同来约束，存在事实上的委托代理关系。总包商通过事前调查、事中监督、事后检查等手段挑选监督分包商，督促分包商采取较高的努力水平为总包商服务。假设分包商的努力程度为 e_1，$e_1 \in A$，努力成本为 $c = c(e_1)$；总包商监督行为的努力程度为 e_2，努力成本为 $c = c(e_2)$，$e_2 \in B$；假设 $c' > 0$。分包商为总包商带来的产出效用为：$\pi(e_1, \theta)$（θ 表示自然状态的随机变量，$\theta \in [\theta_{min}, \theta_{max}]$，$g(\theta)$ 是 θ 在取值范围内的密度函数）。假设总包商根据观测的结果 $x(e_1, e_2, \theta)$ 和激励合同 $s(x)$，对分包商进行支付和奖惩。分包商与总包商的效用函数分别为 $u(s(x(e_1, e_2, \theta)) - c(e_1))$ 和

$v(\pi(e_1, \theta) - s(x(e_1, e_2, \theta)) - c(e_2))$，假设 $c' > 0$，$x' > 0$，$\pi' > 0$，$u' > 0$，$v' > 0$，$u'' < 0$，$v'' < 0$，分包商的保留效用为 $\bar{u}$。

假设函数 $g(\theta)$、$\pi(.)$、$x(.)$、$u(.)$、$v(.)$、$c(.)$ 等都是共同知识，则在单期博弈条件下，总包商的最优化问题为：

$$\max \int v(\pi(e_1, \theta) - s(x(e_1, e_2, \theta)) - c(e_2)) g(\theta) d\theta$$

$$\text{s. t.} \ (IR) \int u(s(x(e_1, e_2, \theta)) - c(e_1)) g(\theta) d\theta \geq \bar{u}$$

$$(IC) \int u(s(x(e_1, e_2, \theta)) - c(e_1)) g(\theta) d\theta \geq$$

$$\int u(s(x(e'_1, e_2, \theta)) - c(e'_1)) g(\theta) d\theta, \ \forall e'_1 \in A$$

在联盟机制下，总包商与分包商之间是一种长期关系，双方的博弈不是一次性的，并且分包商并非都将追求经济利益最大化作为唯一的目标，越是诚信的商人越是注重自身的信誉胜过眼前的经济利益，因而越是偏好采用努力策略；而总包商不能确切地知道分包商诚信程度如何。

因此，在联盟机制下，总包商与分包商之间存在不完全信息动态博弈的过程。

博弈的顺序如下：

（1）"自然"首先从可行的类型集 C 中选择分包商的类型，分包商知道自己的类型 γ，而总包商只知道分包商类型为 γ 的概率是 $p(\gamma)$，而不清楚分包商的具体类型。

（2）双方进行第一阶段的博弈，分包商选择努力水平 $e_1 \in A$。

（3）进行第二阶段的博弈，总包商根据在第二阶段博弈之前观测到的结果 m_1，选择行动 $e_2 \in B$，再根据在第三阶段博弈之前观测到的结果 m_2，进行第三阶段的博弈；如此等等。

（4）分包商与总包商的效用是各阶段博弈的效用的现值，每阶段贴现因子为 δ。

假设总包商观测到的结果函数 $m(\gamma)$ 以及总包商的反应函数 $e_2(m)$ 为共同知识。令 n 为该重复博弈问题的博弈阶段数，那么，在联盟机制下，该不完全信息重复博弈的均衡策略组合 $(m^*(\gamma), e_2^*(m))$ 满足：

$$m^*(\gamma) \in \text{argmax} \sum_{i=1}^{n} u_n \times \delta^{n-1}$$

$$e_2^*(m) \in \text{argmax} \sum_{i=1}^{n} v_n \times \delta^{n-1}$$

4 模型分析

假设单期博弈下的总包商的最优解为 (e_1^*, e_2^*)。因为分包商的努力程度不可观测，所以报酬根据能观测到的结果 $x(.)$ 来确定，总包商在特定监督努力水平 e'_2 下，若观测到的结果 $x(e_1, e'_2, \theta)$ 大于（或小于）$x(e_1^*, e'_2, \theta_{\min})$，则认为分包商具有较高（或低）的努力水平，在固定支付 w 之外，给予奖励（惩罚）R。

4.1 效用分析

为简化分析，假设总包商与分包商的行动和相应的努力成本都划分为两类，分包商可选择努力（$e_{11} > e_1^*$）和偷懒（$e_{12} < e_1^*$）两种策略，相应的成本分别为 c_{11}、c_{12}，为总包商带来的产出为 π_1、π_2，因为 $c' > 0$，$x' > 0$，则有 $c_{11} > c_{12}$，$\pi_1 > \pi_2$。总包商可选择严格或宽松的监督策略，相应的努力程度为 $e_{21} > e_2^*$ 和 $e_{22} < e_2^*$，相应的努力成本为 c_{21}、c_{22}，因为 $c' > 0$，有 $c_{21} > c_{22}$。根据之前的假设，当分包商选择努力时，由于 $x' > 0$，$e_{11} > e_1^*$，观测到的结果 $x(e_{11}, e'_2, \theta)$ 大于 $x(e_1^*, e'_2, \theta_{\min})$，因此将获得奖励 R；当分包商选择偷懒时，在总包商严格监督下，分包商偷懒行为被发现的概率为 p_1；在总包商宽松监督下，分包商偷懒行为被发现的概率为 p_2，$p_1 > p_2$。

则分包商与总包商的博弈模型如下表所示：

		总包商	
		严格	宽松
分包商	努力	u_{11} , v_{11}	u_{12} , v_{12}
	偷懒	u_{21} , v_{21}	u_{22} , v_{22}

其效用可分别表述为：

$$u_{11} = w + R - c_{11}$$

$$u_{12} = w + R - c_{11}$$

$$u_{21} = w + (1 - 2p_1)R - c_{12}$$

$$u_{22} = w + (1 - 2p_2)R - c_{12}$$

$$v_{11} = \pi_1 - w - R - c_{21}$$

$$v_{12} = \pi_1 - w - R - c_{22}$$

$$v_{21} = \pi_2 - w - (1 - 2p_1)R - c_{21}$$

$$v_{22} = \pi_2 - w - (1 - 2p_2)R - c_{22}$$

为满足此问题的参与约束条件，假设 u_{11}、u_{12}、u_{21} 和 u_{22} 都大于保留效用 $\bar{u}$。

4.2 单期博弈分析

在实际工程项目中，分包合同设置过高的奖惩金额，往往会加深总分包商之间的矛盾，并且，即便总包商采取严厉的监督措施，也很难识别分包商的偷懒行为。这就往往导致 $2p_2R < c_{11} - c_{12}$，使得 $u_{21} > u_{11}$、$u_{22} > u_{12}$，即努力成为分包商的劣策略；因而无论总包商采取严格还是宽松的监督，理性的分包商总是会选择偷懒。相应地，总包商在知道分包商一定偷懒的情况下，就会选择严格的监督策略。这就使得总包商与分包商之间达成（偷懒，严格）的均衡，在这种均衡解下，总包商付出了较高的监督成本，并只得到较少的产出效益，工程的整体绩效也受到了损害，双方的博弈陷入了"囚徒困境"之中。

以上的分析是建立在完全信息的基础上，并且假设博弈双方都把追求经济收益最大化。然而，在现实生活中，追求经济利益的最大化并不是唯一的目标，诚信的商人注重自身的信誉胜过眼前的经济利益，因而会采用努力的策略。但总包商也不能掌握充分信息以完全确定分包商的诚信程度。

为简化分析，我们假设分包商有两种不同的类型，即诚信与非诚信，诚信的分包商注重商誉，并会采取努力策略；非诚信的分包商仅仅追求经济效益的最大化，并根据以上的分析会在单期博弈中选择偷懒策略。假设分包商自己知道自己的类型，但是总包商不能确切地知道分包商是否诚信，而只能通过事前调查等手段，了解分包商诚信的概率。

令分包商类型为诚信的概率为 α，不诚信的概率为 $1 - \alpha$，则有，总包商采取严格监督策略的期望收益为 $\alpha \times v_{11} + (1 - \alpha) \times v_{21}$，总包商采取宽松监督策略的期望收益为 $\alpha \times v_{12} + (1 - \alpha) \times v_{22}$。

易得，只有当 $\alpha > \dfrac{v_{21} - v_{22}}{(v_{12} - v_{11}) - (v_{22} - v_{21})}$，即当分包商诚信的概率 $\alpha > 1 - \dfrac{c_{21} - c_{22}}{2R(p_1 - p_2)}$ 时，$\alpha \times v_{11} + (1 - \alpha) \times v_{21} > \alpha \times v_{12} + (1 - \alpha) \times v_{22}$，总包商将选择宽松监督策略。

由以上的分析可知，并且在这种激励机制下，如果 $2p_2R < c_{11} - c_{12}$，那么仅仅提高奖励惩罚的金额 R，并不能促使分包商采取努力策略；反而由于 $\alpha > 1 - \dfrac{c_{21} - c_{22}}{2R(p_1 - p_2)}$，使得总包商采取宽松监督策略所要求的分包商的诚信概率更高，从某种意义上说，增加了总分包商之间合作双赢的难度。并且，分包商诚信的概率越大，总分包商之间越可能形成（努力，宽松）的合作关系，以提高项目运作效率，降低风险。因此，在总分包模式下，总包商更应注重评价选取诚信的分包商作为合作伙伴。

4.3 重复博弈分析

在联盟机制下，总包商与分包商的博弈是重复多次的。为方便分析，我们假设博弈双方在进行某一阶段的战略选择时，都能知道对方在前一阶段的策略选择。并且，我们假设诚信的分包商在每一次博弈过程中都会选择努力策略，而如果总包商确定分包商不是诚信的，那么他将不会选择与再度分包商合作，双方的博弈终止，分包商仅获得保留效用 $\bar{u}$。

博弈的顺序如下：

（1）自然首先选择分包商的类型，分包商知道自己的类型，而总包商只知道分包商理性的概率是 α，非理性的概率是 $1-\alpha$。

（2）双方进行第一阶段的博弈。

（3）观测到第一阶段的博弈结果后，进行第二阶段的博弈，观测到第二阶段的博弈结果后，进行第三阶段的博弈；如此等等。

（4）分包商与总包商的效用是各阶段博弈的效用的现值。贴现因子为 δ。

结合上文分析的结果，假设总包商在知道分包商的诚信概率 $\alpha > \dfrac{v_{21}-v_{22}}{(v_{12}-v_{11})-(v_{22}-v_{21})}$ 的情况下，双方进行 T 次的重复博弈。

首先分析两次博弈，即 $T=2$ 的情况。

在第一阶段，由于给定的条件 $\alpha > \dfrac{v_{21}-v_{22}}{(v_{12}-v_{11})-(v_{22}-v_{21})}$，因此总包商将选择宽松的监督策略。如果分包商在第一阶段选择偷懒，则暴露了分包商不是诚信的，那么总包商在第二个阶段就拒绝与其合作，该分包商在第二阶段只能获得保留效用 $\bar{u}$；但即使分包商在第一阶段选择努力，总包商也不能够确定分包商是否是诚信的，分包商有可能是为了未来的收益而隐瞒自己的类型。设不诚信的分包商在第一阶段选择努力以隐瞒类型的概率为 β，则有：第一阶段选择努力的分包商诚信的后验概

率 $\alpha' = \dfrac{\alpha}{\alpha+(1-\alpha)\beta}$，因为 $0 \leqslant \beta \leqslant 1$，所以 $\alpha' \geqslant \alpha$。即有 $\alpha' \geqslant \alpha > \dfrac{v_{21}-v_{22}}{(v_{12}-v_{11})-(v_{22}-v_{21})}$，易得在第二阶段 $\alpha*v_{11}+(1-\alpha)*v_{21} > \alpha*v_{12}+(1-\alpha)*v_{22}$，总包商仍应选择宽松的监督策略。因此，总包商在两个阶段都应选择宽松监督的策略。

对于分包商来说，如果分包商是诚信的，那么自然会在每个阶段中都选择努力策略；如果分包商不是诚信的，只是纯粹地追求利益最大化，那么分包商在两个阶段的可行策略有三种组合：

（1）在第一阶段选择偷懒，获得效用 u_{22}，第二阶段获得保留效用 $\bar{u}$。

（2）在第一阶段选择努力，获得效用 u_{12}，在第二阶段依旧选择努力，获得效用 u_{12}。

（3）在第一阶段选择努力，获得效用 u_{12}，在第二阶段选择偷懒，获得效用 u_{22}。

这三种策略选择的期望收益分别为：$E_1 = u_{22}+\bar{u}*\delta$，$E_2 = u_{12}+u_{12}*\delta$，$E_3 = u_{12}+u_{22}*\delta$。由于 $u_{22} > u_{12}$，并且 u_{11}、u_{12}、u_{21} 和 u_{22} 都大于保留效用 $\bar{u}$，可知，当 $\delta > \dfrac{u_{22}-u_{12}}{u_{22}-\bar{u}}$ 时，可得 E_3 最大。可知，不诚信的分包商会选择第三种策略，即第一阶段努力，第二阶段偷懒。

因此，无论分包商诚信与否都会在第一阶段选择努力策略，诚信的分包商在第二阶段继续选择努力策略而不诚信的分包商在第二阶段会选择偷懒策略。

通过归纳法可以证明：若满足 $\alpha > \dfrac{v_{21}-v_{22}}{(v_{12}-v_{11})-(v_{22}-v_{21})}$，$\delta > \dfrac{u_{22}-u_{12}}{u_{22}-\bar{u}}$，则在 T 次重复博弈中，无论分包商的类型如何，之前的 $T-1$ 次博弈都会选择努力策略，达到总包商效用以及工程整体绩效最优的均衡，而

在第 T 次博弈中，不诚信的分包商就会选择偷懒策略。

由以上的分析可知，在联盟机制下，由于总分包商之间的博弈存在重复性，博弈双方更要考虑长期的收益水平，这使得即便是不诚信的分包商，也会为了长远利益，在前阶段的博弈中采取努力策略，增强了总分包商之间合作双赢的可能性，进而提高了工程绩效。

但在此过程中，需要满足前提条件分包商诚信的概率 $\alpha > \dfrac{v_{21} - v_{22}}{(v_{12} - v_{11}) - (v_{22} - v_{21})}$，因此，总包商在分包之前需要谨慎识别、挑选分包商，优先选择诚信概率高的分包商。

贴现因子 δ 表征了收益的时间价值和风险价值，当分包商认为获得下次收益的不确定性很大或者各阶段时间间隔很长，则决策时的贴现率 δ 就会变小，当 $\delta < \dfrac{u_{22} - u_{12}}{u_{22} - u}$，分包商可能更注重眼前的确定收益，而选择偷懒策略，这无疑会带来工程绩效的损失，因此，总包商应致力于降低下一阶段合作的不确定性并减小时间间隔。如果总包商有这种诚实守信的商业形象，那么分包商考虑的不确定性就会减少；考虑到总包商自身承包的工程项目数量的有限性，为保证阶段间的间隔不致过长，与总包商建立联盟关系的分包商数量应控制在一定范围内。

5 结束语

通过本文的分析可得，在工程总分包模式下建立奖惩机制固然重要，但仍旧需要注重双方的信誉，双方的诚信程度越高，实现合作共赢的几率就越大。如果总分包商之间存在长期关系，也能够有效促进双方的合作共赢。因此，双方都应该注重自身诚实守信的商业形象，建立联盟机制，促进实现工程总体绩效的最优化以保证工程的质量和效益。

参考文献

[1] Dubois, A. Gadde. Supply Strategy and Network Effects‐purchasing Behavior in the Construction Industry, European Journal of Purchasing and Supply Management, Vol. 6, 2000: 207~215.

[2] Hong Xiao, David Proverbs. The Performance of Contractors in Japan, the UK and the USA: A Comparative Evaluation of Construction Quality [J]. International Journal of Quality & Reliability Management, 2002, 19 (6): 672~687.

[3] Richard Olsson, Subcontract Coordination in Construction [J]. Int. J. Production Economics, 1998: 56~57, 503~509.

[4] Gary Packham, Brychan Thomas, Christopher Miller, Partnering in the House Building Sector: A Subcontractor's View [J]. International Journal of Project Management 21, 2003: 327~332.

[5] 李瑞进，陈勇强. 工程项目总包商分包商关系管理模式研究 [J]. 基建优化, 2006 (5): 14~16.

[6] 王雪青，魏喆. 工程管理 Partnering 模式中信任机制的博弈分析 [J]. 天津大学学报（社会科学版）, 2007 (1): 15~18.

[7] 尹红莲，王卓甫，徐光瑜. 动态联盟在工程总承包商项目管理中的应用 [J]. 人民长江, 2008 (15): 98~100.

[8] 尹红莲，王卓甫，陈治义. 工程总分包动态联盟收益分配研究 [J]. 人民长江, 2009 (5): 87~89.

[9] 管百海. 工程总承包商与分包商的收益分配研究 [J]. 铁道工程学报, 2010 (3): 123~127.

[10] 杨晓林. 建设项目总承包商与分包商合作关系的单期博弈分析 [J]. 工程管理学报, 2010 (5): 545~549.

[11] 李忠富，荆兴凯，李红. 工程总承包模式下施工分包商选择方法研究 [J]. 工程管理学报, 2010 (5): 550~554.

[12] 张维迎. 博弈论与信息经济学 [M]. 上海: 上海人民出版社, 1996.

系统思维下的大型工程项目管理模式初探

黄广秋　　盛昭瀚

（南京大学工程管理学院）

摘要：本文是探索大型工程项目管理复杂环境的内涵及传统项目管理对此种管理环境复杂性驾驭力不足之处，提出有效驾驭复杂环境能力的大型工程项目管理模式，为我国大型工程项目管理实践提供借鉴与应用。

关键词：大型工程；系统思维；项目管理；复杂性

A System View for Conceptual Model of Large – scale Infrastructure Project Management

Huang Guangqiu　Sheng Zhaohan

（E – mail：kwanchew_ ng@ hotmail. com, zhsheng@ nju. edu. cn）

（School of Management Science and Engineering, Nanjing, Nanjing University）

Abstract：This paper explores a conceptual model of large – scale infrastructure project management is derived from the experience of the civil engineering sector. The conceptual model and paradigm are based on systems thinking as traditional 'hard' methodology of project management is struggling under project complexity. In particular, the experience of Taiwan high speed railway project provides the principles and concepts which distinguish the new approach and traditional project management. The model is designed to assist managers find the 'right' form of management approach for their large – scale projects.

Key words：large – scale project；systems thinking；project management；complexity

1 引言

项目管理作为管理学的分支，自 20 世纪 50 年代始于国防与建设工程领域，至今已经历经了六十余年的发展，越来越多行业也采用项目管理这一工具以处理组织非常规性活动，期望能在复杂变革环境中提升企业绩效和效益。然而，全球化的今天，经济不断加速、变革与动荡，特别是近三十年，每隔约十年就出现一次全球性的经济危机，这隐喻着项目管理环境比 20 世纪 50 年代更为复杂，传统工程项目管理的假设与模型也显得不足以驾驭所面临的复杂环境。此外，项目管理的理论基础随项目领导者的经验和认知不同，在理解与应用上也就产生差异。再者，项目管理的理论自身在不断发展，它正在持续丰富化当中。因此，根据不同的管理环境采用相应的管理模式是项目管理绩效保证必要条件之一，尤其是我国当前社会、经济、环境和政治等变革下，重新思索与展望工程项目管理的理论基础是必需也是必然的。

1984 年，我国鲁布革水电站工程项目是最先应用西方项目管理于工程实践，至今已近三十年，但审视现有的大型工程项目管理思维和模式仍比较杂乱，一方面接受西方项目管理理论影响并企图发展具中国特色的工程项目管理；另一方面，国内大量大型工程项目实施，其管理思维仍然是传统工程"指挥部"模式，或是"项目法人制"，"三位一体"，"二块牌子，一套班子"。此外，有的设立专职机构，如管理局、工程局等模式，由于领导者的经验、认知、能力等不同，其实施管理的方式也就莫衷一是。如果将其视为计划与市场经济的过渡产物，这类管理实践的模式却也符合我国当前的国情，有其合理性和优势[1]。评价苏通大桥的规划与控制思维及方法，如制度流程设计、WBS、CPM 等应用，确实展现其系统集成能力，符合传统项目管理的刚性系统思维。但自项目后评价中重新检视其原定预算目标的超出，主塔基础防护工程变更以及最深基础（约 120 米）、最高桥塔（304 米）、最长拉索（577 米）等技术引进与创新的成效等因素，足以证明刚性系统思维的传统项目管理对复杂性驾驭力的不足。

尽管如此，我国自 21 世纪开始，每年都以万亿以上规模投入于基础建设[2]，这正是我国工程界重新检视与思考工程项目管理思维和理论基础的好时机，同时也是发展符合我国国情及复杂变革环境下大型工程项目管理理论与方法的契机。

2 大型工程项目与项目管理

本文所指的大型工程项目是指由政府投资兴建的基础建设，例如，青藏铁路、长江三峡工程、南京地铁、武广高速、苏通大桥、无锡地铁、港珠澳大桥、琼州海峡通道等等，这类工程都具有多目标动态化、投资规模大、工期长、技术含量高、多主体参与、与环境交互作用紧密等特性，也就是说其管理环境的复杂性高，风险和不确性也高。除了上述定性描述外，从定量的角度来说，作者以为基础设施工程施工期超过两年以上，建设费用超过十数亿人民币者均可视为大型工程。大型工程也可再细分为中大型工程和特大型工程。在国外，这一类大型工程已被证实刚性系统思维的传统项目管理方法无法有效地实现大型工程项目的目标和效益[3]。换句话说，传统的项目管理技术和方法被认为比较合适于简单的项目环境[4]，对于大型工程项目这一类的复杂工程，它是无法胜任的[5]。

表 1 一般工程项目管理的基本范式

理论	方法论	属实证主义，以控制为核心思维：强调规划与控制，追求工程项目硬式目标（工期、费用、质管）；以还原论为其根本哲学基础，认为所有事物都可还原到最基本的单元加以掌控。
	目标/环境	重视客观性和目标清晰度：认为环境是稳定有序的，而且其对工程项目目标的冲击可以忽略不计，另外目标可以按分工结构方式分解实施，逐个叠加后可达到总体目标。
	项目组织假设	组织机械论：组织设计是基于功能主义的观点，以金字塔式组织结构和中央集权实施层级式的控制与管理工程项目，项目领导者扮演专家角色，依循标准作业程序，并认为组织的效能与管理措施是因果关系。
实践	解决问题	以"解决问题"的思维管理工程项目属被动式管理：问题以批量集中处理，一切依据预订计划为管理实施依据，而工程项目环境问题一般都是忽略不计的。另外，工程项目目标基本假设是可以事先确定和预测，并且可以借由客观数据作定量测量，同时目标可以分解到工程项目计划内加以控制。
	组织方案	采用矩阵结构和由中央领导项目（标段）之间的协调来均衡整体资源使用与配置。
	工具/技术	以规划与控制为核心的定量工具和技术为主，强调效益和客观数据分析：大部分的工程项目管理工具与技术是基于特定项目及目标达成的方法、项目作业实施程序前提下的发展与应用，例如 WBS、OBS、PERT、CPM、EV、CBA、风险分析、成本估算、里程碑、BAR－CHART 等。

"项目"普遍被理解为一种唯一且一次性的任务，有预定实施期限，有预定目标，包含大量复杂和相互依存的作业，其实施过程有一定的复杂性[6]。从一般系统观点而言，项目管理的对象是项目，项目可被分解为若干部件或作业，部件间存在着相互关系，各部件的结构化越好，项目的整体就越好。例如，苏通大桥工程项目应用 WBS 的方法将工程分解成若干细项工程项目或是工作包（Work - package），然后根据各工作包相互关系和工序、工期约束将其串联成一个网络或整体。显然地，项目是被视为提升组织更高效益的一种"工具"，而非是一种有机组合。从实践立场来说，工具意味着强烈操作性，且针对一定的问题和目的。这是一种以解决问题为导向的控制思维，强调客观性与定量分析；重视结构与还原事物到最基本可操作单元，认为工程项目环境处于稳态且可控。从理论的观点而言，还原论和实证主义是传统工程项目管理的哲学基础，强调任何事物都可以分解到最基本的单位并加以把握，经由特定的科学方法将预定的工程目标分解制成计划并加以控制，实施过程以客观数据分析与评价，且认为目标清晰度与工程项目成功成正相关[5,7]。一般地，目标是被期望维持稳定与不变的，参与主体也不允许对目标作任意变更，甚至在业主要求下，项目仍维持原订目标。而工程项目组织是被视为针对特定工程项目所建构的临时性组织，项目领导者（经理）由永久性组织（建设企业组织）内功能部门或专业部门选派或自外部聘任。他扮演专家的角色，但对资源调控一般不具有自主权，他的任务是依据上级管理层（指挥部领导班子）的计划实施管理，实现计划约束的费用、时间和质量的目标。在组织设计方面，则是强调如何设计最有效的组织结构及控制机制以追求更高的工程项目实施效率[8]；风险管理方面则假设中央控制优于工程项目组织阶层，认为增加项目经理的授权与参与意味弱化中央控制力，反而会增加风险[9]。当前的工程项目管理是基于上述的科学范式（表一）所发展形成的技术与工具，这些技术和工具对于复杂性高的大型工程项目显得驾驭力不足[5]。同时，它被认为无法有效阐释大型工程项目的随机特性[10]，对于管理环境简单的工程项目仍然是有效的[4]。

3　大型工程复杂性与项目管理

传统工程项目管理强调工程项目与业主间的界面管面，而今日更专注于工程项目全寿命周期的管理，从工程构想、工可、设计、招投标、建造、营运、到废除重建被视为一个完整的活动流程，对于全过程中的人力、资金、材料、机具、技术、信息、知识等流程实施全面管理；更关注于那些能创造附加价值的活动，也更强调项目领导者的综合集成能力以提高更大的绩效，而不仅仅是传统项目管理所谓费用、时程和质量简单的定性目标而已。这些变革导致了一种新的项目管理思潮——柔性系统思维的方法论，它也突出了传统项目管理的约束和不足，同时也显示传统项目管理的方法论不合适于复杂性高且动态变革环境下的工程项目，其基本假设也正受到质疑[5,8]。

当前我国正处于市场经济初期，外部和工程项目内部环境交互关联紧密，促使大型工程项目的复杂性不断地增长，这也造成大型工程项目管理效力不彰。大型工程项目是复杂系统，而且是属开放系统[11]，也就是说，大型工程项目管理与复杂性的概念是连接在一起的[12]，而且它是在混沌和复杂管理环境下实施的[13]。这些复杂管理环境存在动态性、模糊性、非线性和涌现线等特性。

（1）动态性：大型工程项目的投资兴建一般对区域性经济、社会、自然环境、文化等会产生重大影响。相对的，这些因素也会对工程内部交互作用导致项目管理环境呈现不稳定性和动态变革。内外信息流的输入与输出会改变个体行为，进而影响整体表现。所以，大型工程项目管理必须根据环境复杂程度调整管理行为让整体系统处于动态稳定，如此不间断地循环滚动前进。

（2）模糊性：大型工程项目一般具备投资规模大、工期长、技术含量高等特点。如果把这一类特点概括为"规模尺度"，那么规模尺度愈大，则其不确定性和复杂性也随之提高，工程项目的未知数也增多，导致目标的模糊性增加。大型工程项目自设计概念之时，其目标随工可研究、技术设计、细部设计等阶段而逐渐形成目标的清晰度。通常环境变数很大，工程项目未知数也很高的情况下，其目标甚至到工程项目趋近于完成时方能清晰。

（3）非线性：复杂系统的环境表现为非线性，借由起始状态的小变动或外部环境的小影响可以产生很大且无法预测的系统结果。就大型工程项目管理而言，现存在刚性系统思维下所开发的技术与工具显然无法驾驭此类非线性的环境。

（4）涌现性：涌现性的概念可以被总结为"整体之和大于部分之和"。从系统的观点而言，群体行为表现是有别于个体行为。也就是说大型工程项目管理系统内的个别组成部份之间会产生交互作用，这些相关联的组成部份与外部环境因素产生关联与作用，最终会产生自组织适应性行为。一般地，大型工程项目管理会面临资源、目标和风险均衡与协调的挑战。所以，大型工程的分项目可以采取授权自主方式实施管理，而整体工程项目以组合管理与综合集成

方法，使系统涌现导向有利于取得更高的价值管理和更好的风险控管的情境。

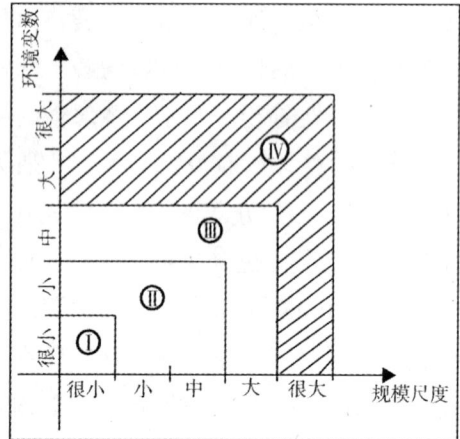

图1　工程项目管理模型与复杂性匹配概念图

基于以上的论述，工程项目管理的环境是约束于环境变数和工程项目规模尺度，两大内外因素交互作用的影响。这两大因素可组合成四种管理环境，对应四类管理模式（见图1）。模式Ⅰ：假设工程的所有变数都已知，目标清晰可控、环境稳定、资源充足、环境变数和工程规模尺度都很小，例如兴建一栋三楼的钢筋混凝土房舍。项目管理者仅需凭信经验和直觉实施管控，也可全权负责决策。模式Ⅱ：这是政府机构惯常应用的工程管理模型。政府组织一般会将传统项目管理技术和工具、标准作业及行政程序结合建构成行政式工程项目管理模型。这类模型的规模尺度为小到中等，在环境复杂性小的情况下才有效，例如，在市场环境相对稳定且工程技术成熟下，修筑一条两三百公里的省级公路。模式Ⅲ：这是时下流行的标准工程项目管理模型（PMI 项目管理知识体系），被认为是最科学化和有效的模式，它具备全套项目管理知识和以实证主义及还原论为哲学基础发展的全部技术和工具，可以很有效益地处理工程复杂性高，以及中度环境变数下的

大型工程项目，例如，单一高层大楼、境内或省际高速公路、铁路等。但是，当环境复杂性变大时，此模式就显得不足。模式Ⅳ：当环境变数很大，且工程复杂性很大的复杂管理环境下，需要对映的管理模式来匹配，此种在复杂管理环境下的管理模型名称，本文给定为：大型工程项目管理模式，也可称为大型工程项目综合集成管理模式。

4　大型工程项目管理模式

概括而言，项目管理是工程专门技术和管理理论的综合应用，而"大型工程项目管理模式"并不是项目管理的替代方案，而是项目管理在复杂环境下提高综合效益的一种方法。这种方法需要有另一种科学范式——柔性系统思维。

今日管理环境的变革是常态，再加上大型工程项目的特性，形成复杂多变的项目管理环境。在此环境下，大型工程项目的范围、边界和目标于工程项目各阶段都呈现不同的内涵和模糊性，唯有不断定义和评价才能致使目标逐步结构化。项目领导者必须借由学习和参与、咨询和催化，在全过程中一边实施一边定义。当工程项目关键节点展开、过渡与收敛时，采取适当的对应措施修整导向下一节点或是制定下一个阶段目标是完全必要的。此类规划方法是问题结构化方法论的应用，是一种强调学习和参与全过程动态管理的柔性系统思维。实践上，为了降低此类工程项目的复杂性，工程组织需要在全过程持续投入比规划控制更多的时间于定义和再定义工程项目目标和范围[15]。项目领导者必须连续性地检讨项目的进度、费用和质量，检讨变更及再定义项目范围和授权约

束。因此，工程项目组织和计划必须存在柔性以吸纳创新观点和方法以降低复杂性[16]。换言之，要有效地降低管理环境的复杂性，组织系统就必须扁平化、多元化及柔性，最好的方式是将组织分割成以人工尺度的自主性单元，组合成网络结构，形成专业技术与管理共同平台，整合界面，综合集成与创新，提升应变能力及机动性，单元间自主协作与沟通，均衡与共享资源。工程项目自概念设计开始，随着阶段性的成长与收敛，允许项目组织自主单元演化，并根据项目总体战略（含有自组织与授权自主原则等内容）与单元目标（具高清晰度，由单元负责人自定义）自行分解与重组。

当前，为了适应环境的变革与动态，已有不少用以处理复杂环境和不确定性的规划与控制工具正不断被开发，诸如里程碑、信息系统、项目组合管理、平衡计分卡、内部审计机制等。在传统项目管理上，也有极少部份工具是基于问题结构化的方法论而开发的，如前述的里程碑技术。在复杂工程项目环境下，需要基于不同范式重新诠释现存的工具，以柔性系统思维依工程项目目标结构化程度与阶段，选择适合其特定复杂管理环境的工具组合。举例来说，里程碑是传统项目管理工具，但它在工程项目目标清晰度不高和无须详尽的计划下，仍可展示其效益和功能。

表2是作者根据多年的国内外工程管理实践经验，罗列与总结的大型工程项目管理模型的主要科学范式与方法。至于各项方法与工具的应用与操作仍有赖于更多的实证研究，依循PMI项目管理模块嵌入我国环境，往下逐个落实，则"中国大型工程项目管理"知识体系可逐步形成与实现。

表 2 大型工程项目管理模型的科学范式与方法

理论	方法论	属阐释主义，以学习为核心思维：强调参与与修整，维持柔性，追求阶段工程项目目标实现并导向工程总体目标，以整体论和认识论为其哲学基础，从系统整体出发，把握各分系统间的关联与作用，促进系统涌现与自组织。
	目标/环境	目标模糊性和目标抽象化：认为环境是动态无序的，而且工程项目阶段目标是动态变革的，采用目标结构化的方法，贯穿工程项目全过程，持续定义、评价和检讨，迭代逼近，逐步结构化总体目标。
	项目组织假设	组织有机论：视项目为一种有机的临时性组织，强调授权与自主性，并以扁平化网络结构，实施分权管理；项目领导者扮演促进与催化角色，依循组织（系统）战略编制个性化作业程序，沟通与协作视为组织效能的关键因素。
实践	问题结构化	以"问题结构化"的思维管理工程项目，属主动式管理：预测潜在问题，针对问题特性，考虑环境的宏观及微观影响，个别处理。另外，持续定义、评价项目目标，借由主客观数据作定性和定量测量，修整项目计划，动态均衡与控制，并导向下一关键节点目标。
	项目组织方案	采用人工尺度网络（似蜂窝状）单元结构，动态单元分工，应用单元之间的协调来均衡整体资源使用与配置。
	工具/技术	以学习与参与为核心的定性和定量工具和技术为主，强调整体效益和均衡：以柔性系统思维检讨与选择或发展合适工程项目管理工具与技术，例如，动态 WBS 和 OBS、WEB、信息系统、项目组合管理技术、项目战略规划与管理、项目领导、资源均衡、内部个性化审计机制、里程碑、BAR - CHART、团队协作、沟通技巧、工作坊、脑力风暴、平衡计分卡等。

5 案例说明

以台湾高速铁路为例，自台北到高雄（左营），全长 345 公里，其中铁路高架桥占 75%，隧道路段占 12%，由台湾高速铁路公司负责兴建及营运，并在特许期限届满后无偿移转给行政部门。1996 年 10 月交通单位高速铁路工程筹备处公告征求民间机构以 BOT 模式参与投资兴建高铁，采两阶段甄审作业。1998 年 5 月台湾高速铁路股份有限公司正式成立，并于同年 7 月与交通单位签定兴建营运及站区开发合同、交通单位应办事项备忘录及合同执行备忘录。2000 年 2 月由交通单位、台湾高速铁路公司及银行团签署 3233亿（约为 800 亿人民币）联合授信契约和三方合同后由台湾高速铁路公司于 2001 年 2 月实质展开台湾高速铁路 BOT 项目的兴建，并于 2007 年2 月正式运营。这项工程对台湾当局及高速铁路公司而言，都是有史以来的第一次，所要考虑的问题很多，如台湾岛内承包商是否有能量消化高铁工程庞大的需求？高铁项目对建设行业及经济、社会等环境所造成的可能影响？台湾岛内承包商是否有足够的规模、财务能力及工程管理能力如何？高铁公司是否具备管理如此大型项目的专业能力及经验？如何建构具备工程管理经验的专业团队？如何建立一套有效的工程项目管理制度？如何取得足够的资源？这些问题都是高铁项目成功与否的潜在风险，因此，必须有一套能够驾驭此种复杂性的方法论及战略。高铁公司经过慎密的分析与规划后采取柔性的系统思维，强调学习与沟通；土建工程采国内外联合承揽方式及设计—施工（DB）的统包合同招标，车站与调车场维修工程采用传统方式（DBB），而机电核心系统则采用设计—采购—建造（EPC），借由国外专业与经验的输入与学习，以降低复杂性与风险；以高铁公司为中心，各承包商围绕中心建立项目网络有机组织，扁平化组织结构，并建立界面管理共同平台，集成界面和均衡资源；采用阶段目标计价付款，强化阶段目标的实现，导向项目总体目标；导入质量独立查核制度，促使承包商强化自主管理；建立信息共享机制，有效流通需求信息材料，强化目标管理。这些方法论与战略是台湾高速铁路成功的关键。亚洲土木工程联盟（Asian Civil Engineering Coordinating Council，ACECC）将杰出土木工程项目奖首奖（Outstanding Civil Engineering Project Award）颁赠给台湾高铁项目，表彰台湾高铁土木工程的成功经验，已经成为亚洲国家公共工程的典范之一（http：//www. thsrc. com. tw）。

6 结论

我国正处于市场经济初期，传统指挥部模式思维和西方工程项目管理模式相互冲击，加大了工程项目的管理环境复杂性，再加上大型工程项目的特性，使二者交互作用下，更彰显了传统项目管理的局限性。此外，我国自 20 世纪末，固定资产投资以倍数高速增长，占国内生产总值的 50% 以上，但其效益却不高。而固定资产的主要成分是基础建设，尤其是大型工程项目，管理水平低，严重浪费[2]。这说明我国处于社会转型阶段，对工程项目管理的认识不足，以及传统文化交互作用下，现存传统指挥部模式思维和西方工程项目管理的混合体无法驾驭大型工程项目的管理复杂性。因此，"大型工程项目管理模式"是基于此类管理复杂的一种有效的方法。项目管理并不是工程项目实施的万应灵丹，也不存在着一套在任何复杂环境下都具有普适性的管理工具与方法。项目领导者应根据项目所处的内外环境，选择匹配的模型和工具组合，以动态寻求整体工程系统最优化。

参考文献

[1] 盛昭瀚，大型复杂工程建设管理主体与综合集成——兼论我国工程建设指挥部模式 [M]. 中国建筑工业出版社，2007，7：168～172.

[2] 张寿荣，我国工程管理面临的挑战 [M]. 中国建筑工业出版社，2007，7：256～259.

[3] Hall M, Holt R, Purchase D. Project sponsors under new public management [J]. Int J Proj Management. 2003, 21: 495～502.

[4] Daniel D. Hard problems in a soft world. Int J Proj Management [J]. 1990, 8 (2): 79～83.

[5] White D, Fortune J. Current practice in project management—an empirical study [J]. Int J Proj Management. 2002, 20: 1～11.

[6] PMI Standards Committee, Project management body of knowledge (PMBOK) (Drexel Hill, PA: Project Management Institute, 1987.

[7] Pinto JK, Slevin DP. Critical success factors across the project life cycle [J]. Project Management J, 1988, 19 (2): 68～75.

[8] Cleland D, King w. System analysis and project management [M]. New York: McGraw－Hill, 1968.

[9] William T. Empowerment vs risk management [J]. Int. J. Proj. Management. 1997, 15: 219～222.

[10] Starr MK. The role of Project management in a fast response organization [J]. Eng Technol Manage 1990, 7: 89～110.

[11] 盛昭瀚，游庆仲. 综合集成管理：方法论与范式——苏通大桥工程管理理论的探索 [J]，复杂系统与复杂科学，2006. 6，第4卷第2期.

[12] Baccarini D. The concept of project complexity—a review [J]. Int J Proj Manage. 1996, 14 (4): 201～4.

[13] Frame D. The new project management [M]. Wiley & Sons, 2002.

[14] Jaafari A. Project management in the age of complexity and change [J]. Project Management [J]. 2003, 34 (4): 47～57.

[15] Melgrati A, Damiani M. Rethinking the project management framework: new epistemology, new insights [M]. In: Proceedings of PMI research conference, 2002: 371～80.

[16] Kenny J. Effective project management for strategic innovation and change in an organizational context [J]. Proj Manage, 2003, 34 (1): 43～53.

智慧图书馆：数据海洋和关键问题研究

王巍　黄庆德　胡登峰

（安徽财经大学）

摘要："数字时代图书馆不需要有形载体"的观点已经被事实证明是错误的。物联网环境下，最新物联网技术将不断应用到图书馆中，推进图书馆向智慧图书馆发展，给用户提供各种智慧化的服务，掀起现代图书馆新的发展浪潮。本文初步探讨了智慧图书馆的概念、特征、构建过程、基本要求、发展阶段，并阐述了智慧图书馆构建过程中的关键问题。

关键词：数据海洋；物联网；云计算；智慧图书馆

Smart Library: Date Ocean and Key Issues Research

Wang Wei, Huang Qingde, Hu Dengfeng

Abstract: The point of view of that libraries in digital era need no tangible carriers has proved to be wrong. In the circumstances of the Internet of things, the latest technology keeps being applied to libraries, propelling the development of smart library, providing various smart services for users and has raised the new wave of development of modern library. This paper discusses the concept and characteristics of smart library, probes its constructing process, basic requirements, stages of development and expounds on key issues of projecting smart library.

Key words: date ocean; the Internet of things; cloud computing; smart library

自 2008 年底至 2009 年初 IBM 公司提出"智慧的地球"（Smart Planet, SP）概念后，人们普遍认为以"物联网"和"云计算"技术为代表的第三次信息技术革命将把人类带入"智慧时代"。图书馆的建设也迎来了新的挑战和发展机遇，图书馆人正在思考探索、研究规划智慧时代图书馆建设与发展的蓝图。"智慧图书馆"已经成为一个新的社会热点。

1 数字图书馆的发展脉络和趋势

1.1 是虚拟图书馆还是实体图书馆

20 世纪末，以 F. W. Lancaster 为代表的一批著名图书馆未来学者曾预言：人类将进入一个无纸化社会。加拿大未来学家 F. Ogden 甚至在《航行在电子计算机的空间》一书里，推断"下一世纪的图书馆将不需要有形场所"。在他早先的另一本书里还宣告："古登堡风格的出版物印本都要毁灭。"他预言未来是一个无纸化的电子世界，传统图书馆将走向消亡[1]。

然而，事实证明上述观点是错的。美国驻华大使馆新闻文秘处的《交流》杂志 2009 年的调查报告显示，信息时代美国人使用公共图书馆的频率达到历史的最高点。以下是几段摘录于其中的"事实与数据"：①公共图书馆的数量多于麦当劳快餐店——包括分馆在内，其总数达 16994 座。②2/3 的美国人持有、使用借书证，2008 年美国人平均使用 9 次公共图书馆。③美国人每年使用中小学、公共及大学图书馆达 35 亿人次——约三倍于观看电影的人次。④美国人每年从公共图书馆借阅 13 万册（件）书籍、杂志、录音资料、录像带及其他资料。⑤81% 的图书馆使用者借阅图书；65% 的读者向馆员咨询；61% 的人查阅使用参考资料；50% 的人阅读报纸杂志；35% 的人借阅唱片、光盘或录像带；30% 的人使用电脑；17% 的人使用互联网。

数据显示：从来没有如此多的美国人使用公共图书馆。在中国也是如此，据山东省图书馆近六年的统计显示：图书馆外借人次平均年增长率 12.9%，2010 年比 2004 年增长了 76%；流通人次平均年增长率达 216%，2010 年比 2004 年增长了 176%；外借册次平均年增长率达 21.88%，2010 年比 2004 年增长了 188%。

以上事实表明，"无纸化图书馆"和"虚拟图书馆"是人们在高技术环境下过于盲从电子计算机和互联网而丧失科学与理性的分析。现代化高技术在图书馆的信息存储、传递系统和咨询服务上的应用并没有取代原来的系统和载体，而是表现为一种互补：高技术使得知识和信息的交流与利用变得快捷方便，为实体图书馆注入了活力。所以本文讨论的图书馆指的是实体的数字或智慧图书馆。

1.2　从数字图书馆到智慧图书馆

当今在数字图书馆领域正在发生着两大主要的变革。首先是数据库向数据海洋的转变。这不仅意味着数字化图书数量的快速增长，从 100 万到 500 万或到 1000 万本数字化图书；更意味着信息形式的丰富，从书本、图片、笔迹、视频、图画和照片等到它们之间复杂多样的关系和它们的多种衍生产品。

其次是数字图书馆向智慧图书馆的转变。智慧图书馆提供的高级服务要远远优于现在便利的图书馆所提供的各类服务（例如个性化服务、超文本服务、计算机辅助设计服务、转化服务、知识挖掘服务、交叉媒介服务等）。依赖于数据海洋，新的、多种多样的智慧云端运算服务会出现并将数字图书馆变得更主动、专业和智能。

2　物联网与智慧图书馆

2.1　物联网的概念和特点

物联网（the Internet of things）是指通过射频识别（RFID）、红外感应器、全球定位系统、激光扫描器等信息传感设备，按约定的协议，把任何物品与互联网连接起来，进行信息交换和通信，以实现智能化识别、定位、跟踪、监控和管理的一种网络[2]。

物联网由传感网络设备、传输网络和应用控制网络系统构成，具有的特征是：①全面感知，即利用 RFID、传感器、二维码等随时获取物体的信息，完成对物体的识别。②可靠传递，即通过现有的各种通信网络与互联网的融合，将物体的信息实时准确地传递出去。③智能处理，即利用云计算、模糊识别和数据挖掘等各种智能计算技术，对数据海洋进行分析和处理，对物体实施智能化的控制和管理。

2.2　智慧图书馆的概念和特点

智慧图书馆（Smart Library）＝图书馆＋物联网＋云计算＋数据海洋。智慧图书馆拥有新的系统架构和存储技术、知识开发技术、跨媒体搜索和推理技术、主动信息服务技术、自动转换技术、新显示技术等数字图书馆新技术；能通过物联网来实现智慧化的服务和管理，通过物联网实现用户间的通信、用户与图书馆的通信、图书馆间的通信、用户与信息资源的通信以及信息资源间的通信；能利用数据挖掘等智慧云端技术将数据海洋转化为大量的、有用的知识；它的最高阶段就是各部分都由图书馆智慧化地完成，无须人工干预，达到"智慧"状态。

基于以上的定义可知，智慧图书馆是全方位开放式的图书馆；是综合学术资源信息服务中心；是配套齐全的活动中心；是高效、便捷和节能的智慧中心。它具有的主要特征有：①沟通智慧化，即在智慧图书馆，不仅可以利用现有的互联网开展文献信息服务，更重要的是还可以利用物联网技术实现更大范围的信息资源共享。②建筑智慧化，即智慧系统能使图书馆各种机器设备的运行、保养、维护更趋智慧化，从而优化人力和物质资源的配置，达到降低成本、节能减排的目的并为读者提供舒适、卫生和安全的环境[3]。③服务智慧化，互联网、物联网、数据海洋和云计算共同构建了智慧图书馆的事务处理、管理和决策技能的服务智慧系统。通过这个系统对信息的分析、提炼和挖掘，读者和工作人员都可以简单、有效、高速地学习和接受各种知识，从而实现服务智慧化[4]。

2.3 智慧图书馆的技术要求

智慧图书馆的构建对物联网、互联网、数据挖掘和云计算都提出了高技术要求，基本要求为：①透彻感知的物联网，即要求图书馆拥有从文献资料、数据资源到图书馆运行状态或用户需求等任何信息，都可以被快速获取并进行分析，便于立即采取应对措施的物联网技术。②全面互联互通的互联网，即通过各种形式的高速且高带宽的通信网络工具，将用户电子设备、图书馆资源和其他信息服务机构中收集、储存的分散信息及数据连接起来，进行互换和

多方共享并将其作为数据海洋的一部分[5]。③深入的智慧化，即要求图书馆使用先进技术（如数据挖掘和分析工具、科学模型和功能强大的运算系统）来进行复杂的数据分析、汇总和计算，以便智慧地整合与分析数据海洋，并将形成的特定知识智慧化地应用到特定的行业、特定的场景、特定的问题中，以满足人们更加深入和多样化的需求[6]。

3 智慧图书馆的发展阶段

3.1 初级阶段——数字图书馆的升级

2002 年 4 月 4 日启动，中美百万册书数字图书馆（China – America Digital Academic Library，CADAL）启动。在已经结束的 CADAL 一期，中国已经扫描了超过 100 万本的中英文书籍并已经将其在 CADAL 的门户网站上发布，可供 70 多个国家和地区的用户查询使用。

2010 年 4 月开始启动 CADAL 的二期工程将进一步地提高数字资源的覆盖范围和质量并将继续数字化 150 万本图书。截止到 2010 年 10 月，已经有超过 60 多所中国高等教育机构签约了数字资源的建设。这个计划将进一步地改善数据安全及全球化服务的质量。

图书馆资源数字化的终极目标是允许任何人在任何时间、任何地点都能够接触知识[7]。数字图书馆的升级换代为智慧图书馆的发展提供了数据和技术资源。

3.2 发展阶段——半智慧化状态

首先是信息汇聚，即传感网络与移动通信网络初步结合，将感知数据汇聚到数据海洋信息的处理与共享。其次是协同感知，即以事件、任务和目标为驱动进行感知，对环境、目标等进行智慧获取和处理，提供更为智慧、更为精确、多元化感知的信息服务，从而使图书馆进入半智慧化状态。

3.3　目标阶段——智慧图书馆

在这个阶段实现了泛在聚合，即物联网技术广泛应用于图书馆各个领域，实现了任何人、任何物、任何信息载体、任何时间、任何地点的互联互通，海量信息在物联网平台的聚合、挖掘而产生新的信息和知识，并引发全新的业务和服务模式[8]。

4　现阶段构建智慧图书馆的关键问题

4.1　知识产权保护是需要考虑的首要问题

由于知识的不可隐藏性本质以及智慧时代高度发达的信息技术，使得知识的创造、存储和传播更加简单、高效。因此如何使著作权人的利益不受侵犯以及如何处理智慧图书馆与知识产权的关系就成了构建智慧图书馆所要考虑的首要问题。

4.2　物联网和云技术是发展的"瓶颈"

中国的第一个传感信息中心，或者叫做感知中国中心于2010年在无锡成立[9]；同样教育部直属的数字图书馆研究中心也是于2010年在浙江大学成立。作为中国智慧图书馆的核心技术引擎的两所科研中心成立至今还不足一年。技术的开发和应用还远未成熟。RFID作为关键技术，其核心领域还未全面进入产业化。目前国内RFID以低频为主，而超高频RFID刚进入产业化应用的初期，如中间件、应用解决方案等产业链还需完善[10]。此外，基于物联网的智慧图书馆构建还必须在通信支撑技术、信息加工、过滤、存储、命令响应技术以及网络接口与传输技术等方面实现全面协调。使图书馆里的大量数据变成易于使用的知识的技术，例如数据挖掘技术、语义分析和跨媒体技术等以及图书馆新的系统架构、存储技术、知识开发技术、跨媒体搜索和推理技术、主动信息服务技术、自动转换技术、新显示技术等都还未成熟

和完善。

4.3　标准是发展的核心问题

首先，由于没有行业的统一标准，导致RFID产品创新慢、业务成本高、服务质量差等突出问题[11]。其次，RFID系统和现有图书馆自动化集成系统（ILAS）的整合难度大。ILAS在设计时是以条形码技术和磁条技术为基础的，RFID系统则是以RFID标签技术为基础，二者需要在通信协议、接口、数据格式等方面进行整合，如果没有统一平台和技术标准是很难完成的。

4.4　隐私与安全问题是重要影响因素

物联网承载了比现有网络都庞大的数据信息，射频识别系统中任意一个标签的标识（ID）或识别码都能在远程被任意地扫描，且标签会自动地不加区别地回应阅读器的指令，并将其所存储的信息传输给阅读器。特别是传感器和智能标签能够跟踪用户的行动、习惯以及偏好等，这势必会使个人的隐私问题受到侵犯，因此，信息资源及用户隐私如何得到保护成为构建智慧图书馆亟待解决的问题。

5　结语

智慧图书馆诞生于新数字时代，它区别于传统图书馆、数字图书馆之处体现在：①运用了物联网、互联网和云计算使得图书馆建筑智慧化。图书馆可以随时自动为馆内人员调节温度、湿度、透明度、通风消毒和控制噪声等，为读者和工作人员提供舒适环境并做到优化资源配置和节能减排。②构建了数据海洋并通过数据挖掘、知识挖掘等专业技术生成各类简单、高效的技术和知识，呈现在读者和工作人员面前。③智慧图书馆系统深入分析收集到的数据，新颖、系统且全面地解决特定问题并将特定的知识更加智慧化地应用到特定的行业、特定的

场景、特定的问题中，以满足人们更加深入和多样化的需求。

然而，智慧图书馆的构建需要注意知识产权保护、隐私与安全等问题；解决技术上的标准统一问题以及物联网、云计算在开发、应用上的技术难题。

本文只是智慧图书馆的概念、特征以及构建过程的初步探讨，从现实的角度来讲，还存在着很多不足，这是因为：①智慧图书馆的建设处于探索和起步的阶段，相关技术也正处于开发或市场投入的初期，智慧图书馆构建的具体成本一时还难以预算。②目前物联网在图书馆的应用，主要是以 RFID 为关键技术的简单应用。如 2006 年 7 月开放的深圳图书馆新馆是中国最大的 RFID 项目，用 RFID 标签和阅读器完全取代了原有的条形码、磁条等传统设备[12]。真正意义上的智慧图书馆还远没有出现，这就决定了定量分析方法难以在现阶段的智慧图书馆研究中的应用。

参考文献

[1] 常书智，王秀芬. 图书馆魅力永存——21 世纪我国图书馆建设与发展的几点思考 [J]. 图书馆杂志，2003，22 (4)：16~17.

[2] 孔晓波. 物联网概念和演进路径 [J]. 电信工程技术与标准化，2009 (12)：12~14.

[3] 潘登. 论高等院校图书馆建筑智能化建设 [J]. 长春理工大学学报 (高等教育)，2010 (1)：186~187.

[4] 阴月华. 图书馆工作者服务智慧探析 [J]. 河北农业大学学报，2009 (1)：123~125，128.

[5] 李军. 粗糙集理论中的约章算法研究 [D]. 吉林大学，2003.

[6] 严栋. 基于物联网的智慧图书馆 [J]. 图书馆学刊，2010 (7)：9.

[7] Pan Yun – he. Important developments for the digital library：Data Ocean and Smart Library (R) [J]. Journal of Zhejiang University – SCIENCE C (Computers & Electronics)，2010.

[8] 范并思. 图书馆 2.0：构建新的图书馆服务 [J]. 2006 (1).

[9] 侯自强. 方兴未艾的物联网 [J]. 电信工程技术与标准化，2009 (12)：1~2.

[10] 胡清，詹宜巨，黄小虎. 基于 RFID 企业物联网及中间件技术研究 [J]. 微计算机信息，2009 (20)：158~160.

[11] 周振华. 现代服务业发展：基础条件及其构建 [J]. 上海经济研究，2005 (9).

[12] 秦红. RFID 技术在图书馆应用的分析探讨 [J]. 现代情报，2009 (6)：130~132.

从 EJOR 高影响论文看运筹与管理科学研究

伊俊敏

（厦门理工学院管理科学系）

摘要：本文主要以欧洲运筹学杂志近年评出的几类高影响力的文章为基础，分析这些文章的内容范畴，并作出文献篇幅、引用、作者分布和华人贡献等的分析，为我们把握运筹与管理科学的研究与发展提供了一种独特视角下的思考和启发。

关键词：运筹学；引用；文献；影响力

Approaching the Study of OR/MS through EJOR High Influential Papers

Yi Junmin

（E – mail：yijunmin@ xmut. edu. cn）

（Department of Management Sciences, Xiamen University of Technology）

Abstract：Based on several classes of high influential articles published in European Journal of Operational Research, we analyze the main content coverage of these papers, and conduct literature analyses on the size, citation, authors and contribution by Chinese. This unique perspective is thoughtful to the study and development of Operational Research.

Key words：Operational Research; citation; literature; influence

1 前言

《欧洲运筹学杂志》（European Journal of Operational Research，EJOR）是全球管理及运筹学界最著名的学术刊物之一，它是欧洲运筹学联合会 1975 年成立时就创办的学术期刊，经过 30 多年的发展已经成为运作与管理科学的领先期刊。作为 SCI 源刊，2010 年的影响因子为 2. 158，排整个运作类第 6 名，近五年平均影响因子达 2. 512[1]。EJOR 为全球最大的运筹学刊物，如

2004 年统计总引用次数在运筹学与管理科学领域期刊中名列第二。EJOR 现在每年刊出 24 期，内容包括连续优化，离散优化，生产、制造与物流，随机论与统计学，决策科学，计算智能与信息管理和学科交叉七个方面。实际上这些内容不仅仅是运筹学，很多也是管理科学的内容范畴。

近年该刊经专门统计，评出了 1977 ~ 2005 年最有影响的 30 篇论文，历年被引用 200 次以上的 19 篇论文，以及 2005 ~ 2010 年被引用次数最多的 10 篇论文。这些引用数据统计数据主

要来源于 Elsevier 出版公司的 SCOPUS 数据库和美国科学信息研究所的（Institute of Scientific Information, ISI）的科学引文索引（SCI），检索全面权威。这些论文充分反映了该刊的办刊情况和影响力，更从一个侧面反映了运筹学的发展。此外，EJOR 根据研究热点和文章集中度不定期开辟专刊和专栏，如 1989～2009 年就有 165 个专刊或专栏。本文将以这些影响力大的优秀论文为基础，可能容易抓住重点，发现问题；另外管中窥豹，从该刊物的视角下探析运筹与管理科学近 40 年的研究重点与热点。

2 论文搜集与介绍

2.1 30 篇最有影响论文

EJOR 最具影响的 30 篇论文[2] 主要是基于发表以来的论文被引用统计数据，但为了克服引用统计数据的弱点，采取了一些特殊处理方法。首先按 30 年的时间跨度将文章分为 1977～1980 年、1981～1985 年、1986～1990 年、1991～1995 年、1996～2000 年和 2001～2005 年共 6 个时段，然后从各个时段结合一些领域专家的分析判断来综合选择出的最具影响文章。

EJOR 最具影响的 30 篇论文主要是常规论文（13 篇）和综述型论文（17 篇），综述型论文影响力较大，因而它们较多也就不足为奇。这些论文所包括的领域有：数据包络分析、组合优化问题、多条件决策问题、不确定性的决策问题、制造与物流方面的运筹学问题、排序与调度问题和亚启发式算法等。

从这 30 篇论文的引用文献数量来看，平均每篇近 60 篇，最多的引用 203 篇，最少的引用 7 篇。而且上述篇幅或引用最多的文章都是综述型，最少的都是常规型文章。

2.2 被引次数超 200 次的 19 篇论文

这 19 篇论文按 2011 年 8 月的最新引用数

据库进行统计并分颁发证书[3]，时间从最早的 1978 年到最近的 2001 年，大部分集中在 20 世纪 90 年代，可以看到有影响力的论文需要经过 10 多年才能被学界所认识。论文最高被引次数 4139 次（1978 年发表的《测量决策单元的效率》），最低 239 次，平均 577 次。

例如，论文中有大家熟悉的萨迪 1990 年发表的 AHP 分析法论文，该文的引用次数高达 629 次，这个应当没有包括大部分没进入国际数据库的我国论文引用。

需要说明的是，这 19 篇论文是在前 30 篇最有影响力论文推出几年之后，主要按被引次数评出的，与前 30 篇重合的有 15 篇，后面统一集合会剔除重合项。

2.3 近 5 年被引次数最多的 10 篇论文

前两个集合的统计时间结果都落在 2006 年以前，EJOR 对 2006 年开始的近 5 年的被引次数最多有论文也作了统计，列出的前 10 篇最高被引用次数为 255 次，最低 111 次，平均值仅为 150 次，与前述 19 篇的 577 次差别很大，可见时间积累的重要性。

这 10 篇论文反映了新的研究重点，按内容最多的是排程问题，共 4 篇，分别涉及带设置时间和成本的、学习效应的、资源约束的项目排程和流水车间作业排序诸问题及算法；其次是流水线平衡问题（2 篇）、层次分析法应用、切割与装箱问题、QFD 规划和蚁群算法。这些问题国际运筹与管理学术界在后面的研究中至少还有 111 篇论文涉及。

2.4 三类论文总计

综合前三个集合，剔除重合项，共有 45 篇（详见文后附录），我们按不同集合分别编号为 A1 - A30，B1 - B19 和 C1 - C10，其中 B 集合中剔除与 A 重合的后，仅剩 5 篇，即 B2、B4、B11、B15 和 B18。下面的分析将以此 45 篇高影响力论文为基础。

3　统计与分析

3.1　论文统计分析

全部 45 篇论文中综述型论文共 24 篇,超过半数。从篇幅看,平均每篇 18.5 页,其中最多的一篇有 47 页,为平均篇幅的近 3 倍;最少的仅 6 页。综述型论文平均页数达 22 页,而近 5 年论文平均页数达 24 页,可见现代有影响力的论文有篇幅增加的趋势。

这些大影响力论文探讨的研究问题,都是业内高端专家工作的反映,对我们归纳研究重点与热点有较大启发,从所涉及的问题集中度来看,涉及调度排程(Scheduling)问题的最多,有 14 篇,时间跨度从 1980～2008 年,内容有单台、多台机器、流水车间、资源约束、时间限制等,可见排程问题一直是运筹学研究的一个热点,也是 EJOR 选题侧重的一个方面。

其次集中的有层次分析法 AHP 3 篇,多准则决策问题 3 篇,流水线平衡问题 2 篇,切割与装箱问题 2 篇,模拟退火、可变近邻搜索、遗传和蚁群算法各 1 篇,DEA、VRP、QFD 各一篇。而其他期刊中热门的供应链管理在此有影响力的论文中仅 2 篇,反映出该刊没有侧重供应链问题。

从运筹学经典的分类[4]来看,上述 45 篇文章中属于数学规划的有 30 篇,其中主要是动态规划和整数规划,属于决策论的 12 篇,存储论和图论很少,可也反映了 EJOR 的办刊侧重点。从文章的应用类型来看,理论型有 22 篇,应用型 13 篇,算法型 10 篇。

3.2　作者统计分析

对这些论文作者的分析也很有意义。45 篇文章共有作者 96 人,平均每篇作者为 2.13 人,其中独著文章 12 篇,所占比例不高,可见有影响论文大多是多人工作的结晶。共同作者中,一篇文章中最多的作者有 6 人,但 26 篇文章合作者是同一国,仅 7 篇文章涉及国际合作,作者最多来自三国。

从这 26 篇同一国的合作来看,17 篇是同一单位的,而 9 篇是不同单位的。由此我们可以构想这样一幅场景:高水平的学术成果通常由同一单位两位同事经常性的讨论合作所完成,或不同大学相近系科的学者们交流合作所完成。

全部 96 名作者中,去掉相同的作者,实际只有 90 个作者。这些贡献多篇(全为两篇)论文的作者是瑞士人 Taillard,分别于 1990 年和 1993 年独立完成排程方面论文两篇,因为都是解决具体问题的,篇幅不长,但被引次数分别是 287 次和 512 次。其次是德国同一单位的 Becker 和 Scholl 各以第一作者合署文章两篇;郑大昭教授(Cheng T. C. E.)以不同时期不同单位以第一作者和第三作者各一次;还有两人均两次出现在论文合作者之中。

从作者署名的单位所属国家来看(不一定所署工作单位的国家就是该作者的国籍),全部 96 名作者分布在欧、美、亚 19 个国家和地区中。其中美国、德国最多,分别有 17 人和 16 人(占总数的 27%),其次是加拿大、比利时、法国、英国、土耳其、荷兰和瑞士,这 9 个国家占总作者数超过 80%,中国包括香港和台湾共 4 位。

3.3　华人的贡献

欣喜的是,我国常大勇教授 1996 年发表的论文《扩充分析方法在模糊 AHP 中的应用》,在被引次数超 200 次的 19 篇论文提名奖中排名第四,被引用次数达 360 次。常大勇教授曾任北京物资学院数学教研室主任、硕士生导师、北京市运筹学会理事。1988～1990 年在英国 Hatfild 大学做访问学者。长期从事高等数学、模糊数学、数学建模等的教学与科研工作，出版著作有《经济管理中的模糊数学方法》、《经济管理数学模型》等，在国内外重要学术期刊上发表论文数十篇。退休后还担任北京师范大学珠海分校物流学院学科基础课教研室主任。

还有上面提到的两篇作者郑大昭教授，毕业于香港大学，在剑桥大学获博士学位后在加拿大任教，上述第 A11 号文章就是他在其间写的。现任教于香港理工大学的郑教授在生产与排程问题上的研究非常有建树，在国际学术刊物上共发表 400 多篇文章，且几十篇为顶尖类刊物文章；近年被 ISI Web of Knowledge 评为文章被引最多的顶尖 1% 的科学家之一。郑教授还出版专著多部，并担任 SCI 运筹方面领先刊物的《国际生产经济学刊》三名编辑之一，2008 年被聘为南京大学思源讲席教授。

值得一提的是，C9 号文章第二作者为台湾元智大学工业工程与管理学系梁韵嘉副教授，他博士毕业于美国奥本大学工业与系统工程专业，主要研究生产排程、算法与智能，与三位土耳其学者 2007 年共同发表《完工时间和总流动时间最小化的置换流水车间排序问题的粒子群算法》，被引次数达 123 次。

而 EJOR 期刊评出的 2009 年 26 位优秀审稿人中，华人有南京大学工程管理学院肖条军教授和台湾成功大学工业与信息管理系高强（Chiang Kao）教授，其他两位任职美国大学。从审稿这一更高环节可以看到华人的参与和影响逐渐提高。这些教授的研究工作为中国人在国际运筹学界争得一席之地。近年来，我国学者在国际运筹与管理学界发表的文章也越来越多，影响逐步增加。

3.4 我国运筹学研究的发展

运筹学已经走过 50 多年的历史，作为一门交叉学科与其他学科紧密结合，已经发展出十几个分支，在经济、管理、工程和科学上都有广泛的应用，近年更是借助信息技术的手段，解决问题的方法有了质的飞跃[5]。值得欣慰的是，我国运筹学的研究与发展在改革开放后迅猛发展，与现实的经济和管理问题的结合日益增多，在国际学术界的活动也日趋活跃。例如，我国的运筹学工作者将全局最优化、图论、神经网络等运筹学理论及方法应用于分子生物信息学中的 DNA 与蛋白质序列比较、芯片测试、生物进化分析、蛋白质结构预测等问题的研究；在金融管理方面，将优化及决策分析方法应用于金融风险控制与管理、资产评估与定价分析模型等领域；在网络管理上，利用随机过程方法，研究排队网络的数量指标分析；在供应链管理问题中，利用随机动态规划模型，研究多重决策最优策略的计算方法[6]。

4 总结

科学研究成果的最终检验是业界其他同行的认可，但这一过程需要时间的检验，上述论文分析充分证明了这一点。高影响力的研究成果对现在运筹学的研究方向有较大的影响和继承性，也会促引新的研究方向和领域。

在今天全球化的浪潮下，企业的经营、组织的管理、社会的变革和环境的变化都可能成为运筹学进一步研究的内容，国际学术交流也日益广泛与深入，相信在综合和深入的基础之上，借助数学与信息工具，运筹与管理科学的研究还会有更大、更新的发展。我国学者的研究也将在这一进程中不断进步与提高。

本研究从高影响力论文分析入手，所得结果对我国管理学者有一定的参考和启发性，但因为所选期刊单一，再加上不同期刊刊发文章内容与范围各有所侧重，某些结果难免偏颇，还请同行不吝指正。

参考文献

［1］ 2010 Journal Citation Reports ［R］. Thomson Reuters.

［2］ Alan Mercer et al. A Collection of 30 Influential Articles Published in EJOR Celebrating the 30th Anniversary of EURO ［R］, Netherland：European Journal of Operational Research, http：//www. elsevier. com/authored_ subject_ sections/ S03/Anniversary/30th_ anniversary. htm.

［3］ European Journal of Operational Research, Awardees of "Articles with Citations over 200" Certificates ［R］.

http：//www. elsevier. com/wps/find/journaldescription. cws_ home/505543/description.

［4］ 钱颂迪. 运筹学 ［M］. 北京：清华大学出版社, 1990.

［5］ Sodhi, Tang. The OR/MS Ecosystem：Strengths, Weaknesses, Opportunitie and Threats ［J］. Operations Research, Vol. 56, No. 2, 2008：267～277.

［6］ 章祥荪, 方伟武. 中国运筹学会的简史和今日的发展 ［R］. 北京：中国运筹学会, 2009.

附录 EJOR 发表的 45 篇高影响力论文

序号	编号	类型	年份	文章名	页数	所属领域	大领域	类型
1	A1	常规	1978	测量决策单元的效率	16	决策论	决策论	理论
2	A2	常规	1980	求解双判据的调度问题	7	整数规划	数学规划	应用
3	A3	常规	1981	适用于差异分析的简单而有效的目标规划问题	17	线性规划与目标规划	数学规划	理论
4	A4	综述	1981	多判据分析：调查与新方向	12	决策论	决策论	理论
5	A5	常规	1982	多准则决策中评价加式效用函数的 UTA 方法	14	决策论	决策论	理论
6	A6	常规	1982	单台机器排序问题	6	动态规划	数学规划	应用
7	A7	综述	1985	时间表问题介绍	12	整数规划	数学规划	理论
8	A8	常规	1986	解决多准则问题的可视化交互方法	11	决策论	决策论	应用
9	A9	综述	1987	设施规划问题	23	整数规划	数学规划	应用
10	A10	综述	1988	认知映射	13	决策论	决策论	理论
11	A11	综述	1989	涉及完工期确定型决策的排程研究综述	11	动态规划	数学规划	应用
12	A12	常规	1989	流水车间排序问题的一种新启发式算法	8	动态规划	数学规划	算法
13	A13	常规	1990	切割与装箱问题类型分析	15	整数规划	数学规划	理论
14	A14	综述	1990	模拟退火法——运筹学的一种工具	11	整数规划	数学规划	算法
15	A15	常规	1990	流水车间排序问题的一些有效启式算法	10	动态规划	数学规划	理论
16	A16	常规	1990	如何作决策：层次分析法	18	决策论	决策论	理论
17	A17	综述	1991	供应商选择准则和方法	17	决策论	决策论	应用
18	A18	综述	1991	多机器系统维护模型综述	23	动态规划	数学规划	应用
19	A19	综述	1992	车辆路径问题：精确与近似算法的综述	14	整数规划	数学规划	算法
20	A20	常规	1992	使用数据包络分析估算规模收益	11	线性规划与目标规划	数学规划	应用
21	A21	综述	1993	单元制造系统维护模型综述	8	整数规划	数学规划	理论
22	A22	综述	1996	协调的供应链管理	15	动态规划	数学规划	理论
23	A23	常规	1996	集合覆盖问题的遗传算法	13	图论	图论	算法
24	A24	常规	1997	财务机构的效率：国际调查与未来研究方向	38	整数规划	数学规划	应用
25	A25	综述	1997	逆向物流的定量模型综述	17	存储论	存储论	应用
26	A26	综述	1999	资源约束的项目排程：记号、分类、模型和方法	39	动态规划	数学规划	理论
27	A27	综述	2000	带批量的排程问题综述	22	动态规划	数学规划	理论
28	A28	综述	2001	定性可能性理论的决策理论基础	20	决策论	决策论	理念
29	A29	综述	2001	用于多准则决策的粗糙集理论	47	决策论	决策论	理念
30	A30	综述	2001	可变近邻搜索法原理与应用	19	整数规划	数学规划	算法
31	B2	常规	1986	项目选择与评级的 Promethee 方法	11	决策论	决策论	应用
32	B4	常规	1996	扩充分析方法在模糊 AHP 中的应用	7	决策论	决策论	应用
33	B11	综述	1999	确定型工作排程问题：过去、现在和未来	45	动态规划	数学规划	理论
34	B15	常规	1993	基本排程问题标杆	8	动态规划	数学规划	理论

序号	编号	类型	年份	文章名	页数	所属领域	大领域	类型
35	B18	综述	1997	战略生产—分销模型：强调全球供应链的关键评述	18	存储论	存储论	理论
36	C1	综述	2006	层次分析法：应用综述	29	决策论	决策论	理论
37	C2	综述	2006	归类后的装配线平衡问题与方法调查	22	整数规划	数学规划	理论
38	C3	综述	2008	带设置时间和成本的排程问题调查	38	动态规划	数学规划	理论
39	C4	综述	2006	简单装配线平衡问题的精确和启发式算法求解过程	38	整数规划	数学规划	算法
40	C5	常规	2007	改进的切割与装箱问题类型分析	22	整数规划	数学规划	理论
41	C6	常规	2006	采用分析网络法的 QFD 规划过程的模糊优化模型	22	动态规划	数学规划	应用
42	C7	常规	2006	资源约束的项目排程启发式算法实验调查更新	15	动态规划	数学规划	算法
43	C8	常规	2008	连续领域的蚁群算法优化	19	整数规划	数学规划	算法
44	C9	常规	2007	完工时间和总流时间 最小化的置换流水车间排序问题的粒子群算法	18	动态规划	数学规划	算法
45	C10	综述	2008	带学习效应的排程问题综述	15	动态规划	数学规划	理论

基于离散粒子群算法的车间调度问题

杨 萍

（华南理工大学工商管理学院）

摘要：针对最小化完工时间的作业车间调度问题，在考虑到将粒子群优化算法解的连续区间更好地投影到离散的作业车间调度问题解上，提出了离散粒子群优化算法和基于位置交换的 OBR 二次编码（PS－OBR）方法来优化车间调度问题，并根据其特性设计了仿细菌觅食算法趋化步骤作为其补充领域搜索算法。基准测试表明，该算法能快速有效地求解 Job－shop 调度问题。

关键词：作业车间调度；离散粒子群算法；趋化；PS－OBR

Job Shop Scheduling Problem Based on the Discrete Particle Swarm Optimization

Yang Ping

（E－mail：yangping060208@163.com）

（School of Business Administration，SCUT）

Abstract：For minimizing the completed time on the job shop scheduling problem, taking into account the particle swarm optimization solutions which are continuous interval projected to discrete solutions on the job shop scheduling problem. Proposed a discrete particle swarm optimization algorithm and operation－based representation（OBR）coding method based on position swapping（PS－OBR）. And this paper designed the chemotaxis algorithm which is imitating the bacterial foraging for the local searching. Benchmark tests show that the algorithm can quickly and effectively solve the job shop scheduling problem.

Key words：job shop scheduling problem；discrete particle swarm optimization；chemotaxis；PS－OBR

1 前言

车间调度问题（Job Shop Scheduling Problem，JSP）是许多实际生产调度问题的简化模型，是一个典型的 NP－hard 问题[1]，其特点是没有一个有效的算法能在多项式时间内求出最优解[2,3]，只能使用各种启发式搜索算法对其进行近似求解。

近年来，随着计算机技术的发展，一些基于模拟自然界中生物、物理过程和人类行为过程中所表现出的某些特点而发展较复杂的优化方法得到迅速发展，如遗传算法、神经网络法、模拟退火法和禁忌搜索算法等，这些算法已成为生产调度方法的研究热点。在传统的粒子群算法（Particle Swarm Optimization，PSO）中，粒子的位置和速度均以连续参数形式表示，正是这种连续实数域中的位置——速度计算模型限制了粒子群算法在离散组合优化问题领域的应用[4]。常桂娟[4]提出了一种新的 PPP 编码方法，即基于粒子坐标位置排列编码方法；刘志雄[5]总结了三种不同的粒子编码方式，分别是基于粒子位置次序的粒子编码方法、基于粒子位置取整操作的粒子编码方法和基于粒子位置次序——粒子位置取整操作的粒子编码方法。

本文通过基于位置交换的 OBR 二次编码方式，用离散粒子群优化算法在 JSP 问题上建立数学模型，同时加入符合改进数学模型的细菌觅食算法趋化步骤的领域搜索算法进行深度优化，使得算法具有强健的鲁棒性，最后通过对著名基准实例的测试验证该算法的有效性。

2　JSP 的数学模型

JSP 问题是研究 n 个工件在 m 台机器上的加工，已知各个工件在各台机器上的加工时间和各个工件在各台机器上的加工次序约束，要求确定与工艺约束条件相容的各机器上所有工件的加工开始时间或完成时间或加工次序，使加工性能指标达到最优。其部分数学模型描述如下：

机器顺序阵 M，$M(i, j)$ 表示加工 i 工件的第 j 个操作的机器号，$M(i,:)$ 表示 i 工件的所有操作按优先顺序加工的各机器号的排列。如：

$$M(3, 3) = \begin{bmatrix} 1 & 2 & 3 \\ 1 & 3 & 2 \\ 2 & 1 & 3 \end{bmatrix}$$

加工时间阵 T，$T(i, j)$ 为 j 工件在机器上的加工时间。如：

$$T(3, 3) = \begin{bmatrix} 3 & 3 & 2 \\ 1 & 5 & 3 \\ 3 & 2 & 3 \end{bmatrix}$$

一台机器在同一时间只能加工一个工件的一道工序且不能被打断，工件的工序加工满足机器顺序阵 M 指定的先后顺序。以 C_{ij} 表示工件 i 在机器 j 上加工的完工时间，则有以下公式：

$$C_{ij} - T_{ij} \geqslant C_{ij}, \quad i = 1, 2, \cdots, n; \quad j, k = 1, 2, \cdots, m \tag{1}$$

机器 k 先于机器 j 加工工件 i

$$C_{hj} - C_{ik} \geqslant T_{ij}, \quad i, h = 1, 2, \cdots, n; \quad k = 1, 2, \cdots, m \tag{2}$$

工件 i 先于工件 h 在机器 j 上加工

$$C_{ij} \geqslant 0, \quad i = 1, 2, \cdots, n; \quad j = 1, 2, \cdots, m \tag{3}$$

每个工件的每个工序加工时间大于等于零。

本文将工件完工时间最小化作为目标，则在上诉条件下，其目标函数为：

$$\text{fitness} = \min \max_{isjsm} \left\{ \max_{isjsn} C_{ij} \right\} \tag{4}$$

3　基于操作的编码方式

基于操作的编码方式（Operation – Based Representation，OBR）将每个染色体用 $n \times m$ 个代表操作的基因组成，是所有操作的一个排列，其中各工件号均出现 m 次，解码过程是：先将粒子转化为一个有序的操作表，然后基于该表和工艺约束对每个操作以最早允许加工时间逐一进行加工，从而产生调度方案。

以表 1 加工时间矩阵 T，表 2 机器顺序矩阵 M 为例，若染色体为 [2 1 1 1 2 2 3 3 3]，则对应加工工艺约束，可解码得到相应的调度甘特图，如图 1 所示。

该编码方式具有以下特性：有效继承上一代有用信息；任意置换排列组合均能表示可行调度；覆盖所有可行解；$n \times m$ 标准长度。

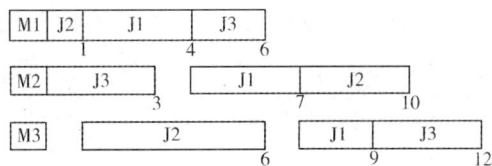

图1 基于操作编码下的活动调度甘特

4 基于离散 PSO 的车间调度算法

4.1 粒子群优化算法

1995 年，Kennedy 和 Eberhart 提出经典 PSO 算法[6]；1998 年，Shi 等对经典 PSO 算法进行了修改，提出了目前广泛使用的标准 PSO 算法：设在一个 D 维的目标搜索空间中，由 N 个粒子组成一个群体，其中第 i 个粒子的位置表示为一个 D 维向量 $X_i = (x_{i1}, x_{i2}, \cdots, x_{iD})$，$i = 1, 2, \cdots, N$，即每个粒子的位置就是一个潜在的解。第 i 个粒子的飞行速度也是 D 维向量，记为 $V_i = (v_{i1}, v_{i2}, \cdots, v_{iD})$。PSO 初始化一群随机粒子，然后通过迭代找到最优解。在每一次迭代中，粒子通过跟踪两个"极值"来更新自己的位置。第一个就是粒子目前自身所找到的最优解，这个解叫做个体极值 P_b，另一个极值是整个种群目前找到的最优解，这个极值是全局极值 P_g。则可用下列公式对粒子的速度和位置进行更新：

$$v_{id}(t+1) = wv_{id}(t) + c_1 r_1 (p_{id}(t) - x_{id}(t)) + c_2 r_2 (p_{gd}(t) - x_{id}(t)) \quad (5)$$

$$x_{id}(t+1) = x_{id}(t) + v_{id}(t+1) \quad (6)$$

式中 $i = 1, 2, \cdots, N$，$d = 1, 2, \cdots, D$；w 为惯性权重；学习因子 c_1 和 c_2 是非负常数；r_1 和 r_2 是两个相互独立的在区间 $[0, 1]$ 上均匀分布的伪随机数；速度上限 $|v_{id}| \leqslant v\max_{id}$。

基本 PSO 算法的实现步骤如下：

（1）初始化。设定 PSO 算法中涉及的各类参数，包括搜索空间的下限和下限、学习因子、算法的最大迭代次数或收敛精度、粒子的速度范围等。

（2）评价每一个粒子。计算粒子的适应值，如果好于该粒子当前的个体极值，则将 Pb 设置设为该粒子的位置，且更新个体极值。如果所有粒子的个体极值中最好的好于当前的全局极值，则将 Pb 设置为粒子的位置，更新全局极值。

（3）粒子的状态更新。对每一个粒子的位置和速度，用式（5）和式（6）进行更新。

（4）检验是否符合结束条件。如果当前的迭代次数达到了预先设定的最大次数，或最终结果小于预定收敛精度要求，则停止迭代，输出最优解，否则转到步骤（2）。

4.2 基于位置交换的 OBR 二次编码设计

编码问题是利用粒子群优化算法解决 JSP 的首要关键问题，其编码技术必须考虑到粒子的合法性、可行性、有效性以及对问题解空间表征的完全性。

基于位置交换（Position Swap, PS）的 OBR 二次编码（PS－OBR）建立在 OBR 编码基础上。解长度为标准的 n＊m，表示为：[x_{n*m}, $\cdots$ x_1, x_2]，x_i [1, n＊m]（下面将解称为粒子）。每个元素及其下标值 i 组成一个下标对 (i, x_i)，对应初始 OBR 码的一对下标。解码时按顺序分别将原始 OBR 码根据下标对进行交换得到新的 OBR 码。具体流程如下：

（1）事先确定一组初始 OBR 解 s。本文测试用例一概使用公平优先原则的 OBR 解。

（2）对粒子的每个维度从 1～n＊m 依次对 s 的工序进行交换。

（3）生成新的 OBR 解 sn。

（4）根据 sn 生成调度方案。

以表1 加工时间矩阵 T 和表2 机器顺序矩阵 M 为例，初始 OBR 解为 [123123123]，粒子为 [272958274]，依次将索引－值对对 OBR 解进行编码可得：

表 1　PS – OBR 解码例子

x_i	OBR 解
x_1	1 2 3 1 2 3 1 2 3
x_2 (1 – 2)	2 1 3 1 2 3 1 2 3
(2 – 7)	2 1 3 1 2 3 1 2 3
…	…
x_9 (9 – 4)	2 1 1 1 2 2 3 3 3

表 2　基准实例的测试结果比较

问题	n * m	已知最优解	GASA[7]	TS[8]	HGA	基于离散 PSO 的车间调度算法	
						最优解	平均值
FT06	6 * 6	55	55	55	55	55	55
FT10	10 * 10	930	930	935	930	930	948.2
FT20	20 * 5	1165	1165	1165	1165	1165	1176.5
LA06	15 * 5	926	926	926	926	926	926
LA21	15 * 10	1046	1058	1048	1046	1047	1052.4
LA31	30 * 10	1784	1784	1784	1784	1784	1789.3
LA36	15 * 15	1268	1292	1278	1279	1278	1291.6

经过工序交换解码得到的新的 OBR 解为 [2 1 1 1 2 2 3 3 3]。由于基于位置交换的 OBR 编码是对 OBR 进行操作顺序的交换，其实质相当于 OBR 的扩展编码，与 OBR 本身是多对一的关系。此编码方式在继承 OBR 本身所拥有的特性的同时，还使得在 n * m 的编码长度下，只要粒子每个维度的值在满足 $x_i \in [1, n*m]$ 的条件下都具有可行解，最大限度的扩展了 PSO 的可行解域，避免了产生不可行调度解，同时也覆盖了原 OBR 内所有解。

4.3　基于离散 PSO 的车间调度算法

基于粒子位置取整（Particle Position Rounding，PPR）的离散粒子群优化算法建立在 PSO 的基础上，其根本思想在于每次粒子位置更新后对其位置进行取整重置，从而将传统粒子群优化算法的连续区间投影到离散区间，得到符合基于位置交换的 OBR 二次编码的粒子。

考虑到 PSO 算法的惯性权重 w 难以界定而且容易导致粒子偏离最优解领域，将 PPR – PSO

算法结合细菌觅食算法在局部搜索中的优势，在粒子迭代过程中，加入了改进的细菌觅食算法趋化步骤进行邻域搜索操作，对算法进行有效的调优。其基本流程如图 2 所示。

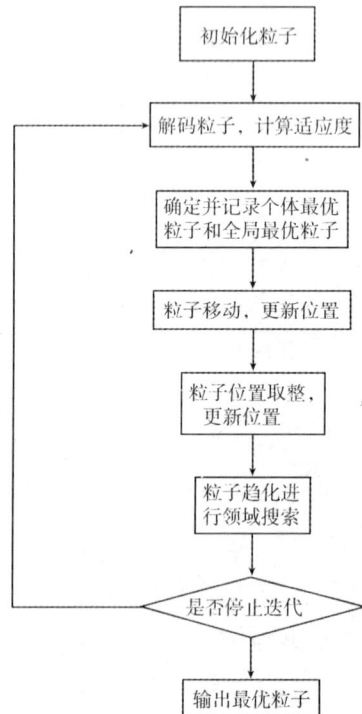

图 2　基于粒子位置取整的粒子群优化算法流程

流程中作为补充的邻域搜索方法中粒子趋化算法的步长 w 不同于传统的细菌觅食算法趋化步骤，它在各个方向上离散取整，本文使用的步长 $w = [r_1 r_2, \cdots r_n * m]$ $r_i \in N$ 整数，$|W| \in [min, max]$，其中 min、max 的数值需要经过测试得出，用以限制其邻域搜索范围，从而达到优化结果的目的。适应度则是使用 PP – OBR 编码方式对粒子进行解码得到调度方案的调度时间，根据调度时间即可评价调度方案的优劣。其中初始 OBR 解采用公平优先原则生成。判断是否停止迭代则看是否达到下面两个条件之一：达到最大迭代次数或所有粒子重叠。所有粒子重叠是离散粒子群优化算法独有

的收敛性质，实验证明可以有效缩短收敛时间。

5 实验仿真与结果分析

使用著名的 FT 和 LA 基准问题对基于离散 PSO 的车间调度算法进行测试。表 3 给出了基于离散 PSO 的车间调度算法和一些其他文献的优秀算法在该系列基准测试上的计算结果，其中包括 GASA、TS 和 HGA。本次试验运行参数如下：粒子数 N = 100，速度惯性权重 w = 1 ~ 0.5 线性递减，学习因子 $c_1 = c_2 = 2$；迭代次数 M = 500，粒子趋化步长默认 $|w| \in [1, \sqrt{n \times m}]$，趋化次数 m = 20。每个实例分别连续运行 10 次。

表 3　基准实例测试时间比较　单位：S

问题	HGA	GASA	基于离散 PSO 的车间调度算法
FT06	2.3	2.12	4.30
FT10	68.5	44.37	72.53
FT20	153.5	90.17	102.41
LA06	11.52	12.29	15.36
LA21	164.5	184.46	178.64
LA31	265.9	546.21	286.58
LA36	198.4	348.11	220.67

由基准实例测试结果可知，基于离散 PSO 的车间调度算法在最优解上的表现并不逊于其他优秀算法，在著名的 FT10 实例中也取得了标准最优解。但就某些基准实例特别是多机器而言，10 轮测试的平均值尚不算理想。总体来讲，算法还是有很强的搜索能力。从运行时间上看，在问题规模较小时，基于离散 PSO 的车间调度算法的运行时间比其他方法多，但随着问题规模的增大，新算法的运行效率明显上升。

6 结语

本文提出了一种利用 PSO 思想的算法求解

著名的 Job - shop 调度问题。首先是提出了一种能够有效继承 PSO 粒子优点的编码方式，使得 Job - Shop 调度问题符合 PSO 的数学模型。然后是将 PSO 的连续区间上的解通过位置取整的方式投影到离散区间。最后是根据 PSO 在 Job - shop 上数学模型的特点，加入了仿细菌觅食算法趋化步骤的领域搜索算法，进一步增强粒子的搜索能力。基准实验结果证明该算法搜索能力较强，但在平均值上表现并不十分理想，有待进一步研究发展。将该算法应用于其他的调度问题将是作者的下一步研究方向。

参考文献

[1] 王凌，车间调度及其遗传算法 [M]．清华大学出版社，2003（1）：56.

[2] Garey M，Johnson D，Sethi R. The complexity of flow shop and job shop scheduling [J]．Mathematics of Operations Research，1976，1：117 ~ 129.

[3] Blazewicz J，Ecker K H，Schmidt G，et al. Scheduling in Computer and Manufacturing Systems [M]．Second Revised Edition. Berlin：Springer - Verlag，1996.

[4] 常桂娟，改进粒子群算法在作业车间调度问题中的应用 [J]．四川师范大学学报（自然科学版），（32）

[5] 刘志雄，求解调度问题的粒子群算法编码方法研究 [J]．武汉科技大学学报，2010，33（1）．

[6] Kennedy J，Eberhart R. Particle Swarm Optimization [C]．IEEE International Conference on Neural Networks. New Jersey：Piscataway，1995：1942 ~ 1948.

[7] Wang L，Zheng D Z. An Effective Optimization Strategy for Job Shop Scheduling Problems [J]．Computers and Operations Research，2001，28（6）：585 ~ 596.

[8] Amico M D，Trubian M. Applying Tabu Search to the Job Shop Scheduling Problems [J]．Annual of Operations Research，1993，41（3）：231 ~ 252.

复杂适应系统理论视角下
关于组织系统复杂性的思考

陈 洁

（山东经济学院）

摘要：组织是一个动态复杂系统，在组织的复杂行为背后隐含了大量相互制衡的整体性矛盾，如个体与集体、强制与自律、刚性与柔性、稳定与发展、规范化与多样性、偶然性与必然性等，当组织被拆解为功能和结构、对其各组成部分分别进行分析研究时，系统整体性特征便会受到不同程度的破坏。这是传统还原论科学研究的局限性。复杂性科学以超还原论的系统哲学思想运用隐喻方法将组织视为具有适应环境能力的生命主体，在复杂适应性理论视角下的组织具有自我意识、自组织协调能力、有限理性，学习能力、自我修复和复制能力等"生存本能"。从这一视角出发观察与思考，有助于揭示组织现象存在的本质，更新创新管理、组织学习、组织变革等组织管理理念。

关键词：复杂系统；组织管理；自组织现象；组织学习；组织变革

Thinking about Complexity of Organization System in the point view of Complex Adaptive System Theory

Chen Jie

（E – mail：chenjie112358@163. com）

（Shandong Economy Univ. ）

Abstract：Organizations are complex systems. There are many global conflicts behind organization phenomena, such as individual and collectivity, forcibility and autonomy, rigidity and flexibility, stabilization and development, normalization and diversity, contingency and inevitability, etc. The limitation of traditional reductionism science methodology leads to damage the whole features of a organization in varying degrees while the organization has been divided into several parts in order to be studied. In the view of complex science, using super reductionism methodology, organization can be regarded as a live agent who has many survival instinct abilities such as self – coordinating, bounded rationality, mentality, self – restoring and reproduction. Thinking about organizations in this point of view can help to understand nature of organization phenomena. and discover the evolvement process of organization system, and can also help to renew lots of organization management concepts such as organizational learning, organizational reform, management innovation, etc.

Key words：Complex System；Organization Management；Self – Organized Phenomena；Organization Study；Organization Reform

1 引言

组织是一个动态复杂系统，在组织的复杂行为背后隐含了多种相互制衡的矛盾，如个体与集体、强制与自律、稳定与变革、规范化与多样性、刚性与柔性等等。组织作为一种社会现象，非人类社会所独有。一个独立自主的组织的形成过程是一个自组织过程。组织中的个体不是为组织的存在而存在，他们是各具目的，一个组织只有设立能够体现个体价值的目标，组织中的个体才能为组织目标而奋斗。现代管理理论已不再将组织视为一个能够实现特定功能的机械系统，这一传统观点将组织成员视为组织系统中的一个个零部件。实际上组织中的每个个体都是一个主体，都有各自的目标并对环境（组织内部的和组织外部的）具有一定的适应能力。个体具有学习能力，通过学习可以进行自我更新，不断提高对环境的判断能力和行为决策能力。

复杂性科学以独特的思维方法和深刻的洞察，从一个全新的视角研究复杂系统。该理论对数学、物理学、生命科学、环境科学、信息科学及经济管理领域产生了深远影响。复杂性理论认为：适应性是造就系统复杂性的基础。本文从复杂适应性系统理论的视角，对组织中自组织机制的本质，它的形成和演化，以及对于组织管理的作用进行了分析和研究。本文的主要论点如下：

（1）组织的形成是个体生存竞争的博弈结果，组织的发展是组织内部个体之间、组织与个体之间、组织与组织之间多层次、多形式的博弈演化结果。

（2）个体的适应性形成了个体的多样性，多样性又形成了个体间各种互补的寄生关系，这是组织自组织机制的形成与稳定的基础。

（3）组织的自组织机制是组织形成和发展的原动力，也是组织的适应能力，学习能力和创新能力的基础。

（4）组织是一个复杂的自组织、自适应的演化系统，复杂性科学认为，对复杂系统的行为进行长期预测是不可能的，进行来自外部的直接控制和干预也是不可行的。

（5）由于组织的自组织性本质，组织更像是一个生命有机体。除了从外部视角分析它的结构和功能外，为了便于描述，建议研究有关组织的"意识"、"动机"、"目的"等各种具有主观色彩的隐喻概念。

传统的组织管理理论将组织视为客体。从复杂性科学角度研究组织现象，则将具有自组织机制的组织系统视为主体。运用隐喻的思维方法，可以将一个组织视为具有自我意识、生存本能、有限理性、学习能力、自我复制能力，能够在环境中进行自适应演化的主体。从这一全新的视角研究组织对象，可以更好地揭示组织现象的本质，更好地解释组织的行为，对组织的创新管理、组织学习、组织变革等组织管理课题的研究具有许多启发。

本文首先简要介绍了自组织理论和复杂性理论的发展对于组织理论产生的影响；运用复杂适应性理论建立了一个组织形成和演化的概念模型；其次运用自组织理论对组织演化过程中自组织机制的作用进行了分析，探讨了将组织视为主体后，如何运用面对一个主体对象的思维方式，研究它的意识和行为；再次讨论了上述观点对于组织管理实践产生的影响；最后总结了运用复杂性理论研究组织管理问题所具有的优势，以及对该研究领域的展望。

2 自组织现象

自组织性表现为，当系统内部各要素相互

作用达到一定的临界状态后（相变点），系统可以通过内力而非他力，维护自身结构的相对稳定，并对环境变化具有一定的适应能力。自组织性一旦出现，虽然系统行为会受外部环境的影响，但系统的内部状态不再完全由外部环境决定，即系统不再是环境的"奴隶"。系统在行为上表现为会主动采取各种应对措施以维护自身结构的可持续发展。

物理、化学实验中众多的自组织现象早就被发现并引起人们极大的研究兴趣。如贝纳（Benard）流、B－Z反应、激光等，在流体力学、化学、电磁学中存在大量自组织现象，这些系统在进入某个临界状态（相变点）后，会出现宏观上的有规律的运动，其尺度比相应的运动主角——微观粒子的尺度要大得多。这说明，大量的微观粒子实现了一种自组织的合作现象。德国理论物理学家 Hermann Haken 教授，首次对上述现象进行了系统研究，提出了著名的协同论[1]。

自组织现象是复杂系统的涌现行为。理论和实验证实，在物理世界中，自组织现象通常出现在系统远离平衡态（对称性破缺），接近但尚未达到完全混沌的状态，称为混沌的边缘。从物理系统到化学系统，从无机世界到有机世界，从原始的生态环境到生物世界，直到高度复杂的人类社会，自组织现象普遍存在。更为大胆的猜想是，正是由于事物内生的自组织性，使在宇宙大爆炸后的无机世界中逐渐演化出了大自然的奇迹——生命，并从单细胞生物，逐渐演化为多细胞生物，直到无脊椎动物和哺乳动物。

人类社会本身就是一个典型的自组织现象。早已引起关注并被广泛研究的问题是：是什么原因导致了社会团体的形成、演化和发展，社会制度的建立，国家的形成？又是什么原因导致帝国衰落、政党瓦解和集团分裂？为什么永不重复的历史，却总是沿着情理之中、意料之外的路径发展，是什么力量决定和左右着历史演化的轨迹？

组织的形成是个体博弈的自组织结果。

在社会科学中现代经济学研究领域受复杂性理论影响较大。上世纪80年代出现的演化经济理论，借用了达尔文生物进化论的基本思想，认为经济系统是进化而来的，是由简到繁生长起来的自组织系统[2]。与新古典经济学所强调的经济系统是和谐的、稳定的和均衡的观点不同，演化经济学认为经济系统是一个自组织的复杂适应系统。演化经济理论认为，复杂的经济系统有以下特点：①系统中主体间的交互是并行的和分散的；②系统没有中央控制者，所有的主体都处于环境之中；③系统中的主体具有适应性，适应性是形成复杂性的根源；④系统处于永恒的演化过程中。

我们沿用演化经济学的基本观点，运用复杂适应性理论[3]，借助多 Agent 系统的建模思想，探讨组织的形成、发展和演化。概念化的演化模型建立在以下假设基础之上：

（1）社会是由在能力上具有一定差异性的主体构成。

（2）为了生存和发展，主体需要消耗和占用环境中的资源。

（3）环境中的资源是有限的，资源是可再生的。

（4）主体为理性局中人，环境中主体间具有博弈关系，主体为适应环境会根据以往的经验选择和改进博弈策略。

个体为了生存和发展需要相互竞争有限的资源。个体能力的差异性与互补性会迫使个体在竞争博弈时出现个体间的临时合作关系，逐渐形成个体联盟，这便是组织的雏形。个体联盟比单一个体具有更强大的竞争力，会在竞争中获得更多利益。个体联盟存在的基础是其竞争中的总获利大于它的每个个体单独在竞争中获利的总和。

起初的个体联盟只是个体间简单的、临时的合作关系，将获得的利益均摊或依据某种原则按比例分配。为了提高整体竞争力，在联盟内部逐渐出现了劳动分工。劳动分工加强了联盟内部个体之间的相互依赖性，随着联盟的不断扩大，个体的合作关系也越来越复杂，为了进行有效的管理，联盟内部逐渐演化出层次结构和领导与被领导关系，这是组织形成的标志。

伴随劳动关系逐渐向复杂性方面演化，联盟或组织内部的利益分配原则也会相适应地调整。联盟或组织一旦出现，个体的生存竞争环境也将发生质的改变。由起初的个体与个体间的竞争关系，演变为个体与组织、组织与组织、组织内个体之间的竞争关系。整个生存环境的复杂性大大增加。在整个动态演化过程中，在几个相对稳定的时期会出现若干特征明显的博弈均衡状态。而多数情况系统则处于永恒的瞬息万变中。

由于生存和发展的需要，竞争导致的博弈结果会使系统具有以下发展趋势：

（1）一旦在社会中出现了联盟或组织，残酷的竞争环境将不再有利于个体的单独生存，个体将有选择地加入某个组织，社会中组织的数量将逐渐增多。

（2）具有竞争优势的组织管理模式将被复制、学习和演化。不具有竞争优势的组织管理模式将被自然淘汰。

（3）组织与组织之间的竞争日益激化。出于竞争的需要，具有竞争优势的组织不断扩张自身规模。

（4）由于组织内部个体之间的竞争，以及

劳动分工的细化，在组织内部形成了越来越复杂的组织结构、个体关系和管理模式。

（5）组织之间竞争的结果，由最初的相互吞并，到后期形成的组织联盟，使竞争又上升了一个层次。组织作为一个新的个体模式，又将开始新一轮的博弈轮回；这时社会中组织数量不再攀升，而会呈波动状态。

（6）组织的相互吞并会出现超级组织，超级组织和组织联盟会形成垄断和霸权。

（7）当组织扩张到一定规模，组织内部的小社会环境同最初原始状态的大社会环境会越来越相似。组织内部的竞争环境也同样残酷激烈。这时组织将失去整体的竞争优势，也将失去对其成员的吸引力。组织最终会出现分裂，或彻底瓦解。

（8）上述过程的演化是永无止境的。

3 组织的意识和行为

隐喻是复杂性科学分析问题的有效手段。将组织视为一个具有生命活力的主体理解其行为意识，有利于从整体上理解组织对象。组织作为一个整体，其意识活动既不是其某个成员的意识活动，也不能将全体成员的意识活动进行简单叠加，组织成员的意识活动相互影响，因此组织的意识也不能等同于于决策者的意识。组织一旦形成，它的意识活动应当符合某种群体动力系统的运动规律。那么如何理解组织意识？组织意识又如何影响组织行为？回答这些问题，应当从下面这些更低层、更基本的问题开始，即意识的基本特征是什么？如何判定意识的存在性？意识又是如何感知自身存在的？

笛卡儿的名句"我思故我在"好像可以从哲学层面部分地回答上述问题。然而从管理的角度，我们需要在系统科学层面寻找答案。意识的本体是一个动力系统，哥德尔的不完备性定理证明了一个动力系统无法对自身的运动情况进行准确把握，即意识不可能从根本上作为完全自觉的观察者。这一命题也可以从另一个角度说明：当主体有意识地要观察自身的运动时，被观察的对象同时也因为这个意念而发生了变化，而当要观察这一变化时，这一变化又再发生变化。所以任何主体都不可能是完全的自觉者。

事实上，一个系统是否具有主体意识，只能从系统的外部进行观察和评价，而意识的主观感受是另一个层面的问题。即人们通常是通过行为主体的表现来判定一个对象是否具有自我意识的。例如图灵测试就是一种判定方法。通过观察，我们相信人类和蚂蚁同样具有主体意识，但很明显后者的意识系统较前者而言简单得多。抛开各种形式和现象，最简单的意识应当具备哪些基本要素呢？作者的猜测是：意识的本质应该源于系统的自组织性，换句话说，一个意识系统一定是一个多层次的复杂的自组织系统。通过表 1 中自组织系统的特点与意识行为的对比，我们可以发现两类事物在行为上所具有的一致性。

表 1 自组织系统与意识的对比

自组织系统	意识
不受外界控制，但受外界影响	独立性
处于混沌的边缘，蕴涵无限的可能性（不可预测）	自由性（不可预测）
对环境的变化的反作用	能动性
一旦形成，具有对环境的适应能力	求生本能
有能量注入的开放系统	新陈代谢
具有演化能力	自我更新、学习
自组织系统的层次结构	本我，我，超我（组织、社会、信仰）
多自组织系统之间的互补与互斥	合作与竞争

以上述讨论为基础我们可以得出如下假设：意识是一种复杂自组织系统的现象，生命是大自然演化出的具有自我复制能力的自组织系统；自组织系统的客观性是能够被观察的，但它的主观性，即自我意识的感知，是无法被外界客体所感知的；主体的自我意识也无法在不被进行任何扭曲的情况下传达到外界。意识存在性，只能通过类比、隐喻、模式识别等观察结果进行判定。

独立自由的意识感觉形成了"自我"的概念。作为一个合理的逻辑外推，组织中的自组织性同样具有自我意识。

意识的层次性体现为组织的层次，每个层次为上层提供了一个特定的演化环境，也体现了对不同外部环境的适应性。以人体为例，人体的神经系统具有层次结构，意识位于神经系统的最高层，心理学研究证实了意识背后存在潜意识和无意识，而起源于古印度的佛教认为意识具有八个层次。从生物学角度看，小脑、中枢神经以及局部的神经末梢都具有不同层次的自适应能力。自组织性不能跨越层次，当前层次的意识（自组织性）无法感知上层或下层意识。

当环境有利时，自组织性使系统向更为复杂的方向演化，这也是"自我"概念的强化过程，该过程维护了系统在环境中的独特性、稳定性和可持续发展性。环境的变化对系统的自组织性具有作用力，同样自组织性对环境具有反作用力，表现为能动的改变周围环境的能力，即所谓意识的主观能动性。

具有层次结构的自组织系统的瓦解过程一般是自下而上进行的，底层的自组织条件被破坏，从而导致了自下而上的连锁反应，迅速使整个系统各层次的自组织能力丧失。而自上而下的自组织性的破坏不会导致整个组织的瓦解，一般只会导致组织变革或组织分裂。

图1 混沌的边缘

4 组织的管理

基于复杂理论的组织问题研究为组织管理提供实践依据。组织管理的本质是个体行为如何有效影响组织的整体行为。

4.1 组织的生命力

按照复杂系统理论，一个充满活力的系统必须是远离平衡状态、位于混沌边缘的系统，如图1所示。这时系统的行为高度复杂。系统可能会涌现一些新的自组织现象。系统内部重新组合，系统自我调整，自我更新。使组织处于这样的状态通常可以保持很强的创造性。

当一个组织管理过死，纪律过严，限制过多。组织会缺乏生气。组织成员按部就班地履行职责，不敢越雷池一步。这时的组织是缺少生命力的。

当一个组织的规章制度不健全，管理混乱，组织会处于无秩序的混沌状态。这时组织将丧失了自组织性。

如果组织的状态处于秩序与混沌之间的系统复杂性涌现区域，这时的组织最具有生命力和创造性。这样的组织表现为对周围环境具有很强的应变能力，具有很强的学习能力和适应能力，具有强大的竞争能力和发展潜力。

4.2 组织学习和组织变革

传统的组织学习模式是参观访问、员工培训和照抄照搬。复杂性理论将组织理解为一个有机整体。学习是一个吸收和消化的过程，是组织成员观念的进步和内部机制在继承基础上的演化，是各种管理模式的融合。组织学习必须依赖系统的自组织性，实现组织的自我更新，在学习过程中必须保持自身的独立性和个性，为自由发展预留一定的空间。世界上没有完全相同的东西，完全复制一种成功的模式是不可能的。这里强调组织变革是一个自组织演化过程，不是一个构建的过程。这一过程需要时间，需要经历各个必然的阶段，急于求成的跨越会形成无法预料的后遗症。质变是一个涌现过程，有时只有期待，不可强求。过死的规划和时间表，硬性的发展指标都是不可取的，应提倡柔性管理。

个人渺小的能力同样有可能对组织演化进程起到关键作用，通过催化剂效应，可以因势利导地影响组织的发展。

4.3 组织的兴亡

任何有机体都有产生、发展、兴旺和消亡过程。这是自然规律。当环境发生变化，组织失去了存在的理由，这时的组织会走向衰亡。

大型组织就像金字塔，整个金字塔的瞬间倒塌，必然是灾难性的。正如生命一样，当它准备离开这个世界时，安乐死是一种值得寻求的方式。

当一个组织"意识"到生命的终点将至，它可以有意识地为它的所有个体寻求一个最佳的归宿。对于其中相对独立的自组织子系统，应当尽早分离出来，形成独立自治的小组织。对于具有一定自组织能力但不是完全独立的子系统，应考虑是否可以嫁接到其他同类组织，类似于器官移植或器官捐献。应尽量使整个组织的解体过程自上而下进行。应把握好时机，不要等到低层的自组织性彻底丧失时才开始处理后事。这将会导致灾难性后果。

4.4 组织演化的模拟

基于复杂性理论研究组织问题,可以运用 CAS 理论工具,借助 MAS 实验工具。可以建立各种组织管理模拟平台。演化经济学中已有许多成功的案例[5]。既可以进行定量研究,也可以进行定性研究。

5 结语

传统的组织管理理论将组织作为客观对象研究它的外在特征,研究的核心问题是组织结构、组织职能、组织管理等。由于现代社会环境越来越复杂,组织发展规模越来越大,内部结构越来越复杂,组织行为也越来越复杂。传统的管理理论已经无法很好地解释组织现象。复杂性科学从一个崭新的角度理解组织现象,认为组织是一个具有自组织性的复杂系统,并处于不断适应和演化的过程中。本文将组织作为主体,运用隐喻方法,从组织的自组织性出发,研究组织管理、组织学习、组织文化和组织发展问题。复杂性科学认为,一个组织应该是开放的、处于混沌边缘的、个性化的自组织主体。

参考文献

[1] Gell – Mann M. The Quark and the Jaguar—Advances in the Simple and Complex. New York: W. H. Freeman and Company, 1994: 17～49.

[2] Bak P and Chen K. Self organization critically. Scientific American, 1991: 46～54.

[3] Bak P. How Nature Works: The Science of Self_organized Criticality. New York: Copernicus, 1996.

[4] Thietart R. A. Chaos theory and organization. Organ Sci, 1995, 06: 19～31.

[5] Holland J. Hidden Order: How Adaptation Builds Complexity. Reading, MA: Addison_ Wesley, 1995.

[6] Cohen M. D. Individual learning and organizational routine. Thousand Oaks, CA: Sage, 1986.

[7] Carley K. M. Dynamic Organizations: Organizational Adaptation in a Changing Environment. Greenwich CT: JAI Press, 1988.

[8] Barnett W. P. Hagan J. Organizational ecology. Annual Rev Sociology, 1995: 217～236.

[9] Bruderer E. Organizational evolution, learning, and selection: A genetic_ algorithm_ based model. Acad Management J. 39, 1996: 1322～1349.

中国道路交通运输业全要素生产率测量：基于质量属性嵌入的 Malmquist 模型[①]

鲁 涛

（南京理工大学经济管理学院）

摘要：道路交通基础设施投资一直是拉动我国经济高速成长的重要基石。在经济结构调整和经济发展方式转变的背景下，道路交通运输业发展的效率和质量导向已成为必然。交通运输业全要素生产率测量大量采用了 Malmquist 模型，但这些模型主要测量了生产率的变化以及影响因素，并没有反应出增长中的质量因素。本研究将质量属性嵌入 Malmquist 模型中，将全要素生产率变化分解为质量变化、技术变化与效率变化，以测量质量变化对生产率变化的贡献。最后利用该模型对中国道路交通运输业的全要素生产率进行了测量，发现该行业质量变化对生产率增长的贡献呈中性，反映出发展的质量还需增强。

关键词：全要素生产率；质量属性；质量变化；Malmquist 指数；道路交通运输业

TFP Measurement of China Road Transportation Industry：Malmquist Model with Embedded Quality Attributes

Lu Tao

（E – mail：lt770112@ yahoo. com. cn）

（School of Economy and Management，NUST）

Abstract：Road transportation infrastructure investment is always an important base to boost high – speed growth of China economy. In the back ground of economy structure adjustment and economy development mode transferring，efficiency and quality development orientation of road transportation industry is inevitable. The past TFP measurement of road transportation industry mostly used Malmquist model，but these models mainly measure productivity change and its influencial factors and do not reflect quality factors in economic growth. This study embeds quality attributes into Malmquist model，and decomposes TFP into quality change，technical change and efficiency change，in order to measure the contribution of quality change to productivity change. Finally，TFP of China road transportation industry is measured，and the study finds the contribution of quality change to productivity growth of this industry is neutral，reflecting development quality should be enhanced.

Key words：TFP；quality attributes；quality change；Malmquist index；road transportation industry

---

① 本文得到南京理工大学自主科研专项计划资助项目（2011YBXM21）与南京理工大学经济管理学院青年教师科研基金项目（JGQN1103）的资助。

1 前言

中国的经济增长主要靠投资拉动，消费在 GDP 中的比重同美国等发达国家相比，差距巨大。因此，"十二五"规划中将经济结构调整和经济发展方式转变提到了核心地位，强调经济增长的效率和质量。道路基础设施投资一直是拉动我国经济高速增长的重要基石，因此道路交通运输业增长效率和质量的评估就具有重要意义。

已有的中国交通运输业（包括道路交通运输业）的全要素生产率测量，如 Oum 等（1992）、Gordon（1993）、Barros（2003）、余思勤等（2004）、张越等（2006）、于剑（2007）、刘玉海等（2008）、王亚华（2008）、田刚等（2009）进行的测量，主要是利用了 Fare 等基于 DEA 提出并发展的 Malmquist 指数。利用该指数，Fare 等（1994）将全要素生产率变化分解为不变规模报酬且要素自由处置条件下的技术效率变化指数（TEC）和技术进步指数（TC），其中 TEC 指数测量了从时期 t 到时期 t + 1 每个决策单元对生产可能性边界的追赶程度；TC 指数则测度了技术边界在时期 t 到时期 t + 1 之间的移动情况。后来经过 Fare 等（1997）的研究，技术效率变化指数（TEC）还可以进一步分解为纯技术效率指数（PTEC）和规模效率指数（SEC）。已有的 Malmquist 指数模型更多是测量全要素生产率变化及其来源，它并不能直接测量增长的质量。

本研究力图将质量属性纳入到 Malmquist 指数模型中，通过将质量属性与距离函数结合去测量决策单元的运营质量。通过进一步对距离函数施加可分离假定，从而可以将全要素生产率分解为三个部分，即质量变化、技术变化和效率变化，以反映运营质量对生产率的贡献。最后利用该模型对 2002 ~ 2007 年的中国道路交通运输业全要素生产率进行了测量。

2 生产力和质量指数

在每一个时期 $t = 1, \cdots, T$ 的生产技术包含所有可行的投入和产出向量集合。对于投入，我们将其分成两个部分：第一部分是指通常意义上的简单投入；第二部分是指质量属性。两者的差别在数据部分将明确界定，此处前者如公路里程、年底职工人数等投入量，后者如等级公路所占比重、公路密度等质量属性。

我们标记投入为 $x^t \in \mathbf{R}_+^N$，质量属性为 $a^t \in \mathbf{R}_+^J$，产出为 $y^t \in \mathbf{R}_+^M$。时期 t 的技术集可以定义为：$S^t = \{(x^t, a^t, y^t : x^t$ 和 a^t 能够生产出 $y^t)\}$，也即该技术包括所有对于某些投入向量和质量属性向量可行的产出。在这里，质量属性是被作为投入来处理的，当然也可以考虑将向量 (x^t, a^t) 作为投入向量。

为了得到生产技术的质量（或者质量变化）指数，假定 S^t 对于相邻的两个时期 t 和 $t + 1$ 已知，同时假定 (x^t, a^t, y^t) 对于相应的时期也已知。在这些假定条件下，可以定义两个不同的产出距离函数来作为质量指数的一部分。接着，我们将使用一个基于产出的度量去测量生产技术的质量。我们选择基于产出的度量方式来测量生产力是非常理性化的，这主要是考虑到在中国道路交通运输业的生产力测量中，我们希望在公路里程、年底职工人数等投入既定的情况下最大化旅客周转量和货运周转量等产出量。我们的想法就在于基于 Malmquist，通过距离函数比率去构建一个质量指数。

第一个在指数构建中得到运用的产出距离函数定义如下：

$$D_i^t(x^t, a^t, y^t) = \inf\{\theta: (x^t, a^t, y^t/\theta) \in S^t\} \quad (1)$$

上述函数度量了在给定投入 (x^t, a^t) 下，产出的最大扩张量，与这一距离函数对应的投入距离函数 Shephard，Malmquist 和 Fare 都曾经进行过论述，注意 $D_i^t(x^t, a^t, y^t) \leqslant 1$。

上述函数是在使用同一时期信息的基础上来进行定义的，接着可以考虑利用混合时期的信息定义两个产出型距离函数如下：

$$D_i^t(x^t, a^{t+1}, y^t) = \inf\{\theta: (x^t, a^{t+1}, y^t/\theta) \in S^t\} \quad (2)$$

$$D_i^{t+1}(x^{t+1}, a^t, y^{t+1}) = \inf\{\theta: (x^{t+1}, a^t, y^{t+1}/\theta) \in S^{t+1}\} \quad (3)$$

在式（2）中，参考技术集 S^t 来源于时期 t，投入和产出也是如此，但是质量属性向量来源于时期 $t+1$，鉴于在距离函数 $D_i^t(x^t, a^{t+1}, y^t)$ 中使用了两个时期的信息，其值可能会大于 1，同样的情况在距离函数 $D_i^{t+1}(x^{t+1}, a^t, y^{t+1})$ 中也存在，因此其值也可能会大于 1。

对时期 t 和 $t+1$ 之间技术的质量（或质量变化）指数可定义如下：

$$Q^{t,t+1}(x^{t+1}, a^{t+1}, y^{t+1}, x^t, a^t, y^t) = \sqrt{\frac{D_i^t(x^t, a^{t+1}, y^t) D_i^{t+1}(x^{t+1}, a^{t+1}, y^{t+1})}{D_i^t(x^t, a^t, y^t) D_i^{t+1}(x^{t+1}, a^t, y^{t+1})}} \quad (4)$$

该质量指数值取决于四个因素，分别是质量属性向量 a^t 和 a^{t+1}，技术 D_i^t 和 D_i^{t+1}，投入资源 x^t 和 x^{t+1} 以及产出向量 y^t 和 y^{t+1}。因此，这些因素的变化会影响质量指数，它们使质量指数成为嵌入到生产过程的一部分，并且清晰表明该指数度量了生产过程中的质量变化。

本文假定技术集 S^t 满足投入、质量属性的强可处理性以及规模报酬不变，因此，如果 $a^{t+1} \geqslant a^t$，则有 $D_i^t(x^t, a^{t+1}, y^t) \leqslant D_i^t(x^t, a^t, y^t)$ 以及 $D_i^{t+1}(x^{t+1}, a^{t+1}, y^{t+1}) \leqslant D_i^{t+1}(x^{t+1}, a^t, y^{t+1})$。而如果更多的质量属性量被投入，不是一件好的

事情，因此指数会小于 1，即 $Q^{t,t+1} < 1$。如果 $a^t = a^{t+1}$，则 $Q^{t,t+1} = 1$。

质量指数（4）是两个距离函数比例的几何平均数，第 1 个以时期 t 作为参考，第 2 个以时期 $t+1$ 为参考，指数 $Q^{t,t+1}$ 提供了一个随时间变化的质量属性的直接测量。然而，当质量属性作为生产流程的一个部分时，有必要测量该情况下的生产力随时间的变化。本文所使用的生产力测量方法基于距离函数，也就是所谓的 Malmquist（基于产出）生产力指数。

Caves 等曾经将 Malmquist 生产力指数定义为距离函数比率，而 Fare 等则使用两相邻指数的几何平均数去定义一个 Malmquist 生产力变化指数。这些研究中所使用的距离函数是单独通过投入和产出来定义的，而现在要将质量属性纳入其中。依照 Fare 的研究，可以构造一个包括质量属性的 Malmquist 生产力变化指数如下：

$$M_i^{t,t+1}(x^{t+1}, a^{t+1}, y^{t+1}, x^t, a^t, y^t)$$

$$= \sqrt{\frac{D_i^t(x^{t+1}, a^{t+1}, y^{t+1}) D_i^{t+1}(x^{t+1}, a^{t+1}, y^{t+1})}{D_i^t(x^t, a^t, y^t) D_i^{t+1}(x^t, a^t, y^t)}} \quad (5)$$

在这里，

$$D_i^t(x^{t+1}, a^{t+1}, y^{t+1}) = \inf\{\theta: (x^{t+1}, a^{t+1}, y^{t+1}/\theta) \in S^t\}$$

$$D_i^{t+1}(x^t, a^t, y^t) = \inf\{\theta: (x^t, a^t, y^t/\theta) \in S^{t+1}\},$$

指数（5）可以改写如下：

$$\frac{D_i^{t+1}(x^{t+1}, a^{t+1}, y^{t+1})}{D_i^t(x^t, a^t, y^t)} \cdot$$

$$\left(\sqrt{\frac{D_i^t(x^{t+1}, a^{t+1}, y^{t+1}) D_i^t(x^t, a^t, y^t)}{D_i^{t+1}(x^{t+1}, a^{t+1}, y^{t+1}) D_i^{t+1}(x^t, a^t, y^t)}} \right) \quad (6)$$

在（6）式中，括号外面的比率测量追赶，括号中的比率测量技术变化。在后面的实证研究中，我们将利用特定的数据集对这两种模型（有质量属性和没有质量属性）的结果进行比较。

为了阐述式（4）中的质量指数与式（5）中的生产力指数的关系，我们将 $D_i^t(x^t, a^{t+1}, y^t)$ 和 $D_i^{t+1}(x^{t+1}, a^t, y^{t+1})$ 两次引入式（5）中，则可以得到：

$$M_i^{t,t+1} = \sqrt{\frac{D_i^t(x^t, a^{t+1}, y^t) D_i^{t+1}(x^{t+1}, a^{t+1}, y^t)}{D_i^t(x^t, a^t, y^t) D_i^{t+1}(x^{t+1}, a^t, y^t)}} \cdot$$

$$\sqrt{\frac{D_i^t(x^{t+1}, a^{t+1}, y^{t+1}) D_i^{t+1}(x^{t+1}, a^{t+1}, y^{t+1})}{D_i^t(x^t, a^{t+1}, y^t) D_i^t(x^t, a^t, y^t)}}$$

$$= Q^{t,t+1}(x^{t+1}, a^{t+1}, y^{t+1}, x^t, a^t, y^t) \cdot$$

$$\sqrt{\frac{D_i^t(x^{t+1}, a^{t+1}, y^{t+1}) D_i^{t+1}(x^{t+1}, a^t, y^{t+1})}{D_i^t(x^t, a^{t+1}, y^t) D_i^{t+1}(x^t, a^t, y^t)}} \tag{7}$$

由上式，生产力指数可以写成在两个给定质量属性向量情况下，质量指数与一个生产力变化测量之间的乘积，可以看到，如果去掉质量属性，括号中的界定同 Fare 等的界定是一致的。

如果距离函数对于质量属性、投入和产出是乘积可分的，则式（7）可以得到进一步的分解形式如下，并且其他时期距离函数可以类似得到：

$$D_i^t(x^t, a^{t+1}, y^t) = A^t(a^{t+1}) \hat{D}_i^t(y^t, x^t) \tag{8}$$

在这种情况下，质量指数（4）就变成为：

$$\hat{Q}^{t,t+1} = \sqrt{\frac{A^t(a^{t+1}) A^{t+1}(a^{t+1})}{A^t(a^t) A^{t+1}(a^t)}} \tag{9}$$

而生产力变化指数（5）则可以写成：

$$\hat{Q}^{t,t+1} \frac{\hat{D}_i^{t+1}(y^{t+1}, x^{t+1})}{\hat{D}_i^t(y^t, x^t)} \sqrt{\frac{\hat{D}_i^t(y^{t+1}, x^{t+1}) \hat{D}_i^t(y^t, x^t)}{\hat{D}_i^{t+1}(y^{t+1}, x^{t+1}) \hat{D}_i^{t+1}(y^t, x^t)}} \tag{10}$$

式（10）的第一部分测量的质量变化，第二部分测量了效率变化，而第三部分测量了技术变化，式（10）其实就是 Fare 等的分解与质量变化指数 $\hat{Q}^{t,t+1}$ 相乘所得到的结果。

3 生产力和质量指数的计算

本部分将揭示如何计算质量指数、生产力指数及其分解。本方法基于 DEA 这一非参数方法，在这里，投入、质量属性和产出观察值都会作为系数来处理。假定对于每一个时期 $t = 1, \cdots, T$ 的投入 $x^{k,t}$ 有 $k = 1, \cdots, K$ 个观察值，质量属性 $a^{k,t}$ 和产出 $y^{k,t}$ 的观察值也是如此。因此，参考技术 S^t 可以构造如下：

$$S^t = \left\{ (x^t, a^t, y^t) : \sum_{k=1}^K z^{k,t} x_n^{k,t} \leqslant x_n^t, n = 1, \cdots, N, \right.$$

$$\sum_{k=1}^K z^{k,t} a_j^{k,t} \leqslant a_j^t, j = 1, \cdots, J,$$

$$\sum_{k=1}^K z^{k,t} y_m^{k,t} \geqslant y_m^t, m = 1, \cdots, M, \tag{11}$$

$$\left. z^{k,t} \geqslant 0, k = 1, \cdots, K \right\}$$

可知，上式（11）满足规模报酬不变，以及投入、产出和质量属性可自由处理。因为距离函数是 Farrell 技术效率测量的倒数，因此我们可以为在每一时期进入到指数的决策单元 k' 计算不同的距离函数值。

生产力指数式（5）及其分解式（6）的计算同 Fare 等提出的分解方式类似，唯一的差别体现在质量属性的嵌入方面。对于时期 t 的决策单元 k'，仅算出进入生产力指数的一个距离函数：

$$(D_i^t(x^{k',t}, a^{k',t}, y^{k',t}))^{-1} = \max_{\theta, z} \theta$$

$$\text{s. t.} \sum_{k=1}^K z^{k,t} x_n^{k,t} \leqslant x_n^{k',t}, n = 1, \cdots, N$$

$$\sum_{k=1}^K z^{k,t} a_j^{k,t} \leqslant a_j^{k',t}, j = 1, \cdots, J \tag{12}$$

$$\sum_{k=1}^K z^{k,t} y_m^{k,t} \geqslant \theta y_m^{k',t}, m = 1, \cdots, M$$

$$z^{k,t} \geqslant 0, k = 1, \cdots, K$$

除了式（12）外，考虑引入质量指数的距离函数，我们仅仅考虑：

$$(D_i^t(x^{k',t}, a^{k',t+1}, y^{k',t}))^{-1} = \max_{\theta, z} \theta$$

$$\text{s. t.} \sum_{k=1}^K z^{k,t} x_n^{k,t} \leqslant x_n^{k',t}, n = 1, \cdots, N$$

$$\sum_{k=1}^{K} z^{k,t} a_j^{k,t} \leqslant a_j^{k',t+1}, j = 1, \cdots, J \qquad (13)$$

$$\sum_{k=1}^{K} z^{k,t} y_m^{k,t} \geqslant \theta y_m^{k',t}, m = 1, \cdots, M$$

$$z^{k,t} \geqslant 0, k = 1, \cdots, K$$

这里，注意到质量属性约束包纳了两个时期的观察值，左边涉及时期 t，右边涉及时期 $t+1$。

最后，为了计算可分离的质量指数（9），需要分别去计算 $A(a^t)$ 和 $A(a^{t+1})$，而其值则通过下列比值得到：

$$A^t(a^{t+1}) = D_i^t(x^t, a^{t+1}, y^t) / \hat{D}_i^t(y^t, x^t) \qquad (14)$$

在这里，对于观察到的决策单元 k'，有下式：

$$(\hat{D}_i^t(x^{k',t}, y^{k',t}))^{-1} = \max_{\theta, z} \theta$$

$$\text{s. t.} \sum_{k=1}^{K} z^{k,t} x_n^{k,t} \leqslant x_n^{k',t}, n = 1, \cdots, N$$

$$\sum_{k=1}^{K} z^{k,t} y_m^{k,t} \geqslant \theta y_m^{k',t}, m = 1, \cdots, M \qquad (15)$$

$$z^{k,t} \geqslant 0, k = 1, \cdots, K$$

4　嵌入质量属性的中国道路交通运输业全要素生产率测量

4.1　决策单元的选择及处理

DEA 方法的核心概念是决策单元。使用基于 DEA 的 Malmquist 指数方法的一个重要前提是决策单元数不能太少，至少是模型变量数的两倍。而本研究中所涉及的决策单元有 31 个，即全国各省、自治区和直辖市的道路交通运输部门。

4.2　输入输出指标构建

应用 DEA 技术，首先需要界定研究对象的投入指标和产出指标。以下对本研究产出和投入指标的选择及数据来源和处理情况进行说明。

（1）产出指标。比较合理的选择是将"道路运输行业附加值"作为产出指标，但是该指标尚无法获得。目前交通行业常用运输周转量这一指标反映各种运输方式提供服务的数量。因此从指标数据可得性的角度，分别以道路客运周转量和道路货运周转量等实物量指标作为道路交通运输业的产出指标。

（2）投入指标。就投入而言，可选用的指标较多，例如资本存量、运输线路长度、运输工具数、从业人员数和能源消耗量等指标均可作为投入指标。从基本的投入看，一个是资本，一个是劳动。

就资本投入而言，最理想的是服务流量，但是其难以直接度量。劳动投入量包括就业人数、劳动时间、劳动强度和劳动质量等方面的内容。但考虑到指标在交通各部门间的可比性及可累加性以及指标数据可获得性，本研究选取了两项指标作为投入指标：公路里程和年底职工人数。

（3）质量属性指标。根据指标数据的可得性，从投入角度来考虑，本例证的质量属性指标选择为等级公路比重（等级路长度/公路里程，单位取公里/百公里）和公路密度（公路里程/地区国土面积，单位取公里/百平方公里），这两个指标在我国道路交通主要统计指标体系中也常会见到。

4.3　模型结果及分析

根据上面确定的各项指标及数据，利用本文提出的 Malmquist 指数分解方法，可以求出 1998 ~ 2007 年我国道路运输的 Malmquist 指数及分解指数，见表1。同时，为了比较，在表2中也给出了基于效率变化与技术进步的传统 Malmquist 指数分解（由于篇幅，只给出了每年相应指数的几何平均值，而每个决策单元的相应指数值省略），表中数据根据 1999 ~ 2008 年

《中国统计年鉴》整理计算得到（为了与表 2 区别，表 1 中按本文方法得到的质量变化指数，技术效率变化指数、技术变化指数与 Malmquist 指数分别用 QC、TECQ、TCQ 和 MIQ 来表示）。

表 1   嵌入质量属性的 Malmquist 指数分解

	1998～1999 年				1999～2000 年				2000～2001 年			
	QC	TECQ	TCQ	MIQ	QC	TECQ	TCQ	MIQ	QC	TECQ	TCQ	MIQ
平均值	0.99	1.01	1.07	1.07	1.00	1.02	1.07	1.09	0.99	0.96	1.07	1.01
	2001～2002 年				2002～2003 年				2003～2004 年			
	QC	TECQ	TCQ	MIQ	QC	TECQ	TCQ	MIQ	QC	TECQ	TCQ	MIQ
平均值	1.00	1.03	1.09	1.13	1.00	1.10	0.70	0.77	1.00	1.00	1.10	1.09
	2004～2005 年				2005～2006 年				2006～2007 年			
	QC	TECQ	TCQ	MIQ	QC	TECQ	TCQ	MIQ	QC	TECQ	TCQ	MIQ
平均值	1.00	1.00	1.07	1.07	0.96	0.97	1.00	0.93	0.99	0.93	1.19	1.10

表 2   基于效率变化与技术进步的传统 Malmquist 指数分解

	1998～1999 年			1999～2000 年			2000～2001 年			2001～2002 年			2002～2003 年		
	TEC	TC	MI	TEC	TC	MI	TEC	TC	MI	TEC	TC	MI	TEC	TC	MI
平均值	1.01	1.07	1.08	1.02	1.07	1.09	0.96	1.07	1.03	1.03	1.09	1.12	1.10	0.70	0.77
	2003～2004 年			2004～2005 年			2005～2006 年			2006～2007 年					
	TEC	TC	MI	TEC	TC	MI	TEC	TC	MI	TEC	TC	MI			
平均值	1.00	1.10	1.10	1.00	1.07	1.07	0.97	1.00	0.97	0.93	1.19	1.11			

根据表 1 和表 2 的数据，可以将相应的指数反映到图 1 中，以便得到直观比较。

如图 1 可知，对于中国道路运输业来说，MIQ 指数的变化趋势同 MI 指数基本相同，除了在 2002～2003 年有大幅下降，2005～2006 年略低于 1 以外，其他年份均大于 1，说明总体上来看该行业的生产力在大部分年份中是提升的。很明显，由于 QC 指数变化趋近于 1，除了 2005～2006 年的贡献呈负向变化，这说明中国道路运输业在等级公路比重和公路密度等质量属性指标方面的变化对该行业生产力的发展所起的贡献基本呈中性，这说明要提升中国道路交通运输业的增长质量还需要相当多的努力。

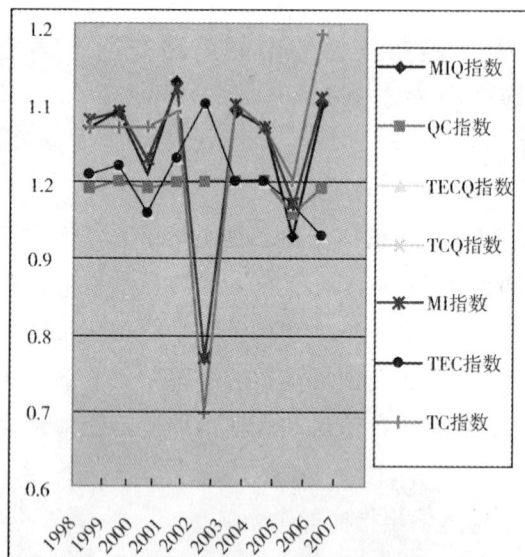

图 1   全部决策单元七项指数各年均值

5 结论

传统的 Malmquist 指数模型主要测量行业的效率变化而不同时测量质量变化，本研究尝试将质量属性纳入到 Malmquist 指数模型中，以度量质量变化对生产力变化的贡献。通过将质量属性与距离函数结合去测量决策单元的运营质量，进而对距离函数施加可分离假定，将 Malmquist 指数分解为质量变化、技术变化和效率变化三个部分。通过对中国交通运输业全要素生产率的测量，可看出该行业在质量属性方面的变化对行业生产力发展所起的作用呈中性，尚待大力提升。

参考文献

［1］D. caves, L. Christensen, W. E. Diewert. The Ecomomic Theory of Index Numbers and the Measurement of Input, Output and Productivity, Econometrica, No. 50, 1982：1393～1414.

［2］S. Malmquist. Index Number and Indifference Surfaces, Trabajos de Estadistica 4（1953）：209～242.

［3］R. fare, S. Grosskopf, B. Lingdgren, P. Roots, Productivity Changes in Swedish Pharmacies 1980 - 1989：A Nonparametric Malmquist Approach, Journal of Productivity Analysis, No. 3, 1992：85～101.

［4］R. fare, S. Grosskopf, M. Norris. Productivity Growth, Technical Progress and Efficiency Changes in Industrialized Countries, American Economic Review, No. 84, 1994：66～83.

［5］R. fare, S. Grosskopf, M. Norris. Productivity Growth, Technical Progress and Efficiency Changes in Industrialized Countries：Reply, American Economic Review, No. 87, 1997：1040～1043.

［6］T. Oum, M. Tretheway, W. Waters Ⅱ. Concepts, Methods and Purpose of Productivity Measurement in Transportation, Transportation Research Part A：Policy and Practice, No. 26, 1992：493～505.

［7］R. Gordon. Productivity in the Transportation Sector, NBER Working Paper, No. 3815.

［8］C. P. Barros. The Measurement of Efficiency of Portuguese Seaport Authorities with DEA, International Journal of Transport Economics, No. 30, 2003：335～354.

［9］余思勤，蒋迪娜，卢剑超. 我国交通运输业全要素生产率变动分析［J］. 同济大学学报（自然科学版），No. 6, 2004.

［10］张越，胡华清. 基于 Malmquist 指数的中国航空公司全要素生产率分析［J］. 北京理工大学学报（社会科学版），No. 12, 2007.

［11］于剑. 基于 Malmquist 指数的中国航空公司全要素生产率分析［J］. 北京理工大学学报（社会科学版），No. 12, 2007.

［12］刘玉海，林建兵，翁嘉辉. 中国道路运输业营运效率动态分析——基于 Malmquist 生产力指数［J］. 产业经济研究，No. 12, 2008.

［13］王亚华，吴凡，王争. 交通行业生产率变动的 Bootstrap - Malmquist 指数分析（1980～2005 年）［J］. 经济学（季刊），No. 3, 2008.

［14］田刚，李南. 中国物流业技术进步与技术效率研究［J］. 数量经济技术经济研究，No. 2, 2009：76～87.

城市交通排放模型研究综述[①]

王敏　徐薇

（南京大学工程管理学院）

摘要：在城市大气污染中，由城市交通带来的汽车尾气排放已成为主要来源，相关研究课题得到学者们的日益关注。本文对国内外计算交通排放的主要模型进行了汇总和分类，并简要介绍了其中的一些典型模型。另一方面，本文梳理了国内外研究如何减少汽车尾气排放的各类方法措施和优化模型，从减少单车排放，使用清洁能源以及科学组织管理三方面进行总结分类。最后对现有文献中尚未考虑和深入研究的方面加以探讨，提出今后可能的研究方向。

关键词：排放；城市交通；模型

A Review on the Urban Traffic Emission Models

Wang Min, Xu Wei

（E – mail：wangminlinda@ 163. com, xuwei@ nju. edu. cn）

（School of Management and Engineering, Nanjing University）

Abstract：Among the different kinds of air pollution in city area, car exhaust emissions from the urban traffic have become a major source and factor. The relevant research topics have been increasingly concerned by researchers. The objective of this paper is to summarize and categorize the models of calculating traffic emissions from domestic and overseas. Some typical models are introduced briefly. Furthermore, the paper clarifies the different kinds of methods and optimization models of how reducing car exhaust emissions from domestic and overseas, including reducing single vehicle emissions, utilizing clean energy and organizing and managing scientifically. Finally, this paper gives an opportunity of discussion for some areas that are not intensively analyzed or covered in existing literatures, and guides the way for the further research.

Key words：emission；urban traffic；model

1　引言

在全世界范围内，空气污染已经成为环境污染的重要组成部分。而在城市大气污染中，由城市交通带来的汽车尾气排放已经成为城市大气污染的主要来源。尾气排放对大气环境构

---

①　基金项目：国家自然科学基金青年基金项目（70901038）；中央高校基本科研业务费专项资金（1117011801）。

成了日益严重的威胁。另一方面，众所周知，全球气候变化问题，不断减少的能源储备，以及不断增长的能源价格在过去几十年里受到了全世界的关注。本文从城市交通的视角，较系统得对现有的交通排放计算模型和减少交通排放的方法措施进行分类综述，并对今后可能进行的研究的对象进行探讨。

2 计算交通排放的模型

交通排放模型是定量计算机动车排放污染物并由此预测未来一定时期内排放量的工具。对交通排放模型，我们大致可以从以下两个角度进行分类，一个是根据适用范围和功能来分类，可以分为宏观、中观和微观排放模型；另一个是按照计算排放量的模型类别来分类，可以分为排放因子和排放总量模型。

2.1 宏观、中观和微观模型

宏观模型一般用来建立地区乃至整个国家范围内的排放因子估算和排放清单，确定每种排放物的贡献率并计算总量；中观模型主要用于某个交通区域的排放模拟；微观模型则是能与微观交通仿真模型相结合的模型，它主要用于某一特定路段或是交叉口的排放模拟。由于使用的范围和功能不同，各个模型的结构有很大区别。

宏观排放模型一般是运用平均速度排放因子，比如 Mobile 模型。Mobile 模型是由美国环保局 EPA（Environmental Protection Agency）开发出来用于估计正在使用的机动车排放的模型。它一共经历了 6 代，最新版本是 2002 年 2 月发布的 Mobile6。Mobile 模型的程序是用 FORTRAN 语言编写的，它的发展历程见表 1。此模型能够计算三种标准污染物，即 HC、CO 和 NOX 的平均排放因子，同时该模型可以估算从 1978 - 2020 年间在各种因素影响下多种类型的机动车的排放因子。但是它的应用仅仅局限于作宏观总量的估计和预测。Carty 等（2011）提出了一个交通二氧化碳排放的脆弱性指数（Vulnerability Index），由此来衡量爱尔兰都柏林地区上空的二氧化碳的排放。他们得出结论是可以通过土地使用政策手段来影响交通的二氧化碳排放，这样也就可以通过设计新的位置和新的发展形式来实现可持续性发展，从而允许更大的运输量。

表 1 交通排放 Mobile 模型发展历程

版本	发布年份	模型修订的内容
Mobile1	1978	针对公路机动车排放因子的第一个模型
Mobile2	1981	给用户提供了输入选择的控制
Mobile3	1984	增加了损害和抗损害的计划效益
Mobile4	1989	增加了运行损失，对燃料挥发性对于废气排放速率的的影响进行模型化
Mobile4.1	1991	更新了数据，增加了许多特征参数，允许用户控制更多的影响排放因子的因素
Mobile5	1993	更新了数据，包括用新的基本排放速率为基础的方程，在交通范围以外，对应用于模型排放因子的速度校正进行修正
Mobile5a	1993	修正了在某些特定情况下一些小错误
Mobile5b	1996	它更新了新法规颁布所产生的影响。恢复急速排放因子计算并扩大计算年份范围，能够计算 2020 - 2050 年排放因子
Mobile6	2002	对模型的默认排放测试数据进行更新，在进行排放因子估算时考虑了路型对排放的影响

中观排放模型为城市和整个地区的环境评价提供机动车排放评价体系，该模型中有时使用瞬时速度，有时使用平均速度，适用于一些局域路网内的环境评价。中观排放模型是与运输、排放以及空气质量模型紧密结合的，以期在复杂的交通运行状况下达到更加准确估计的目的，其中最典型的代表有 MEASURE 模型。MEASURE 模型是美国环保局资助开发的典型的尾气排放模型，是服务于城市和区域的机动车排放评估系统。该模型并不直接用于计算机动车排放总量，而是建立交通和环境之间的关系，为研究人员提供一种评估机动车排放分布的方法。

微观排放模型可以用来分析评估具体的交通走廊和交叉路口的排放，用来评估运输过程中某一特定阶段对排放的影响，典型代表有 CMEM 模型。CMEM 模型是一种对尾气排放物进行参数解析的模型，它将排放过程分解为不同的阶段，每个阶段分别对应于机动车运行过程中与排放相关的物理现象，通过影响排放过程的参数构成的解析表达式表示出来。在具体表达式中，部分参数取决于机动车技术类型、燃料配送系统、排放控制技术和车龄等；另一部分参数取决于机动车行驶情况及排放特征，由特定测试规程测得。夏铧（2005）以长春市市区典型道路为研究对象，分析了实际道路中各个影响因素并建立了市区典型道路的捷达车微观排放模型。

2.2 排放因子和排放总量模型

2.2.1 排放因子模型

排放因子是指单车行驶单位里程的排放污染物量，一般以 g/km 为单位来表示，它是反映机动车排放状况的基本参数，也是确定机动车污染物总量及其对环境影响的重要依据。

在 Mobile6 模型中，通常将平均速度和车辆行驶里程（Vehicle Miles of Travel，VMT）作为排放因子的输入。例如在 Mobile6 速度模块中将平均速度作为输入，用来分析速度变化对尾气排放（主要是 CO 和 NO）的影响。

2.2.2 排放总量模型

排放总量模型（Emission Inventory Model）主要是通过提供不同的接口，在区域和网格两个层次上连接排放因子和交通行为的计算模型。

王炜等（2008）提出了城市交通系统环境容量分析方法，给出了城市交通污染物允许排放总量的最优化微观计算模型如下：

$$\max e^T X$$

$$\text{s. t. } AX \leqslant S - C_b$$

$$X \geqslant 0$$

式中：e 为单位向量；X 为排放源向量；A 为传输矩阵；S 为一定的空气质量标准；C_b 为非交通污染源产生的污染物浓度。

在人群密集的城市中，交通就意味着空气污染，以往很多与减少排放相关的交通政策都需要从大气排放总量数据库中得到所需要的精确的数据，这就要求实时地统计数据及不同车型的排放因子来更新排放总量数据库，而实际大多采用的是过期的数据，现在的趋势就是将城市交通控制系统和机动车对环境影响的评估系统集成。

3 减少交通排放的措施

减少交通排放的措施有很多种，学者们也从多个方面和不同角度进行了研究，根据减排措施采取的侧重点不同，以下我们从技术、能源和管理三方面来分类讨论。

3.1 技术——减少单车排放

技术上主要是指通过减少单车的排放从而达到减少区域总排放的目的。许多学者对此做了研究并且在有些地方已经实施。

Bellasio 等（2007）用 EMITRA 软件分析意大利撒丁岛的道路上不同交通工具所带来的排放量，得出结论是：撒丁岛上大部分的交通污染物是由气缸容量小于 1.41G 的 PC - G（Personal Cars - Gasoline）所造成的，因此可以通过减少这种类型的汽车，来达到减少道路上总交通排放量的目的。

在我国，类似措施也已经采用，广州市政府提出，对使用 5 年以上 1.6 升出租车提前退出营运市场实施奖励，按 5000 元/年的标准予以奖励。

由于排放因子与车速有关，所以可以通过控制车速来控制排放。朱志高等（2008）考虑通过调控路段上车型的构成来控制实际交通流量的大小，从而间接调控车速，达到控制排放的目的。他们主要是基于单车的排放因子与车速之间的关系、交通流量这三个参数的关系，建立了路段总排放量与车速、车型比例、交通流量三个因素之间的数学模型，运用非线性规划理论，建立了以路段通行能力为主要约束条件，以污染物排放量最小为目标的最优化模型，模型如下：

$$\min Q_L = \sum_{k=1}^n w_k \sum_{i=1}^m e(u) V_i L$$

$$\text{s.t.} \quad \frac{V_i}{\sum\limits_{i=1}^m V_i} \leqslant P_i$$

$$\sum_{i=1}^m V_i \alpha_i \leqslant C$$

$$V_i \geqslant 0，且 V_i 为整数。$$

式中：Q_L 为排放量总量；w_k 为第 k 种污染物的权重；u 为路段上车辆行驶的平均速度；V_i 为 i 型车的交通量；L 为路段长度；P_i 为 i 型车交通量的百分比，α_i 为 i 型车的当量换算系数；C 为路段通行能力。

3.2 能源——使用清洁能源

交通中机动车排放的一个重要原因是机动车的燃料，多数是汽油和柴油，很多学者研究新的干净能源代替，也能减少排放。

Smith（2010）提出在爱尔兰地区可以用电力车 EV（Electric Vehicles）代替现在的燃料车，从而减少交通带来的排放，但是电力车会有一些限制比如电池不够长久，基础设施不够完善，等等。

还有生物柴油，在泰国已经对它的生产享有税收优惠政策：政府评估它的税收，并通过国内柴油和汽油零售价格加上附加费的基金来补贴它（Reuters UK，2007）。

3.3 管理——科学合理组织

在过去的几年中，全世界范围内很多学者从道路交通的角度研究降低机动车排放。从 Tzeng 最早将环境因素列入到传统的交通组织考虑因素，接下来的研究中，有学者分析了通过道路改善、交通控制策略、信号控制策略、限速以及自行车和步行规划对区域机动车排放的改善情况。具体如下：Tzeng（1993）最早考虑环境因素，并发展了一个多目标交通分配模型；Rilett 和 Benedek（1994）则用 IVHS 技术定量的分析了利用简单的双节点两道网络下的环境改善的情况；Coelho（2005）定量分析和比较了在自动收费站和人工收费站情况下交通特征和机动车排放的差异；Lumbreras（2008）分析了交通管控措施对城市排放的影响，并提出最有效的方式是更新车辆；等等。

郭栋（2010）通过搭建车载排放测试试验平台对长春市目前易发生交通拥堵的区域分析，根据道路几何结构和交通特点，选择顺时针方向组织单向交通，并针对公交车辆较为集中的特点开辟了逆向公交车道，可以有效缓解交通状况并改善区域机动车排放。

不仅可以从道路的优化角度考虑排放的减少，也可以从系统的优化角度考虑。Pan 等（2010）以法国主要两条零售链的数据为基础，计算两种交通模式即公路和铁路的排放，得出结论，可以通过整合供应链的网络从而减少交通排放；Liao 等（2009）研究在台湾，由于它是运输线上穿越太平洋的一个关键点，严重依赖外贸（出口占在 2008 年的国内生产总值的 54%），台湾的货柜量中超过 80% 的集装箱运输，是由卡车从高雄港运到台湾的中央和北部地区，作者比较了使用联运沿海航运和卡车，并比较两种方式的排放，发现联合运输可以大大减少排放，因此提出如果在台湾地区用联合方式运输集装箱出口或者进口，可以减少二氧化碳的排放。

在供应链方面优化可以达到减少排放的目的，在旅游交通方面，也有学者对此进行了研究，Lin（2010）对台湾地区五个国家公园的二氧化碳排放多少进行计算，CO_2 的排放 $= \sum_{i=1}^{n} P_i \cdot D_i \cdot \beta_i$，其中 P_i 表示用第 i 种交通模式的游客的总数；D_i 表示第 i 种交通模式的交通距离，单位 km，β_i 表示第 i 种交通模式的排放因子，可以用如下公式计算：

$$\beta_i = \frac{F_i}{E_i \cdot L_i}$$

式中：F_i 表示第 i 种交通模式每公升化石燃料产生的二氧化碳排放量（kg/l）；E_i 表示第 i 种交通模式燃料的燃烧效率；L_i 表示第 i 种交通模式载客因子，即每辆机动车所带的平均人数。根据 CO_2 的计算公式可知，减少碳排放可以通过改变 β_i，比如通过票价的增加来改善服务的质量来鼓励游客从私家车转变为公共汽车（Guiver et al.，2007；Lumsdon，2006）从而改变了 β_i；也可以通过权力机关降低门票，及其他监管，管理活动等鼓励游客去参观离他们最近的国家公园，减少旅行距离以减少碳排放。

也可以通过经济行为来控制排放，熊伟（2008）引入排放收费的概念，定义广义费用，

将排放因素考虑到出行费用中去，采用排放函数代替了排放因子来分析道路中总的排放量，将变分不等式问题转换成等价的非线性互补问题，采用一种自适应的投影收缩算法求解该模型，所给出的数值算例中得到广义费用下的 UE 最优解；Yin 等（2006）提出在不使用补贴的情况下始终存在诱导交通流分布而使得最低排放的收费计划并提供计算方法使决策者用收费的方式在两个互相冲突的目标舒缓交通挤塞与减少交通排放之间进行权衡。

Timilsina 和 Shrestha（2009）在前人研究的基础上，从六个方面分析了亚洲 12 个国家交通引起 CO_2 增加的原因，主要原因是交通方面能源的强度，人均 GDP 和人口增长，从而给出减少排放的建议，转成干净能源，使用公共交通包括铁路和水上交通。

公共交通的使用可以减少碳排放，许多城市已经建立了以铁路为主大容量高服务水平的公共交通系统，例如，马尼拉和上海已经建立好了轻轨，有些城市如北京，南京和上海已经建立了地铁系统，而曼谷已经投资在轻轨和地铁的建设上（ESCAP，2007a）。

另一个选择是建立快速公交 BRT（Bus Rapid Transit）系统，BRT 减少温室气体的排放量已经在 2006 年 7 月的清洁发展机制由哥伦比亚波哥大的快速公交系统的基线和监测方法证明。截止 2008 年 7 月，亚洲已经建立了 20 条 BRT，还有 50 条在计划中或者在建设中（CAI – Asia，2009）。

4 总结与展望

交通排放问题已经受到世界各国的重视，本文总结国内外学者对于排放模型的研究，以及如何从交通方面减少排放，但是在管理措施方面缺乏定量的描述，如降低公交的票价可以

改变出行者的出行方式，但是对于降低多少能影响多少出行者改变出行方式缺乏定量的描述，还缺乏道路网络优化减少排放的研究，通过改变出行者的需求来减少排放。另一方面在国内，缺少基础数据，因此可以加强基础数据的收集整理，包括与城市交通以及各个出行模式相关的基础数据以及与机动车排放相关的基础数据，同时可以根据国际经验和国内实际的情况，提出一套城市交通统计数据标准；进一步探索城市中各个交通模式出行的特征，如出行总量、人均出行距离等。以及当采取一些诱导性的措施时这些出行模式将如何变化，进一步探索城市交通模式对能源和环境的影响，研究有效的分析验证手段，保证结果的科学性。

参考文献

［1］Ahn, K., Rakha, H.. The effects of route choice decisions on vehicle energy consumption and emissions［J］. Transportation Research Part D: Transport and Environment, 2008, 13（3）: 151~167.

［2］Barth, M., An, F.. Comprehensive Modal Emissions Model［M］.（CMEM）Version 2. 02 User's Guide, University of California Riverside, 2000.

［3］Bellasio, R., Bianconi, R., Corda, G.. Emission inventory for the road transport sector in Sardinia（Italy）［J］. Atmospheric Environment, Vol. 41, 2007: 677~679.

［4］CAI – Asia, 2009. Bus rapid transit（BRT）overview. Clean Air Initiative – Asia（CAI – Asia）. Available at: < http://www. cleanairnet. org/caiasia/1412/article – 59592. html >.

［5］Carty, J., Ahern, A.. Introducing a transport carbon dioxide emissions vulnerability index for the Greater Dublin Area［J］. Journal of Transport Geography, Vol. 19, 2011: 1059~1071.

［6］Coelho, M. C., Farias, T. L., Rouphai, N. M.. Measuring and Modeling Emission Effects for Toll Facilities［J］. Transportation Research Record: Journal of the Trans-

portation Research Board, 2005: 136~144.

［7］ESCAP, 2007a. Review of Developments in Transport in Asia and thePacific2007: Data and Trends. United Nations Economic and Social Commission for Asia and the Pacific（ESCAP）, Thailand.

［8］Guiver, J., Lumsdon, L., Weston, R.. Do buses help meet tourism objectives? The contribution and potential of scheduled buses in rural destination areas［J］. Transport Policy, 14, 2007: 275~282.

［9］Liao, C. H., Tseng, P. H., Lu, C. S.. Comparing carbon dioxide emissions of trucking and intermodal container transport in Taiwan［J］. Transportation Research Part D, Vol. 14, 2009: 493~496.

［10］Lin, T. P.. Carbon dioxide emissions from transport in Taiwan's national parks［J］. Tourism Management, Vol. 31, 2010: 285~290.

［11］Lumbreras, J., Borge, R., Juan Manuel de Andrés. A model to calculate consistent atmospheric emission projections and its application to Spain［J］. Atmospheric Environment, Vol. 42, 2008: 5251~5266.

［12］Lumsdon, L. M.. Factors affecting the design of tourism bus services［J］. Annals of Tourism Research, Vol. 33, 2006: 748~766.

［13］Pan, S., Ballot, E., Fontane, F.. The reduction of greenhouse gas emissions from freight transport by pooling supply chains［J］. International Journal of Production Economics, 2010, doi: 10. 1016/j. ijpe. 2010. 10. 023.

［14］Reuters UK, 2007. Thailand's Bangchak sees biodiesel boom . January16, 2007. Available at: < http: //www. reuters. com/articlePrint? articleId = USSP19763820070116 >.

［15］Rilett, L. R., Benedek, C. M.. Traffic assignment under environmental and equity objectives［R］. Transportation Research Record 1443, TRB, National Research Council, Washington, D. C., 1994: 176~190.

［16］Smith, W. J.. Can EV（electric vehicles）address Ireland's CO_2 emissions from Transport［J］. Energy, Vol. 35, 2010: 4514~4521.

［17］Timilsina, G. R., Shrestha, A.. Transport sector

CO2 emissions growth in Asia: Underlying factors and policy options [J]. Energy Policy, Vol. 37, 2009: 4523 ~4539.

[18] Tzeng, G. H., Chen, C. H.. Multiobjective decision making for traffic assignment [J]. IEEE Transactions on Engineering Management, 1993, 40 (2): 180 ~187.

[19] Yin, Y. F., Lawphongpanich, S.. Internalizing emission externality on road networks [J]. Transportation Research Part D, Vol. 11, 2006: 292 ~301.

[20] 广州市交通委员会. 关于对在用 5 年以上1.6 升出租车提前退出运营市场实施奖励的通知 [N]. 广州政报, 2008.

[21] 郭栋. 城市交通网络机动车排放优化研究 [D]. 长春: 吉林大学, 2010.

[22] 王炜, 陈学武, 陆建. 城市交通系统可持续发展理论体系研究 [M]. 北京: 科学出版社, 2003.

[23] 夏铧, 城市道路轻型车微观排放模型研究 [D]. 长春: 吉林大学, 2005.

[24] 熊伟, 考虑排放的交通分配模型及其算法研究 [D]. 武汉: 武汉理工大学, 2008.

[25] 朱志高, 李铁柱, 李文权. 基于路段通行能力限制的机动车污染物总排放量最优化研究 [J]. 交通运输系统工程与信息, 2008, 8 (2): 80 ~84.

6Sigma 质量改进方法在发动机气门生产企业中的实际应用

刘晓鹏

（上海交通大学）

摘要：在现代生产制造企业中，如何能够针对制造过程中产生的质量问题进行准确的分析，找出问题的根本原因并加以解决是相关从业人员的目标。本文通过对某发动机气门生产企业的一个实际案例出发，探讨了如何运用 6Sigma 质量改进方法进行问题解决的相关应用。

关键词：6Sigma；质量改进；发动机气门生产；实验设计；过程能力

6Sigma Quality Improvement Application in Engine Valve Production Plant

Liu Xiaopeng

（E – mail：SeanAngela@ gmail. com）

（Shanghai Jiaotong University）

Abstract：How to make analysis to quality issues happened to production process，how to find the root reason and take efficient action is the main target in modern manufacture plant. This paragraph studies to use 6Sigma quality improvement method to solve the issues in a real case in engine valve production plant to

Key words：6Sigma；quality improvement；engine valve production；test design；process capability

1 研究背景

在统计学上，6Sigma 代表每百万件产品中有 3.4 件的不良品的产生（DPMO）[1]。6Sigma 这一研究方法最早是由摩托罗拉公司的比尔·史密斯于 1986 年提出的，经过了 20 多年的发展，该方法已经在生产过程中的各个方面得到了应用[11]。通过 6Sigma 技术以及相关统计工具的应用，使得相关生产企业在控制成本，提高生产效率，改善产品质量以及增加客户满意度等都方面都能取得成效[1]。

在进行 6Sigma 进行具体的问题分析解决时，一般遵行的原则为 DMAIC 五步法（Define—定义，Measure—测量，Analysis—分析，Improve—改进，Control—控制）[2]。在定义阶段，主要确定项目的基本情况，制定量化可以测量的目标；在测量阶段进行数据收集及相关测量；在分析阶段针对收集的数据进行分析，找出波动源；在改进阶段进行试验设计，找出最优化解；在控制阶段则是通过标准化作业等将改进的成果得到巩固[3]。

本文主要探讨如何将 6Sigma 以及精益生产的相关方法和理论在汽车气门生产企业中进行应用以达到提高生产效率，降低不良品率继而提高客户满意度的目的。

本文的主要安排如下：第二部分主要介绍 6Sigma 质量改进法的结构以及 DMAIC 法的应用。第三部分主要介绍一家气门生产企业在实际生产中遇到的具体问题。第四部分介绍如何

在实际中运用 6Sigma 质量改进法进行问题的解决。最后第五部分则是笔者对于该项目的总结。

2 6Sigma 方法概述

6Sigma 作为一种追求高品质，以数据分析问题根源并加以解决问题的方法，其在针对具体问题进行分析解决时一般都遵循 DMAIC 五步法（见图 1）[13]。

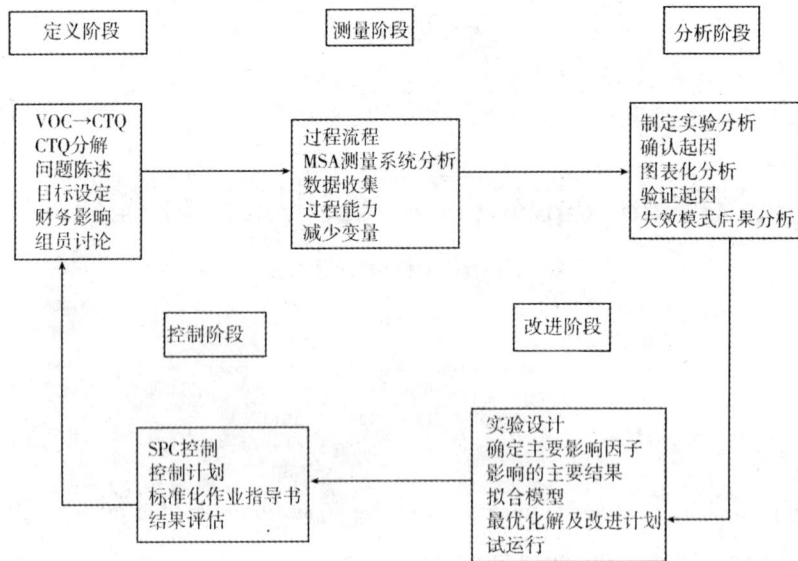

图 1 DMAIC 五步法具体框架

2.1 定义阶段

作为 6Sigma 方法的第一步，确定客户的关键需求，并识别需要改进的产品和过程[4]。在该阶段，团队必须明确工作的具体内容、面对的客户对象、客户的具体需求以及成本与收益等，这些问题是 6Sigma 管理的基本思想，驱动组织以新的和独创的方式去思考以前经常忽视的业务问题[5]，此阶段的任务有：

（1）阐明团队使命，陈述问题和机会。

（2）辨别公司业务的核心流程，并界定核心流程的关键产品及其服务的关键客户。

（3）定义客户需求，制定"客户反馈"的战略，手机客户数据并对客户需求进行排序，确定关键的质量特性（CTQ）。

2.2 测量阶段

这一阶段是根据客户的呼声（Voice Of Customer，VOC）定义缺陷，收集相关产品或过程现状的数据，确定过程的基线以及期望达到的目标，识别影响过程输出的关键因素，并对测量系统的有效性做出正确的评价[6]。

在测量阶段，应该针对流程的每个 CTQ 都进行测量，并且绘制相应的正太分布图，然后

在该分布图上绘制客户的 CTQ 极限，计算落在极限值以外的缺陷的数量，最后把缺陷数转换成流程，使得 6Sigma 从一开始就能够对流程的现状有一个准确的评估，切实地找到改进的空间[5]。

2.3 分析阶段

在本阶段内，需要对测量阶段所收集的数据进行整理和分析，以确定一组按照重要程度排列的影响质量的变量，验证这些因素与 CTQ 之间的因果关系，并确定流程的关键影响因素。这一阶段的主要任务是把握要改进的问题，找出改进的突破口，即关键过程特性（CTP）[7]。这个过程的工作重点是：

（1）整理并分析数据。对于手机道德数据，利用坐标图，直方图等把数据更加形象地表示出来，为进一步的分析和寻找波动源打下基础。

（2）提出并且验证因果关系。对数据进行假设检验，回归分析等找出相应的因果关系，从"人、机、料、法、环"等五个方面通过分析找出多个影响因子，并逐一检验假设的合理性。

2.4 改进阶段

基于分析的基础之上，针对关键因素的输入变量，通过改变输入变量而实现提高输出变量的目标，确认该方案能够满足或超过项目质量的改进目标，然后实施最佳的改进方案对结果进行优化。该阶段通过建立过程业绩的数学模型，以确定输入的操作范围及设定过程参数，并且对输入的改进进行优化[8]。因此，所要做好的工作是：

（1）提出改进意见。通过大家的讨论形成观点分析，根据改进目标归纳并总结成一些方案，并提出个方案的具体改进意见[9]。

（2）选择改进方案。通过"预选—分析压缩—最终选择"三个步骤，选出一个能够实现组织预期目标的最佳方案，用真实报告的形式将其描述出来。

（3）实施改进活动，真正改进活动来临时，潜在收益在增加，风险也在增加，为了成功地实施方案，应该重点关注方案的规划、实验过程，并且通过相关的问题防范措施，保证改进活动的成功实施。

2.5 控制阶段

在此阶段内，应当确保对过程的改进一经实施就能够持之以恒，使得改进后的过程程序化，并能够确保过程不会反复[10]。此阶段要针对关键过程特性（CTP）制定一系列非常详细的控制计划，完成制定标准、明确管理职责、实时监控这三项主要工作[12]。通过一个阶段的改善，改善的成果和节约的成本都可以用数据来进行表示。基本工具是统计过程控制（SPC）、控制图、过程能力指数（CP、CPK）及过程文件控制等[13]。

（1）制定标准：参与 6Sigma 项目改进的人员要保持已经取得的成果，对于相关的新方法和改进措施都要文件化，形成标准。

（2）明确管理职责：6Sigma 管理重在流程管理，因此流程管理者应当维持流程文件记录、评价流程绩效、确认失控现象并采取纠正措施，其职责应同其个人/部门职责相一致，便于工作适合于流程要求，通过定期的测量、分析、改进及设计，将更多的精力放在满足客户需求、向客户传递价值上。

（3）实施监控：流程管理是 6Sigma 管理的终点，也是企业成为 6Sigma 组织的起点，在此阶段，要应用适当的质量原则和技术方法，关注改进对象的数据，对关键变量进行控制，制定过程控制计划，修订标准操作程序和作业指导书，建立测量体系，监控工作流程。

3 案例背景介绍

某公司作为国内乘用车市场最主要的发动机气门生产商之一，负责向国内各大乘用车生产厂家供应发动机进排气门。其供应量达到每月 300 余万件，气门根据气门是否整体成型可以分为整体式气门、摩擦焊气门两种。

其中摩擦焊气门是为了达到增强气门强度，降低生产成本的目的而将两段不同材料通过摩擦焊焊接在一起而成型的气门。在摩擦焊气门的生产过程中，气门干部焊缝处的裂纹一直是影响最终产品合格率的一大因素。

图 2 左侧即为在生产过程中发现杆部产生裂纹的气门，在金相实验观察中，可以通过金相显微镜观察到气门杆部裂纹处的金相组织如图 3 所示。

由于有裂纹的存在，气门在发动机内部工作时会在裂纹除产生杆部断裂，使得发动机不能正常工作，严重时甚至可能损坏发动机的内部结构。

根据去年全年的生产产量统计，由于气门杆部断裂而产生的报废品占整体产量的 2% 左右，不仅给公司造成了经济上的损失，也为出厂产品的质量埋下了巨大的隐患。

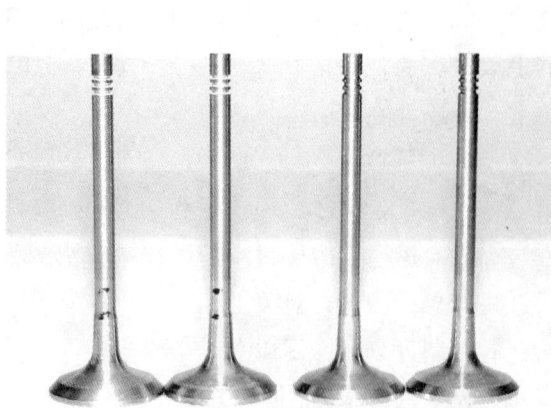

图 2　在生产过程中发现杆部产生裂纹的气门

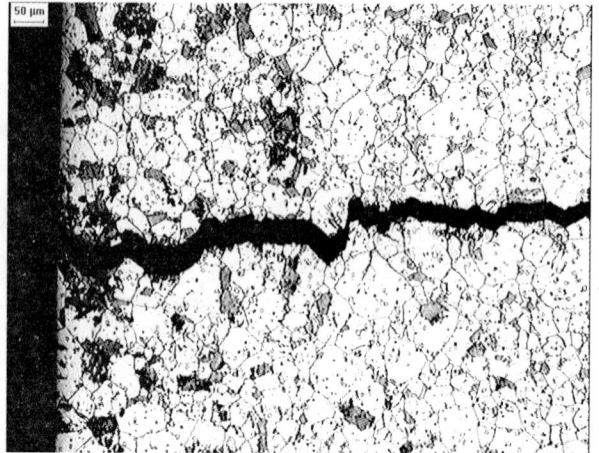

图 3　气门杆部裂纹处的金相组织

4 案例具体研究

基于该问题，成立了生产，质量与工程的相关人员组成了问题研究小组，遵循 6Sigma 的相关方法进行问题的研究与解决。

4.1 定义阶段

首先明确了需要解决的主要问题为降低生产过程中气门杆表面裂纹的产生，通过与国外工厂的比较，将改进目标定位降低裂纹产生率至 1% 以下。

4.2 测量阶段

然后对裂纹检测系统进行 MSA 分析（见表 1）。由分析结果可见，裂纹检测系统的重复性与再现性比较稳定。

表 1　MSA 分析结果

Response	Kappa	SE Kappa	Z	P（vs > 0）
Bad	0.881509	0.0912871	9.656450	0.000000
Good	0.881509	0.0912871	9.656450	0.000000

根据摩擦焊气门的具体生产流程（见图 4），抽取了 3000 件样品进行跟踪，发现裂纹现象主

要产生在校直（Straightening）与弯曲试验（Bend test）这两道工序中。将影响这两道工序的相关因素用鱼骨图（见图5）按照"人机料法环"进行逐一分析，最后确定主要怀疑的三项影响因素：气门端面跳动（seat runout）、气门变形（displacement）以及原材料硬度（material）。

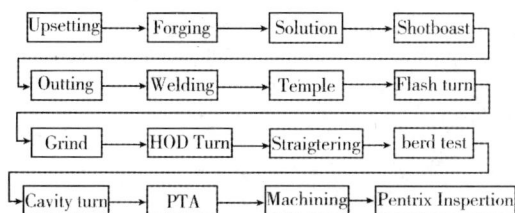

图4　摩擦焊气门的具体生产流程

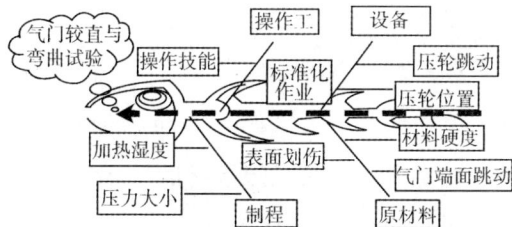

图5　鱼骨图分析

4.3　分析阶段

在确定了可能的影响因素后，抽取2000件样品进行如下的实验设计：

（1）将2000件样品按照三项因素的不同状态相互组合一共分成8组，分别计算每组的裂纹产生率（见表2）。

表2　分组分析裂纹产生率

Runorder	Centerpt	Blocks	Punout	Dlspacement	Materlal	Crack rat
1	1	1	0.6	2	1	0.0025
2	1	1	0.6	2	0	0.0037
3	1	1	0.6	1	1	0.0160
4	1	1	0.6	1	0	0.0240
5	1	1	1.0	1	1	0.0430
6	1	1	1.0	2	1	0.0063
7	1	1	1.0	2	0	0.0030
8	1	1	1.0	1	0	0.0460

（2）具体上述实验结果在 Minitab 中进行结果绘图，表示出相关因素的影响（见图6）。

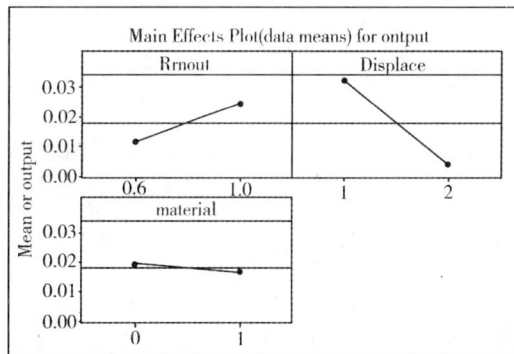

图6　Minitab 分析结果

（3）量化计算相关影响因子的影响大小（见表3），并用 Pareto 直方图进行影响大小的排序（见图7）。由分析结果可见，造成气门表面裂纹的主要因素为门校直时的气门变形（displacement）与气门端面跳动（seat runout）。

表3　影响因子量化分析

Tem	Effect	Coef	SECoef	T	P
Constant	0.0194400	0.0001880	103.6700000		0.006
Seat Runout	0.0102700	0.0051400	0.0001870	27.40	0.023
Displacement	−0.0311300	−0.0155600	0.0001880	−83.00	0.008
Material	0.0005200	0.0002600	0.0001870	1.40	0.395
Seat Runout * Displacement	−0.0087200	−0.0043600	0.0001880	23.27	0.027
Displacement * Material	0.0005300	0.0002600	0.0001870	1.40	0.395
Seat Runout * Displacemeng * Material	0.0026200	0.0013100	0.0001880	7.40	0.090

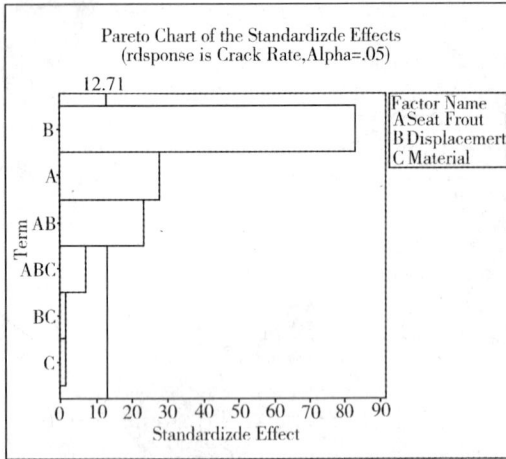

图7　Pareto 直方图进行影响大小的排序

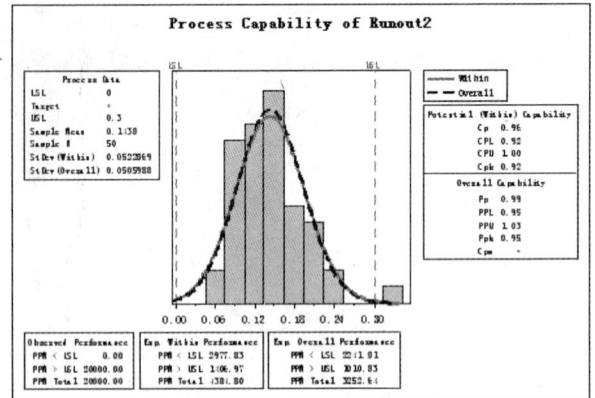

（b）回火后

图8　回火前后同批次气门的跳动分布

4.4　改进阶段

针对气门变形这一因素，主要通过使压轮外形尺寸标准化，改进气门的夹持方式以保证每次的压力工作区域能保持一致，加装在线压力检测仪以保证施加压力的稳定等方式保证气门变形的稳定。

而气门的端面跳动主要产生于摩擦焊接（welding）与焊接后回火（Temper）这两道工序中。通过计算回火前后同批次气门的跳动分布见图8。

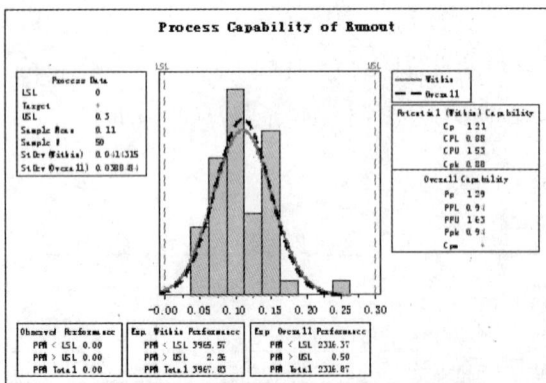

（a）回火前

由过程能力（CPK）可知，回火前后工件的跳动并未产生大的变化，因此气门跳动超差的主要贡献源为摩擦焊接工序。

针对摩擦焊接工序，主要通过增加辅助工装以保证工件在进行摩擦焊接时工件的稳定性，增加温度检测以保证焊接时的温度以及增加气门转速等方式改进焊接后的气门跳动。

4.5　控制阶段

在上述的改进措施制定之后，进行四个月的观察统计与对比（见图9）。

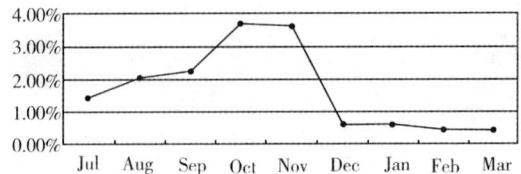

图9　4 个月观察统计和对比

从图9可以看出在去年12月开始执行改进措施以后，气门杆部裂纹的发生率由改进前的平均2.2%降至平均0.6%左右，达到了在项目初始制定的将裂纹发生率降至1%以下的目标。

同时为了能够维持这一成果，针对一线操作工进行了相关的技能培训，同时也将相关的改进措施以文件形式进行发放。

5 结论

文本针对 6Sigma 的品质改进方法进行了探讨，并将其实际运用到国内某公司的发动机气门生产过程中。探讨了如何针对气门表面裂纹这一具体质量问题应用 6Sigma 的相关方法进行改进提高的相关过程。

质量的稳定性永远是制造型企业的生命线，而造成质量问题的因素往往是复杂而不易发现的。6Sigma 提供了一个可以将复杂的质量问题因素进行量化分析的方法。

参考文献

［1］陈奚. 6σ 管理中的不良质量成本研究［D］. 南京理工大学，2006.

［2］Banuelas, R., Antony, J., and Brace, M. An application of Six – Sigma to reduce waste. Quality and Reliability Engineering International, 2005, 21：553 ~ 570.

［3］Desai, D. A. Cost of quality in small – and medium – sized enterprises：case of an Indian engineering company. Production Planning & Control, 2008, 19 (1)：25 ~ 34.

［4］Furterer, S. and Elshennawy, A. K. Implementation of TQM and lean Six – Sigma tools in local government：a framework and a case study. Total Quality Management & Business Excellence, 2005, 16 (10)：1179 ~ 1191.

［5］Lee, K. C. and Choi, B. Six – Sigma management activities and their influence on corporate competitiveness. Total Quality Management & Business Excellence, 2006, 17 (7)：893 ~ 911.

［6］Su, C. T., Chiang, T. L., and Chiao, K. Optimizing the IC delaminating quality via six – sigma approach. IEEE Transaction Electronics Packaging Manufacturing, 2005, 28 (3)：241 ~ 248.

［7］Turner, T. J., Bititci, U. S., and Nudurupati, S. S. Implementation and impact of performance measures in two SMEs in Central Scotland. Production Planning & Control, 2005, 16 (2)：135 ~ 151.

［8］ISO/TR10014 Guidelines for managing the economics of quality.

［9］Maguad, B. A. The modern quality movement origins, development and trends. Total Quality Management & Business Excellence, 2006, 17 (2)：179 ~ 203.

［10］Sahoo, A. K., Tiwari, M. K., and Mileham, A. R. Six Sigma based approach to optimize radial forging operation variables. Journal of Materials Processing Technology, 2008, 202：125 ~ 136.

［11］何桢，周延虎，高雪峰. 精益六西格玛及其实施［J］. 西安电子科技大学学报（社会科学版），2006 (1).

［12］Harry, M. J. Abatement of Business Risk Is Key To Six Sigma. Quality Progress, July, 2000：72 ~ 76.

［13］Mach, Guaqueta Utilization of the Seven Ishikawa Tools in the Six Sigma Strategy, 24th International Spring Seminar on Electronics Technology, 2001.

轿车手动变速器换挡质量的质量功能分解

王全任

（泛亚汽车技术中心有限公司）

摘要：变速器系统是整车上与一个与客户联系非常紧密的系统。于此同时，手动变速器系统又是一个高度专业化的系统，普通客户很难准确提出具体的技术要求。本文基于对中国轿车手动变速器客户需求的深入调查研究，参考国外的相关技术，将中国轿车用户对手动变速器换挡质量方面的真实需求分解为一些工程上有可执行性的技术需求，为解决国内市场上同样遭到广泛抱怨的换挡质量问题提出了较为系统的产品开发方法与思路，为相关产品的开发提供了重要借鉴，有利于提高产品开发质量，并优化产品开发周期，节省成本。

关键词：手动变速器；换挡质量；JD Power；EQF；质量功能分解

Quality Function Deployment of the Passenger Car Manual Transmissions' Shift Quality

Wang Quanren

（E – mail：quanren_ wang@ patac. com. cn）

（Pan – Asia Technical Automobile Center, Co. ,Ltd）

Abstract：The passenger cars' transmission system is a system which has a lot of interactions to the drivers. Meanwhile, manual transmissions are also a system which requires a lot of specialists, and very little customers could tell the details of this system, so very little customers could request for detailed technical performance to this system. In this paper, the author made a deep dive to the voice of the China local passenger car customers about the manual transmissions; and based on some worldwide engineering technologies, the author translated the Voice of Customer to some engineering requirements e. g. technical specifications which could be realized to make sure the customer's real need would be satisfied. The completion of this work is expected to provide a good reference to the China local engineers about improving the shift quality of the manual transmissions about total product development ideas and methodologies. And, we hope this would help about engineering cost reduction and engineering quality improvements as well.

Key words：Manual Transmission; shift quality; JD Power; EQF; Quality Function Deployment

1　前言

J. D. Power 和 Associates 公司（简称 J. D. Power）建立于 1968 年，是一家全球性的市场资讯公司，主要就顾客满意度，产品质量和消费者行为等方面进行独立公正的调研。在美国，J. D. Power 和 Associates 最初因为其在汽车行业的业务而广为人知。J. D. Power Asia Pacific 自 2000 年开始在中国开展基于消费者的汽车行业调查，并首次公开公布其最有影响力的汽车调查项目中的四项结果，即销售满意度调研（SSI），新车质量调研（IQS），汽车性能、运行和设计调研（APEAL），售后服务满意度调研（CSI）。针对本论文中所述及的问题，我们重点分析 IQS（新车质量调研），APEAL（汽车性能、运行和设计调研）两方面的数据。而主要的相关内容如表 1 及表 2 所示。

表 1　JD Power 统计中的 IQS 问题清单

序列号	类型	范畴	IQS 问题描述
219	D	EAT	T15 手动挡 — 排挡杆不易操作
220	M	EAT	T16 手动挡：挂（入）挡困难

表 2　JD Power 统计中的 APEAL 问题清单

序列号	APEAL 关注点描述	所在子模块
Q10R4	驾车时手臂放置的舒适度	车身内装
Q16R4	换挡的顺畅度	发动机及变速系统

中国质量协会是家质检总局领导下的全国质量监督检验领域的国家级专业社团组织。中国质量协会用户委员会近年来也开始定期发布年度汽车用户抱怨问题统计报告，换挡舒适性问题也在调查内容之列。从调查结果中可以看出，换挡舒适性问题日益得到更多客户的关注。在 2008 年的统计结果中，与换挡质量相关的抱怨仍被归结为较少抱怨[2]，而到 2009 年，换挡困难及换挡不顺畅这两个与换挡质量相关的分支分别居主要

抱怨问题的第 13 位及第 14 位[3]，合并后的问题抱怨率排位就更高。2010 年未发布的问题排序表只公布了前五位抱怨问题，但是汽车产品设计和性能质量满意度指数评价中，发动机和变速系统依然是九大系统中得分最低的一个系统[4]。

根据相关统计数据，我们认为变速器换挡舒适问题在中国国内车型所有抱怨问题中占据了很大的比例，针对该问题的研究很有实际价值。

2　问题的精确定义

JD Power 调查报告给我们提供了很好的参考，使我们可以定期得到相对比较客观的市场反馈信息。然而，从前文的描述中我们也可以很容易看到 JD Power 调查的明显局限性，那就是 JD power 的调查报告非常粗略，所提供的仅仅只是一个笼统的反馈数据。总体来看，APEAL，IQS 数据事实上可以合并统一为同一个问题即变速器不容易操纵问题，换挡不舒适及挂（入）挡困难为该问题不同感受程度的两个分解问题。而由于手动变速器换挡系统是一个相对比较复杂的系统，相同的抱怨可能源自不同的零件或子系统问题，仅凭 JD Power 调查数据很难精确定义问题，因此很难有针对性地进行改进。

为了克服这些局限性，我们还需要引入更有效的质量工具及客户调查手段。在本文中，我们主要采取了 EQF（Early Quality Feedback）结合客户访谈的方式进行调查。EQF 主要针对最终的实际车辆使用客户，通过开放式地咨询客户是否有对产品不满意的地方，然后按照客户所描述的问题，按照设定的征询程序完成详细的抱怨问题调查。根据 EQF 反馈信息，我们再有针对性地选择典型客户进行访谈，以确认问题。与此同时，我们还在公司内部进行类似的客户访谈。通过安排各种不同的内部客户对车辆进行试驾，并搜集他们的意见，我们从另外一个方面也得到了非常有价值的相对更加专

业的信息。同时,我们广泛搜集国外的相关资料,得到了一些重要的相关信息。

通过如上的信息收集,我们得以总结当前变速器换挡性能方面主要的抱怨及其详细的工况如下。

根据 2010 年某品牌全部手动挡车型的统计数据（2009 - 10 ~ 20110 - 9）[1],有关换挡不易及挂（入）挡困难问题的主要客户抱怨如附录 1 所示（注:合计有效统计数据 354 组,归纳统计为 51 种不同工况或抱怨内容描述）。

3 问题的分析展开

对相关的客户抱怨进行归纳分析及初步的工程语言转化,可以发现各种问题可以转化为如下几类问题:

1—高挡换低挡时候挂挡困难

2—空挡挂倒挡、1 挡或 2 挡困难

3—2 挡、3 挡、倒挡脱挡

4—2 挡、3 挡松旷,位置不清晰

5—各挡在挡位置弹性过大

6—行驶中各挡（2,3,4,5）卡滞挂不进

7—各挡（1 挡、4 挡、5 挡、倒挡）换挡不顺畅

8—挂完挡之后,挡杆老是抖动,手放在上面都能感觉出来,每个挡位都一样

参考美国通用汽车的相关标准[5~6]及我们相关的产品开发经验,我们列出了相关问题及其对应的评估表如附录 2 所示。

4 变速器换挡系统的其他客户之声（VOC）

根据调查,除换挡困难及换挡不易问题外,手动变速器换挡系统还需要面临如下的一些客户需求[7~8]:

（1）变速器应便于制造,生产、使用、维修成本低。

（2）变速器应重量轻、尺寸紧凑。

（3）变速器应有较高的传动效率,汽车具有良好的动力性和经济性指标（即拥有适当的速比设定）。

（4）变速器应工作可靠、噪音小。

在解决换挡不易问题的同时,我们还必须保证如上要求也同时得到满足。

5 QFD 矩阵（质量屋）的构建

由此,我们即可得到与中国市场上轿车手动变速器换挡质量设计相关的 QFD 矩阵（质量屋）见附录 3。

输入相关的调查数据及公司的改进策略（重要度信息等等）,即可完成完整的 QFD 矩阵。

6 结论

本文通过深入分析某品牌所有车型某一年的所有客户抱怨,得出了有关中国市场上轿车手动变速器换挡质量设计的质量功能展开表,对于相关设计工作的开展做出了重要的基础理论分析,提供了比较有价值的设计借鉴。

参考文献

[1] Customer Verbatim I - [D]. Shanghai GM, 2010 - 9.

[2] 2008 年度汽车质量可靠性测评报告 [D]. 中国质量协会全国用户委员会, 2008 - 11 - 28.

[3] 2009 年汽车用户满意度测评结果 [D]. 中国质量协会, 2009 - 10 - 21.

[4] 2010 年全国汽车用户满意度测评报告 [D]. 中国质量协会全国用户委员会, 2010 - 10 - 19.

[5] GMW16129 Shift Quality Evaluation, 2009 - 1.

[6] GMW16123 Shift Lever Shake and Gear Jump Out (dynamic), 2009 - 7.

[7] 客户之声（VOC）反馈, 泛亚汽车技术中心, 2010 - 7.

[8] 高维山变速器设计 [M]. 人民交通出版社, 1990.

附录1　某品牌手动挡车型换挡质量客户抱怨汇总表

自\至	空挡	1挡	2挡	3挡	4挡	5挡	倒挡
空挡	1－挂挡不好挂,在任何挡位都一样,用力挂挡时感觉好像已经挂上了,随着时间流逝,挂上面都能感觉到,但实际没有挂上,随着时间的流逝,挂挡的感觉有所好转 2－挂完挡之后,挡杆老是抖动,手放在上面都能感觉出来,随着时间的流逝变换挡时间都容易一些了	3－每次在冷车时挂1～2挡都困难,偶尔有一两次能挂上,当时的车是停着的,发动机是冷的 4－挂1挡或2挡时挂不上,当时车位挂生不好挂 5－市区路面上行驶起步难,挂1挡困难,挂入挡的流逝进变换挡时间都容易一些了	13－每次在冷车时挂1～2挡都困难,偶尔一两次能挂上,当时车是停着的,发动机是冷的	28－我车子的1挡和3挡在挂挡时不顺畅,重新挂挡以及花费较大的力气可以挂入			40－我的车在拐弯或是停车倒车时,倒挡有时挂不进去需要挂2～3次 41－空挡挂倒挡的时候感觉挂不进去,当时我的车是在车停着的时候,当时发动机是冷的 42－倒挡时不容易挂上,需要技巧挂进,如果不用技巧再大的力也挂不进去 43－挂倒挡时很难挂进去,问题经常出现,用很大力气或是将挡位挂进去 44－挂倒挡时挂不进去我就先挂其他挡位上,然后再挂倒挡就正常了 45－我的车空挡挂倒挡有的时候挂不进去,这个问题是买车回来以后2～3天就发现了 46－我的车换挡不易,车在跑到1000公里时,在挂1挡和挂倒挡时都感觉不够顺畅,总感觉挂不进去,挂其他挡位时能所到轮胎有摩擦声 47－我的车在怠速的情况下倒挡挂不进去,感觉有点卡,挂到一半就推不进去了,需要将挡杆调回去重新多挂几次才能挂上,问题出现在冷车的时候比较多 48－在挂倒挡时有时挂上了,我感觉挂上了,但是实际挂不上 49－4挡换5挡时,换倒挡时不是很顺畅
1挡	NA		14－需要重新踩一下离合器才能挂上 15－挡杆操作不舒服车是很灵活,感觉挂位发紧,挂1挡时发动机的转速1000转,挂2挡时发动机的转速1500转将挡杆调回去,用很大力气或是巧使用点技巧将挡杆进去 16－1挡换2挡时容易脱挡 17－挂1挡或2挡时挡位很生不好挂 18－车在挂1～2挡时总是挂生不行,每次从3挡开始,松离合器重新挂也不行,才能挂进去 19－我的车在挂2挡和挂4挡时有时感觉不好挂,还有我想挂到2挡但是跑到4挡上了 20－在换挡后我感觉操作杆就回弹一下 21－挂1挡2挡时都会感觉预热,大概预热两分钟左右才开,在行驶前10公里时就发现,挂2挡时排挡很发涩,开过10公里后就能好转	50－1挡换倒挡或者从1挡到2挡等,任何一个挡位在换挡后我感觉变速操作一下杆就顺畅			

续表

自\至	空挡	1挡	2挡	3挡	4挡	5挡	倒挡
2挡		6－挂1挡的时候挂档困难,速度是10～20公里/小时 7－我的车在换挡的时候有2次挂1挡的时候挂到3挡上了	22－2挡转弯的时候就会跳到空挡	29－换3挡的时候,感觉换挡不到位,不知是什么原因导致的,只是感觉换3挡的时候换档不顺,有种空荡荡的感觉 30－我的车换挡不易,这个时候偶尔出现,需要使用点技巧才能挂进去			
3挡		8－高挡换1挡时就感觉很难挂进去,其他挡位是正常的 9－我的车在换挡时有顿挫感,在1或2挡感觉比较明显 10－车在行驶过程中挂1挡不容易挂上去,车速在30～40迈	23－市区公路上行驶降挡时会出现在2挡不好挂,用很大的力气才能挂进去 24－车在换挡时都感觉挡位不清晰,尤其在挂2挡时最为明显 25－在比较颠簸的路面上行驶降挡时会感觉挂2挡不好挂 26－我的车在换挡时有顿挫感,在1或2挡感觉比较明显	31－3挡转弯,驶过弯时发现挡位是空挡,当时路面有一个为减速而设置的挡板	33－我的车在挂2挡和挂4挡时有时感觉不好挂,还有我想挂到2挡但是它就跳到4挡上了 34－换4挡,发动机的转速40～60迈,此时车速在2000转,此时车辆处于行驶了很长时间了,具体是挂时推不进去 35－3挡换4挡或者倒挡的时候都感觉不顺畅		
4挡		11－高挡换1挡时就感觉很难挂进去,其他挡位是正常的			NA	36－感觉不顺畅,用点技巧才能挂进去 37－我的车在行驶过程中和急速挂挡过程中的问题存在 38－我的车在挂倒挡和5挡的时候挂挡不容易将挡进去,需要重新用力将挡杆调回去重新再用再来,才能挂进去 39－4挡换5挡时,换倒车挡时不是很顺畅	
5挡		12－高挡换1挡时就感觉很难挂进去,其他挡位是正常的	27－5挡降到3,2挡比较生涩,不像平时轻平时轻一碰就能挂上	32－5挡降到3,2挡比较生涩,不像平时轻轻一碰就能挂上		NA	51－挂倒挡的时候已经挂进去了一加油门就会弹出来,早上出现的概率比较高

附录2 换挡质量问题客户之声（VOC）的产品性能指标分解表

问题描述	对应的工程语言/相应可转化为工程设计的产品性能评估内容		
编号－内容	编号	内容	技术要求
1－高挡换低挡时候挂挡困难	C0	5－4 4－3 3－2 2－1 换挡力及动态	换挡及动态冲量 小于 GM 设计要求
	C20	动态换挡力	动态换挡力及换挡 冲量低于设计标准
2－空挡挂倒挡、1挡或2挡困难	C1	静态换挡力	静态换挡力小于设计标准
	C2	选挡阻滞/卡滞感	非功能性作用力与功能性作用力 峰值比例小于设计要求
	C3	选挡行程储备	储备值符合设计要求
	C14	换挡阻滞/卡滞感	非功能性作用力与功能性作 用力峰比例小于设计要求
	C16	二次冲击	二次冲击与同步力比值 小于设计要求
3－2挡、3挡、倒挡脱挡	C4	换挡杆的往得振动/拌动	排挡球头处振动 低于设计标准
	C5	换挡杆的偶尔窜动	Tip in－tip out，坏路及过坎时 球头蹿动低于设计标准
	C6	静态脱挡力/扭矩比例 （有效倒锥角）	动态脱挡力－静态脱挡力－ 静态摩擦力）不小于球头 蹿动冲击力
	C7	有效锁止行程	最小有效倒锥长度 不小于拨叉等效动量
	C8	换挡行程储备	换挡行程储备值 达到设计要求
4－2挡3挡松旷，位置不清晰	C9	吸入感	吸入力强于设计要求
	C10	空行程	选挡空行程及换挡空行程 小于设计标准
	C11	换挡杆的定位精确感	空挡起始力符合设计要求，选 挡最小复位力大于设计标准
	C22	换挡行程	挡位行程小于设计标准
	C23	选挡行程	选挡行程小于设计 标准，对称性1:1
5－各挡在挡位置弹性过大	C12	弹性感	排号挡及拉索系统刚度合适， 符合设计要求
	C13	挡位限位感觉	入挡限位刚度大于设计标准
6－行驶中各挡 （2，3，4，5）卡滞挂不进	C14	换挡阻滞/卡滞感	非功能性作用力与功能性作用力 峰值比例小于设计要求
	C15	斜线换挡台阶感评估	斜线换挡路径上无明显干涉， 没有明显非功能性作用力

续表

问题描述		对应的工程语言/相应可转化为工程设计的产品性能评估内容	
7 - 各挡 （1 挡、4 挡、5 挡、倒挡） 换挡不顺畅	C16	二次冲击	二次冲击力与同步力比值 小于设计要求
	C2	选挡阻滞/卡滞感	非功能性作用力与功能性作用力 峰值比例小于设计要求
	C18	选挡力	选挡力小于设计要求
	C19	选挡平顺性	非功能性作用力与功能性作用力 峰值比例小于设计要求
	C20	动态换挡力	动态换挡力及换挡冲量 低于设计标准
	C21	人机工程	人机工程要求满足 SAEJ287
	C22	换挡行程	挡位行程小于设计标准
	C23	选挡行程	选挡行程小于设计标准； 对称性 1∶1
8 - 挂完挡之后，挡杆老是抖动， 手放在上面都能感觉出来， 每个挡位都一样	C4	换挡杆的往复振动/抖动	排挡及变速器球头 处振动低于设计要求
	C5	换挡杆的偶尔蹿动	Tip in - tip out，坏路及过坎 时变速器及排挡球头蹿动 动量低于设计要求

附录3 手动变速换挡质量问题质量屋

各工程要求之间的关联性：
- ⊚ 很强的正相关
- ◎ 强的正相关
- ╳ 强的负相关
- ✳ 很强的负相关

改进方向图示：
- ▲ 越大越好
- ◉ 越靠近中间值越好
- ▼ 越小越好

技术要求（列 A–X）：
A 相邻深档杆换挡力及动态冲撞；B 静态换档力；C 连档阻滞/卡滞感（比例）；D 连档行程储备；E 换挡杆的往复振动/抖动；F 换挡杆的偶尔晃动；G 静态脱档力/扭矩比例；H 倒档存效锁止行程；I 换档行程储备；J 吸入感；K 空行程；L 空档起始力；M 连档最小复位力；N 弹性感；O 档位限位感觉；P 换档阻滞/滞感（比例）；Q 斜线换档台阶感评估；R 二次冲击；S 连档力；T 连档平顺性（无效力比例）；U 人机工程；V 动态换档力；W 换档行程；X 连档行程

顾客之声	序列号	A	B	C	D	E	F	G	H	I	J	K	L	M	N	O	P	Q	R	S	T	U	V	W	X
高档换低档时候挂档困难	1	9																		9					
空档挂倒档、一档或二档困难	2			3	5	3											9	9							
二档、三档、倒档脱档	3					9	9	9	9	3															
二档、三档松旷，位置不清晰	4										9	9	9	9								5	5		
各档在档位置弹性过大	5													9	9										
行驶中各档（2,3,4,5）卡滞挂不进	6																9	9	3						
各档（一档、四档、五档、倒档）换档不顺畅	7																	9	3	9	9	3	3	3	
挂完档之后，档杆老是抖动，手放在上面都能感觉出来，每个档位都一样	8					9	3																		
变速器应便于制造、生产、使用、维修成本低	9		9	3	3		1	3			1	3	3			1	3	1	3	9	3	3	9		
变速器应重量轻、尺寸紧凑	10	9			3				9	9	9		1							3	1			3	
变速器应有较高的传动效率，汽车具有良好的动力性和经济性指标（即拥有适当的速比设定）	11																								
变速器应工作可靠、噪音小	12					9	3																		

顾客评估：☆改进后设计；●当前设计；□竞争对手1；△竞争对手2；◆竞争对手3；⊕竞争对手4

相关性强弱：强 = 9，中 = 3，弱 = 1

本公司产品评估（好 5 / 4 / 3 / 2 / 差 1）、目标值、加权重要度、% 重要度、工程选择矩阵（"X"）

中文环境下面向在线研讨的言语行为分类体系设计框架

李嘉[1]　刘璇[1]　陈智高[1]　李新苗[2]

(1. 华东理工大学商学院)

(2. 上海财经大学信息管理与工程学院)

摘要: 言语行为分类对于大规模自动化处理研讨文本,实现面向群体研讨平台的自动化辅助具有至关重要的意义。为了实现言语行为自动分类,就必须首先构建言语行为分类体系。目前大部分言语行为分类体系都是以英文语料为基础的,以中文在线研讨语料为背景的中文言语行为分类体系研究还非常少,而中英文语言和文化之间又存在着较大的差异。本文以信息系统设计理论为指导,研究提出中文环境下言语行为分类体系的设计需求,并以流程为人造物的观点,研究设计出一个包含五个关键步骤的迭代流程来满足设计需求。

关键词: 言语行为;分类体系;在线研讨;中文环境

A Design Framework for Speech Act Taxonomy of Online Discussion in Chinese Context

Li Jia[1], Liu Xuan[1], Chen Zhigao[1], Li Xinmiao[2]

(E – mail: jiali@ ecust. edu. cn, xuanliu@ ecust. edu. cn, zgchen@ ecust. edu. cn,

xinmiaoli@ 126. com)

(1. School of Business, East China University of Science and Technology)

(2. School of Information Management and Engineering, Shanghai University of Finance and Economics)

Abstract: Speech act classification is significant for large scale discussion corpus processing and automatic facilitation in collaborative software context. However, we must have speech act taxonomies ready before we started the task of automatic speech act classification. Extant studies on speech act taxonomies mainly focused on English corpus, and the research on Chinese corpus in is still rare. However, there is significant different between Chinese and English both regarding language and culture, so the taxonomies developed in the English context may not be necessarily applicable in the Chinese context. This research follows the paradigm of design science by proposing the design requirement for speech act taxonomy in Chinese context, and developing an iterative process that contains five steps to satisfy the design requirement.

Key words: speech act; taxonomy; online discussion; Chinese context

1 前言

随着计算机和网络技术的发展，以 BBS、网络论坛、群件、即时通信工具、虚拟社区等为代表的计算机支持的协调工作（Computer Supported Collaborative Work，CSCW）和以计算机为媒介的交流（Computer Mediated Communication，CMC）已经渗透到我们工作生活的方方面面，在不长的历史内产生了海量的研讨文本数据，并且这些数据目前仍以指数级的速度在增长。传统靠人工分析研讨文本的做法，不仅费时费力费钱，而且通常不能全天在线工作。因此迫切需要能够自动分析和处理群体研讨文本，如果能够自动分析这些研讨数据的言语行为关系并得到一些有益的结论，将是开创未来许多研究与应用的第一步。而引入言语行为并对其进行自动分类就是实现这类自动处理中关键的一个步骤。

言语行为理论认为人们在以言行事。根据言语行为理论，我们说话的同时是在实施某种行为。因此，网络研讨平台上的发言对话可以被认为是一种言语行为的轮转。言语行为的自动分类对于机器理解和刻画研讨势态尤为重要。言语行为被用于识别说话者的意图，这对于确定答复的言语行为分类体系[1~2]非常重要。言语行为识别还可以用于浅层解析，识别言语行为等价于在一个更高层面上理解了用户的发言[3]。如果机器能够辨别出发言的言语行为分类体系，就等于理解了用户基本的谈话意图，就可以据此来刻画研讨势态。

进行言语行为分类的第一步是构建言语行为分类体系。目前，大部分言语行为分类体系都是以英文语料为基础的，以中文在线研讨语料为背景的中文言语行为分类体系研究还非常少，而中英文语言之间又存在着较大的差异。例如，汉语重意合，而英语则重形合；英语是分析型的理性语言，而汉语是综合型的直感语言；英语是一种注重主语的语言，而汉语则是一种注重主题的语言。由于中文与英文在表现形式和语言风格上都有较大的差别，因此直接套用英文的言语行为分类体系将很难直接解决中国和中文环境下的问题。据此，本研究试图建立适合中国和中文环境下在线研讨平台的言语行为分类体系来填补这一研究上的空缺。

2 文献综述

国外已经对言语行为分类体系进行了一系列研究，并发展出了若干个经典的言语行为分类体系。

最流行的分类体系叫 DAMSL，最初被定义成通用的言语行为体系。其他的一些在特定语料上开发的分类体系，如 CallHome 或 VerbMobil，后来也变得流行。DAMSL 是 Dialogue Act Markup in Several Layers[4] 的缩写。对话在四个不同的层次上被标注，分别是 communicative status、information level、forward-looking function 和 backward-looking function。值得注意的是，有些发言也行在一些层次上缺乏标签（tag）。例如，有的发言有 backward-looking function，但是 forward-looking function 缺失。对于大多数发言而言，communicative status 是没有标记的。它说明一个发言是否是不可解释的，废弃的或只是自言自语。自言自语的情况说明说话者不打算把他说话的内容传递给其他的对话参与者。Information level 的标记提供对发言内容抽象描述，包括四个类别：task fulfilling、task management、communication management 和 "other level"。Task fulfilling 指发言指向执行一项一般任务的对话，如问航班时间。Task management 指协调两个说话者之间活动的尝试，如提议更换当前的问题或议题。Communication Management 指那些保持联络，感知和理解的常规短语，如问候（Greetings），结束语（Closings），致谢（Acknowledgements），拖延时间（如"let me see"），发言修复和误解等。"Other level" 说明发言不属于以上三种类型中的任何一种，如幽默和闲聊。Forward – looking function 对应于 Austin 的言外行为（illocutionary act），特指发言要执行的那个动作。这个层次包括诸如声明（statement），惊叫（exclamation），信息请求（information request）等类别。Backward looking function 描述发言的回答部分，例如接受（acceptance），拒绝（rejecting），误解（misunderstanding），全面辩答（full answer）等。

另一个基于 DAMSL 被广泛使用的分类体系叫 SWBD – DAMSL[5]，它基于 Switchboard corpus[6]。80% 的类别以原始或修改版出现，只有一些类别被加入（例如 communicative status 中的"non – verbal"category），而另一些 DAMSL 的类别则被进一步细分（例如"statement – non – opinion"和"statement – opinion"）。为西班牙语对话语料 CallHome[7] 设计的分类系统包括最初版本的 232 种言语行为标签。这体现了一般类别（如 statement/question）和一些更特殊描述（如是否发言描述了发言者的情感状态）的结合。通过把一些相似的言语行为分类体系合并，最初集合很快缩水。其中一个缩水的变种叫做 CallHome37，它将所有的 statement 和 back – channels 合并成一个类别，只包含 37 个类别。进一步的，CallHome37 被压缩成 CallHome10，它包含大约 8 种一般类别（statement，question，answer），再加上一个 abandoned sen-tences 类别和一个 noise 类别。

在所有为单个项目设计的言语行为分类体系中，有一个叫 VerbMobil[8]。它也是一个单层标注体系，包含大概 33 个言语行为标签。这些从执行过的行为出发来表述发言，如 greet，give reason，reject，feedback positive 等。另一个为单一项目设计的分类体系是 Estonian Dialogue Corpus（EDC）。这个分类系统包括两层标注，高层说明发言的一般类型（ritual，questions/answers，directive，additional information，repair 等）。总共有 12 种类型，其中 7 种存在配对标签（即一种对应开始，另一种对应回答），5 种只有单个标签。低层则在更多的细节上描述发言。每个高层类型可能有好几个子类型，例如 rituals 可以进一步分成 greeting，thanking，apologizing 等，questions/answers 则可以进步分成 wh – questions，open and closed yes/no questions，refusal to answer，yes/no answers 等。在低层标注中，总共有 126 个标签，各类别在大小上差别很大。关于 EDiC 言语类别体系和语料的详细内容可以参见文献 [9]。

3 言语行为分类体系的研究框架

根据设计科学的研究模式，设计既是一个产品又是一个过程[10~11]。Walls 等人[11] 提出了一个规划信息系统设计理论（Information Systems Design Theories，ISDTs）的模型。这一理论包含了指导一个 ISDT 设计产品的四个组成部分：核心理论（Kernel Theories）、元需求（Meta – requirments）、元设计（Meta – design）和可检验的假设（Testable Hypotheseses）（见表 1）。其中，核心理论支配元需求，而元设计通过为 IT 人造物（IT Artifact）提供详细的设计说明来完成元需求。可检验的假设被用来检验元设计是否满足了元需求。

表 1　一个 ISDT 设计产品的组成（Walls et al. 1992）

1. 核心理论	来自自然或社会科学的力量支配设计需求
2. 元需求	描述符合核心理论的一系列目标
3. 元设计	描述假定可以满足元需求的一系列人造物
4. 可测试的假设	用来测试元设计是否满足元需求

基于 Walls 的模型，我们提出了一个言语行为分类体系研究框架（见表 2）。以言语行为理论（Speech Act Theory）为基础，我们提出了支持本研究的元需求和元设计。我们还提出了假设来检验元设计是否有效的满足了我们提出的元需求。在接下来的部分我们详述设计框架的每一部分。

表 2　面向研讨平台的言语行为分类体系设计研究框架

1. 核心理论	言语行为理论
2. 元需求	（1）辨别能力 （2）泛化能力
3. 元设计	（1）领域和语料的选择 （2）基准言语行为分类体系的选择 （3）语料试标注 （4）类别合并和拆分 （5）评估者间信度测试
4. 可测试的假设	所设计的言语行为分类体系符合元需求的能力

4　核心理论

言语行为理论（Speech Act Theory）最初是由英国哲学家 J. L. Austin 在 20 世纪 50 年代提出的。在语言学（linguistics）和语言哲学（philosophy of language）大部分的历史里，语言主要被看作是一种表达事实声明（factual assertions）的手段，而语言其他的使用则常常被忽略。Austin 的工作，尤其是他的著作《How to Do Things with Words》，让哲学家更多的注意语言典与非陈述性用法。他引入的术语，尤其是"locutionary act"，"illocutionary act"，和"perlocutionary act"，在后来称为言语行为的研究（study of speech acts）中起到了重要作用。所有这三个行为，尤其是"illocutionary act"，现在统统称为言语行为（speech acts）。

言语行为理论认为人们在以言行事。根据言语行为理论，我们说话的同时是在实施某种行为，说话者说话时可能同时实施三种行为：言内行为（locutionary act），言外行为（illocutionary act）和言后行为（perlocutionary act）。言内行为是说出词、短语和分句的行为，它是通过句法、词汇和音位来表达字面意义的行为。言外行为是表达说话者的意图的行为，它是在说某些话时所实施的行为。言后行为是通过某些话所实施的行为，或讲某些话所导致的行为，它是话语所产生的后果或所引起的变化，它是通过讲某些话所完成的行为。

美国哲学语言学家 Searle 扩充了 Austin 在言后行为上的工作[12]。他的主要贡献是试图定义执行动作的必要条件和充分条件，还提出了言语行为的几个维度，并以此为基础提出了言语行为的分类体系。他把言外行为分为五类，每一类行为都有一个共同的、普遍的目的。这五类是：①阐述类：陈述或描述说话者认为是真实的情况；②指令类：试图使听话者做某些事情；③承诺类：说话者自己承诺未来要有一些行为；④表达类：表达对某一现状的感情和态度；⑤宣告类：通过说话引起骤变。每一类中的行为都有同样的目的，但具有同样目的的言外行为可能具有不同程度的言外之力。

5　基本需求

本研究满足核心理论的基本需求包括辨别能力和泛化能力两部分，下面详细介绍每部分的详细内容：

（1）辨别能力。辨别力用来衡量言语行为标签定义的清晰程度。言语行为标签定义越通用性清晰，其辨别力越强；否则辨别力越弱。

（2）泛化能力。泛化能力用来衡量一个言语行为分类体系推广到其他领域的难易程度。泛化能力越强的言语行为分类体系，其包含的类别标签越容易被重用到其他的领域。

6 基本设计

元需求直接来自于核心理论，而元设计的目标是引入一系列预期能满足元需求的人造物[11]。鉴于言语行为分类体系设计研究的特殊性，在本研究中我们引入的人造物不再是系统设计，而是流程设计，即言语行为分类体系设计的基本步骤和流程。下面分别介绍五项满足基本需求的流程设计：

（1）领域和语料的选择。研讨平台是一个很广泛的概念，包括的具体领域包括网络论坛、博客、微博、聊天室、即时聊天工具、群决策支持系统等。根据不同的系统机制及其影响的信息组织结构，我们重点考察即时聊天工具、GASS 系统（一种群决策支持系统）和网络论坛三类平台。

即时聊天工具是一个纯线性结构的研讨平台，所有发言都按照时间的先后顺序排列起来。但是即时聊天工具严格的来说只能算一种半同步通信工具，用户输入的时候其他用户看不到他正在输入的内容，只有用户敲下回车键以后其他用户才能看见。因此，即时聊天环境中语轮的混乱是一个不可避免的问题。所谓语轮混乱就是研讨记录上相邻的两个发言可能没有回复关系，一个发言真正回复的目的可能与之隔了好几个发言。

GASS 是一个纯树状结构的研讨平台。每一个用户要发言之前，都必须选择一个前面的发言作为目标。发言时系统记录回复关系，并且按照树状结构展示所有的发言信息和回复关系。

网络论坛是一个介于线性结构和树状结构之间的研讨平台。网络论坛中最基本的研讨单位是 thread，一个 thread 从本质上是用线性结构组织起来的，即按照发言的时间顺序排列起来，系统中并没有记录帖子直接的回复关系。但是系统提供了一种引用功能，即用户在发言时可以选择某一个帖子作为目标再点击"回复"按钮，这样目标帖子的内容（包括发言作者、发言时间、发言标题和正文）就自动进入了新贴的头部或尾部。通过这样一种引用机制，读者就可以分析出这个帖子是回复的哪个帖子，从而使得构造出一颗树状研讨结构变得可能。因为这种回复关系识别起来比较费力，所以大部分的发言都是没有任何引用内容的。但这并不影响帖子之间相互的语义关系，即使很多相邻的帖子直接没有相互引用，但是它们之间确实存在语义回复关系。

（2）基础言语行为分类体系的选择。为了保证我们构建的言语行为分类体系的辨别能力和泛化能力，构建新的言语行为分类体系时一般要以前人的某个言语行为分类体系为基础。

Ivanovic[13]发展了一套即时通信中的言语类别，包括 12 个言语行为分类体系，见表 3。可以作为发展即时聊天工具领域的言语行为分类体系的基础。

表 3 Ivanovic 等即时通信中的言语行为分类体系[13]

Tag	Example
STATEMENT	I am sending you the page now
THANKING	Thank you for contacting us
YES – NO QUESTION	Did you receive the page?
RESPONSE – ACK	Sure

续表

Tag	Example
REQUEST	Please let me know how I can assist
OPEN QUESTION	How do I use the international version?
YES – ANSWER	Yes, yeah
CONVENTIONAL CLOSING	Bye – bye
NO – ANSWER	No, nope
CONVENTIONALOPENING	Hello Customer
EXPRESSIVE	Haha, : –), grr
DOWNPLAYER	My pleasure

GASS 系统的语料通常都有固定主题，研讨发言相对比较集中，闲聊较少，观点之间的关系较为复杂。例如，Chang 等根据 Ballmer 和 Brennenstuhl 在协商分析上的文献，发展出一套适合群体协商的言语行为分类体系[14]。这套系统的一部分列在表4中。

表4　Chang 等协商谈判中的言语行为分类体系（部分）[14]

Category Name	Example SA verbs
Make claim	ask, assert, claim opinion
Agree	agree, share the same opinion
Dissent	break with someone, have words with someone
Argumentative attack	affirm, claim, confront
Admit defeat	admit, agree to, give in, give way
Insist	persist in, press, pursue
Force concession	force, overrule
Offer compromise	make a contract, make an agreement
Make counteroffer	accept in part, make stipulation
Appeal	appeal to someone, bring forward
Examine	hear, question
Testify	give testimony, show proof

对于网络论坛，Su Nam Kim[15]发展的针对技术论坛的言语行为分类体系。这个类别包括包括两个大的分类（QUESTION，ANSWER）和三个单独类（RESOLUTION，REPRODUCTION and OTHER）。进一步的，QUESTION 又包含四个子类（QUESTION，ADD，CONFIRMATION，CORRECTION），而 ANSWER 进一步包含五个子类（ANSWER，ADD，CONFIRMATION，CORRECTION，OBJECTION）。除此之外，Joty 等人[16]也发展了一套描述网络论坛的言语行为分类体系，包括 12 个类别（见表5）。这些都可以作为发展网络论坛领域的言语行为分类体系的基础。

表5　Joty 等网络论坛中的言语行为分类体系[16]

Tag	Description
S	Statement
P	Polite mechanism
QY	Yes – no question
AC	Action motivator
QW	Wh – question
A	Accept response
QO	Open – ended question
AA	Acknowledge and appreciate
QR	Or/or – clause question
R	Reject response
U	Uncertain response
QH	Rhetorical question

（3）语料试标注。在语料试标注阶段，标注者首先阅读语料，然后根据自己的理解对语料进行试标注。试标注的时候，遇到前面已有类别无法解释的新发言时，标注者可以提出新的类别来让该发言有类可依。在试标注的过程中，标注者还可以尝试更改前面的标注。

（4）类别合并和拆分。由于在试标注过程中对无法归类的新发言一般采用随遇随标的方法，因此会产生很多新类别。这些类别在产生的时候是没有经过仔细考虑的，而且一般数量庞大,因此很多类别需要合并。另外,那些实例数特别少的类别(如少于1%)要考虑和其他的类别合并。对于一些实例数特别多的类(如超过50%),要考虑进一步拆分成两个或两个以上的类别。

(5)评估者间信度测试。为了说明一个言语行为分类是有效的,我们需要保证这个分类是客观存在并且可重复操作的,其中一个方法就是测量评估者间信度。评估者间信度给出了一个测量不同主观判断之间的同质性或一致性的值。当不同的评估者之间没有足够的一致性,要么是因为指标设计有缺陷,要么是因为评估者没有很好的理解这个指标。

有很多统计指标可以用来确定评估者间信度,不同的统计指标适合不同类型的数据和指标。常见的指标有 joint – probability of agreement, Cohen´s kappa and the related Fleiss' kappa, inter – rater correlation, concordance correlation coefficient 和 intra – class correlation 等。在本文中,我们采用 Kappa 指标来测量评估者间信度。一般我们认为 Kappa 值大于 0.75 时一致性较好;Kappa 值介于 0.4 和 0.75 之间时一致性一般;Kappa 值小于 0.4 时一致性较差。

需要说明的是,以上步骤(3)~ 步骤(5)是一个迭代的过程,往往需要经过多次反复才能收敛到一个较为稳定的分类体系。

7 可测试的假设

可测试的假设是用来测试元设计是否满足了元需求[11]。在本文中,我们关心设计的言语行为分类是否具有足够高的判别能力和通用能力。其中判别能力可以用评估者间信度来测量,泛化能力可以通过在将来的研究中从本领域向其他领域转移时言语行为类的重用率来测量。

8 结论

本文我们根据 Wall 的模型研究提出了中文环境下面向研讨平台的言语行为分类体系设计框架。在这一研究中,我们研究提出了构建言语行为分类体系的两大需求:判别能力和泛化能力。同时,在本文中我们以流程为人造物的观点,研究设计出一个包含五个关键步骤的迭代流程来满足设计需求。综上所述,本文对于开拓中文环境下面向在线研讨的言语行为分类体系研究具有重要的方法论指导意义。

参考文献

[1] Prasad R, Walker M. Training A Dialogue Act Tagger for Human – human and Human – computer Travel Dialogues [C]. Proceedings of the 3rd SIGdial Workshop on Discourse and Dialogue. Philadelphia, Pennsylvania, 2002.

[2] Fernandez R, Ginzburg J, Lappin S. Using Machine Learning for Non – sentential Utterance Classification [C]. Proceedings of the 6th SIGdial Workshop on Discourse and Dialogue. Lisbon, Portugal, 2005.

[3] Lendvai P, van den Bosch A, Krahmer E. Machine Learning for Shallow Interpretation of User Utterances in Spoken Dialogue Systems [C]. Proceedings of the EACL – 03 Workshop on Dialogue Systems: Interaction, Adaptation and Styles of Management. Budapest, Hungary, 2003.

[4] Allen J, Core M. Draft of DAMSL: Dialog Act Markup in Several Layers. [J]. in Unpublished manuscript. Discourse Research Initiative, 1997.

[5] Jurafsky D, Shriberg E, Biasca D. Switchboard SWBD – DAMSL Shallow – Discourse – Function Annotation Coders Manual [J]. Draft 13. 1997, University of Colorado, Institute of Cognitive Science.

[6] Godfrey J J, Holliman E C, McDaniel J. SWITCHBOARD: Telephone Speech Corpus for Research and Development [C]. Proceedings of the IEEE International Conference on Acoustics, Speech, and Signal Processing,

San Francisco, CA, USA, 1992.

[7] Levin L, Ries K, Thyme – Gobbel A, Lavie A. Tagging of Speech Acts and Dialogue Games in Spanish Call Home [C]. Proceedings of the ACL Workshop "Towards Standards and Tools for Discourse Tagging". Somerset, NJ, 1998.

[8] Reithinger N, Maier E. Utilizing Statistical Dialogue Act Processing in Verbmobil [C]. Proceedings of the 33rd Annual Meeting of the Association for Computational Linguistics. Morristown, NJ, USA, Association for Computational Linguistics, 1995.

[9] Gerassimenko O, Hennoste T, Koit M, R bis A, Strandson K, Valdisoo M, Vutt E. Annotated Dialogue Corpus as A Language Resource: An Experience of Building the Estonian Dialogue Corpus [C]. Proceedings of the 1st Baltic Conference on Human Language Technologies. Riga, Latvia, 2004.

[10] Hevner A R, March S T, Park J, Ram S. Design Science in Information Systems Research [J]. MIS Quarterly, 2004, 28 (1): 75 ~ 105.

[11] Walls J G, Widmeyer G R, El Sawy O A. Building An Information System Design Theory for Vigilant EIS [J]. Information Systems Research, 1992, 3 (1): 36 ~ 59.

[12] Traum D R. Speech Acts for Dialogue Agents, Foundations and Theories of Rational Agents, Anand Rao M W, Editor [J]. Kluwer Academic Publishers. 1999: 173 ~ 206.

[13] Ivanovic E. Dialogue Act Tagging for Instant Messaging Chat Sessions [C]. Proceedings of the ACL Student Research Workshop, Association for Computational Linguistics Press, 2005.

[14] Chang M K, Woo C C. A Speech – act – based Negotiation Protocol: Design, Implementation, and Test Use [J]. ACM Transactions on Information Systems (TOIS), 1994, 12 (4): 360 ~ 382.

[15] Kim S N, Wang L, Baldwin T. Tagging and Linking Web Forum Posts [C]. Proceedings of the Fourteenth Conference on Computational Natural Language Learning. Uppsala, Sweden, Association for Computational Linguistics Press, 2010.

[16] Joty S, Carenini G, Lin C Y. Unsupervised Modeling of Dialog Acts in Asynchronous Conversations [C]. Proceedings of the 22nd International Joint Conference on Artificial Intelligence. Barcelona, Catalonia (Spain).

在线社会网络演化中的优先连接现象

胡海波[1]　　汪小帆[2]

（1. 华东理工大学商学院）

（2. 上海交通大学电子信息与电气工程学院）

摘要：本文研究了社交网站若邻网的演化过程中存在的优先连接现象，研究发现，对于优先接受、创建和依附三种情形，线性优先性均成立。基于此构建了一个具有解析解的网络演化模型，该模型阐明了网络增长的机制，再现了网络演化的过程，其生成的网络的度分布跟实际网络取得了较好的一致。

关键词：在线社会网络；演化；优先连接

Preferential Linking in the Evolution of an Online Social Network

Hu Haibo[1], Wang Xiaofan[2]

（E – mail：hbhu@ ecust. edu. cn）

（1. School of Business, East China University of Science and Technology）

（2. School of EIEE, Shanghai Jiao Tong University, Shanghai）

Abstract：This paper studies the phenomena of preferential linking in the evolution of social networking site Wealink. We find that linear preference holds for preferential acceptance, creation and attachment. Based on the linear preference we propose an analyzable model. The model illustrates the mechanism of network growth, and reproduces the process of network evolution. The degree distribution of network produced by the model achieves proper agreement with that of real network.

Key words：online social network; evolution; preferential linking

1 前言

互联网的产生与发展在很大程度上改变了人们的交流方式。近年来，面向不同用户群的在线社会网络在 www 上不断涌现，如 Facebook[1]，人人网[2]，LinkedIn[3]等，借助于日益发展的信息技术，人们能够得到很多大规模的在线社会网络的数据。作为现实社会网络在 www 中的映射与扩展，在线社会网络重建了社会连接与纽带，亦重新划定了社会边界。

在线社会网络为个人提供了一个在线的私人空间并提供了与互联网上其他人交流的工具，因此对于研究人的在线行为的学者而言，在线社会网络的结构及动态特性必将起着极其重要的作用[4]。此外，在线社会网络是信息传播的一种便捷媒介，如舆论、观念和谣言的传播等。深入理解在线社会网络的底层拓扑有助于了解信息在网络中的传播和个人之间信任关系的建立、巩固或消除[5]。在线社会网络的研究同样会对其他学科产生影响。对于社会学家和心理学家，这类网络为他们研究大尺度社会网提供了前所未有的机会，有助于他们在这些网络中寻找新形式的个人或集体行为[6]。政治上的竞选活动也已认识到在线社会网络特别是博客在选举中的作用[7]。

目前在线社会网络领域的研究主要集中于两个方面：一是微观的用户行为，包括用户建立好友关系时存在的优先性和时间规律；二是宏观的网络结构，包括网络在某一特定时间点的快照以及网络结构的演化。这些研究很难揭示微观用户行为跟宏观网络结构之间的关系，鉴于此，作为一个实证研究，本文旨在分析社交网站若邻网的演化中存在的各种优先连接行为和网络拓扑结构之间的关系。

若邻网①是国内最大的在线商务人士社交网，大部分用户为职业人士，比较典型的是商业人士和公司职员。每一位注册用户都有一份简介，包含了他（她）的好友列表。如果我们将用户视为节点 V，并将好友关系视为边 E，整个若邻网可被视为一个社会网络 $G=(V, E)$。从 2005 年 5 月 11 日零时，即若邻网的创建时间开始，截至 2007 年 8 月 22 日 15 时 23 分 42 秒，该网络的节点数，即注册用户数为 $N=223624$。若邻网中建立好友关系需经过对方的同意，采用双方认证的方式，若用户 A 请求将 B 加为好友，用户 B 接受了此请求，则在 A 与 B 之间建立连接；若 B 没有接受请求，则不形成好友关系。实际上，出于礼貌方面的因

---

① http://www.wealink.com.

素，几乎不存在没有接受请求的情形。因此该网络是无向无权的，总边数为 $E=273395$。

源数据中包含了用户的 ID 编号、每个好友关系发出连接请求以及接受请求的时间。若邻网是一个动态演化的网络，新的用户会加入该网络，新的连边也会在用户间形成。

2 优先连接

优先连接，或称"马太效应"、"富者愈富现象"，是指在网络中新的连边会优先地连向度值大的节点，其本质是一种正反馈机制。传统的 BA 模型指出，线性优先依附可生成度分布为 $P(k) \sim k^{-3}$（度指数为 3 的幂律分布）的无标度网络[8]。

测试优先连接的方法如下。令 k_i 为用户 i 的度值，该用户被选择作为新的连边的一个端点的概率为：

$$\prod(k_i) = \frac{k_i^\beta}{\sum_j k_i^\beta} \tag{1}$$

我们可以计算度值为 k 的老用户被选择的概率 $\prod(k)$，它可利用选择之前网络中存在的度值为 k 的用户的数量归一化得到：

$$\prod(k) = \frac{\sum_t [e_t = v \wedge k_v(t-1) = k]}{\sum_t |\{u:k_u(t-1) = k\}|} \sim k^\beta \tag{2}$$

其中 $e_t = v \wedge k_v(t-1) = k$ 表示在时间 $t-1$ 时度值为 k 的用户在接下来的 t 时被选中。我们用 $[\cdot]$ 来表示一个谓项命题，如果表达式为真则取值为 1，反之取值为 0。$\prod(k)$ 通常有大的涨落，尤其在 k 较大时。为了减少噪声阶，在 k 很大时，我们可以研究下面的累积函数：

$$\kappa(k) = \int_0^k \prod(k)\,\mathrm{d}k \sim k^{\beta+1} \qquad (3)$$

优先连接现象可以发生在不同的情况下。在若邻网增长过程中，当新用户与老用户之间建立连接，或者老用户之间建立连接的时候，度值大的老用户都有可能被优先选择。要测试不同类型连接的优先性，我们将优先连接分为三类：优先接受指的是老用户的度值越大，就越可能接受来自其他老用户的邀请并与之建立连接；优先创建指的是老用户的度值越大，他的邀请就越可能被其他的老用户接受；优先依附的情形跟 BA 模型一致，是指新用户倾向于跟度值大的老用户建立连接。

图 1 显示了用户度值 k 与优先性度量 κ 的关系。我们发现，三类优先连接中的 $\beta \approx 1$，即线性优先性。

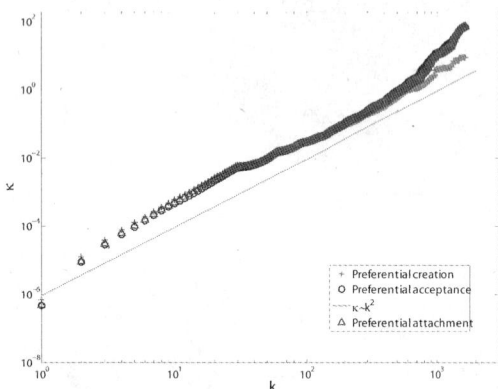

图1　测试不同类型连接的优先性

线性优先性在在线社会网络的演化中具有一定的普适性。近年来 Mislove 等人研究了 Flickr 的演化[9]，发现线性优先选择对于出度（优先创建）和入度（优先接收）均成立，即一位用户的出度越大，则他发出连接请求的可能性也就越大；入度越大，则他收到新的连接请求的概率也越大。Leskovec 等人系统地研究了 Flickr、del. icio. us、Yahoo、Answers 和 LinkedIn 的演化[3]，他们将这些社会网络看作无向的，测试了当新用户加入网

络后，是否会优先地跟度值大的老用户建立连接。研究发现，Flickr 和 del. icio. us 表现出线性优先连接，即新用户和某位老用户连接的概率跟这位老用户的度值成正比。

3　模型

根据线性优先性，我们提出了一个网络演化模型。初始网络是一个节点数为 m_0 的小网络，每一时间步，执行下列两个操作之一：

A：增长和优先依附。以概率 p，向网络中增加一个度值为 m_1（$< m_0$）的新节点，其连边根据 BA 模型的优先依附规则连向网络中已经存在的老节点，即该新节点连向度值为 k_i 的老节点 i 的概率为 $\prod(k_i) = \dfrac{k_i}{\sum_j k_j}$。

B：优先创建和接受。以概率 $q = 1 - p$，在网络中增加 m_2（$m_1 + m_2 \leqslant m_0$）条连接网络中已经存在的老节点的新边，连边的两个端点同样也根据线性优先性选择 $\prod(k_i) = \dfrac{k_i}{\sum_j k_j}$。

t 时间步之后，模型可生成一平均节点数为 $[N] = m_0 + pt$ 的网络。对于现实中的稀疏网络，一般有 $p > q$。当 $p = 1$ 时，模型即是传统的 BA 模型。该模型考虑了新的节点和连边的引入，这些新的连边可以连接新节点与老节点，也可连接两个老节点。最重要的是，该模型涵盖了现实网络的演化中出现的线性优先性，包括优先接受、创建和依附，因而捕捉了网络增长的现实特征。

该模型有解析解[10]，对于大的度值 k，它的稳态平均度分布为：

$$P(k) \sim k^{-\frac{3pm_1+4qm_2}{pm_1+2qm_2}} \qquad (4)$$

表现出无标度特征。根据现实网络的数据，我们得到 $p = 0.7941$，$q = 0.1939$。二者之和小于 1 是因为新的网络连接也有可能在两个新节点之

间形成，但是比例非常小，因而可以忽略不计。此外，每个特定的时间只可能增加一条连边，因而 $m_1 = m_2 = 1$。将这四个参数带入式（4）可得 $P(k) \sim k^{-2.67}$。图2给出了模型的数值模拟结果，其参数为 $p = 0.7941$，$m_1 = m_2 = 1$，$N = 223482$，数据点是超过10个的独立生成的网络的平均累积度分布。累积度分布的度指数 γ_c 与度分布的度指数 γ 满足 $\gamma_c = \gamma - 1$，我们发现生成的网络的度指数为2.62，跟理论预测值2.67取得了很好的一致。作为对比，图2也给出了若邻网实际的累积度分布，它的度分布已通过了基于最大似然估计的 $p = 0.1$ 的KS拟合优度统计检验，表明服从幂律分布。我们发现，模型预测值2.67跟实际值2.91取得了较好的一致。理论值跟实际值之间的差异可能源于 p 和 q 均是时变的而并非常数这一事实。图3给出了 p 和 q 随时间的变化，论证了这一事实。

出了一网络演化模型，该模型捕捉了网络增长的现实特征，可以再现在线社会网络的度分布。

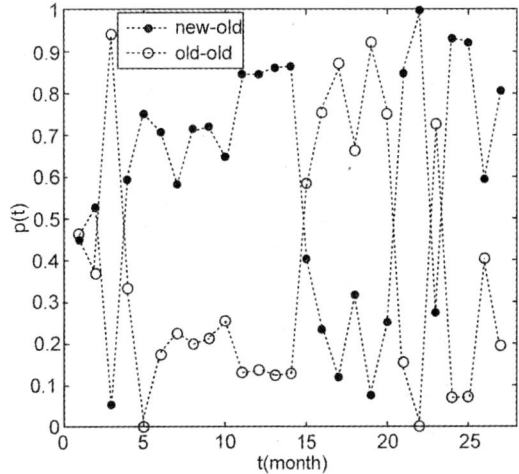

图3　新节点与老节点之间形成的边和老节点之间形成的边的比例随时间的演化

在网络的微观增长和网络结构之间存在密切的关系，然而网络的宏观与微观方面之间的鸿沟至今似乎仍然无法逾越。例如，优先连接可以提供网络度分布方面的见解，却无法给我们网络其他方面的属性，如聚类或社团结构等方面的洞见。因此，要对在线社会网络有更加透彻的理解，需要深入研究用户的其他方面的行为，比如趋同性和社会影响。此外，一种集成宏观和微观视角的综合的研究框架也是必不可少的。

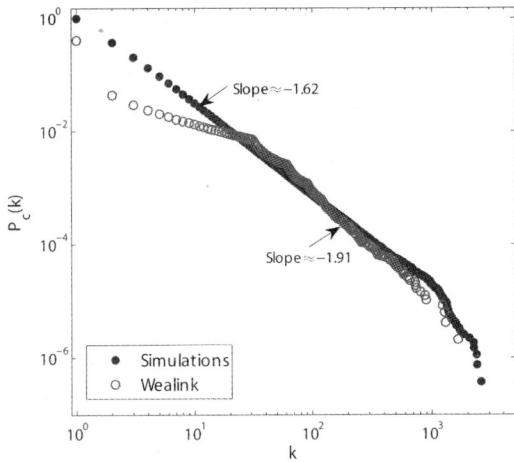

图2　模型生成的网络和若邻网的累积度分布比较

4　结论与讨论

本文研究了在线社会网络中存在的优先连接现象，发现对于优先接受、创建和依附三种情况，线性优先性均成立。进一步地，本文提

致　谢

感谢若邻网路公司提供网络数据，并感谢国家重点基础研究发展计划（"973计划"，编号：2010CB731400）和国家自然科学基金（编号：61104139）的资助。

参考文献

[1] K. Lewis, J. Kaufman, M. Gonzalez et al. Tastes, Ties, and Time: A New Social Network Dataset Using Facebook. com [J]. Social Networks, 2008 (30): 330 ~ 342.

[2] F. Fu, X. Chen, L. Liu et al. Social Dilemmas in An Online Social Network: The Structure and Evolution of Cooperation [J]. Phys. Lett. A, 2007 (371): 58 ~ 64.

[3] J. Leskovec, L. Backstrom, R. Kumar et al. Microscopic Evolution of Social Networks [C]. In Proceeding of the 14th ACM SIGKDD International Conference on Knowledge Discovery and Data Mining, New York, ACM Press, 2008: 462 ~ 470.

[4] P. Holme, C. R. Edling, F. Liljeros. Structure and Time Evolution of An Lnternet Dating Community [J]. Social Networks, 2004 (26): 155 ~ 174.

[5] E. Bakshy, B. Karrer, L. Adamic. Social Influence and the Diffusion of User Created Content [C]. Proceedings of the 10th ACM conference on Electronic Commerce, New York, ACM Press, 2009: 325 ~ 334.

[6] S. T. Tong, B. Van Der Heide, L. Langwell et al. Too Much of A Good Thing? The Relationship between Number of Friends and Interpersonal Impressions on Facebook [J]. Journal of Computer – Mediated Communication, 2008 (13): 531 ~ 549.

[7] L. A. Adamic, N. Glance. The Political Blogosphere and the 2004 U. S. Election: Divided They Blog [C]. Proceedings of the 3rd International Workshop on Link Discovery. New York, ACM Press, 2005: 36 ~ 43.

[8] A. L. Barabási, R. Albert. Emergence of Scaling in Random Networks [J]. Science, 1999 (286): 509 ~ 512.

[9] A. Mislove, H. S. Koppula, K. P. Gummadi et al. Growth of the Flickr Social Network [C]. Proceedings of the First Workshop on Online Social Networks, New York, ACM Press, 2008: 25 ~ 30.

[10] J. L. Guo. An Evolution Model for Forum Networks. preprint. 2011.

一种基于"PERFORM"的高绩效团队评价新体系①

蒋娇¹　吴价宝²　张帅兵³

（淮海工学院 商学院）

摘要： 高绩效团队能够最大程度地发挥团队独特优势。团队评价既是团队管理的基本要求，也是改善团队行为的基本手段。本文在对团队绩效评价研究文献综述的基础上，从一个新的视角，即从高绩效团队的"PERFORM"特征出发，构建了7个评价维度、27个具体评价指标的团队评价新体系。依据新体系，运用层次分析方法，给出了一个团队评价的应用实例。

关键词： AHP；高绩效团队；团队评价

A new system for evaluation to high performance team based on AHP

Jiangjiao¹, Wu Jiabao², Zhang Shuaibing³

（E – mail：jiangjiaojiaojiao@126.com；wjb3023@sina.com；hnzhang1213@163.com）

Abstract：High performance team can maximize a team's unique advantages, team evaluation is not only the basic requirement of the management team, but also the basic means to improve the team behavior. This paper is on the basis of literature review to the performance evaluation research team, from a new perspective, that is, from the high performance of the team "PERFORM" characteristics of computers, Constructing the seven assessment dimensions 27 specific evaluation index of the new system team evaluation. According to the new system, this paper uses the hierarchical analysis method, then gives a team evaluation application.

Key words：AHP；High performance team；Team evaluation

1　引言

高绩效团队建设已经成为目前最为流行的组织发展战略之一，梅雷迪思·贝尔宾[1]认为

高绩效团队是成熟的团队，它是发展目标清晰、完成任务前后对比效果显著增加，团队成员在有效的领导下相互信任、沟通良好、积极协同工作并取得高绩效水平的团队。高绩效团队的

---

①　基金项目：江苏省社会科学基金资助项目（08ZHD007）。

构建与运行对于组织的绩效提升与核心竞争力的打造发挥着至关重要的作用，能有效增进组织效率和解决组织所面临的关键问题。国内外学者对高绩效团队进行了诸方面研究，其中高绩效团队评价一直是研究的热点问题之一。团队评价既是团队管理的基本要求，也是改善团队行为的基本手段。本文在对团队绩效评价研究文献综述的基础上，从一个新的视角，即从高绩效团队的"PERFORM"特征出发，构建了7个评价维度、27个具体评价指标的团队评价新体系，并运用 AHP 的评价方法，结合一个具体实例对该团队进行了模拟评价。

2 团队绩效评价的文献述评

目前国内外学者对团队的绩效评价已经做了一些深入的研究。K. B. Henry (1999) 等人认为团队绩效可以从组织效能、外部满意度和成员满意度三个维度来衡量。Susane G. Scott 和 Walter O. Einstein (2001) 采用 360 度评估法，从成果、行为、能力和提高这四个角度对团队的绩效进行了评价。Mcgrath[2] 和 Salas[3] 从团队成员个人因素、团队结构因素、团队环境因素、团队过程因素和团队任务因素这五个独立的影响因素角度来衡量。Fiske[4] 以及 Tubes[5] 强调个人的因素。Burns[6] 和 Stalker、Lawrence[7] 和 Lorsch、Miller[8] 及 Pennings[9] 从组织结构的角度进行了评价。Cohen 和 Bailey、Gladstein、Hackman、Manz 以及 Wageman 的研究结果表明可以用团队结构的差异性来解释评价。国外学者 Gladstein 和 Hackman，国内学者杨连生[10] 对环境因素研究的发展充分说明了团队所在组织特征及团队氛围对团队绩效的影响。

国内学者申嫦娥、王晓强 (2003)[11] 运用模糊综合评价法对企业绩效进行评价，他们在选择指标时，是将其与平衡计分卡的思想相结合，将财务、顾客、内部经营、学习与成长以及其他利益相关者作为评价指标。伊秀 (2005)[12] 采取关键业绩指标法，从项目质量、项目难易度、工作量、项目进度、团队创新、团队协调这几个指标上对项目团队的绩效进行评价。韩雪 (2007)[13] 同样采用关键业绩指标法（KPI）对团队的业绩进行评价，这些关键指标主要是从数量、质量、成本和时限上进行设定，在关键指标的选取时，严格遵守 SMART 标准。李志高，刘军 (2005)[14] 从团队和员工的角度上分别选择指标，对整个团队的绩效进行评价，他们所选取的目标主要是针对团队、客户满意度和团队合作性；针对员工，通过解决问题的响应速度、解决问题的彻底性和紧跟客户的需求这几个指标，将两者相结合对整个团队的绩效进行评价。李海波等人 (2006)[15] 用模糊综合评价方法建立了由知识系统、组织机制和人才体系构成的指标体系。周园等人 (2006)[16] 以平衡计分卡思想为指导，用层次分析法与灰色聚类分析法建立了由教学工作指标、科研工作指标、学生工作指标和学习与成长指标构成的学科团队绩效评估指标体系。路变玲等人 (2008)[17] 基于结构方程模型建立了由团队能力、互动过程、团队成果与团队绩效构成的研发团队绩效评估指标体系。金南顺等人 (2009)[18] 以标杆管理方法为指导，建立了由团队环境、团队组成和团队运行构成的高校科研团队评价指标体系。李孝明等人 (2009)[19] 建立了由团队产出、团队行为和团队能力三方面构成的创新型团队的综合评价指标体系。张喜爱 (2009)[20] 建立了基于 AHP 法（层次分析法）由队伍建设、科研项目、科研成果、制度建设与平台建设构成的科研团队绩效评价指标体系。

以上国内外学者分别从不同的角度对团队绩效进行了评价，这些评价思路与方法为团队评价与考核提供了借鉴，也奠定了团队评价的研究基础。然而，笔者认为学术的灵魂在于探索与创新，我们还可以从新的视角来对高绩效团队进行评价。基于此，笔者拟从高绩效团队的"PERFORM"特征出发建立新的评价体系。

3 基于"PERFORM"的高绩效团队评价新框架

3.1 高绩效团队的"PERFORM"特征

高绩效团队又称 PERFORM 团队[21]，具体内涵如下：

（1）目标（Purpose）。团队具有明确的宗旨或目标，表明其为何而建，对企业有何重要性。团队成员对战略、目标和责任达成共识。

（2）授权（Empowerment）。全团队有攻克障碍，实现计划的信心。团队成员之间相互尊重，共同承担责任。

（3）关系（Relationship）和交流。通过毫无顾忌的观点陈述、开诚布公的交流、有效的争端解决机制和高度的集体一致性，形成一种相互信任和负责的工作氛围。

（4）弹性（Flexibility）。在必要时，团队成员共同完成具体工作任务，充分发挥每个成员的潜能。不仅如此，团队还应当能够适应环境的各种变化，因为团队成员是流动的，思维是开放的。

（5）最优产能（Optimal Productivity）。在高标准的激励机制下，团队能够取得显著的成果。团队还应当具有高效的决策机制和问题解决技巧。

（6）认可与嘉奖（Recognition and Appreciation）。除了团队的集体成功，团队成员个人也应该受到嘉奖，让成员感受到自己在团队中倍受尊重和青睐。

（7）士气（Morale）。团队成员维持高昂的士气和工作热情，工作富有激情，团队精神旺盛。

3.2 基于"PERFORM"的高绩效团队评价体系构建

层次分析法（AHP）是将与决策有关的因素分解成目标、准则、方案等层次，在此基础上进行定性和定量分析，体现了求解复杂问题的分解、判断、综合的整个过程，使人们对复杂问题的判断、决策过程得以系统化、数量化。笔者运用 AHP 方法，建立起基于"PERFORM"的高绩效团队评价新体系。

3.2.1 建立层次结构图

基于对高绩效团队特征的因素分析，可运用层次分析法建立高绩效团队评价的层次模型，设高绩效团队评价为目标层为 A 层，准则层为 B 层，根据高绩效团队的"PERFORM"7 个特征分别设为 B_1、B_2、B_3、B_4、B_5、B_6、B_7，这 7 个评价准则也称为 7 个评价维度。每一个评价准则又是由具体的评价指标构成，在 AHP 分析方法中称为方案层，我们用 $C_{11} \sim C_{74}$ 表示。我们据此所构建的高绩效团队评价新体系如图 1 所示。

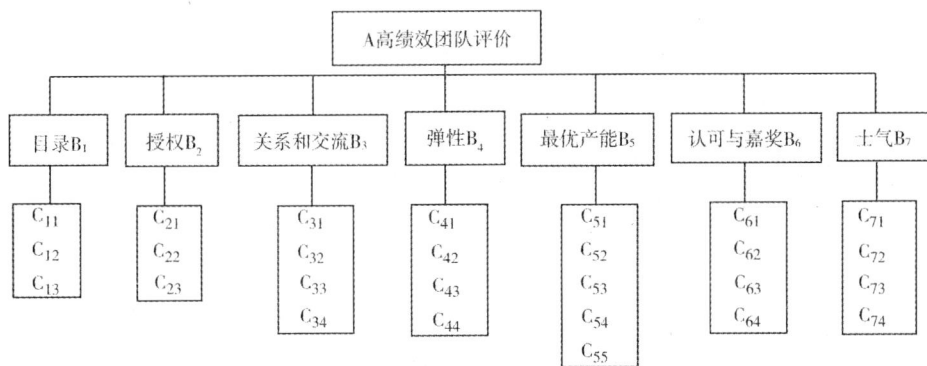

图 1 高绩效团队评价层次

图 1 中，方案层中 C_{11} ~ C_{74} 所代表的含义见表 1。

表 1　高绩效团队评价的准则层与方案层

准则层 B	方案层 C
目标（B_1）	（1）团队目标与任务表达的清晰程度 C_{11} （2）团队成员对目标和任务的支持、接受程度 C_{12} （3）团队目标的挑战性与可实现性 C_{13}
授权（B_2）	（1）管理者在重要决策上吸收团队成员的参与度 C_{21} （2）管理者对团队成员的信任与尊重程度 C_{22} （3）团队成员自主决策权限的大小 C_{23}
关系和交流（B_3）	（1）团队中使用项目小组来解决问题的频度 C_{31} （2）与同事谈论诸如项目成功与失败这类话题的机会 C_{32} （3）团队的新知识由全体成员共享的程度 C_{33} （4）沟通网络的快捷程度 C_{34}
弹性（B_4）	（1）团队成员分工的柔性程度 C_{41} （2）团队成员从其他部门吸收人员的机会 C_{42} （3）团队接收新任务的频度 C_{43} （4）员工的工作设计是否有足够的弹性 C_{44}
最优产能（B_5）	（1）团队产出的数量多少 C_{51} （2）团队产出的质量高低 C_{52} （3）团队产出的效益大小 C_{53} （4）团队成员人均产出成果的数量多少 C_{54} （5）团队成员解决复杂问题的能力 C_{55}
认可与嘉奖（B_6）	（1）团队员工被组织认可程度 C_{61} （2）团队成员自我实现感 C_{62} （3）成员创新性的观点能否经常受到管理层的表扬和奖励 C_{63} （4）开展创新与冒险活动的经费支持情况 C_{64}
士气（B_7）	（1）成员工作积极性与满意度高低 C_{71} （2）高层管理者与员工之间的平等性 C_{72} （3）成员乐于接受新观念的态度 C_{73} （4）团队成员对业绩评价的关注程度 C_{74}

3.2.2　构造比较矩阵

完成层次模型后，将各层因素对上一层因素的相对重要性进行两两比较，请有关专家给出判断矩阵的元素值，从而得到层次分析的判断矩阵。假定 A 层中元素 A_K 与 B 层元素 B_1，B_2，…，B_n 有联系，则构造的判断矩阵如表 2 所示。

表 2　判断矩阵的构建

A_k	B_1	B_2	…	B_n
B_1	b_{11}	b_{12}	…	b_{1n}
B_2	b_{21}	b_{22}	…	b_{2n}
⋮	⋮	⋮	⋮	⋮
B_n	b_{n1}	b_{n2}	…	b_{nn}

其中，b_{ij} 表示对于 A_K 而言，B_i 对 B_j 的相对重要性，通常 b_{ij} 取 1，2，…，9 及它们的倒数，其含义见表 3。

表3 比例标度值

标度 b_{ij}	含义
1	B_i 与 B_j 相比，两者重要性相同
3	B_i 比 B_j 稍重要
5	B_i 比 B_j 重要
7	B_i 比 B_j 强烈重要
9	B_i 比 B_j 极端重要
2，4，6，8	B_i 与 B_j 的影响之比在上述两个相邻等级之间
1/2，…，1/9	B_i 与 B_j 的影响之比为上面 b_{ij} 的互反数

显然，对判断矩阵有：$b_{ii}=1$，$b_{ij}=1/b_{ji}$（i，$j=1$，2，…，n），因此，对于 n 阶判断矩阵。

3.2.3 相对权重向量确定

层次分析法一般与德尔菲法结合起来运用，在绩效评价中，经专家及评价小组相关人员讨论各因素的重要性，则可得各层次比较矩阵。W 为层次单排序过程中各因素的权重，计算步骤为：先计算判断矩阵每一行的乘积 M_i，如：$M_1 = b_{11} \times b_{12} \times \cdots \times b_{1n}$，再计算 M_i 的 n 次方根 $V_i = \sqrt[n]{M_i}$，然后对向量 $V=(V_1,V_2,\cdots,V_n)^T$ 归一化，即 $W_i=V_i/(V_1+V_2+\cdots+V_n)$，则 $W=(W_1,W_2,\cdots,W_n)^T$ 为所求的特征向量，即层次单排序中各因素的权重。

3.2.4 一致性检验

λ_{max} 为 n 阶判断矩阵的最大特征根，CI 为检验 n 阶判断矩阵一致性所需要计算的一致性指标，计算公式为：$CI=(\lambda_{max}-n)/(n-1)$。RI 为需要判断矩阵的平均随机一致性指标，对于 1~9 阶矩阵，RI 的值表示如表4所示。

表4 RI 值

阶数	1	2	3	4	5	6	7	8	9
RI	0.00	0.00	0.58	0.90	1.12	1.24	1.32	1.41	1.45

CR 为判断矩阵的一致性指标 CI 与同阶平均随机一致性指标 RI 之比，称为随机一致性比率，$CR=CI/RI$，当 CR 的值小于 0.10 的时候，则认为判断矩阵具有满意的一致性，否则就需要调整判断矩阵，使其具有满意的一致性。

4 基于"PERFORM"的高绩效团队评价实例

笔者以某一团队为例，基于"PERFORM"评价体系，运用 AHP 方法对该团队进行评价。

4.1 建立层次结构图

该团队的绩效评价层次结构如图1和表1所示，此处略。

4.2 构建比较矩阵、确定相对权重并对其一致性进行检验

通过专家小组的讨论，得出准则层 B 相对于目标层 A 的判断矩阵与权重，见表5。

表5 准则层 B 相对于目标层 A 的判断矩阵与权重

A	B_1	B_2	B_3	B_4	B_5	B_6	B_7	W
B_1	1	6	3	4	2	3	2	0.291
B_2	1/6	1	1/3	1/2	1/6	1/3	1/2	0.040
B_3	1/3	3	1	4	1/3	3	5	0.170

续表

A	B_1	B_2	B_3	B_4	B_5	B_6	B_7	W
B_4	1/4	2	1/4	1	1/5	1/2	3	0.069
B_5	1/2	6	3	5	1	4	4	0.284
B_6	1/3	3	1/3	2	1/4	1	1/3	0.073
B_7	1/2	2	1/5	1/3	1/4	3	1	0.073

由表 5 可知，B_1、B_2、B_3、B_4、B_5、B_6、B_7 的权重分别为 0.291，0.04，0.17，0.069，0.284，0.073，0.073。

对该判断矩阵进行一致性检验，计算可得 $\lambda_{max} = 7.108$，$CI^7 = 0.018$，$RI^7 = 1.32$，$CR = CI/RI = 0.014 < 0.10$。可见，该判断矩阵具有满意的一致性。

同理，可以得出方案层 C 相对于目标层 B 得判断矩阵，并对其进行一致性检验，以 $C_{11} \sim C_{13}$ 对目标 B_1 的判断矩阵与一致性检验为例，如表 6 所示。

表 6 目标 B_1 的判断矩阵

B_1	C_{11}	C_{12}	C_{13}	W
C_{11}	1	1/4	1/5	0.096
C_{12}	4	1	3	0.596
C_{13}	5	1/3	1	0.308

由表 6 计算得出，$\lambda_{max} = 3.112$，$CI^3 = 0.056$，$RI^3 = 0.58$，$CR = 0.09 < 0.10$。可见，该目标判断矩阵具有满意的一致性。

同理可得：

授权判断矩阵的权重及一致性检验：$W_{C21} = 0.026$，$W_{C22} = 0.575$，$W_{C23} = 0.399$，$\lambda_{max} = 3.013$，$CI^3 = 0.0065$，$RI^3 = 0.58$，$CR = 0.011 < 0.10$。

关系和交流判断矩阵的权重及一致性检验：$W_{C31} = 0.221$，$W_{C32} = 0.095$，$W_{C33} = 0.022$，$\lambda_{max} = 4.033$，$CI^4 = 0.011$，$RI^4 = 0.9$，$CR = 0.012 < 0.10$。

弹性判断矩阵的权重及一致性检验：$W_{C41} = 0.230$，$W_{C42} = 0.069$，$W_{C43} = 0.163$，$W_{C44} = 0.538$，$\lambda_{max} = 4.102$，$CI^4 = 0.034$，$RI^4 = 0.9$，$CR = 0.038 < 0.10$。

最优产值判断矩阵的权重及一致性检验：$W_{C51} = 0.111$，$W_{C52} = 0.296$，$W_{C53} = 0.455$，$W_{C54} = 0.125$，$W_{C55} = 0.013$，$\lambda_{max} = 5.037$，$CI^5 = 0.009$，$RI^5 = 1.12$，$CR = 0.008 < 0.10$。

认可与嘉奖判断矩阵的权重及一致性检验：$W_{C61} = 0.299$，$W_{C62} = 0.436$，$W_{C63} = 0.178$，$W_{C64} = 0.087$，$\lambda_{max} = 4.024$，$CI^4 = 0.008$，$RI^4 = 0.9$，$CR = 0.009 < 0.10$。

士气判断矩阵的权重及一致性检验：$W_{C71} = 0.319$，$W_{C72} = 0.202$，$W_{C73} = 0.385$，$W_{C74} = 0.094$，$\lambda_{max} = 4.103$，$CI^4 = 0.034$，$RI^4 = 0.9$，$CR = 0.038 < 0.10$。

以上结果均符合一致性检验。可见，整个矩阵的构建符合一致性检验。

4.3 对该团队绩效评价

专家小组对该团队各指标进行打分，10 分为满分，8.5 分以上就可被认为是高绩效团队。结果见表 7。

该团队根据二级指标的权重得出的分数为 8.575。根据专家确定的标准，该团队属于高绩效团队。

表7 专家对准则层的7个指标打分

准则层 B	所占权重	专家打分	按比例得分
B_1	0.291	9	2.619
B_2	0.040	8	0.32
B_3	0.170	8	1.36
B_4	0.069	8	0.552
B_5	0.284	9	2.556
B_6	0.073	8	0.584
B_7	0.073	8	0.584
总和	1		8.575

同理，根据三级指标所占的权重，专家打分同样可以得出该团队为高绩效团队的结论，在这里就不加以列表计算。通过表7可知，该团队在目标以及最优产能这两个方面做得最好，但具体是其中的哪个三级指标最好，我们通过专家对三级指标的打分情况就可以得出，使得该团队能够继续保持这个优点。通过该部分专家的打分我们还可以知道，除了目标与最优产能这两个较为优秀的指标外，该团队哪个指标存在问题，即得到的成绩相对较低，并且对存在问题的指标在以后的团队发展过程中加以改善。

5 结论

本文从高绩效团队的"PERFORM"特征出发，构建了7个评价维度、27个具体评价指标的团队评价新框架，该评价体系与既有的评价体系相比有一定的创新性，且有较强的实用性。该体系较其他评价体系相比优点在于：第一，从高绩效团队的本质特征来构建评价体系，使得每个团队能够根据这个评价"指挥棒"进行自我修炼、自我矫正、自我提高；第二，该评价体系可以作为团队诊断的一种管理工具，便于团队管理者定期开展自我诊断与行为改善；第三，该评价体系能够从管理实务角度为组织

提供一个考评团队的有效方法。

参考文献

[1] 梅雷迪思·贝尔宾. 超越团队 [M]. 北京：中信出版社，2002：1.

[2] McGrath. J. E. , Social Psychology：A Brief Introduction [M]. New York：Holt, 1964.

[3] Salas E. , et al. Toward and Understanding of Team Performance and Training [A]. Swezey R. W. , Norwood E. Teams：Their Training and Performance [C]. NJ：Ablex, 1992.

[4] Fiske D. W. , Consistency of the Factorial Structures of Personality Ratings from Different Sources [J]. Journal of Abnormal and Social Psychology, 1949, 44 (3)：329~344.

[5] Tubes E. C. , Christal R. E. . Recurrent Personality Factorsbased on Trait Ratings (ASD – TR – 61 – 97) [J]. Journal of Personality, 1961 (60)：225~251.

[6] Burns. T. , Stalker G. M. . The Management of Innovation [M]. London：Tavistock, 1961.

[7] Lawrence P. R. , Lorsch J. W. . Organization and Environment [M]. Boston：Harvard University Press, 1967.

[8] Miller. D. . Relating Porter's Business Strategies to Environment and Structure：Analysis and Performance Implications [J]. Academy of Management Journal, 1988 (31)：280~308.

[9] Pennings J. M. . Structural Contingency Theory：A reappraisal [A]. Cummings L. L. , Staw B. M. . [C]. Research in Organizational Behavior, Greenwich, CT：JAI Press, 1992 (14)：267~309.

[10] 杨连生. 关于学术团队创新能力及其管理的思考 [J]. 大连理工大学学报（社会科学版），2006 (12)：76~79.

[11] 申嫦娥，王晓强. 企业绩评价方法的改进：模糊综合绩效评价法 [J]. 经济管理，2003 (22)：47~50.

[12] 伊秀. AT公司研发项目团队的绩效管理方案

设计 [D]. 山东大学, 2005.

[13] 韩雪. 基于 KPI 的团队绩效考核研究 [J]. 北方经济, 2007 (2): 120~121.

[14] 李志高, 刘军. 基于团队的绩效评价指标体系的建立思路及应用 [J]. 商业研究, 2005 (231): 27~29.

[15] 李海波, 刘则渊, 渊雄峰. 科研团队的模糊综合评价模型及其应用 [J]. 科技管理研究, 2006 (11): 134~136.

[16] 周园, 王念新, 梅强. 高校学科团队绩效评价研究 [J]. 科技管理研究, 2006 (1): 182~184.

[17] 路变玲, 黄国青, 闫博华. 基于结构方程模型的研发团队绩效评价 [J]. 科技管理研究, 2008 (7): 315~318.

[18] 金南顺, 吕园园. 基于标杆管理的高校科研团队评价研究 [J]. 大连大学学报, 2009 (1): 129~132.

[19] 李孝明, 蔡兵, 顾新. 高校创新团队的绩效评价 [J]. 科技管理研究, 2009 (2): 214~216.

[20] 张喜爱. 高校科研团队绩效评价指标体系的构建研究——基于 AHP 法 [J]. 科技管理研究, 2009 (2): 225~227.

[21] 况娅芸. 论信息化时代下高绩效团队的建设 [J]. 广东财经职业学院学报, 2007 (2): 82~84.

我国各省区污水处理现状与应对策略研究
——基于省际面板数据的分析[①]

张德华[1]　　程书萍[2]　　刘小峰

（1．南京大学工程管理学院）

（2．南京财经大学会计学院）

摘要：基于统计数据分析我国污水处理现状，结果表明我国污水处理行业普遍存在投资不足和运营不力的困境，但各地区存在较大的差异。同时分析了各种市场化模式的特点，表明并非所有地区都适合采用市场化投资与运营模式。通过主成分分析得到污水处理项目的可经营系数，结合设施利用率、污水处置率和市场化指数等指标建立综合模型对各地区污水处理事业发展的应对策略选择做出判断与分析。

关键词：污水处理项目；运作模式；市场化指数；可经营系数；主成分分析

Present Situation and Strategy Analysis on Sewage Treatment
of Different Chinese Provincial Areas
——Based on Provincial Panel Data Analysis

Zhang Dehua[1]　　Cheng Shuping[2]　　Liu Xiaofeng

（School of Management and Engineering，Nanjing University）

Abstract：Present situation of Chinese different provincial areas sewage treatment are analyzed based on the statistical data. Result indicates almost districts existence puzzledoms of insufficiency investment and badly operation，however，various areas has the big difference and the solutions needs differentiated strategy to be supposed. The policy – maker should consider circumstances permit and market mode characteristics to choose appropriate financing or the operation mode. Four indexes，including utilization ratio of facilities，sewage treatment rate，marketability index and manageability coefficient that is calculated by principal components analysis，are chosen to establish synthesis model for making the judgment and the analysis to various provincial areas sewage treatment build or operation modes.

---

①　基金项目：国家自然科学基金（70731002，70971061），高校博士点基金（20090091110001）。

Key words: sewage treatment project; operation mode; marketability index; manageability coefficient; principal components analysis

在水资源紧缺和水环境污染的双重压力下，近几年我国污水处理事业获得了快速的发展，城镇污水处理总量逐年增加，处理率不断提高。然而由于起步较晚，加上管网、污泥处理等配套设施建设相对滞后，我国污水处理事业仍处于发展的初级阶段，不少地区污水处理设施建设仍然处于较低水平，2008 年城市污水处理率仅达 65% 左右[1]。此外，已经建好的污水处理厂运营较为艰难，调查包括的 115 家污水处理集团 2004～2007 年销售利润率[2]分别为 4.7%，0.51%，3.71% 和 -2.65%，污水处理项目的盈利水平较低。投资不足和运营不力难题困扰着中国污水处理事业发展。为此，不少学者作了相关研究并提出各种建议，宋国君等[3]认为污水处理项目应该由中央政府集中投资，而张燎[4]却认为应积极引入市场化机制，重新规划水资源、城市供水、污水处理、管网建设、污染控制等水务相关职能部门的权责关系，完善相应法规和监管体系。黄春蕾[5]也提出我国污水处理事业应以市场化为导向，钟瑜等[6]认为只有走市场化道理，我国污水处理业才能走上良性运营的道路。常杪和林挺[7]通过实证发现东部沿海发达地区市场化程度较高，但总体规模较小，直辖市和东部地区处理收费较高。周耀东和余晖[8]通过对成都、沈阳、上海等城市水务市场化案例研究发现市场化过程中存在一些问题，认为资本回报率是给定目前政府承诺缺失条件下无奈的选择，建立正式的法律、独立管制机构等才是解决政府与被管制企业之间风险分担问题的根本途径。

本文基于我国污水处理市场投融资和运营机制尚不完善的现状，分析我国污水处理市场的特点和可能的市场化模式。考虑设施情况、市场化能力和可经营性等因素建立综合应对模型，把各省区分为 5 种类型并提出应对策略，为政府污水处理管理及私营企业进入污水处理市场提供决策参考。

1 我国污水处理现状分析

目前我国主要存在三种形式的污水处理设施：第一种为自来水供应公司承建与运营的污水处理设施，一般采用一体化运作模式，其投资和运营费用由自来水企业承担，可从自来水供应的收益中拿出部分收益来填补费用；第二种为大型企业自备的污水处理设施，如宝钢各生产单元均取得相应环境管理体系认证，能实现废弃物的全程跟踪管理和处理；第三种为带运营性或公益性的污水处理设施，主要为居民和中小企业服务。这类污水处理设施主要有以下特点：①设施数量不足，目前约有 25% 的地市城市尚未建成污水处理厂和 71% 的县城尚未建成污水处理厂，而且我国环境基础设施建设投资总量的迅速增加和环保口径的虚化，已部分掩盖了环境污染治理投资不足的严峻现实，环保投资失真现象严重[9]。②运营费用高，盈利水平低，有人统计在建成的污水处理设施中，约 1/3 运营正常，1/3 勉强维持，1/3 停产或关闭[5]，不少污水处理厂仍然是国有事业单位，经营意识不强，较难形成对成本和收益的有效控制，处理率越高，赔钱越多，即使不进行生产，政府还是要负担人员工资、设施维护费用。③污水处理项目的市场化条件较弱，大多数城市污水处理费开征面小、标准偏低、收缴率不高，即便完全开征收费区域，也是坚持项目运营的保本微利原则。此外，管网、污泥处理配套工程建设滞后，严重影响污水处理厂的正常进水量。④技术水平参差不齐，简单实用的处理技术为主，在统计的 1507 个污水处理厂中，采用氧化沟工艺的污水处理厂有 437 座，二级生化、A/A/O、SBR、A/O 和 CASS 各有 339 座、214 座、111 座、88 座和 53 座。⑤近年来，政府加强污水处理厂投入运营，其中 2008 年投入运营的污水处理厂有 337 座，2007 年有 368 座，2006 年有 170 座，2005 年有 108 座，2004 年有 112 座，2003 年有 124 座。⑥各省区差异化较大，东部省市设施较为完善，市场化进程较高，中西部地区相对较为落后，具体情况见表 1。

表 1　我国最近污水处理厂运营状况及相关信息

	设计处理日能力（单位：万吨）	平均日处理量（单位：万吨）	利用率	生活污水日排污量（单位：万吨）	工业污水日排污量（单位：万吨）	处置率	市场化指数	可经营系数
北京	335.65	262.7	78.27	270.36	25.02	88.94	1.330	4.81
天津	193.3	126.2	65.29	97.22	58.75	80.91	0.858	5.15
河北	491.4	340.4	69.27	272.27	338.46	55.74	−0.154	5.19
山西	183.7	123.8	67.39	173.85	112.71	43.20	−0.611	3.37
内蒙古	160.9	98.2	61.03	96.94	68.55	59.34	−0.435	4.37
辽宁	420.5	330.2	78.53	344.66	260.81	54.54	0.281	5.24
吉林	76.9	53.4	69.44	159.43	108.67	19.92	−0.671	3.35
黑龙江	110.5	83.5	75.57	193.38	105.17	27.97	−0.393	3.16
上海	618.55	474.4	76.7	490.53	130.33	76.41	2.508	5.21
江苏	864.1	629.4	72.84	648.87	736.33	45.44	1.080	7.95
浙江	779.44	559.6	71.8	375.04	551.26	60.41	0.881	6.61
安徽	262.5	198.4	75.58	278.83	201.52	41.30	−0.113	4.02
福建	241.5	164.6	68.16	248.19	373.72	26.47	0.591	4.17
江西	130	88.1	67.77	191.39	195.64	22.76	0.004	3.16
山东	792.6	586.7	74.02	459.40	456.37	64.07	0.361	7.68
河南	574.8	435.5	75.77	444.17	368.07	53.62	−0.604	5.65
湖北	327.6	264.3	80.68	426.25	249.32	39.12	0.118	4.38
湖南	199.4	137.3	68.86	416.33	274.28	19.88	−0.263	3.73
广东	956.55	773.3	80.84	1217.96	674.88	40.85	1.458	8.08
海南	41	35.3	86.1	80.00	16.33	36.64	−0.198	2.49
重庆	213.3	150.4	70.51	178.73	189.05	40.89	0.062	3.51
四川	333.88	249.1	74.61	378.84	314.21	35.94	−0.096	4.44
贵州	80	56.3	70.38	117.84	33.15	37.29	−0.220	2.50
云南	123.4	99.5	80.63	132.62	96.85	43.36	−0.698	3.19
陕西	129.2	100	77.4	139.25	132.94	36.74	−0.358	3.43

续表

	设计处理日能力（单位：万吨）	平均日处理量（单位：万吨）	利用率	生活污水日排污量（单位：万吨）	工业污水日排污量（单位：万吨）	处置率	市场化指数	可经营系数
甘肃	90.75	46.8	51.57	78.02	43.44	38.53	−0.791	2.46
青海	17.75	13.2	74.37	34.60	20.05	24.15	−0.876	2.40
宁夏	64	40.2	62.81	44.18	57.78	39.43	−0.678	2.97
新疆	144	81.8	56.81	130.57	57.42	43.51	−0.907	3.11
广西	135.5	97.2	71.73	372.13	504.06	11.09	−0.115	3.45
西藏	—	—	—	6.79	2.35	—	−1.350	—

注：处理工艺、新建污水处理设施统计、设计处理能力和平均处理能力数据由中国污水处理工业网统计的全国最新投运的1507 个污水处理厂运营状况整理而得，其中西藏无数据；污水排放量和工业污水排放量数据由《中国环境统计年鉴》（2008）整理而得。

2 我国污水处理项目市场化手段分析

针对投资不到位和运营不力两大难题，城镇污水项目市场化进程催生了多种改革模式，具体选用何种模式应结合项目实际和改革目标确定[4]。

投融资模式上，主要有所有权融资，如特许经营权融资（BOT、准 BOT、BTO 等）、资产证券化融资（ABS）；合资模式（PPP）及信贷融资与债券融资。市场化融资都涉及到项目的可经营性问题，即项目资产的可预期收益能否得到保证，增加项目的可经营性是推行污水处理项目融资方式市场化的前提。对于采用哪种方式进行市场化融资，要根据当地情况和融资模式的特点而定，其中 BOT 为目前最常见的方式，采用 BOT 模式建设污水处理厂有利于降低工程投资，加快城镇基础设施建设步伐，提高污水处理项目的运营管理水平，但 BOT 模式的特许经营期一般较长，项目投资较大，在整个特许协议期限内存在较高的风险，应采取风险回避、风险转移等措施加以规避防范，一般适应于具有稳定收益前景的大型污水处理项目的

融资与运营管理[10]。PPP 模式则强调信任、追求共同目标和理解各组织的期望和价值观，适应于不确定因素较多或不宜招标的项目。对于建成经营多年，效果低下的污水处理厂，企业集团则可以采用 ABS 融资模式[11]来盘活集团资本，提高污水处理项目的经营效率和管理水平。在给水缺口较大地区，可以采取供排水一体化模式，以实现地区的污水项目建设。信贷融资则需要地方政府和银行建立良好的合作机制，从征收的排污费、相关行政处罚费以及财政拨款中提取资金建立专用账户来支付还贷。此外，地方政府还可以根据自身特点创新融资模式，如创新借贷模式或债券融资模式、成立污水处理基金等，以适应环境多变下的水污染处理项目建设和运营的资金需求。

运营模式大体可以分为三种类型：第一类为委托运营：实质是将项目的经营权与所有权分离，在政府掌握项目所有权的前提下，委托专业公司负责项目的运营维护，符合现代经济学的"委托—代理"理论。委托运营项目周期相对较短，污水处理费根据合同约定，进水量和监管都有政府相关部门负责。代理方一般会

潜心经营，污水处理设施能发挥较好的社会效益；政府部门也能从繁重的设施运营管理中解脱出来，更好地谋划和履行宏观管理和监督职能。但在信息不对称、不确定性较大的情况下代理人存在道德风险。第二类为特许经营权模式，代表模式有 BOT、TOT 和 BTO 等，其特点为运营周期相对较长，存在较大的风险，其中TOT 和 BTO 模式一般是通过固定资产价格竞争水价或固定水价竞争资产转让价，合作方在付出一定费用之后获得特许经营权，而 BOT 则通过投融资和建设污水处理项目获得特许经营权。这些模式的核心都是获得超额投资回报，政府在获取一定的转让费或投资后，需要保证稳定的政治环境以及准时足额地支付污水处理服务费，存在一定的风险，若政府管理不当，容易造成私人垄断经营，损害社会公平，或者不顾建设质量和建成后的运行状况，采用不成熟的工艺和设备，把设施的运营风险留给项目，使政府丧失对环境基础设施的控制权[12]。第三类为合作模式，典型代表为 PPP 模式，以部分产权获取私人部门的资本、技术或管理的加盟。双方追求共同目标和理解各组织的价值观，政府对私人部门的相关活动具有较完善的法律法规约束和较强的监管能力[13]。典型的结构为公共部门通过政府采购的形式与合作单位组建的污水处理公司。这种模式适宜于不确定因素较多或不宜招标的污水处理项目，合作对象应选择在与政府公共部门有长期良好合作的私人单位。

不同的模式解决的问题、吸引的对象不尽相同，实施的条件、政府方与合作方承担的主要风险也都不一样，在具体事务操作中，决策者应因地制宜，根据自身条件和状况选择合适科学的投融资或运营模式。

更重要的是，污水处理项目是一种典型的准公益项目，准公益性项目可以由私人部门参与建设和运营，但由于项目的公益性，政府并不可以袖手旁观，而且在许多情况下，政府必须发挥主导作用[12]。因为市场化下的污水处理项目对于服务价格和服务范围较难满足郊区和低收入居民的要求。在推进我国污水处理设施建设和运营市场化的过程中，必须首先处理好政府和市场的关系，兼顾多方利益，选择合理的应对模式。在条件不成熟的地区，短期内仍需以政府为主，市场化为辅，在经济、法规等配套服务完善后，可期望市场化发挥主要作用。

3 我国污水处理模式综合选择模型

根据我国污水处理现状及市场化手段的特点，本文选取设施利用率 Y_1、污水处置率 Y_2、市场化指数 Y_3 和可经营系数 Y_4 四个指标综合对各省区污水处理项目建设与运营模式选择做判断与分析。

设施利用率 Y_1 和污水处置率 Y_2 表示地区污水处理现状。设备地区设计日处理能力为 α，平均日处理量为 β，生活污水日排污量与工业污水日排污量分别为 φ_1、φ_2，则设施利用率 $Y_1 = \beta/\alpha$，污水处置率 $Y_2 = \beta/(\varphi_1 + \varphi_2)$，计算结果见表1第4和第7列。

市场化指数 Y_3 表示地方政府推行市场化的能力，主要受所有制结构、政府职能、商品和要素市场发育、对外开放程度及人的观念五大因素影响，计算方法及过程见文献［14］，结果见表1第8列。

可经营系数 Y_4 表示当地污水处理市场化的条件。本文根据各个地区的差异化，选取3组参数来反映当地的污水处理项目的可经营化程度。第1组为污水进水量保证参数，主要指标有：城镇人口 X_1、生活污水排放量 X_2、工业污水排放量 X_3；第2组为地方支付能力参数，主要指标有：人均 GDPX_4、工业经济水平 X_5、地方基础设施建设支出 X_6；第 3 组为历史经验与可经营化能力，主要指标有：污水处理设备利用率 X_7、处置率 X_8、城镇管网建设水平 X_9。

设 $X = [X_1, \cdots, X_9]$，其中 X_1，X_4，X_5，X_6，数据来自 2008 年《国家统计年鉴》，X_2，X_3 来自 2008 年《中国环境统计年鉴》，对数据矩阵 X 进行主成分分析，对各省区污水处理项目的可经营情况综合比较，采用 SPSS 统计软件得主成分对应的特征值大于 1 的主成分个数有 2 个，特征值分别为 $\lambda_1 = 4.832$、$\lambda_2 = 2.072$，累积方差贡献率为 76.7%。将初始因子载荷矩阵中的数据除以主成分相对应的特征值开平方根得两个主成分中每个指标所对应的系数（见表 2）。

表 2　主成分系数

指标	F_1 系数	F_2 系数
X'_1	0.43	−0.16
X'_2	0.41	−0.19
X'_3	0.40	−0.15
X'_4	0.45	0.01
X'_5	0.44	0.02
X'_6	0.16	0.51
X'_7	0.16	−0.22
X'_8	0.13	0.56
X'_9	0.14	0.54

其中 X'_i，$i = \{1, \cdots, 9\}$ 为原始变量 X_i 经过标准化处理的值。

$F_1 = 0.43X'_1 + 0.41X'_2 + 0.40X'_3 + 0.45X'_4 + 0.44X'_5 + 0.16X'_6 + 0.16X'_7 + 0.13X'_8 + 0.14X'_9$

$F_2 = -0.16X'_1 - 0.19X'_2 - 0.15X'_3 + 0.01X'_4 + 0.02X'_5 + 0.51X'_6 - 0.22X'_7 + 0.56X'_8 + 0.54X'_9$

以每个主成分所对应的特征值占所提取主成分总的特征值之和的比例作为权重计算主成分综合模型：

$$Y_4 = \frac{\lambda_1}{\lambda_1 + \lambda_2} F_1 + \frac{\lambda_2}{\lambda_1 + \lambda_2} F_2 = 0.7F_1 + 0.3F_2，$$即

$Y_4 = 0.25X'_1 + 0.23X'_2 + 0.24X'_3 + 0.32X'_4 + 0.32X'_5 + 0.26X'_6 + 0.05X'_7 + 0.26X'_8 + 0.26X'_9$，计算结果见表 1 第 9 列。

4　结论

根据地区设施利用率 Y_1、污水处理率 Y_2、市场化指数 Y_3 和可经营系数 Y_4 以及污水处理项目的投资运营模式特点，本文对我国各省区进行分类，得到如下 5 类区域：

第 1 类区域为逐步完善管理区域，该区域的特点为设施利用率合理 $Y_1 \in [75, 80]$，污水处理率高 $Y_2 \in [70, 100]$，市场化指数和可经营系数高 $Y_3 \in [0.8, +\infty)$，$Y_4 \in [4.5, +\infty)$。对应的地区有：北京、天津和上海，这些区域污水处理已进入产业化完善阶段，管理部门对市场化的理解比较深刻，传统国营企业改制基本完成。主要任务是继续完善政府监管、规范污水处理市场，升级污水处理产业链，为全国的污水处理事业做好标杆。

第 2 类区域为逐步加强市场化运营区域，该区域的特点为设施利用率偏低 $Y_1 \in [0, 70]$、污水处理率一般 $Y_2 \in [50, 70)$ 和可经营系数较高 $Y_4 \in [4.0, +\infty)$。对应的地区有：浙江、辽宁、河北、山东和河南，该区域的主要任务扩大污水处理费的征收面，完善管网配套工程，积极引入社会资本进入污水运营市场，可以尝试委托运营、TOT、PPP 等市场化模式。此外，逐步实现原有污水处理厂的改制，提供设施利用率。

第 3 类区域为应加大市场化投资区域，该区域的特点为设施利用率较高 $Y_1 \in [70,100]$，污水处理率较低 $Y_2 \in [0,50)$，可经营指数较高 $Y_4 \in [3.5, +\infty)$。对应的地区有：江苏、广东、重庆、安徽、福建、湖北、湖南和四川，该区域需要新建一定数量的污水处理设施，发挥政府主导作用，正确处理好政府与市场的关系，推进市场化进程。该区域经济活力、市场化能力较强，可尝试 BOT、BTO 等运营模式，或创新借贷模式或债券融资模式，增加污水处理设施建设。

第 4 类区域为政府主导，逐步实现市场化投资区域，该区域的特点为设施利用率合理 $Y_1 \in [70,80]$，但污水处理率低 $Y_2 \in [0,50]$，市场化指数和可经营系数偏低，$Y_3 \in [-0.5,0)$，$Y_4 \in [3,3.5)$。对应的地区有：黑龙江、海南、云南、贵州、陕西、青海和广西，该区域政府公共事业建设和运营能力较强，但地方财政实力有限，而且市场化能力不强，应发挥政府的主导力量，增加中央财政支持并逐步平培育市场，适度给予财政和融资方面的政策扶持，在污水处理项目的运营方面可以逐步推行市场化的方式。对于工业经济相对发达的区域，如广西，可以尝试 PPP 模式，与工业企业合作处理污水；对于缺水较为严重的陕西、贵州可多尝试一体化运作模式。

第 5 类区域为中央财政支持为主，市场化为辅区域，该区域的特点为设施利用率较低 $Y_1 \in [0,70)$，但污水处理率低 $Y_2 \in [0,50]$，市场化指数和可经营系数低。对应的地区有：吉林、山西、内蒙古、江西、甘肃、宁夏、新疆和西藏。该区域地方财政实力较弱，产业主体及市场发育欠缺，仍需中央政府大力支持，并逐步转变政府管理模式，发展当地经济，提高当地人民生活水平，学习发达地区经验，走兼顾发展和环保的可持续发展道路。给予财政和融资方面的扶持，应综合考虑当地居民的承受能力及政府的应对能力，适度推进市场化进程。

参考文献

[1] 国家统计局，国家环境保护总局. 中国环境统计年鉴—2009 [M]. 北京：中国统计出版社，2009.

[2] 北京世经未来投资咨询有限公司. 2008 年污水处理行业风险分析报告 [R]. 国家发展改革委中国经济导报，2009.

[3] 宋国君，谷一桢，刘永. 中央政府投资城市污水处理厂的理论和实证分析 [J]. 上海环境科学，2002，21 (11)：658~661.

[4] 张燎. 城市水务改革的模式选择与比较 [J]. 中国水利，2006，10：20~23.

[5] 黄春蕾. 论我国城市污水处理市场化过程中的政府职能 [J]. 中国人口·资源与环境，2004，14 (5)：99~102.

[6] 钟瑜，毛显强，陈隽，夏成. 中国城市污水处理良性运营机制探讨 [J]. 中国人口·资源与环境，2003，13 (3)：52~56.

[7] 常杪，林挺. 我国城市污水处理厂 BOT 项目建设现状分析 [J]. 给水排水，2006，32 (2)：101~106.

[8] 周耀东，余晖. 政府承诺缺失下的城市水务特许经营——成都、沈阳、上海等城市水务市场化案例研究 [J]. 管理世界，2005，8：58~64.

[9] 吴舜泽，陈斌，逯元堂，王金南，张治忠. 中国环境保护投资失真问题分析与建议 [J]. 中国人口·资源与环境，2007，17 (3)：112~117.

[10] Xiaopeng F. Qi P. The Affection Research of Macro – market Environment on Investment in Sewage Treatment Industry by the Mode of BOT [J]. Environmental Science and Management, 2009, 34 (3): 65~68.

[11] Chris C, Danny F, chirs S. Public Infrastructure Financing: An International Perspective [M]. Commonwealth of Australia, 2009.

［12］任勇．城镇环境基础设施建设与运营的市场化模式和制度安排［C］．国家环保总局科技标准司编．市场经济与环境保护［A］．北京：化学工业出版社，2001.

［13］Constr J, Engrg and Mgmt. Critical Success Factors for Public – Private Partnerships in Infrastructure Development［J］. Journal of Construction Engineering and Management, 2005, 131 (1): 3 ~14.

［14］周国富，孙艳霞．市场化程度评价体系构建与综合比较方法的运用——我国各省区市场化程度比较［J］．现代财经，2005，25 (12)：55 ~58.

The Development of "Tri – type" Construction Companies and Case Study of Economic Transformation

Shao Jun Yi[1], Chen Wen Duang[2], Yin Zeng Guang[3]

(E – mail: qdlgdx@ 126. com, chen_ happy@ hotmail. com, yinzengguang123@ 163. com)

(1. College of Management, Qingdao Technological University)

(2. College of Management, Qingdao Technological University)

(3. ShanDong XingHua Construction Group)

Abstract: "Tri – type" is abbreviation to three important notions: "technique – innovation type", "resource – conservation type" and "environment – protection type". The construction of "tri – type" society and scientific development are China's basic state policies. Recently, against the background of low – carbon economy, circular economy and the energy conservation, the development of "tri – type" construction companies has attracted national and industry attention.

This paper analyses the relationship between "Tri – type" construction industry and its development opportunity, also discusses the features and significance of "Tri – type" construction industry. Through the case study, this paper analyses the development of "Tri – type" construction company achievements and the transformation of economic development patterns.

Key words: "Tri – type"; economic development; construction companies

1. Introduction

The range of "Construction Industry" defined in this study includes construction companies, exploration – design companies, supervisor companies and project consulting companies, all of which are closely related and mutually dependent on each other in construction domain.

Enterprise is one of the society's fundamental units and undertakes the important mission to create a "Tri – type" society. As one of Chinese pillar industries, construction industry is a labor intensive industry and accompanied with enormous consumption of resources, heavy emission of toxic gas and smoke, as well as massive discard of solid waste, which makes the "Tri – type" construction even more significant for the industry.

2. The Development of "Tri – type" Construction Companies and Development Space

The construction of "tri – type" companies is a vital countermeasure to achieve the objective of thrifty, sanitary, safety, and sustainable development. The connotation of the "tri – type" construction industry can be concluded as optimizing the industrial structure, changing the growing mode, and enhancing the development quality under the concept of brandnew development mode which guided by technique innovation as well as aiming at resource conservation and environment protection. The development of "Tri – type" construction enterprise plays an important role in its development space and is connected to the success or failure of economic transformation [1].

The enterprise construction of "technique innovation type" determines the operational height of construction enterprises and benefit space of transformation. Construction enterprise has ability to take advantage of potential beneficial opportunity, reorganizing production condition, element, and structure so as to build an operation – management system which is more effective, more efficient and less costly. Also the construction enterprise is always ready to constantly introduce new production function (or new businesses) into its construction activities and to change the wealth creative potential of existing resource. In order to get high profits and social values, enterprises could through the way of accelerating transformation of economic development patterns, providing high – tech products and intelligence services, as well as improving the core competitiveness continually.

The enterprise construction of "Resource Conservation Type" determines the operational width of construction enterprises and the direction of transformation. In the process of enterprise operation, enterprise will get higher resource utilization and lower cost by adopting comprehensive measures of technique, economy and administration measures. Construction enterprises should be used as few resource consumptions as possible and utilize as

much alternative resources as possible to make more capacious development platform, and make more social and economic benefits.

The enterprise construction of "Environment – friendly Type" determines the operational depth of construction enterprises and effectiveness of transformation. Construction industry is required to advocate "Environment Protection" culture to construct a social system with balanced development of economic, social, and business environment. This social system is based on the ecological carrying capacity, adhered to the law of nature, and motivated by green technique innovation. It is required to build a construction industry that people can positively interact with environment. In this way, construction enterprises will have well – prepared and will promote the longitudinal development of the work along with great and powerful lines, it will also promote society's harmony and stability.

The relationship between the economic transformation and the development of "Tri – type" construction companies is shown by Figure 1.

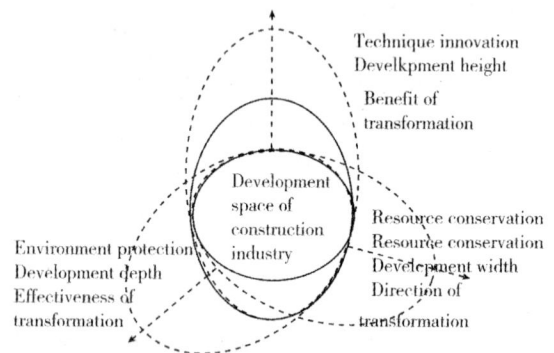

Figure 1　The relationship between economic transformation and development of "tri – type" construction companies.

The development of "Tri – type" construction

enterprises and economic transformation are closely related. Resource conservative company can enhance the utilization rate of resource through technique innovation, it can also reduce consumption through high resource utilization, and eventually create a beautiful and comfortable environment. As a result, the level of technique innovation will be raised, the development space of the industry will be broadened and the core – competency will also be further enhanced, as well as the economic and social benefit will be improved.

3. The Development of "Tri – type" Construction Conpanies and Economic Transformation

At present, building energy consumption accounts for one – third of all energy used in the nation, and increasing rapidly with the development of urbanization. There's no doubt that construction enterprise must accelerate the construction of "Tri – type" to reduce energy consumption. In that sense, the low – carbon economy provides a good opportunity for the development of "Tri – type" construction companies. From the perspective of economics, the process of construction enterprise's low – carbon development is a self – digestion from the way of transforming external non – economic to internal costs in actual production. What emphasized in this process is that, all stages of the carbon management and the production operations should be in accordance with the laws of nature. In other words, the low – carbon development will create a revolution in management mode. This revolution involves management principles, development patterns, restructuring, scientific and technological innovation and so on. Against the background of low – carbon economy, it is important to put values of "ecology, green, environment, intelligent" into the development of "Tri – type" construction companies.

In the long run, the low – carbon economy can improve the technical performance and develop new markets, which will create immense economic and social benefits, also will open a new era of construction. As a construction company, only in the way of product restructuring can gradually form a complete industrial chain which contains real estate development, construction, building materials business and property management. In this manner, the footsteps of carbon management can cover each part of industrial chain, and increase the effectiveness of management in carbon. As a result, the management method can transform this special carbon into the business capital and competitive advantage[2].

4. Case Analysis of Transformation and the Development of "Tri – type" Construction Companies

4. 1 The Scientific and Technological Research System of CISDI in World Markets Expanding

CISDI has adjusted development strategy and constantly deepened the reform has made the operation transformation in structures come true. It insisted on sincere service as fundamental point and strived to achieve customer satisfaction, also focused on creating "Sincere CISDI". In addition, CISDI has set up a complete scientific and technological research system, which could transfer existing scientific and technological achievements into productivity and strengthen independence innovation ability. CISDI always adhere to the international development path and constantly expanding its international market share. Through the development of "Tri – type", CISDI has transformed the growth mode and business management, also has made a grow way from design institute to engineering company. Meanwhile, the direction of basic positioning of CISDI focused on the high technical construction and good market prospects which will help to form independent intellectual property rights and enhance the competitiveness of a company. CISDI has increased the investment of the capital and human resources and focused on promoting technological progress from the way of establishing innovation system, creating platforms, motivation building clear main body and so on. Through the combination among original innovation, integrated innovation and introduction of further absorption of innovation, scientific and technological research system and research management institutions were continually improved.

In order to become a prominent metallurgical enterprise and achieve the development of "Tri – type" in environmental technologies, in urban construction, energy sources and other non – steel industry area, CISDI has deemed metallurgy as its main industry, and took reasonable related diversification strategy. CISDI has made a great progress in the combination of production enterprise, construction enterprise and equipment manufacturing company. At present, CISDI has established a management system with design as its main body and other aspects, such as consultation, procurement, construction. In addition, CISDI has developed general construction business and equipment construction in large and medium – sized infrastructure projects. As a result, it brought the transition from the narrow sense of design institute to a flexible business model. CISDI aligns itself with top international company, makes change in the scope of operations, resources allocation, organization structure, administration mode, external relation and other aspects. In order to meet the requirements of international market economy, CISDI devoted great efforts to business process reengineering and standardized management.

At present, CISDI is undertaking the general construction and equipment construction of foreign steel mills in Brazil, Japan, Malaysia, India and other countries. Meanwhile, CISDI has actively exploited relative markets in international procurement and international trade business. With the new record highs on the contract amount and the revenue, the development of "Tri – type" in CISDI plays an important role in the strategy of technical innovation, related diversification and transformation of internationalization. Also made CISDI a leader of metallurgical industry.

4. 2 Strengthening Innovation by Systematism in SBC

In order to satisfy the demand of society and "Tri – type" companies, Shang Hai BaoYe Group, Ltd. (SBC) continually improved the technical content in building products and tried to get the low – energy consumption, lowpollution, short working time and high standard in the high – end international construction projects. SBC has owned independent intellectual property rights of MCC – SBC with chinese characteristics. As a result, SBC had the continuing innovation capacity.

It's the driving force of independence innovation in SBC is market requirements. From "technology affects strategy" to "strategy guides technology". SBC accessed to a high – end brand successfully. Using the construction of steel structure as the main body, SBC has long been a leader in the field of converter and blast furnace.

SBC provided an integration system of the various models for human, financial and material resources, all the work concerning R&D, designing, manufacturing and installation. SBC has also made a management structure which appropriated to EPC, BT, DBT. Upholding the principles of "independent innovation, key point breakthrough, supporting development and leading future", SBC has cultivated many technological leaders who had the characteristics of learning and thinking. From the viewpoints of transformation and continuous improvement in business pattern, technology continues to play a role in the protection of SBC.

The key points of independent innovation are innovations of thinking, culture, brand and management. The request and target of independent innovation in SBC are transforming the pattern of economic growth from the way of extensive model to intensive model.

The development of "Tri – type" in SBC has brought favorable economic and social benefits, which could pave the way for transformation and sustainable development[3].

4.3 MCC 20 Pays Great Attentions to the Development of Enterprise Culture and Brand

After continuous exploration of "Tri – type", a strong brand has set up by the performance of construction project. And China MCC 20 Group Corp Ltd. (MCC 20) took the image of construction project as enterprise brand. The design of construction project image is based on economic benefit.

MCC 20 has enough capacity to construct nearly 80 rolling mill production lines. As MCC 20 became more experienced, it has constructed 40 high quality rolling mill production lines. No one else can duplicate the outstanding achievements of MCC 20. The enterprise culture exerted an important influence on cohesion and staff's confidence. On the basis of refining enterprise culture, MCC 20 built a good brand and enjoyed a reputation of "the elegance of rolling mill". The enterprise cohesion, staff's confidence and core competitiveness have strengthened from the way of extracting features of "the elegance of rolling mill"[3].

4.4 Improvement of Core – ompetition by Innovation in Yuan Da International Project Management Consulting Corporation

The nature of the supervision industry and the limitation of staff determine only can soft science research be the corporation's research directions. As a result, Yuan Da corporation takes supervision as its main industry and develops businesses of revising codes and standards on its own characteristic in the development of "Tri – type". Such as *Technical Specification for High Strength Bolt Connections of Steel Structures*, *Code for Composite Stabs Design and Construction*, *Evaluation Standard for Green Construction of Buildings*and other 11 codes and standards. Yuan Da is in a leading position in the same domestic field.

Yuan Da corporation established its personnel

management information system at 2007, which raises the efficiency of management. Based on the principle of practicality and high efficiency, corporation started to further improve information system. It contains enriching database and adding query tabs, which can make connections to controlling company's ERP system come true. These could help corporation understand and recognize staff better, and improve their writing ability and computer skills.

With the development of enterprise culture, Yuan Da corporation set up the information communication and the collision of thought from the way of company's web site, enterprise internal BBS system, in – house journals and other aspects. In technical forum, there are lots of original posts which can reflect the high theoretical reference value and application value. Communicating in enterprise internal BBS is an indispensable part of staff's lives. Enterprise culture characteristic and communication skills are improved from in – house journals, it can also enrich the staff's spare life and enhance enterprise cohesion[4].

4.5 Shan Dong Xing Hua Construction Group Continued to Combine Scientific Research with Achievements

Under the operation philosophy of scientific management, XingHua Construction Group has extended the industrial chain and upgraded its economic capacity effectively in the development of "Tri – type". In order to improve the technological strength and enhance enterprise core competitiveness, Xing Hua Construction Group insisted on technological innovation, improved the manage-

ment systems of science and technology projects, and strengthened quality control. Xing Hua Construction Group has increased financial inputs and strengthened technical support, encourage enterprises to do technological innovation in practice, also focused on the introduction, digestion and absorption of advanced technology. Xing Hua continued to combine scientific research technological system with production system, and developed the integration from the way of development, transformation and marketing.

Xing Hua Construction Group realized that the strategy of "strengthening enterprise with science", completed the system of intellectual selection and employment, maximized transition from human resource to talent resources. It adhered to the combination of production, study and research, as well as newly formed technological innovation system by campus and related enterprises. From 2009 to 2010, it has made six Shandong provincial construction methods, obtained three technical innovation awards, all of which can provide the groundwork for promoting technological integration.

The development of "Tri – type" has brightened business. The various economic indicators maintained a high economic growth, also the enterprise market and scale of economy extended continuously. The risk resistance capabilities has been enhanced, and constructed a harmonious enterprise atmosphere.

References

[1] Shao Junyi, Cheng Hao. Study on Connotation of "Tri – type" of Metallurgical Construction Industry [J]. In-

dustrial Construction (National Metallurgical Construction Management Corpus) . 2010 (8): 9 ~ 14.

[2] Wu Yan, Zhou Yida. Promotion and Application of Low Carbon Footprintmy An Econod New Construction Technology Innovation [J] . Building Constution. 2008, 30 (11): 7 ~ 14.

[3] China Metallurgical Construction Association. Col-lege of Management at Qingdao Technological University. A Study on Promotion of the Healthy Development of Metallurgi-cal Industry [R] . 2009 (10): 87 ~ 97.

[4] China Metallurgical Construction Association. Col-lege of Management at Qingdao Technological University. A Study on Promotion of the Healthy Development of Metallurgi-cal Industry [R] . 2011 (11): 69 ~ 77.